As Lendas do Povo Judeu

Coleção Paralelos
Dirigida por J. Guinsburg

Equipe de realização – Tradução: Marianne Arnsdor , J. Guinsburg e Evelina Holander; Capa: J. Guinsburg e Walter Grieco; Produção: Ricardo W. Neves, Sergio Kon.

As Lendas do Povo Judeu

Bin Gorion

EDITORA PERSPECTIVA

Título do original
Die Sagen der Juden

Copyright © Insel Verlag Frankfurt, 1962

CIP-BRASIL. CATALOGAÇÃO-NA-FONTE
SINDICATO NACIONAL DOS EDITORES DE LIVROS, RJ

B428L

Berdichevsky, Micah Joseph, 1865-1921
   As lendas do povo judeu / [compilado e redigido por] Bin Gorion ; [tradução Marianne Arnsdorff... et al.]. - São Paulo : Perspectiva, 2012.
   p. - (Paralelos ; 7)

1. reimpr. da 1. ed. de 1980
Tradução de: Die Sagen der Juden
ISBN 978-85-273-0453-5

1. Lendas judaicas. 2. Judaísmo. I. Título.

11-6302.   CDD: 296
                                                                       CDU: 26

23.09.11   29.09.11   029951

1ª edição – 1ª reimpressão
[PPD]

Direitos reservados em língua portuguesa à
EDITORA PERSPECTIVA LTDA.

Av. Brigadeiro Luís Antônio, 3025
01401-000 – São Paulo – SP – Brasil
Telefax: (0-11) 3885-8388
www.editoraperspectiva.com.br
2019

"*Meu filho Avshalom, meu filho, meu filho Avshalom! Quem me dera que eu morrera por ti, Avshalom, meu filho, meu filho*"!
(*Samuel, II 18 vers. 33*)

"*O homem nasce para uma vida longa e plena, e se ele morre antes de seu termo, que acontece com a vida não vivida? Para onde vão suas alegrias e dores, os pensamentos que não teve tempo de completar, os atos que não cumpriu?*"
em O Dibuk, *de Shalom Anski*

Prefácio à Primeira Edição

A presente coletânea procura abranger as lendas e os mitos dos judeus, que vinculando-se à Escritura, partindo dela e ampliando-a em diversos sentidos, atravessam toda a literatura judaica pós-bíblica. Aos mitos dos tempos primordiais, seguem-se as lendas dos Patriarcas e da expansão dos povos; depois, o grande romance egípcio, que se inicia com a venda de José por seus irmãos e termina com o êxodo das tribos da terra do cativeiro. A seguir, vêm as lendas de Moisés e os mitos do nascimento da religião israelita, e finalmente, as histórias dos heróis de Judá e de Israel, desde a conquista da terra de Canaã até a destruição do Primeiro Templo.

A lenda segue o desenrolar da História e acompanha a Escritura. Relata a origem e formação do mundo e os destinos de Israel, o povo de Deus.

A origem da lenda judaica não está apenas no livre impulso de fabular. O seu objetivo é menos o de relatar, que o de interpretar os destinos da humanidade e os destinos do mundo. O traço básico é o sentimento de uma culpa inevitável, inerente a qualquer criatura, e o eterno anseio de se livrar dela.

A Bíblia substituiu, para os judeus, a natureza; sempre lhe dão ouvidos e sempre retornam a ela. Mesmo assim, seus escritos posteriores, apesar de todo constrangimento e falta de liberdade, contêm apreciável medida de força criativa. E ainda mais. Muita coisa estritamente pagã, que havia sido rejeitada pelo cânon bíblico, foi admitida na época pós-bíblica. Ao lado do rigoroso limite entre o bem e o mal, entre o próprio e o impróprio, determinado com exatidão pela Lei, a alma procura as antigas clandestinidades. Ao lado do Deus único, que rege o mundo e que ordenou aos homens somente obedecer a Ele, ressurge, por encanto, toda uma multidão de demônios, anjos e espíritos, e também, intermediários materiais entre Iahve e Israel.

Assim como, na imaginação do povo a imagem do mundo e até a figura do Criador se transformam, também as figuras dos heróis modificam-se.

Não encontramos apenas um Adão, um Noé, um Abraão, um David e um Elias, porém muitos deles. Ora aparecem como seres reais, possuidores de todos os atributos humanos, ora, são apenas símbolos. Ao lado da concepção comum da formação do mundo e da criação do homem, surgem novas interpretações do primeiro homem e da luta das regiões inferiores com as superiores. O povo não cessa de compor e de continuar tecendo de maneiras diversas as histórias bíblicas, mesmo depois que deixou sua pátria e que a Escritura foi encerrada.

A literatura judaica, de onde foram tiradas as lendas, é tão errante quanto o próprio povo. Após a era bíblico-helenística, começa o período da autoritária literatura midráschico-talmúdica, que se prolonga por quase um milênio e que contém mais da metade de todos os tesouros lendários judaicos. Esta literatura constituiu-se sobre os escombros da Palestina, propagou-se pela vizinha Babilônia, pátria original dos israelitas, e com eles peregrinou para a África e Europa. Não existe demarcação de fronteira na história do povo judeu. O Talmud e o Midrasch continuam a ser estudados com fervor nos novos países, experimentam acréscimos e transformações. Ao lado deles surgem novos escritos, jorra a torrente da mística impregnando todos os produtos da mente e influenciando também a vida legislativa dos judeus e seus ritos religiosos. Com a mística surge uma nova simbologia, que partindo dos antigos mitos e imagens dá-lhes nova forma e nova vida.

Embora tenham o caráter de interpretações bíblicas, os escritos, em parte, são também de natureza objetiva. As próprias interpretações abrigam, ao lado da exegese e dos comentários objetivos, uma mistura de normas legais, especialização das leis, ensinamento divino, ciências naturais e muitas outras; tudo repleto de sentenças morais, relatos históricos, epigramas e filosofias. No meio deles serpeia a lenda, que por sua vez, não fica apenas num único tema e, não raro, se contradiz. Os temas repetem-se inúmeras vezes; sobre cada assunto temos as mais diversas versões. Em parte, as digressões são de natureza essencial — as histórias são diretamente remodeladas —, em parte, as diferenças são apenas secundárias; no entanto, uma versão ilustra e completa a outra.

Assim sendo, os textos das lendas tiveram que ser procurados em todos os lugares, onde, entre outras tantas coisas se perderam, e recompostos, antes que pudesse iniciar sua germanização. Do caos lendário foi preciso formar-se uma espécie de Midrasch-lendário, o que também aconteceu em parte, quando a lenda ainda fluía com força total; aliás, esta torrente até hoje não cessou de jorrar de todo.

Uma característica que chama a atenção na literatura midráschico-talmúdica, da qual se extraiu a maior parte do material lendário é a grande quantidade de nomes de autores. Ao invés de alguns poucos legisladores e um pequeno grupo de profetas, deparamo-nos aqui com inúmeros mestres e discípulos; ao invés dos mais longos hinos bíblicos e prédicas proféticas, encontramos aqui, na maioria das vezes, apenas frases curtas. Cada dito, cada sentença, leva por sua vez o nome de seu autor; não há opinião sem autor ou compositor, nenhuma glosa é anotada sem que seja mencionado de quem partiu. Há, no entanto, opiniões divergentes sobre quase todos os temas. Não só os homens de uma mesma época discutem as tradições, mas também descutem-nas aqueles que viveram em épocas diferentes; às vezes, o discípulo é até mencionado antes do mestre.

Mas já os mais antigos Midraschim começaram no glossário da Bíblia a colocar o assunto acima da pessoa. Sua tendência consistia em preencher as omissões da Escritura por meio da imaginação e da lenda, na exposição e na interpretação, sem levar em conta o fato dos intérpretes pertencerem a diferentes épocas.

Um passo mais essencial foi dado pelos Midraschim posteriores e pelos narradores agádicos: suprimiram os nomes dos respectivos autores e construíram lendas e narrativas completas dos diversos resultados.

Acreditou o compilador das lendas dos judeus também ter que seguir o mesmo caminho. Para poder apresentar algo completo e correlato, era preciso prescindir do princípio genético, pois aqui as lendas como tais deviam ser ordenadas por assunto, sem levar em consideração como se compunham e de que fontes se originavam. Isto por que, o trabalho, ao lado de muitas explanações, considerações éticas e narrativas puramente artísticas, trata sempre de lendas, às vezes também de lendas populares, cuja ordem cronológica jamais pode ser verificada com exatidão. Em obras provável ou comprovadamente mais recentes, podem ser encontrados ecos do que há de mais antigo: coisas emprestadas entrelaçam-se com coisas próprias, ou então, não raro, apenas um reencontro daquilo que foi perdido em épocas anteriores.

Onde não existem histórias completas, mas apenas frações, as lendas foram unidas num todo, o que foi dado a conhecer ao leitor por meio de sinais externos. Por outro lado, certas partes completas foram um pouco encurtadas ou só apresentadas em resumo. Da mesma forma que na própria Bíblia existem às vezes diversas fontes misturadas, também nas lendas, há a possibilidade de duas histórias se entrelaçarem; estas foram separadas no trabalho de composição. Certos textos são acrescidos ou aumentados por meio de paralelos; nos trechos obscuros, às vezes incluíram-se as opiniões dos comentaristas.

A germanização é absolutamente fiel ao sentido e esforçou-se em transmitir, da maneira mais correta, o ritmo e a forma dos textos hebraicos e aramaicos. Apenas as partes mutiladas, dificilmente traduzíveis ao pé da letra, foram um pouco alteradas. Quanto à ortografia dos nomes próprios não foi possível adotar um princípio uniforme, bem como no que tange à tradução do nome de Deus.

Friedenau, 1913.

M. J. Bin Gorion

Primeira Parte:
DOS PRIMÓRDIOS
OS PATRIARCAS
AS DOZE TRIBOS

Livro Primeiro: A Criação

1. O Céu e a Terra

O QUE FOI criado primeiro, o céu ou a terra? Discordam os sábios a esse respeito. Uns dizem: Primeiro foi criado o céu e depois a terra; daí estar escrito: "No princípio Deus criou o céu e a terra". Outros, porém, são de opinião que primeiro foi criada a terra e depois o céu, como também está escrito: "Tu criaste antes a terra, e os céus são obra de Tuas mãos". Então a discórdia irrompeu entre os sábios até que lhes sobreveio inspiração divina e perceberam que, ambos, céu e terra, foram criados na mesma hora e num só momento. Mas como o Senhor fez isso? Sim, Ele estendeu a destra e estirou o céu, estendeu a sinistra e criou a terra. De repente, ambos ali estavam, o céu e a terra.

DEUS CRIOU o céu e a terra e sentiu o mesmo amor por ambos. Enquanto os céus enalteciam e glorificavam a honra de Deus, a terra contristada chorava e dizia ao Senhor: Ó Senhor do Mundo! Os céus ficam perto de ti e se deleitam no esplendor de tua glória; são também alimentados na tua mesa e a morte jamais penetra em seu reino, por isso cantam; a mim, porém, manténs longe de ti, meu alimento entregaste às mãos do céu e o que sobre mim se encontra, está consagrado à morte; como pois não haveria eu de chorar? Então o Senhor falou: Não te aflijas, terra, pois algum dia também estarás entre os que cantam, e cantos de louvor hão de ressoar de teu extremo.

2. Os Primórdios

NO PRINCÍPIO o mundo era somente água dentro d'água e o espírito de Deus pairava sobre as águas. Então Deus fez a neve da água e da neve fez a terra.

NO INÍCIO a terra era *Tohu* e *Bohu**, e as trevas cobriam o abismo. *Tohu* era uma faixa verde, que envolvia a terra inteira e da qual

---

* *Tohu* e *Bohu* que geralmente significam "deserto e vazio" são descritos aqui como os primeiros elementos.

provinham as trevas; *Bohu* eram os abismos cheios de pedras lamacentas, através das quais manava a água.

NO PRINCÍPIO Deus criou o céu e a terra. Porém, de que fez Ele o céu? Da luz de sua veste; Deus tomou o seu manto e o estendeu, pois assim está escrito: "Luz é a veste do Senhor, ela envolve o céu como um tapete". Mas os céus se estiravam e estendiam cada vez mais até que o Senhor exclamou: Basta!, e então os céus estancaram; e não tivesse Ele bradado, continuariam estendendo-se até hoje. Mas do que se originou a terra? Deus apanhou a neve, que se encontrava debaixo de seu trono e a espalhou sobre a água; isto congelou a água, convertendo-a em terra firme. Deus disse à neve: Sê terra! E também a respeito da terra consta que ela se estirava e estendia e ia para todos os lados, a fim de cumprir a vontade do Senhor, até que Ele também lhe traçou os limites.

"MEUS PENSAMENTOS não são os vossos e minhas vias não são as vossas", diz o Senhor. A maneira de agir do Santo, louvado seja, é diferente da dos homens. Se um homem quer que haja luz, acende uma luz na outra, pois não pode produzir luz da escuridão. Não é o que ocorre com o Santo, louvado seja seu Nome. Quando criou o mundo, tudo era escuro, deserto e vazio; mas da escuridão Ele gerou a luz. Pois está escrito: "A terra era escalvada e vazia, a escuridão cobria o abismo". Mas o que consta logo depois? "Disse Deus: Haja luz, e houve luz."

NO PRINCÍPIO O Senhor criou mil mundos; depois criou novamente outros mundos, e todos nada são perante Ele.

O Senhor criou mundos e os destruiu; plantou árvores e as erradicou, pois ainda não eram belas e uma hostilizava a outra. E consta que continuou criando mundos e os destruindo, até que criou o nosso; então Ele falou: Este é do meu agrado, os demais não me satisfaziam.

E o Senhor colocou a terra sobre a pedra fundamental, da qual tudo emanou e que depois ficou no Santuário; e este é o umbigo do mundo. Desta pedra lascaram-se as pedras que ficam nos abismos e através das quais correm as águas. Por três sinais as pedras foram imersas nos abismos e os próprios abismos estão divididos em três partes, e são os pilares do mundo. Mas, uma vez em trezentos anos os pilares do mundo estremecem, conforme também está escrito: "Ele sacode a terra do seu lugar e lhe abala as colunas".

ESTÁ ESCRITO ainda que houve uma rocha que o Senhor colocou no abismo, e na rocha enterrou o seu verdadeiro nome com quarenta e dois sinais e com isto tapou a boca do abismo, para que as águas não transbordem! Mas quando a geração do dilúvio pecou, o Senhor afastou a rocha e aí todos os poços da profundezas irromperam.

3. Das Primeiras Coisas

"DEUS CRIOU o mundo com sabedoria." A sabedoria é o ensinamento. O ensinamento foi escrito sobre fogo negro e de chamas brancas eram as letras; e nelas estavam gravadas os setenta e três Nomes do Senhor.

Deus encontrava-se sozinho em seu mundo. Olhava para cá e olhava para lá e não via nenhum ser. Então apeteceu-lhe um mundo. Solitário estava o Senhor, quem se encontraria ao seu redor; sua alma estava sequiosa e então agiu. Estendeu a mão e tirou um de seus nomes da Escritura; deste nome caíram três gotas d'água, e eis que a terra toda ficou cheia d'água. E o espírito de Deus pairou sobre a água!

O Senhor então dividiu a água em três partes; reuniu uma parte em mares, fez correr a segunda nas profundezas e a terceira água continua aguardando a sua palavra.

Então abriu novamente a Escritura, tirou o segundo nome e dele fez três gotas de luz. Da mais clara, criou a luz que iluminou o paraíso; da segunda gota, fez a luz que irá brilhar nos dias do Messias; é a grande luz sobre a qual está escrito: "Será o brilho da lua, como o brilho do sol". Da terceira gota o Senhor criou a luz deste mundo.

De novo Deus abriu o livro e tirou o terceiro nome e dele produziu três gotas de fogo; do fogo mais forte criou os anjos e os serafins, do segundo produziu os animais sagrados, mas o terceiro fogo é o fogo que não se apaga.

Assim, a terra estava cheia de água, fogo e luz. E novamente Deus olhou em seu redor e viu que à sua direita tudo estava cheio de fogo, à sua esquerda tudo estava cheio de luz e embaixo tudo estava cheio d'água. Então apanhou as coisas e as misturou, sempre duas de cada vez; juntou água e fogo e deles surgiu o céu; depois, tomou água e luz, os misturou e deles fez o trono de sua glória; depois, tomou fogo e luz que juntou e deles surgiram os animais sagrados e suas hostes.

ATRAVÉS DA PALAVRA do Senhor o mundo no princípio era apenas água e água; fogo, vento e ar formavam como que um trono sobre a água, no qual estava sentado o Senhor em sua glória. O trono só pairava sobre a água devido à palavra de Sua boca, pois os animais sagrados ainda não existiam.

Estendia-se diante do Senhor um manto de luz e sobre ele estavam pintadas as imagens de todas as criaturas. E, sob o trono, achavam-se ocultas as almas dos seres vindouros. À direita do Senhor encontrava-se o Jardim do Éden. O espaço entre o jardim e o Éden era preenchido pela penitência. Diante do semblante do Senhor encontrava-se o Templo Sagrado e a glória do Senhor estava no

centro do Templo. Numa pedra preciosa, que se encontrava sobre
o altar, estava gravado o nome do Rei Messias e o espírito de
Deus mantinha suspensa a pedra. E ouvia-se uma voz: Penitenciai-vos
seres humanos!
ANTES DA TERRA ter sido criada foram feitas sete coisas que
precederam a Criação por dois mil anos. Eram elas: A Escritura,
o Trono de Sua Glória, o Jardim do Éden e o Inferno, a Penitência,
o Supremo Templo e o Messias; mas o nome do Messias brilhava
ainda antes de existir o sol.
TRÊS COISAS já existiam antes da terra: a água, o vento e o fogo.
A água engravidou e concebeu a escuridão, o fogo engravidou e gerou
a luz, o vento engravidou e gerou a sabedoria. Estes seis elementos
também regem a terra: o vento e a sabedoria, o fogo e a luz, a
escuridão e a água.
Contudo, em outro livro lemos: O mundo inteiro e toda a sua
multidão surgiram num único momento, numa hora, num dia. Pois
está escrito: "No dia em que Deus criou a terra e o céu". E não
foi de outra forma. Foi num dia, numa hora, num momento.

4. Os Primeiros Dias

NO PRINCÍPIO Deus criou o céu e a terra; em cima ergueu abóbadas e embaixo fez abismos; da mesma forma que em cima levantou
sete moradas, abriu embaixo sete profundezas. Nas alturas estendeu
o céu "Schamaim" e embaixo fundou a terra "Aretz"; em cima
estendeu o "Sewul", a morada, embaixo criou "Adamá", a terra;
em cima fez "Schechakim", o céu nebuloso, embaixo colocou a
"Harawa", o elemento seco; em cima arqueou o "Maon", o domicílio,
embaixo aplanou a "Arká", o solo; em cima construiu o "Makhon",
a sede, embaixo o "Tewel", a orbe; em cima fez a "Arawot", a
expansão, se estender, embaixo fundou "Heled" a terra. Colocou
o seu trono no céu supremo, mas a sua glória também está embaixo. Tudo isso foi obra do primeiro dia.

No segundo dia Deus apartou as águas, construindo uma muralha entre elas; assim separou a água de baixo da muralha da
água de cima da muralha. Mas, por que as águas foram separadas?
Porque as águas superiores são as águas masculinas enquanto as
inferiores são as femininas, e, se elas se juntassem, destruiriam o
mundo. Nesse tempo as águas superiores corriam em direção às
alturas, as águas masculinas corriam atrás das femininas — mas
Deus as repreendeu, conforme também está escrito: "Fugiram diante
da tua repreensão".

NO SEGUNDO DIA, Deus criou a abóbada celeste e os anjos, o
fogo terrestre e o fogo do inferno. Os anjos são fogo quando servem

ao Senhor, e tornam-se ventos, quando executam as suas mensagens. "Faze dos ventos de teus mensageiros, do fogo teus servos". Depois Deus falou: Haja uma muralha! E ele separou as águas superiores das águas inferiores. Não houvesse a muralha, o mundo seria tragado pelas águas, as superiores e as inferiores.

No terceiro dia a terra ainda se assemelhava a uma planície lisa e as águas cobriam-lhe a face. Mas quando soou a palavra da boca do Todo-poderoso: "Juntem-se as águas!", surgiram alturas dos extremos da terra e irromperam montanhas, mas, entre elas, formaram-se vales; as águas rolaram e ajuntaram-se em profundezas, conforme está escrito: "O ajuntamento das águas foi chamado de mar". As águas, porém, logo se tornaram atrevidas e quiseram cobrir o reino terrestre como antes, entretanto o Senhor as repreendeu e as forçou sob o Seu pé; mediu-as com sua escala e elas não poderiam prosseguir. Estabeleceu-lhes uma fronteira de areia, do mesmo modo que o homem faz uma cerca em volta de sua vinha; quando as águas sobem e deparam com a areia, elas ressaltam. Não quereis me temer, diz o Senhor, e estremecer diante do meu semblante? Eu é que coloco a areia como margem ao mar; é um eterno preceito este, e a água não pode transgredi-la; e mesmo que se arremesse, nada conseguirá, e mesmo que suas vagas bramem, não poderão ultrapassá-la.

Mas antes ainda que as águas se juntassem, já estavam criadas as profundezas e os abismos, e a terra balançava e oscilava sobre os abismos como um navio sobre o mar.

As águas erguem-se das profundezas para abeberar todas as criaturas. As nuvens dão a conhecer isso aos mares através de seus condutos, os mares informam aos abismos, e um abismo avisa ao outro para que conceda água às nuvens. Assim, as nuvens colhem água dos abismos, mas somente no lugar que o Senhor lhes destina podem deixar cair a chuva. Agora a terra concebe, mas é como a gravidez de uma viúva, que não tem mais marido e prostitui-se. Mas quando o Senhor quer abençoar a terra com frutos e dar alimento às suas criaturas, Ele abre as boas câmaras do céu e embebe a terra com a melhor água, que é a água masculina; então a terra concebe como uma noiva que conheceu o primeiro homem, e o que dela brota é abençoado.

Nesse mesmo terceiro dia, Deus abriu os portões do Jardim do Éden e de lá tirou as sementes para toda a sorte de árvores, que deveriam carregar os respectivos frutos, como também as sementes para as gramíneas e ervas, e espalhou a semente sobre a terra; assim, pôs a mesa para as criaturas, antes ainda que elas existissem.

NO TERCEIRO DIA Deus criou todas as árvores do paraíso e da terra, eram árvores que carregavam frutos e árvores que não carregavam frutos. Quando porém, os cedros do Líbano, os carvalhos em Basan e todas as árvores altas perceberam que foram criadas em primeiro lugar, levantaram suas capas e tornaram-se atrevidas. Mas o Senhor falou: Odeio o orgulho e a altivez, ninguém é mais alto do que eu! E logo depois criou o ferro.

Quando as árvores viram que o Senhor criara o ferro, estremeceram e choraram diante do Senhor. Então o Senhor lhes perguntou: Por que chorais? Elas responderam dizendo: Choramos porque criaste o ferro para que nos seja colocado à raiz; considerávamo-nos mais fortes do que tudo na terra e agora nos surge um destruidor. Então o Senhor falou: Eis que para o machado é preciso tirar primeiro o cabo de madeira, se vos quer derrubar; é assim que procedo: primeiro tendes o poder sobre o ferro e depois o ferro sobre vós. E assim o Senhor obteve a paz entre eles.

CONSTA QUE a terra produziu árvores frutíferas que deram suas respectivas espécies de frutos. Portanto, as árvores já saíram prontas e completas da mão do Criador não como acontece atualmente; quando um homem planta uma figueira precisa esperar três anos até que a árvore dê frutos.

O SENHOR AINDA fez a terra produzir todas as espécies de drogas, com as quais o preparador de pomadas fabrica seus ungüentos e com as quais o médico cura as doenças. Não existe nenhuma ervinha na terra que não tenha sua estrela no céu, que a impele e lhe diz: Cresce, torna-te grande.

5. Sol e Lua

NOS PRIMEIROS TRÊS DIAS Deus utilizou-se da luz que criara no primeiro, antes de fazer surgir as estrelas. No quarto dia, porém, quando as luzes celestiais já estavam ali, o Senhor escondeu a primeira luz. Por que fez isso? Porque já tinha uma visão prospectiva dos povos da terra e sabia que iriam irritá-lo. Falou para si: Esses malvados não merecem que esta luz brilhe sobre eles; deverão contentar-se com o sol e a lua, cujas luzes algum dia se apagarão. A primeira luz, entretanto, que é de eterna duração, será a luz dos justos que virão.

NO QUARTO DIA, Deus criou duas luzes, e nenhuma era maior do que a outra e nenhuma menor do que a outra, sendo que ambas eram iguais em tamanho, forma e brilho. Aí surgiu uma contenda entre elas, uma falou: Sou maior do que tu; a outra falou: Eu sou maior do que tu; e não havia paz entre elas. O que fez o Senhor?

Fez uma ficar menor do que a outra e a luz grande deveria governar o dia e a pequena a noite. Depois disso Deus criou as estrelas. DEUS FEZ DUAS grandes luzes, o sol e a lua. Então a lua falou diante do Senhor: Ó Senhor do Mundo! É justo que dois reis se utilizem de uma só coroa? Ao que o Senhor retrucou: Vai e torna-te a luz menor. Então a lua falou diante do Senhor: Devo-me tornar menor só porque disse uma palavra acertada? E o Senhor redarguiu: Por isso deverás reinar de dia e de noite. Mas o Senhor viu que a lua não se acalmava e se arrependeu de sua ação; por isso depois conclamou Israel e falou: Pelo fato de eu ter diminuído a lua, deveis me trazer um sacrifício de penitência. E este é o carneiro da lua nova que se costumava ofertar, quando ainda estava de pé o Templo de Deus.

Num outro livro lemos:

Deus fez duas grandes luzes; uma luz grande para governar o dia e uma luz pequena para governar a noite, e mais as estrelas, pois Ele falou: Pelo fato da lua ter sido diminuída, resolvo que, quando ela nasce, as estrelas nasçam com ela, e, quando declina, as estrelas declinem com ela.

O SOL E A LUA tinham o mesmo tamanho, como também consta: "Deus fez duas grandes luzes". E o tamanho dos dois permaneceu igual até que veio a lua e se queixou disso. Ela falou diante do Senhor: Senhor do Mundo, por que começaste a Criação com "Bet"*, a segunda letra? O Senhor respondeu: Para que seja avisado a todas as minhas criaturas que coloquei o dois no princípio, porque também criei dois mundos e assim também deverão sempre ser ouvidas a palavra de duas testemunhas. A lua falou: Mas qual dos mundos é maior do que o outro? É o deste lado ou o do outro lado? O Senhor retrucou: O do outro lado é maior do que o deste. Então a lua disse: Eis que criaste dois mundos, um daquele lado e um deste; o daquele lado é grande, o deste é pequeno; criaste um céu e criaste uma terra; o céu é maior que a terra; criaste o fogo e criaste a água, e a água apaga o fogo. Agora criaste o sol e a lua; não deveria então um ser maior do que o outro? Então o Senhor falou: Para mim está claro e visível que imaginas que vou te engrandecer e diminuir o sol. Mas como tinhas em mente o mal para o sol, és tu que diminuirás e o teu brilho será sessenta vezes menor do que o dele. Então a lua falou diante do Senhor: Ó Senhor do Mundo! Foi apenas uma única palavra que proferi e por isso devo ser castigada com tanta severidade? Então o Senhor

---

* A história da criação na Bíblia principia com a palavra "Bereschit" (= no princípio).

falou: Algum dia terás o mesmo tamanho que o sol; "e o brilho da lua terá a mesma intensidade que o brilho do sol".

QUANDO O SENHOR repreendeu a lua por sua presunção, ela despencou de seu lugar e dela se desprenderam-se raios de luz, que se espalharam pela superfície do céu; destas centelhas formaram-se as estrelas. Uma vez que a lua perdeu tanta luz, o seu brilho escureceu; mas também as centelhas, convertidas em estrelas, não brilham com tanto fulgor e não oferecem junto com a lua a luz que ela estava anteriormente destinada a oferecer.

6. Do Reino dos Animais

NO QUINTO DIA a água agitou-se com peixes vivos, machos e fêmeas, puros e impuros. E todas as espécies de aves, machos e fêmeas, puras e impuras, e duas de cada espécie, das que existissem; o pombo e a rola foram escolhidos para o holocausto. Também todas as espécies de gafanhotos saíram da água, machos e fêmeas, puros e impuros. No mesmo dia, Deus fez emergir no mar o Leviatã, o poderoso dragão. Nas águas inferiores é sua morada. Todos os grandes animais do mar são alimento do Leviatã; o Leviatã abre sua goela e a grande baleia, para a qual chegou o dia de ser devorada, foge diante dele, mas acaba se refugiando na goela do Leviatã. Todos os animais que vieram da terra, acasalam-se e multiplicam-se na terra; mas aqueles que se formaram na água, acasalam-se e multiplicam-se na água; a única exceção são as aves: vieram da água mas se multiplicam na terra. Os animais que vieram da água multiplicam-se pela postura de ovos, mas o que vieram da terra dão cria.

No sexto dia, Deus fez surgir da terra toda a espécie de gado, machos e fêmeas, puros e impuros; destes foram escolhidos três espécies para o holocausto no altar: o boi, o carneiro e a cabra. Depois criou Ele os sete animais puros, que são: o carneiro, o veado, a corça, o bode, a camurça, a gazela e o alce. Depois Deus fez surgir da terra toda a espécie de vermes e insetos nocivos, todos impuros. Tudo o que vive proveio da terra; terra é seu corpo, terra é sua alma, e quando perece, torna-se pó. No mesmo dia Deus também criou o grande touro, reservado para o banquete do Justo. O seu alimento é a grama das mil montanhas; ele a colhe diariamente, mas durante a noite ela volta a brotar da terra, e parece que ele nem tocou nas montanhas. A sua bebida é a água do Jordão; ele engole a torrente e isso nada lhe significa.

PARA TUDO o que o Senhor criou em seu mundo, fez machos e fêmeas; Leviatã, o gigantesco, o coleado dragão, também foi criado por Deus nos dois sexos, assim como também o grande touro; mas se esses machos e fêmeas se acasalassem e dessem cria, eles destruiriam o mundo. O que fez o Senhor? Castrou os machos e abateu as fêmeas; mas, salgou a carne e ela permanecerá fresca até o grande banquete.

LOUVADO E ENALTECIDO seja o nome do Rei de todos os Reis e glorificada seja a sua recordação, Ele que alimenta e sustenta o mundo inteiro, desde os chifres do búfalo até os ovos do piolho. O búfalo é um animal puro e apenas existem dois exemplares no mundo, um macho e uma fêmea; um está no Oriente e outro está no Ocidente. Só uma vez em cada setenta anos eles se reúnem e se juntam; depois porém a fêmea vira a cabeça e morde o macho, matando-o. E a fêmea concebe e permanece doze anos com o fruto no ventre. Até o duodécimo ano ela ainda se move sobre as patas, come capim e bebe água. Mas no princípio do duodécimo ano ela cai de lado, pois as patas não mais a sustentam. O Senhor, no entanto, a alimenta em Sua misericórdia; faz correr da boca do animal uma seiva, que borbulha como uma fonte, e desta água brota novamente capim da terra e ela ainda tem o seu pasto garantido por mais doze meses; ora se vira para um lado, ora para o outro e colhe o capim.

E no fim do duodécimo mês o ventre do animal rasga-se e saem duas crias, um macho e uma fêmea, e um vai para o Oriente e o outro para o Ocidente, e não mais se multiplicam até que de novo decorram setenta anos, pois senão o mundo seria destruído por eles.

EXISTEM CRIATURAS que somente podem crescer na água e existem criaturas que somente podem crescer na terra. As que crescem na água — quando sobem à terra, logo perecem; assim como as que crescem na terra — quando se acham no mar, logo morrem. Há criaturas que somente se desenvolvem no fogo, e ainda algumas, que só podem viver no ar. Os animais que vivem no fogo, assim que se encontram sem fogo, no ar, imediatamente perecem, e aqueles que costumeiramente vivem no ar, quando chegam ao fogo, queimam-se e são aniquilados. Vês que, aquilo que é lugar de medrança para um, é lugar de perecimento para outro, e, por sua vez, onde um se extingue, o outro se desenvolve.

Mas que animal é esse que vive no fogo? É a salamandra. Os vidreiros, que preparam o vidro, aquecem seu forno durante sete dias e sete noites. Surge então neste brazeiro, uma criatura, semelhante à lagartixa, e este animal é chamado de salamandra. Se o homem passar o sangue deste animal na mão ou em qualquer de seus membros, pode expô-los ao fogo que não se queima.

EIS A CERVA cujo ventre é muito estreito. Quando se inclina para dar cria, o Senhor lhe envia uma serpente e ela morde a cerva no ventre e esta mordida a liberta de seu sofrimento. Depois o Senhor envia-lhe uma ervinha e, comendo dela, sua ferida cicatriza. O Senhor realiza grandes feitos e nós não o sabemos.

Eis a camurça, que é cruel para com as suas crias. Quando deve se inclinar para parir, sobe antes ao cimo duma montanha, para que a cria, ao sair de seu ventre, logo seja destroçada. Mas o Senhor envia uma águia e a águia apanha a cria sobre as suas asas. E se a águia aparecesse apenas um instante mais cedo ou mais tarde, o filhote morreria.

No entanto, em outro lugar está escrito:

Difícil é o parto da camurça. No início, ela apenas deixa sair metade da cria, e esta, metade de fora e metade ainda no ventre materno, já pasta na relva atrás da mãe, até ficar forte; depois, as dores obrigam a mãe a se inclinar novamente e as patas traseiras do filhote saem. Depois o filhote foge de sua mãe, para que não o repudie e mate devido à dor intensa.

O SENHOR AINDA criou três criaturas singulares que são diferentes das demais criaturas que fez. São a toupeira, a serpente e o sapo.

Eis a toupeira; se avistasse a luz do dia, nenhum ser poderia subsistir diante dela. Eis a serpente; se tivesse patas, correria atrás do cavalo e o mataria. Eis o sapo; se tivesse dentes, nenhum animal na água poderia permanecer com vida diante dele.

UM VIAJANTE, nos tempos do Talmud, viu um sapo, que era tão grande quanto uma cidade de sessenta casas; aí apareceu uma serpente e engoliu o sapo; depois surgiu uma gralha e engoliu a serpente e sentou-se no galho da árvore à maneira dos pássaros. Quão grande e forte deve ter sido a árvore!

O mesmo viajante viu um pássaro com água até os tornozelos, mas a sua cabeça alcançava o céu. Então o viajante e seus companheiros falaram: A água não deve ser funda aqui e quiseram banhar-se nela, pois o dia estava quente. Contudo, uma voz clamou: Não entrai na água, pois há sete anos o machado de um carpinteiro afundou aqui e até agora não alcançou o fundo.

O pássaro, todavia, era a grande águia do Senhor!

NAS MONTANHAS vive um animal, que se assemelha em tudo ao homem; em aparência, semblante, na estrutura das mãos e dos pés, não há distinção entre ele e o homem; também fala uma linguagem parecida com a do homem; apesar das palavras serem difíceis de entender, percebe tratar-se de sons humanos. De seu umbigo pende um cordão e esse cordão parte de uma raiz, que está enterrada bem no fundo da terra e daí provém a sua força. Enquanto o comprimento do cordão permite, o animal se move e caminha no pasto sobre o capim que cresce ao redor; nenhuma criatura ousa aproximar-se dele e entrar no círculo formado pelo cordão, pois logo seria dilacerado. Mas, quando os caçadores desejam abater o animal, dirigem suas flechas para o cordão e tentam rompê-lo; aí o animal solta um grito lancinante e cai morto no chão.

7. Os Quatro Guardiães da Terra

PELA SABEDORIA o Senhor criou a terra. O Senhor criou os filhos do homem e perante eles criou os espíritos e os demônios e fez o temor aos espíritos cair sobre as criaturas. E não fosse a Sua misericórdia e não tivesse logo tomado suas precauções, as criaturas não poderiam se agüentar ao menos por uma hora diante da supremacia do mal. Mas qual foi a solução que o Senhor criou? Anualmente, no solstício do mês de Nissan, Deus concede uma nova força aos serafins e eles se estiram e erguem a cabeça mais alto do que nunca e assustam os espíritos, diabos e demônios e protegem os seres humanos com as asas, conforme também está escrito: "Proteger-te-á com suas penas, para que não te assustes com a escuridão da noite!"

O Senhor criou o gado e os animais domésticos, e frente a eles criou os leões, as panteras e os ursos. E não fosse a Sua grande misericórdia, e não tivesse logo tomado suas precauções, como poderia subsistir o gado diante dos leões, panteras e ursos? Qual foi então a solução que o Senhor deu? Criou para a proteção deles o touro das mil montanhas e anualmente, no solstício do mês de Tamus, o Senhor concede uma força impetuosa ao grande touro e ele se estira, ergue a cabeça e faz soar um único mugido, o qual, porém, retumba no mundo inteiro e, ao ouvir este ribombo, os animais selvagens, os leões, as panteras, os ursos e todas as feras são acometidos de susto, e o temor os paralisa durante o ano inteiro. E não fosse assim, como poderia o gado subsistir diante das feras?

O Senhor criou toda a espécie de aves, puras e impuras; algumas vivem em regiões habitadas, outras vivem em regiões desabitadas; frente a elas o Senhor criou o abutre-dos-alpes e a águia marinha. E não fosse a Sua grande misericórdia e não tivesse logo tomado suas precauções, como poderiam as aves se defender do abutre-dos-alpes e da águia marinha? Mas qual a solução que o Senhor deu? Anualmente, no solstício do mês de Tischri, o Senhor concede uma força imensa à sua grande águia e ela ergue a cabeça, bate violentamente com as asas em redor, eleva a voz e grita tão alto que todos os pássaros ouvem e o abutre-dos-alpes e a águia marinha são acometidos de terror por um ano inteiro.

O Senhor criou toda espécie de peixes no mar, grandes e pequenos. Qual o tamanho dos grandes? Alguns têm cem milhas de comprimento e alguns duzentas, existem, porém, os que têm trezentas e quatrocentas milhas de comprimento. E não fosse a Sua grande misericórdia e não tivesse logo tomado suas precauções, não engoliriam os grandes peixes os pequenos? Mas qual foi a norma que o Senhor adotou? Ele criou o Leviatã, seu maior peixe, e anualmente, no solstício do mês de Tevet, o Leviatã ergue a cabeça, junta as forças e bufa na água de modo que esta ferve, e os peixes vorazes são acometidos de temor. Não fosse assim, como poderiam os peixes miúdos subsistir frente aos grandes? Ó, quão acertado é o ditado: "Foi pela sabedoria que o Senhor criou a terra".

E pensas talvez que estes quatro aí agem para algum benefício próprio, realizando tais efeitos? Não, apenas querem com isso agradecer ao Senhor e querem louvar, enaltecer e glorificar o nome do Único, o qual falou: Que venha o mundo! Porque também o destino deles é se tornar pó no final, conforme está escrito: "Tudo se dirige para um único lugar". E somente Ele, o único, permanece na Eternidade, como também está escrito: "O Senhor apenas será exaltado, Ele só, nesse dia".

8. No Crepúsculo do Sexto Dia

NO CREPÚSCULO do sexto dia o Senhor ainda criou as seguintes coisas: a linguagem da mula de Bileam, o poço de Míriam, que rolou junto com Israel através do deserto, o maná, o arco-íris, as letras, o buril, as tábuas da lei, o bastão de Moisés, o verme Schamir, o que faz voar os rochedos. Consta, ainda, que criou outras coisas, ou seja: o reino dos espíritos, a coluna de nuvens, na qual o Senhor do Dia caminhou diante de Israel indicando o caminho ao povo, a boca da terra, que engoliu Korah e seu bando, o túmulo de Moisés, a caverna de Moisés e Elias, o bode que foi sacrificado em lugar de Isaac, o jumento, as vestes de Adão e também os primeiros tenazes.

O SENHOR FALOU: Produza a terra almas vivas conforme suas espécies, gado, vermes e animais conforme sua espécie. E Deus criou as diferentes espécies de animais, de gado e de vermes.

E o Senhor fala de quatro que pretendia criar, e criados são, mas são apenas três. Não é estranho isso?

Disse a respeito um sábio: Almas vivas são os espíritos; somente suas almas foram completadas; o Senhor estava em vias de criar seus corpos, mas aí precisou santificar o Sábado e não pôde terminá-las.

Isso deveria ser uma lição para os homens; se no crepúsculo, antes do início do Sábado, alguém tiver na mão uma coisa preciosa ou uma pérola e então lhe dizem: Joga fora, deve fazê-lo; pois eis que também o Senhor no sexto dia teve de atuar na criação e, mesmo havendo criado novas almas, ao chegar o Sábado, largou tudo.

EM CADA DIA o Senhor criou três coisas. No primeiro dia criou o céu, a terra e a luz; no segundo dia criou o firmamento, o inferno e os anjos de serviço; no terceiro dia criou as árvores, as gramíneas e os rios; no quarto criou o sol, a lua e as estrelas; no quinto criou os peixes, o Leviatã e as aves; no sexto deveria criar duplamente, para a véspera do Sábado e para o Sábado. O Senhor completou a criação de Adão e Eva e de todos os animais; e quando terminou isso ainda quis realizar mais coisas, porém, o Sábado chegou. O Senhor abençoou o sétimo dia, pois nele descansou de todas as suas obras, as que criou e devia fazer. Aqui não está escrito: que Ele criou e fez, mas que devia fazer, pois assim foi; o Sábado despontou e o trabalho ficou incompleto.

Conta-se que esses seres incompletos seriam os espíritos; é certo que suas almas foram criadas, mas quando o Senhor estava em vias de formar os seus corpos, chegou o Sábado; por isso largou tudo e eles permaneceram até hoje almas sem corpo.

Os espíritos são fecundos, multiplicam-se e morrem como os filhos dos homens. Aquele que se junta com uma diaba também gera diabos. Em que exemplo podes ver isso? No exemplo de Adão, o primeiro homem; de sua relação com os espíritos, surgiram espíritos.

9. O Sábado

NO SÉTIMO DIA o Senhor subiu ao seu trono com alegria e em sua frente passaram, cheios de júbilo, os príncipes do sol e da lua, de Orion e de Sírius, os príncipes dos diversos firmamentos, os príncipes dos anjos, dos animais sagrados, das rodas de Deus, e dos querubins, os príncipes da água e dos abismos, das montanhas e alturas, dos desertos e florestas, do paraíso e do inferno; depois vieram os príncipes de todos os seres vivos, os príncipes dos animais, das aves, dos peixes, dos gafanhotos e dos vermes — todos de aspecto admirável e horripilante. E todos rodeavam o Senhor com grande júbilo, como que possuídos por uma fonte de alegria, e se rejubilavam, dançavam e cantavam diante do Senhor e o louvavam com toda a sorte de folguedos e cantos de louvor e O enalteciam. Os anjos cantavam: Eterna seja a glória do Senhor! E todos acompanhavam: As obras do Senhor alegram Seu coração!

E no supremo céu, no Arawot, ecoavam os gritos de alegria e ele ostentava a beleza e o esplendor, a força e o poder, o vigor, o orgulho e a grandeza, repleto de louvor, de gratidão, de júbilo, de canto e de contentamento, de brilho triunfal e de glória.

Nessa hora o Senhor também trouxe a princesa do Sábado, sentou-a no trono de sua glória e fez desfilar diante dela todos os príncipes da abóbada celeste e todos os príncipes das profundezas e eles dançaram diante dela uma dança de roda e estavam alegres e cantavam: Sábado ao Senhor! Os outros príncipes respondiam e clamavam: Ao Senhor o Sábado! O Senhor celebrou uma festa de consagração pelo término do céu e da terra tudo se rejubilou com Ele. O Senhor fez com que o próprio Adão, o primeiro homem, viesse ao supremo céu para estar presente à comemoração do Sábado. E quando Adão viu a glorificação da princesa do Sábado e observou que todos se alegravam com ela e ela era o começo e a principal de todas as alegrias, também ele abriu a boca e entoou o Salmo referente ao dia de sábado. O Senhor falou: Cantas tua canção à princesa do Sábado, mas é a mim que é devida, pois sou o Deus do Sábado. A princesa do Sábado então levantou-se, prostrou-se em terra e disse: Fazemos bem em exaltar o Senhor! E todas as espécies da Criação começaram: O teu nome, ó Altíssimo, queremos louvar!

O RIO SAMBATION expele pedras todos os dias da semana, no Sábado, porém, descansa. O rio Sambation consagra o Sábado, pois em todos os dias úteis suas ondas espumam e as águas, por suas forças, atiram pedras às margens, mas no Sábado tudo pára e nenhuma pedra cai sobre a areia.

Também há uma montanha da qual se extrai prata e ao Sábado a terra da montanha não produz prata.

Também há um peixe que no Sábado descansa na praia até que o dia tenha terminado. O nome do peixe é Sabati, em virtude de ele observar o Sábado.

Se alguém faz para si uma couraça com a pele de escamas desse peixe, nenhuma flecha e nenhuma lança poderá feri-lo.

10. A Obra Terminada

ANTES DA TERRA ter sido criada, o Senhor se encontrava sozinho com o seu grande Nome. Teve então a idéia de criar um mundo. E rabiscou um mundo diante de si.

Um rei da terra, quando quer construir um castelo, não inicia a construção antes de ter desenhado uma planta e saber onde lançar os fundamentos, bem como onde colocar as entradas e saídas. Assim também o Senhor. Mas o mundo não podia existir antes de Ele ter criado a penitência.

UM REI POSSUÍA muitos copos de vinho e disse para si mesmo: se eu verter alguma coisa quente nos copos, eles se estilhaçam, e se eu derramar algo frio, ficam rachados e fendidos. O que fez o rei? Misturou o frio com o quente, verteu-o nos copos e eles continuaram inteiros. Assim também o Senhor. Ele falou: Se eu construir o mundo baseado apenas na misericórdia, o pecado prevalecerá; mas se eu deixar que reine somente a força da lei, como irá o mundo subsistir? Fundá-lo-ei sobre clemência e severidade ao mesmo tempo e espero que assim subsistirá.

Não foi com esforço e nem com fadiga que o Senhor criou o seu mundo, mas pela palavra do Senhor é que surgiu o céu.

Um rei na terra, quando faz um palácio, inicia a construção pela parte de baixo e depois faz os andares superiores, o Senhor, no entanto, faz a parte inferior e a superior simultaneamente.

Um rei na terra, quando constrói um navio, primeiro junta as vigas, a madeira de cedro e a âncora e só depois nomeia seus timoneiros. Mas as obras do Senhor existem desde logo com o seu dirigente. Conforme também consta: "Assim fala o Senhor que cria o céu e aqueles que o estendem".

O céu é firme como um espelho moldado. Quando um homem molda um utensílio e este não é usado, logo a ferrugem o ataca, mas as obras do Senhor são eternamente limpas e parecem sempre que acabaram de sair da mão do mestre.

Um dia passa, um novo dia surge, um Sábado passa e um novo Sábado vem, uma lua passa e uma nova lua surge, um ano passa e um novo ano vem, e o céu e a terra continuam como no primeiro dia da Criação.

11. Alef e Bet

NOVECENTAS E SETENTA e quatro gerações antes da criação do mundo a Escritura já estava escrita e repousava no regaço do Santíssimo, louvado seja o seu Nome, entoando cânticos de louvação ao Senhor juntamente com as multidões.

ANTES DO MUNDO ser criado, porém, não existiam rolos de pergaminho sobre os quais a Escritura poderia ser escrita; e também não existiam animais cuja pele podia ser tirada para nela se escrever. Mas se quisesses dizer que a Escritura foi burilada sobre ouro ou prata, não seria correto, pois ainda não existiam ouro nem prata e ambos não haviam sido purificados. Mas se julgas que a Escritura tenha sido escrita sobre tábuas de madeira, também isso não seria possível, pois as árvores ainda não haviam sido criadas. Sobre o que então foi escrita a Escritura? Estava escrita sobre os próprios braços do Senhor, negras chamas sobre fogo branco.

E quando o Senhor pensou em criar o mundo, aconselhou-se com a Escritura e lhe disse: Desejo criar um mundo no qual o meu poder seja reconhecido. Ao ouvir isso, a Escritura disse: Senhor dos Mundos! Tu, que no princípio já conheces o fim, a quem todo o oculto está aberto, faze o que é de tua vontade. O Senhor, ao ouvir

a fala da Escritura, gostou das palavras. Pegou-a, colocou-a diante de si e a examinou.
Então as vinte e duas letras surgiram diante do Senhor e cada uma lhe disse: Senhor de todos os Mundos! Que seja feita a Tua vontade e inicia comigo a Criação! Assim, todas se apresentaram diante do Senhor, começando pela letra final Taw até o Bet, a primeira antes da letra inicial, mas o Senhor as afastou de si; a letra Bet, então, parou e disse: Senhor de todos os Mundos! Não é Tua vontade que a Criação se inicie comigo? Eis que os Teus filhos comigo algum dia abençoarão o teu Nome.* O Senhor falou então: Pois bem, iniciarei a Criação contigo.
Mas quando a letra Alef viu que o Senhor havia parado na Bet, ficou de lado e permaneceu silenciosa até que o Senhor lhe perguntou: Alef, por que te calas? Por que não falas com os teus companheiros? O Alef então, retrucou dizendo: Senhor de todos os Mundos! Pois se todos os meus irmãos foram postos para trás e eis que expressam números elevados; quanto mais eu que nada mais represento senão o número um.** O Senhor falou: Não estranhes; és o chefe e o rei de todos os números; eu sou um e tu és um e, pelo fato de tu mesmo teres te diminuído, engrandecer-te-ei e deverás também significar o número mil. E o Senhor continuou: Consola-te, algum dia começarei os meus mandamentos contigo.***
Durante vinte e seis gerações o Alef queixou-se perante o Senhor: Senhor de todos os Mundos! Sou a primeira de todas as letras e a Criação não começa comigo. Então o Senhor falou: O mundo e sua plenitude só existem por causa da Escritura, todavia, aguarda, algum dia darei meus mandamentos a Israel, e os abrirei contigo. E é assim que no início dos Dez Mandamentos consta: Anochi — Eu sou o Senhor teu Deus.

12. Os Sete Mundos Anteriores

NA ESCRITURA CONSTA: "Estes são os reis que regiam na terra de Edom, antes que os filhos de Israel tivessem reis".
Por estes reis deve-se entender os sete mundos anteriores, que foram criados e que existiram antes do nosso mundo, que pode assim ser chamado de oitavo rei. Todos estes mundos anteriores dos sete reis foram destruídos; as suas criaturas eram malignas e pecavam diante do Senhor, de modo que Ele não se alegrava com elas e as destruiu.

---

* Significa barech = abençoar.
** As letras hebraicas são ao mesmo tempo valores numéricos.
*** Anochi = eu, palavra inicial do Decálogo.

O mal precede o bem mas não tem duração; por isso todos esses mundos pereceram e com eles as novecentas e setenta e quatro gerações, que se dissolveram antes de seu tempo. Deus também fez perecer todos os anjos e reis, bem como todas as criaturas celestiais e terrenas destes mundos; guardou apenas os seus ossos, até que amadureceu o tempo e foi vontade do Rei dos Reis, do Santíssimo, louvado seja, reanimá-los novamente e fazê-los surgir pela segunda vez, numa seqüência melhor.

É também o que a Escritura quer significar, quando diz — "No princípio Deus criou o céu e a terra". Com isto deve se entender o mundo anterior vazio; Deus construiu os mundos, mas eles não o agradaram; portanto, os destruiu e a terra ficou deserta e vazia; apenas o espírito de Deus pairava sobre a profundeza — eram os vapores, que se elevavam dos ossos, os quais agora deveriam ressuscitar.

E Deus falou: "Haja novamente luz."

13. A Respeito dos Sete Céus

AI DAS CRIATURAS que olham e não sabem o que estão olhando, ai das criaturas que estão em pé e não sabem sobre o que estão em pé. Sabeis sobre o que a terra se ergue? A terra pousa sobre sete pilares e esses pilares se erguem na água, e a água está sobre as montanhas, e as montanhas pendem do vento e o vento pende da tempestade e a tempestade pende o braço do Senhor.

Lá em cima existem sete céus e cada céu tem o seu próprio nome. São: Wilon, a cortina; Rakia, o firmamento celeste; Schechakim, o céu nebuloso; Sewul, o refúgio; Maon, a morada; Machon, a sede; Arawot, a amplidão.

Wilon, a cortina, o primeiro de todos os céus, não tem outra finalidade a não ser a de abrir-se pela manhã e ser puxado à noite, mas com isso renova diariamente a obra da Criação.

Rakia é o céu ao qual estão fixos o sol, a lua, as estrelas e os planetas.

Em *Schechakim*, o céu nebuloso, acha-se o grande moinho, no qual é moído o maná para os justos.

Sewul, o refúgio, é o lugar onde estão erguidos a Jerusalém superior, o Templo Sagrado e o altar dos holocaustos; e Michael, o supremo príncipe, encontra-se diante do altar e oferece sacrifícios.

Em *Maon*, a morada, habitam as multidões que à noite entoam cantos de louvor; durante o dia porém permanecem silenciosas porque são os cânticos de Israel que devem ser ouvidos.

Em *Machon* estão os depósitos de neve e os celeiros de granizo, lá são guardados os vapores quentes e em toda a parte há bacias de água turva; lá também ficam as câmaras em que estão trancados os tufões, as tempestades e as cavernas cheias de vapor, cujas portas são de fogo.

Arawot, o mais elevado de todos os céus, é o céu no qual é praticado o direito e a justiça; lá se encontram os tesouros da vida, da paz e da bênção. Na Arawot habitam as almas de todos os justos e de todos os que devem vir. Também o orvalho com o qual o Senhor algum dia reanimará os mortos está guardado ali. Lá estão as rodas e os Serafins, os animais sagrados e os anjos; lá está o trono de Sua glória, e o Senhor, o Deus vivo, Excelso e Sublime, trona sobre eles e se ergue alto na Arawot.

SOBRE O MUNDO está o *Wilon*. O Wilon iguala-se a uma cortina de seda, que é fechada quando se está dentro e aberta quando se quer sair. Na hora em que desponta a estrela matutina e o sol inicia a sua tarefa, o Wilon é fechado diante do Rakia, a fim de que o sol não ofusque a terra. Mas quando o sol se deita o Wilon é aberto de novo, para que a lua e as estrelas possam iniciar sua jornada.

Sobre a terra, porém, ergue-se uma escada, e a sua extremidade superior alcança o céu; ela tem a altura de um percurso de quinhentos anos, e anjos sagrados e elevados príncipes são os que mandam nos portões deste céu.

Acima do Wilon está o *Schamaim*; sobre o Schamaim encontra-se uma escada que alcança o Rakia, e anjos sagrados e príncipes vigiam sempre este céu.

Acima do Schamaim está o *Rakia*, e sobre o Rakia ergue-se uma escada, sua extremidade alcança o Schechakim; anjos sagrados e príncipes são os guardiães deste céu.

EM OUTROS livros lemos:

Redonda é toda a terra e os céus a envolvem como a casca de noz envolve o caroço. A terra tem a extensão de um percurso de quinhentos anos, a largura de um percurso de quinhentos anos, e o grande mar, denominado oceano, a envolve por todos os lados. O oceano repousa sobre as barbatanas do Leviatã, mas este reside nas águas inferiores e se comporta como qualquer outro peixe puro do mar. As águas inferiores estão acima das águas primeiras e se comportam como pequena fonte à margem do mar; as águas da Criação, porém, são também chamadas de águas chorosas. Estas águas chorosas pendem sobre a terra inferior; a terra inferior se arqueia acima das águas embravecidas, conforme também está escrito: "A terra arqueia-se acima das águas". As águas tempestuosas por sua vez repousam sobre os pilares de Chaschmal, de minério brilhante, e os pilares do Chaschmal se apóiam nos depósitos de neve, e estes repousam sobre as montanhas de granizo, e as montanhas de granizo se elevam sobre o abismo. Mas a quem o príncipe do abismo se assemelha? O seu semblante é como o do touro de três cabeças. Está entre o abismo superior e o inferior. Ao abismo superior diz: recolhe as tuas águas, e ao inferior fala: cospe as tuas águas.

O abismo pende sobre o Tohu e o Tohu sobre o Bohu, e o Bohu sobre um mar, e este mar se estende sobre águas, e as águas correm sobre montanhas, e as montanhas se elevam sobre o vento, e o vento ruge sobre as asas da tempestade, e assim, em cima e em baixo, um mundo está sobre outro, um mundo sob o outro, até o supremo céu, a Arawot; a Arawot, porém, pende dos braços do Santíssimo, louvado seja o seu Nome.

Em sua direita carrega Ele as terras e na esquerda os infernos. ESTÁ ESCRITO: "Quem mede a terra com o passo e segura os céus com o palmo?" Portanto, toda a terra e todas as suas profundezas — seu comprimento é apenas um passo do seu pé, sua largura é apenas um passo de seu pé e também sua altura, até a primeira abóbada, é apenas um passo de seu pé. O céu e os céus de todos os céus — têm o comprimento de um palmo de sua mão, a largura de um palmo e a altura de um palmo.

14. Das Luzes do Céu

MAS ONDE foram pendurados o sol e a lua? Encontram-se na segunda abóbada. E onde está todo o seu exército? Na abóbada que fica sobre o Schamaim. Da terra até o céu há um espaço de quinhentos anos de percurso, o tamanho de cada abóbada é de quinhentos anos de percurso e de abóbada em abóbada há novamente uma jornada de quinhentos anos. Vê pois quão alto está o sol e, no entanto, no decorrer do mês de Tamus, não há sombra na terra para uma criatura sequer.

A esfera solar tem um envoltório para si, como também está escrito: "O Senhor fez uma tenda para o sol". No céu, ele tem um lago diante de si: quando o sol surge pela manhã, o Senhor enfraquece pela água o seu poder, a fim de que não queime a terra. Mas algum dia, no dia do Juízo Final, o Senhor tirará o envoltório do sol e queimará o malfeitor com seu fogo.

No coração do sol estão escritas três letras do Nome divino, e anjos as guiam noite e dia, e aqueles que as guiam de dia não as guiam de noite e aqueles que as guiam de noite não as guiam de dia. O sol sai numa carruagem: sai como um noivo do seu aposento, com a cabeça coroada, e alegra-se em percorrer o caminho como um herói. Duplo, porém, é o semblante do sol, o que olha para baixo é de fogo e chamejantes também são os raios. O que olha para cima é de gelo e gelados também são os raios; não fosse o gelo que esfria o fogo, o mundo se abrasaria, e nada fugiria da brasa. Mas no inverno, o sol volta seu semblante inferior para cima; e não fosse então o fogo aquecer o gelo, o mundo congelaria, pois o que subsiste diante da geada?

Para a lua, porém, é dito em continuação, existe uma morada entre duas nuvens: entre Anan e Arafel, onde repousa. As nuvens, qual duas metades de casca, acham-se frente a frente; mas, na lua nova, as nuvens abrem-se no Ocidente e a lua sai delas; na primeira noite seu semblante se assemelha a um chifre de carneiro, mas na noite seguinte, já está um pouco maior; e assim sai cada vez mais, até que na metade do mês se apresenta como lua cheia. Então, as nuvens dão uma volta e se abrem para o Oriente; a extremidade da lua, que antes se tornara visível, também entra em primeiro lugar e é coberta pelas nuvens, uma parte na primeira noite, uma segunda parte na segunda noite e assim por diante, até que no fim do mês as nuvens de novo a cobrem inteiramente. "Dei-lhe o Anan como veste e o Arafel como coberta, disse o Senhor."

O SENHOR fez trezentas e sessenta e cinco janelas no céu para uso da terra; fez cento e oitenta e duas no Oriente e cento e oitenta e duas no Ocidente; uma, entretanto, encontra-se no meio da abóbada e com essa iniciou-se a Criação. Algumas das janelas são feitas para o sol, outras, para a lua. O que o sol percorre em doze meses, a lua percorre em trinta dias.

O SOL ANDA por quatro caminhos: nos meses de Nissan, Iiar e Siwan, ele brilha sobre as montanhas, para derreter a neve; em Tamus, Av e Elul, brilha lá onde habitam os homens, para amadurecer os frutos; em Tischri, Cheschwan brilha sobre os mares, para controlar os rios em seu percurso; em Tevet, Schewat e Adar ele brilha no deserto, para que a sementeira não fique seca.

O SENHOR CRIOU doze constelações e as dispôs no céu, elas e todos os seus exércitos, e estas são as constelações: Carneiro, Touro, Gêmeos, Câncer, Leão, Virgem, Balança, Escorpião, Sagitário, Aquário, Capricórnio, Peixes; todas essas constelações circulam dia e noite ao redor da terra, durante as doze luas do ano. E Deus lhes deu sete companheiros e esses são: Saturno, Júpiter, Marte, Sol, Vênus, Mercúrio, Lua; cada um deles se move em redor de si mesmo.

No entanto, a luz de um não é como a luz do outro, nem a morada de um como a morada do outro. Não é como a luz do sol, e não é como a luz da lua, a luz dos cinco planetas restantes; a luz da lua é as vezes encoberta e outras vezes aberta, mas a luz do sol e dos cinco planetas nunca são encobertas.

OS PLANETAS nos tornam sábios, eles nos tornam ricos; também Israel depende dos planetas e nem prece ou justiça pode modificar o destino. Dizem outros, porém, que a sorte de Israel independe do destino.

15. Os Quatro Ventos

QUATRO VENTOS sopram diariamente e o vento norte acompanha a todos; não fosse assim, o mundo não poderia subsistir nem por uma hora. O vento do sul é o pior de todos e, não viesse o falcão que estende as asas e impede o vento, o mundo seria destruído; pois assim está escrito: "Voa o falcão e estende as asas para o sul".

OS GANCHOS do céu estão embutidos na água do oceano; as águas do oceano correm entre as extremidades da terra e as extremidades do céu. O meio do céu é abobadado qual um semicírculo, qual uma tenda aberta. As extremidades da tenda estão caídas para baixo, mas seu centro é alto, e os seres humanos sentam-se debaixo dela, conforme também está escrito: "Ele estende o céu como uma tenda, na qual se habita".

Em sua sabedoria o Senhor deu quatro lados ao mundo: oriente, ocidente, sul e norte. Do sul, chega a luz ao mundo; do oriente, provém o orvalho benfazejo e as chuvas caridosas; o vento do norte traz as porções de neve e as massas de granizo, de lá também provém o frio. Do norte, do lado que ficou incompleto, vem a escuridão ao mundo. Por que ficou incompleto o lado do norte? O Senhor assim falou: Que venha alguém que diga de si ser Deus. Que vá e termine a parte do mundo que deixei incompleta; então se saberá se ele é um Deus.

O norte é a extremidade do mundo onde habitam os espíritos, diabos e demônios; de lá provêm os ventos rudes, o trovão e o raio; esse também é o país onde toda a maldade tem seu início, como também está escrito: "Do norte irromperá a desgraça".

E assim como concedeu quatro direções, o Senhor também rodeou seu trono com quatro animais sagrados e com quatro anjos: Michael, Gabriel, Uriel e Rafael.

DIARIAMENTE sopram quatro ventos procedendo de todas as quatro regiões do mundo. De manhã até o meio-dia sopra o vento oriental, e junto com ele vêm três mil e setenta e cinco ventos salutares para o mundo; todos provêm de um tesouro que se encontra em cima, nos portões orientais, e que é chamado de tesouro do desejo. Seja quais forem os sofrimentos e enfermidades que atormentem os homens, ele nunca tropeça pela manhã. O anjo a quem foi ordenado que de manhã até o meio-dia viesse sobre esse vento que é do oriente, chama-se Michael, o mesmo Michael, do qual está escrito: "Eis que o meu mensageiro segue à tua frente".

Se, quando o vento sul desperta para soprar na terra, se alguém ao mesmo tempo estiver em caminho e andar na mesma direção, todos os seus desejos se realizam e ele permanecerá de bom humor o dia inteiro.

O vento ocidental sopra do meio-dia até à noite e com ele saem quatrocentos e sessenta e cinco ventos, os quais fazem florescer as gramíneas, as árvores e todas as plantas. Para esses ventos, de manhã até a noite foi ordenado um anjo que se chama Rafael.

O vento sul sopra do início da noite até a meia-noite, e com ele saem do tesouro do desejo duzentos e setenta e cinco ventos, os quais engordam a terra e amenizam o frio. Um anjo está ordenado para esses ventos, Uriel é seu nome. Esse vento pesa demais sobre os enfermos e eles sentem a sua pressão; à terra, porém, ele traz o bem.

O vento norte sopra da meia-noite até a manhã, e trezentos mil outros ventos sopram com ele; é o mais áspero de todos os ventos, mas faz bem àqueles que possuem um corpo frágil.

16. A Terra Santa

A TERRA SANTA foi a primeira a ser criada, e todo o resto do mundo só o foi depois. O próprio Senhor irriga a Terra Santa, o restante do mundo, porém, é irrigado através de seus mensageiros.

Mas como é irrigada a terra? Alguns dizem: as águas do oceano irrigam toda a terra. As águas do oceano são salgadas. Mas as nuvens as adoçam.

Outros por sua vez dizem: toda a terra é irrigada pelas águas que vêm de cima, como também está escrito: "Beberás a chuva do céu". Mas como poderei interpretar: "E uma neblina se elevou do solo e umedeceu toda a terra". Provavelmente isso quer dizer: as neblinas inflam e se elevam para o céu; lá se enchem com a água da chuva. Mas as nuvens são tão cheias de furos como uma peneira e através destes furos a chuva goteja para a terra e entre as gotas há apenas a distância de um cabelo.

POR QUE o Monte Garizim é chamado de primeiro monte? perguntam os samaritanos. Porque, juntamente com o Jardim do Éden, foi o primeiro a se tornar visível fora das águas. Do Monte Garizim o Senhor também tomou a terra para o corpo de Adão, do pó do monte abençoado fez o homem. Adão é a glória da Criação e o monte abençoado é a glória da terra seca.

A TERRA SANTA é mais elevada que as outras terras.

17. O Jardim do Éden

O JARDIM DO ÉDEN foi criado ainda antes do mundo; todos os seus jardins e plantações e também a abóbada sobre ele, bem como seu solo, já existiam, e somente mil trezentos e sessenta e um anos, três horas e dois momentos depois foram criados o céu e a terra.

Do que é feito o solo do Jardim? Quando o Senhor iniciou a criação do Jardim, tomou da neve que estava sob o seu trono e dela fez o solo do Jardim do Éden. E o solo do jardim está acima da nossa terra, e só de vez em quando toca a terra que é mais elevada que as demais. No entanto, o céu, que se arqueia sobre o jardim, brilha em todas as cores e é magnífico como safira e no centro da abóbada está gravado o nome do Senhor.

E Deus, o Senhor, plantou um jardim no Éden, do lado do oriente, durante a manhã. Éden é um lugar especial na terra, e nenhuma criatura sabe onde se encontra. O Senhor o mostrará a Israel algum dia, nos dias do Rei Messias.

Um rio saía do Éden para irrigar o jardim, e dali se dividia em quatro braços. O primeiro chama-se Fison, porque em sua volta cresce o linho; * a água da corrente brota com intensidade e corre por toda a região de Hevilat; lá se encontra ouro e o ouro da região é precioso; lá se encontra também a resina aromática e a pedra preciosa ônix. O mundo não mereceu possuir ouro; e por que então foi criado? Existe por causa do Templo Sagrado.

O segundo rio chama-se Geon, que rodeia toda a região dos etíopes; o terceiro rio chama-se Chidequel (Tigre). Este é um rio impetuoso, corre pela Assíria. O quarto rio é o Eufrates, cuja água é fecunda e se multiplica. Se perguntares ao Tigre: Por que corres com tanto ímpeto? Ele responde: Para que todos me vejam e me ouçam. Se perguntares ao Eufrates: Por que ninguém te ouve? Ele responde: Não preciso disso, minhas obras falam por mim.

O FISON, também chamado Ganges, corre por toda a Índia e traz o ouro consigo. O Geon é o Nilo, ele corre pela Etiópia; é a maior correnteza do mundo. O terceiro rio é o Chidequel, também denominado Tigre; sua correnteza é impetuosa e ele corre pelo reino da Armênia. O quarto rio é o Prat, também chamado de Eufrates, e corre pela terra dos caldeus, divide a Babilônia e deságua no Mar dos Juncos.

PARTIA DA BABILÔNIA um rio chamado Tavi, que irrigava a terra uma vez em quarenta anos, e assim no início a terra recebia sua água. Mas o Senhor determinou que a partir de então só seria irrigada pelo céu. Quatro foram as razões que o levaram a assim proceder: primeiro, para que os violentos não desviassem toda a água para as suas lavouras, deixando árida a terra do vizinho; em

---

* Pischon — etimológico de Pischta, planta de linho.

segundo lugar fez isso para melhor lavar os vapores nocivos da terra; em terceiro lugar, para que as elevações fossem tão bem banhadas quanto as baixadas; e em quarto, para que os olhares de todos convergissem para o céu.

18. A Duplicidade e a Unidade

EM SUA SABEDORIA e em sua onipotência o Senhor criou tudo no mundo em duplicata e em toda parte um é correspondente do outro ou um complemento do outro, e se não fosse assim, não existiria nem um nem outro. Não houvesse morte, não existiria vida, mas se não houvesse vida, não existiria morte. Sem paz não haveria guerra, e sem guerra não existiria paz; o Senhor criou ricos e pobres, espertos e tolos, vida e morte. Do contrário, não se veria diferença entre ordem e devastação. Ele criou o atrativo e criou a aversão; criou o homem e a mulher, o fogo e a água; criou ferro e madeira, luz e a escuridão, calor e frio, mar e terra, alimento e fome, bebida e sede; criou o andar e o mancar, a visão e a cegueira, a audição e a surdez, a fala e a mudez; criou o trabalho e o ócio, a aflição e o desejo, o riso e o pranto, a doença e a cura — tudo isso, para revelar a onipotência do Senhor.

Não poderia o Senhor fazer com que nascessem crianças sem que o homem e a mulher se juntassem? Não, tudo surge apenas através da união e do contraste; o homem não pode gerar sem a mulher e a mulher não pode dar à luz sem o homem.

Não houvesse machado, não haveria carpinteiro, não houvesse mestre não haveria machado.

Sem pureza nenhuma impureza seria possível, sem impureza não haveria pureza. O porco e todos os animais impuros dizem ao gado puro: Vós nos deveis agradecimento, pois se não existíssimos nós, que somos impuros, como saberíeis vós, que sois puros? Não houvessem os justos não existiriam o malfeitores, não houvessem os malfeitores, não existiriam também os justos. O malfeitor diz ao justo: Tu me deves gratidão, pois, se não existisse eu, que sou malvado, como iriam te reconhecer? E se todos os homens fossem justos, qual seria então o teu privilégio?

Como já dissemos, tudo tem o seu contraste no mundo; apenas um é só, e isto todos devem saber: o Senhor é só, e não há outro ao lado dele!

E mais adiante lemos:

Duas coisas há que não foram criadas: o vento e a água; essas já existiam, como também está escrito: "O vento do Senhor pairava sobre as águas". Deus é único e não há outro além dele, e assim também é o vento; não há correspondente para ele e também não possui semelhante. Não podes apanhá-lo, nem batê-lo, nem queimá-lo e nem lançá-lo fora. Dirás talvez: Mas o odre contém o vento! Mas não! Pois eis que carregas o odre e vem alguém e pergunta: Que tens aí dentro? Se lhes disseres: Aqui dentro há vento. Ele perguntará: Que coisa é essa? É preta, vermelha, branca ou verde? Pode ser comprada na feira? Tu não poderás lhe dar resposta. Se abres a boca do odre, o vento sai, porém não podes vê-lo. Ainda mais, ele carrega o homem e movimenta o céu e a terra. Como é que o sabes? Teus próprios olhos o vêem: estás numa casa ou numa caverna, bem no interior da caverna, e de repente te moves, as abas do teu casaco se levantam, um vento está aí e tu não sabes de onde veio. Por aí vês que o mundo inteiro está repleto de vento, o vento sozinho carrega o mundo, ele é o mais elevado e já existia no começo de todas as coisas, conforme também está escrito: "O vento de Deus soprava sobre a água."

Livro Segundo: Adão

1. Antes da Criação de Adão

QUANDO o Senhor quis criar o homem, fez surgir antes uma hoste de anjos e lhes disse: Façamos um homem à nossa imagem. Os anjos então falaram: Ó Senhor do Universo! Qual será a função do homem na terra? O Senhor respondeu: Tal e tal será a sua função. Então os anjos falaram diante do Senhor: Ó Senhor do Universo, "o que é o homem para que te lembres dele e o filho do homem para que te ocupes com ele?" O Senhor então estendeu o dedo mínimo e queimou os insubmissos.

Depois disso Deus criou uma segunda hoste de anjos e também lhes disse. Façamos um homem à nossa imagem; e também estes anjos falaram como os primeiros: "O que é o homem, para que te lembres dele e o filho do homem para que te ocupes com ele?" Novamente o Senhor estendeu o dedo e também a esses queimou.

Então, Deus criou uma terceira hoste e lhes disse: Façamos um homem. Os anjos então retrucaram: Ó Senhor do Universo, os primeiros que ousaram te contradizer, o que conseguiram? Teu é o Universo todo, portanto, faze nele o que melhor te aprouver.

NO MOMENTO em que o Senhor estava em vias de começar a criação do homem, os exércitos celestiais se dividiram em diversos grupos. Uns diziam: ele que venha; os outros diziam: ele que não venha jamais.

A justiça disse: ele que venha, pois fará justiça na terra; a paz falou: ele que não venha, pois o seu espírito é todo de discórdia. A misericórdia disse: ele que venha, pois praticará boas ações. A verdade, porém, falou: ele que não venha, pois é todo mentira. O que fez o Senhor? Tomou a verdade e a atirou sobre a terra. As hostes falaram: Ó Senhor do Universo! Por que atiraste esse Teu símbolo ao pó?

Os anjos brigavam ainda e discutiam os prós e contras; enquanto isso, o Senhor já criara o homem. E Ele lhes falou: O que discutis? O homem já foi feito.

QUANDO DEUS quis criar o primeiro homem, chamou os exércitos celestiais para junto de si e lhes falou: Façamos um homem à nossa imagem. Os anjos falaram: Esse homem, a quem queres criar, o que fará ele sobre a terra? O Senhor respondeu: Dele provirão os justos. O Senhor apenas lhes revelou, que os justos proviriam do homem, ocultou-lhes, contudo, que dele também proviriam os malvados. Se lhes tivesse revelado isso, a criação do homem não teria sido permitida pelo Reino da Severidade.

O SENHOR FALOU para a Escritura: Façamos um homem que se assemelhe à nossa imagem. A Escritura retrucou ao Senhor: Senhor dos Mundos! Teu é o Universo; mas o homem que pretendes criar, muitos não serão os seus dias na terra, o seu coração estará cheio de amargura e aflição e certamente incorrerá em pecado; uma vez que não queres praticar a longanimidade com ele, seria melhor que nem viesse ao mundo. O Senhor então falou: É pois em vão que me denomino um Deus que pratica a longaminidade e é misericordioso?

2. A Criação de Adão

QUANDO O SENHOR iniciou a criação do mundo, a primeira coisa que fez foi o homem, mas inicialmente apenas formou seu corpo. Já estava querendo lhe insuflar o hálito, quando monologou: Se agora eu colocar o homem vivo diante de mim, ele será considerado como se tivesse criado o mundo junto comigo. Vou deixá-lo ainda como torrão de terra, até que tenha criado todo o resto. E quando o restante do mundo estava pronto, as hostes disseram: Não vais fazer o homem do qual falaste? O Senhor então, retrucou: Ele já está criado, nada lhe falta a não ser que eu lhe insufle o hálito. E Ele colocou o homem de pé e com ele completou o mundo. Iniciou sua obra com o homem e com ele a terminou; assim também está escrito: "Fizeste-me no início e no fim".

O SENHOR NUTRIA um amor todo especial por Adão, o primeiro homem; criou-o num lugar puro e sagrado. De que lugar extraiu Ele o homem? Foi do lugar do Templo Sagrado. Consta que o Senhor tomou uma pá cheia de terra do lugar em que estava o altar, e dela criou o primeiro homem.

DEUS FALOU: Produza a terra alma viva. Com isto quis dizer: o espírito do primeiro homem.

Primeiro Deus fez um torrão de terra, que ia da terra até à abóbada celeste e lhe insuflou a alma.

E Deus atou a alma ao corpo do homem. A alma está atada ao homem, para que, quando acometido de aflição, não a arranque e a atire fora.

As hostes superiores são criadas à imagem de Deus, mas não são fecundas e não se multiplicam; os animais da terra se multiplicam e são fecundos, porém não são à semelhança de Deus. O Senhor falou: Quero criar o homem semelhante aos anjos, mas que seja fecundo e se multiplique como os filhos da terra.

ESTÁ ESCRITO: Uma neblina se elevou da terra e umedeceu todo o solo; e depois está escrito: Deus formou o homem com o pó da terra. Foi assim: Deus fez a água subir da profundidade e embebeu as nuvens, para que a terra amolecesse; depois formou dela o homem, como alguém que primeiro mistura a farinha com água e depois faz a massa.

E DEUS COMEÇOU a juntar a terra para o corpo de Adão e a tomou de todas as quatro extremidades do mundo. Por que a procurou nas quatro extremidades? Disse consigo mesmo: Se o homem vem do sul para o norte ou do norte para o sul, para onde quer que ele vá e onde quer que o seu fim o alcance, em toda parte o pó do seu corpo é pó e para lá ele volta, e a terra sempre poderá elevar sua voz e bradar: Do pó vieste e pó te tornarás.

O CORPO DE ADÃO foi feito com a terra da Babilônia, sua cabeça com terra de Israel e seus membros foram feitos com terra das demais nações.

DIZ-SE QUE as florestas de palmeiras da Babilônia são as florestas virgens do tempo de Adão.

3. À Imagem de Deus

ADÃO, primeiro homem, era a luz do mundo e o sangue do sangue do Eterno.

A TERRA ERA deserta e vazia, a escuridão pairava sobre a profundeza e o espírito do Rei Messias, dizem outros, o espírito de Adão, pairava sobre a água.

E O SENHOR falou para si mesmo: Se eu fizer o homem igual ao divino, ele viverá eternamente e jamais morrerá; se eu o fizer igual ao terrestre, ele estará sujeito à morte como os terrestres e não saberá da vida eterna; assim sendo, vou fazê-lo igual ao divino e ao terrestre; quando cometer pecado, deverá morrer e quando for justo, viverá uma vida eterna.

Outros, por sua vez, dizem: Adão foi escolhido para viver eternamente; por que então a morte lhe foi imposta? O Senhor assim procedeu, para que os homens o temam.

ADÃO, O PRIMEIRO HOMEM, foi também a primeira obra de Deus. Deus criou o mundo inteiro com a sua palavra, mas fez o homem com as próprias mãos.

No início, Adão alcançava da terra até o céu. Mas quando as hostes o avistaram, estremeceram de temor. Foram diante do

Senhor e disseram: Ó Senhor! Eis que dois poderes existem no mundo, um no céu e um na terra. O que fez o Senhor? Colocou suas mãos sobre Adão e diminuiu sua estatura, de maneira a só medir mil cúbitos.

QUANDO O SENHOR criou Adão, os anjos se enganaram e tomaram o homem por Deus. O que fez o Senhor? Deixou Adão cair em sono profundo; então os anjos viram que se tratava apenas de um homem.

O HOMEM ali estava e era maravilhoso de se olhar como imagem de Deus; as criaturas então o viram e tiveram medo, pois pensaram tratar-se de seu Criador. E todos vieram a ele e se curvaram. O homem então lhes falou: Vieste a mim e quereis vos curvar diante de mim. Pois bem, vamos juntos, eu e vós, vistamo-nos de orgulho e força e façamos rei aquele que nos criou a todos, da mesma maneira que um povo elege o seu rei. Pois, na verdade, um povo sempre aclama o seu rei, mas um rei não aclama a si mesmo rei.

E Adão caminhou à frente e foi o primeiro a aclamar o Senhor como Rei e após ele vieram todas as criaturas, bradando: O Senhor é Rei e magnificamente adornado!

LEMOS QUE o Senhor concedeu a Adão uma superioridade que deveria durar eternamente e lhe destinou um lugar, que era mais incluso do que aquele em que se encontravam os anjos. Mas quando Adão não acatou a vontade do Senhor e obedeceu à vontade da serpente, o Senhor alterou Seu semblante e o deixou ir. Todavia, depois de tê-lo expulso, o Senhor se lamentou e disse: O homem era como um de nós, como um único no mundo.

VEM CÁ E DIZE, por que foi Adão a última obra do Criador? A resposta à pergunta é a seguinte: Dia após dia o Senhor executou o seu trabalho e criou o mundo todo com todo seu exército, mas no sexto dia, que foi o último dia de sua faina, formou o homem e lhe falou: Até aqui eu me esforcei, a partir de agora, esforça-te tu. Quando a Escritura diz: "No princípio o Senhor criou", ela quer dizer: no começo, antes ainda que existisse o homem, o Senhor se dedicava a trabalhar o mundo.

Mas por que o homem foi criado à imagem de Deus? Poder-se-ia relatar algo semelhante acerca de um rei: Um rei governava um país, que construía fortificações e cuidava do bem-estar do povo. Um dia reuniu os habitantes e lhes destinou um de seus príncipes, dizendo: Até agora cuidei do país, a partir deste momento este homem me substituirá. Depois disse ao príncipe: Eis que ordenei tais coisas ao povo; deverás continuar a reinar e governar da mesma forma que eu o fiz até agora. A partir deste momento tudo será posto em tuas mãos e o povo irá temer-te como teme a mim.

Assim também está escrito: "Que vos temam e diante de vós tremam todos os animais da terra e todas as aves do céu". Foi por esta razão que Deus criou Adão à sua imagem, pois o homem deveria construir o mundo e nele fazer o trabalho antes feito por Deus.

4. O Homem Era Um e Muitos Dele Nascem

DOS SERES HUMANOS apenas um foi criado. Por que somente um? Para que os justos não digam: Somos filhos de um justo; e para que os ímpios não digam: Somos filhos de um ímpio. Para que um não diga ao outro: Meu pai era mais do que o teu. E para que as tribos não hostilizassem umas às outras: pois eis que mesmo todos descendendo de um só, hostilizam-se, como seria então se descendessem de dois? E veja que, mesmo descendendo de um só, roubam e afligem uns aos outros, como seria então se descendessem de dois?

E ainda por esse motivo foi criado apenas *um* homem no início, para que seja proclamado a grandeza do Rei dos Reis, do Santo, louvado seja, o qual imprimiu *um* cunho ao mundo inteiro; desse cunho, porém, vieram muitos seres. Um homem imprime muitas moedas com um cunho, mas todas são iguais entre si; o Rei dos Reis, porém, o Santo, louvado seja, estampa todos os homens à imagem de Adão, o primeiro homem e, no entanto, nenhum se assemelha ao outro.

Por que então, os rostos não se assemelham uns aos outros? Para que os homens não logrem uns aos outros, para que um não entre no campo do vizinho sem ser reconhecido, para que um não chegue impune à mulher de seu próximo.

O homem foi a última criatura a ser criada. Por quê? Para que os descrentes não digam: O homem foi auxiliar do Senhor em Suas obras. E esse é ainda um motivo por que o homem foi criado por último. Para que não se exceda, pois lhe pode ser dito: a mosca te antecedeu na Criação. E em terceiro lugar, o homem foi o último na Criação, para que pudesse sentar-se imediatamente à mesa. Quem conheceria algo semelhante? Um rei na terra também não procede de outro modo: primeiro constrói um palácio, depois o adorna e prepara uma ceia; por fim, convida seus hóspedes.

5. O Mestre

QUANDO O SENHOR criou o homem, os anjos falaram ao Senhor: O homem que fizeste, como é? O Senhor lhes respondeu: A sua sabedoria é maior do que a vossa. E Deus apresentou aos anjos o gado, os animais e as aves e sobre cada um perguntou: Este aqui, qual o seu nome? Os anjos, porém, não souberam responder. Então o Senhor fez os animais desfilarem diante do homem e lhe perguntou o nome de cada um. Então o homem disse: Este é o boi, este o cavalo, este o asno, este o camelo, esta a águia, este o leão e prosseguiu chamando todos os animais pelo nome. E tu, perguntou-lhe o Senhor, qual o teu nome? O homem retrucou então: Eu, conviria chamar-me de *Adão,* pois fui tomado da terra.* E Deus continuou a perguntar: E eu, qual deveria ser o meu nome? Adão retrucou e falou: Tu, convém chamar-te de SENHOR, pois tu és o Senhor de todas as criaturas.

QUANDO O SENHOR se vangloriou da sabedoria do homem diante de Satã, este falou: Senhor, tenta a mim e tenta a ele. E o Senhor disse: Eis que na terra criei gado e animais, vermes e aves. Desce e reúne os animais; se souberes seus nomes, ordenarei ao homem que se prostre diante de ti e te colocarei ainda mais perto da minha glória; mas se o homem denominar os animais como eu o quero, deverás te prostrar diante do homem e ele habitará no meu jardim, irá plantá-lo e conservá-lo. E o Senhor dirigiu-se para o Éden e o Satã o seguiu.

Ao ver o Senhor e o Satã se aproximarem, Adão disse à sua companheira: Vem, apresentemo-nos diante do Senhor que nos criou.

O Senhor então falou a Satã: Queres ser o primeiro a citar o nome dos animais ou queres que o homem comece? O Satã disse: Eu quero começar. O Senhor então trouxe um boi e uma vaca, os colocou diante do Satã e disse: Estes aqui, quais os seus nomes, porém, não soube responder. Deus então, afastou esses animais, trouxe um camelo e falou: Este aqui, qual o seu nome? Mas o Satã não soube dizê-lo. O Senhor então deixou o camelo partir e trouxe um asno. O Satã, todavia, também não soube denominá-lo.

A partir desse instante o Senhor conferiu ao homem a disposição do coração e lhe concedeu sabedoria e linguagem, para que pudesse responder e falar; lhe apresentou um boi e perguntou: Este animal, qual o seu nome? Adão respondeu: Este é um boi. O Senhor então apresentou um camelo ao homem e perguntou: Este animal aqui, qual o seu nome? Adão retrucou: Este é um camelo. Então o Senhor lhe apresentou um asno e perguntou: Este animal aqui, qual o seu nome? Adão falou: Este é um asno.

Ao ver então que o Senhor abençoara o homem com grande sabedoria, o Satã ergueu um grito até o céu. O Senhor então

---

* Adão — de Adama, terra.

lhe perguntou: Por que gritas? O Satã retrucou: Acaso não devo gritar? Criaste a mim de tua glória, mas ao homem, do pó da terra e a ele deste sabedoria e discernimento. O Senhor disse: Ó Satã e corrupto! Admiras-te disso? O homem verá logo seus filhos e os filhos de seus filhos até o fim de todas as gerações e com sua boca nomeará seus nomes.

QUANDO O MUNDO foi criado, foram também criados todos os animais e o primeiro homem. Logo após os animais vieram perante o Senhor e disseram: Ó Senhor do Mundo, dize-nos os nossos nomes e indica-nos as ações que devemos executar. O Senhor falou: Coloquei tudo na mão do homem; mas vós também possuireis duas coisas: a virtude e a maldade. Pois se fordes justos, tereis o ganho; mas se fordes malvados, isso será vosso prejuízo. Tomai-o portanto a feito e tratai de compreendê-lo. Agora porém ide ao homem; a ele indiquei como devereis ser chamados, como também as ações que tereis de executar.

Então todos os animais retorquiram em conjunto: Ó Senhor do Mundo! Quando alguém tem filhos e quer levá-los a uma casa de estudos ou a um mestre para que aprendam um ofício, não vai ele próprio conduzi-los? Então o Senhor disse: Falastes a verdade. Os animais disseram: Então vem e leva-nos ao homem.

Em seguida o Senhor elevou sua voz e todos os animais se reuniram. O Senhor apanhou todos com a sua unha e os levou diante do homem. Ali o Senhor os assentou, como se assentam discípulos diante do mestre. Assim permaneceu o mundo puro, até os dias do dilúvio.

6. O Sono

O SENHOR CRIOU o homem para que plantasse e mantivesse seu jardim; quis lhe dar uma ajudante, a fim de que se multiplicasse e enchesse a terra.

Quando, porém, a terra se apercebeu das palavras do Senhor, estremeceu e falou diante do seu Criador: Ó Senhor do Universo! A minha força não bastará para alimentar o rebanho humano. Dizer, então, o Senhor: Eu e tu, juntos alimentaremos o rebanho humano. E dividiram o trabalho entre si, o Senhor tomou a si a noite e deu o dia à terra. O que fez o Senhor? Criou o sono; o homem se deita e dorme toda a noite, e o sono lhe é alimento e cura, vida e restauração. A alma, ao que consta, preenche o corpo do homem, mas, na hora em que o homem dorme, a alma sobe aos céus e haure sua vida, lá de cima.

O Senhor porém auxilia a terra e a embebe com chuva; ela carrega frutos e alimenta todas as criaturas.

7. Adão e Eva

E DEUS CRIOU o ser humano, homem e mulher, e enfeitou a mulher magnificamente e a pôs diante de Adão.

Em outro lugar, porém, está escrito: No início homem e mulher eram uma só carne e dois semblantes; depois o Senhor serrou o corpo em dois e fez espáduas para cada um.

Consta também que no início Adão não fora criado à imagem de Deus, mas que atrás lhe pendia uma cauda, como a dos animais; depois, porém, o Senhor a retirou, pois queria honrá-lo.

Quando Deus criou Adão, o fez perfeito e o criou homem e mulher ao mesmo tempo. Mas quando a figura de Adão estava completa, acorreram milhares de espíritos da outra parte do mundo, e cada um deles desejava ter entrada no corpo do homem. Todavia, nenhum deles conseguiu e Deus vociferou contra todos. Assim, ali estava o homem sem espírito e todos os espíritos o rodeavam, até que surgiu uma nuvem e os afastou.

Nessa hora o Senhor falou: Produza a terra alma viva, e Ele soprou o hálito da vida no nariz do homem. O homem então se tornou alma viva. E quando Adão se levantou, sua mulher ainda estava conjungida a ele e a única alma sagrada, que ele tinha dentro de si era tão sua quanto de sua mulher. Em seguida, o Senhor serrou o homem em duas partes, completou a mulher e a trouxe a Adão pronta e formada, como se leva a noiva ao noivo.

O SENHOR CRIOU Adão e Eva e os fez grandes e fortes como jovens de vinte anos.

ADÃO, ao ver Eva, falou: "É osso de meus ossos e carne de minha carne".

Um sábio disse: Por aí, pode-se concluir que Adão se uniu primeiro a todos os animais; contudo, seu ânimo não se acalmou enquanto não achou Eva e se uniu a ela.

ADÃO não possuía uma companheira ao seu lado. Começou a reclamar ao Senhor e disse-lhe: Ó Senhor do Mundo! Todas as criaturas que criaste no teu mundo foram feitas aos pares; somente eu não tenho um segundo ser que me pertença.

Quando depois avistou Eva, Adão exclamou: Esta é a que me cabe; esta é osso de meu osso e carne de minha carne.

Mas essa foi a única vez em que uma mulher foi criada a partir de um homem. Daí em diante, o homem toma como mulher a filha de seu próximo.

DEUS, O SENHOR, fez um sono profundo cair sobre Adão. Tirou-lhe uma costela e dela formou a mulher.

Certa vez uma mulher nobre perguntou a um sábio a esse propósito: Não foi um logro o que o Senhor fez? O Sábio retrucou:

Citarei uma alegoria: Se alguém te der uma onça de prata e tu lhe dás uma libra de ouro em troca, chama-se a isso um logro?

O SENHOR FORMOU a mulher da costela; primeiro refletiu sobre de qual membro de Adão poderia criar a mulher. Disse: Não quero formá-la da cabeça, para que ela não levante a sua demais; nem do olho, para que não espreite por toda a parte; nem da orelha, para que não dê ouvidos a qualquer um; nem da boca, para que não fale demais; nem do coração, para que não se torne irritável, nem da mão, para que não agarre tudo; nem do pé, para que não ande por toda a parte; mas de um membro casto, um membro que mesmo quando o homem estiver nu, esteja coberto. E a cada membro que o Senhor ia formando na mulher, ia lhe dizendo: Sê uma mulher devota, sê uma mulher pudica!

Mas que sucedeu depois? E negligenciastes meus conselhos! * Como a mulher transtornou meus planos!

E O SENHOR levou Adão para seu palácio e o colocou no Jardim do Éden. E Adão flanou pelo jardim como um anjo de Deus. Aí o Senhor falou: Sou único no mundo, não me multiplico e também ele não se multiplica e assim falarão dele as criaturas: Eis que este aqui não se multiplica, é ele quem nos criou. Dar-lhe-ei uma companheira.

Mas o Senhor poupava Adão e não queria magoá-lo; fez pois cair sono profundo sobre ele. Tomou então um osso de seus ossos e a carne de seu coração, fez uma outra criatura e a colocou diante dele. Quando Adão despertou de seu sono e avistou a mulher, que estava à sua frente, abraçou-a, beijou-a e disse: Abençoada és ao Senhor, és osso de meu osso e carne de minha carne; a ti compete ser chamada "homenzinha", pois foste tirada do homem.

O Senhor armou para Adão dez dosséis no Jardim do Éden, todos entrecidos com ouro, pérolas e pedras preciosas. Nenhum noivo tem mais do que um dossel, e também para um rei são feitos apenas três; mas para honrar o primeiro homem, o Senhor armou dez dosséis no Jardim do Éden. E os anjos tocaram os tímbales e dançaram como donzelas.

Em seguida, o Senhor falou a suas hostes: Vinde, façamos clemência a Adão e sua auxiliar, pois o mundo se baseia na medida do cumprimento da clemência. Assim, também as hostes foram padrinhos de casamento de Adão e protegeram as tendas. O Senhor, porém, exerceu a função do oficiante, o qual abençoa os recém-casados e proferiu a bênção sobre Adão e sua mulher.

DEUS, O SENHOR, plantou um jardim no Éden no oriente e no centro armou para o homem doze baldaquins bordados com pedra-

---

* A lenda utiliza-se aqui do Prov. 1,25.

rias e pérolas; dentre elas havia as mais lindas pedras preciosas que existem: sárdio, topázio, diamante, turquesa, berilo, jaspe, ametisa e esmeralda; mesmo as mais insignificantes partes dos baldaquins, eram feitas de puro ouro. E Deus enviou os exércitos celestiais ao homem para servi-lo; eles abriram-lhe as portas do jardim das delícias, e os santos lá de cima, assim como os poderosos da Arawot, lhe bradaram: Bendita seja a tua entrada!

E Deus o Senhor fez um sono profundo cair sobre o homem e lhe tirou uma costela e dela formou a mulher. Lavou a mulher, a untou, pintou e ondeou seus cabelos; trouxe-a diante de Adão com hinos e canções e a casou com o homem. A suprema corte do Senhor também desceu ao Éden; uma parte deles trazia harpas, címbalos e violinos e tocaram diante de Adão e Eva como donzelas. E o sol, a lua, as estrelas e os planetas formaram uma roda e dançaram diante deles como mocinhas. E o Senhor convidou a ambos, Adão e Eva, para uma ceia. Diante deles colocou mesas que eram puras pérolas e sobre as mesas havia comidas saborosas; os anjos de serviço lhes assavam a carne e lhes refrescavam o vinho.

8. O Pecado de Adão

NO DIA EM QUE Adão recebeu o seu espírito, o Senhor falou às hostes celestiais: Prostrai-vos diante dele! As hostes obedeceram à vontade do Senhor. O Satã, porém, maior do que todos os anjos do céu, falou ao Senhor: Senhor do Mundo! Criaste-nos do brilho da tua glória e nos dizes que nos prostremos diante de alguém, que fizeste do pó da terra. O Senhor disse: O que é pó da terra tem sabedoria e entendimento, o que tu não tens.

E aconteceu que, quando o Satã se negou a prostrar-se diante do homem e não quis ouvir à voz do Senhor, este o expulsou do céu e ele se tornou Satã. Sobre ele diz o profeta: "Como caíste do céu, astro matutino!"

OS ANJOS estavam cheios de inveja do homem e falaram ao Senhor: Ó Senhor do Universo! O que é o homem para que Te lembres dele? E o Senhor lhes falou: Da mesma maneira que vós me louvais no céu, ele na terra me enaltece como sendo o Único.

Ouvindo isso, os anjos comentaram entre si: Enquanto não encontrarmos um meio que faça o homem tropeçar, nada poderemos conseguir contra ele. Semael era o maior príncipe entre eles no céu, pois os animais sagrados e os serafins apenas possuíam seis partes de asas cada um, ele porém possuía doze. E Semael se aliou com as hostes superiores contra o Senhor; reuniu sua hoste, desceu e começou a procurar um companheiro. Examinou as criaturas que o Senhor havia criado, mas entre elas não havia nenhuma cuja esperteza estivesse tão voltada para a maldade como a serpente. A serpente era a mais astuta de todos os animais do campo e sua figura se assemelhava à de um camelo. Semael montou na serpente e cavalgou. Mas a Escritura gritou com ele dizendo-lhe: Semael, o mundo acaba de ser criado e tu já começas o tumulto. Queres te rebelar contra o céu? O Senhor zombará de ambos, do cavalo e do cavaleiro.

E a serpente refletiu e falou consigo mesma: Se eu falar com o homem sei que ele não irá me ouvir; é difícil de mover o espírito do homem; prefiro falar primeiramente com a mulher, que é de espírito leviano; sei que ela me escutará, pois a mulher dá ouvidos a qualquer um. Então a serpente foi e disse à mulher: É verdade que os frutos desta árvore vos são proibidos? Respondeu a mulher: Sim, é verdade; o Senhor nos falou: Não comam do fruto da árvore, que está no centro do jardim.

Ainda assim, a serpente encontrara agora uma brecha para entrar com sua conversa e disse: Esta frase não é uma ordem, mas sim inveja. Pois no momento que dela comerdes sereis como o próprio Deus. O que faz Deus afinal? Cria mundos e destrói mundos e também vós estareis em condição de criar e destruir mundos; Ele faz as criaturas viver e morrer e vós também podereis fazer viver e morrer; Deus sabe que, tão logo dela comerdes, os vossos olhos se abrirão. E a serpente foi, sacudiu a árvore e esta bradou: Criminosa, não me toque! Mas a serpente falou à mulher: Eis que toquei a árvore e não estou morta; toca-a tu também, não morrerás. A mulher foi e tocou a árvore, mas eis que avistou o anjo da morte vindo ao seu encontro. Ela falou em seu íntimo: Talvez seja verdade, e agora vou morrer, e o Senhor criará uma outra mulher para Adão; farei com que também ele coma da árvore comigo; se vier a morte, morreremos os dois; se ficarmos com vida, viveremos os dois. Tomou então dos frutos da árvore e comeu, deu-os também ao marido e ele comeu.

Mas logo que Adão saboreou os frutos da árvore, viu que estava nu, abriram-se seus olhos e seus dentes ficaram embotados. E ele falou à Eva: O que é que me deste para comer? Os meus olhos se abriram e meus dentes ficaram embotados; assim como meus dentes se tornaram embotados, ficarão embotados os dentes de todos os homens depois de mim.

Qual era a vestimenta de Adão? Uma pele calosa cobria seu corpo e a nuvem do Senhor sempre o envolvia. Mas depois que comeu do fruto da árvore, a pele calosa lhe foi retirada, a nuvem do Senhor se afastou dele, e ele se viu nu. Escondeu-se do semblante de Deus, mas ouviu a voz do Senhor, que andava pelo jardim.

Então, o justo e verdadeiro juiz o colocou em julgamento; chamou o homem e falou: Por que fugiste da minha presença? O homem respondeu: Ouvi o teu chamado e meus membros estremeceram, pois vi que estava nu e me escondi; me escondi daquele que me criou, pois tive medo da minha ação. O Senhor então lhe falou: Quem te disse que estavas nu? Comeste acaso da árvore da qual não devias comer? Adão falou: Ó Senhor do Universo! Cometi eu o pecado enquanto estava sozinho? Mas a mulher que me deste como companheira, me fez desobedecer as tuas palavras; ela me deu do fruto da árvore e eu comi. Disse o Senhor a Eva: Não é suficiente que tu própria pecaste, tinhas também que induzir teu marido a pecar? A mulher respondeu ao Senhor: A serpente me persuadiu, e eu comi.

Então o Senhor levou os três a julgamento e lhes impôs o castigo: Amaldiçoou cada um com nove maldições e com a morte. Derrubou Semael e sua hoste do lugar da santidade e os atirou do céu à terra; decepou as pernas da serpente e amaldiçoou-a com a maldição de que a cada sete anos a sua pele seria tirada sob dores imensas e que ela deveria rastejar sobre o ventre, seu alimento se transformaria em terra em sua barriga, sua boca guardaria bílis de víbora e veneno; e o Senhor semeou inimizade entre ela e a mulher e os homens esmagariam sua cabeça com os pés. Depois infligiu a morte à serpente.

Amaldiçoou também a mulher com nove maldições e com a morte; infligiu-lhe o fluxo sanguíneo e o peso da gravidez, as dores do parto e as fadigas e preocupações com a criação dos filhos. Sempre deveria cobrir a cabeça como uma enlutada, e só a descobriria quando se prostituísse, como sinal de vergonha, as suas orelhas deveriam ser furadas como as de um servo, deveria ser como uma serva para seu marido e não se deveria dar ouvidos ao seu testemunho e afirmação. Em seguida lhe impôs a morte.

Amaldiçoou também o homem com nove maldições e com a morte; enfraqueceu sua força e diminuiu sua estatura; semearia trigo e colheria espinhos e comeria das ervas do campo como o gado; sustentar-se-ia com aflição e comeria o pão com o suor do seu rosto e, depois de tudo, viria a morte para ele.

O SENHOR AMALDIÇOOU a mulher e a serpente. E a Adão disse: Por que escutaste a voz de tua mulher, e comeste do fruto da árvore da qual te ordenara: "Não comas dela". Maldito seja o campo por tua causa. Produzirá abrolhos e espinhos para ti e comerás as ervas do campo.

Mas quando Adão ouviu as palavras do Senhor: "Comerás as ervas do campo", seus membros estremeceram, lágrimas correram de seus olhos e ele falou ao Senhor: Ó Senhor do Mundo! Eu e o asno, deveremos ambos comer da mesma manjedoura? O Senhor então falou: Já que teus membros estremeceram com minha palavra, comerás o pão com o suor do teu rosto. Então o espírito de Adão se acalmou.

Todavia, um sábio falou: Como seria bom para o homem, se tudo ficasse como no início.

FOI NAS ESFERAS superiores que Deus criou o mundo e, através de Adão, o primeiro homem Ele as ligou imediatamente à sua divindade. Mas quando Adão cometeu o pecado, toda a criação resvalou para baixo e com ela também a glória de Deus; toda a existência se tornou vulgar e sofreu um grande dano; desde então pairou uma maldição sobre tudo o que está embaixo. Se porém Adão tivesse permanecido o dia todo do Sábado apegado à Árvore da Vida, ele teria remediado tudo.

QUANDO O SANTO, louvado seja, criou o primeiro homem, ele não possuía maus instintos; no início, o homem era puro e leal, e nele não havia nenhuma partícula de impureza ou corrupção. E pelo fato de estar num degrau elevado e ter uma alma pura, conseguia se aperceber do brilho da esfera superior e não conhecia nenhum obstáculo. Mas então a serpente viu sua consagração, e isso a aborreceu muito; desceu com o seu companheiro e falou contra o homem. E o torpe espírito da serpente penetrou em Adão e em toda a sua geração, espalhou-se pelo mundo inteiro e veio a morte.

E novamente:

Quando Adão cometeu pecado e comeu da árvore, o Eterno desceu com setenta juízes e impuseram a morte ao mundo.

ANTES DE ADÃO ter pecado, ele podia ouvir a voz do Senhor e permanecer em pé, mas depois do pecado, quando ouviu a voz do Senhor, teve que se esconder.

Por outro lado, consta:

Seis coisas foram tiradas de Adão depois que pecou: seu brilho, sua estatura, a vida eterna, os frutos da terra, os frutos da árvore e o grande brilho do sol. Tudo isto, porém, voltará ao mundo nos dias do Messias.

9. De Eva e da Serpente

ESTÁ ESCRITO: A mulher viu que era bom comer da árvore, que era de aspecto atraente aos olhos e delicioso ao paladar. Assim sendo, a árvore é enaltecida com três palavras: era bom comer dela, era bela de se ver e multiplicava a sabedoria. Por isso mesmo a

mulher tomou dos frutos e comeu. Espremeu os bagos e deu o suco para seu marido beber.
ESTÁ ESCRITO. O primeiro homem, a cabeça de todos os seres humanos, recebeu a imposição da morte devido ao vinho; e também foi o vinho que trouxe as dores da morte ao mundo. E novamente consta: O Senhor falou: O homem escutou sua mulher, estava de acordo com ela e foi expulso; se tivesse me escutado e estivesse de acordo comigo, tornar-se-ia como eu; da mesma forma que eu vivo e existo eternamente, ele também teria vivido e existido eternamente.
UMA VEZ CRIADA Eva, foi criado o Satã também.
DEUS, O SENHOR, colocou o homem no Jardim do Éden. Mas Adão e sua mulher comeram da figueira, da qual Deus dissera que não comessem. Então o Senhor os expulsou do Jardim. Mas os olhos de ambos se abriram e eles se aperceberam de que estavam nus.
Adão foi então de árvore em árvore, pedindo a cada uma que o cobrisse, as árvores, porém, se negaram dizendo: Este é o ladrão que traiu o seu Criador. Só a figueira, que lhe dera os frutos, deu-lhe também suas folhas. Então Adão e Eva trançaram as folhas de figueira e fizeram aventais.
Certa vez, o filho de um rei abusou de uma criada. Quando o rei soube do fato, expulsou-o de seu castelo. Então o filho do rei bateu nas portas de todas as criadas, nenhuma porém, quis deixá-lo entrar. Mas a criada, com a qual tinha pecado, abriu-lhe a porta.
O SENHOR AGARROU a serpente, partiu sua língua em dois pedaços e lhe falou: Caluniadora, deste início à maledicência. Assim sendo, que depois de ti saibam que foi tua língua que provocou a tua queda.
Foram três os que cometeram o pecado, e quatro os que receberam castigo. A serpente, Eva e Adão cometeram o pecado e foram castigados e expulsos do Jardim, mas a terra também foi amaldiçoada.
QUÃO ALTO A SERPENTE se encontrava, tão profunda também foi a sua queda. Ela era mais astuta do que todas as criaturas, porém, foi a mais amaldiçoada de todas elas. Diz-se dela que se mantinha ereta como um junco e tinha pés.
A serpente começou caluniando o seu Criador e falou ao homem: Ele próprio comeu desta árvore e depois criou o mundo; a vós Ele vo-lo proibiu, para que também não comeceis a criar mundos; odeiam-se uns aos outros os que exercem o mesmo ofício.
Outros, por sua vez, dizem:
Então a serpente falou ao homem: Cada um que foi criado depois, domina aquele que o precedeu; o homem foi criado no fim,

para que domine a todos; portanto, apressai-vos e comei antes que
venham outros e vos subjuguem.

O SENHOR FALOU à serpente: Fiz-te rei sobre o gado e os animais
e isto não te bastou; amaldiçoada sejas então por todo o gado e
por todos os animais. Fiz com que andasses orgulhosa como o homem e isto não te bastou, pois agora rastejarás sobre o ventre.
Fiz-te para que comesses do alimento do homem, e não te destes
por satisfeita, pois agora comerás pó todos os dias. Quiseste matar
Adão e tomar-lhe a mulher, agora semearei inimizade entre ti e
a mulher.

Podes ver: O que a serpente quis, não lhe foi concedido, e o
que era seu, lhe foi tomado.

Quando o Senhor disse à serpente: Rastejarás sobre o teu
ventre, os anjos desceram e lhe deceparam as mãos e os pés e o
seu berro foi ouvido de uma extremidade da terra até a outra.

No futuro, no dia do Juízo Final, todos serão salvos, com
exceção da serpente.

PERGUNTOU-SE à serpente: Por que gostas de rastejar pelas sebes?
Ela respondeu: Fui eu a primeira a romper a sebe da Lei.

DA PELE que foi tirada da serpente, Deus fez vestes para Adão
e Eva.

É UM DANO eterno o bom servo que foi perdido pelo mundo. Pois
não tivesse o Senhor amaldiçoado a serpente, cada homem teria em
sua casa duas dóceis serpentes: uma ele enviaria para o Ocidente
e a outra para o Oriente; de lá elas lhe trariam toda a espécie de
preciosidades e nenhum animal lhes poderia fazer mal algum. Mais
ainda, poder-se-ia atrelar serpentes em lugar de camelos, asnos e
animais de cargas e elas levariam o esterco para adubar campos e
jardins.

E AINDA HOJE, quando alguém vê uma serpente no sonho, isso
significa algo bom: seus bens multiplicam-se a olhos vistos.

10. A Primeira Noite

NO DIA EM que Adão foi criado, foi-lhe soprado o hálito, no
mesmo dia estava em pé, no mesmo dia chamou todos os animais
pelo nome, no mesmo dia uniu-se a Eva; no mesmo dia o Senhor o
colocou no Jardim do Éden: no mesmo dia o Senhor lhe ordenou:
disto comerás, daquilo não comerás; no mesmo dia ele pecou, no
mesmo dia foi julgado, no mesmo dia foi expulso do Éden.

Mas o dia estava declinando, e quando começou a escurecer,
Adão viu toda a claridade se voltar para a noite e o mundo em
seu redor ficar cada vez mais escuro. Então falou: Ai de mim!
Pelo fato de eu ter pecado, o mundo em minha volta escurece e a

terra quer tornar-se de novo deserta e vazia. Isto talvez seja a morte que o Senhor infligiu sobre mim. E sentado, ele jejuou e chorou durante a noite inteira, e Eva ao seu lado chorava com ele.

Mas, quando a aurora voltou a nascer no céu, e Adão viu o mundo tornar-se novamente claro, ficou cheio de alegria e bradou: Então esta é a lei do mundo e o dia sempre é seguido da noite! Levantou-se e erigiu um altar; depois tomou o boi, cujos chifres saíram da terra antes dos cascos, e o ofereceu em sacrifício ao Senhor. *

ADÃO FOI CRIADO no primeiro dia do ano e, no mesmo dia em que foi criado, já estava em julgamento. E o Senhor falou a Adão: Com isto estás dando um sinal a teus descendentes; assim como hoje estás em julgamento e és absolvido, os teus descendentes, sempre neste dia, no dia do Ano Novo, aparecerão para julgamento diante de mim e serão absolvidos de seus pecados.

O HOMEM FOI criado no sexto dia e antes de passar a primeira noite no Éden, já havia pecado. Então chegou o Sábado, intercedeu em seu favor e o resgatou do julgamento.

Mas antes do Sábado se iniciar, o Rei do Universo, estava sentado, pranteando o seu mundo e falou: Tudo o que criei, fiz por amor do homem, e agora ele é julgado e aniquila todo o trabalho que fiz, e a terra novamente se tornará deserta e vazia.

Mas, enquanto o Senhor pranteava, chegou o Sábado e libertou o homem do castigo. Então o Senhor disse: O Sábado completou aquilo que eu fiz.

A LUZ QUE FORA criada no primeiro dia, brilhou ainda durante trinta e seis horas, doze horas no dia antes do Sábado, doze horas na véspera do Sábado e doze horas no próprio Sábado. E enquanto a luz durou, o mundo era todo ele cântico e tudo enaltecia o nome do Senhor.

No fim do Sábado, porém, quando o homem avistou o arrebol no céu e sentiu a chegada da escuridão, assustou-se e bateu na própria face, dizendo: Certamente agora virá a serpente, que irá morder meu calcanhar.

O que fez o Senhor? Deu duas pedras a Adão, a pedra da escuridão e a pedra da sombra da morte. Adão tomou as pedras, esfregou uma na outra, e eis que saiu fogo!

EM OUTRO LIVRO está escrito que só no Sábado o Senhor lembrou-se de criar o fogo, mas esperou até que o dia terminasse. Depois insuflou uma idéia ao homem, e tal idéia era como que divina. Adão tomou duas pedras, esfregou uma na outra e com elas fez o primeiro fogo.

---

* Isto se refere a uma das criaturas que — conforme a lenda — saíam prontas da terra.

Adão foi posto no Jardim do Éden na sétima hora do sexto dia; as hostes celestiais o levaram para lá com cantos de louvor; mas no crepúsculo do mesmo dia ele já havia sido expulso e partiu. E as hostes disseram dele: O esplendor do homem não durou nem uma noite, e ele agora deverá assemelhar-se aos animais.

Mas no primeiro dia após o Sábado, Adão entrou nas águas do Gichon superior e continuou andando até que a água lhe alcançasse o pescoço; flagelou o corpo, ficando na água durante sete semanas, até que sua pele se assemelhasse a uma peneira. E Adão falou ao Senhor: Senhor do Universo! Perdoa meus pecados e aceita a minha penitência, para que todas as gerações saibam que existe uma penitência e que tu aceitas a penitência dos arrependidos. O que fez o Senhor? Esticou sua destra, perdoou o pecado de Adão e aceitou sua penitência.

11. Os Querubins

O SENHOR expulsou Adão do Jardim do Éden e lá colocou os querubins, com a espada desembainhada, pronta para defender o caminho para a Árvore da Vida.

Os querubins são os anjos que foram criados no primeiro dia; a espada chamejante, são os chamejantes servos do Senhor, que constantemente se transformam: ora são espíritos, ora são anjos, ora tomam feições de homem, ora de mulher, de acordo com a ocasião. Quando o homem anseia pelo Éden e para lá corre, encontra os querubins postados à sua frente como espadas chamejantes, e ele então retrocede.

QUANDO ADÃO pecou e teve sua sentença proferida, Deus o expulsou do lugar do prazer e do deleite. Colocou guardiães ante os portões do Jardim do Éden. Quem eram os guardiães? Eram os querubins que deviam vigiar o caminho para o Jardim do Éden. bem como os portais. Desde então também ficou decidido que ninguém tem liberdade de para lá se dirigir, a não ser as almas que antes foram purificadas pelas mãos dos querubins; quando verificam que uma alma é digna de chegar até lá, acolhem-na, caso contrário é repelida e ela se consome na chama da espada ou recebe seu castigo.

OS SÁBIOS da Índia partiram para procurar plantas e ervas medicinais; também os sábios de Aram encontraram ervas e sementes de várias espécies para fins de cura e escreveram as receitas dos antigos livros farmacológicos em aramaico. Os sábios da Macedônia foram os primeiros a praticarem a medicina; os sábios do Egito, todavia, praticavam a quiromancia e o exorcismo com o auxílio dos planetas e das estrelas. Foram também eles os primeiros que começaram a pesquisar no livro de história dos caldeus, que foi traduzido por Kengar, filho de Ur, filho de Kesed, e que continha toda a obra dos adivinhos. Sua sabedoria era muito grande; Asklepios, um dos sábios da Macedônia, perambulou pelo país com mais quarenta homens conhecedores da escrita; vagaram pela Índia e chegaram ao país situado no lado oposto do Éden em direção ao Oriente, a fim de ali procurar um vestígio da Árvore da Vida, o que faria seu prestígio se tornar maior do que o de todos os outros sábios.

Quando chegaram ao lugar, realmente encontraram ervas medicinais e a Árvore da Vida; mas assim que estenderam a mão para apanhar as plantas, o Senhor desembainhou a chama da espada de dois gumes sobre eles, que se consumiram na centelha do relâmpago; nenhum deles escapou.

Assim se perdeu a arte farmacológica para os médicos e houve uma paralisação na medicina durante seiscentos e trinta anos até a vinda do rei Artasasta. Em seu tempo havia um homem muito inteligente e sábio, versado em literatura farmacológica, sendo que também possuía muitos conhecimentos gerais. Chamava-se Hipócrates, o macedônio. Naquela época também surgiram sábios de outros povos, tais como Asaf, o judeu, Dioskorides, o baalateu, Galenos, o calftórita; os quais honraram e fizeram novamente florescer a medicina.

TAMBÉM OUTROS povos relataram acerca da espada de dois gumes dos querubins. Em suas crônicas consta a história de um dos antigos reis, que dizia saber exatamente o local onde a espada se encontraria. Foi à sua procura e chegou a uma grande montanha, chamada Lewiia, cujo nome significa leoa. E o rei escalou a montanha com seus fiéis, e eis que do outro lado dos pés da montanha havia um grande rio. O rei então fez seus homens deslizarem pela montanha com o auxílio de cordas e correntes, até às margens do rio. E lá embaixo as espadas tiniam e relampejavam. Mas nenhum dos homens da comitiva voltou, e o rei regressou sozinho e com o coração angustiado.

12. Lilit

DEPOIS QUE o Senhor criou Adão, disse: Não é bom que o homem esteja só. E da terra com a qual formara Adão, fez uma mulher e a chamou de Lilit. Logo depois os dois tiveram uma desavença e Lilit disse: És apenas meu irmão, ambos fomos tirados da terra! — E um não acatava a palavra do outro.

Quando Lilit viu que não havia paz, proferiu o verdadeiro nome de Deus e levantou vôo.

Adão então orou diante de seu Criador, e disse: Senhor do Mundo! A mulher que me deste, partiu. O Senhor enviou três mensageiros, a fim de trazer Lilit de volta, dizendo: Será bom, se ela quiser voltar, caso contrário tem de aceitar o fato de que irão morrer cem filhos seus diariamente.

Os anjos procuraram Lilit e a encontraram no mar, dentro da água caudalosa, no lugar onde mais tarde os egípcios se afogariam. Contaram a Lilit o que o Senhor dissera. Lilit, contudo, não quis voltar; então os anjos falaram: Afogar-te-emos no mar. Lilit respondeu: Deixem-me, não sabeis que não fui criada em vão e que é meu destino dizimar recém-nascidos; quando é um menino tenho poder sobre ele até o oitavo dia, se é menina, até o vigésimo. No entanto, ela jurou aos anjos, em nome do Deus vivo, de que sempre que avistasse as figuras ou apenas os nomes dos mensageiros de Deus, deixaria a criança. Também aceitou o fato de que diariamente iriam perecer cem de seus próprios filhos. E isso acontece mesmo.

Os três mensageiros chamavam-se: Senoi, Sansenoi e Samangelof. Escrevemos esses três nomes nos amuletos dos recém-nascidos, para que Lilit os veja, recorde-se do seu juramento e poupe a criança.*

Depois que a primeira luz da Criação foi encoberta, foi criada a Kelipa, a maldade original. E da Kelipa surgiu um ente duplo, que se assemelhava a ela (Semael, o mau espírito, e Lilit, sua mulher). Mas quando Lilit surgiu, ela subiu e alcançou a esfera da pequena face.** Foi acometida do desejo de se unir com a face e não quis desistir. Mas o Senhor a separou dela e a empurrou para baixo.

Depois que Adão havia sido criado — o Senhor o criara para que reparasse no mundo a falta de Lilit, — Lilit certa vez viu Eva abraçando seu marido Adão e viu que Adão era de uma beleza celestial. Então ela tornou a erguer vôo e quis de novo unir-se com a pequena face. Contudo, os dois guardiães do céu a deixaram entrar e o Senhor a censurou. Lançou-a nas profundezas do mar e ali ela ficou também morando.

Mas depois que Adão e Eva cometeram o pecado, o Senhor tirou Lilit novamente das profundezas do mar e lhe concedeu o poder sobre a vida das crianças; deveriam sofrer os castigos pelos pecados de seus pais.

Desde aquele tempo Lilit vagueia pelo mundo: tenta sempre aproximar-se dos portões do Éden inferior, mas logo avista os dois querubins que guardam o portão; senta-se em frente à espada chame-

---

* Tal costume existe ainda hoje.
** Denominação de um grau cabalístico.

jante, mas no momento em que a espada se volta, ela foge, retorna ao mundo e vagueia. Se encontra crianças que devem ser castigadas, começa a brincar com elas e as mata; mas seu poder só dura o tempo da lua minguante, quando sua luz diminui.

ADÃO ERA PIEDOSO e íntegro. Quando pecou e viu que a morte lhe havia sido imposta, começou a mortificar o corpo pelo jejum e manteve-se afastado da mulher durante cento e trinta anos; e durante cento e trinta anos não tirou dos quadris o cinturão de folhas de figueira.

Mas enquanto Adão estava separado de Eva por cento e trinta anos e dormia sozinho, Lilit o encontrou e desejou sua beleza. Ela deitou-se a seu lado e dele concebeu um sem-número de diabos, espíritos e demônios. Os que se defrontavam com eles eram torturados e mortos.

A UMA PARTE dos sábios e devotos de Israel foi transmitido que, Machlat, a filha de Ismael, dança diante de Semael; ela vem com entretenimentos e canções, rodeada de quatrocentos e setenta e oito elevados príncipes. Lilit, porém, dirige-se por volta da meia-noite para o grande e horrível deserto; lá começa a ulular e com ela ululam quatrocentos e oitenta príncipes. As duas hostes lutam de tal forma que os pilares do céu estremecem e a terra se abala com o seu ulular.

Há épocas em que Lilit é a única amante de Semael e para ela é que vai o seu desejo, mas também há épocas em que só deseja Machlat. Por causa desta preferência, o ciúme e a contenda sempre se renovam entre as duas diabas.

O SENHOR fez Asmodeu rei dos espíritos; mas ele só pode acusar e fazer mal no segundo dia da semana. Embora Asmodeu seja chamado grande rei dos espíritos, está subordinado a Semael, o qual se chama grande príncipe: Asmodeu está sob as suas ordens e domínio. A velha Lilit é mulher de Semael, a jovem Lilit é mulher de Asmodeu.

Os antigos sábios contam também que, entre Semael, o grande príncipe, e Asmodeu, o rei dos demônios, inflamou-se um ciúme por causa de Lilit, a qual é chamada de donzela Lilit. Esta Lilit assemelha-se a uma bela mulher da cabeça ao umbigo, mas do umbigo para baixo ela é puramente fogo e chama.

13. O Pássaro Milcham

NABUCODONOSOR, rei da Babilônia, perguntou a Jesus, filho de Sirach: Por que o anjo da morte tem poder sobre todas as criaturas e somente não tem sobre o pássaro Milcham?

O sábio retrucou e disse:

Depois que Eva comeu da árvore da sabedoria, também deu de comer ao marido e ele comeu. Mas depois ela começou a sentir inveja da inocência das outras criaturas e deu-lhes também do fruto. E todos os animais obedeceram e assim tiveram que morrer. Eva viu o pássaro Milcham e lhe disse: Come tu também deste fruto! Milcham, porém, retrucou: Já não basta que vós próprios cometestes pecado diante do Senhor e levastes todas as criaturas à morte? Agora vindes a mim e procurais me convencer também a transgredir o mandamento do Senhor, comer do fruto e parecer? Não te darei ouvido!

Uma voz então ecoou do céu dizendo a Adão e Eva: Não guardastes o meu mandamento; depois procurastes seduzir Milcham, o pássaro; mas ele, a quem nada ordenei, não vos obedeceu. Portanto, não conhecerá a morte por toda a eternidade, nem ele e nem sua semente.

Quando então o Senhor criou o anjo da morte e este viu as criaturas, disse ao Senhor: Senhor do Mundo! Dá-me liberdade para matar a todas. O Senhor respondeu: Teu é o poder sobre todas as criaturas e sua descendência; apenas a raça do pássaro Milcham não deverá desfrutar da morte. O anjo da morte disse: Senhor do Mundo, então separa-os, pois eles são os justos. Em seguida, o Senhor encarregou o anjo da morte de construir uma grande cidade para o pássaro Milcham; lacrou os portões e disse: Está decidido e determinado, nenhuma espada vos dominará, nem a minha nem a de outrem; jamais sentireis a morte, até o fim de todas as gerações.

ATÉ HOJE o pássaro Milcham reside na cidade que o anjo da morte lhe construiu e ele é fecundo e multiplica-se como as demais criaturas. São mil os anos de sua vida e, quando decorridos estes mil anos, uma fogueira parte do seu ninho e consome os pássaros; resta apenas um ovo, que se transforma em pintainho e o pássaro continua a viver.

Outros, porém, dizem que, quando chega a mil anos, o corpo enruga e as asas perdem as penas, de maneira que se parece novamente com um pintainho. Depois disso, a plumagem se renova e ele alça vôo como uma águia, e a morte jamais lhe sobrevém.

14. A Raposa e a Doninha

UMA OUTRA VEZ, Nabucodonosor perguntou a Jesus, filho de Sirach: Por que cada animal na terra possui um correspondente no mar, com exceção da raposa e da doninha?

E o filho de Sirach contou:

Depois que o anjo da morte fechou os portões atrás de Milcham, o Senhor lhe disse: Atira ao mar um par de cada criatura; sobre os demais terás domínio. O anjo da morte assim procedeu e de todos os animais, atirou um exemplar na água. Ao ver isso, a raposa postou-se diante do anjo e começou a chorar. O anjo da morte perguntou: Por que choras? A raposa respondeu: Choro pelo meu companheiro que atiraste no mar. O anjo da morte perguntou: Onde está o teu companheiro? A raposa então aproximou-se da margem do mar e o anjo da morte, vendo a imagem do animal refletida, pensou que já atirara uma raposa na água. Disse à raposa: Pois bem, podes ir. A raposa fugiu e assim escapou. No caminho encontrou a doninha e contou-lhe tudo que havia acontecido e o que havia feito. Então a doninha foi e fez o mesmo com o anjo da morte, também ficando a salvo.

Após um ano, o Leviatã reuniu todas as criaturas que habitavam então o mar e verificou que faltavam a raposa e a doninha. O Leviatã perguntou pelo paradeiro de ambos e os animais lhe contaram o que a raposa tinha feito e como a raposa e a doninha, por sua esperteza, haviam escapado da água, falaram também da raposa como sendo o mais sabido dos animais.

Quando o Leviatã soube da astúcia da raposa, invejou-lhe a esperteza e mandou os grandes peixes atrás dela; ordenou-lhes que a lograssem e trouxessem até ele. Os peixes partiram, chegaram à margem e viram a raposa passeando para cima e para baixo. A raposa viu os peixes chegarem à margem, ficou admirada e aproximou-se deles; os peixes então, perguntaram: Quem és tu? A raposa retrucou: Sou a raposa. Os peixes disseram: Não sabes da grande honra que te foi concedida e por que viemos até aqui? A raposa perguntou: O que é? Os peixes responderam: Nosso amo, Leviatã, adoeceu e está perto da morte. Determinou que ninguém se torne rei depois dele a não ser tu, pois ouviu dizer que és mais sábia e inteligente do que todos os outros animais; e agora fomos enviados para te conduzir a ele. Portanto, vem conosco! A raposa disse: Sim, mas como posso fazer tal viagem sem me afogar? Os peixes retrucaram: Montarás em cima de um de nós, iremos te carregar sobre o mar e nada te acontecerá. Assim que alcançares o lugar onde está o rei, apear-te-emos; reinarás sobre todos os bichos do mar e serás feliz por toda a vida, pois não mais te preocuparás com o teu alimento e os animais ferozes, maiores do que tu, nada te poderão fazer.

Quando a raposa ouviu estas palavras, deixou se convencer e, sentando num dos peixes, partiu para o mar.

Durante o trajeto, porém, quando as ondas começaram a bater nela, a raposa ficou amedrontada, toda a presunção a deixou e ela disse para si mesma: Ai de mim, o que fiz eu? Os peixes certamente me enganaram porque eu enganei outros animais; agora estou em poder deles; como poderei me salvar? E então disse aos peixes: Eis que fui convosco e agora estou em vossas mãos; dizei-me a verdade, o que quereis de mim? Os peixes responderam: Contar-te-emos a verdade; Leviatã ouviu dizer que és muito esperta e por isso quer abrir tua barriga e devorar teu coração, para que ele também se torne sábio. A raposa então falou: Então é assim! Por que não me dissestes logo a verdade? Eu teria trazido comigo o meu coração e dado ao rei Leviatã e ele teria me agradecido; mas agora estais em apuros. Os peixes perguntaram: Mas como, o teu coração não está contigo? A raposa respondeu: Não, pois este é um costume entre nós raposas; deixamos o nosso coração onde moramos; andamos para lá e para cá; quando precisamos dele o apanhamos, caso contrário, fica no seu lugar. Os peixes perguntaram: O que faremos então? A raposa respondeu: Minha pousada é na praia; se estais de acordo, levai-me de volta onde me encontrastes; apanharei o meu coração e entregá-lo-ei ao Leviatã; assim ele será grato a mim e a vós. Mas se me levais a ele sem coração, ele se zangará convosco e vos devorará; eu, porém, não tenho medo, pois vou dizer-lhe diretamente: Senhor, eles não me revelaram teu desejo e quando disseram a verdade, eu quis voltar e apanhar meu coração, mas eles não quiseram permitir.

Os peixes então falaram: Ela está certa. E voltaram, e chegaram à praia e ao lugar onde haviam apanhado a raposa. Aí a raposa saltou das costas do peixe, atirou-se na areia e dançou e saltou de alegria e felicidade. Os peixes falaram: Apressa-te e apanha teu coração, queremos seguir! A raposa, porém, zombou: Tolos, acaso poderia eu fazer a viagem convosco, se não tivesse meu coração comigo? Existe alguma criatura na terra, que possa andar por aí sem seu coração? Os peixes disseram: Tu te divertiste à nossa custa. A raposa respondeu: Tolos, se eu soube ludibriar o anjo da morte, quanto mais a vós.

Então os peixes voltaram envergonhados e contaram tudo a Leviatã. Este disse: Realmente, ela é a mais astuta, mas vós sois tolos e acerca de vós está escrito: "A tolice dos desajuizados é sua morte". E devorou todos.

Desde esse tempo existem criaturas de todas as espécies na água, até do homem e da mulher existe um semelhante na água, só a raposa e a doninha não são encontrados no mar.

15. Cão e Gato

PELA TERCEIRA VEZ, o rei perguntou ao sábio: Desde quando existe a inimizade entre o cão e o gato? Então o sábio retorquiu:

Quando o gato foi criado, fez amizade com o cão, e tudo o que os dois apanhavam, devoravam juntos. Aí veio um dia, depois um segundo e mais um terceiro, e ambos nada encontravam para comer. Então o cão disse ao gato: Por quanto tempo vamos passar fome? Procura Adão, fica em sua casa, terás o que comer e estarás saciado. Eu porém vou procurar os bichos e os vermes e talvez lá encontre o meu alimento. O gato disse ao cão: Façamos um juramento entre nós de que jamais iremos ao mesmo amo. O cachorro não queria mais do que isso e ambos juraram.

Assim, o gato foi à casa do homem; lá encontrou ratos, comeu-os e saciou a fome com eles. Quando Adão viu isso, alegrou-se e disse: O Senhor trouxe-me a salvação. E permitiu que o gato morasse em sua casa, deu-lhe pão para comer e água para beber.

O que fez o cão enquanto isso? Procurou o lobo e lhe disse: Quero dormir contigo esta noite. O lobo respondeu: Muito bem. Foram ambos até a caverna do lobo e dormiram juntos. Durante a noite, porém, o cão ouviu passos de outros animais; acordou o lobo e disse: Ouço um inimigo aproximar-se de nós. O lobo lhe ordenou que o enxotasse. O cão avançou em cima dos animais; eles, porém, eram mais fortes e quase o despedaçaram. Só com esforço o cão conseguiu escapar. Aproximou-se do macaco, mas este o enxotou. Então o cão foi até a ovelha; esta o recebeu e dormiu com ele. Durante a noite, o cão novamente ouviu outros animais nas proximidades, levantou-se e começou a ladrar. Assim os lobos ficaram sabendo que havia uma ovelha dentro; encontraram-na e a devoraram. E o cão correu de uma caverna para outra e não encontrou sossego.

Depois disso o cão foi a Adão. Adão o recebeu e deixou que ali dormisse. Por volta da meia-noite o cão disse a Adão: Ouço passos de muitos pés à nossa volta. Adão levantou-se, apanhou uma lança e saiu com o cão. Perseguiram os animais, enxotaram-nos e voltaram juntos. O homem disse ao cão: A partir de agora morarás comigo, comerás do meu alimento e beberás da minha bebida. Assim, o cão permaneceu com Adão.

Mas quando o gato reconheceu a voz do cão, chegou-se a ele e perguntou: Por que vieste à minha casa? O cão respondeu: O homem me chamou. Uma contenda irrompeu então entre eles. Então o homem falou ao gato: Por que ralhas com o cão? Recebi-o porque achei que é esperto e inteligente. E continuou falando ao gato: Não te preocupes, também tu continuas comigo para sempre. O gato porém retrucou: Senhor, o cão é um companheiro de gatunos; deverei morar junto com ele? E ao cão falou: Por que quebraste o juramento? O cão deu por resposta: Não irei à tua casa, não comerei o teu alimento e não te trarei prejuízo. Mas o gato não ouviu o que o cão disse e continuou brigando com ele. O cão viu que não havia possibilidade de paz e correu à casa de Set, que nasceu de Adão, depois de Caim e Abel, e ficou com ele. Posteriormente o cão ainda quis se reconciliar com o gato, mas o gato não quis; desde esse tempo eles brigam; como os pais agiram, os filhos agem até hoje.

PERGUNTOU o leão, rei dos animais, aos outros bichos: Desde quando o cão e o gato se apegaram ao homem? O urso então respondeu: Desde o tempo em que os filhos de Caim venceram os filhos de Abel.

O leão perguntou: Como aconteceu isso? Conta-nos. O urso começou e disse:

Depois que Caim abateu seu irmão Abel, os filhos de Abel iniciaram uma guerra contra os filhos de Caim, e de ambos os lados muitos foram mortos. Mas depois os filhos de Caim venceram, subjugaram os filhos de Abel, aprisionaram muitos deles e saquearam tudo o que foi possível pilhar: seu gado, grande e pequeno, seus camelos, burros, cavalos e mulas; obtiveram grande fortuna, mas não pelo caminho correto. Quando viram os haveres que conquistaram, fizeram um grande banquete e abateram muito gado. Mas as entranhas dos animais, bem como as cabeças, coxas e pernas eram para eles de pouco apreço, e por isso atiraram-nas fora. Assim, lá fora a carne acumulou-se num monte de dois côvados de altura sobre a terra. Quando o cão e o gato viram isso, a sua voracidade os moveu a abandonar os da sua espécie, e correram, atraídos pela comida, para um outro povo, que antes não conheciam. Curvaram-se diante do homem, prostraram-se e disseram: Seremos vossos servos. Concordaram em comer magros ossos e todas as coisas repugnantes que o homem joga fora. Os homens apoderaram-se deles, os animais tornaram-se seus servos e ainda o são até hoje.

Assim aconteceu que, o que no início era vontade espontânea, tornou-se obrigação depois. Em parte os cães correm por aí livremente, em parte ficam presos nas correntes.

16. O Fratricídio

ADÃO CONHECEU sua mulher Eva e ela lhe deu dois filhos e três filhas. Eva denominou o primogênito de Caim, depois falou, ganhei um homem do Senhor; denominou o seu irmão de Abel, depois falou, é em vão nossa vinda para cá, e em vão é a nossa ida daqui. * Os rapazes cresceram e o pai deu a cada um sua parte na terra; Caim voltou-se à terra e tornou-se lavrador, Abel, porém, tornou-se pastor.

---

* Comprar, ganhar, hebraico — Kanoh. — Em vão, hebraico, hewel.

Depois de certo tempo os rapazes ofertaram uma oblação ao Senhor. Caim ofertou os frutos do campo, Abel, os primogênitos de seu rebanho e sua gordura. E Deus atentou para Abel e sua oferta; um fogo desceu do céu e a devorou. Mas não atentou para Caim e sua oferta, pois eram frutos secos que ele ofertara. Irrompeu, então, em Caim a inveja contra seu irmão por causa desta preferência, e ele procurou um motivo para matar Abel.

Sucedeu, então, que Caim e Abel foram ao campo para executar seu trabalho; Caim arava sua lavoura e Abel apascentava suas ovelhas. De repente, o rebanho de Abel correu para o campo onde Caim conduzia seu arado. Caim enraiveceu-se muito, aproximou-se do irmão e disse: O que temos em comum, para que venhas aqui com o teu rebanho, para morar e pastar na minha terra? Abel retrucou: O que temos em comum para que te alimentes da carne das minhas ovelhas e te faças aquecer com sua lã? Devolve-me a lã e paga o preço da carne que comeste; se o fizeres, deixarei a tua terra, como o desejas, e subirei ao céu se eu puder.

A isso Caim respondeu: Se hoje eu te abater, quem exigirá de mim o teu sangue? Abel retrucou: O Deus que nos criou a ambos, irá me vingar e exigir de ti o meu sangue; pois Ele julga e sentencia, Ele retribui o mau, sua maldade e ao criminoso, seu crime. Se me matas hoje, eis que Deus conhece todos os esconderijos, e Ele te castigará pelo pecado que cometes contra mim. Ao ouvir isso, inflamou-se em Caim a ira contra seu irmão; ergueu-se, e agarrou o ferro, que lhe servia de utensílio agrícola, feriu o irmão e o matou. Foi assim que Caim derramou o sangue de seu irmão Abel, e o sangue correu no solo em que pastavam as ovelhas.

SEMAEL, o anjo mau, o cavalgador da serpente, uniu-se a Eva e ela concebeu e deu à luz a Caim. Ela fitou seu semblante e viu que não se assemelhava ao terrestre, mas ao celestial; olhou para ele e disse: Ganhei um homem com o mensageiro do Senhor. Logo depois, Adão conheceu sua mulher e ela deu à luz a Abel.

Juntamente com Caim nasceu sua irmã gêmea, e com Abel também veio ao mundo sua irmã gêmea, e estas depois tornaram-se suas esposas. Contudo, está escrito: "Se alguém toma sua irmã, filha de seu pai, ou filha de sua mãe; e descobre sua nudez, é uma ignomínia; deverão ser exterminados diante dos filhos de seu povo". Mas, desta história, poderás deduzir que não havia outras filhas de homens naquela época, que Caim e Abel pudessem tomar; portanto, isso lhes foi permitido. Daí também estar escrito: "O mundo foi construído sobre a misericórdia". *

---

* Neste verso do Salmo (89,3) a palavra Chessed, como usualmente, significa misericórdia, contudo a mesma palavra também designa o caso especial do casamento entre irmãos (Lev. 20, 17).

Caim gostava de cultivar a terra, Abel, porém, gostava de apascentar o gado e um dava ao outro os frutos de seu trabalho. Chegou a noite da festa de Pessach e Adão falou a seus filhos: Nesta noite, Israel futuramente ofertará sacrifícios ao Senhor. Trazei também vós uma oferenda ao vosso Criador. Caim, então, trouxe os restos de sua comida, que era linhaça torrada, como um mau administrador que come os melhores frutos e entrega ao patrão as míseras espigas. Abel, porém, trouxe os primogênitos de suas ovelhas e sua gordura, que eram todos cordeiros não tosquiados. O sacrifício de Caim foi desdenhado. O de Abel, porém, foi aceito com magnimidade. E o Senhor falou: Que não se confunda o sacrifício de Abel com o de Caim por toda a eternidade.

Inflamou-se, então, o ódio e a inveja na alma de Caim porque a sua oferenda não fora aceita. Todavia, não foi apenas por isso, mas também porque a irmã gêmea de Abel era mais bela que a de Caim. Caim disse consigo mesmo: Matarei meu irmão e sua mulher será minha. E estando eles sozinhos no campo, Caim apanhou uma pedra, arremessou-a contra a testa de Abel e abateu o irmão. Não sabia, porém, que todas as coisas ocultas são conhecidas pelo Senhor. Tomou o cadáver de Abel e o enterrou no solo.

ADÃO CONHECEU sua mulher Eva, e ela concebeu e deu à luz e continuou dando à luz. Naquele mesmo dia aconteceram três milagres; naquele mesmo dia foram criados Adão e Eva, naquele mesmo dia uniram-se e naquele mesmo dia produziram uma estirpe. Dois haviam subido ao leito e sete o deixaram: Caim e sua irmã gêmea e Abel e suas duas irmãs gêmeas vieram do ventre materno. Adão, o primeiro homem, foi tirado da terra, Eva foi tirada de Adão, mas desde então nenhum homem pode gerar sem mulher e nenhuma mulher pode conceber sem homem, e ambos nada podem sem Deus.

Quando Caim e Abel estavam no campo, combinaram: Dividamos o mundo entre nós. Um ficou com o campo e o outro com o que sobre ele se movia; mas desavieram-se e então Caim levantou-se contra seu irmão Abel. Mas Abel era mais forte do que Caim e o dominou. Disse então Caim: Eis que somos apenas dois no mundo, o que dirás depois a nosso pai? Então Abel compadeceu-se de seu irmão e o soltou. Aí, Caim levantou-se e matou Abel. E o sangue de Abel salpicou as árvores e pedras ao redor; não se elevou para o alto porque nenhuma alma ainda havia ido para o céu; nem penetrou na terra, pois esta ainda não havia guardado nenhum morto.

ADÃO CONHECEU EVA sua mulher e ela deu à luz a Caim. Sua gravidez decorreu sem complicações e o parto sem dor. Então falou: Ganhei um homem com o Senhor. E disse ainda: Eu e

meu marido, somos ambos formadores, e o Senhor é Criador, pois os membros são de nós dois, mas a alma, ela é de Deus.
E Eva continuou a parir e deu à luz a Abel.
Abel tornou-se pastor pois temia a maldição, com a qual o Senhor amaldiçoara a terra e por isso queria ficar com o gado. Caim, porém, não temia a maldição pois era teimoso e disse: Quero me tornar lavrador. Cultivou a terra e não se deixou impedir pelo que havia sido imposto a ela, pois pensava consigo: A maldição somente valia para Adão, pois fora ele quem pecara.
Um dia Caim disse a seu irmão Abel: Vamos partir para o campo. Quando ambos estavam no campo, Caim disse a Abel: Não há tribunal nem juízes e nenhum outro mundo além deste; os justos não terão recompensa e os maus não terão castigo; o mundo não foi edificado sobre a clemência e não é dirigido pela misericórdia. Por que apenas o teu sacrifício foi aceito e o meu não? Abel retrucou: Realmente, existe um tribunal e existe um juiz, existe um outro mundo além deste; existe uma recompensa para os justos e existe um castigo para os ímpios; assim como o mundo está edificado sobre a clemência e pela clemência é dirigido. O teu sacrifício ensina-te isso. Por teres ofertado um sacrifício impróprio ao Senhor, ele não foi aceito; mas minhas ações foram melhores do que as tuas, e assim a minha oferenda foi aceita. Ao ouvir isso, Caim enfureceu-se ainda mais; insultou seu irmão e eles discutiram.
Então Caim disse a Abel: Dizes que existe ainda um outro mundo; muito bem, dividamos tudo entre nós; eu, de minha parte fico com este mundo e tu ficas com o outro. Assim surgiu um conflito entre eles e Caim levantou-se e matou seu irmão Abel.

17. Errante e Fugitivo

O SENHOR falou a Caim: Onde está Abel, teu irmão? O Senhor deseja a penitência dos pecadores e portanto Caim deveria lhe responder: Senhor do Universo! Conheces todo o oculto, eu o matei, eu pequei! O Senhor então o teria perdoado. Mas Caim não procedeu assim; quando ouviu o Senhor perguntar: Onde está Abel, teu irmão? — pensou, em seu coração: Deus está envolvido em nuvens e assim não vê o que fazem os seres humanos. E assim começou a mentir ao Senhor dizendo: Não sei; acaso sou o guarda do meu irmão? Quando o Senhor viu que Caim dera uma resposta tola, falou-lhe que sabia de tudo, que era o juiz e que também no futuro iria sentenciar e exigir de volta o sangue de Abel e o da sua descendência até o fim de todas as gerações. Depois o Senhor disse a Caim: Maldito sejas tu pela terra, da qual teu corpo foi tomado e que abriu a sua boca para receber o sangue do teu irmão; que a terra que lavrares, não mais produza; errante e fugitivo sejas. Disse Caim ao Senhor: Pesado demais é meu castigo para eu poder suportá-lo. Eis que me expulsas, posso por acaso esconder-me de tua presença? O primeiro que me encontrar me matará, pois todas as tuas criaturas sabem que sou culpado de morte.

Respondeu-lhe então o Senhor: Vou remediar para que a morte de Abel não seja vingada em ti agora. Vou esperar até a sétima geração depois de ti. E o Senhor pôs um sinal em Caim, para que ninguém o matasse e cada qual soubesse que o Senhor havia perdoado Caim até a sétima geração.

Caim retirou-se da presença do Senhor e foi morar na região de Nod, ao oriente do Éden. E assim também fugiram depois para as cidades livres que se encontravam ao oriente da terra de Israel, todos aqueles que haviam matado homens irrefletidamente.

CAIM DISSE para si mesmo: Fugirei da presença de meu pai e de minha mãe; decerto cobrarão de mim o sangue de Abel, pois não existe ninguém no mundo, além de mim, que pudesse matá-lo. Mas então, apareceu-lhe o Senhor e lhe disse: Poderás fugir da presença de teu pai e de tua mãe, mas não, da minha; acaso achas que alguém pode se esconder sem que eu o veja? Caim disse ao Senhor: Certo, fui eu quem assassinou meu irmão, mas foste tu que criaste o mau impulso em mim. És o guardião de todas as criaturas e permitiste que eu matasse meu irmão; portanto, és tu quem o matou; pois se tivesse aceito minha oferenda como aceitaste a dele, a inveja nunca teria despertado em mim. Então o Senhor falou: A voz do sangue do teu irmão clama a mim, da terra. Caim disse: Senhor do Universo! Decerto tens delatores em tua volta, pois meu pai e minha mãe estão ambos na terra e não sabem que eu assassinei Abel; tu, porém, estás no céu, como o sabes? O Senhor disse: Tolo! Eu carrego o mundo inteiro sozinho; eu o fiz e eu também o carrego. Caim disse: Carregas o mundo inteiro e não queres carregar o meu pecado? O Senhor falou: Já que te arrependes, vai e abandona este lugar, pois exílio é expiação. Então Caim retirou-se da presença do Senhor e foi morar na região de Nod.

Mas para onde quer que Caim se dirigisse, o solo estremecia sob seus pés e também os animais e o gado tremiam ao avistá-lo. Perguntavam: Quem é este? E recebiam a resposta: Este é Caim, que abateu seu irmão Abel; a ele, o Senhor infligiu que deverá ser errante e fugitivo na terra. Outros por seu lado pretendiam devorá-lo, o gado, os animais e os pássaros rodeavam-no e queriam exigir dele o sangue de Abel; conta-se que também a serpente estava entre eles.

Nessa hora correram lágrimas nos olhos de Caim e ele disse a Deus: "Para onde ir para escapar de teu espírito? Para onde fugir da tua ira? Se subir ao céu: lá estás! Se descer ao inferno: também aí estás! Se tomasse as asas da aurora e quisesse pousar nos confins do mar, igualmente aí tua mão me alcançaria e tua destra me seguraria".

CAIM DISSE AO SENHOR: Ó Senhor, és o carregador dos superiores e dos inferiores, só meu pecado não queres carregar. Ontem expulsaste meu pai, hoje expulsas a mim; agora quem quer que me encontrar me matará. Então o Senhor falou: Não, pois se alguém matar a Caim, este será vingado sete vezes, e Caim não deverá ser julgado pelo tribunal dos assassinos, pois matou, quando ainda não havia nenhum homem do qual pudesse aprender que isso é delito. Mas a partir de agora, deverá ser morto aquele que matar a outrem. E Deus pôs um sinal em Caim e fez um chifre crescer em sua testa.

QUANDO O SENHOR criou o mundo, a terra era larga e plana. Mas então Caim se ergueu e matou seu irmão e o sangue de Abel fermentou dentro da terra. Então o Senhor amaldiçoou a terra e ela se tornou acidentada e montanhas e elevações apareceram.

E consta ainda:

Antes de Caim matar Abel, a terra carregava frutos que eram iguais aos frutos do Éden; mas depois que ele matou o irmão, ela produziu apenas espinhos e abrolhos.

18. Os Corvos

O CÃO QUE guardava o rebanho de Abel, quando este ainda vivia, permaneceu também após a morte de Abel junto ao cadáver vigiando-o. Adão e Eva, porém, choravam e lamentavam a perda do filho e não sabiam o que fazer com o cadáver, pois não conheciam o sepultamento dos mortos. Apareceu então um corvo, cujo companheiro havia morrido; cavou um buraco na terra, colocou o pássaro morto lá dentro e o enterrou ante os olhos de Adão e Eva. Adão então falou: Vou proceder da mesma maneira que este corvo. Pegou o cadáver de Abel, abriu uma cova na terra e enterrou seu filho.

Deus recompensou os corvos pela sua ação. Qual é a recompensa que lhes deu? Seus pintainhos são brancos quando saem do ovo e os pais imaginam tratar-se de uma ninhada de serpentes o que vêem a sua frente e voam para longe. Mas o Senhor dá alimento aos pequenos corvos e eles não passam necessidade; e ainda mais, quando imploram chuva ao Senhor, Ele atende o seu pedido, como também está escrito: "Aquele que dá alimento ao gado e aos filhotes dos corvos, que clamam por Ele".

OUTROS, POR sua vez, contam o seguinte acerca do corvo: A fêmea do corvo senta sobre seus ovos e os choca na sombra; depois rompem-se as cascas e aparecem pintainhos brancos. E quando os velhos corvos vêem os pintainhos brancos, abandonam-nos e levantam vôo. Mas o Senhor abre sua mão e sacia a fome de tudo o que vive. Envia bandos de moscas aos filhotes de corvos, enquanto permanecem de bico aberto, até crescerem e ficarem semelhantes aos seus procriadores.

19. De Caim, de Abel e de Moisés

NA HORA em que Eva comeu da árvore da sabedoria, o bom misturou-se ao mal; da centelha do bom nasceu Abel, Caim, porém, proveio do mal. Mas como toda a santidade possui uma mistura de impureza e, por outro lado, toda a impureza tem algo de santidade, aconteceu que, de uma parte da santidade que havia em Caim, nasceu Jetro, sogro de Moisés; Jetro tornou-se um dos estrangeiros, que aderiram ao Senhor — da parcela da impureza, porém, dada a Abel, nasceu Bileam, o feiticeiro.

E EVA continuou, e deu à luz ao seu irmão Abel, que era Moisés. Moisés, nosso mestre, que a paz seja com ele, era como um prolongamento da Criação, e por este motivo também está escrito que ela continuou a conceber. Se Adão não tivesse cometido pecado, a estirpe de Caim apenas teria bastado ao mundo. Mas assim era necessária mais uma Criação; esta foi Moisés, o qual devia remediar o pecado de Adão. Mas quando Israel cometeu o pecado de adorar o bezerro de ouro e depois discutiu com o Senhor por causa da falta de água no deserto, isto teve como conseqüência que a impureza voltou novamente ao mundo.

JUNTAMENTE COM Abel nasceram duas irmãs gêmeas, mas com Caim apenas uma; por esta razão Caim matou Abel, pois a ele caberia receber o duplo, pelo direito de primogênitura. As duas irmãs gêmeas eram Séfora, a mulher de Moisés, e Bitja, a filha do faraó que criou o menino Moisés.

OBSERVA E ENTENDE os segredos ocultos. Caim saiu parecido com a mãe. Abel era filho de Adão. Caim tomou dos frutos da terra e com isso seguiu no caminho de sua mãe, pois Eva também assim procedera: tomara do fruto. Abel, porém, manteve-se fiel às palavras de seu pai; sua oferenda foi uma oferenda de agradecimento.

DEVE-SE ESTRANHAR a morte de Abel. Não encontramos nele nenhum pecado que tivesse de ser castigado com a morte. Qual foi então o motivo? Quando trouxe a oferenda ousou olhar a glória de Deus mais do que era permitido.

ESTÁ ESCRITO: Moisés escondeu seu semblante porque temia avistar a Deus. Por que temia ele? Lembrava-se do que lhe acontecera quando ele, que era Abel, olhara a glória de Deus; então fora por isso castigado com a morte. Quando o Senhor se voltou para a oferenda de Abel e um fogo do céu veio e comeu a oferta, ele havia olhado para dentro do fogo e com isso se perdera.

20. Set, Enos, Cainan

QUANDO ADÃO chegou aos cento e trinta anos conheceu novamente Eva, sua mulher, e ela concebeu e deu-lhe um filho à sua semelhança e imagem. Deu-lhe o nome de Set, pois, disse: Deus colocou-me outra semente por Abel, que foi morto por Caim.*

TINHA Set cento e cinqüenta anos e gerou um filho de nome Enos. Nesse tempo os seres humanos começaram a multiplicar-se na terra; praticavam a maldade diante do Senhor e insuflavam revolta contra Ele. Nos dias de Enos continuaram a pecar e assim a ira do Senhor aumentou. Os homens serviam a deuses estranhos e esqueciam o Deus que os havia criado na terra. Faziam figuras de cobre e ferro, de madeira e pedra, ajoelhavam-se diante delas e as serviam. Cada qual tinha o seu próprio ídolo e o adorava. Então Deus, em sua ira, fez jorrar sobre eles as marés de Gichon para aniquilá-los. Assim foi eliminado um terço da terra; os filhos do homem, contudo, não voltaram atrás em seus caminhos e suas mãos continuavam estendidas para fazer o mal.

ENOS PROCUROU seu pai Set e lhe perguntou: Pai, quem foi teu pai? Set respondeu: Meu pai foi Adão. Mas quem foi o pai de Adão? perguntou de novo Enos. Set disse: Adão não tinha pai nem mãe, Deus o formou da terra.

Então Enos tomou um pedaço de barro e formou uma figura; depois foi ao seu pai e disse: Aqui está uma figura, mas ela não pode andar nem falar. Set disse: Deus soprou o hálito da vida no nariz de Adão. Então Enos procedeu da mesma forma e soprou seu hálito no nariz da figura. Surgiu, porém, o Satã e esgueirou-se para dentro da figura de barro. E a estirpe de Enos obedeceu ao Satã e o nome de Deus foi profanado.

QUANDO OS HOMENS começaram a denominar os seus ídolos com o nome do Senhor, o oceano aumentou de volume desde Akko até Japho e inundou um terço do mundo. Então o Senhor falou: Formastes uma nova imagem e a chamais com o meu Nome; pois então também eu trarei algo novo e revelar-vos-ei o meu Nome. Assim também está escrito: "Aquele que chama as águas do mar e as espalha pela face da terra: Senhor é o seu nome".

---

* Schat significa: ele colocou.

QUATRO COISAS mudaram no mundo durante a época de Enos. As montanhas, que antes eram cultivadas e semeadas, tornaram-se duros rochedos. Nos corpos dos mortos aninharam-se vermes; jamais se soubera antes o que quer dizer putrefação. Os homens ficaram com a aparência de macacos; a imagem de Deus havia desaparecido. E os maus espíritos perderam sua timidez diante do homem.

NOS DIAS de Enos os homens tornaram-se versados em magia e feitiçaria e aprenderam a dominar as forças do céu. Tornaram-se estudiosos destas ciências e também instruíram outros nelas. Com Enos começa a preocupação com a feitiçaria, por isso consta na Escritura: "Em seus dias começou-se a invocar o nome do Senhor".

NESSES DIAS não havia sementeira nem colheita e não havia alimento para os seres humanos. Grande fome abateu-se sobre o país, pois as sementes que os homens colocavam na terra tornavam-se espinhos e abrolhos. A maldição pairava sobre a terra ainda dos dias de Adão. Quanto mais os homens insistiam em seu pecado e em sua rebeldia contra Deus e corrompiam seu caminho, tanto mais a terra secava.

Enos viveu noventa anos e gerou Cainan. Cainan era alto, tinha quarenta anos e tornou-se muito sábio, inteligente e senhor de todos os conhecimentos. Tornou-se rei de todos os homens e os governava com razão; possuía também poder sobre os espíritos, os diabos e os demônios. E Cainan em sua sabedoria sabia que o Senhor pretendia aniquilar os homens por causa de seus pecados e que no fim dos dias viria o grande dilúvio; assim, escreveu tudo o que iria acontecer sobre placas de pedra em escrita hebraica e colocou as placas entre seus tesouros. Cainan reinava sobre toda a terra e procurava levar os homens a voltarem ao Senhor.

21. Lamec

CAIM RETIROU-SE da presença do Senhor, do lugar onde estivera, e vagueou pelo país ao oriente do Éden. Então Caim conheceu sua mulher e ela concebeu; deu à luz um filho e Caim o chamou de Henoc, pois disse: agora o Senhor dará sossego à terra.* Logo depois Caim edificou uma cidade e chamou-a pelo nome de seu filho Henoc. E Henoc gerou Irad, e Irad gerou a Mehujael, e Mehujael gerou a Matusael e Matusael gerou a Lamec.

CAINAN TINHA setenta anos e tinha três filhos e duas filhas. Estes eram os nomes dos três filhos de Cainan: o primogênito chamava-se Mehalel, o segundo chamava-se Inian e o terceiro chamava-se Mered; suas irmãs, chamavam-se Ada e Zila.

---

* Derivação do nome Heniach — dar sossego.

E Lamec, filho de Matusael, aparentou-se com Cainan e tomou para si suas duas filhas para esposas. Ada concebeu e deu à luz um filho de Lamec, cujo nome era Jabal; depois concebeu novamente e deu à luz um filho que chamou de Jubal. Mas Zila, sua irmã, era estéril e não tinha filhos. Naquela época os homens começaram de novo a pecar contra o Senhor e a transgredir seu mandamento, o qual ordena aos homens que se multipliquem e sejam fecundos; davam uma bebida às suas mulheres, o que as tornava estéreis, a fim de que mantivessem a forma do corpo e para que a beleza e o encanto não desaparecessem. Zila foi uma das mulheres que também tomara a bebida. As mulheres que davam à luz, repugnavam aos maridos e pareciam viúvas e abandonadas. As estéreis, porém, agradavam aos homens.

E aconteceu que, quando Zila já estava velha, o Senhor abriu seu ventre, e ela concebeu e deu à luz um filho; chamou-o de Tubalcaim, pois disse: Só agora que me imaginei murcha, ganhei-o do Deus Todo-poderoso. Engravidou novamente, e deu à luz uma filha, que chamou de Naama, depois disse: Só agora que me imaginei murcha, chega-me a delícia e a felicidade.*

ADA DEU À LUZ a Jabal. Este foi o ancestral dos que habitam em tendas e ocupam-se com criação de gado. Foi o primeiro que no mundo começou a edificar cabanas, a apascentar o gado e curar suas doenças. Apascentava o gado no deserto, consta, e mudava a sua estada de mês em mês, de acordo com a situação do pasto; quando a erva estava colhida num lugar, mudava-se e montava sua tenda em outro lugar. O nome do seu irmão era Jubal. Este foi o ancestral dos que tocam rabeca e flauta, bem como de todos aqueles que tocam órgão; foi o primeiro que começou a confeccionar brinquedos, e o primeiro que se ocupou com a arte do canto.

E Zila também deu à luz a Tubalcaim, mestre de toda a obra de cobre e de ferro. Foi o pai da arte do cobre e da arte ferrageira, pois foi o primeiro que soube fazer utensílios de cobre e ferro.

JABAL E JUBAL foram os primeiros que edificaram casas para os idólatras. No início encolerizaram o Senhor, às escondidas, por sua tolice, e permaneciam em suas cabanas; depois encolerizaram-no atrevida e abertamente e faziam soar suas rabecas e flautas.

Tubal é o portador do pecado de Caim. Pois Caim havia morto sem arma; este, porém, era afiador e mestre em obras de minério e ferro: portanto, servia ao ofício de Caim, pois confeccionava armas para os assassinos.

E acerca dele conta-se ainda:

---

* Balah significa murcho; Naama, delícia, alegria.

Por que foi chamado de Tubalcaim? Pois foi ele quem continuou a obra de Caim, e todas as ações de Caim levavam à morte. *
A maldição que fora imposta a Caim, de que a terra não lhe fornecesse a sua força, ficou também valendo para as gerações posteriores; a lavoura não quis mais favorecê-los com a sorte, por isso adotaram um ofício.
O IRMÃO DE JABEL chamava-se Jubal; dele procederam aqueles que tocam rabeca e harpa. Este Jubal inventou a música, que é uma grande arte. Quando Jubal soube que para a estirpe de Adão era iminente o castigo do dilúvio, do fogo e da confusão das línguas, enterrou as notas de música em duas colunas, uma de mármore e outra de tijolos, para que, se uma das colunas fosse aniquilada pelos tremores, a outra permanecesse intacta.
A IRMÃ DE Tubalcaim era Naama. Era tão encantadora que os anjos foram seduzidos por ela, mas ela fugiu deles.
Mas contam-se também coisas más a respeito dela:
Naama era uma mulher extremamente formosa a quem os filhos dos poderosos perseguiam; a ela também se referem as palavras da Escritura: "Os filhos de Deus olhavam para as filhas dos homens". Outros, por sua vez, dizem que ela era a mulher de Samdon e a mãe de Asmodeu; dela provieram os espíritos e seu nome está registrado nos livros de feitiçaria.
E novamente lemos:
Durante cento e trinta anos Adão lidou com espíritos femininos, até que nasceu Naama. Em virtude de sua grande formosura, atrás dela erraram os dois anjos Aza e Azael, e ela concebeu deles. Dela provieram depois todos os maus espíritos e demônios que vagueiam pelo mundo durante a noite. Onde quer que encontrem um homem dormindo sozinho, deitam-se ao seu lado; isso, contudo, ocorre somente na lua minguante.
DE ABEL procederiam quatro estirpes, mas Caim as aniquilou da terra; assim, a terra também abriu sua boca e engoliu as quatro estirpes.
Como ocorreu a morte de Caim?
Durante cento e trinta anos esteve consagrado à morte e andava errante e fugitivo; havia uma maldição sobre ele.
Lamec, o filho de seu filho, era o sétimo de sua estirpe e estava cego; quando saía para caçar feras, seu filho costumava conduzi-lo pela mão; e quando o rapaz via um animal se aproximar, ele o dizia a Lamec. Assim, também, desta vez Tubalcaim falou: É como um animal o que vejo se aproximar. Lamec armou seu arco contra Caim e o atingiu com a flecha. O rapaz viu o morto e eis que

---

* Hobil — hebraico — conduzir.

possuía um chifre no meio da testa. Então contou-o ao pai. Lamec clamou: Ai de mim, este é o pai dos meus pais. De arrependimento bateu uma mão na outra; mas a cabeça do rapaz foi parar entre as mãos e foi esmagada. Assim, os três ficaram no mesmo lugar: o morto Caim, o morto rapaz e, como terceiro, o cego Lamec. Nesse instante a terra abriu sua boca e engoliu quatro estirpes de Caim.

QUANDO AS MULHERES de Lamec souberam o que ele tinha feito com Caim e com Tubalcaim, quiseram matá-lo e passaram a odiá-lo. Abandonaram-no e não quiseram mais se submeter à sua vontade. Lamec então procurou suas mulheres e insistiu com elas para que o ouvissem. Disse-lhes: Ada e Zila, escutai minha voz, mulheres de Lamec, prestem ouvidos a minhas palavras. Acreditastes e falastes: Ele matou um homem e um rapaz, que eram inocentes; não sabeis que sou velho e encanecido, que meus olhos estão rígidos de velhice e eu não sabia o que estava fazendo.

As mulheres então prestaram ouvidos a suas palavras e juntaram-se novamente a Lamec, conforme o conselho de Adão, o pai dos seus pais; mas não lhe deram mais filhos, pois sabiam que a cólera de Deus nesses dias era grande contra os homens e que pretendia aniquilá-los com as águas do dilúvio.

22. O Livro de Adão

QUANDO ADÃO, o primeiro homem, foi expulso do Jardim do Éden, orou diante da Onipotência e falou: Ó Senhor do Mundo! Criaste o mundo todo na glória e poder; o Teu reino permanece por toda a eternidade e Tua glória é para todas as gerações; nada se oculta de Ti e nada é vedado aos Teus olhos; preparaste-me com o trabalho das tuas mãos e me puseste como senhor acima de todas as Tuas criaturas para que eu fosse soberano sobre a Tua obra; a serpente, porém, astuta e infame, convenceu-me a comer da árvore do prazer e da suavidade: e também a mulher do meu seio me seduziu. Mas tu não me esclareceste sobre o que acontecerá depois, o que se passará com meus filhos e o que ocorrerá às gerações depois de mim. Sei e compreendo que nenhum ser vivo pode ser justo aos Teus olhos. Qual é minha força para que me atreva diante de Ti? Minha boca é por demais fraca para retorquir e Te falar e eu não posso levantar os meus olhos para Ti, pois faltei e pequei e, pelo meu delito, fui expulso hoje do Jardim; agora devo cultivar e arar a terra da qual fui tirado. Mas os habitantes da terra não se assustam diante de mim como antes, pois desde que comi da Árvore da Sabedoria e transgredi Teu mandamento, o conhecimento deixou-me e agora sou um tolo e nada sei e sou simplório e nada entendo.

Mas agora, clemente e misericordioso Deus, volta-te novamente em Tua grande misericórdia ao chefe de tuas criaturas, apieda-te do hálito que sopraste e da alma que concedeste. Obsequia-me com a Tua misericórdia, pois és piedoso, indulgente e de grande bondade. Que minha oração se eleve ao trono da Tua glória e o meu brado alcance a sede da Tua clemência. Que o ciciar da minha boca seja do Teu agrado e não te subtraias ao meu apelo. Tu foste e Tu serás por toda a eternidade; reinaste e reinarás. Apieda-te da obra das Tuas mãos, esclarece-me e revela-me que acontecerá aos meus descendentes e não me prives da sabedoria dos Teus anjos e dos Teus auxiliares.

Depois que Adão implorou assim por três dias, veio o anjo Raziel, o mesmo que permanecia junto ao rio, que saía do Éden, e apareceu diante de Adão, antes que o sol estivesse no meio do dia; tinha um livro nas mãos e disse a Adão: Adão, por que estás perturbado? Por que estás triste e aflito? Os teus apelos foram ouvidos e eu vim para te insuflar palavras da sabedoria; quero fazer-te sábio pelas palavras deste livro sagrado; por ele saberás o que acontecerá até o dia da tua morte. E também, dos teus filhos, todo aquele que se utilizar do livro e cumprir tudo o que está escrito saberá o que vai ocorrer mês por mês e o que vai acontecer entre o dia e a noite; conhecerá todas as coisas e ele saberás se vai romper a desgraça, se o trigo seria muito ou pouco, se choverá ou se reinará a seca. Também se irão aparecer morcegos ou gafanhotos, se surgirão descortiçadores, se as árvores perderão os seus frutos, se os homens serão acometidos de tinha; também se reinarão os ímpios na terra, se virão guerras, se reinarão a dor e a morte entre os homens e entre o gado, se será imposto o bem ou o mal; se será derramado sangue, ou se um ferido gemerá na cidade.

E o anjo Raziel abriu o livro e leu para Adão. E aconteceu que, quando Adão ouviu as palavras do livro sagrado da boca do anjo Raziel, caiu, consternado, sobre o semblante. E o anjo lhe falou: Adão, levanta-te e fortalece-te de coragem; não deves temer nem recear, mas toma o livro de minha mão e guarda-o bem.

Quando Adão recebeu o livro, um fogo ergueu-se na margem do rio e o anjo subiu ao céu na labareda. Então Adão percebeu que o mensageiro era um anjo de Deus e que o livro lhe havia sido enviado pelo próprio santo Rei. E guardou-o cheio de temor sagrado.

UM LIVRO sagrado de setenta e duas letras foi dado a Michael, o anjo, que é senhor dos sete príncipes que servem ao Rei dos Reis.

E Michael infundiu em Adão, o primeiro homem, a base da sabedoria e entregou-lhe o livro. Assim Adão tornou-se sábio e soube dar nome a todos os animais, pássaros, peixes e vermes.

E Adão leu o livro e aprendeu a honrá-lo com toda a sua força. Exercitou-se na pureza, castidade e humildade. Aprofundou-se no espírito da sabedoria e compreendeu as palavras de ouro do livro. Depois colocou o livro na cavidade de um rochedo a oriente do Jardim do Éden, pois a terra não era capaz de suportar o seu impacto. Sempre que Adão pegava no livro para ler, a terra estremecia e balançava como um navio sobre a água. Se recitava diante de uma montanha, esta derretia-se como cera. Se recitava diante do mar, este transbordava de seus limites como transborda uma taça de água. Quando recitava do livro diante de uma fogueira, o fogo se tornava cinza e quando lia diante de leões, panteras, ursos e feras bravias, elas ficavam como que emudecidas. Se lia do livro diante de serpentes e vermes venenosos, podia brincar com eles como com passarinhos. Se lia diante do céu e pronunciava o santo Nome perante o sol, a lua, Orion e as estrelas, era ele senhor sobre eles. Também tinha em seu poder os espíritos, os demônios, os atormentadores e Satã; tomou deles machos e fêmeas, pronunciou o santo Nome e eles atentaram à sua palavra. Quando lia do livro de uma alta torre ou diante da muralha de uma fortaleza, elas ruíam. Se lia durante a guerra, os inimigos fugiam; se lia diante de uma árvore, esta dava seus frutos antes do tempo. Todas as coisas se lhe tornaram claras e ele compreendeu tudo graças ao santo espírito do livro; sabia da vida e da morte, do bem e do mal. Descobriu o segredo das horas e dos minutos, assim como o número de todos os dias. Apreendeu o ensinamento das épocas e dos jubileus até o final dos tempos.

QUANDO SET, o filho de Adão completou dez anos, Adão o encaminhou e fez com que aprendesse os sinais do livro sagrado; contou-lhe da força do livro, do poder e dos milagres que continha. Também lhe falou sobre como ele mesmo se portara com o livro, e que o havia guardado na cavidade de um rochedo; depois ensinou ao filho que, na hora em que fosse dialogar com o livro, precisava tomar bastante cuidado; durante seis semanas não devia comer cebola nem alho assim como nenhum outro condimento; também não devia comer carne nem peixe, nem nada em que corresse sangue; dia após dia devia ir aos regos e se lavar, uma vez de manhã e uma vez à noite. E Adão suplicou a Set que não tratasse o livro com leviandade, porém com humildade e respeito, em estado de pureza e santidade. Logo depois Adão morreu e foi para o reino da eternidade.

E Set, o filho de Adão, manteve-se com toda a sua força fiel ao livro e não se desviou nem para a direita nem para a esquerda, de tudo o que, Adão, seu pai, lhe ordenara; pois também ele era sábio, inteligente e esclarecido. E a sabedoria do livro também a ele abriu os portais de todo o conhecimento e de toda a sabedoria e ele compreendeu o que é bondade e maldade e que se deve abominar o mal e escolher o bem.

Set, porém, viu as primeiras gerações seguirem a vã ilusão e as viu adorar a obra das próprias mãos, darem os ídolos o nome de Deus e confundirem o sustentáculo de todas as coisas com aquilo que sustenta; não sabiam e não imaginavam que estavam errando na escuridão. Então, Set foi iluminado pela profundidade do livro e pelos signos do santo Nome gravados nele e viu um dia o Senhor romper as barreiras do mar e inundar a terra com água.

E Set fez uma arca dourada e dentro dela colocou o livro e várias espécies de especiarias. Escondeu a arca numa caverna da cidade Henoc, que Caim, seu irmão, havia edificado.

23. Adão e as Gerações Vindouras

QUANDO O SENHOR criou Adão, fez passar diante dele todas as gerações, os justos e os ímpios. E o Senhor falou a Adão: Vê, trouxeste a morte aos justos. Ao ouvir isso, Adão ficou inquieto e disse ao Senhor: Senhor do Mundo! Então fui eu quem causou tudo isso ao Teu mundo. Mas não me preocupa que os maus morrerão, mas sim que os justos me culparão por sua morte. Concede-me então, Senhor, que não fique esclarecido que foi por minha causa que surgiu a morte. O Senhor disse: Conceder-te-ei.

Quando então chega a hora em que o homem deve deixar o mundo, aparece-lhe o Senhor e diz: Anota as ações que praticaste; anota, pois são as tuas próprias ações a causa da tua morte. E o homem assim procede; depois que anotou, o Senhor lhe diz: Agora lacra. E o homem lacra.

Quando, algum dia, o Senhor sentar-se para julgar suas criaturas, mandará vir todos os livros dos seres humanos e lhes mostrará as ações tais como estão anotadas.

O CERTO seria que o Ensinamento fosse transmitido por intermédio de Adão e o Senhor falou: Adão é a obra das minhas mãos, deveria eu então ocultar-lhe o Ensinamento? Mas o Senhor também falou: Dei seis mandamentos a Adão e ele não os cumpriu, acaso deveria impor-lhe seiscentos e treze? Não! Não darei o Ensinamento a Adão, mas sim a seus descendentes.

Seria de direito que as doze tribos nascessem de Adão. Mas o Senhor falou: Dei dois filhos apenas a Adão e eis que um se levantou e abateu o outro. Acaso deveria então lhe dar doze filhos? Não, as doze tribos não procederão dele, mas de um de seus filhos.

E o Rei Messias não aparecerá antes que existam realmente todas as almas que Deus pretendeu criar no início. Mas todas essas almas estavam anotadas no livro de Adão.

O SENHOR mostrou a Adão todos os justos que iriam descender dele; um estava suspenso em sua cabeça, um em seus cabelos, um no seu pescoço, um nos seus olhos, um no seu nariz, um na sua boca, um na sua orelha, um nos seus braços.

O SENHOR mostrou a Adão todos os justos que iriam descender seus filhos na terra do Egito; depois mostrou-lhe Moisés, que se levanta e os resgata; mostrou-lhe José alimentando seus irmãos; mostrou-lhe Samuel, que unge os reis; mostrou-lhe Josué, que leva os filhos de Israel à Terra Prometida; mostrou-lhe David, que funda o Templo e depois Salomão seu filho, que termina a obra. Depois Atalia, mãe de Ocozias, que arrancou os pregos de ouro do Templo e o sumo-sacerdote Jojada, que novamente os substituiu. Amon, filho de Manassés ergue ídolos e o rei Josias os queima todos. Em seguida, Deus mostrou a Adão Nabucodonosor, que destrói o Templo e o rei dos persas Dario, que o reconstrói.

O Senhor também, falou: Neste dia vou guiar meus filhos para fora da terra do Egito, neste dia vou dividir o Mar dos Juncos e derrubar seus inimigos, neste dia vou conceder o Ensinamento.

E, realmente, não houve um só dia de atraso ou de demora.

24. A Morte de Adão

OS ANOS que Adão viveu na terra foram novecentos e trinta. Adão foi um dos três que quis ocultar sua alma ao anjo da morte; ele, Jacó e Moisés revoltaram-se contra o anjo.

O Senhor fez Adão ver seus filhos e os filhos de seus filhos até o fim de todas as gerações. Quando surgiu a imagem de David, filho de Isai, rei de Israel, reconheceu Adão nele um homem de vida devota. E Adão disse ao Senhor: Ó Senhor do Mundo! De que adianta ao homem o seu nome, a sua fama, o espírito devoto, se não lhe é destinada uma longa vida na terra? O Senhor respondeu: Quando pensei em criar este aqui, que será chamado de David, determinei que viesse e se fosse logo depois. Então Adão disse: Senhor do Mundo! E quanto tempo tenho eu para viver aqui embaixo? O Senhor retrucou: Viverás mil anos. Então disse: Ó Senhor, permite que eu dê a David uma parte dos meus anos. O Senhor retorquiu: Está em tuas mãos fazê-lo. Adão disse: Senhor de todos os mundos então quero lhe dar setenta dos meus anos. Então Deus falou: Guarda bem então o que tua boca falou! Adão falou: Eu disse e meus ouvidos o escutaram.

Então o Senhor fez descer seus servos e disse-lhes: Hoje sereis minhas testemunhas. Dai vossa mão a Adão e confirmai que ele presenteou David, filho de Isai, com setenta anos de sua vida. E o Senhor apanhou uma filha e preparou um escrito. Provavelmente dirás: Não poderia o Senhor fazer o mesmo sem documento, sem testemunhas e sem aperto de mão? Não, pois o Senhor queria que isso se tornasse costume eterno entre os filhos de Adão.

Mas quão pesado foi para Adão pagar a dívida, que ele próprio se impusera! Quando o anjo da morte veio e lhe disse: Dá-me o alento da tua alma, Adão retrucou: Meus ouvidos escutaram da boca do Senhor, que tenho mil anos para viver e até agora não vivi mais que novecentos e trinta. O anjo da morte subiu ao Senhor e disse: Adão, teu servo, afirma que tem mil anos para viver. Então o Senhor entregou o documento ao anjo da morte e fez Gabriel, Michael e Serafiel descerem com ele. Aproximaram-se de Adão e encontraram-no completamente alterado: seus membros estavam se deteriorando e o coração saltava das costelas esquerdas para as costelas direitas. Adão disse: Seria melhor se eu permanecesse pó, seria melhor se eu não tivesse sido criado. As hostes então falaram: Filho do homem, porque choras, porque lamentas? Todos estão destinados a morrer; só vive eternamente quem ergue a mão para o céu.

E Gabriel falou: Lembra-te do dia em que prometeste setenta anos de tua vida a David, filho de Isai. E Michael e Serafiel continuaram: Somos testemunhas disso e eis aqui a folha e nela constam os nossos nomes.

Então Adão falou: Ai de mim, vou morrer agora por causa de vós três.

Por esta razão a Escritura diz: "Pelo testemunho de duas ou três bocas morra quem está condenado a morrer".

A CAVERNA dupla encontra-se rente ao portão do Jardim do Éden. Quando Eva morreu, Adão veio para enterrá-la e sentiu o delicioso aroma do Jardim. Abriu a cova para Eva, porém, quando quis fazê-la mais funda, uma voz bradou: Pára. Mais tarde ele foi enterrado no mesmo lugar, ao lado de Eva, sua mulher.

Foi o Senhor quem o criou e também foi Ele quem o enterrou. E ninguém soube onde era o túmulo de Adão, até que posteriormente veio Abraão e armou sua tenda em Hebron. Abraão aspirou o delicioso aroma do Éden e ouviu a voz dos anjos, que falaram: Adão, o primeiro homem, repousa aqui e Abraão, Isaac e Jacó repousarão algum dia neste mesmo lugar.

UM PEREGRINO, conta em época posterior:
Até hoje ainda vêm pessoas à caverna dupla, ao lugar do qual foi tirado o corpo de Adão e para onde voltou, e nela buscam terra,

quando querem construir um lar. Mas o campo permanece inalterado e não diminui.

ADÃO FOI o chefe de todas as criaturas. Quando chegou aos novecentos e trinta anos, disse para si mesmo: Farei uma pousada para mim enquanto estou na terra. E abriu na rocha uma sepultura, na qual repousaria. Mas depois disse em seu coração: O coração do homem inclina-se a servir ídolos, meu corpo, porém, foi formado pelas próprias mãos do Senhor e ele soprou o alento de sua boca em meu nariz; quando eu estiver morto, os homens farão um ídolo dos meus ossos; por isso, meu corpo deve baixar o mais profundamente no seio da caverna.

HOUVE UM estudioso da Bíblia na época talmúdica cujo nome era Rabi Benai; ele foi a Hebron, a fim de medir as sepulturas dos antepassados. Primeiramente entrou na sepultura de Abraão; mas ao se aproximar do jazigo de Adão, ouviu uma voz clamar do céu: Olhaste o meu retrato, mas não deves olhar minha imagem.

Mas ele chegou a ver os calcanhares de Adão, que brilhavam como duas esferas solares.

Livro Terceiro: O Dilúvio

1. Henoc

JARED, o filho de Malaleel, foi o pai de Henoc. Acerca de Jared conta-se que em seus dias os anjos desceram do céu para a terra e indicaram às criaturas a maneira de servir ao Senhor. Henoc gerou a Matusalém.

Henoc seguia com Deus; odiava as maneiras ímpias dos homens, pois sua alma vivia na virtude e no saber. Em sua sabedoria mantinha-se isolado e oculto dos homens.

E aconteceu que, uma vez, quando Henoc rezava ao Senhor no quarto de sua casa, um anjo o chamou do céu e Henoc respondeu: Aqui estou. Então o anjo disse: Levanta e sai do lugar onde te ocultas. Vai para perto dos filhos do homem, para indicar-lhes o caminho que deverão seguir e para ensinar-lhes a obra que deverão executar.

Henoc obedeceu a ordem divina e deixou a região. Procurou os homens e lhes revelou que quem quisesse conhecer os caminhos de Deus e sentisse prazer nas boas ações deveria vir a Henoc. E Henoc tornou-se rei sobre os homens e eles se prostravam diante dele e ouviam suas palavras.

QUATRO GERAÇÕES após Adão levantou-se Henoc, filho de Jared, que havia compreendido o temor divino e seguia um caminho puro; lavava-se e se santificava em água corrente e apresentava todos os seus apelos ao Criador. Então em sonho lhe foi revelado o lugar onde se encontrava oculto o livro de Adão e lhe foi indicada a maneira de como proceder com ele. Henoc partiu bem cedo, foi à caverna e lá permaneceu até depois do meio-dia; orou ao Senhor, louvado seja o seu Nome, e compreendeu o puro Nome de Deus. Depois, separou-se dos habitantes da terra e nunca mais foi visto, pois Deus o havia levado.

Contudo sabia que as gerações que estavam por vir não teriam a força de suportar o livro, pois era formidável e magnífico. Assim o escondeu e ele ficou oculto até a vinda de Noé, filho de Lamec, um justo e inocente de sua estirpe.

Henoc, filho de Jared, fabricava sapatos para os homens, mas em cada ponto que dava no couro estava junto ao Senhor.

UM CHAMADO chegou a Henoc, para que fosse ao céu e lá se tornasse o rei dos filhos de Deus, assim como na terra tinha sido rei dos filhos do homem. Ao ouvir estas palavras Henoc reuniu todos os filhos da terra ao seu redor e disse-lhes: Um chamado chegou a mim, para que eu vá ao céu, mas não sei o dia em que vos deixarei. Assim, vou ensinar-vos mais uma vez a virtude de Deus. E lhes deu justiça e leis, que deveriam praticar na terra; institui a paz entre eles e os instruiu sobre a ordem do mundo.

Mas, um dia, os homens, que estavam sentados ao redor de Henoc, levantaram seus olhos e viram a figura de um cavalo descer do céu. E Henoc falou: Este cavalo desceu por minha causa. Chegou o dia em que devo partir.

E Henoc montou no cavalo e foi embora. Oitocentos mil homens seguiram-no e o acompanharam durante uma jornada. No dia seguinte, Henoc disse-lhes: Voltai para vossas tendas e não me acompanhai, senão tereis de morrer também. Então uma parte deles voltou, mas o restante o acompanhou ainda durante seis dias. Diariamente Henoc lhes dizia: Voltai para vossas tendas, para que não pereceis. Mas eles não queriam voltar e o seguiram. No sexto dia, uma parte tornou a voltar, ao passo que os restantes se juntaram ainda mais a Henoc e falaram: Aonde tu vais, nós também vamos; como é certo que Deus vive, somente a morte irá nos separar. Como insistiam em acompanhá-lo, ele não tentou mais dissuadi-los e eles o seguiram. Mas no sétimo dia Henoc partiu numa tempestade para o céu, sobre fogosos cavalos em carros de fogo.

No entanto, os reis, que haviam retornado, quiseram saber o número daqueles que tinham ficado com Henoc. Foram ao lugar de onde ele havia partido em direção ao céu e lá encontraram a terra coberta de neve e sobre a neve havia grandes pedras do tipo das pedras de neve. Falaram uns aos outros: Afastemos a neve, vejamos se os homens foram com Henoc, ou se estão sob a neve. Afastaram a neve e encontraram os homens que haviam ficado com Henoc, mortos.

Procuraram também por Henoc, mas este não estava lá, pois havia partido para o céu. Henoc vivera trezentos e sessenta e cinco anos. Foi no centésimo décimo terceiro ano da vida de Lamec, filho de Matusalém, que Henoc partiu para o céu. Depois disso, os reis da terra levantaram-se e proclamaram rei a Matusalém, em lugar de seu pai. Matusalém agia como agradava ao Senhor e em tudo procedia como Henoc, seu pai, lhe ensinara.

HENOC chegou vivo ao Jardim do Éden e passou durante trezentos anos no paraíso, junto com os anjos de Deus; deles aprendeu a reconhecer o passar do tempo e os astros, e muita sabedoria ainda lhe foi concedida. Depois o Senhor o transformou em anjo e ele tornou-se o Metatron, o grande escrivão e príncipe do mundo.

2. De Henoc — Metatron

NO PRIMEIRO mundo,* que procedeu ao mundo de Adão, Henoc, filho de Jared, mantinha uma posição elevada. Depois o Senhor o trouxe ao mundo dos filhos de Adão, para que lhes servisse de exemplo em retidão e clemência. Ele deveria experimentar as criaturas, mas elas não sustentaram a prova e escolheram o caminho da morte e não o da vida. Então Henoc disse ao Senhor: Esta estirpe é toda de malfeitores, nenhuma fé habita em seu coração. Pretendes exterminá-los; então por que me trouxeste a eles? Nenhum dos seus maus impulsos se apega a mim; portanto, torna-me, Senhor do Universo, um de Teus criados. No primeiro mundo, no mundo da misericórdia, o qual terminou e do qual eu vim, todos eram grandes e todos eram anjos, e eu era grande com eles; se agora não sou como um anjo, uma vez que vi muitos pecadores, deixa-me ao menos permanecer entre os anjos e não mais entre o povo miserável e reprobo.

O corpo de Henoc tornou-se então um facho de fogo, como o corpo de Elias e ele foi transposto para o meio dos anjos.

METATRON, o príncipe do mundo, que alimenta os príncipes de todos os povos da terra, é o menino Henoc. A ele foi destinada a alma de Adão, o primeiro homem, que o deixou antes dele ter pecado. Assim Henoc chegou vivo ao Jardim do Éden.

QUANDO o sumo-sacerdote Ismael, filho de Eliseu, partiu para o céu, o Senhor fez Metatron, seu príncipe interno, ir ao seu encontro.

Então Ismael perguntou a Metatron: Como te chamas? Metatron respondeu: Possuo setenta nomes pelo número das setenta línguas do mundo e pelo número de nomes do Rei dos Reis. O Rei, todavia, chama-me de menino. O sacerdote continuou e disse: Mas por que és denominado com o nome do Senhor, porque és maior que todos os príncipes, mais alto que todos os reis, mais amado que todos os servos, mais estimado do que todos os guerreiros? E por que te chamam de menino nas alturas? Então Metatron respondeu-lhe:

Eu sou o que era antes Henoc, filho de Jared. Quando a estirpe do dilúvio pecou diante do Senhor e disse-lhe: Desaparece

---

* Na realidade "Schemita", uma designação na linguagem cabalística das séries de emanações de sete membros.

da nossa frente, não queremos saber de ti — o Senhor afastou a mim, Henoc, filho de Jared; eu deveria testemunhar contra eles no céu, para que não se diga: O Deus misericordioso é desapiedado, pois o que fizeram os homens de mal, em que pecaram as suas mulheres, filhos e filhas, seus cavalos e jumentos, seu gado e os pássaros, para que tivessem de perecer nos dias do dilúvio?

Mas Aza e Azael falaram contra mim no céu. Quando me viram chegar, disseram: Senhor do Universo! Que tipo é este que vem para as regiões superiores? O Senhor, então, respondeu-lhes, dizendo: Quem sois para me interromper? A este homem desejo fazer príncipe e regente nas alturas celestiais. Em seguida todos os anjos levantaram-se e vieram ao meu encontro, curvaram-se diante de mim e falaram: Bem-aventurado és tu e bem-aventurados aqueles que te geraram, pois agradas ao Senhor.

Mas uma vez que sou, em dias, luas e anos, o mais jovem entre as hostes, finalizou Metatron, sou chamado de menino.

QUANDO o Santíssimo, louvado seja o seu Nome, retirou Henoc, filho de Jared, o qual mais tarde foi chamado de Metatron, da estirpe do dilúvio e o fez seu príncipe interno, carregou-o nas asas de sua glória para a abóbada superior e o levou para o centro do grande palácio, que se encontra nas alturas da Arawot; lá está o trono de Sua glória, lá está sua carruagem, lá estão exércitos raivosos e tropas furiosas, lá acampam anjos e querubins ardentes como fachos e rodas, como carvões candentes, chamejantes servos, irradiantes chaschmalim * e fúlgidos serafins.

E o Senhor decidiu que Henoc devia servir diariamente ao trono de Sua glória.

Mas ainda antes que o Senhor fizesse Metatron servo de Seu trono, ele lhe abriu as trezentas mil portas da sabedoria, as trezentas mil portas da razão, as trezentas mil portas da inteligência e lhe mostrou as trezentas mil portas da vida, as trezentas mil portas da paz, as trezentas mil portas da força, do poder e da coragem, as trezentas mil portas da complacência e da misericórdia, as trezentas mil portas do amor, as trezentas mil portas do ensinamento, as trezentas mil portas da clemência, as trezentas mil portas da humildade e as trezentas mil portas do temor a Deus.

E depois de o Senhor prover Metatron, seu príncipe interno, com todas essas qualidades, colocou Sua mão sobre ele e o abençoou com trezentas e sessenta e cinco mil bênçãos e o tornou grande e excelso. Deu-lhe setenta e duas asas, trinta e seis à direita e trinta e seis à esquerda, e colocou-lhe trezentos e sessenta e cinco mil olhos.

---

* Seres brilhantes.

O Senhor também lhe fez um trono, semelhante ao trono de Sua glória. Sobre o trono estendeu um tapete repleto de brilho e luz, semelhante ao de Seu próprio trono, no qual estava tecido todo o brilho e toda a luz do mundo. Colocou o trono na entrada para o sétimo terraço e sentou Metatron em cima. E um brado ecoou de céu a céu: Nomeei a Metatron, meu servo, príncipe e poderoso sobre todos os príncipes do meu reino e sobre todos os filhos do céu, com exceção dos oito violentos e terríveis, que são chamados com o nome de Deus após o nome de seu rei. E cada anjo, que desejar algo de mim, deverá antes procurar a Metatron e falar com ele. No entanto, cada palavra que ele vos disser em meu Nome, devereis guardar e obedecer.

O SENHOR começou e falou:

Formei os membros de Metatron, meu servo, um a um. Preparei-o nos dias de Adão, o primeiro homem; mas quando vi chegar a estirpe do dilúvio, retirei minha glória do seu meio e subi ao céu ao som de cornetas; depois retirei deles Henoc, filho de Jared, e o trouxe para cima com brados de guerra e claras trombetas.

Fiz, de Henoc, o Metatron, guardião de todos os meus tesouros e preciosidades, que estão ocultos nas abóbadas, e entreguei-lhe as chaves na mão; elevei-o a príncipe sobre todos os príncipes e o nomeei servo junto ao trono da minha glória.

E a seu cargo estava ainda abrir os vestíbulos da Arawot, atar as coroas ao redor das cabeças dos animais sagrados, adornar de força e magnificência as faustosas rodas, vestir luxuosamente os querubins, dar brilho e luz aos pilares de fogo, envolver em orgulho os serafins chamejantes, cingir os Chaschmalim com luz; para mim aprontava diariamente o assento, quando eu queria escalar o trono da minha glória, a fim de abarcar todas as alturas do meu poder.

Transformei sua carne num facho de fogo e os membros do seu corpo em braseiro ardente. Tornei seu aspecto como um raio e fiz brilhar para sempre a luz de suas pálpebras; fiz o brilho do seu semblante ser como a luz do sol, fiz seus olhos brilharem, como brilha o trono da minha glória. Depois o envolvi em magnifica veste, toda brilho e fausto, e vesti-lhe um manto cheio de altivez e glória.

Coroei a cabeça de Metatron com pesado anéis de quinhentas milhas de tamanho; emprestei-lhe da grandeza, do fausto e do brilho do meu trono; chamei-o com meu nome Senhor, o Pequeno, o Príncipe do semblante. Fiz com que soubesse de todas as coisas ocultas e coloquei seu trono ante a entrada do meu palácio; ali deveria sentar-se e proferir julgamentos sobre a parentela celestial. Os príncipes dos anjos tinham primeiro que lhe pedir licença e em tudo fazer sua vontade.

NO INÍCIO, Elohim criou o Metatron. Metatron foi o início de toda a criação, e ele precedeu ao céu e sua hoste. Pois este é o homem a quem Deus criou à Sua imagem e ao qual deu a forma celestial, pura e íntegra.

3. Dos Anjos Caídos

DOIS ANJOS caíram das alturas, Aza e Azael, os quais anteriormente achavam-se próximos à glória de Deus; desejaram as filhas da terra e haviam corrompido seus caminhos. Então, Deus suspendeu-os entre o céu e a terra.

OS DISCÍPULOS perguntaram ao seu mestre Rabi Josef: Quem é esse Azael? Então ele contou-lhes:

Quando a estirpe do dilúvio começou a servir a ídolos estranhos, o Senhor ficou muito magoado. Logo Schemchazai e Azael levantaram-se e disseram: Senhor do Mundo! Não dissemos, quando criaste o mundo: o que é o homem para que Te lembres dele? O Senhor perguntou: E o mundo, o que é o homem para que te lembres dele? O Senhor perguntou: E o mundo, o que seria dele? Os anjos responderam: Somos suficientes para o mundo. O Senhor disse: Se habitásseis a terra, Satã também teria vos dominado e seríeis mais obstinados ainda do que são os homens. Os anjos falaram: Senhor do Mundo, dá-nos a liberdade, queremos morar lá em baixo junto às criaturas, e verás, como manteremos santo o teu Nome. O Senhor disse: Pois então descei e habitai com elas.

Logo depois os anjos pecaram com as filhas dos homens, que eram belas; não puderam reprimir seus desejos.

Schemchazai viu uma moça de nome Ischtar; ergueu seus olhos para ela e disse: Escuta-me. Ela, porém, respondeu: Não te ouvirei antes que me ensines a pronunciar o verdadeiro e legítimo nome de Deus, através do qual sobes ao céu quando o invocas. Então o anjo ensinou-a a pronunciar o Nome. A virgem pronunciou o Nome e subiu ao céu e não tinha pecado.

O Senhor falou: Já que ela se livrou do pecado, vamos colocá-la entre as sete estrelas, para que sua recordação permaneça eterna. Assim Ischtar foi para a estrela da Virgem.

QUANDO ENTÃO Schemchazai e Azael viram que não haviam conseguido a virgem, partiram, tomaram mulheres e geraram filhos. Estes foram Hiva e Hija. Azael tornou-se senhor sobre as vestes coloridas e sobre as jóias das mulheres, que levam os homens a pensamentos pecaminosos.

Metatron então enviou um mensageiro a Schemchazai, o qual falou-lhe: O Senhor quer destruir o Seu mundo e quer ocasionar um dilúvio. Schemchazai começou a chorar, pois tinha pena do mundo e também dos seus filhos. O que fariam os seus filhos?

O que comeriam se o mundo fosse destruído? Pois cada um deles comia diariamente mil camelos, mil cavalos e mil touros.
Na noite seguinte ambos, Hiva e Hiia, tiveram cada qual um sonho. Um viu uma grande pedra, estendida como uma mesa e em cima dela estava gravada a imagem da terra e desenhada em fileiras de letras; então apareceu um anjo do céu, que tinha nas mãos uma faca com a qual arranhou e raspou as fileiras e não deixou sobrar nada, a não ser quatro sinais.
O segundo viu um grande jardim, magnificamente plantado, com toda a espécie de árvores. Mas havia anjos no jardim, que seguravam machados nas mãos, com os quais derrubavam as árvores, até que não restou senão uma, que tinha três galhos.
Quando os dois acordaram, estavam assustados e foram ao pai. Este disse-lhes: O Senhor quer trazer um dilúvio sobre a terra e não restará ninguém exceto Noé e seus três filhos. Então os dois começaram a gritar e a chorar. Mas seu pai falou: Não vos aflijais; os vossos nomes não desaparecerão do mundo; enquanto forem talhados os rochedos, carregadas as pedras e conduzidos os navios, vossos nomes Hiva e Hiia serão invocados. *
Schemchazai penitenciou-se e pendurou-se entre o céu e a terra, a cabeça para baixo e os pés para cima, e assim permanece até hoje.
Azael, porém, não se penitenciou e até hoje sua obra ainda consiste em seduzir os filhos dos homens ao pecado através das vestes coloridas das mulheres.
Por este motivo, Israel oferecia um sacrifício no Dia da Expiação; um bode era sacrificado ao Senhor, para que pudece perdoar aos filhos de Israel, o outro, porém, que carregava os pecados de Israel, era enviado a Azael no deserto. Este é o Azael que consta na Bíblia. **
AZA E AZAEL são os dois poderosos que difamaram o homem perante o Senhor e dele disseram: Por que criaste este que somente cometerá pecado e te encolerizará? O Senhor os fez cair na terra e eles se tornaram aqueles que são chamados de filhos de Deus. Tomaram como mulheres as filhas dos homens, as quais eles desejavam; são também todos da descendência de Caim. Pois, acerca de Caim consta: Alcancei um homem com o Senhor; e realmente, Caim e sua descendência eram fortes e poderosos e possuíam em si algo de criaturas superiores.
Mas depois que pecaram, receberam corpos e o mau impulso começou a dominá-los, de modo que não eram mais seres sobrenaturais.
Quando depois quiseram voltar novamente ao céu, e invocaram o Nome sagrado, foram repudiados; suas cabeças foram feridas por lascas de ferro e eles caíram na terra entre as montanhas escuras.

---

* Provavelmente era costume invocar estes dois no trabalho pesado como espíritos protetores. — Talvez fossem apenas brados de trabalho rítmico.
** Núm. 16, 8.

Aza é cego de um olho; seu olho direito está fechado e só o esquerdo está aberto. Encontra-se em eterno cair e afundar, porém não cai sobre a terra, mas fica suspenso no ar, a três palmos da superfície, para que não encontre sossego. E o olho fica aberto apenas para que veja sua própria queda e se aflija ainda mais por isso. Azael, porém, tem os dois olhos abertos e está pendurado pelas pálpebras; este é o castigo porque seguiu seus olhos. AZA E AZAEL haviam traído os segredos do céu. O Senhor perfurou suas narinas e os pendurou nas montanhas do oriente. Não vêem o sol e nenhuma brisa roça suas faces.

4. A Geração Ímpia

NAQUELES TEMPOS existiam gigantes na terra, pois, uma vez que os filhos de Deus se uniam às filhas dos homens e lhes geravam filhos, estes se tornaram heróis e poderosos. Aos gigantes eram dados sete nomes. Chamavam-se: Emiter ou os Terríveis, Refaiter ou os Gigantes, Gibborim ou os Potentes, Samsuniter ou os Astutos, Anakidim ou os Enormes, Awiden ou os Errados, Nefilim ou os Corruptores.

Eram chamados de Terríveis, pois quem os via era acometido de terror; eram chamados de Gigantes, pois quem os via ficava com o coração mole como cera; eram chamados de Potentes, pois só as suas coxas mediam dezoito côvados. Eram chamados de astutos, pois conheciam todas as artimanhas da guerra; eram chamados de enormes, pois conseguiam alcançar a esfera solar; eram chamados de errados, pois pelos seus delitos haviam corrompido a terra.

Em menos de uma hora atravessavam o mundo inteiro, de uma extremidade a outra e, no caminho, arrancavam os cedros. Os leões e as panteras nada mais eram para eles do que um pelo no corpo. Alguns deles colocavam o pé num poço da profundidade e assim o fechavam; alguns colocavam a mão numa janela do céu e a encobriam.

OLHAVAM para o sol e para a lua e praticavam com eles a arte de vaticinar; eram eles aqueles quem está escrito: "Eles renegaram a luz". Eram duros de coração, rebeldes e falavam perante o Senhor: Sai de nossa frente, nada queremos saber acerca dos teus caminhos; quem é o Todo-poderoso, para que tenhamos de servi-lo? Em que seremos melhorados, se o invocarmos?

Mas o que os conduziu à revolta? Foi somente a petulância. Pois viam seus filhos e os filhos crescerem até a quinta e sexta geração e não morriam; apenas semeavam uma vez cada quarenta anos, mas tinham alimento todo o tempo. O Senhor falou-lhes: Então continuais a transgredir! Pois bem! A partir de agora devereis colher apenas tanto quanto semeardes; gerareis filhos e os levareis à sepultura; a geada e o calor virão sobre vós e vos trarão febre e consunção; os vossos sofrimentos jamais terminarão e os vossos corpos serão torturados para sempre. Jamais tereis sossego, quer de dia, quer de noite, e o fogo e a geada vos aniquilarão.

O SENHOR criou o seu mundo e o terminou e deu a terra aos filhos dos homens. Quando então veio a geração do dilúvio e viu a paz que reinava sobre a terra, tornou-se petulante. Não havia entre eles ninguém que fosse estéril, homem ou mulher; suas mulheres não necessitavam de parteiras e seu gado nunca era atacado de epidemias. Sua semente estava segura ao seu redor e seus rebentos estavam com eles; deixavam seus filhos saírem como um rebanho e seus meninos pulavam; seu touro fecundava e não deixava cair seu sêmen, suas vacas davam cria e não pariam antes do tempo; sua casa tinha paz e o açoite de Deus não estava sobre eles.

Já que os homens gozavam de paz, tornaram-se petulantes, transgrediram perante o Senhor, dizendo: O que é o Todo-poderoso, para que devamos servi-lo? O Senhor falou: Aniquilá-los-ei, para revelar-lhos.

AO TEMPO do dilúvio as espigas de trigo assemelhavam-se aos cedros do Líbano; os homens não precisavam semear nem colher, pois o vento soprava e descascava os grãos, de maneira que apenas tinham que juntá-los. Mas já que os homens erraram, o Senhor falou: Esta agora será ordem do mundo: Sementeira e colheita, geada e calor, verão e inverno; não terão sossego, nem de dia e nem de noite.

NOS DIAS do dilúvio as mulheres ficavam grávidas apenas por três dias e logo depois pariam. Dizem alguns que após um dia as crianças já estavam completas e que pulavam diante das mães.

Assim que uma mulher dava à luz, imediatamente falava ao filho: Vai e traz a tesoura para que eu corte teu cordão umbilical; se era noite, ela dizia: Levanta-te e acende a luz!

Conta-se também a respeito de uma mulher, que durante à noite deu à luz um filho e disse ao recém-nascido: Levanta e acende a luz, para que eu corte o teu coração umbilical. O menino levantou-se, mas em caminho chocou-se com o diabo Schamdon, o Príncipe dos Espíritos, e ambos começaram a lutar. O galo então cantou e a manhã despontou. De manhã, porém, termina o poder de todos os espíritos, como também está escrito: "O sol brilha e eles desaparecem". E o diabo disse ao recém-nascido: Vai e vangloria-te diante de tua mãe, pois se o galo não tivesse cantado, eu teria te dominado e morto. O recém-nascido respondeu ao Príncipe dos Espíritos: Vangloria-te tu com tua mãe; agradece a Deus que o meu cordão umbilical ainda não esteja cortado, pois se estivesse, eu teria te vencido e matado.

DE SET procederam e contaram-se todas as gerações de justos de Caim, porém, vieram e contaram-se as gerações dos ímpios, dos malfeitores e dos transgressores, os quais renegaram o Senhor e disseram: Não esperamos teu pingo de chuva e nada queremos saber de teus caminhos.

As gerações de Caim andavam nuas, e o homem e a mulher eram como animais. Tiravam as roupas e as jogavam no chão. Praticavam várias espécies de prostituição e o homem mantinha relação ilícita com sua mãe, sua filha, a mulher do seu irmão, abertamente nas ruas se voltavam e todos os pensamentos e fantasias de seus corações somente para isso.

E os anjos seguiam com os olhos as filhas de Caim que andavam nuas, com as sobrancelhas pintadas e foram seduzidos por elas. Mas os anjos são na verdade chamas de fogo — quando se unem com as filhas dos homens, os corpos delas não se queimam? Não, pois quando caíram da altura de sua santidade, tornaram-se iguais aos homens e tinham corpos terrenos. Deles nasceram mais tarde os gigantes, os quais geraram filhos e multiplicaram-se como os répteis; nasciam-lhes seis de cada vez.

Falavam: Quando vierem as águas do dilúvio, eis que somos grandes de estatura, a água apenas alcançará o nosso pescoço; e quando se elevarem as águas da profundidade, eis que os nossos pés podem cobrir as profundezas. Mas o que fez o Senhor? Tornou as águas da profundidade ferventes, de modo a queimar a carne dos pés e a despreender deles a pele.

A GERAÇÃO do dilúvio nada tinha aprendido da geração de Henoc. Andavam atrás das filhas dos homens e tomavam como mulheres as que desejavam. Se uma donzela era enfeitada para o marido, aparecia o príncipe e dormia primeiro com ela. Alguns, consta, juntavam suas camas e as de seus vizinhos e trocavam as mulheres entre si. E também sobre as mulheres consta: Se uma ia ao mercado e via um jovem que lhe agradava, deitava-se com ele e o que paria tornava-se como o procriador, um dos poderosos.

NA ÉPOCA do dilúvio todos estavam corrompidos, homens e animais; o cão se juntava à loba, o galo à pavoa, o cavalo à jumenta, o jumento à serpente e a serpente ao pássaro.

A própria terra praticava prostituição naquele tempo. Colocava-se nela a semente do trigo e ela produzia cardo; esse cardo, que cresce ainda hoje, provém justamente da época anterior ao dilúvio.

5. Noé

LAMEC VIVEU cento e oitenta e dois anos e gerou um filho, o qual deveria reconstruir o mundo. Chamou-o de Noé-Menahem, * pois, disse, este irá nos consolar em nosso trabalho e no esforço de

---

* Menachem — consolador.

nossas mãos. Como é que Lamec já sabia isso de antemão? Acaso ele era profeta? Não, mas à geração foi transmitido o seguinte: Quando o Senhor disse a Adão: Maldito seja o campo por tua causa, Adão perguntou ao Senhor: Ó Senhor do Mundo! Até quando? O Senhor falou: Até que nasça alguém, que já tenha o prepúcio circunciso de nascença. Então veiu Noé e eis que era circunciso; Lamec soube imediatamente que este era o almejado e disse: Certamente é este, ele nos consolará em nosso trabalho e no esforço de nossas mãos. Antes da vinda de Noé não se colhia o que se havia semeado; os homens semeavam trigo e colhiam espinhos e abrolhos. Mas quando Noé chegou, o mundo voltou à sua ordem; os homens colhiam o que tinham semeado; semeavam trigo e colhiam trigo, semeavam cevada e colhiam cevada. Mas não apenas isso, pois, antes da existência de Noé, executavam seu trabalho com as próprias mãos, por isto também está escrito: No esforço de nossas mãos. Noé, porém, veio e lhes fabricou arados e foices, machados e outros instrumentos de trabalho.

Na hora em que Deus criou Adão, o primeiro homem, lemos em outra parte, também lhe concedeu o domínio sobre tudo; a vaca obedecia ao lavrador e também o campo se deixava sulcar pelo arado. Mas quando Adão cometeu o pecado, tudo se tornou rebelde; a vaca não obedecia mais ao lavrador e também o campo se rebelava contra o arado. Com Noé, porém, o mundo recomeçou seu curso anterior.

AS MÃOS de todos os filhos dos homens antes de Noé ainda eram disformes e como fechadas, e os dedos não eram separados. Mas nasceu Noé e eis que nas suas mãos os dedos ficaram isolados e cada um por si.

NO QUADRINGENTÉSIMO octagésimo ano de idade de Noé, quando todos os homens que seguiam o Senhor haviam morrido, restando vivo apenas Matusalém, Deus falou a Noé e também a Matusalém: Dizei e lembrai todos os homens: Abandonai os vossos ímpios caminhos e deixai as maldades, e o Senhor retirará o mal e nada acontecerá. Pois assim o Senhor falou: Dou-vos um prazo de cento e vinte anos; se vos arrependerdes e melhorardes o vosso mau caminho, anularei o castigo que vos destinei e ele não virá.

Noé e Matusalém relataram aos homens estas palavras do Senhor e repetiram-nas dia após dia, de manhã e a noite, sempre; mas os homens nada escutavam, não inclinavam o ouvido a tais palavras e suas nucas permaneciam rígidas.

DIARIAMENTE Noé prevenia os homens da geração do dilúvio e lhes dizia: Servi ao Senhor e assim fareis o bem a vós mesmos. Contudo, os homens diziam: Quem é este sujeito? Noé dizia: Ele criou o céu e a terra. Os homens perguntavam: Onde é que ele reside? Noé respondia: Lá em cima. Então os homens refletiram: Em vez de estendermos nosso corpo até o céu, para adorá-lo, preferimos fazer uma imagem na terra e nos inclinar diante dela. Pois para que necessitamos ser grandes? Importa-nos o pingo de chuva que Ele nos manda? Para isso temos a neblina que se abre e embebe a nossa terra. Então o Senhor lhes falou: Transgressores que sois, com o que vos sublevais contra mim, com isso mesmo vou julgar-vos, para que saibais e para que todos saibam que existe um Tribunal.

E Matusalém, o Justo, pregou para eles, dizendo: Arrependei-vos, pois sabeis que o Senhor quer enviar um dilúvio sobre vós e quer deixar arrastar vossos corpos pela água; mas não somente isso, como também o vosso destino será uma maldição para aqueles que virão depois de vós. E assim também está escrito nos juramentos: Aquele que reclamou a dívida da geração do dilúvio, irá cobrá-la também dos indivíduos errados.

NOÉ, FILHO de Lamec, não queria tomar mulher nem gerar filhos, pois disse: O Senhor aniquila os homens da terra, para que irei então gerar filhos? Mas Noé era piedoso e temente a Deus, e Deus o escolheu para que dele nascessem as futuras gerações que iriam viver na terra. Então Deus disse a Noé: Toma uma mulher e gera filhos, pois a ti escolhi como justo nesta geração e tu e teus filhos continuareis a viver sobre a terra. Noé tomou uma mulher; escolheu Naama, filha de Henoc, que tinha quinhentos e oitenta anos; Noé, no entanto, contava quatrocentos e noventa e oito anos de idade quando tomou Naama por sua mulher. E Naama concebeu e deu à luz um filho e Noé o chamou de Jafet, pois, disse, o Senhor quer tornar a terra bela para mim. E ela continuou e concebeu e deu à luz um filho; Noé o chamou de Sem, pois, disse, o Senhor me poupou para que de mim brote nova vida sobre a terra.* Noé tinha quinhentos e dois anos quando Sem nasceu. E os rapazes cresceram e seguiram o caminho de Deus, conforme Matusalém e seu pai lhes ensinaram. Depois Naama deu à luz a Ham.

6. A Arca

E O SENHOR falou a Noé: O fim de toda a carne, chegou por causa da maldade de suas ações perante meus olhos; vou exterminá-los da face da terra. Tu, porém, vai em busca de madeira de pinheiro e dirige-te ao lugar que te mostrarei. Constrói uma grande caixa, ergue-a ali e faze-a assim: com trezentos côvados de comprimento, cinquenta côvados de largura e trinta de altura. Faze uma porta num dos lados, o telhado farás na largura de um côvado e calafeta-o com pez por dentro e por fora, porque, vê, vou lançar um dilúvio sobre a terra, para exterminar toda a carne que existe sob o céu; tudo o que vive sobre a terra deverá perecer. Tu, porém, entrarás na

---

* Jafe — hebraico, bonito; Sem, nome, constante.

arca e contigo a tua família. De todos os seres vivos introduzirás contigo na arca um par, macho e fêmea, para que deles se conserve semente sobre a terra. Toma também para ti toda a sorte de comestíveis, como também o que precisam os animais; deves levar para que sirva de alimento a ti e a eles. E escolhe para teus filhos, três filhas dos homens, que eles deverão tomar como esposas.

Noé então construiu a arca no lugar que Deus lhe indicara e cumpriu tudo o que o Senhor lhe ordenara. Começou a construir a arca com quinhentos e noventa e cinco anos e a terminou com seiscentos; levou cinco anos para executar sua obra.

Depois Noé tomou as três filhas de Eljakom, filho de Matusalém, e as deu a seus filhos por esposas, conforme Deus ordenara. Nesta época morreu também Matusalém, filho de Henoc, com novecentos e sessenta e nove anos.

QUANDO O Senhor ordenou a construção da arca. Noé começou a plantar cedros. Os homens lhe perguntaram o que isso significava; contou-lhes da ameaça do dilúvio e eles zombaram. Noé cuidou das árvores ano após ano, até se tornarem grandes. Era constantemente perguntado para que eram as árvores; ele repetia suas palavras e era escarnecido. Finalmente Noé derrubou os cedros e começou a serrá-los. Os homens rodearam-no, zombaram dele e ninguém queria acreditar na desgraça iminente.

O SENHOR esboçou tudo a Noé com o dedo e disse-lhe: Atenção, a arca deverá ter a seguinte aparência; o lado direito deverá ter o comprimento de cento e cinquenta câmaras, o lado esquerdo deverá ter o comprimento de cento e cinquenta câmaras; a parte dianteira deverá ter a largura de trinta e três câmaras e a parte traseira deverá ter a largura de trinta e três câmaras. No meio deverá haver espaço para dez depósitos de provisões, além de cinco armazéns no lado direito e cinco armazéns no lado esquerdo; lá deverão existir encanamentos que conduzam a água e que possam ser abertos e fechados. A arca deverá ter altura de três andares; como for o andar de baixo assim também será o segundo e o terceiro; no andar de baixo deverão viver o gado e as feras, no andar intermediário deverão se aninhar os pássaros e o andar superior está destinado aos homens e aos répteis. Entrarão na arca trinta e duas espécies de aves e trezentas e sessenta e cinco espécies de répteis.

Antes do dilúvio existiam mais animais impuros do que puros; após o dilúvio, porém, o Senhor quis aumentar a quantidade de animais puros e diminuir a de impuros. Por isto falou a Noé: De todo animal puro tomarás contigo na arca sete e sete, de todo o animal impuro tomarás apenas um par.

QUANDO NOÉ ouviu isso, falou ao Senhor: Ó Senhor do Universo! Acaso tenho o poder de reunir em torno de mim todos os animais e trazê-los para a arca? Logo apareceram os anjos, que estavam encarregados das diversas espécies de animais; reuniram os animais e trouxeram também o seu alimento; os animais depois correram por si mesmos para junto de Noé. Quando todas as criaturas estavam reunidas na arca, o Senhor a fechou atrás delas e com sua mão lacrou a porta da arca. Na arca, porém, pendia uma grande pérola que iluminava todas as criaturas e fornecia a claridade.

Deus, o Senhor, ordenou a Noé dizendo: Tu e tua família entrareis na arca e eu reunirei à tua volta todo o gado da terra, todos os animais do campo e todas as aves do céu e todos eles virão e rodearão a arca. Tu então sairás e te sentarás ante a porta da arca; o animal que sair da fila e se deitar diante de ti, tu o tomarás e o entregarás aos teus filhos e estes o levarão para dentro da arca; porém o animal que ficar parado, esse tu também deverás deixar parado.

No dia seguinte, Noé procedeu como o Senhor havia ordenado; apareceram muitos animais e aves e eles rodearam a arca. Noé saiu e sentou-se em frente à porta; muitos animais deitaram-se diante dele e estes ele levou consigo para dentro da arca; mas o animal que ficava parado, ele deixava de fora. Apareceu também uma leoa e com ela dois filhotes, um macho e uma fêmea, e deitaram-se diante de Noé. Mas depois os filhotes levantaram-se, bateram na mãe e expulsaram-na do seu lugar, de modo que ela fugiu e foi se juntar aos outros leões. Os dois filhotes, todavia, retornaram e se deitaram de novo no chão diante de Noé. Noé admirou-se muito com isso, mas tomou os dois leõezinhos e os levou consigo para dentro da arca.

Contudo, conforme relatam os antigos, não foi a leoa mas sim o búfalo; esse não podia entrar na arca por causa do seu grande tamanho e por isso foram levados seus filhotes. Outros, por sua vez, dizem que Noé amarrou o búfalo pelos chifres na arca.

TAMBÉM O GIGANTE Og, um das hostes dos anjos caídos, veio e sentou-se num dos degraus da escada, que levava à arca; jurou a Noé e a seus filhos ser seu servo por toda a eternidade. O que fez Noé? Fez um orifício na arca e assim lhe fornecia alimento; desta forma Og permaneceu vivo.

Outros, por sua vez, dizem: Og foi o único dos humanos a escapar do dilúvio; sentou-se a cavaleiro no teto da arca e ela se abriu sobre sua cabeça como um guarda-chuva; e ele alimentava-se da comida de Noé. Contudo, não foi salvo em virtude dos seus méritos, mas para revelar a grandeza de Deus aos futuros habitantes da terra. Estes deveriam dizer: eis um dos que restou daqueles que existiam antes do dilúvio, daqueles que se sublevavam contra o Senhor e que se afogaram.

O SENHOR revelou um grande segredo a Noé, relatando-lhe acerca do alimento que cabe a cada animal; nenhum ser vivo saberia isso sozinho. Mas não somente isso, pois informou também o que cada animal come diariamente, quanto cada pássaro necessita diariamente e a que horas devem ser alimentados.

E ainda está escrito:

Durante as doze luas em que Noé esteve na arca, seus olhos não conheceram o sono, nem de dia e nem de noite; nem ele e nem seus filhos dormiram, pois precisavam alimentar os animais, o gado e as aves. Certa vez Noé esqueceu de dar comida ao leão e este mordeu-o no pé, deixando-o manco.

NOÉ COSTUMAVA alimentar os animais, Sem, o gado, Ham, as aves e Jafet, os répteis.

Durante as doze luas em que Noé e os seus estiveram dentro da arca, pisavam sobre serpentes e elas não lhes faziam mal, conforme também está escrito: "Pisarás em serpentes e em víboras".

AINDA EM épocas posteriores, Sem, filho de Noé, contava a Eliezer, servo de Abraão, sobre a vida na arca.

Tínhamos um árduo trabalho na arca, disse Sem; os animais que comem de dia, tínhamos que alimentar de dia, mas os que comem de noite, tínhamos que alimentar de noite.

No início, meu pai não sabia como alimentar as cigarras; aconteceu, então, que um dia ele cortou uma romã e de seu interior um verme caiu ao solo; imediatamente a cigarra o devorou. A partir de então, meu pai costumava por farelos de molho e assim que nasciam vermes, dava-os de comer à cigarra.

Certa vez meu pai encontrou o pássaro Awraschna deitado na câmara. Meu pai lhe perguntou: Não tens desejo de alimento? O pássaro respondeu: Vi o teu esforço com os animais e então disse para mim, não vou te atormentar. Meu pai disse então ao pássaro: Seja esta a vontade do Senhor, jamais morrerás.

7. O Gato e o Rato

NABUCODONOSOR, rei da Babilônia, perguntou a Jesus, filho de Sirach: Por que o gato gosta de comer ratos mais do que toda outra coisa?

E o sábio respondeu-lhe:

No princípio, o gato e o rato eram bons amigos. Mas o rato caluniou o gato perante o Senhor e disse: Ó Senhor do Mundo! Eu e o gato devemos permanecer juntos, mas será a comida suficiente para nós dois? O Senhor respondeu-lhe: Calunias teu amigo porque desejas devorá-lo; agora, porém, ele te comerás e tu servirás de alimento para ele. O rato disse: O que é que fiz de mal? O Senhor retrucou: Animal malvado! Não te serviu de lição o que aconteceu com o sol e a lua? Ambos eram iguais em forma e tamanho, mas em virtude da lua ter caluniado o sol, diminui o seu brilho e aumentei o brilho do sol. Então o rato falou: Senhor do Mundo! Deverei eu e os da minha espécie então sermos totalmente eliminados da face da terra? O Senhor respondeu: Também de ti deixarei restar algo como fiz com a lua. — Não obstante, o rato correu e mordeu a cabeça do gato. O gato saltou, atirou o rato ao chão, o mordeu e matou. Desde aquela época o terror dos gatos caiu sobre os ratos.

MAIS UMA VEZ Nabucodonosor perguntou: Por que o rato tem uma cicatriz na face? O sábio respondeu: Nos dias do dilúvio, quando todos os animais estavam na arca, o rato e sua companheira sentaram-se uma vez perto do gato. O gato falou para si: Conforme me recordo, meu pai devorou o rato e sua descendência; eu então também, terei o direito de devorá-lo. E atirou-se sobre o rato e quis devorá-lo. Então o rato fugiu e procurou um buraco onde pudesse se esconder; primeiro não achou nenhum, mas depois aconteceu um milagre, abriu-se um buraco e o rato se esgueirou para dentro dele. O gato saltou atrás, mas não pôde entrar no buraco, pois era pequeno demais. Então enfiou sua pata para puxar o rato para fora; este estava justamente com a boca aberta e assim o gato o atingiu com as garras, fez um rasgo no maxilar da largura de um dedo. Quando o gato se afastou, o rato saiu do buraco; correu a Noé e disse: Ó justo, apieda-te de mim e costura minha face, pois o gato, meu inimigo, a estraçalhou. Então Noé disse: Traze-me a cerda da cauda de um porco. O rato trouxe a cerda a Noé. E Noé costurou a face do rato. Daí, ainda hoje, se ver uma cicatriz na face do rato.

8. O Julgamento

HAVIAM PASSADO mil seissentos e cinqüenta e seis anos desde a criação do mundo até o dilúvio. Mas desde que o Senhor inflingira o dilúvio, abandonara todo o seu trabalho; não pesquisava e não lia mais na Escritura, e o tempo era para Ele um tempo de luto.

A GERAÇÃO do dilúvio só se tornara petulante devido ao excesso de bem que o Senhor lhe havia dado. Falavam: Para que necessitamos Dele? Será que precisamos da água do céu? Pois se temos rios e fontes suficientes! Então o Senhor falou: Tornaram-se atrevidos porque lhes dei água em abundância; agora vou lhes dar ainda mais e vou lhes enviar um dilúvio.

Noé pregava aos homens e lhes falava com palavras rudes e chamejantes; mas os homens só zombavam dele e diziam: Ó velho, para que esta arca? Noé respondia: O Senhor quer mandar uma enchente sobre vós. Eles diziam: Que espécie de enchente? Se for uma enchente de fogo, temos uma coisa chamada Alita, o verme do fogo, o que apaga o fogo; se for uma inundação que Ele quer trazer, cobriremos a terra com placas de ferro, a fim de que a água da profundidade não possa subir; se nos trouxer, porém, uma chuva do céu, temos em compensação as nossas esponjas, que absorvem a água. Noé disse: Ela jorrará debaixo dos vossos calcanhares.

O Senhor tinha invertido a ordem da Criação; fez o sol nascer no poente e se deitar na aurora, pois pensou que os homens talvez se penitenciassem. Mas eles não se penitenciaram.

QUERO EXTERMINAR os homens, disse o Senhor. Até o pó de Adão foi carregado pelas águas e alguns acham até que a última vértebra da espinha dorsal humana, a qual sobra de todos desde a época após o dilúvio e com que o Senhor, na ressurreição dos mortos, irá reconstruir o homem, até ela foi então destruída.

O DIA EM que o dilúvio teve início, era o décimo sétimo dia do mês de Iar; esta é a época em que a constelação Sírius se põe durante o dia e as fontes começam a secar. Mas uma vez que as ações dos homens se tornaram invertidas, o Senhor também mudou a ordem da criação e fez a constelação Sírius nascer de dia; depois arrancou duas estrelas, as janelas do céu foram abertas e o dilúvio jorrou sobre a terra.

E ACONTECEU nesse dia que a luz do sol escureceu, os pilares da terra estremeceram e a terra sacudiu; os raios cortavam o céu, os trovões retumbavam e as fontes da terra inflaram. Deus trouxe todas as coisas terríveis, para que os homens se atemorizassem, voltassem a ele e não mais praticassem o mal na terra; mas os homens não retornaram dos maus caminhos e assim aumentaram ainda mais a ira divina.

Decorridos sete dias do sexcentésimo ano da vida de Noé, vieram as águas do dilúvio sobre a terra; abriram-se as janelas do céu e romperam-se todas as fontes do abismo; e houve uma chuva sobre a terra que duraria quarenta dias e quarenta noites. Noé, porém, sua família e todos os animais que estavam com ele, tinham entrado na arca e Deus a fechara atrás deles. E os homens, que haviam permanecido na terra, horrorizaram-se com a chuva. Os animais e o gado ainda rodeavam a arca quando os homens também se reuniram. Eram setecentas mil almas, homens e mulheres; vieram para diante da arca e bradaram a Noé: Abre, queremos entrar contigo, por que haveremos de morrer? Mas Noé falou em alta voz de dentro da arca: Vós vos rebelastes contra o Senhor e dissestes que Ele não existia, e agora o Senhor impõe sobre vós este castigo, para aniquilar-vos e exterminar-vos da face da terra. Durante cento e vinte anos falei-vos a esse respeito, contudo, não atentastes para a voz do Senhor e agora quereis permanecer vivos. Eles exclamaram: Desejamos voltar ao Senhor, apenas abre para nós, a fim de que não morramos. Noé, porém, respondeu: Agora que vos vedes em apuros, quereis voltar a Deus, porque não voltastes nos cento e vinte anos, que Ele vos deu de prazo? E agora vindes e falais de penitência por medo de vossa alma. Mas Deus não vos ouvirá e não atentará a vossas palavras e nada alcançareis com vossa fala. Os homens então comprimiram-se junto à arca e quiseram arrombá-la para entrar, pois não podiam suportar a chuva sobre si; mas Deus fez o gado e as feras, que cercavam a arca, atacá-los.

E a chuva jorrou quarenta dias e quarenta noites e toda a carne pereceu na enchente, homens e animais, gado e répteis e também os pássaros do céu; somente Noé sobrou e o que com ele estavam na arca. A água aumentou e subiu cada vez mais, e carregou a arca, que se elevou sobre a terra. Assim, a arca balançou sobre a água e era jogada de um lado para o outro, e tudo o que estava na arca era atirado de um para outro lado como o mingau na panela. Os animais na arca assustaram-se e encheram-se de terror. Os leões urravam, os touros mugiam, os lobos uivavam, toda a criatura viva gritava e bradava, cada qual em sua língua, de maneira que se podia ouvir ao longe seus brados. Também Noé e seus filhos gritavam e choravam de medo, pois estavam próximos do portão da morte. Então Noé orou ao Senhor e falou: Ó Senhor, ajuda-nos, pois não temos forças para suportar o que veio sobre nós; a ressaca das águas me alcançou, os ribeiros de Belial procuram me engolir e as cordas da morte me dominam. Atende-nos, Deus, atende-nos, faze brilhar teu semblante, ó Senhor, apieda-te de nós, resgata-nos e liberta-nos!

Então Deus atendeu a Noé e lembrou-se dele; mandou um vento à terra e a arca parou.

9. Uma Parábola e Três Alegorias

QUANDO O SENHOR ordenou a Noé tomar um par de cada espécie, vieram todas as criaturas. Apareceu também a mentira e quis entrar na arca. Noé disse à mentira: Não podes entrar na arca, a não ser que encontres um companheiro.

A mentira partiu e procurou um companheiro. No caminho, a maldição a encontrou e perguntou: De onde vens? A mentira disse: Venho de Noé; quis ser recebida na sua arca, porém, ele falou: Não podes entrar, precisas ter um companheiro. E a mentira disse à maldição: Queres ser meu companheiro? A maldição falou: O que me dás em troca? A mentira respondeu: Tudo o que eu ganhar será teu. Então a maldição concordou e elas entraram juntas na arca de Noé.

Quando, após o dilúvio, ambas estavam fora da arca, também procediam assim: o que a mentira ganhava, a maldição recebia.

Então a mentira disse à maldição: Onde está tudo o que ganhei? A maldição respondeu: Não estava combinado entre nós, que eu fico com tudo quanto ganhas? A mentira então nada pôde objetar. Diz o provérbio: O que a mentira semeou, a maldição armazena.

A ÁGUA do dilúvio veio sobre a terra e tudo o que havia nela foi exterminado, desde o homem até o gado. Realmente o homem pecara, mas o gado, por que deveria ser castigado? Um sábio responde a isso: Esta história assemelha-se à história de um rei que, para o casamento do filho, mandou erguer um dossel e o enfeitou com toda a sorte de preciosidade; mandou também preparar um magnífico banquete. Quando porém chegou a hora do casamento, o príncipe morreu. Então o rei se levantou, derrubou o dossel e destruiu tudo o que havia nele. Os servos disseram: Senhor, nosso rei! Teu filho está morto, mas por que também destruíste o dossel? O rei disse: Para quem fiz tudo isso? Apenas para meu filho. Agora que ele está morto, de que me serve o dossel?

Assim também o Senhor. Ele falou: Tudo o que está sobre a terra e dentro da água, eu não o fiz para ninguém a não ser para o homem; agora que o homem não mais existe, para que o gado, os animais e as aves? Se o homem pereceu que tudo pereça.

O SENHOR FALOU: Quero exterminar da face da terra o homem que criei.

Quem saberia algo igual? Um rei tinha um jardim, no qual plantou diversas espécies de árvores frutíferas. Entregou o jardim a um guarda, que deveria cultivá-lo e ficar com uma parte para si. Todavia, o guarda era um homem indolente; não só não trabalhava no jardim, como deixava tudo se estragar. Então o rei falou: Confiei meu jardim a este aqui; foi para que cuidasse dele ou para que o estragasse? E o rei ateou um fogo e deixou que o jardim se queimasse.

Assim também o Senhor. Criou o seu mundo e nele criou tanta preciosidade. Entregou-o na mão do homem, que deveria desfrutá-lo e ainda aperfeiçoá-lo. Mas então surgiu a geração de Enos e a geração do dilúvio; encolerizaram o Senhor, renegaram-no e corromperam seu caminho. Logo depois o Senhor falou: Vou exterminar da face da terra o homem que criei.

NO PRINCÍPIO o Senhor falou: "Ajuntem-se as águas debaixo dos céus num lugar, e apareça a terra seca". Mas depois o Senhor falou: "Vou trazer uma enchente de água sobre a terra".

Uma vez ocorreu algo semelhante com um rei. Havia construído um palácio para si e lá colocou servos mudos; cada manhã os servos apresentavam-se ao senhor e o saudavam com gestos mudos. Então o rei falou em seu coração: Se estes aqui tivessem o poder da fala, como me enalteceriam! E o rei colocou outros servos que podiam falar. Estes, porém, um dia sublevaram-se e apoderaram-se do palácio. Falaram: Este palácio não pertence ao rei, é nosso! Então o rei falou: Que volte a antiga ordem em meu palácio. Assim também o Senhor. No princípio da criação, ecoou da água sozinha o louvor ao Senhor, como também está escrito: "Bradaram: Poderoso é o Senhor nas alturas!" Então o Senhor falou: Pois se elas, que não têm bocas, não conhecem a fala e não entendem uma só palavra, já me enaltecem, como não me glorificará o homem! E Deus criou o homem. Logo veio a geração do dilúvio e revoltou-se contra seu Criador. Então o Senhor falou: Para fora com estes aí; que retornem os que aqui estavam anteriormente. E as águas derramaram-se sobre a terra.

10. O Corvo, a Pomba e a Águia

NO SÉTIMO mês, a arca pousou sobre as serranias do Ararat, e as águas escoaram pouco a pouco da terra.

Passados quarenta dias, Noé abriu a janela da arca e soltou um corvo, para que descobrisse o que acontecera com o mundo; o corvo voou e encontrou o cadáver de um homem no cume de uma montanha; instalou-se lá e não se desincumbiu do encargo.

Então Noé soltou uma pomba para saber se as águas haviam baixado. A pomba executou o pedido e ao cair da tarde voltou para junto de Noé, e eis que no bico trazia um ramo de oliveira. Mas por que foi um ramo de oliveira que ela arrancou? Porque assim disse ela ao Senhor: Senhor do Universo! Que o meu alimento seja amargo como esta folha, mas que venha da tua mão, em vez de ser doce e vir da mão do homem.

Por isso, também se diz: Enviar um impuro significa enviar um tolo; enviar um puro significa enviar um mensageiro fiel.

O CORVO DEU uma resposta irrefutável a Noé, quando este o soltou; disse: Teu mestre é meu inimigo e tu és meu inimigo; teu mestre é meu inimigo, pois vê, ele te ordenou tomar dos puros sete e sete, mas dos impuros dois de cada, e tu és meu inimigo, pois vê, daqueles de que tens sete, tu os deixas na arca e daqueles de que tens dois, tu envias para fora; se o príncipe do calor ou o príncipe da geada me abaterem, não faltaria então uma criatura no mundo?

O CORVO COMEÇOU a dar diversas respostas a Noé e disse: Não envias ninguém do gado, dos animais e das aves que aqui estão, por que justamente eu? Noé respondeu: Para que o mundo necessitaria de ti? Não serves para alimento e nem para sacrifício. Mas então o Senhor falou a Noé: Fica com ele, algum dia o mundo ainda precisará dele. Noé perguntou: Quando? O Senhor falou: Algum dia surgira um justo, Elias, o Tisbita, o qual castigará o mundo com a seca e eu o farei alimentar pelo corvo. Assim também está escrito: "Os corvos traziam pão e carne a Elias pela manhã e pão e carne à tarde".

Depois Noé soltou uma pomba, mas ela não encontrou lugar onde pousar; ele então esperou mais três vezes sete dias e de novo soltou a pomba; abriram-se então para ela as portas do Jardim do Éden e lá ela quebrou um ramo de oliveira.

Outros são de opinião que ela trouxe a folha do Monte das Oliveiras, pois a Terra Santa não havia sido inundada pelo dilúvio. É isto também sobre o que o Senhor falou a Ezequiel: "A terra que não recebeu chuva nem orvalho no dia da ira".

ESTÁ ESCRITO: Noé soltou um corvo. Para que fez isso?

Alguns são da seguinte opinião: Noé era um sábio, conhecia fórmulas mágicas e também entendia a língua e os gestos de todos os animais. Quando estava dentro da arca, falou de si para si: Bem sei que nenhum dos pássaros é tão astuto quanto o corvo; através dele posso saber o estado do mundo. E soltou o corvo. Mas como podia fazer uma coisa dessas, pois se é proibido praticar a quiromancia e a astrologia? Por isso, dizem outros: Noé não pegou o corvo porque queria adivinhar, mas porque o fim do mundo lhe doía sobremaneira; pois disse ao Senhor: Senhor do Universo! Tu és o misericordioso mas não tiveste piedade do Teu mundo; Tua misericórdia foi transformada em crueldade, pois não tiveste piedade dos Teus filhos; assim voe agora um que também não se apieda dos próprios filhotes e é cruel com sua ninhada. Por este motivo Noé soltou o corvo. Mas como pôde ele falar assim contra o Senhor? A dor o impeliu a isso.

Entretanto, o corvo não quis executar a embaixada de Noé, pois estava destinado a outra coisa, ou seja, a alimentar o profeta Elias. Quando Noé percebeu que não podia mandar o corvo, soltou a pomba, pois disse: Não há entre os pássaros nenhum que sofra a morte tão sem contradita quanto a pomba.

QUANDO NOÉ e seu séquito saíram da arca, a águia viu uma outra ave e quis devorá-la. Então os animais falaram: Aquele que devora seu irmão, deve morrer. E eles bateram na águia, arrancaram-lhe as asas e a atiraram numa cova de leões. Mas o Senhor protegeu a águia e os leões não tiveram o direito de matá-la. Depois de um ano, as asas cresceram novamente e ela pôde voar. As outras aves a viram então de novo e quiseram matá-la. Mas o Senhor dispensou sua proteção especial à águia e lhe concedeu uma força tão grande, que ela se ergueu sobre todas as aves. Desde então a águia voa alto sobre as nuvens, para que seus inimigos não possam alcançá-la; porque nem uma só das criaturas pode ser eliminada da terra.

Também esta é uma das histórias que Jesus, filho de Sirach, contou a Nabucodonosor, rei da Babilônia.

11. O Fim do Dilúvio

QUANDO NOÉ se encontrava na arca, rezava continuamente: Tira minha alma do cárcere, ó Senhor. O Senhor disse: Foi por mim imposto que doze luas devem primeiro tornar-se cheias; antes que isso aconteça. Durante esse tempo que Noé passou na arca, foi proibido a ele e aos seus filhos, bem como aos animais, de se multiplicarem, pois assim falou o Senhor: Eu extermino e vós quereis plantar, eu me encolerizo e aniquilo o mundo e vós deveríeis construir? E Noé atendeu ao Senhor; ele e seus filhos os homens, viviam isolados, e sua mulher e as mulheres de seus filhos viviam isoladas, por sua vez.

Mas, quando a terra secou, o Senhor falou a Noé: Sai da arca, tu e tua mulher. Depois lhes permitiu que se multiplicassem; também libertou o gado, os animais e as aves, conforme também está escrito: Que haja muitos de vós sobre a terra; sede fecundos, e multiplicai-vos.

Então Noé disse ao Senhor: Senhor do Universo! E se enviares novamente um dilúvio? O Senhor respondeu: Não, juro que jamais trarei outro dilúvio sobre a terra.

O SENHOR se lembrou de Noé e fez um vento soprar sobre a terra, de modo que as águas baixaram. Que vento era esse, que o Senhor fez soprar? Esse era o vento do qual está escrito: "O vento do Senhor soprou sobre as águas!" Os poços do abismo e as janelas do céu foram obstruídos e a chuva do céu foi represada. A água escorreu lentamente e a arca baixou sobre as serranias de Ararat.

QUANDO OS POÇOS do abismo foram destruídos, restaram ainda três lugares, que deveriam ser testemunhas do dilúvio por todas as gerações; são: os regos de Geder, as fontes quentes de Tiberíades e a grande fonte termal de Biram no Eufrates.

QUANDO NOÉ saiu da arca e viu o mundo inteiro destruído, começou a chorar e disse: Senhor do Mundo! Se foi por causa dos pecadores que destruíste teu mundo, se foi por causa dos tolos, — por que então os criastes? Deverias ter feito apenas uma coisa e deixado a outra; não deverias ter criado o mundo, ou então não deverias ter criado o homem.

E Noé erigiu um altar e ofereceu holocaustos; depois orou ao Senhor. E o odor do holocausto elevou-se até o Senhor e foi de seu agrado.

Três odores elevaram-se até o Senhor, o odor do sacrifício, o odor da oração e o odor das boas ações de Noé; até então nenhum odor fizera tanto bem ao Senhor. Por este motivo foi o que o Senhor ordenou: O sacrifício de meu pão, que é um sacrifício de doce odor, devereis manter na época em que mo ofertais. Com isso o Senhor quis dizer que todo o sacrifício deveria ser como o sacrifício de Noé e deveria conter o odor de seu sacrifício, o hálito de sua prece e o espírito de suas ações.

QUANDO DEUS falou a Noé: Sai da arca, Noé perguntou: Ó Senhor do Mundo! Para onde iremos? Devemos sair para a terra que está amaldiçoada e cujos habitantes pereceram? Então o Senhor disse a Noé: Os outros foram destruídos, mas vós não; vós vos multiplicareis e proliferareis na terra. Mas o ânimo de Noé não se acalmou; subiu ao altar no qual já Adão havia ofertado sacrifícios e apresentou holocaustos. Então o Senhor lhe disse: Vou atender o teu apelo; não mais amaldiçoarei a terra por causa do homem.

Quando Adão cometeu o pecado, a terra foi amaldiçoada e desde então a maldição pairava sobre ela. Veiu então Noé e tirou a maldição dela e por esta razão ele era chamado de Homem da Terra, pois por seu intermédio ela foi novamente habitada.

ADÃO, O PRIMEIRO homem, tinha poder sobre todas as feras e animais domésticos; mas quando cometeu o pecado eles libertaram-se de seu jugo. Nos dias de Noé, porém, o temor e o pavor dos homens voltou novamente sobre os animais.

NOÉ FALOU em seu coração: O Senhor salvou-me das águas do dilúvio e libertou-me do cativeiro; agora cabe a mim trazer-lhe um sacrifício em agradecimento. E reconstruiu o altar no qual Caim e Abel haviam sacrificado e tomou do puro, bois, cordeiros e cabras e das aves puras, pombas e rolas e ofereceu holocaustos; e o suave cheira subiu ao Senhor e lhe era doce de aspirar. O que fez o Senhor? Estendeu sua destra e jurou jamais trazer outro dilúvio sobre a terra e jamais destruir toda a carne; colocou o arco-íris como sinal do juramento e da aliança entre Ele e a terra, como também está escrito: "Coloco meu arco nas nuvens e ele será o sinal da aliança entre mim e a terra".

Por esta razão está ordenado lembrar diariamente o Senhor do seu juramento a Noé.

QUANDO O DILÚVIO terminou e Noé ofereceu o holocausto, o Senhor o aspirou e disse: Não tornarei mais a amaldiçoar e castigar o vivente. Se os homens pecarem vou castigá-los pela fome e pela espada, pelo fogo, epidemias e terremotos; vou espalhá-los por toda a parte e vou-me recordar das más ações das gerações humanas até o último dia. Mas depois, quando os dias do mundo estiverem repletos, a luz permanecerá e não haverá mais escuridão; vou ressuscitar os mortos e despertar aqueles que dormem dentro da terra; a cova restituirá sua culpa e o inferno devolverá sua parte; vou pagar o ímpio de acordo com a sua ação e vou fazer justiça sobre o corpo e a alma; a morte será para sempre engolfada e o inferno fechará sua bocarra; os filhos da terra não mais serão aniquilados, pois uma nova terra e um novo céu serão a morada dos homens.

O ARCO-ÍRIS aparece para livrar o mundo da corrupção. Se um rei se zanga com o filho e quer castigá-lo, aparece a rainha em seus preciosos vestidos e quando o rei a vê, a cólera cede em seu coração. O que ocorre com o arco-íris é parecido; dele consta: "Tu vês nas nuvens e te lembras da aliança eterna". Por esta razão é que o arco-íris aparece em suntuosas vestes reais.

12. O Vinho e o Satã

NOÉ FOI o primeiro que começou a plantar. Estava colocando uma videira na terra, quando apareceu o Satã e disse: O que plantas aqui? Noé respondeu: Planto uma vinha. O Satã perguntou: Para que te serve a vinha? Noé respondeu: Doce é o fruto da videira, fresco ou ressecado, e das uvas é espremido um suco que alegra o coração do homem. O Satã disse: Então plantemos a vinha juntos. Noé falou: Pois bem!

O Satã então trouxe uma ovelha e a abateu sob a vinha; depois trouxe um leão e o abateu sob a vinha; depois trouxe um macaco e o abateu sob a vinha; depois trouxe um porco e o abateu sob a vinha; e o sangue dos animais escorreu para dentro da videira e a irrigou.

Com isso Satã queria fazer saber a Noé o seguinte: Antes do homem ter bebido do vinho, ele se assemelhava ao manso cordeiro, que nada sabe e à ovelha que permanece muda frente ao tosquiador; mas depois que bebeu dois copos, ele fica como o leão forte, corajoso e diz de si: niguém se iguala a mim; se, depois, bebeu mais, fica embriagado, pula e dança tolamente como o macaco, fala obscenidades e não sabe o que faz. E finalmente, quando o homem tomou muito vinho, suja a roupa e assemelha-se a um porco, que rola nos charcos.

Tudo isso aconteceu com Noé, a quem Deus tomava por justo; e o mais não poderia acontecer com qualquer outra pessoa?

13. O Castigo de Noé e o Pecado de Ham

QUANDO NOÉ saiu da arca, começou a lamentar o mundo destruído e culpou o Senhor de desumanidade. Então o Senhor lhe respondeu: Tolo pastor! Só agora vens com tua fala, contudo não proferiste nenhuma palavra, quando te disse: A ti julguei justo e revelei-te que traria uma inundação sobre a terra, a fim de destruir toda a carne. Informei-te com bastante antecedência, pois pensei que ias pedir clemência para o mundo. Mas porque sabias que acharias abrigo na arca, não te importaste com a miséria do mundo; ao contrário, construíste tua arca e te instalaste nela. E agora, quando o mundo está deserto, abres tua boca e lamentas?

Ao ouvir isso, Noé trouxe um sacrifício expiatório ao Senhor. OBSERVA E COMPREENDE: O que distingue, de Noé, os justos que viveram depois dele. Aqueles que vieram depois de Noé procuravam justificar sua estirpe e desviar a severidade da lei. Abraão pediu a Deus que perdoasse Sodoma e Gomorra, Moisés implorou em favor do povo rebelde; com Noé, porém, o Senhor havia falado bastante e imaginado que ele fosse pedir clemência. Noé, porém, não pediu misericórdia, mas construiu para si a arca; entrementes, o mundo foi destruído.

Mas qual foi o castigo de Noé? Saiu da arca mancando e depois, dormindo, foi escarnecido por seu filho.

NOÉ ENCONTROU uma videira, que fora arrastada pelas águas do jardim do Éden; provou dos frutos e estes lhe agradaram, e gostaria de ter frutos novos cada ano; então plantou uma vinha. No dia em que a plantou, os bagos amadureceram, como também está escrito: "No dia em que a plantares, ela amadurecerá". Noé, porém, bebeu do vinho e ficou embriagado e despiu-se no meio de sua tenda. E veio Canaã e viu a nudez de seu avô; aproximou-se dele e o castrou. Depois saiu, e contou a Sem e Jafet, que estavam no mercado, e ainda zombou do pai deles. O irmãos repreenderam-no; tomaram uma coberta, e, caminhando de costas, cobriram a nudez de seu pai. Quando Noé acordou de sua embriaguez, soube o que lhe fizera o filho de seu filho. Ele o amaldiçoou e disse: "Maldito seja Canaã".

NOÉ EMBRIAGOU-SE e descobriu sua nudez na tenda de sua mulher. Ham, pai de Canaã, viu a nudez de seu pai; então contou a seus dois irmãos, que estavam fora e disse-lhes: Adão, o primeiro homem, tinha apenas dois filhos, e mesmo assim um deles levantou-se e matou seu irmão; mas nosso pai, aqui, já tem três filhos e ainda queria gerar um quarto.

Ham tinha pecado e Canaã foi amaldiçoado. Mas por que? Porque Canaã foi quem primeiro viu a nudez de Noé e levou ao conhecimento de Ham.

Noé suportara muito sofrimento na arca porque não tinha um filho mais jovem que estivesse perto dele. E ele disse para si: Quando eu deixar a arca, desejo ter mais um filho que fique a meu lado. Quando porém, Ham cometeu a perversão, Noé disse: Não me deixaste gerar mais um filho, por isso serás escravo de teus irmãos.

JÁ NA ARCA Ham tinha praticado maldade perante o Senhor. Para a arca de Noé vieram um par de cada espécie de animal, macho e fêmea. Mas quando estavam dentro e viram que Noé não se unia à sua mulher, eles também não quiseram se juntar. Um dia, porém, o cão viu como Ham se deitava secretamente com sua mulher. Então ele próprio escondeu-se com a cadela e juntou-se a ela. O corvo voou por cima deles e viu o que faziam; não disse uma palavra, mas chamou sua fêmea e juntou-se a ela diante dos olhos de todas as criaturas.

E Noé viu tudo isso mas não os impediu.

MAS QUANDO voltaram a sair da arca para a terra, segundo consta, o cão e o corvo levaram seu castigo, Ham, porém, e sua estirpe ficaram com a pele negra como pez. Por ter Ham olhado a nudez de seu pai, seus olhos ficaram vermelhos; por ter falado a respeito, seus lábios entortaram; por não ter desviado o rosto, os cabelos de sua cabeça e da barba ficaram chamuscados; por não ter coberto a nudez de seu pai, ele próprio deveria andar nu; pois esta é a lei do Senhor: olho por olho.

Por fim, todavia, o Senhor também se apiedou de Ham, pois sua clemência se estende a todas as criaturas.

14. O Sábio Noé

CONTA-SE QUE Noé também se chamava Janas. Sua mulher chamava-se Arzia, pois também ela era a mãe de todos os viventes; mas após sua morte, ela era chamada de Ischuta, pois havia subido ao céu dentro do fogo. *

Jafet, filho de Noé, também era chamado de Janus; era tão gordo que parecia ter dois rostos. Ham, o terceiro filho de Noé, também era chamado de Zoroastro, e muitos achavam que este tinha sido Nimrod, que foi o primeiro na magia e nas sete ciências.

Conta-se também que Noé gerou um quarto filho depois do dilúvio, cujo nome era Joniko e que era entendido em astronomia; mas seus irmãos expulsaram-no; foi ele também quem ensinou astronomia a Nimrod. Conta-se também que Noé, após o dilúvio, mudou-se da região da Armênia e foi para a Itália; lá se dedicou à sabedoria.

Os antigos sábios copiaram um livro de medicina do livro de Sem, filho de Noé, livro que foi transmitido a Noé depois do dilúvio, numa das montanhas do Ararat.

Naquela época, os filhos de prostitutas dos espíritos começaram a provocar os filhos de Noé, a seduzi-los e perturbá-los, a corrompê-los a atacá-los com dores, ferimentos e com todas as espécies de desgraças. Então os filhos e os netos de Noé foram a ele e lhe contaram acerca dos tormentos estavam sendo alvos. Noé assustou-se e reconheceu que os homens eram assaltados pelos males, em virtude de seus pecados e seus maus caminhos. Noé santificou seus filhos e sua criadagem; foi para diante do altar, ofereceu um sacrifício completo e orou a Deus, e Deus o atendeu. Deus enviou um dos anjos que fazem o serviço interno, de nome Rafael, o qual deveria expulsar os filhos dos espírito debaixo do céu, a fim de que não molestassem mais os filhos dos homens. O anjo trancou os espíritos na

---
* Arzia, de Arez — terra; Ischta, de Esch — fogo.

Casa do Julgamento. Mas deixou um de cada dez vaguear pela terra; para que estes tivessem poder sobre os malfazentes e os torturassem e os atormentassem com epidemias, doenças e sofrimentos; acima destes espíritos está o príncipe do ódio.

A Noé, porém, o anjo mostrou os medicamentos que curam as doenças e ensinou-lhe as ervas e raízes medicinais e as forças inerentes a elas. Noé escreveu tudo isso num livro e o entregou a Sem, seu filho mais velho. Deste livro, os primeiros sábios extraíram seu conhecimento e depois escreveram muitos livros de medicina, cada qual em seu idioma. Assim, a medicina espalhou-se por todos os povos da terra, e ela foi estudada pelos sábios da Índia, os da Macedônia e os do Egito.

ESTE É UM dos livros do segredo o qual Noé, filho de Lamec, filho de Matusalém, filho de Henoc, filho de Malalael, filho de Enos, filho de Set, filho de Adão, recebeu da boca do anjo Raziel no ano em que deveria ir para a arca, antes de nela entrar. Este livro foi escrito em safira, com clareza e precisão, e nele Noé aprendeu a conhecer os segredos da razão. Estava agora na condição de sondar os degraus das regiões superiores, de percorrer todas as sete moradas e rodear todos os planetas. Podia observar seus movimentos, podia investigar as trajetórias da lua, bem como as trajetórias de Aldebaran, Orion e Sírius. Sabia mencionar o nome de cada céu e sabia no que consistia a influência de cada um, bem como até que ponto cada um podia auxiliar no sucesso de uma coisa. Ficou também sabendo os nomes dos servidores celestiais, que exercem suas funções em determinadas horas do dia e que satisfazem o desejo de qualquer pessoa, que com pureza deles se aproximar.

Através da sabedoria do livro, Noé ficou sabendo que deveria ser feita uma arca de pinheiro, na qual iria se abrigar nos dias do dilúvio e da inundação; ficou também ciente de que deveria levar consigo dois e dois de cada, e sete e sete de cada um dos animais, bem como ajuntar uma quantidade de provisões. E Noé pôs o livro num armário de ouro e o levou para dentro da arca, a fim de que reconhecesse o dia e a noite e soubesse a hora em que deveria apresentar sua súplica.

E mesmo quando Noé saiu da arca, guiou-se em tudo pelo livro. Na hora de morrer entregou-o a Sem, Sem entregou a Abraão, Abraão entregou a Isaac, Isaac entregou a Jacó, Jacó entregou a Levi, Levi entregou a Kehat, Kehat entregou a Amram, Amram entregou a Moisés, Moisés entregou a Josué, Josué entregou aos anciãos, os anciãos entregaram aos profetas, os profetas entregaram aos sábios, e assim seguiu de geração em geração, até chegar ao rei Salomão.

CONTAM os samaritanos:

O nascimento de Noé ocorreu no mês de Nissan; no décimo quarto dia após seu nascimento apareceram estranhos sinais celestiais na terra. Os homens viram isso, procuraram Adão e lhe contaram. Então Adão falou: Um dilúvio virá sobre a terra e irá destruí-la.

E Noé aprendeu de Adão, o pai de todos os homens, a verdadeira aritmética e recebeu dele o livro das letras, o livro da astronomia e o livro das guerras. Não havia nada oculto para ele, porque Deus havia lhe revelado tudo sobre a sementeira e a colheita, sobre a geada e o calor.

Nos tempos de Noé surgiu um homem de nome Achidin, filho de Barad, filho de Tubalcain, e construiu a cidade de Zihion; fez também uma elevação e lá colocou uma pedra, sem rodeá-la de colunas e a chamou de Chasio-bo, que significa — embaixo dela existe proteção.

Esse mesmo Achidin gerou um filho que chamou de Asur; esse Asur terminou a construção iniciada pelo pai; enviou gente para Babel e de lá lhe trouxeram Gafna, filha de Naama, que era irmã de Tulbalcain; deu-a como esposa ao seu filho e construiu-lhe uma casa em Zihion, que era chamada de casa de Gafna. Depois fez quatro imagens, uma fundida em ouro, a segunda em prata, a terceira em cobre e a quarta esculpida em madeira; também mandou fazer uma imagem do sol e uma da lua e no meio da imagem da lua colocou um ônix; deu todas essas imagens a Gafna, filha de Naama. E Gafna mandou fazer um grande candelabro e nos seus quatro cantos colocou as quatro imagens e também as imagens do sol e da lua. Nomeou quatrocentos sacerdotes e reuniu os homens, para que adorassem o sol e a lua. E muitos homens vieram e se prostraram diante das imagens.

Noé tinha quinhentos anos, quando partiu e fugiu da geração humana, pois ela estava repleta de roubo e corrupção. Saiu da cidade de Rifat, para um lugar chamado Ederschagag. Este foi o lugar em que começou a construir a arca. No sexcentésimo ano da vida de Noé, no segundo mês, que é o mês de Iiar, o dilúvio veio sobre a terra.

Depois, porém, que Noé saiu da arca, construíu um altar sobre o monte Garizim em Betel, lugar, segundo consta, que não foi atingido pelo dilúvio, e ofereceu holocaustos de todo o gado puro e de todas as aves puras. O lugar do altar pode ser encontrado no monte Garizim e ainda atualmente pode ser reconhecido.

Noé gerou a Sem, Ham e Jafet. Quando a hora de sua morte estava próxima, deu a seu filho Sem o Livro das Épocas, aos filhos de Elam, o Livro da Astronomia e aos filhos de Asur, o Livro das Guerras.

Noé tinha novecentos e cinquenta anos quando morreu; foi enterrado em Hebron, também chamado de Kiriat-Arba, a cidade das quatro sepulturas. Mas a cidade foi assim chamada somente após a morte de Noé, pois lá estavam enterrados os três justos, ou seja, Adão, Metusael e Lamec; o quarto justo é Noé, filho de Lamec.

Livro Quarto: De Babel a Canaã

1. Sem, Ham e Jafet

OS FILHOS de Noé, que saíram da arca, foram Sem, Ham e Jafet, e por eles foi povoada toda a terra. Quem pode fazer uma comparação? É como se um enorme peixe tivesse deitado fora todas as ovas que tinha no ventre e de cada ova tivesse nascido um peixe; num piscar de olhos, terra e água estariam repletas deles. Está no poder de Deus fazer surgir um mundo de um povo ou até de um único homem.

TRÊS FILHOS nasceram para Noé assim como três filhos teve Adão: Caim, Abel e Set, pois Noé também era igualmente um segundo Adão. Dele novamente procederiam descendências para povoar a terra.

O SENHOR abençoou Noé e seus filhos através de suas dádivas. Abençoou Sem, cujos filhos são negros, porém agradáveis,* e concedeu-lhes toda a terra habitada. Abençoou Ham, cujos filhos são pretos como os corvos, e concedeu-lhes a margem do mar. Abençoou Jafet, cujos filhos são brancos e belos, e concedeu-lhes os desertos e os campos.

Conta-se que Noé não morreu antes de ter visto toda a terra habitada, sim, ainda presenciou a construção da cidade de Kassra, nas proximidades de Sepphoris. Viu também setenta povos, que brotaram todos de seus flancos. Todavia, ele era recordado apenas em virtude de sua eqüidade.

OS SÁBIOS que viveram ainda antes do dilúvio esforçaram-se por descobrir quais os extermínios que ameaçavam o mundo. Achavam que um dilúvio e uma torrente de fogo viriam sobre a terra, só que o Senhor não os tinha esclarecido e nem lhes fizera saber qual catástrofe precederia a outra. Os sábios, todavia, lamentaram os conhecimentos que se perderiam e assim construíram grandes colu-

---

* Também o Cântico dos Cânticos I,5 diz: sou negro, porém agradável.

nas e nelas gravaram os sinais de cada ciência. Uma das colunas era de mármore especialmente duro e as letras eram de tal maneira inscritas, que nem a água podia lavá-las e nem o fogo destruí-las. Dessa forma, o conhecimento alcançado seria preservado para as futuras gerações.

Depois disso, o dilúvio jorrou e todos os viventes foram exterminados, com exceção de Noé e dos que estavam com ele na arca. O mundo deveria ser reconstruído por eles. Os homens começaram novamente a arar e a plantar e a povoar a terra. Mas seus olhos estavam como que colados e eles nada entendiam do mundo circundante, até que encontraram as pedras com as inscrições. Após o primeiro dilúvio foi Sem, filho de Noé, o primeiro que se voltou para a sabedoria. Esforçou-se na pesquisa da astronomia. Depois dele, um dos mais sábios foi Abraão.

OS FILHOS de Sem foram: Elam, Assur, Arpaschsad, Lud e Aram. Arpaschsad gerou a Salah, Salah gerou a Eber, Eber gerou dois filhos: um se chamava Peleg, porque em sua época a terra estava dividida. * O nome de seu irmão era Joktan. Eber foi um grande vidente, para ter dado a seu filho o nome de um acontecimento que ainda estava por vir. Mas por que o segundo se chamava Joktan? Porque se mantinha pequeno e humilde.** E qual foi sua recompensa por isso? Foi-lhe concedido que treze povos procedessem dele. Se uma pessoa mais jovem, que vive calmamente para si, já colhe uma tal recompensa, mais ainda será o caso de alguém mais velho, que desdenha o espalhafato.

"SESSENTA SÃO as ruínas e oitenta as concubinas", consta na Bíblia. As sessenta ruínas são os primeiros sessenta povos da terra. Quando, então, alguém te disser: Mas existem setenta povos, então tu respondes: Aqui não foram contados os dez patriarcas, que são: Jafet, Gomer, Javan, Ham, Cush, Raema, Mizraim, Sem, Aram e Joktan.

As oitenta concubinas, todavia, são os demais povos, que surgiram posteriormente. Se contares todos eles, com exceção de seus patriarcas, poderás calcular oitenta; no entanto, nenhum deles foi eleito, apenas Israel.

ERAM CENTO E QUATRO as nações que os filhos de Noé dividiram entre seus filhos; suas ilhas eram noventa e nove, seus idiomas eram setenta e dois, seus escritos eram dezesseis. A Jafet couberam quarenta e quatro países, trinta e três ilhas, vinte e dois idiomas e cinco escritos. Ham foi senhor sobre trinta e quatro países, trinta e três ilhas, vinte e quatro idiomas e cinco escritos. A Sem pertenceram

---

* Paleg, dividir.
** Joktan, de pequeno — katan.

vinte e seis países, trinta e três ilhas, vinte e seis idiomas e seis escritos, que são: o egípcio, o labânico,* o assírio, o hebraico, o caldeu e o "guttasach".** Assim, a Sem coube um escrito a mais do que aos seus irmãos, e este foi o hebraico, em cujo idioma o Senhor falou no monte Sinai.

SÃO QUATRO os idiomas que o mundo deveria se servir: o grego para o canto, o romano para fins guerreiros, o aramaico para o comércio e o hebraico para falar.

2. Os Dez Reis

DEZ REIS governavam no mundo de uma extremidade a outra. O primeiro rei é o Senhor; reinava no céu e na terra; depois veio-lhe a idéia de fazer a terra ser governada por reis, como também está escrito: "Ele altera tempo e hora, depõe reis e os entroniza".

O segundo rei depois do Senhor foi Nimrod; seu reino abrangia o mundo inteiro. As criaturas estavam ainda cheias de medo das águas do dilúvio e Nimrod tornou-se rei sobre elas. O começo do seu reino, porém, foi Babel.

O terceiro rei foi José, filho de Jacó; também ele dominava o mundo de uma extremidade a outra. Durante quarenta anos foi o segundo depois do rei dos egípcios e durante quarenta anos foi o único soberano.

O quarto rei foi Salomão, que era rei sobre o mundo inteiro e sobre todos os reinos. Anualmente os povos lhe traziam dádivas de ouro e prata, além de vestes, armas, especiarias, cavalos e servos.

O quinto rei foi Ahab, rei de Israel. Os príncipes de todas as províncias lhe eram submissos e tinham que lhe pagar tributos e obsequiá-lo com presentes.

O sexto rei foi Nabucodonosor, rei da Babilônia; dominava todos os países habitados pelos homens e também era senhor sobre os pássaros sob o céu, de modo que nenhum deles abria o bico ou mexia uma asa sem que ele o soubesse.

O sétimo rei foi Ciro, rei dos persas, que dizia de si: O Senhor, o Deus do céu, concedeu-me todos os reinos da terra.

O oitavo rei do mundo foi Alexandre, o Macedônio. Ele é o bode do qual a Bíblia conta, que veio do Ocidente sobre a terra inteira. Mas não apenas isso, pois ele ainda queria escalar o céu para saber o que existe lá e penetrar nas profundezas do mar para também pesquisá-las. Depois dele, porém, o reino universal dividiu-se em quatro partes.

---

* Denominação para a escrita hebraico antiga e samaritana.
** Etimologia obscura.

O nono rei é o Messias, o qual algum dia será rei sobre toda a terra; dominará de um oceano até o outro e desde a correnteza até a extremidade do mundo, conforme está escrito: "A pedra que atingiu a imagem tornou-se um grande monte, tão grande que encheu todo o mundo".

Com o décimo rei, o reino volta de novo a pertencer ao primeiro senhor. Quem foi rei primeiro, também será rei por último, e assim fala Deus: "Sou o primeiro e sou o último".

Assim o domínio volta ao legítimo, e o Senhor nesse tempo será excelso sozinho, e ele mesmo apascentará suas ovelhas.

3. Nimrod

CUSH, FILHO de Ham, tomou para si uma mulher, quando já se tornava velho, e esta deu-lhe um filho, a quem ele chamou de Nimrod, pois naquela época os homens começavam a se revoltar e a pecar contra o Senhor. *

O menino cresceu e seu pai o amava intensamente, pois ele lhe havia nascido na velhice. Deu-lhe a veste de pele que Deus fizera para Adão, quando o expulsou do Jardim do Éden.

Quando Adão e sua mulher morreram, a veste passou para Henoc, filho de Jared; mas quando Henoc devia subir ao Senhor, passou-a a seu filho Matusalém; após a morte de Matusalém, Noé tomou a veste e a levou para a arca e ficou com ela até deixar a arca. Mas então Ham roubou a veste do pai e a escondeu dos irmãos. Quando nasceu seu filho Cush, Ham deu-lhe a veste secretamente e ela ficou com ele por muito tempo; mantinha-a escondida. A Cush nasceu Nimrod e este recebeu a veste como presente. E Nimrod cresceu e chegou aos vinte anos; pôs então a veste de Adão e tornava-se muito forte quando nela se envolvia. Deus tinha-lhe concedido força e poder e ele tornou-se um poderoso caçador na terra. Porém, na hora em que envergou as vestes, apareceram os animais, o gado e as aves e se prostaram diante dele; pensaram ser ele o rei, devido à sua força imensa e o investiram como seu rei também.

E ele era um valente caçador no campo. Caçava todos os animais selvagens, erigia altares onde os sacrificava ao Senhor.

Assim, Nimrod tornou-se poderoso e sobressaiu-se aos irmãos; fazia guerra aos inimigos ao redor e o Senhor entregava-lhe os adversários dos irmãos em suas mãos; sempre que fazia uma guerra, Deus lhe dava sorte. Por este motivo, tornou-se uma parábola naqueles dias e quando alguém armava um dos seus servos, dizia-se dele: Este é como Nimrod, o infatigável caçador no campo.

---

* Nimrod, vem de Marad, rebelar-se.

NO LIVRO de Estrabão, o Caftorita, está escrito que Nimrod era filho de Sem. Quando Noé tinha cem anos, parece que lhe nasceu filho a quem chamou Jonites. Noé o enviou para o país de Ethan e Jonithes dele se apoderou até o mar de Eliochora.

Nimrod foi a Jonites para dele aprender sabedoria, pois este tinha em si o espírito de Deus. Contudo, Jonites já soubera antes, pela posição das estrelas, que Nimrod viria a ele, a fim de aconselhar-se em questões de soberania; Jonites explicou-lhe a face dos quatro reis da visão de Daniel e revelou-lhe que os primeiros a reinar seriam os filhos de Assur; estes, todavia, são os filhos de Sem, pois está escrito: "Os filhos de Sem, de Elam e de Assur".

O começo do reino de Nimrod foi Babel e em Babel ele gerou a Bel. Mas quando durante a construção da torre os homens foram dispersos, Nimrod separou-se de Sem e uniu-se aos filhos de Ham, e por isso está escrito: "Cush gerou a Nimrod".

NIMROD REINOU na terra sobre os filhos de Noé; nessa época toda terra empregava a mesma língua e as mesmas palavras. Nimrod, porém, não andava nos caminhos de Deus, fez para si ídolos de madeira e pedra, e ajoelhava-se diante deles e rebelava-se contra o Senhor.

Todavia, Mardon, filho de Nimrod, era ainda mais ímpio do que o pai, de maneira que cada um que ouvia falar das ações de Mardon, dizia: Aos malfeitores só pode brotar maldade.

CONTA-SE SOBRE Nimrod que ele se fez de Deus quando se tornou rei e fez cair o terror sobre os povos. Tinham que se ajoelhar diante dele e servi-lo, e ele determinou um lugar onde deveria ser venerado. Construiu uma torre de pedras redondas e fez aprofundar os pilares na terra. Sobre a torre mandou colocar um grande trono de cedro, cujos pés foram fixados na pedra. Em cima dele, fez um segundo trono de ferro, com os pés presos no cedro. Em cima dele, erigiu um terceiro trono de cobre, cujos pés foram fixados no de ferro; em cima dele, por sua vez, colocou ainda um trono de prata, cujos pés se apoiavam no de cobre. Em cima do trono de prata, havia um trono de ouro, cujos pés estavam sobre o de prata. Em cima dele Nimrod fez mais um assento de puras pérolas e pedras preciosas, de forma que a construção ficou imensamente alta. Então Nimrod subiu e assentou-se. E todos os povos tinham que vir a ele, prostrar-se e isso durou até que se elevou a luz de Abraão.

4. A Geração do Dilúvio e a da Construção da Torre

ENTRE O DILÚVIO e a construção da torre há um período de trezentos e quarenta anos. Noé ainda viveu dez anos após a construção da torre. Está escrito: "Todo o mundo tem uma língua". A história da construção da torre quer assim nos revelar porque as línguas foram confundidas. Faz parte do curso do mundo e de sua maneira, que os filhos venham ao mundo com a língua de seus pais. Assim, todos os homens apenas podiam ter uma única língua, pois são filhos de um único homem. Esta língua, todavia, era a língua sagrada, a língua, do Senhor, do Único no mundo, a língua na qual foram conferido os mandamentos a Adão.

OS HOMENS da construção da torre falaram: Os homens do dilúvio foram tolos quando disseram ao Criador: Desaparece da nossa frente. Foi por isso mesmo que Deus fez as águas do dilúvio jorrarem sobre eles durante quarenta dias e quarenta noites e os exterminou da terra. Nós, porém, faremos uma torre desde a terra até o cimo do céu e nos sentaremos lá dentro como anjos do Senhor. Depois pegaremos machados nas mãos e racharemos a abóbada celeste, para que as águas superiores fluam para baixo e para que não ocorra conosco aquilo que aconteceu com os da época do dilúvio.

OS HOMENS DA geração da construção da torre eram todos sábios, inteligentes e compreensivos. Conheciam os segredos a fundo e diziam: Se pecarmos, pereceremos como os da geração do dilúvio. Como agiremos então? Queremos satisfazer nossos desejos neste mundo, mas, por outro lado, queremos ir ao encontro das forças superiores, de tal forma que elas não entrem em litígio conosco.

Queriam edificar uma torre que a água abundante não pudesse destruir e contra a qual o fogo nada pudesse fazer; da torre deveriam descarregar-se sozinhos os projéteis, que matariam quem quer que quisesse atacá-la. Dentro da torre queriam colocar uma imagem que tivesse a força do Nome divino que deveria lhes profetizar e lhes ordenar: Isto devereis fazer e isto devereis deixar de fazer. Queriam dar à imagem asas que protegessem toda a cidade, de maneira a evitar que a chuva de fogo e o dilúvio atravessassem suas fronteiras e nenhum mensageiro do mal tivesse poder sobre eles. No entanto, tudo o que faziam era apenas por receio de um novo dilúvio.

Ó, tolos que não sabiam que um Deus onisciente é o Senhor, que mede todos os acontecimentos e que mesmo Seraf,* do qual os maus espíritos e demônios recebem sua força, está sob o domínio de Deus! O que fez o Senhor? Diminuiu a força de Chopniel e de Sandalfon e castigou esses dois serafins exaurindo a fonte de suas forças. Então a força da impureza foi enfraquecida e os homens não mais puderam executar a obra que pretendiam erigir.

AS MALDADES da geração do dilúvio foram todas enumeradas. Não o foram, porém, os pecados dos construtores da torre. Jó

---

* Aqui, o ardente mau espírito.

AS LENDAS DO POVO JUDEU

relatou acerca do pecado que foi cometido antes do dilúvio. Lá consta: Eles ultrapassavam os limites, levavam embora o rebanho e o apascentavam como se fosse seu; um entrara no domínio do outro; um tomava à força as ovelhas de outro, afugentava o jumento dos órfãos e tomavam o boi da viúva como penhor. E os demais tiravam suas roupas e andavam nus, conforme também está escrito: "Estavam nus, sem vestes".

Todavia, as transgressões da geração da construção da torre não se abateram sobre nós. Um sábio contou: A geração do dilúvio e a geração da construção da torre igualavam-se a dois príncipes. O primeiro falou ao pai: Não posso ficar contigo e não posso suportar o teu serviço. O segundo, no entanto, disse: Nada me significas; porém, eu ou tu! Os da época do dilúvio diziam: Desaparece das nossas vistas! E os da construção da torre diziam: Vamos fundar uma cidade e construir uma torre, cujo topo alcança o céu. Aquele que se encontra em cima, pode descer, mas nós queremos subir ao céu; caso ele não ceder, iniciaremos uma guerra.

Instalaram um ídolo no alto da torre e disseram: Se o Deus no céu infligir desgraça sobre nós, o nosso deus deverá enfrentá-lo e destruir sua intenção. O Senhor os deixou fazer, enquanto pensava consigo: Somente vou deixá-los sentir o meu poder quando a torre estiver terminada; se eu dispersá-los antes, eles ainda dirão: Se tivéssemos construído, teríamos subido ao céu, teríamos lutado contra ele e o vencido. E assim continuaram a construir. Então o Senhor olhou e os dispersou. Falou-lhes: Desejastes evitar vossa divisão em muitas partes, pois agora sereis justamente dispersados por sobre toda a terra.

A BÍBLIA DIZ: "Os ímpios são como um mar agitado". As ondas do mar bramam e rugem, mas assim que uma atinge a areia, ela se destroça e cai para trás. A onda que vem depois dela vê que a anterior foi destroçada, mas mesmo assim se levanta e não altera o seu rumo. Assim, também, os malfeitores vêem o fim daqueles que os precederam, e no entanto continuam a transgredir. Verificamos isso em todas as gerações de ímpios: na geração de Enos, na geração do dilúvio e na geração da construção da torre; nenhuma aprendeu do exemplo da outra, mas insistiu na obstinação.

NA VERDADE, a intenção daqueles que construíram a torre era boa num sentido. Pois, uma vez que tomaram conhecimento do reinado dos exércitos celestiais, das estrelas e planetas e sua influência na história do mundo, procuraram se subtrair do seu domínio para serem protegidos apenas pela glória de Deus. Acreditavam que a construção que pretendiam erguer, representaria a medida da altitude celestial, que os profetas vêem, quando a majestade de Deus lhes é revelada, e esperavam assim escapar da dispersão. Tencionavam obter através da construção, que só o Deus dos Deuses e o Senhor dos Senhores reinasse sobre eles e que o espírito santo pairasse sobre eles. E tal intenção merece ser elogiada.

A GERAÇÃO do dilúvio não participará do mundo vindouro e não terá vida eterna. E assim também a geração da construção da torre não participará do mundo vindouro e não terá vida eterna. Aqueles que construíram a torre desfizeram-se em setenta povos. E no futuro, o Rei Messias, que pertence à casa de David, vencerá a todos e reinará sozinho. A Torre de David, portanto, deverá remediar o que a Torre de Babel estragou.

5. A Torre

TODO O MUNDO empregava a mesma língua e as mesmas palavras.

Os homens daquela geração deixaram a maravilhosa região e dirigiram-se para o Oriente, ao país de Sinear, onde encontraram uma grande e vasta planície e lá se estabeleceram. Desfizeram-se do reino do céu e aclamaram, para seu rei, Nimrod, o servo e filho de servo, descendente de Ham, cujos filhos são todos servos. No entanto, "ai da terra cujo filho é um servo".

Nimrod fala a seu povo: Avante, construamos uma grande cidade, para que nela possamos habitar e não nos dispersemos por todo o mundo, como os que viveram antes de nós. Vamos construir uma torre alta na cidade e assim alcançarmos o céu, e com isso nos tornaremos famosos.

Mas não possuíam pedras para erigir a cidade e a torre. Então amassaram tijolos e cozinharam-nos à maneira dos oleiros e construíram a torre com setenta milhas de altura. Havia sete degraus no lado oriental da torre e sete no lado ocidental. Aqueles que carregavam os tijolos para cima, tomavam os degraus do oriente e aqueles que desciam, usavam os degraus do ocidente.

NO ENTANTO, essa construção foi considerada um pecado e uma transgressão. Pois, ao construírem, incitavam à revolta contra o Senhor, pretendendo disputar com ele e se apoderar do céu. Estavam divididos em três grupos. A um grupo dizia: Subamos ao céu e façamos guerra ao Deus que lá reside. O outro dizia: Subamos ao céu para levar para lá o nosso próprio Deus, a fim de o servirmos. Diziam os terceiros: Subamos ao céu e o ataquemos com flechas e lanças.

Assim, construíam a cidade e a torre, e esta já estava tão alta que levava um ano inteiro até que a argila e os tijolos alcançassem o pedreiro em cima. E assim sucedia diariamente: alguns subiam e alguns desciam. Se um tijolo caía das mãos de alguém e se quebrava, eles choravam muito, mas se um homem caía e morria, ninguém se incomodava. E o Senhor assistia a tudo.

Enquanto construíam, atiravam flechas para o céu e elas voltavam ensangüentadas. Então um homem dizia ao outro: Agora matamos tudo aquilo que se encontra lá em cima. Mas o Senhor assim procedia para ludibriá-los e exterminá-los da face da terra. Continuaram a construir a cidade e a torre e assim se passaram dias e anos. Mas Deus via tudo o que faziam e sabia das suas más intenções. Viu a cidade e também a torre e disse aos setenta anjos que estão ao seu redor: Desçamos e lá mesmo confundamo-lhes a língua, para que um não entenda a fala do outro. E assim procedeu. A partir daquele dia, cada qual esqueceu a língua que falava antes. Se alguém dizia ao outro: Alcança-me uma pedra — aquele entregava-lhe argila. Se dizia: Alcança-me argila — aquele entregava-lhe uma pedra. E quando o pedreiro recebia o que não tinha pedido, atirava de volta em cima daquele que lhe havia dado e o matava. Isto durou vários dias e muitos pereceram dessa maneira.

O Senhor, porém, golpeou as três espécies de malfeitores e os castigou de conformidade com as suas ações e intenções. Aqueles que disseram: Subamos ao céu e lá sirvamos ao nosso próprio Deus — foram transformados em macacos e elefantes. Aqueles que disseram: Ataquemos o céu com flechas — caíram uns pelas mãos dos outros. Os terceiros, que disseram: Subamos ao céu e disputemos com Deus — foram dispersos pelo Senhor por toda a terra. Por esse motivo, o lugar foi chamado de Babel, porque lá o Senhor confundiu as línguas de todos os povos. *

E a terra abriu sua boca e engoliu a terça parte da torre que os homens haviam construído. Depois veio um fogo do céu e devorou uma segunda terça parte; e só uma parte permanece até hoje; esta parte parece suspensa no ar e sua sombra tem o comprimento de uma viagem de três dias. Conta-se que quem sobe ao cimo, enxerga embaixo as árvores da floresta como se fossem gafanhotos.

O SENHOR DESCEU e olhou os construtores da torre. Acaso é necessário que o Senhor desça para ver? Para Ele tudo está aberto e visível, como está escrito: "Ele sabe o que está nas trevas e a luz habita com Ele". Mas o Senhor desceu, porque queria ensinar aos homens a não julgarem e não proferirem sentença, sem antes ter visto a coisa.

E o Senhor falou: Devido ao poder do mau impulso, minhas criaturas foram separadas neste mundo e divididas em setenta línguas. Algum dia, porém, estarão todas unidas, ombro a ombro, e invocarão o meu Nome e me servirão, conforme também está escrito: "Então darei aos povos lábios puros para que invoquem o nome de Deus e o sirvam em harmonia".

---

* Babel, etimologia popular de Balal, misturar.

6. A Estrela de Abraão

TARÉ, FILHO de Nacor, capitão do exército de Nimrod, possuía, na época, grande prestígio aos olhos do rei e aos olhos de seus servos. Taré tomou uma mulher de nome Amatlai, filha de Karnewo. Esta concebeu e deu à luz um filho. Taré o chamou de Abrão, pois disse: o rei acaba de me promover e elevou-me sobre todos os seus criados.* Taré tinha setenta anos quando lhe nasceu Abrão.

Na noite do nascimento de Abrão, os sábios e os adivinhos de Nimrod foram ter com Taré; comeram e beberam em sua casa e rejubilaram-se com ele.

Mas, quando os sábios e os adivinhos deixaram a casa de Taré, seus olhos ergueram-se para o céu e eis que uma grande estrela, que viera do Oriente, corria pelo céu, e engoliu quatro estrelas dos quatro cantos do mundo.

Os adivinhos muito se admiraram e logo compreenderam o que isso queria significar; um disse ao outro: O menino que esta noite nasceu a Taré, será grande, fecundo e se multiplicará bastante, de modo que ele e sua descendência deporão os grandes reis e tomarão posse de suas terras.

Na manhã seguinte acordaram cedo, reuniram-se e conversaram: A estrela que vimos ontem era estranha; por enquanto, o rei nada sabe a respeito, mas, quando descobrir, irá se zangar conosco por termos ocultado o fato e seremos todos condenados à morte. Vamos então revelar ao rei o que vimos, não lhe esconderemos o significado, para que permaneçamos limpos.

E os sábios assim fizeram. Foram ao rei, prostraram-se diante dele e falaram: Que viva o rei! Nasceu um filho ao teu capitão de exército. Ontem à noite estivemos em sua casa, comemos pão e bebemos com ele; mas quando teus servos estavam a caminho de suas casas, avistaram uma grande estrela vindo do Oriente, que com rapidez engoliu quatro outras grandes estrelas que procediam dos quatro cantos da abóbada celeste. Então teus servos admiraram-se da visão e assustaram-se muito; conversaram a respeito e em sua sabedoria reconheceram o verdadeiro significado da aparição: que se referia ao menino, que nasceu a Taré. Esse será imensamente grande e poderoso, aniquilará todos os reis da terra e ele e sua descendência tomarão posse de seus países. E assim, senhor, nosso rei, relatamos-te fielmente o que vimos. Se agrada ao rei, que pague o preço do menino ao pai e nós o mataremos, antes que cresça.

O rei ouviu a fala dos sábios e suas palavras foram do seu agrado; enviou um mensageiro e mandou chamar Taré. Taré veio

---

* Ab-ram, de ram, alto.

ao rei e este lhe falou: Contaram-me que te nasceu um filho e certas coisas foram vistas no céu após o seu nascimento; dá-me então o menino, para que eu o mate, antes que o mal contra nós apareça; em troca, encherei tua casa com ouro e prata.

Taré respondeu: Senhor, nosso rei, ouvi o que falaste; o servo fará o que o rei ordena. Mas, antes de acatar tua ordem, quero te contar o que aconteceu comigo ontem. O rei disse: Conta! Então Taré começou: Aiun, filho de Murad, veio ontem à noite em minha casa e disse: Presenteia-me com o bonito cavalo que o rei te deu; em troca te darei ouro e prata em abundância e também receberás palha e forragem do tamanho da tua casa. Eu lhe disse: Vou relatar ao rei, meu senhor, acerca das tuas intenções e farei aquilo que o rei me ordenar.

Quando o rei ouviu as palavras de Taré ficou irritado e o considerou Aiun um tolo. Disse: Provavelmente és insensato ou néscio ou a razão te abandonou, para quereres dar o teu melhor cavalo em troca de ouro e prata ou mesmo por palha e forragem És por acaso um homem pobre a quem falta ouro e prata ou mesmo palha e forragem?

Taré retrucou: No entanto, o senhor, nosso rei, falou de maneira semelhante ao seu servo. Sê benevolente comigo, meu senhor, mas porventura a palavra que me disseste foi diferente? Tu falaste: Dá-me teu filho, vamos matá-lo e eu te pago por isso com ouro e prata. De que me serve o ouro e a prata se meu filho estiver morto? Quem será meu herdeiro? E quando eu estiver morto, não retornará o ouro e a prata ao senhor, meu rei, quem mos deu? Mas quando o rei ouviu as palavras de Taré e sua comparação, ficou encolerizado e a ira inflamou-se dentro dele. Quando Taré o percebeu, disse: Dou nas mãos do rei tudo o que é meu, e o que o senhor, meu rei, quiser fazer com o seu servo, que faça. Mas que seja concedido a teu servo, falar ainda uma palavra contigo. O rei disse: Pois então fala, eu escuto. Então Taré disse: Meu senhor, concede-me ainda um prazo de três dias, para que eu possa informar aqueles que vivem em minha casa sobre as palavras do rei e os consulte a respeito. O rei atendeu a Taré e concedeu-lhe um prazo de três dias.

Taré deixou a presença de Nimrod e transmitiu a seus familiares a ordem do rei; estes ficaram muito temorosos. Passado o terceiro dia, o rei mandou dizer a Taré: Dá o teu filho pelo preço que combinamos; se não obedeceres ao que te ordenei, matarei todos os que vivem na tua casa e não pouparei ninguém.

Então Taré apanhou uma das crianças dos servos, que uma criada havia parido na mesma noite, e apresentou-a ao rei. O rei pegou a criança e a arremessou ao solo de forma que a cabeça se lhe despedaçou, pois pensava tratar-se de Abrão. Assim, a mão de Deus estava com o menino.

Taré, porém, tomou secretamente seu filho Abrão, sua mãe e sua ama, e escondeu-os numa caverna. Mensalmente, levava-lhes alimento. E Deus estava com Abrão na caverna. Ele cresceu e já tinha dez anos e o rei, seus príncipes e servos, bem como todos os sábios e adivinhos, pensavam que ele estivesse morto.

Naquela época, Haran, irmão mais velho de Abrão, tomou uma mulher; ela concebeu e deu à luz um filho, que chamou de Lot. Concebeu novamente e deu à luz uma filha que chamou de Milka; concebeu pela terceira vez, e novamente deu à luz uma filha, que chamou de Sarai. Haran tinha quarenta anos quando nasceu Sarai e Abrão tinha na época dez anos.

Naqueles dias, visto que o rei e seus príncipes haviam se esquecido dele, Abrão saiu da caverna com a mãe e a ama e foi ter com Noé e seu filho Sem; morou com eles e deles aprendeu o culto a Deus e seus caminhos. Contudo, ninguém sabia onde ele estava e ele serviu a Noé e a seu filho durante muitos dias; foram trinta e nove anos os que passou na casa de Noé. Abrão, porém, já reconhecera o Senhor desde o seu terceiro ano de vida.

MAS CONTA-SE também assim:

Antes do nascimento de Abrão, Nimrod negava a crença divina; ensoberbeceu-se e dizia de si que era Deus e os homens de sua época serviam-no e adoravam-no.

Todavia, esse rei era também astrólogo e sábio, e, pela posição das estrelas, viu que em seus dias nasceria alguém, que iria se levantar contra ele e vencê-lo. Então Nimrod mandou chamar seus conselheiros. Contou-lhes o que vira, e perguntou: O que me aconselhais a fazer? Os sábios responderam: Manda construir uma grande casa, coloca um guarda na entrada e anuncia por todo o reino que todas as mulheres grávidas deverão ir para lá; deverão também comparecer as parteiras, que ficarão até as mulheres darem à luz. Se uma mulher der à luz e elas virem que é um menino, deverão matá-lo no regaço da mãe; mas se for uma menina, ela deverá viver e a mãe deverá receber presentes, ser envolta em vestes reais e diante dela se deverá proclamar: Assim é homenageada uma mulher que deu à luz uma filha!

O rei seguiu o conselho de seus sábios e mandou vir os construtores para que construíssem uma grande casa, com sessenta côvados de largura e oitenta côvados de comprimento. Depois ordenou que todas as mulheres grávidas fossem para aquela casa e lá permanecessem até dar à luz. Nomeou funcionários para que trouxessem as mulheres e também vigias que guardassem a casa, a fim de que nenhuma das mulheres fugissem. Além disso, fez as parteiras se mudarem para lá e ordenou-lhes que matassem no regaço da mãe cada filho recém-nascido, mas que, toda mulher que tivesse uma filha, fosse vestida

de precioso linho, seda e púrpura e acompanhada para casa com grandes honras.
Conta-se que desta maneira foram trucidadas mais de setenta mil meninos. Quando os anjos no céu viram o assassinato de crianças, falaram ao Senhor: Não vês o que faz Nimrod, filho de Canaã, o ímpio, o denegador do teu Nome? Como trucida ele tantas crianças, cujas mãos não cometeram ainda nenhuma injustiça? O Senhor falou: Sagrados anjos, bem que o sei e o vejo, pois não cochilo nem durmo. Mas ainda vereis o que farei com esse malfeitor e incréu e como porei a mão nele para castigá-lo.
Naqueles dias uma mulher tomou marido de nome Taré e concebeu dele. Depois de três meses, seu ventre cresceu e sua face ficou pálida. Taré então perguntou: O que tens, mulher, que tua face ficou pálida e teu ventre está maior do que de costume? A mulher respondeu: Anualmente, nesta época sou acometida desta doença. Taré falou: Deixa-me apalpar o teu ventre, pois me parece que estás grávida e, se confere, não cabe a nós transgredir o mandamento de nosso deus Nimrod. E Taré pôs a mão sobre o seu ventre. Então o Senhor realizou um milagre. A criança foi para cima até o seio, de modo que Taré nada encontrou. Ela disse: Falaste a verdade. E assim, nada foi possível perceber ou saber, até que se completaram os meses de gravidez.
Todavia, então a mulher teve muito medo; saiu da cidade e caminhou pelo deserto, até chegar a um rio. Na proximidade do rio encontrou uma caverna e entrou. No dia seguinte, foi acometida pelas dores do parto e deu à luz um filho. Então, de repente, a caverna inteira iluminou-se como pelo clarão do sol — tal era o brilho o semblante do menino — e a mãe tomou-se de grande alegria. Esse menino foi o nosso patriarca Abrão, que a paz seja com ele!
E a mulher abriu a boca e falou: Eu te pari numa época em que o rei Nimrod matou por tua causa setenta mil crianças; agora temo que, se ele souber de ti, também te matará. Assim, talvez seja melhor morreres aqui, do que eu ver com meus próprios olhos seres degolado em meu regaço. E ela tirou seu vestido e com ele envolveu o menino e disse: Que Deus seja contigo, meu filho, que ele não afaste sua mão de ti e não te abandone. E ela deixou o menino deitado na caverna e voltou para casa.
O menino começou a chorar quando ficou sem ama na caverna. O Senhor, porém, louvado seja, ouviu o choro e mandou o anjo Gabriel, a fim de que alimentasse o menino. O anjo deu-lhe um dedo da mão direita do qual jorrou leite e o menino mamou. Quando tinha dez dias, começou a andar e deixou a caverna; caminhou ao longo do rio e então o anjo Gabriel veio novamente ao seu encontro, e disse: Que a paz seja contigo Abrão. Abrão disse: Contigo seja a paz, e perguntou: Quem és? O anjo retrucou: Sou o anjo

Gabriel, mensageiro de Deus. Então foi até uma fonte, lavou o rosto, as mãos e os pés, rezou a Deus e prostrou-se diante dele. Enquanto isso, a mãe de Abrão pensava nele e por ele chorava; queria procurar o filho na caverna, onde o tinha deixado. Mas, quando lá chegou e não o encontrou, começou a chorar novamente e disse: Ai de mim, meu filho, que te pari, para te tornares carniça dos animais do campo, dos ursos, leões e lobos! Como continuasse a caminhar, encontrou o filho, porém não o reconheceu, pois ele já estava crescido. Falou-lhe: Que a paz seja contigo. Ele respondeu: Contigo seja a paz; por que vagueias assim pelo deserto? A mulher disse: Saí da cidade à procura do meu filho. Abrão perguntou: Quem trouxe teu filho para cá? Ela falou: Concebi do meu marido Taré e, quando ia dar à luz, temi pelo filho que carregava no ventre. Temi que o nosso rei Nimrod, filho de Canaã, o matasse, da mesma maneira como trucidou setenta mil crianças. E assim fui à caverna, que se encontra perto deste rio. Lá fui logo acometida pelas dores do parto e dei à luz um filho; deixei-o na caverna e fui para casa. E agora voltei à caverna, porém, não o encontrei mais. Abrão perguntou: Qual seria a idade do que nasceu de ti? A mulher disse: Ele tem vinte dias. Abrão falou: Acaso existe mulher na terra que abandone seu filhinho sozinho no deserto e venha procurá-lo depois de vinte dias? A mulher respondeu: Sim, imaginei que o Senhor se apiedasse dele. Então Abrão falou: Eu sou o filho que procuras! A mulher exclamou: Meu filho, então cresceste tanto nestes vinte dias, que já andas e já falas com tua boca! Abrão então disse: É verdade, pois saiba, mãe, há um grande e poderoso Deus no mundo, um Deus que vive e permanece, que vê e não é visível; sua morada é no céu e a terra inteira está cheia de sua glória. A mãe falou: Meu filho, existe por acaso um Deus na terra além de Nimrod? Abrão retorquiu: Assim é mãe; o Deus do céu e da terra também é o Deus de Nimrod. E agora vai a Nimrod e revela-lhe isto.

Então, a mãe de Abrão partiu; voltou à cidade e contou a seu marido, Taré, como encontrara o filho Abrão. Taré porém era naquele tempo um grande príncipe na casa de Nimrod; foi ao castelo do rei e prostrou-se diante dele. Naquela época, aquele que se prostrava diante do rei, não podia erguer a cabeça antes que ele dissesse: Ergue tua cabeça. Assim disse também Nimrod a Taré: Ergue tua cabeça e conta o que desejas.

Taré respondeu: Que viva o senhor, meu rei. Vim para te revelar, que o menino sobre o qual leste nas estrelas que progrediria e viria destruir a tua crença, e por causa de quem mataste setenta mil crianças, que este menino é meu filho. Sua mãe estava grávida, porém eu não sabia, pois ela me disse que estava doente e, quando apalpei seu ventre, nada encontrei. Mas quando chegou a hora, ela saiu da cidade e chegou a um rio, perto do qual encontrou uma caverna. Lá ela deu à luz um filho e o deixou para os animais do campo; todavia, depois de vinte dias ela foi procurá-lo e o encontrou caminhando nas margens do rio e falando como um adulto; ele disse que existe um Deus no céu, que vê, sendo ele mesmo invisível e que não há outro além dele.

Quando Nimrod ouviu as palavras de Taré, foi acometido de grande tremor e disse aos seus príncipes e conselheiros: O que deve agora acontecer com esse menino? Eles lhes responderam: Senhor, nosso rei e deus, temes uma criança pequena, quando tens no teu reino milhares e milhares de funcionários e comandantes? O mais insignificante deles irá apanhá-lo e atirá-lo no cárcere. Mas o rei retrucou: Já vistes em toda a vossa vida, que uma criança de vinte dias possa andar sobre seus pés, falar com sua boca e revelar com sua língua que existe um Deus no céu, um único, que não há um segundo ao seu lado, que vê e que não é visto? Então os príncipes também se surpreenderam com essas coisas. Eis que então o Satã, em forma humana, apareceu diante de Nimrod. Estava vestido de seda negra e prostrou-se diante do rei. Nimrod falou: Ergue tua cabeça e conta teu desejo. O Satã falou: Por que vos preocupais tanto e por que estais tão admirado? Vou dar-te um conselho sobre o que tens a fazer. Nimrod falou: Qual é o teu conselho? O Satã retrucou: Abre as câmaras onde guardas os armamentos, arma teus príncipes e governadores e manda-os ao seu encontro, para que ele venha para cá a fim de te servir.

O rei procedeu de acordo com a sugestão de Satã e enviou seus guerreiros contra Abrão. Quando Abrão avistou a multidão, foi acometido de grande temor e implorou em brados ao Deus no céu, aquele que liberta o oprimido da mão do mais forte, para que o salvasse. O Senhor então enviou o anjo Gabriel, para que o auxiliasse. E o anjo falou: Não deves ter medo, pois o Senhor está contigo e Ele te resgatará da mão dos teus inimigos.

E realmente, Deus ordenou a Gabriel que estendesse nuvens e trevas entre Abrão e seus perseguidores. Estes se assustaram e voltaram a Nimrod e falaram: Queremos deixar este país. Nimrod lhes deu seu soldo e eles partiram para a Babilônia.

7. Quem é o Dono da Casa

"TU AMAS a justiça e odeias os seus ímpios, por isso, Deus, teu Deus, ungiu-te com óleo festivo mais do que a teus companheiros." Estas palavras referem-se ao nosso patriarca Abrão. Amava ao Senhor e procurava sua proximidade; odiava a idolatria da casa do seu pai.

Mas, antes de ter reconhecido ao Senhor, seu espírito vagueou pela criação à sua procura e ele disse: Por quanto tempo ainda vamos adorar a obra das nossas mãos? A nenhuma coisa cabe o servilismo e a adoração, a não ser à própria terra, porque ela produz frutos e mantém nossa vida. Mas quando Abrão viu que a terra precisava de chuva e que, se o céu não se abre e não embebe a terra, nenhum fruto brota dela, falou: Não, só ao céu cabe ser adorado. E começou a olhar o sol, viu como ele ilumina o mundo e como graças a ele as plantas se desenvolvem. Então falou: Na verdade, só ao sol cabe ser adorado. Mas quando viu seu ocaso à noite, disse: Este não pode ser bem um Deus. Então começou de novo e contemplou a lua e as estrelas, cujas luzes celestiais brilham de noite. Então disse: Provavelmente são estas que devem ser adoradas. Surgiu então, a estrela matutina e as estrelas noturnas desapareceram; Abrão falou: Não, estes também não são deuses! Isto o afligia e ele pensou: Se não tivessem um soberano, como poderia uma deitar-se e nascer a outra?

Uma vez um viandante estava a caminho e avistou um grande e alto palácio. Quis entrar e procurou a entrada, porém não a encontrou. Chamou em voz alta, mas ninguém lhe respondeu. Então ergueu os olhos e viu que no telhado havia panos vermelhos estendidos; depois de algum tempo viu linho branco no telhado. Então o homem falou: Deve haver uma pessoa nesse palácio, pois do contrário como poderiam os panos ter sido tirados e novamente estendidos?

Quando o dono do palácio viu como o viandante se afligia por não poder encontrá-lo, apareceu e disse: Olha, eu sou o dono da casa.

Assim também Abrão. Ele vira as luzes celestiais nascerem e desaparecerem e então disse: Se não tivessem um amo sobre si, seu curso não estaria determinado. Portanto, não convém que eu os sirva, porém devo servir àquele que os governar. E o espírito de Abrão prosseguia na procura da verdade.

Como o Senhor viu que ele se afligia, abaixou os olhos para ele e disse: Tu és aquele que ama a justiça e abomina a maldade; Certo como vives, eu te consagrarei apenas a ti entre todas as gerações que existiram antes de ti e que virão depois de ti.

8. *O Assaltador de Imagens*

ABRÃO, FILHO de Taré, fizera cinqüenta anos; saiu da casa de Noé e dirigiu-se à casa de seu pai. Já tinha reconhecido a Deus e palmilhava seus caminhos, e Deus estava com ele. Seu pai Taré ainda era capitão-de-campo de Nimrod e vivia de acordo com as disposições de Nimrod; adorava os ídolos que eram de madeira e pedra.

Quando então Abrão chegou à casa de seu pai, viu os ídolos de seu pai, doze ao todo, que se encontravam alinhados nos aposentos. Sua ira irrompeu por causa disso e ele falou: Como é certo que

Deus vive! Que não seja concedida permanência aos ídolos na casa de meu pai. Portanto, faça-me Deus, que me criou, tantos males, e que assim prossiga se eu não tiver destruído todos esses ídolos dentro de três dias.

E Abrão saiu rapidamente e correu para o pátio externo onde encontrou seu pai sentado com os servos. Abrão sentou-se diante do pai e perguntou: Dize-me, pai, qual é o Deus que criou o céu, a terra e os homens? Quem é que criou a ti e a mim, tal como estou aqui na terra? Taré retrucou: Estão conosco, em nossa casa, aqueles que criaram tudo isso. Abrão falou: Então mostra-me, meu senhor. Taré levantou-se e foi com Abrão para o pátio interno; conduziu-o ao aposento aonde estavam os deuses. Então Abrão viu doze grandes figuras de madeira e pedra, e ainda um sem-número de pequenas. E Taré falou: Olha, aqui estão os que criaram o mundo. E Taré inclinou-se diante de seus deuses e orou para eles. Logo depois deixou o aposento acompanhado pelo filho.

Abrão então procurou sua mãe e disse-lhe: Olha, meu pai acaba de me mostrar os deuses que criaram o céu, a terra e os homens. Agora apressa-te, toma um cabritinho do rebanho, abate-o e assa-o, para que fique saboroso; levarei o alimento aos deuses como oferta, para que comam e eu me torne do seu agrado. A mãe assim procedeu; tomou um cabritinho, preparou uma iguaria e a entregou a Abrão. E Abrão tomou o alimento das mãos de sua mãe e o levou aos deuses de seu pai, para que dele comessem. Taré, porém, não sabia de nada disso.

E Abrão permaneceu o dia inteiro junto aos ídolos, mas eles não emitiam nenhum som e também não se via que se tivessem mexido e estendido a mão para a comida. Abrão então zombou deles e falou: Parece que o alimento que lhes preparei não lhes agradou, ou então lhes és insuficiente; por isso não comem. Amanhã vou lhes apresentar uma outra iguaria melhor, da qual prepararei uma quantidade maior.

No dia seguinte, Abrão ordenou à mãe que preparasse uma outra comida. Ela tomou três tenros cabritinhos do rebanho, deles fez uma boa refeição, como seu filho gostava, e deu-a a Abrão. Também desta vez, Taré não sabia de nada.

E Abrão pegou o alimento da mão da mãe e o levou ao aposento, onde estavam os deuses. Ofereceu a cada um da comida e permaneceu com eles o dia inteiro, para ver se comiam. Mas novamente nenhum som e nenhuma voz partiu de suas gargantas e nem estenderam a mão para o alimento. Então nessa noite o espírito de Deus pairou sobre Abrão, e disse: Ai de meu pai e da tola geração que está entregue à vã ilusão. Servem a estes ídolos de madeira e pedra, que não cheiram, não ouvem e não falam, têm olhos e não enxergam, têm mãos e não agarram, têm pernas e não andam. O mesmo deverão aqueles que os fizeram, que neles confiam e que os adoram. E Abrão apanhou um machado e despedaçou os ídolos do pai, com exceção de um, que era o maior, e nas mãos dele pôs o machado e quis se afastar.

Mais eis que apareceu Taré, pois havia escutado os golpes do machado; correu e encontrou os deuses despedaçados no chão: apenas um havia ficado inteiro e este segurava um machado na mão. Também o alimento que Abrão preparara estava lá. Ao ver isso, Taré ficou com muita raiva. Disse a Abrão: O que fizeste aos deuses? Abrão retrucou: Não é como imaginas, meu senhor. Ofereci alimento aos deuses e todos eles estenderam a mão antes que o grande houvesse recebido algo. Então ele ficou muito irado; levantou-se, apanhou o machado que estava em casa e os partiu em pedaços. E não é verdade? Tu ainda viste o machado em sua mão. Taré irritou-se com as palavras de Abrão e disse: Que palavras são essas que dizes? É tudo mentira. Acaso os deuses possuem alento e alma? Reside alguma força neles para que pudessem realizar aquilo que falas? Pois se são de madeira e pedra, somente, e fui eu próprio quem os fez; mentes ao contar que foi o grande deus, que está com eles, quem os despedaçou. Foste tu, quem lhe pôs o machado nas mãos.

Abrão, então, retrucou a seu pai: Mas então por que serves a estes deuses, que não têm força para realizar algo? Ouvirão alguma vez a tua prece, se os invocares? Salvar-te-ão aluguma vez das mãos dos teus inimigos? Conduzirão eles as tuas guerras? Sois tolos e insensatos, ao adorar madeira e pedra e esquecer o Deus que fez surgir o céu e a terra e vos criou a todos! Foi este mesmo pecado, que nossos antepassados cometeram e por causa dele o Senhor enviou sobre eles as águas do dilúvio. E vós continuais a pecar e a transgredir. Pai, desiste desse caminho e não carregue maldade sobre tua alma e sobre a alma daqueles que residem em tua casa.

E Abrão deixou seu pai e se ergueu rapidamente; arrancou o machado do grande ídolo, despedaçou-o e fugiu.

QUANDO ABRÃO carregou os ídolos para vendê-los no mercado, um homem o abordou e perguntou: Terias um deus para vender? Ao que Abrão respondeu: Que tipo de deus desejas? O homem falou: Sou um homem valente, dá-me um deus que seja tão forte quanto eu. Abrão apanhou uma figura, que era mais alta do que as outras, e disse ao homem: Toma este aqui. O homem disse: Mas será que o deus é tão forte quanto eu? Abrão retrucou: Tolo, o que exiges dos deuses? Mas, não quero trocar muitas palavras contigo, dá o dinheiro e segue teu caminho. O comprador pagou e quis partir, quando Abrão lhe perguntou: Que idade tens? O homem respondeu: Setenta anos. Então Abrão disse: Deverá o

deus, que compraste, adorar-te ou irás tu adorá-lo? O homem replicou:
É costume que eu deva adorá-lo. Então Abrão disse: Mas superas
teu deus em idade, pois vê, tu foste criado já há setenta anos, o
deus que adquiriste, porém, foi feito somente hoje! O homem logo
atirou o ídolo no cesto de Abrão e pediu seu dinheiro de volta.
Depois veio uma viúva a Abrão e lhe disse: Sou uma pobre
viúva, dá-me um deus que seja tão pobre quanto eu. Abrão pegou
uma figura, que estava embaixo das demais, e falou à mulher:
Toma este deus. A mulher disse: Este me parece muito pesado,
não vou carregá-lo. Abrão falou: Mulher tola, ele não é pesado.
Mas vê, ele não sai do lugar, enquanto não tiveres pago. A mulher
deu em seguida o dinheiro pelo ídolo e pegou a imagem. Quando
ela quis partir, Abrão disse: Que idade tens, mulher? A mulher
respondeu: Já vivo há muitos anos na terra. Então Abrão disse: E
agora queres tu, que foste criada há já tantos anos, adorar um
deus que meu pai fez ontem com as ferramentas?

Também a mulher atirou imediatamente o ídolo no cesto de
Abrão e recebeu de volta o dinheiro que tinha pago.

Depois Abrão pegou os ídolos e os levou de volta ao pai. Os
outros filhos de Taré falaram ao pai: Abrão não é capaz de
vender um único deus; pois bem, vamos fazê-lo sacerdote. Então
Abrão perguntou: O que faz o sacerdote? Os filhos de Taré retrucaram: O sacerdote deve prestar homenagem aos deuses, deve alimentá-los e lhes dar de beber e manter limpos os seus aposentos.
Então Abrão apresentou alimento e bebida aos ídolos, mas eles não
comeram. Então ele os quebrou e atirou os pedaços no fogo.

Mas enquanto ainda estava quebrando os ídolos, apareceu Nimrod
e viu o que fazia. Falou: Certamente és Abrão, filho de Taré.
Abrão disse: Sou eu. Nimrod então falou: Não sabes que eu sou
senhor de todas as obras e que o sol, a lua, as estrelas e os planetas
caminham à minha frente? Como ousaste destruir meus deuses?
Nesse momento o Senhor concedeu inteligência a Abrão, para que
respondesse a Nimrod: Meu senhor e rei, permite-me dizer-te uma
palavra, que irá revelar a tua grandeza. Nimrod disse: Fala! Então
Abrão falou: É do curso do mundo, que o sol nasça de manhã e se
ponha à noite. Ordena então, senhor, que ele nasça uma vez de
noite e se ponha de manhã; então testemunharei, que tu és o senhor
de todas as obras. E se o és na verdade, com certeza todas as
coisas ocultas te estão abertas. Então dize-me: O que oculta meu
coração? O que pretendo fazer nesta hora?

Então o rei ímpio pôs a mão na barba, cheio de admiração.
Abrão disse: Não medites tanto; não és o Senhor do mundo, és
apenas um filho de Cush; se fosses Senhor do mundo como não
terias salvo teu pai da morte? Mas não, assim como não pudeste
salvar teu pai, não poderás também salvar a ti mesmo.

Nimrod logo mandou chamar o pai de Abrão e disse-lhe: Qual é o castigo que cabe ao teu filho Abrão, por ter queimado os meus deuses? Tão-somente a morte pelo fogo. E Nimrod atirou Abrão no cárcere; em seguida soltou-o e deu ordens para que fosse queimado no forno de cal.

QUANDO ABRÃO escarneceu os ídolos ante os olhos de Taré e disse que não havia nada de permanente neles, Taré o levou diante de Nimrod. Nimrod perguntou: Por que te recusas a adorar o meu deus? Abrão falou: Qual é o teu deus? Nimrod disse: O fogo é meu deus. Abrão disse: Mas existe algo que é mais forte do que o fogo; vê, a água apaga o fogo. O rei falou: Mas também adoramos a água. Abrão disse: Mas sei de algo que é ainda mais forte do que a água; são as nuvens que carregam a água. Nimrod falou: Mas também adoramos as nuvens. Abrão disse: Contudo, existe algo mais forte do que as nuvens. São os ventos que dispersam as nuvens. Nimrod falou: Mas também adoramos os ventos. Abrão disse: Encontrei algo que é mais forte ainda do que o vento, é a terra. Então Nimrod falou: Por quanto tempo ainda vais escarnecer da majestade? Não sirvo a ninguém a não ser ao fogo e, se não quiseres adorar o fogo, vou te atirar dentro dele. Se tens um Deus maior do que o fogo, ele que venha te salvar. E o rei mandou atirar Abrão no forno de cal. Mas o Senhor desceu e o salvou.

LOUVADO SEJA o nome do Rei dos Reis, a quem Israel é mais caro do que os seus exércitos, pois os anjos nas alturas não podem ecoar os seus hinos antes que Israel lá embaixo tenha cantado os seus.

Quando chega o dia do Ano Novo, as hostes falam ao Senhor: Senhor do mundo! Por que tens misericórdia apenas para com este povo? E por que pendes tanto para ele? O Senhor responde: Tudo isso acontece apenas por causa de Abrão, seu patriarca. E o Senhor prossegue: Taré, pai de Abrão, deu os vários deuses ao filho e disse-lhe: Vai e vende-os no mercado. Abrão então despedaçou os ídolos, pôs fim à idolatria e santificou o meu Nome no mundo.

9. A Fogueira

MITAS PROVAS foram impostas ao nosso patriarca Abrão e ele venceu a todas. A primeira prova teve lugar logo após o nascimento, quando os grandes do reino quiseram matá-lo; ele se escondeu debaixo da terra e lá permaneceu durante treze anos; por todo esse tempo não viu o sol nem a lua. Decorridos os treze anos voltou à superfície da terra e soube logo falar a língua sagrada; sentiu aversão contra os bosques dos idólatras e repugnância aos ídolos e procurava abrigo só junto a seu criador. Disse: Senhor Zebaot, bem-aventurado o homem que confia em ti!

A segunda prova foi que o atiraram na prisão por dez anos; durante três anos esteve em Kuta e sete em Kordu. Após dez anos o soltaram e quiseram queimá-lo no forno de cal. Mas o Deus Todo-poderoso estendeu sua destra e o salvou do fogo. A terceira prova o atingiu quando teve que sair da casa do pai e deixar as amizades, para habitar em Haran. Lá faleceu seu pai Taré e sua mãe Amatlai. Mais amargo do que tudo é ser errante.

DEPOIS QUE NIMROD mandou atirar Abrão ao cárcere, ordenou ao guarda que não lhe desse pão para comer nem água para beber. Então Abrão ergueu seus olhos para o céu e exclamou: Senhor, meu Deus, tu conheces todo o oculto e sabes que só vim para cá por ter servido a ti. E o Senhor atendeu sua prece e enviou-lhe o anjo Gabriel para que o livrasse da mão de Nimrod, o cão. E o anjo falou a Abrão: Que a paz seja contigo Abrão. Não temas e não desanimes porque Deus o Senhor está contigo. E indicou-lhe uma fonte de água corrente para que Abrão pudesse beber e também lhe trouxe alimento. Ficou com ele um ano inteiro.

Passado o ano, vieram os príncipes do rei e seus conselheiros e disseram ao rei que mandasse cercar uma grande praça e anunciar por todo o país que, quem tivesse vontade de servir ao rei trouxesse lenha para o lugar, até que ficasse repleto de um canto a outro. Depois a lenha deveria ser acesa até que a chama subisse ao céu, e lá dentro deveria ser atirado Abrão. Dessa forma, a fé no rei ficaria mantida por toda a eternidade e não seria destruída.

O rei alegrou-se com o conselho e lançou uma ordem, que dizia: Cada um, seja homem ou mulher, criança ou ancião, onde quer que habite, que traga lenha para esta praça. E ele determinou um prazo de quarenta dias. Abrão ainda estava na prisão. Logo depois, o rei mandou acender a fogueira e eis que uma labareda subiu ao céu de tal forma que todo o povo se horrorizou.

Então o rei mandou dizer ao guarda da prisão: Traze meu inimigo Abrão do cárcere e atira-o na fogueira. O guarda aproximou-se do rei, prostrou-se e disse: Exiges que eu te traga de volta esse homem, mas ele já está um ano inteiro na prisão e durante todo esse tempo ninguém lhe deu sequer um pedacinho de pão ou um gole de água. Então o rei falou: Mesmo assim, vai à prisão e chama-o em voz alta; se ainda estiver vivo, traze-o para cá e eu o jogarei na fogueira. Se, porém, estiver morto, tanto melhor; enterrem-no e que seu nome jamais seja lembrado.

O guarda foi abrir a cova onde estava Abrão; chamou em voz alta: Abrão, ainda vives ou estás morto? Abrão respondeu: Estou vivo. O guarda disse: Quem te deu de comer e beber? Abrão falou: Alimentou-me e deu-me de beber aquele que tudo pode: o Deus dos Deuses, o Senhor dos Senhores, Ele, o único que realiza milagre, que mantêm tudo com vida, que vê e não é visto que reside no céu mas que está em toda a parte, que dá atenção às menores coisas.

Ao ouvir as palavras de Abrão, o guarda do cárcere também ficou empolgado pela fé no Deus de Abrão e falou: Abrão, teu Deus é o verdadeiro Deus, também eu quero fazer profissão de fé a Ele e tu és realmente seu servo e comunicador, Nimrod, porém, é um falso guia.

Nimrod foi então informado de que o guarda da prisão havia feito profissão de fé ao Deus de Abrão. O rei irritou-se e mandou buscar o homem; disse-lhe: Como é que me renegas e apenas reconhece o Deus de Abrão como o Deus verdadeiro, e a Abrão, consideras o seu servo? Então o guarda falou: Realmente é assim e tu, Nimrod, pregas a crença falsa. Ao ouvir essas palavras o rei ordenou que o guarda fosse morto imediatamente. Mas enquanto os carrascos o seguravam, o guarda gritou e bradou: Deus é o Senhor, Ele é o Senhor de todo o mundo e também do deus Nimrod, o descrente.

Conta-se que a espada não pôde ferir sua nuca; e quando se tentou com mais força, a espada quebrou-se.

QUANDO NIMROD, o ímpio, atirou nosso pai Abrão no forno em brasa, Gabriel disse ao Senhor: Vou descer e esfriar o forno, para que o justo não pereça. O Senhor então falou: Eu sou único no meu mundo, e ele é único no seu. Cabe ao único salvar o único.

Uma vez, porém, que o Senhor não deixa nenhum esforço honesto sem recompensa, Ele disse a Gabriel: Em compensação ficas eleito para um dia salvar do fogo três de seus descendentes, ou seja, Ananias, Misael e Asarias.

Outros relatam: Antes que o Rei dos Reis pudesse deixar seu trono no céu, desceu Michael, o grande príncipe e salvou Abrão da fogueira.

Ainda num outro livro está escrito assim:

Quando Abrão ia ser atirado no forno de cal, os exércitos falaram a Deus: Preso está Abrão, filho da tua casa. O Senhor disse: Eu o preservarei. Os anjos falaram: Vê, já está diante de Amrafel, * sua sentença já foi proferida, já vai ser queimado. E o Senhor falou: Vou protegê-lo. Quando Abrão foi jogado no forno de cal, o Senhor desceu e o salvou.

O FOGO no forno de cal ardeu durante três dias e três noites. Todos os súditos de Nimrod, seus príncipes e militares, governadores e juízes, todos os habitantes do país, ao todo nove vezes cem mil homens, estavam diante do forno de cal, para presenciar o julgamento de Abrão. Também as mulheres e as crianças reuniram-se sobre os telhados e nas terras, para presenciar à queima.

---

* De acordo com a lenda um dos nomes de Nimrod.

Quando Abrão apareceu e os adivinhos do rei o avistaram, gritaram e falaram: Senhor, nosso rei, mas este é o homem que conhecemos. É o menino em cujo nascimento a grande estrela do céu engoliu as quatro outras! Relatamos isso ao nosso rei há mais de cinqüenta anos. Agora eis que também o seu pai transgrediu a ordem de tua boca e zombou de ti, dando-te uma outra criança em seu lugar para matares. O rei ficou muito irado com estas palavras e ordenou que Taré fosse conduzido à sua presença. Falou a Taré: Ouviste o que os sábios acabaram de contar? Dize fielmente, como procedeste? Se confessares a verdade, nada te acontecerá. Taré falou: É tudo verdade, senhor, nosso rei, o que acabaste de ouvir. Então o rei falou: Como pudeste transgredir o mandamento de minha boca e dar-me uma criança que não geraste, e ainda receber dinheiro por ela? Quem foi que te inspirou a agir assim? Dize e não escondas, assim não morrerás.

Taré teve medo do rei e por isso disse: Foi Haran, meu filho mais velho, quem me deu esse conselho. Taré disse isso apenas para se salvar do rei; na verdade, ninguém o havia aconselhado. O rei, contudo, disse a Taré: Teu filho Haran, que te convenceu a proceder desta forma, deverá ser queimado junto com Abrão, pois deve morrer como alguém que agiu contra o rei.

Haran, o filho mais velho de Taré, sentia muita inclinação pelo ensinamento de Abrão, todavia, ocultava isso em seu coração e dizia consigo: O rei acaba de prender Abrão; se ele vencer o rei, seguirei Abrão; mas, se o rei vencer Abrão, vou seguir os caminhos do rei.

O rei, porém, ordenara que Haran também fosse capturado e assim ambos foram trazidos perante o rei. Os servos do rei pegaram Abrão e seu irmão Haran, tiraram-lhes as vestes e também os casacos, de maneira que ficaram só com as roupas de baixo, e em seguida, amarraram-lhes as mãos e pés com fio de bisso. Depois ergueram-nos e atiraram-nos juntos no forno incandescente.

Mas o Senhor interveio em favor de Abrão e apiedou-se dele; desceu e ofereceu proteção do fogo a Abrão para que não perecesse; apenas as cordas com as quais estavam amarrado se queimaram, porém, ele mesmo ficou ileso. Haran, no entanto, morreu imediatamente, queimou e tornou-se cinza, pois não havia estado junto ao Senhor de todo o coroção. Também os servos, que haviam atirado os dois na fogueira, foram atingidos por uma chama e morreram todos; eram doze ao todo. Abrão, porém, andou pelo fogo durante três dias e três noites.

Os criados de Nimrod contaram-lhe que nada havia acontecido a Abrão. O coração do rei hesitou, mas ele não quis acreditar. Enviou outros servos, para que verificassem, estes, porém, relataram o mesmo.

Então o próprio rei dirigiu-se à praça do julgamento; e também ele viu Abrão caminhar pelo fogo. O cadáver de Haran, porém, estava deitado ao lado carbonizado. Então o rei falou a Abrão: Como é que não pereceste na brasa? Ao que Abrão respondeu: O meu Deus, o Deus do céu e da terra, em quem confiei e em cujas mãos está tudo, protegeu-me do fogo em que me atiraste.

O rei então ordenou que Abrão fosse conduzido para fora do fogo; os servos aproximaram-se do forno, mas as chamas vinham ao seu encontro e eles fugiram delas. O rei gritou com eles, dizendo: Apressai-vos em tirar Abrão da fogueira, senão sereis mortos. Os servos tentaram novamente, mas uma chama ascendeu do fogo e os atingiu, matando oito deles. O rei viu que não era possível aproximar-se do fogo e assim bradou a Abrão: Sai Abrão, servo do Deus que está no céu, e aparece diante de mim. Abrão ouviu a voz do rei, saiu do forno e colocou-se diante do rei.

Então, o rei e todos os habitantes do país prostraram-se diante de Abrão. Abrão, contudo, disse-lhes: Não deveríeis vos ajoelhar diante de mim, mas sim diante do Deus do mundo, que vos criou a todos; a Ele deveríeis servir e palmilhar seus caminhos, pois é Ele quem prepara o ser humano enquanto ainda se encontra no ventre materno, o faz nascer e concede-lhe espírito e alma; Ele salva da aflição todo aquele que nele confia.

E o rei e seus príncipes estavam cheios de admiração pelo fato de Abrão ter permanecido ileso e Haran ter sido vítima do fogo. O rei deu-lhe muitos presentes e cedeu-lhe dois dos servos, que mantinha em sua casa; um se chamava Oni e o outro Elieser.

TODOS OS REIS haviam trazido lenha para a fogueira de Abrão. Mas quando viram que o fogo não tocava Abrão e que nenhuma chama o roçava, disseram: Com certeza o irmão de Abrão é mágico e porque adora o fogo, este é clemente com seu irmão. Mas então uma labareda partiu do monte de fogo e engoliu Haran, de modo que ele morreu e queimou, como também está escrito: "E morreu Haran, diante do semblante de seu pai". Desde o dia em que o mundo foi criado até a época de Haran, nenhum filho morrera estando seu pai ainda vivo. Com Haran, portanto, abriu-se a primeira brecha na terra.

Quando depois Abrão saiu do fogo, todos os reis caíram a seus pés; abateram cedros e fizeram uma grande elevação, sobre a qual sentaram Abrão. Trouxeram seus filhos, atiraram-nos no colo de Abrão e exclamaram: Bem-aventurado és tu, Abrão! Indica-nos teus caminhos e ensina-nos a confiar naquele que vive e permanece eternamente. E os reis fizeram profissão de fé ao Deus de Abrão e encontraram proteção sob as asas de sua magnificência. Deles diz a Escritura: "Os devotos dos povos estão reunidos com Abrão".

A MÃE DE ABRÃO quis beijar o filho antes que fosse atirado na fogueira, e disse-lhe: Meu filho, inclina-te diante de Nimrod, para que escapes da morte pelo fogo. Mas Abrão respondeu: Mãe, o fogo de Nimrod se apagará, porém o fogo de Deus arderá eternamente e nenhuma água pode apagá-lo. A mãe de Abrão disse então: O Deus a quem serves, irá te salvar do fogo de Nimrod.

E eis que o fogo também se apagou sem água; e a lenha começou a brotar, e a florir, cada árvore produziu frutos e a fogueira foi transformada num jardim de prazeres e nele estavam os anjos junto com Abrão.

10. A Convocação de Abrão

O SENHOR falou a Abrão: Sai da tua pátria e farei para ti uma grande nação.

Com isso o Senhor quis dizer: Contigo iniciarei uma nova Criação. Pois também do firmamento celeste e das luzes está escrito: "Deus fez um firmamento, Deus fez duas luzes".

ABRÃO seguiu através do país de Aram-Neharajim e do país de Aram-Nahor e viu como os homens viviam descuidados; então falou: Oh, bom seria que eu não tomasse parte neste trecho de terra! Mas quando chegou à cidade das colinas de Zur* e viu os homens ali cavarem, falou: Ah, bom seria se eu partilhasse deste trecho de terra! Então Deus falou: Tão verdade como vives, vou dar esta terra à tua descendência.

"ELE O ENCONTROU no deserto, no ermo árido e uivante. Ele o abraçou e cuidou dele, guardou-o qual menina dos olhos."

Estas palavras se referem a Abrão e sua relação para com Deus. Havia uma vez um rei, que foi com seu exército para o deserto, e seus guerreiros o abandonaram no momento de maior necessidade, quando o inimigo estava acampado em volta e os ladrões o rodeavam. Apenas um combatente juntou-se a ele e disse: Meu senhor e rei, que o teu coração não desanime e que o medo te abandone: tão verdade como vives, não te deixarei antes que estejas novamente em teu castelo, dormindo em teu leito.

Antes da existência de Abrão, o Senhor era apenas rei do céu; ao vir Abrão tornou-se rei do céu e da terra.

Cuidou dele como da menina dos olhos — e realmente, se o Senhor tivesse exigido o globo dos olhos de Abrão, ele lho teria dado; mas não apenas isso, ter-lhe-ia dado também a sua alma.

ESTÁ ESCRITO: "O justo é como uma árvore plantada nos ribeiros". Vou te esclarecer por meio de uma comparação, o que isso significa. Um peregrino caminha pelo vale do país de Zija, o árido deserto,

---

* Zur, Tiro, cidade limite de Canaã.

onde não há água e sua alma desvanece de sede. De repente, avista uma árvore, e debaixo dela há uma nascente de água, e os frutos da árvore são doces e a sombra é aprazível. Ele bebe da água, come dos frutos e descansa à sombra, e sua alma retorna a ele. Quando tem de deixar a árvore, diz: Minha árvore, como poderei te abençoar? Devo te desejar que uma nascente de água flua por baixo de ti, eis que tens um ribeiro abaixo de ti. Devo te desejar que teus frutos sejam doces, eis que são doces. Devo almejar-te que tua sombra seja aprazível, eis que ela é aprazível. Então, que seja a vontade do Senhor que todos os teus galhos se tornem árvores como tu.

Assim também falou Deus a Abrão: Com que devo te abençoar? Devo te dizer anuncia o meu Nome, eis que já o anunciaste; devo te dizer faze-me rei, já me nomeaste rei. Então seja a minha vontade que todos os teus descendentes sejam como tu.

QUANDO ABRÃO nasceu, as hostes falaram ao Senhor: Senhor do Mundo! Tens um favorito no mundo e guardas algo para ele. A isso, o Senhor respondeu: Deveria eu guardar algo para Abrão? Consultou a Escritura e disse-lhe: Minha filha, vem cá; quero unir-te a Abrão, a quem amo. A Escritura retrucou dizendo: Espera ainda até que venha o humilde e despose a humildade. *

Deus então consultou o Livro da Criação e este disse: Que assim seja. Assim sendo, o Senhor deu o Livro da Criação a Abrão.

E Abrão pesquisou o livro, mas não podia entender o que nele estava escrito. Uma voz ecoou então dizendo: Queres então te igualar a mim, que sou único e que elaborei o Livro da Criação. Tu sozinho não conseguirás entendê-lo; procura um companheiro, para que ambos pesquisem e o entendam.

Abrão então procurou o seu mestre Sem e com ele permaneceu durante três anos.

NOSSO PATRIARCA Abrão não teve auxílio nem do pai e nem de algum mestre. Quem o ensinou então? O Senhor lhe deu para isso seus dois rins e estes lhe eram como dois mestres, pois deles fluía sabedoria e conhecimento.

11. A Mudança para Canaã

ABRÃO RESIDIU três anos em Haran. Mas, decorridos os três anos apareceu o Senhor, dizendo-lhe: Eu sou o Deus que te tirou de Ur na Caldéia e que te salvou das mãos dos teus inimigos. E agora, se ouvires minha voz e seguires meus mandamentos, leis e ensinamentos, destruirei teus inimigos e multiplicarei tua semente como as estrelas do céu. Dar-te-ei a minha bênção para tudo o que

---

* Refere-se a Moisés.

fizeres com as tuas mãos, para que nada te falte. Agora, porém, vai, toma tua mulher e tudo o que te pertence e segue para a terra de Canaã e lá deverás te instalar.

Então Abrão, tomou sua mulher e tudo aquilo que lhe pertencia e seguiu para Canaã, conforme o Senhor lhe ordenara. Abrão tinha cinqüenta e cinco anos quando saiu de Haran, e chegou a Canaã onde residiu; armou sua tenda entre os cananeus, os habitantes da região. Aqui o Senhor lhe apareceu novamente, dizendo: Esta é a terra que darei a ti e à tua descendência por toda a eternidade e multiplicarei tua semente como as estrelas do céu. Então Abrão edificou um altar ao Senhor no lugar onde Deus lhe falara de lá mesmo apregoou o nome do Senhor.

Acontece que, estando Abrão três anos no país, morreu Noé no quinquagésimo oitavo ano de vida de Abrão. Noé viveu por novecentos e cinqüenta anos. Nacor, irmão de Abrão, seu pai, e Lot, filho de Haran, tinham ficado no país de Haran.

NO DÉCIMO quinto ano da permanência de Abrão em Canaã e no septuagésimo ano de sua vida, o Senhor apareceu novamente e disse-lhe: Caminha à minha frente, sê devoto e guarda as minhas palavras. Tu e tua descendência possuirão o país desde as águas do Egito até o grande rio Eufrates. Retornarás em paz com muitos bens aos teus pais, até que, após quatro gerações, teus filhos de novo voltarão para cá. E Abrão edificou novamente um altar ao Senhor, chamou-o pelo nome Daquele que lhe havia aparecido e ofereceu holocaustos.

Depois Abrão voltou a Haran, pois quis rever seu pai e sua mãe. Foi para lá com sua mulher e lá ficaram durante cinco anos. Muitos habitantes da cidade de Haran vieram procurá-lo e ele lhes ensinou o culto a Deus.

Mas, Deus lembrou Abrão para que não ficasse em Haran, e que voltasse a Canaã. Assim sendo, partiu novamente para a terra de Canaã, conforme a palavra do Senhor; com ele seguiu também Lot, filho do seu irmão Haran. E Abrão morava na floresta de Mamré, e Lot, filho de seu irmão, estava com ele. E o Senhor então apareceu novamente a Abrão e lhe prometeu a terra. Abrão edificou um altar ao Senhor, que pode ser visto ainda hoje na floresta de Mamré.

12. Rakion o Mágico

NA ÉPOCA em que Abrão partiu para Canaã, vivia no país de Sinear um homem de nome Rakion, * que era sábio e de boa aparên-

---
* Rakion, vem de rek, vazio, sem dono; alguém que nada possui.

cia, mas muito pobre. Não sabia como se sustentar e assim decidiu ir para o Egito ao rei Asveros, filho de Enam; queria apresentar sua sabedoria ao rei dos egípcios, para que este o tornasse poderoso e o sustentasse. Quando Rakion chegou ao Egito, indagou do povo sobre o rei e sobre os seus costumes. Naquela época era costume no Egito que o rei não saísse de seu castelo e se mostrasse ao povo senão uma vez por ano. Nesse dia, costumava julgar o povo, e quem quer que tivesse um pedido a fazer ao rei, vinha à sua presença e lhe era concedido o que pedia.

Quando Rakion soube que não poderia chegar tão cedo à presença do rei, ficou muito preocupado e aborrecido. De noite, encontrou uma padaria em ruínas onde entrou e lá pernoitou, amargurado e faminto; o sono não lhe vinha aos olhos porque pensava constantemente no que deveria fazer na cidade até que pudesse ver o rei e como se manteria. De manhã, levantou-se e foi à cidade: o acaso o levou a passar pelos ervatários, os quais lhe contaram que compravam ervas e sementes para depois vendê-las aos habitantes da cidade. Rakion quis tentar o mesmo, mas não conhecia os costumes do país e era como um cego entre os que enxergam. Além do mais, foi rodeado pela canalha que o escarnecia e lhe tomava as ervas.

Então Rakion foi embora suspirando e retornou à padaria, na qual passara a noite anterior. E novamente ficou pensando no que poderia fazer para conservar sua alma, até que, em sua sabedoria, teve uma idéia astuciosa, que quis por em execução. Levantou cedo e contratou trinta pessoas, todos homens fortes, gente atrevida e bem armada; conduziu-os até as tumbas dos egípcios e os colocou lá. Falou-lhes: Este é um decreto do rei: Nenhum morto poderá ser enterrado aqui, antes que sejam pagas duzentas moedas de prata para ele. O povo acreditou na dura ordem e pagou o imposto. Passados oito meses, Rakion e seus homens haviam acumulado uma grande fortuna. Comprou cavalos e muito gado e contratou mais gente.

Mas, quando passou o ano e o rei deveria se mostrar ao povo, todos os egípcios reuniram-se e combinaram contar ao rei como Rakion e seus cúmplices procediam. Foram à sua presença e disseram: Que o rei viva eternamente! O que é então que fazes contra os teus servos? Não permites enterrar nenhum morto, sem que para isso se pague com ouro e prata. Alguma vez já se ouviu algo semelhante no mundo? Bem sabemos que é direito do rei cobrar tributos anuais dos vivos; tu, porém, ainda exiges que os mortos te paguem impostos?

Quando o rei soube disso, ficou muito irritado, pois desconhecia o fato. Falou: Quem é e onde se acha aquele que ousa fazer no meu país o que não ordenei? Então os homens contaram-lhe acerca da prática de Rakion e seus auxiliares. O rei, furioso mandou buscar Rakion e seus amigos.

Rakion, porém, tomou cerca de mil crianças, meninos e meninas, vestiu-os com linha, seda e roupas bordadas, colocou-os sobre cavalos, entregou-os aos cuidados de seus homens e os mandou ao rei. Ele próprio preparou também um presente para o rei, que consistia em ouro e prata, cristal e pedras preciosas, como também em magníficos cavalos; veio ao rei e prostrou-se ao solo diante dele. O rei e seus servos ficaram ofuscados com a visão desta opulência e pelos presentes que trouxe, e o recebeu amigavelmente.

Rakion sentou-se diante do rei e este o inquiriu sobre seus afazeres e seus atos. Rakion falou com grande sabedoria e todos que o ouviram ficaram cativados com suas palavras e lhe tomaram afeição. O rei, porém, disse-lhe: Teu nome, desde agora, deverá ser Faraó e não Rakion, pois soubeste cobrar tributos dos mortos.* O rei depois se aconselhou com todo o povo dos egípcios e decidiram fazê-lo segundo rei, ao lado de Asveros. Rakion deveria julgar os homens diariamente, ao passo que Asveros apenas uma vez por ano, quando iria ter com o povo.

Assim Rakion, pela força e astúcia, conseguiu o domínio sobre o Egito. O povo egípcio amava muito o seu novo Faraó e promulgou-se uma lei pela qual, a partir de então, todo o rei que governasse o Egito seria denominado Faraó. E, realmente, os reis do Egito, que governaram desde esse dia, usaram o nome de Faraó.

13. No Egito

UMA DAS provas a que Abrão se viu submetido foi a de que no seu tempo sobreveio fome na Terra. Desde que o céu e a terra haviam sido criados, até os dias de Abrão, não houvera fome no mundo. E a fome não atingiu nenhum país a não ser o de Canaã, para que Abrão fosse experimentado e se dirigisse ao Egito.

ABRÃO DESCEU até o Egito. O Senhor disse-lhe: Segue na frente, abre o caminho para teus filhos.

NESSE TEMPO sobreveio pesada fome ao país de Canaã, de maneira que os homens não mais podiam viver lá. Também Abrão se pôs a caminho com sua criadagem e desceram ao Egito antes da carestia; chegaram até o rio do Egito e lá permaneceram por alguns dias. Caminhavam pelas margens do rio e Abrão olhando para dentro da água viu que Sarai sua mulher, era sobremaneira linda. Disse-lhe: Já que o Senhor te concedeu um corpo tão magnífico, receio que os egípcios te tirarão de mim, porque não há temor a Deus em seu

---

* Para, recolher, exigir.

país. Então faze isso por mim, que és minha irmã, se alguém te perguntar. E Abrão também ordenou àqueles, que seguiram com ele para o Egito, inclusive seu irmão Lot, que dissessem que Sarai era sua irmã. Mas assim mesmo não confiava nessa gente e escondeu Sarai numa caixa. Em seguida, continuou em direção ao Egito. Quando chegaram às portas da cidade, os guardas disseram: Em primeiro lugar entregai o dízimo de tudo o que possuis, depois podeis entrar na cidade. Abrão assim procedeu. Todavia, dentro da cidade tiveram que levantar a caixa na qual estava Sarai e assim os egípcios a viram e perguntaram o que havia dentro dela. Exigiram dela também o dízimo. Abrão então disse: Esta caixa não deve ser aberta; eu vos darei o que pedis. Mas os príncipes do Faraó disseram: Com certeza esta caixa está cheia de pedras preciosas e cristal, dá apenas um dízimo dela. Então Abrão falou: Darei tudo o que desejardes, apenas não abrais a caixa. Mas os criados do rei insistiram, aproximaram-se e arrombaram a caixa à força. E eis que uma mulher, formosa à vista, estava na caixa. Os príncipes ficaram surpresos com sua beleza e todos os cortesãos do rei e seus servos reuniram-se para ver Sarai. Os criados correram ao rei, contaram-lhe o que tinham visto e louvaram Sarai perante o rei. Então o Faraó mandou buscá-la e a mulher veio perante o rei.

Quando o Faraó a avistou, ela lhe agradou e ele se regozijou. A mulher foi levada para a casa do Faraó. Abrão afligiu-se com isso e orou ao Senhor para que libertasse Sarai da mão do Faraó. Ao mesmo tempo, Sarai também orou dizendo: Senhor, meu Deus, ordenaste ao meu senhor Abrão que saísse de seu país e da casa de seu pai e prometeste lhe fazer o bem se obedecesse às tuas palavras. Eis que fizemos o que ordenaste, abandonamos nosso país e nossas amizades e nos mudamos para um país estranho, para um povo que não conhecíamos ontem e anteontem. Viemos para cá para, com a nossa criadagem, escapar à fome e agora a desgraça e a má sorte caíram sobre nós. Tu, porém, Senhor, nosso Deus, resgata-me e salva-me das mãos dos brutais, concede-me a graça por amor de tua misericórdia.

Deus atendeu à voz de Sarai e mandou que um anjo a livrasse das mãos do Faraó. O anjo disse a Sarai: Não temas, porque Deus ouviu tua súplica. O rei aproximou-se de Sarai e perguntou pelo homem que a havia trazido. Sarai respondeu: Ele é meu irmão. Então o rei disse: Cabe a nós engrandecê-lo e lhe demonstrar benevolência. E o rei mandou a Abrão ouro, prata, cristal e pedras preciosas, além de ovelhas e vacas, servos e criadas.

Em seguida, o rei ordenou que trouxessem Abrão à sua presença e ele veio e ficou morando na corte do palácio real e o rei o enalteceu. Depois o rei quis falar com Sarai e estendeu sua mão, para tocá-la; mas o anjo lhe aplicou uma pancada tão forte que ele se assustou e desistiu. E isso acontecia toda vez que o rei queria se aproximar de Sarai; o anjo o atirava ao chão e isso durou a noite inteira. Então o rei ficou assombrado e temeroso. Nessa noite, por causa de Sarai, o anjo também golpeou os servos do Faraó e a todos de sua casa. Quando o rei se apercebeu do mal que caíra sobre ele, falou: Toda esta desgraça está me acontecendo por causa desta mulher. E falou com ela amavelmente, dizendo: Dize-me a verdade sobre o homem com o qual vieste para cá. Sarai falou: Esse homem é meu marido. Falei que era meu irmão porque temi que vós, em vossa maldade, o mataríeis. Então o rei desistiu de Sarai e imediatamente os castigos do anjo terminaram.

Quando amanheceu, o Faraó chamou Abrão e disse-lhe: O que fizeste? Por que disseste da mulher que era tua irmã? Tomei-a por esposa e eis que veio pesado castigo sobre mim e sobre minha casa. Mas já que ela é tua mulher, toma-a e sai de nosso país, para que não morramos todos por sua causa. E o Faraó deu ouro e prata a Abrão e lhe devolveu Sarai, sua mulher. O Faraó também tomou uma menina que sua concubina havia tido e deu-a a Sarai como criada. Disse à criança: É melhor, filha, seres criada na casa desta mulher, do que ser senhora em minha casa.

E Abrão se pôs a caminho e saiu do Egito com tudo o que lhe pertencia.

A NOITE, em que nossa matriarca Sarai foi tomada pelo Faraó, era a noite de Pessach. E o Senhor deixou cair pesados golpes sobre o Faraó, para lhe anunciar que um dia castigaria todo o Egito com grandes pragas.

Abrão veio do Egito rico em gado, ouro e prata; também enriqueceu bastante o seu conhecimento, pois aprendeu dos sábios e dos adivinhos do Egito, a aritmética e a astrologia. Abrão viu, pela posição dos planetas, que o mundo não estava mais firme, porque a ordem da Criação sofrera alteração por causa do dilúvio e da construção da torre.

14. A Guerra com os Reis

DOIS ANOS depois que Abrão saiu da fogueira, o rei Nimrod teve um sonho. Viu-se no vale com o seu exército, diante de um grande forno e quando ergueu os olhos, viu um homem com a figura de Abrão saindo do forno. O homem tinha nas mãos uma espada desembainhada e queria se atirar sobre o rei. Então o rei fugiu do homem, que atirou um ovo sobre sua cabeça e o ovo transformou-se num rio caudaloso e o exército do rei pereceu afogado. Apenas o rei pôde salvar-se e com ele três homens que lhe estavam próximos.

O rei olhou para os homens e eis que todos os três usavam trajes reais e também suas figuras e feições eram majestosas. Contudo, enquanto seguiam correndo, o rio aos poucos transformou-se novamente em ovo. Do ovo porém saltou um passarinho, que voou para cima da cabeça do rei e arrancou-lhe um olho. Então o rei assustou-se profundamente, seu espírito agitou-se, teve grande medo e acordou do sono.

No dia seguinte de manhã, o rei acordou inquieto e ordenou a todos os sábios e adivinhos que viessem à sua presença para lhe interpretar o sonho. Um sábio chamado Anuki, retorquiu a isso: Não é outra coisa senão que, por parte de Abrão e sua descendência, novo mal vai cair sobre nosso senhor. Abrão lutará contra o nosso senhor e destruirá o exército do nosso rei e sua força militar. E o que viste no sonho, que apenas tu e três homens se salvaram, significa que só tu e três reis, que te apoiarão na contenda, escaparão. O pintainho que te arrancou um olho, nada mais é do que a descendência de Abrão, que matará o nosso rei. Esta é a interpretação do teu sonho. E agora, nosso rei e senhor, bem sabes, que já no nascimento de Abrão, há cinqüenta e dois anos, teus sábios viram o que iria acontecer; por que então permites que Abrão viva na terra, para tua desgraça? Pois enquanto Abrão estiver vivo, não te alegrarás com teu reino.

Nimrod atentou à voz de Anuki; enviou secretamente alguns de seus servos para que agarrassem Abrão e o trouxessem à sua presença, a fim de que o matasse. Contudo, Eliezer, o servo que Nimrod havia dado a Abrão, estava então entre aqueles que permaneciam diante do rei e ele ouviu o que Anuki sugerira a Nimrod com respeito a Abrão. Pôs-se rapidamente a caminho, correu até Abrão e lá chegou antes mesmo que os servos do rei. Disse a Abrão: Avante, apressa-te e salva tua alma, para que não morras pela mão de teu rei. E Abrão escondeu-se na casa de Noé e mais tarde seguiu para Canaã.

QUANDO ABRÃO chegou a Canaã, Lot também tinha ido com ele, e, pelo fato de ter estado junto com Abrão, era tão rico quanto ele.

MAS HAVIA uma disputa entre os pastores de Abrão e os pastores de Lot. O que disputavam? Se um homem é justo, sua criadagem também o é; se ele for mau, seus criados também o serão. O gado de Abrão era refreado, para que não comesse nada dos outros, todavia, nada era impedido ao gado de Lot. Por este motivo, os pastores de Abrão disputaram com os pastores de Lot e falaram: Por que prejudicais o nome de Lot e conduzis o gado para o pasto, sem rédeas? Assim o roubo será livre? Ao que os pastores de Lot responderam: Pois é que deveríamos ser contra vós pelo fato de que deixais vosso gado andar dessa maneira. Mas vós o fazeis somente porque sabeis que, no fim, os animais serão mesmo de Lot, pois Abrão não tem filhos. Não alimentais direito o gado porque não ficará com o vosso senhor e Lot o herdará após sua morte; e agora vos apresentais como justos quando deixais o gado de Abrão comer aquilo que não é seu. Deus falou a Abrão: Darei o país à tua posteridade — mas ele pode morrer amanhã e não tem um filho, e Lot, filho de seu irmão, tomará posse de sua herança.

A isso, o Senhor lhes disse: É como eu disse, darei este país aos descendentes de Abrão, e esses serão os seus filhos; não porém ao malfeitor que vós pensais. Sabeis quando o farei? Só depois que expulsar dali os cananeus e os freseus.

ACONTECEU NESSA época que Kedor-Laomer, o rei de Elam, mandou mensagem aos reis que viviam em sua volta, a Nimrod, o rei de Sinear, a Tideal, rei dos pagãos, e a Arioch, rei de Allassar, com os quais tinha concluído alianças, em que lhe dizia: Vinde auxiliar-me, vamos combater os homens de Sodoma e Gomorra, que há treze anos se insurgiram contra mim e até hoje continuam me desobedecendo.

Então os quatro reis e seus exércitos se puseram a caminho; eram oito vezes cem mil homens, e foram para a luta; mataram todos que encontraram no caminho. Os cinco reis de Sodoma e Gomorra foram ao seu encontro; encontraram-se no vale de Sidim, famoso pelas suas covas de argila. Os seis de Elam perseguiram os reis de Sodoma e os impeliram para as covas, onde estes pereceram. Alguns escalaram uma montanha para se salvar, mas os reis de Elam os alcançaram e os perseguiram até os portões de Sodoma; apoderaram-se de tudo que lá encontraram e saquearam as cidades de Sodoma e Gomorra. Levaram também Lot, sobrinho de Abrão.

ESTÁ ESCRITO: "Nos dias de Amrafel" — Amrafel é Nimrod. Esse rei era chamado por três nomes: Cush, Nimrod e Amrafel; era chamado de Cush, porque era filho de negro; era chamado de Nimrod, porque havia trazido tumulto ao mundo; e, finalmente, de Amrafel, porque sua palavra difundia a escuridão. *

Foi nos dias de Amrafel, que quatro reis combateram cinco e os dominaram. Os vencedores prenderam Lot, puseram-no num barco pesqueiro e o levaram consigo. Mas por que tal coisa aconteceu com Lot? Porque estava em Sodoma e está escrito: Quem freqüenta os imbecis terá má sorte.

Então apareceu alguém que escapara e avisou Abrão. Tratava-se do gigante Og. Contudo, não o fez por boa ação, mas, no seu íntimo, disse: Abrão é colérico; se eu lhe disser que o filho de seu irmão está preso, ele certamente irá para a guerra e cairá, e eu tomarei sua mulher. Ao que o Senhor lhe falou: Certo como vives! Receberás a recompensa pela tua caminhada e viverás na terra por muito tempo; mas, já que tiveste más intenções para com

---

* Cush, denominação para negros e Etiópia. Amrafel, de amar, falar, e afel, escuro.

este justo, verás milhares e milhares de seus descendentes e teu fim não será outro que o de morrer nas mãos deles.
"ENTRE OS ANAQUIDAS havia um grande homem". Este era Abrão. O nosso pai Abrão era maior do que todos os gigantes. Conta-se que seus passos eram de três milhas.
O gigante Og é Elieser; este era tão grande, que o pé de Abrão cabia em sua mão. Certa vez Abrão gritou com ele e então lhe caiu um dente; Abrão o ergueu e dele fez para si uma cama, sobre a qual dormia. Outros, por sua vez, dizem que ele fez uma cadeira para si, na qual sentou durante toda a vida. Construiu sessenta cidades, a menor tinha sessenta milhas de altura.
Quem deu este servo a Abrão? Foi Nimrod. E qual era o seu alimento? Devorava mil bois de uma vez e também comia ao milhar de todos os outros animais. Bebia de cada vez mil medidas, uma gota de sua semente pesava trinta e seis libras.
QUANDO ABRÃO ouviu a notícia, armou seus rapazes. Mas os rapazes empalideceram e falaram: Cinco reis não puderam enfrentá-lo, como é que nós poderemos fazê-lo? Então Abrão retrucou: Partirei e cairei em combate, para que o nome do Senhor seja venerado.
ESTÁ ESCRITO: Abrão destacou seus rapazes. Destacou-os de acordo com as palavras da Escritura: "Aquele que for temeroso e hesitante, que vá e fique em casa". Assim, também Abrão falou aos rapazes: Quem tiver pecado e tiver medo por seus atos, não siga conosco. Então todos voltaram e apenas Elieser, que era irrepreensível, ficou com Abrão. Deus falou a Abrão: Que ele vá contigo, vou lhe conceder as forças que os trezentos e dezoito rapazes juntos tinham.
E ABRÃO marchou contra os reis e esperou a meia-noite. O Senhor dividiu a noite para ele. Falou: Assim como este aqui se empenha por mim à meia-noite, me empenharei futuramente à meia-noite por seus filhos. *
A estrela Júpiter brilhou para Abrão e ele bateu seus inimigos e os pôs em fuga. Atirava contra eles pedaços de terra, que se tornavam espadas; atirava contra eles palha, que se transformava em setas.
O rei de Sodoma, então, e também os reis seus aliados, vieram ao seu encontro no vale de Sava. Derrubaram cedros e fizeram um grande palco, no qual sentaram Abrão; louvaram-no e disseram: Ouve-nos, senhor, és príncipe e deus entre nós; tu és rei, senhor e deus para nós. Então Abrão respondeu-lhes: Não tirais ao mundo o seu rei, não lhe tirais o seu Deus.
ANTES DE AMRAFEL e seus companheiros não se sabia no mundo o que era a discórdia; eis que esses apareceram, tomaram da espada e começaram a fazer guerra. Então Deus lhes falou: Com a espada

---

* Na noite de Pessach.

iniciastes; a espada penetrará em vosso coração. E assim foi; veio Abrão e os abateu.

15. Melquisedec

AO REGRESSAR Abrão da batalha contra os reis e ao passar pelo vale de Sidim, onde os reis haviam lutado, Bera, rei de Sodoma, veio ao seu encontro, e com ele os outros homens que haviam caído na cova de argila. Também Adoni-Zedec, rei de Jerusalém, que era Sem, filho de Noé, foi ao seu encontro e trouxe pão e vinho. E Adoni-Zedec abençoou Abrão e este lhe deu o dízimo de tudo o que havia apresado aos inimigos, pois Adoni-Zedec era sacerdote do Senhor.
ABRÃO FOI o primeiro a dar o dízimo. Levantou o dízimo de tudo o que pertencia a Sodoma e Gomorra e dos pertences de Lot e entregou a Sem. Sem, filho de Noé, foi ao encontro de Abrão, quando viu o que este realizara e que havia restituído o despojo aos roubados; admirou-se, louvou o nome do Criador e falou: Bendito seja o Altíssimo que entregou o inimigo em tuas mãos. Abrão, porém, orou e disse: Senhor do Mundo! Não foi com a minha mão que tudo isso aconteceu, mas a força da tua destra o realizou. Tu és meu escudo, neste e no outro lado! E os anjos retrucaram: Louvado sejas tu, Deus, escudo de Abrão!
O SENHOR fez Sem, filho de Noé, seu sumo-sacerdote e servo e fez seu espírito pairar sobre ele. Chamou-o de Melquisedec, rei de Salem. Jafet, irmão de Sem, estudou em sua Casa de Estudos.
Quando, porém, o Senhor voltou-se para Abrão, os outros foram esquecidos. Então Abrão pediu ao Senhor que sua glória permanecesse eternamente na casa de Sem. E o Senhor concordou e disse: "És sacerdote eterno, à semelhança de Melquisedec".
Mas, se Jafet era o mais velho, por que então o sacerdócio coube a Sem? Porque este sempre pesquisava a Escritura e procurava interpretar os caminhos de Deus. De onde tinha a Escritura? Já Adão, o primeiro homem, conhecia a Escritura. Ele a deixou a seu filho Set, de Set ela foi para Enoc e assim por diante, até chegar a Sem.
ESTÁ ESCRITO: "Ele deu-lhe um dízimo de tudo". Não sabemos quem deu o dízimo a quem. Deve ter sido o próprio Senhor, que deu o dízimo a Abrão. Tirou um sinal de baixo do trono de sua glória e dele fez uma coroa para Abrão.

16. A Promissão

DEPOIS DESTES acontecimentos, o Senhor, numa visão, apareceu a Abrão, dizendo: Abrão! Nada temas, eu sou o teu escudo e imensamente grande será a tua recompensa.

Abrão teve receio, pois pensou consigo mesmo: matei tantos homens; será possível que entre eles não tenha havido algum justo e temente a Deus? Em vista disso, Deus disse a Abrão: Não temas, nada ficou grudado a teu pé por isso.

Nisto Abrão parecia um viandante que, passando pelo jardim de um rei, viu ali ervas daninhas e as arrancou. Quando o rei avistou o estranho, este procurou se esconder. Então o rei falou: Por que te ocultas? De quantos trabalhadores necessitaria eu para arrancar estas plantas inúteis? Já que tu o fizeste, deverás ganhar tua recompensa.

E A PALAVRA do Senhor foi proclamada em face de Abrão. Esta é a face da qual a Escritura fala: "E a visão da glória do Senhor era como um fogo devorador no cimo da montanha". Foi o anjo Metatron que conduziu Abrão para diante de seu Criador.

A PALAVRA DO Senhor foi proclamada em face de Abrão. A todos os profetas o Senhor aparecia numa visão noturna, mas a Abrão se mostrou em aparição e imagem.

ABRÃO FALOU ao Senhor: Não me deste descendentes e eis que um dos servos de minha casa será meu herdeiro. Então cumpriu-se a palavra do Senhor a Abrão. Um anjo apareceu após o outro, um clamor ecoou após o outro e o Senhor falou: Eu e três anjos te revelamos e te anunciamos que esse não será teu herdeiro.

Deus ergueu Abrão acima do firmamento celeste e disse-lhe: Pelo mesmo planeta no qual leste que te irás sem filhos, far-te-ei saber de que gerarás um filho. Conta-se também que Deus teria dito a Abrão: Quem está sob os planetas, deverá temê-los; mas já que estás acima dos planetas, podes pisar neles.

A NOITE em que o Senhor se revelou a Abrão, era a noite de Pessach. Mandou que ele saísse e disse-lhe: Está em teu poder contar as estrelas do céu? Abrão falou: A quem é possível abranger a tua hoste com a vista?

Então Deus falou: Assim também, a tua descendência não poderá ser abrangida com a vista.

E ABRÃO acreditou no Senhor, que lhe considerou isso, com justiça. A fé é algo poderoso. Apenas como recompensa pela fé, Abrão obteve este e o outro mundo, o Além.

O SENHOR mostrou a Abrão os impérios universais, como desenvolveu seu poderio e perecem. Falou-lhe: Traze-me uma novilha de três anos, uma cabra de três anos, um boi e uma pomba. A novilha de três anos é o quarto reino, o reino de Edom, o qual tudo aniquila à sua volta. O cabrito de três anos é o reino dos gregos, sobre o qual Daniel falou: "O bode era muito grande".* O carneiro de

---

* Provavelmente, Alexandre da Macedônia.

três anos é o reino dos persas e dos medas. O boi é o reino dos filhos de Ismael. Quando o touro se acasala com a vaca, eles arrancam tudo e devastam os vales. Mas a pomba é Israel, da qual está escrito: "Minha pomba, nos vãos da pedra. Uma é a minha pomba, a minha devota".

Mas o que significa o fato dos animais deverem ter três anos? Porque cada um dos reinos, assim diz um sábio, dominaria o país de Israel por três vezes; uma vez, cada um em separado; a segunda vez em dois; a terceira todos juntos, como também está escrito: "Insurgem-se os reis do país e os príncipes conspiram contra o Senhor e seu ungido".

Abrão trouxe os animais a Deus e os dividiu. Tomou uma espada e partiu cada um em dois pedaços. O pássaro, porém, deixou com vida. Se ele não tivesse cortado os animais, o mundo não poderia subsistir. Cortando-os em pedaços os enfraqueceu o poderio dos quatro reinos. Depois juntou as partes; apareceu então uma ave mosqueada, que as separou novamente. Tal ave não era outra senão o filho de David, do qual está escrito: "Minha herança é como uma ave mosqueada, ao redor da qual se reúnem as aves".

DEPOIS QUE o sol se pôs e sobreveio a escuridão, eis que uma fornalha fumegou e uma chama ardente passou por entre os pedaços. Com isso, o Senhor fez com que Abrão visse quatro coisas: a revelação no Sinai, o Templo Sagrado, os impérios universais e o Inferno. E o Senhor falou: Enquanto teus filhos se ocuparem com os dois primeiros, o Ensinamento e o Templo, eles estarão a salvo dos outros dois, do inferno e da servidão sob os reinos. Mas, se abandonarem os dois primeiros, cairão nas mãos dos outros dois.

Outros, por sua vez, pensam que o Senhor teria falado assim: Enquanto teus filhos se apegarem ao Ensinamento e me trouxerem sacrifícios, estão a salvo da servidão e do inferno. Mas, sei que teus filhos deixarão de sacrificar; como deverei castigá-los por isso? Com o inferno ou com o auxílio? Então Abrão escolheu o exílio e o Senhor concordou.

Nesse dia, o Senhor concluiu uma aliança com Abrão. Os sábios pensam de modo diferente a respeito; uns dizem que Deus mostrou apenas este mundo a Abrão e que não lhe revelou o Além; os outros, porém, pensam que ele o deixou ver ambos, este mundo e o Além!

UM SÁBIO disse que o Senhor também deixou Abrão ver a ressurreição dos mortos. A ave precipitou-se sobre os cadáveres: quis despedaçá-los e aniquilá-los e então Abrão soprou nos pedaços, de maneira que os animais reviveram e fugiram.

AO PÔR-DO-SOL, um profundo sono sobreveio a Abrão; e eis que o terror e uma grande escuridão o invadiram. E o Senhor disse-lhe: Saiba que tua semente será estrangeira; saiba que eu a dispersarei, saiba que eu a unirei novamente, saiba que eu a tomarei como penhor e depois a libertarei, saiba que a deixarei escravizar e depois a resgatarei. Pois estrangeira será a tua semente num país que não é seu. Mas eu hei de julgar o povo ao qual deverá servir, os egípcios, como também os quatro reinos.

AI DO HOMEM, que deixa escapar de sua boca palavras, as quais não sabe como foram parar lá. Abrão pronunciara tais palavras: Como poderei perceber que possuirei o país? E recebeu de Deus a decisão: Estrangeira será tua semente. Quando se desconfia de um homem, já se carrega uma culpa na alma, quanto mais, ao se fazer isso ao Santo, louvado seja; então já se carrega a culpa na própria alma, na dos filhos e na dos filhos dos filhos, até o fim de todas as gerações, até o tempo em que os mortos ressuscitarão.

NESSE DIA o Senhor concluiu uma aliança com Abrão e falou: Darei este país à tua semente, desde a torrente do Egito até o grande rio Eufrates; os cineus, os ceneseus, os cedmoneus, os hetitas, os freseus, os gigantes, os amoreus, os cananeus, os girgasitas, os jebuseus.

A aliança foi firmada pelo país dos dez povos. Destes, sete foram vencidos ao tempo de Moisés e Josué; os três restantes, porém, serão dominados nos dias do rei Messias, e estes são: os cineus, os ceneseus e os cedmoneus. A Escritura também se refere a essa época, quando diz: "O Senhor aumentará tuas fronteiras, como disse a teus antepassados, e te dá toda a terra, que jurou dar a teus antepassados".

ALGUM DIA, o Senhor fará o Messias sentar-se à sua direita e Abrão à sua esquerda. Mas o semblante de Abrão se obscurece e ele diz: O filho do meu filho senta à tua direita, e eu devo sentar à tua esquerda? E o Senhor o apazigua dizendo: O filho do teu filho senta à minha direita, eu, porém, sento à tua direita.

17. Agar

SARAI, FILHA DE Haran, mulher de Abrão, era estéril e não lhe deu nenhum filho e nenhuma filha. Ela então tomou Agar, a criada que o Faraó lhe havia dado e deu-a a seu marido Abrão como esposa. Falou a Abrão: Olha, eis minha criada Agar, une-te a ela, para que ela dê à luz no meu colo. Isto aconteceu depois que Abrão já estava estabelecido havia dez anos em Canaã e estava com oitenta e cinco anos.

HARAN, IRMÃO de Abrão, já havia gerado com seis anos; Abrão, porém, não gerava. Sarai tinha uma criada egípcia de nome Agar, que era uma filha do Faraó.

Sarai falou a Abrão: Vê, Deus me fechou para que eu não pudesse ter filhos. Esta é a única razão porque não tenha um filho. E não, como acham as pessoas, que eu necessite de um amuleto ou de que precise de algum exorcismo, porém, o próprio Deus quis me fechar. E ela convenceu Agar e disse-lhe: Bem-aventurada és tu que poderás te unir a este corpo venerado. Uniu-se Abrão a Agar, que concebeu. Agar falou: As entranhas de minha senhora Sarai não são como o seu exterior; ela se apresenta como sendo justa e talvez não o seja; pois eis que em tantos anos ela não concebeu e eu concebi numa única noite.

Sarai disse então a Abrão: Sinto-me injustamente humilhada por ti; Deus seja juiz entre mim e ti.

Sarai teria merecido alcançar a idade de Abrão. Mas por ter dito: O Senhor seja juiz entre mim e ti, foram-lhe tirados trinta e oito anos de sua vida.

E Sarai lançou um mau-olhado sobre Agar, fazendo com que esta deixasse cair o fruto do seu ventre antes do tempo. E a maltratou. Tinha que lhe carregar os baldes de água e os barris depois do banho. Então Agar fugiu. Os anjos de Deus foram encontrá-la junto a um poço; eram cinco deles.

Atenta para o que distingue as gerações posteriores das primeiras. A Manoac, pai de Sansão, apareceu o anjo e disse a sua mulher: Precisamos morrer porque vimos Deus. Agar, porém, criada de Sarai, viu cinco anjos aparecerem, um depois do outro, e não teve medo. Os moradores da casa do nosso pai Abrão eram todos videntes e não receavam encontrar um anjo.

E Agar chamou o nome do Senhor, que com ela falou: Tu, Deus, me vês. Falou: Não só participei do diálogo com Deus, como também fui julgada digna de poderio.

O ANJO do Senhor falou a Agar: Vê, estás grávida e darás à luz um filho, a quem darás o nome de Ismael.

Seis tiveram nome ainda antes de terem nascido: Ismael e Isaac, Moisés e Salomão, Josias e o rei Messias. De Ismael está escrito: "A quem darás o nome de Ismael". De Isaac está escrito: "A quem chamarás de Isaac". O nome de Moisés está insinuado na Bíblia onde consta: "os seus dias serão cento e vinte anos". * De Salomão está escrito: "E eis que o filho que te nascerá será um homem de paz, e ele deverá chamar-se Salomão". ** Sobre Josias, o profeta em Bet-El diz: "E eis que nascerá um filho à casa de David, de nome Josias". E, finalmente, está escrito sobre o Messias: "Antes da existência do sol, seu nome já estava determinado".

O ANJO DISSE de Ismael: Ele será um homem selvagem. Todo mundo procura terras habitáveis, ele, porém, é um homem do deserto. Sua mão será contra todos e a mão de todos contra ele. Mas quando

---

* O número de anos de vida relatados na história do dilúvio (Gên. 6, 3) referem-se a Moisés, que alcançou essa idade (Deus 34, 7).
** Salomão (Schelomoh) de Schalom, paz.

isso se realizará? No dia em que vier o homem, ao qual Daniel falará: "E toda terra onde moram homens e os animais do campo, as aves sob o céu, é colocada em tuas mãos, e a ti é concedido poder sobre tudo".

E o anjo continuou a falar de Ismael: Ele repousará antes que seus irmãos. Mas depois está escrito dele: "Cairá em face de seus irmãos". Isto deve ser interpretado assim: Enquanto nosso pai Abrão viver, ele se adiantará a seus irmãos; após a morte de Abrão, ele cairá. Antes de Ismael ter violado o Templo de Deus, teve sossego, mas depois que estendeu para ele sua mão, caiu. Neste mundo teria sossego, no Além, porém a queda o aguardava.

18. A Aliança

QUANDO ABRÃO tinha noventa e nove anos, o Senhor lhe disse: Anda em minha presença e sê devoto; até agora, quis dizer o Senhor, não eras inteiramente devoto, mas agora corta o prepúcio de tua carne, para que andes em minha presença e te tornes devoto.

DEUS FALOU a Abrão: A aliança com vossa carne será uma aliança eterna. E não mais levarás o nome de Abrão, mas chamar-te-ás Abraão, e também tua mulher, não mais se chamará Sarai, mas Sara será o seu nome.

Antes o patriarca era apenas um pai em Aram, depois tornou-se pai do mundo inteiro. Assim também a matriarca antes era apenas princesa de sua tribo, depois tornou-se princesa do mundo inteiro.*

ENTÃO ABRAÃO mandou chamar Sem, filho de Noé, e este circuncidou Abraão e seu filho Ismael. Abraão, nosso patriarca, foi circunciso no Dia da Expiação, e cada ano o Senhor vê neste dia o sangue dessa aliança e perdoa os nossos pecados. E no lugar em que Abraão foi circunciso e onde ficou seu sangue, foi erigido um altar.

O SENHOR apareceu a Abraão e disse: Eu sou o Deus Todo-poderoso. E continuou: Deverás te bastar,** eu e Tu; somos sozinhos no mundo; se não aceitares a circuncisão, o meu mundo termina. Abraão falou: Enquanto eu não era circunciso, as pessoas vinham a mim e mantinham amizade comigo; virão procurar-me como antes e juntar-se a mim, quando eu for circunciso? Deus falou: Abraão, deve te bastar eu ser Deus, deve te bastar eu ser o teu Protetor; não só a ti, também deveria bastar ao meu mundo, eu ser o seu Deus, deveria bastar-lhe eu ser o seu Protetor. Sou o Deus Todo-poderoso, fui eu quem bradou basta! ao meu mundo, e quem gritou

---

* Abrão, igual a Aw-Aram. Sara significa princesa.
** A lenda relaciona o nome divino Schaddai com a palavra Dai, basta.

pára! ao céu e à terra. Eu sou aquele, cuja divindade o mundo não pode medir.

TREZE HOMENS já vieram ao mundo circuncisos. São eles: Adão, o primeiro homem, Set, Henoc, Noé, Sem, Taré, Jacó, José, Moisés, Samuel, David, Isaías e Jeremias. Adão foi a primeira criação do Senhor. Sobre Jeremias, entretanto, está escrito: "Conheci-te antes de eu te formar no seio materno, e te elegi antes de nasceres de tua mãe!"

Diz um sábio que Adoni-Zedec, rei de Salem, já nasceu circunciso. Outros relatam, que também Bileam e Zerubabel já eram circuncisos de nascença. Sobre Bileam consta: "Diz o ouvinte da fala divina": Mas de Zerubabel diz o Senhor Zebaot: "Eu te tomarei, Zerubabel, meu servo, te terei como sinete, porque a ti escolhi".

Certa vez aconteceu que, Monobaz e Basutus, filhos do rei Ptolomeu, estavam lendo juntos na Escritura. Quando chegaram às palavras: "cortareis o prepúcio de vossa carne", um deles voltou sua face para a parede e começou a chorar e também o outro voltou seu rosto para a parede e começou a chorar. Logo depois um saiu e se fez circuncidar; e também o outro se fez circuncidar.

Passados muitos dias, os irmãos estavam novamente lendo juntos na Escritura. E quando mais uma vez chegaram a esse preceito, um deles bradou ao outro: Ai de ti, meu irmão. O outro, por sua vez brandou: Ai de ti, meu irmão, e não de mim. Então um revelou ao outro o que havia feito.

Quando a mãe dos rapazes soube do fato, foi ao marido e falou: Teus filhos tem uma saliência em sua carne e o médico disse que deveriam ser circuncisos. Então o pai falou: Que eles o façam. Como foi que o Senhor o recompensou? Na guerra contra os inimigos foi antes atacado pelas costas, mas um anjo desceu e o salvou.

AS TRIBOS DE Israel mantiveram-se firmes na circuncisão até que se separaram em dois reinos. Depois, Efraim deixou a aliança e então Elias levantou-se, exaltou-se muito com isso, conforme está escrito: "Exaltei-me pelo Senhor, o Deus Zebaot, pois os filhos de Israel abandonaram tua aliança". Então o Senhor lhe disse: Desde sempre foste o exaltado. Tu te exaltaste por mim em Sitim,* quando as tribos se entregaram à orgia, exaltaste por mim agora. Certo como vives, Israel nunca consumará minha aliança, sem que tu o vejas com teus olhos.

Por esta razão os sábios ordenaram que na festa da circuncisão seja guardado um lugar de honra ** para o mensageiro da aliança,

---

* Refere-se às condições relatadas em Lev., cap. 25. Conforme a lenda, o sacerdote Pinehas, que apareceu na época, é o mesmo que Elias.
** Um costume existente.

o qual é Elias. "E o mensageiro da aliança a quem desejais, eis que ele chega", diz o Senhor Zebaot.

19. Na Floresta de Mamré

ABRAÃO POSSUÍA três caros amigos, que eram: Aner, Eschkol e Mamré. Quando o Senhor então disse a Abraão que deveria circuncidar-se, ele foi procurá-los a fim de pedir conselho. Primeiro procurou Aner e falou: O Senhor ordenou-me fazer isto e isto. Aner respondeu: Queres fazer de ti um mutilado para que os reis vizinhos, aos quais venceste, te vençam, depois não poderás fugir deles. Abraão foi então a Eschkol e contou-lhe acerca da ordem de Deus. Ao que Eschkol respondeu: És um homem velho, se te circuncidares, perderás muito sangue e morrerás.

Então Abraão foi Mamré, informou-o da ordem de Deus e pediu seu conselho. Mamré retrucou: E ainda queres conselho para tal coisa? Foi Deus quem te libertou do forno de cal, que realizou tantos milagres contigo e que te salvou da mão dos reis; não fosse a sua força e onipotência, eles teriam te matado; preservou-te os duzentos e quarenta e oito membros que tens e tu ainda refletes, quando se trata de parte de um membro? Acata o seu mandamento.

A isso, o Senhor falou a Mamré: Bem-aventurado sejas tu, que aconselhaste Abraão a se circuncidar. Por isso, só me revelarei a ele em tua região. Por esse motivo também está escrito: Deus apareceu a Abraão na floresta de Mamré.

FOI NO TERCEIRO dia após a circuncisão de Abraão, quando o próprio Senhor veio ter com ele para vê-lo.

Deus fez o sol sair de seu esconderijo, para que nenhum viandante procurasse Abraão e cansasse o justo. No entanto, Abraão mandou que Elieser fosse à procura de hóspedes. Este saiu mas não encontrou ninguém.

Então Abraão disse: Não creio em ti, e saiu ele mesmo. Logo depois avistou o Senhor, que estava à sua porta. E Abraão falou: Senhor, se encontro benevolência aos teus olhos, não passes diante do vosso servo.

O SENHOR falou a Abraão: Abriste bem uma porta para viandantes e os que regressam; abriste bem uma porta para estrangeiros. Não fosse tu, eu não teria criado o céu e a terra; não fosse tu, eu não teria criado a esfera solar; não fosse tu, eu não teria criado a lua.

Abraão falou: Antes de ser circunciso, viandantes e os que regressavam, costumavam hospedar-se em minha casa. Ao que o Senhor lhe respondeu: Antes de seres circunciso, costumavam vir a ti os seres humanos, mas agora venho eu e os que estão ao meu redor. Abraão levantou os olhos e viu três homens à sua frente. Era a majestade de Deus e os anjos.

QUANDO ABRAÃO estava sentado à entrada de sua tenda, viu de longe três homens vindo a ele. Ergueu-se e foi a seu encontro; inclinou-se diante deles, levou-os para dentro de sua casa e falou-lhes: Não passeis adiante se encontrei benevolência aos vossos olhos, hospedai-vos em minha casa e comei um pedaço de pão.

Insistiu com eles e eles se hospedaram em sua casa. Deu-lhes água para que lavassem os pés, e sentou-os sob a árvore à entrada de sua tenda. Depois foi depressa e tomou um novilho tenro, abateu-o e o entregou a seu servo Eliezer para que o preparasse. Depois entrou na tenda e falou a Sara: Toma depressa três medidas de farinha, cozinha e assa bolos, para cobrir a panela de carne com isso. E ela assim fez.

Abraão ainda serviu manteiga e leite dos carneiros e bezerros e deu de comer aos anjos, antes que o novilho ficasse pronto. Depois lhes apresentou a carne do novilho.

Depois que comeram, falaram: Voltaremos dentro de um ano, nesta mesma época, e então a tua mulher Sara terá um filho.

ABRAÃO LEVANTOU os olhos e eis que três homens estavam à sua frente. Eram três anjos, que tinham sido enviados a ele. Apareceram em forma humana.

Como o arco-íris lá em cima se apresenta em três cores, assim os mensageiros apareceram nas cores branca, vermelha e verde. Branco era Michael, que se encontra à direita da majestade de Deus; vermelho era Gabriel, que se encontra à esquerda da majestade de Deus; verde era Rafael. Por isso está escrito: O Senhor, apareceu a ele porque a glória de Deus se revela nessas três cores.

Desta vez tiveram que vir todos os três mensageiros. Um veio para curar Abraão da circuncisão, este era Rafael, que está encarregado dos remédios; um veio para anunciar a Sara que ela iria dar à luz, este era Michael — que se encontra à direita da glória de Deus — todo o bem e toda a bem-aventurança provém do lado direito; o terceiro veio para converter Sodoma, este era Gabriel, que está à esquerda da glória.

20. Os Pecados de Sodoma

OS HABITANTES de Sodoma e Gomorra e das cinco cidades dos arredores eram maus e pecadores ante o Senhor, e sua corrupção era grande.

Havia em seu país um grande vale, fértil e abundante em água; anualmente os habitantes iam para lá durante quatro dias, com suas mulheres e filhos e juntos se divertiam.

Podia acontecer alguém pegar a mulher de seu irmão ou a filha de seu amigo, ainda virgem, e nela praticar sua maldade. Via o marido sua mulher, via o pai sua filha nos braços do seu próximo e não dizia uma palavra.

Se aparecia um estranho em sua cidade, querendo vender sua mercadoria, as pessoas juntavam-se em sua volta e cada um tomava à força uma parte qualquer da mercadoria.

Se o homem discutia com as pessoas e dizia: Como podeis cometer tal injustiça comigo? Cada um mostrava o que havia tomado e dizia: Isto é tudo que tenho de ti; tu próprio me deste.

NA TERRA de Sodoma existiam quatro juízes, de acordo com o número de cidades. O de Sodoma chamava-se Serek, o de Gomorra chamava-se Serker, o de Adama chamava-se Sebenech, o de Zeboim chamava-se Manon. Mas Eliezer, o servo de Abraão, alterou os seus nomes e chamou Serek de Sakra, isto é, mentiroso, Serker de Sakrira, isto é, grande mentiroso, Sebenech de Kasbon, isto é, impostor, mas a Manon chamou de chicaneiro. De acordo com uma ordem destes juízes, foram colocadas camas nas ruas. Se aparecia um estranho na cidade, era apanhado pelos sodomitas e atirado à força numa das camas. Se o recém-chegado era mais curto do que a cama, então três homens puxavam sua cabeça e outros três os seus pés; o infeliz gritava de dor, mas ninguém lhe dava ouvidos. Se o recém-chegado era mais comprido do que a cama, três homens punham-se em cada lado da cama e o distendiam. Se o estranho gemia, eles exclamavam: Isto é o que acontece a um homem que vem a Sodoma.

Se aparecia um pedinte, é verdade que lhe davam ouro e prata, mas proibiam terminantemente de lhe dar pão. Passados vários dias, o estranho tinha que morrer de fome, pois em parte alguma havia obtido sequer um bocado de comida. Tomavam o ouro e a prata do cadáver, tiravam suas roupas e brigavam, sendo que o mais forte ficava com elas. O morto era enterrado nu, sob um arbusto no deserto.

OS HOMENS de Sodoma costumavam, ao encontrar um homem que tinha dinheiro, conduzi-lo a um muro em ruína que derrubavam para que caísse em cima do homem; depois tomavam-lhe o dinheiro.

Mas assim procediam também com os ricos: se sabiam que alguém tinha dinheiro escondido, davam-lhe bálsamo, para guardar. Na noite seguinte iam atrás do cheiro do bálsamo e assim achavam o esconderijo onde estava o dinheiro, que então o roubavam.

Quem possuía apenas um boi tinha que apascentar todo o gado do lugar por um dia; mas quem não possuía nenhum, tinha que apascentar por dois dias seguidos. Certa vez, o filho de uma viúva teve que apascentar os bois; então matou os animais. Foi inquirido pelo homem ao qual pertenciam os animais, o que significava aquilo e respondeu: As conseqüências da lei são como o seu princípio; a lei determina que aquele que tem um boi deve guardar o rebanho por um dia; mas quem não tem nenhum, precisa se atormentar por dois dias; logo, aquele que tem um só boi deve receber um couro, e quem não tem nenhum, deve receber dois.

Se alguém batia numa mulher grávida, de forma que ela abortava, os juízes diziam ao marido: Dá ela a quem a maltratou, para que ele durma com ela e a engravide de novo.

Se alguém cortava uma orelha do jumento do vizinho, diziam ao dono do jumento: Deixa-lhe o jumento, até sua orelha crescer novamente.

Quem atravessava uma ponte, tinha que pagar quatro moedas de prata, se, porém, passava a vau, tinha que dar oito moedas. Certa vez veio um lavador à cidade; então os homens lhe disseram: Dá as quatro moedas de prata pela travessia da ponte. O homem retrucou: Atravessei o rio a vau. Ao que os homens disseram: Então tens que pagar oito moedas. O homem não quis pagar isso. Espancaram-no e feriram-no e o homem foi ao juiz reclamar seu direito. Mas o juiz decidiu da seguinte forma: Deves pagar aos homens pela sangria e além disso as oito moedas de prata pela travessia a vau do rio.

SARA, A MULHER de Abraão, enviou seu servo Elieser a Sodoma, a fim de ver Lot e informar-se de seu bem-estar. Elieser foi para lá e viu, ao chegar em Sodoma, um sodomita com um estrangeiro; ao pobre homem foram arrancadas as roupas do corpo. Ele gritou e lamentou-se diante de Elieser pelo que tivera de sofrer. Então Elieser correu atrás do sodomita e lhe disse: Como podes fazer tal coisa a um homem que vem à vosso país? O sodomita respondeu: Acaso este homem é teu irmão ou os cidadãos de Sodoma nomearam-te juiz, para intervires a favor dele? Mas Elieser repreendeu o sodomita por causa do outro e aproximou-se para arrancar-lhe as roupas do mendigo; então aquele apanhou uma pedra e a atirou na fronte de Elieser, a ponto de sair sangue. Quando porém o sodomita viu o sangue, disse: Deves-me recompensa pelo sangue ruim que te tirei, pois essa é a lei e o direito em nosso país.

Então Elieser falou: Ainda devo pagar uma recompensa pela ferida que me fizeste? E não quis ouvir nada. Mas o homem sodomita o conduziu à força ao juiz de Sodoma, Sakra. Este disse a Elieser: É verdade o que o homem afirma; ele mereceu sua recompensa, pois assim é o costume em nosso país.

Ao ouvir isso Elieser apanhou uma pedra e a atirou no juiz. A pedra o atingiu bem fundo na testa e correu bastante sangue. Elieser falou ao juiz: Se é este o vosso direito, então paga tu a recompensa que eu devo ao homem, pois esta é a sentença que tu mesmo proferiste. Assim Elieser deixou os dois, o sodomita e o juiz e continuou seu caminho.

OS HOMENS de Sodoma tinham o costume de que, quando alguém convidava um estranho para um casamento, eram tiradas as vestes do anfitrião. Quando Elieser, o servo de Abraão, foi ter com eles, não quiseram lhe dar pão. Como estava com fome, foi a um banquete de casamento e sentou-se na ponta da mesa. Então alguém lhe perguntou: Quem te chamou para cá? Elieser voltou-se para o homem, que estava sentado ao seu lado e disse: Foste tu. Então o homem lhe disse: Fica quieto, se os outros ouvirem, tirarão minhas roupas. E ele correu para a rua pois estava com muito medo. Depois Elieser foi para perto do mais próximo e a este também falou que tinha sido ele quem o convidara para o casamento. Também este temeu que os outros pudessem ouvir e correu para fora, para não ficar sem roupa. Elieser assim fez com todos os convidados, um após outro até que todos fugiram. Então sentou-se e comeu sozinho o que havia sobre a mesa.

Os homens de Sodoma também quiseram estirar os membros de Elieser na cama. Então ele falou: Desde o dia em que minha mãe morreu, jurei nunca mais deitar-me numa cama.

21. Um Elamita em Sodoma

CERTO DIA, um homem da terra de Elam passou por Sodoma; conduzia consigo um jumento que estava com sela e levava uma bela manta colorida, pintada em muitas cores, amarrada com um cordão ao lombo do animal.

O sol se pôs justamente quando o homem se encontrava na rua de Sodoma; então ele sentou-se e quis passar a noite ali mesmo, mas não havia ninguém que quisesse hospedá-lo em sua casa.

Vivia naquela época em Sodoma um mau e astuto homúnculo chamado Hedod. Este viu o estrangeiro sentado lá fora; aproximou-se dele e perguntou: De onde vens e para onde vais? O estrangeiro respondeu: Viajo de Hebron para Elam, onde vivo, e passei por esta cidade, quando o sol já estava se pondo. Quero passar a noite aqui, mas ninguém quer me acolher em sua casa. Tenho pão e água para mim e palha e forragem para meu jumento, de modo que nada me falta. Hedod disse: Deixa por minha conta tudo o que te falta; mas não fiques sentado na rua.

E conduziu-o para dentro de sua casa, lá tirou a manta com o cordão do jumento e a escondeu. Deu palha e forragem ao jumento e ao homem de comer e de beber. Na manhã do segundo dia, o hóspede levantou cedo e preparou-se para seguir o seu caminho. Hedod, porém, falou: Senta-te, deleita teu coração com um bocado de pão; depois podes ir. E nesse dia comeram e beberam juntos; depois o homem se levantou e quis continuar a jornada. Mas Hedod falou novamente: Eis que o dia já se pôs, passa a noite aqui e deixa que teu coração se deleite. E insistiu para que o hóspede ainda ficasse.

Na manhã do terceiro dia, quando se preparava para partir, Hedod o segurou e disse: Fortalece-te antes com bocado de pão, depois poderás partir. E o homem se deixou convencer mais uma vez e ficou ainda esse dia em Sodoma. Mas depois se levantou e quis partir. Hedod ainda tentou detê-lo, mas, o homem insistiu que precisava seguir viagem; e então se dispôs a selar seu jumento.

Enquanto o hóspede se ocupava de seu animal, a mulher de Hedod falou ao marido: Eis que o estrangeiro ficou em nossa casa, comeu e bebeu e não nos deu nada em troca; e agora ele nos deixa sem uma palavra. Hedod respondeu-lhe: Fica quieta.

O hóspede, enquanto isso, tinha selado o jumento e pediu a Hedod que devolvesse seu cordão e a manta para amarrar em volta do jumento. Então Hedod falou: De que falas? O homem repetiu: O senhor me devolva o cordão e a manta colorida, que estava comigo e que guardaste em tua casa.

Ao que Hedod respondeu: Esta é a interpretação do sonho que tiveste. O cordão significa que tua vida será tão longa na terra, quanto um cordão é longo; mas a manta colorida que viste, cujas cores cintilavam, significa que terás um jardim no qual crescem todas as espécies de árvores frutíferas. Então o homem retrucou: Não, meu senhor, eu estava desperto quando te dei o cordão e o tapete tecido em cores maravilhosas e tu tiraste as coisas do jumento para guardar. E Hedod mais uma vez retrucou: Já te contei o significado do teu sonho e eis que teu sonho foi para o bem. E agora escuta: as pessoas daqui me dão quatro moedas de prata, quando eu lhes interpreto um sonho; de ti, porém, apenas quero três.

Então o homem se irritou com essas palavras de Hedod; irrompeu numa grande gritaria e foi com ele perante o juiz. Foram ao juiz Serek e então o estrangeiro contou o que lhe acontecera. Hedod, porém, o contradisse e falou: Não foi assim que aconteceu, mas do modo que eu contei. E o juiz falou ao estrangeiro: O que Hedod conta é verdade e ele é conhecido em nossas cidades por saber interpretar melhor os sonhos. Mas, o homem de Elam gritou e disse ao juiz: Não, senhor, era dia quando dei a este homem a minha manta e o corão, e ele as tomou e escondeu em sua casa.

Assim brigaram e discutiram os dois perante o juiz. Então Hedod falou: Dá agora quatro moedas de prata pela interpretação do sonho, não vou fazer por menos e paga o preço das quatro refeições que tomaste em minha casa. Então o hóspede disse: Falaste bem; vou pagar por tudo que comi em tua casa, mas me devolve o tapete e o cordão que guardaste contigo. Mas Hedod começou de novo a dizer: Já te interpretei o teu sonho; tua vida será longa como o cordão, o tapete, porém, significa um jardim, no qual plantarás árvores.

Assim continuaram a discutir perante o juiz até que este ordenou a seus servos que expulsassem os dois.

Na rua foram rodeados pelos moradores de Sodoma; os homens fizeram uma algazarra em volta do estrangeiro, atemorizaram-no e o expulsaram da cidade, de modo que o pobre partiu com seu jumento, com o coração oprimido e magoado, chorando pela injustiça que lhe fora feita em Sodoma.

22. Pelotit

QUANDO DEPOIS da guerra dos reis de Sodoma contra os reis de Elam, Lot foi salvo por Abraão, sua mulher lhe deu uma filha e ele a chamou de Pelotit, pois disse: Deus salvou a mim e à minha família da mão dos reis de Elam.* Pelotit cresceu e um dos homens mais importantes de Sodoma tomou-a como esposa.

Apareceu então certa vez um pobre na cidade à procura de pão e lá permaneceu alguns dias. Logo os sodomitas, de acordo com os seus costumes, mandaram anunciar em toda a parte, que não se desse nada de comer ao homem, a fim de que morresse. E todos procederam assim. Pelotit viu o mendigo deitado na rua, passando fome e seu coração encheu-se de piedade para com o pobre; começou a lhe dar pão secretamente até que a alma do homem se reanimou novamente.

Quando ia ao poço tirar água, colocava pão na jarra e dava ao homem. E assim fez durante vários dias. Então os homens de Sodoma e Gomorra admiraram-se de que o homem resistisse tanto tempo à fome, e disseram uns aos outros: Este homem deve receber comida e bebida, pois senão não estaria mais com vida.

Três pessoas esconderam-se atrás do lugar onde estava o pobre, a fim de agarrar o culpado, e logo descobriram Pelotit. Saíram do seu esconderijo, arrancaram o pão da mão do pobre, agarraram Pelotit e levaram-na perante o juiz. A este contaram: Ela fez isto e isto, foi ela que alimentou o homem todo esse tempo e por isso ele não morreu. E agora dize: Como deverá ser julgada a mulher que transgrediu nossa lei?

Depois disso os homens de Sodoma e Gomorra reuniram-se e fizeram uma fogueira no centro da cidade; agarraram Pelotit e atiraram-na nas chamas, de maneira que ela queimou e tornou-se cinza. Já que devia morrer, ela bradou: Deus do Mundo, reclama deles o que fazem comigo.

TAMBÉM NA cidade de Adama havia uma donzela, filha de um homem rico e com ela procederam da mesma maneira. Um

---
* Palat, escapar.

viandante veio para essa cidade, querendo passar a noite lá e seguir viagem no dia seguinte. Sentou-se diante da porta da casa onde morava o pai da donzela e lá quis pernoitar, pois o sol havia se posto ao chegar naquele lugar. A moça avistou o estrangeiro parado à porta. Ele lhe pediu um gole de água. Ela perguntou: Quem és? E ele respondeu: Estou em viagem e eis que o sol se pôs nesta cidade, de modo que desejo pernoitar aqui; mas amanhã quero levantar cedo e continuar a minha jornada. Então a moça entrou e trouxe água para o homem beber e pão para comer.

Mas logo o fato tornou-se conhecido entre os moradores da cidade. Reuniram-se e conduziram a moça aos juízes. E os juízes falaram: A esta cabe a morte por ter procedido contra a lei.

Então os homens se juntaram, despiram a donzela e untaram-na toda com mel, da cabeça aos pés, conforme os juízes ordenaram. Depois a penduraram sobre uma colmeia. As abelhas atacaram e picaram-na de tal modo que seu corpo inchou. Ela gritou de dor, mas ninguém atentou para ela e ninguém se apiedou dela, e seus gritos se elevaram para o céu.

23. O Julgamento de Sodoma

OS DIAS pacíficos em Sodoma não duraram mais que cinqüenta e dois anos; durante vinte e cinco anos o Senhor fez tremer suas montanhas e enviou ciclones para que fizessem penitência, mas eles não se penitenciaram.

O Senhor abriu-lhes uma porta para o arrependimento, conforme está escrito: Descerei para ver se de fato suas más ações correspondem ao clamor que chegou até mim; então deverão ser destruídos; mas se o seu modo de vida não é tão mau, vou, com o seu exemplo, anunciar ao mundo a medida da justiça.

E o Senhor continuou: Mesmo que eu quisesse calar, a maldade que fizeram com a criada, não me deixaria descansar. Pois, aconteceu em Sodoma, que duas donzelas foram apanhar água. Então uma pergunta à outra: Por que tua face está tão pálida? Esta respondeu: Nossa comida terminou e estamos perto da morte. O que fez a primeira? Encheu sua jarra de farinha e deu à outra e em troca tomou a jarra da moça. Quando os habitantes de Sodoma souberam disso, prenderam a moça e a queimaram.

O SENHOR FALOU: Devo ocultar a Abraão o que pretendo fazer? E continuou: Quero realizar algo de grandioso em meu mundo e vou anunciá-lo primeiro ao meu predileto Abraão. E Deus contou a Abraão o que pretendia fazer com Sodoma.

Então Abraão começou a pedir e implorar a Deus por Lot, filho de seu irmão, dizendo-lhe: Senhor do Universo! Queres destruir o justo com o ímpio? O Senhor respondeu: Certo como vives,

Abraão, se eu encontrar em Sodoma cinqüenta justos, esquecerei os pecados da cidade inteira. E Abraão continuou a implorar e pediu ao Senhor que não castigasse Sodoma, mesmo que houvesse menos do que cinqüenta justos, até que reduziu ao número de dez. E o Senhor disse: Pois bem, por causa de dez justos preservarei a cidade. Por isso, dizem os sábios: Se um lugar tem apenas dez justos, será por causa deles poupado.

NA HORA em que Abraão pediu misericórdia para os sodomitas, falou a Deus: Senhor do Universo! Juraste não trazer mais nenhum dilúvio sobre o mundo; não trazes realmente mais nenhum dilúvio, mas queres trazer uma torrente de fogo. Assim sendo, usas de astúcia, quando fazes um juramento. Com isso não podes te libertar do juramento.

OUTROS DIZEM que Abraão falou a Deus da seguinte maneira: Se queres ter um mundo, não podes exigir justiça; mas se nele deve reinar somente justiça, o mundo não pode permanecer. Tu pegas a corda nas duas pontas; queres ter um mundo e queres que nele reine a justiça. Mas se não te tornas um pouco mais indulgente, será o fim do mundo. Então Deus falou: "Tu amas a justiça e odeias a maldade"; tu gostas de defender as minhas criaturas e não queres acusar os ímpios das faltas cometidas: "por isso Deus, teu Deus, te ungiu com óleo da alegria, mais do que a teus companheiros".

ESTÁ ESCRITO: Quem tem contato com sábios, torna-se sábio também. Assim aconteceu com Lot; estava sempre com Abraão e dele aprendeu o bom caminho. Abraão possuía uma hospedaria em Haran e cada um que ali chegava ou por lá passava era recebido por ele; ele lhe dava alimento e bebida e lhe dizia: Um só é Deus no mundo!

Quando então Lot chegou a Sodoma fez a mesma coisa. Mas quando foi promulgado o decreto: aquele que der pão a um pobre, deverá ser queimado — Lot temeu fazer isso de dia e só o fazia de noite.

Quando viu os dois anjos chegarem a Sodoma, pensou que fossem viandantes, e foi ao seu encontro. Mas porque estava ele justamente sentado à porta da cidade? Por que nesse dia se tornara um dos anciãos de Sodoma.

Conduziu os estrangeiros ao lugar e lhes falou: Venham, durmam em minha casa; comam e bebam. Depois poderão seguir em paz. Mas os anjos não quiseram aceitar nada dele. Ele então agarrou-os pelas mãos contra a sua vontade e os levou para casa. Mas isto foi visto por um rapaz de Sodoma, o qual informou as pessoas; então todos juntaram-se à porta da casa e, de acordo com o seu costume, quiseram abusar dos estrangeiros. O que fez Lot? Da mesma forma que Moisés, nosso mestre, sacrificou sua alma por Israel, também ele quis dar tudo por seus hóspedes. Tomou suas duas filhas e as conduziu para fora no lugar dos estrangeiros, mas os homens não ligaram para elas. Então os anjos feriram os habitantes de Sodoma com a cegueira. Ao amanhecer, os anjos tomaram Lot, sua mulher e as duas filhas pela mão e conduziram-nos para fora; conduziram-no à força para fora da cidade, de maneira semelhante como ele antes os havia conduzido para sua casa, contra a vontade. Para tudo vale a mesma medida.

E os anjos lhes falaram: Não olheis para trás, pois eis que a majestade de Deus desceu e faz cair sobre Sodoma uma chuva de enxofre e fogo.

NO DIA dezesseis de Nissan, Deus lançou o castigo sobre Sodoma, esse é o dia em que o sol e a lua estão no céu ao mesmo tempo. Pois uma vez que os sodomitas adoravam o sol e a lua, o Senhor falou: Se eu os abatesse de dia, eles pensariam: Ai, se a lua estivesse aqui, ela nos protegeria, se eu os aniquilasse de noite, eles diriam: Ai se o sol brilhasse agora, ele não o permitiria.

O SENHOR fez chover enxofre e fogo sobre Sodoma e Gomorra. Em todo o lugar onde se fala do Senhor, deve-se compreender o Senhor e seu tribunal. Os rios de Sodoma tornaram-se breu, a terra tornou-se enxofre e um fogo ardia. Deus arrasou todas essas cidades e toda a região em volta. As cinco cidades de Sodoma situavam-se todos sobre um rochedo; um anjo estendeu sua mão e as derrubou. Mesmo as plantas da terra foram batidas. E ainda hoje se alguém apanhar uma semente da região de Sodoma e plantá-la em seu canteiro, ela não brotará.

Mas a mulher de Lot olhou para trás e foi transformada numa coluna de sal. Pois na noite em que os anjos vieram para a casa de Lot, ela correu até as vizinhas e disse-lhes: Dai-me sal, pois temos hóspedes em nossa casa. Com isso ela havia espalhado entre os sodomitas a nova da chegada de estrangeiros. O pedido de sal foi a sua transgressão e por isso ela foi transformada numa coluna de sal.

ADIT, A MULHER de Lot, olhou para trás quando as cidades estavam sendo arrasadas, pois ficou com pena das outras filhas que lá tinha ficado. Mas como olhou para trás, converteu-se numa coluna de sal, que ainda hoje existe nesse lugar. Os bois que existem na região, lambem-na diariamente até que restem dela apenas os dedos de seus pés, mas, na manhã seguinte, cresce de novo o que lamberam.

LOT FALOU: Eu não posso fugir para a montanha, pois estou velho e a geada me matará e minha alma também está debilitada; eis que há uma cidade perto, de modo que nela me refugiarei; o caminho para lá é curto e minha alma se reanimará.

Depois teve lugar um grande terremoto e Lot partiu e escondeu-se numa caverna, porque temia a tempestade. E Deus fez chover sobre

Sodoma enxofre e fogo, e depois de três dias toda a região estava convertida na água, que atualmente se chama de Mar Salgado. Peixes e aves não vivem nesse mar, e ele separa Israel da Arábia. Durante os quarenta anos em que os filhos de Israel vaguearam pelo deserto, eles andaram em torno do Mar Salgado. Os navios não podem navegar neste mar, pois a água é como argila e nada ai afunda, apenas flutua na superfície; quando se coloca uma vela acesa na superfície, ela flutua enquanto está acesa, mas se ela se apaga, afunda. O mar expele breu preto, que é bom para colar.

24. As Filhas de Lot

QUANDO OS anjos vieram a Sodoma e conduziram Lot e suas filhas para fora, estas imaginaram que Deus tinha destruído o mundo inteiro como ao tempo do dilúvio. Por isso, combinaram entre si dar vinho ao pai e dormir com ele para que dele concebessem. Não o fizeram, porém, por querer fornicar com o pai, mas pensaram no seguinte: Deus criou o homem para ser fecundo e se multiplicar. Mas agora que o mundo está destruído, como é que iria ressurgir? O Senhor certamente nos deixou ficar, para que preservemos o mundo. Elas não sabiam que apenas Sodoma tinha sido destruída.

O Senhor falou: Não quero deixar de dar recompensa a nenhuma criatura; ainda que não tenha sido correto o que as filhas de Lot fizeram, eu, Deus, conheço os corações, posso neles penetrar, bem como examinar os rins. Quando depois o Senhor excluiu os moabitas e os amonitas da comunidade de Israel, determinou: Não deverá ser aceito nenhum filho de Moab ou de Amon. No entanto, não falou: Nenhuma filha de Moab ou de Amon.

LOT PARTIU de Zoar e foi habitar com as duas filhas numa caverna. Então a filha mais velha de Lot falou à mais jovem: Nosso pai está velho e no mundo não restou homem algum a quem nos possamos unir; assim, vamos dar vinho ao nosso pai e durmamos com ele, para dele concebermos. Mas como é que conseguiram vinho na caverna? Aconteceu-lhes na caverna o que acontecerá em dias futuros, quando as montanhas irão gotejar doce vinho.

E AS FILHAS de Lot falaram: Vamos receber a semente do nosso pai. Esse é o rei Messias, que provém das duas: David era um descendente de Ruth, a moabita, Roboão provinha de Naama, a amonita; mas o rei Messias descendia dos filhos de seus filhos.

Por isto Zofar, o naamita, falou a Jó: Pretendes investigar as ações de Deus? Sobre ti consta que és devoto e justo, mas agora que foste acometido de sofrimento, diriges queixa contra a Onipotência? Queres penetrar nas obras de Deus? Vê, se te fosse apresentado o caso legal de um homem que dormiu com sua filha, o que lhe imporias? Jó falou: Ele deveria ser apedrejado. Ao que

Zofar disse: E, no entanto, dois casos desses foram apresentados aos Senhor; Lot com suas filhas e Judá com sua nora, e Deus fez de um vir um rei na terra e do outro um salvador no mundo futuro. Os filhos de Aarão, porém, tinham que ofertar incenso ao Senhor, foram devorados pelo fogo.

SE O SENHOR tivesse julgado pelas ações, as filhas de Lot teriam que ser queimadas. Mas o Senhor julga apenas a intenção. E as filhas de Lot pensaram: Nosso pai é idoso e não há nenhum homem do qual possamos conceber.

Houve certa vez um sacerdote que possuía um campo, que ele deu a um arrendatário. Mas o campo não queria dar frutos. Quando o dono exigiu sua parte e o arrendatário nada tinha para lhe dar, ele tomou o tributo, que pertence apenas ao sacerdote e com ele semeou o campo. Logo depois, a terra frutificou. Quando depois o arrendatário levou o trigo ao celeiro, o sacerdote perguntou: Não tínhamos semente, de onde vem esse rendimento? O arrendatário respondeu: Vi que não havia semente, então peguei o tributo e o usei como sementeira. Então o sacerdote falou: Como pudeste fazer tal coisa? Não podes guardar os frutos no celeiro.

Assim foi também com as filhas de Lot. Viram que não havia nenhum homem por perto e imaginaram que tudo havia perecido: assim se apossaram do tributo sagrado. Então o Senhor lhes falou: Se eu vos tivesse julgado pelo que fizeste, seríeis do fogo; mas como o fizeste para preservar o mundo, deveis viver. Mas o fruto não poderá vir para o meu celeiro; Amon e Moab não deverão ser aceitos na comunidade de Deus.

Livro Quinto:
O Patriarca Abraão

1. No Meio das Épocas

QUANDO DEUS criou o mundo, este não podia ficar firme e oscilava de um lado para o outro. Então Deus perguntou: O que tens para balançar assim? E o mundo falou: Senhor, não posso ficar parado, pois não tenho apoio. Então o Senhor falou: Dar-te-ei um justo de nome Abraão, o qual te servirá de apoio. Em seguida a terra pôde ficar firme.

A TERRA era deserta — estas palavras referem-se à época de Adão, o primeiro homem; e vazia — estas referem-se a Caim, o qual queria levar o mundo novamente para o caos. Depois a Escritura fala da escuridão essa é a geração de Enos, do qual está escrito: "Praticam suas ações na escuridão e dizem: quem nos vê e quem nos conhece?" A escuridão jazia no abismo; por abismo deve se estender a geração do dilúvio, por causa da qual jorraram todas as fontes das grandes profundezas. Depois Deus falou: Haja luz — com isso ele anunciou a vinda de Abraão, sobre o qual ainda está escrito: "Despertou a justiça vinda do Oriente".

DEZ GERAÇÕES tinham passado desde Adão até Noé, para que fosse manifestada a longanimidade do Senhor, pois só depois que tantas gerações o encolerizaram, é que ele trouxe o dilúvio sobre os homens.

Dez gerações tinham passado desde Noé até Abraão, para que fosse manifestada a longanimidade do Senhor, pois tantas gerações encolerizaram o Senhor, até que veio Abraão e colheu a recompensa de todas elas.

DEUS FALOU a Abraão: Desde o momento em que criei o meu mundo, cabia a mim abençoar as minhas criaturas. Abençoei Adão e Eva, abençoei Noé e seus filhos; daqui por diante serás tu que distribuirás as bênçãos.

Quando Deus criou Adão, abençoou-o e os homens caminharam sob esta bênção, até que veio a geração do dilúvio e a anulou. Quando Noé saiu da arca, Deus viu que o mundo estava desprovido de qualquer bênção, e o abençoou de novo através de Noé. Esta bênção durou até que veio Abraão e a aumentou ainda mais.

Depois que Abraão veio, Deus disse: Não me fica bem abençoar as minhas próprias criaturas; assim quero confiar todas as bênçãos a Abraão e sua semente.

NO JARDIM do Éden havia uma alta árvore, que tinha o tamanho correspondente a quinhentos anos de viagem e também Adão tinha esse tamanho antes de comer da Árvore da Sabedoria. Mas quando Adão cometeu o pecado, as árvores foram castigadas e Adão foi repudiado. Se ele não tivesse sido expulso, teria vivido milhares de anos, pois, mesmo depois que foi afugentado, ele e as primeiras gerações viveram quase mil anos.

Noé passou muitos dos seus dias nas proximidades do Jardim do Éden; por isso viveu quase mil anos. No entanto, a partir dele até Peleg, a vida dos homens tornou-se cada vez mais curta e como Peleg só vira de longe o Jardim do Éden, só viveu seiscentos anos. Arpachsad, porém, que nunca se aproximara do Jardim do Éden, viveu quatrocentos anos. Arpachsad até Abraão, época na qual os homens se afastavam cada vez mais do Jardim do Éden, eles apenas viviam duzentos anos. De Abraão, porém, em diante, quando as gerações se fizeram errantes e fugitivas, a duração de sua vida tornou-se cada vez menor.

SOBRE NOÉ está escrito: Ele caminhou com Deus. Mas sobre Abraão está escrito: O Senhor lhe falou: Anda à minha frente e sê devoto. Aquele que lê isso, está provavelmente inclinado a pensar que Noé tenha sido mais justo do que Abraão. Mas não é este o caso. Pois nisso Noé e Abraão assemelhavam-se a dois príncipes, um grande e um pequeno; o pai segurava o pequeno pela mão, a fim de que não caísse, mas o grande caminhava sozinho à frente. Assim, está escrito sobre Noé: Ele se mantinha junto a Deus, para que não perecesse na geração do dilúvio. Mas a Abraão, que era único no seu mundo e um justo, o Senhor falou: Caminha à minha frente.

E mais uma alegoria a respeito.

Um rei tinha um amigo que caiu numa cova de barro e estava prestes a se afogar; o rei então o agarrou pela mão e o puxou para fora. Noé também estava assim dentro do barro e o Senhor estendeu-lhe a mão e ajudou-o a sair. Porém não foi assim com Abraão. O Senhor aí se parecia com um rei, que caminha na escuridão; mas veio seu amigo e viu o que estava havendo com ele e iluminou-lhe o caminho. Então o rei falou: Prefiro que andes à minha frente em vez de me iluminar o caminho.

ANTES DA existência de Abraão, o Senhor do Mundo costumava, se assim pode dizer, julgar com rigor. Castigou a geração do dilúvio com a inundação; os homens da construção da torre, Ele os dispersou de uma extremidade da terra até a outra; exterminou os habitantes de Sodoma pelo fogo e pelo enxofre.

Somente a Abraão coube receber o *sofrimento* como penitência; desde então este tateia através do mundo.

ABRAÃO SERIA digno de ter sido criado ainda antes de Adão; mas o Senhor falou: Se eu criar Abraão antes e o mundo se corromper, não poderá vir ninguém para consertá-lo novamente. Farei primeiro vir Adão, para que, se ele tropeçar, venha Abraão depois dele e remedie tudo.

Se um homem tem um pilar forte, onde o coloca? Só no meio da construção para que apóie as paredes à sua frente e atrás. O Senhor fez o mesmo com Abraão: colocou-o no centro dos tempos, para que sustivesse as gerações de antes e de depois dele.

2. No País dos Filisteus

NA ÉPOCA em que Sodoma ainda existia, Abraão lá morava e hospedava os passantes e os que regressavam para casa; mas depois que Sodoma foi destruída, ele partiu e emigrou para o país dos filisteus. Estabeleceu-se entre Cades e Zur e depois foi morar em Gerara.

ABRAÃO SAIU de Sodoma por causa das más línguas: as pessoas comentavam que Lot havia se unido às duas filhas. — Quão acertadas são as palavras dos nossos mestres, quando dizem: Acautelai-vos do carvão dos sábios, para que não vos queimeis; sua mordida é como a mordida da raposa, seu sibilar é como o sibilar de uma serpente venenosa e suas palavras são como carvão em brasa. Assim a separação de Abraão e Lot também foi uma separação eterna.

ABIMELEC, rei dos filisteus, mandou buscar Sara. Mas quando mandou buscá-la e tomou-a para si, o Senhor se atirou sobre ele. Disse-lhe: Deves morrer por causa da mulher.

Então Abimelec falou: Senhor do Mundo! O oculto e o aberto te são visíveis. Não abusei dela e nada fiz para que precisasses me matar. Na verdade, Abimelec não havia tocado em Sara e continuou: Senhor, queres estrangular um povo justo? Deus, porém, disse: Também eu sei que tu fizeste isso de coração cândido; portanto, não te vanglories, pois fui eu que impedi que pecasses contra mim.

Sobre isso um sábio contou: Certa vez um homem montado a cavalo viu uma criança deitada à sua frente; o cavalo precipitou-se e quis pisar a criança. Então o homem segurou as rédeas, de modo que o cavalo parou. Mas as pessoas ao redor começaram a elogiar o cavalo. Então o homem disse: A criança teria permanecido com vida se eu não tivesse segurado as rédeas?

Assim também falou o Senhor a Abimelec: Eu te protegi, para que não incorresses em pecado. Portanto, restitui a mulher a seu marido, pois ele é profeta.

NA NOITE em que Abimelec tomou Sara para si houve um grande vozerio no país dos filisteus. Os homens viam a figura de um homem, que segurava nas mãos uma espada nua, batia em quem se acercava e golpeava cegamente ao seu redor. O anjo de Deus atormentava a terra dos filisteus nessa noite e havia tumulto entre eles. Todos os orifícios e saídas do corpo lhes estavam fechados. A mão de Deus estava sobre eles, por causa de Sara, a mulher de Abraão.

Então um dos servos do rei exclamou: Senhor, nosso rei, restitui essa mulher a seu marido, pois ela é esposa desse homem. Algo semelhante aconteceu ao Faraó, rei do Egito. Quando esse homem foi ao Egito, disse também que sua mulher era sua irmã, pois esse é o costume desse homem, quando chega a uma terra estranha. Também o Faraó havia tomado a mulher para si; Deus então lhe enviou tormentas horríveis, até que ele devolveu a mulher ao marido.

OS HABITANTES de Gerara tiveram muito medo; viram a fumaça de Sodoma elevar-se como de um forno de cal e disseram: Talvez os anjos, que foram enviados a Sodoma, também venham para cá.

Abraão orou ao Senhor. Esta é a primeira vez na Escritura em que se fala de oração. Desde que o nosso patriarca Abraão orou, o nó se desatou.

EM SEGUIDA Abimelec levantou-se e restituiu Sara a Abraão. Homenageou-o e pediu que rezasse por ele. E Abraão orou e o povo foi salvo do mal. Mas não apenas isso, como ainda todas as mulheres da casa de Abimelec conceberam e tiveram filhos, conforme está escrito: Abraão rezou a Deus e Deus curou Abimelec, sua mulher e suas servas, para que tivessem filhos.

3. O Nascimento de Isaac

"O PAI de um justo se alegra e aquele que gerou um sábio alegra-se com isso também." A quem Salomão tinha em mente, quando formulou essa sentença? A nenhum outro senão Abraão e Isaac. Porque na hora em que Isaac nasceu, tudo se alegrou, céu e terra, sol e lua, estrelas e planetas. Por que se alegraram? Se Isaac não fosse criado, o mundo não poderia subsistir.

DECORRIDO UM ano e quatro meses da residência de Abraão no país dos filisteus, em Gerara, Deus lembrou-se de Sara; ela concebeu e pariu um filho de Abraão, e Abraão deu ao menino o nome de Isaac. No oitavo dia, Abraão circuncidou seu filho Isaac, como o Senhor lhe havia ordenado a proceder com a sua descendência. Abraão tinha cem anos e sua mulher noventa quando lhes nasceu Isaac.

DEUS LEMBROU-SE de Sara e cumpriu o que lhes havia prometido através da palavra do anjo. O Senhor a reconduziu aos dias de sua juventude. Na hora em que a nossa matriarca Sara foi lembrada, foram também recordadas muitas mulheres estéreis; muitos surdos passaram de novo a ouvir, muitos cegos enxergaram, muitos loucos ficaram sensatos. Outros contam que também as luzes aumentaram no céu e que, no dia em que Isaac nasceu, o Senhor fez o brilho da esfera solar tornar-se quarenta e oito vezes mais claro.

NO DIA EM que Isaac foi desmamado, Abraão deu uma grande festa. Mas os pagãos escarneceram e falaram: Já viram coisa igual, ancião e anciã recolhem uma criança no mercado e dizem: Ele é nosso. E não só isso, mas ainda fazem um banquete para dar crédito às suas palavras. O que fez Abraão? Foi lá e convocou todos os grandes homens da época e Sara convidou todas as mulheres; cada qual veio com seu filho, porém não trouxeram as amas. Então aconteceu um milagre com nossa mãe Sara; seus seios se abriram como duas fontes e ela amamentou todas as criancinhas.

Mas o povo continuou a zombar e dizer: Pode ser que Sara, a nonagenária, tenha dado à luz, mas será que Abraão, o centenário, gerou? Logo o semblante de Isaac transformou-se e ficou parecido com o do pai. Então todos abriram a boca e falaram: Abraão gerou Isaac.

PARA COMER, beber e alegrar-se na festa de Abraão, vieram Sem e Eber e todos os grandes do país, bem como Abimelec, o rei dos filisteus, com seus servos e seu general Pichol. Também Taré, o pai de Abraão, e Nacor, seu irmão, vieram de Haran com toda a criadagem, pois se alegraram muito quando souberam que Sara tivera um filho. Comeram e beberam no banquete que Abraão havia dado, rejubilaram-se com ele e permaneceram por muitos dias com Abraão no país dos filisteus.

O GIGANTE Og e muitos dos grandes estiveram na festa. Então disseram a Og: Vê, não disseste sempre que Abraão é um jumento estéril que não podia gerar? Og respondeu: E o que é que ele ganhou afinal de tão extraordinário? Se eu puser um dedo na criança eu a amasso. Então o Senhor novamente lhe falou: Menosprezas o que foi dado a Abraão; por tua vida, o teu fim será cair por suas mãos.

Conta-se que todos os trinta e um reis, que Josué dominou durante a conquista do país, teriam estado presentes ao banquete de Abraão.

4. A Expulsão de Ismael

ISMAEL NASCEU com o arco, e cresceu com o arco, conforme também está escrito: Ele era um bom atirador. Saía com arco e flecha e atirava nos pássaros. Certa vez viu Isaac sozinho e atirou uma flecha em sua direção para atingi-lo. Sara viu isso e disse a Abraão: Ismael fez isso e isso a Isaac; levanta-te, portanto, e destina a Isaac tudo o que o Senhor prometeu dar a ti e à tua descendência. Certo como vives, o filho dessa criada não será herdeiro como meu filho Isaac. E Sara continuou a falar a Abraão: Escreve uma carta de repúdio e expulsa para sempre essa criada com seu filho para fora desta casa.

Para Abraão, porém, de todas as provações que caíram sobre ele, esta foi a mais terrível e pesada, e ele sofreu muito por causa de seu filho. Mas durante a noite o Senhor apareceu ao nosso patriarca e lhe falou: Abraão, não sabes que Sara já te foi destinada como esposa dentro do ventre de sua mãe; ela é tua companheira e a esposa de tua juventude. Agar não é chamada de tua mulher e não é mais que uma criada. Por isso, é justo tudo o que Sara falou e não te doa o que tens a fazer.

Abraão, então, levantou-se ao amanhecer, escreveu uma carta de repúdio e a deu a Agar. Em seguida deixou que partisse para sempre. Ele amarrou-lhe o cinto de escrava na cintura, para que se soubesse que ela era uma criada. Tomou pão e um odre com água e entregou-os a Agar, e por causa de Abraão, a água do odre não se esgotava.

Mas quando ela chegou ao deserto, começou a errar atrás dos deuses estrangeiros da casa de seu pai, e a água do odre esgotou-se. Por isso ela abandonou o menino Ismael. Ismael tinha vinte e quatro anos, quando saiu da casa de Abraão, seu pai, e Isaac, tinha dez anos na época.

ISMAEL TINHA vinte e sete anos, e no entanto conta-se que ele era carregado no ombro. Pode-se concluir daí, que Sara havia atirado um mau olhado nele e que ele fora acometido pela febre. Por isso está escrito: A água esgotou-se no odre; pois é costume de um doente beber muito a toda hora.

Agar lançou o menino debaixo do arbusto, onde os anjos de Deus tinham falado com ela. Sentou-se em frente do menino e proferiu palavras maldosas contra a divindade. Disse: Ontem disseram-me: Multiplicarei bastante a tua descendência e agora este aqui termina por morrer de sede.

A ALMA 45 Ismael desfalecida de sede; deixou-se cair sob um arbusto do deserto e bradou: Senhor do Universo! Se é de tua vontade conservar-me com vida, dá-me de beber, para que minha alma não pereça, pois horrível é a morte pela sede e mais difícil do que todas as espécies de morte. Então Deus atendeu seu apelo e foi-lhe aberto o poço, que havia sido criado no crepúsculo do sexto dia; Agar e seu filho beberam e encheram seu odre de água.

5. Abraão Visita Ismael no Deserto

DEPOIS QUE Ismael e sua mãe Agar foram expulsos, ambos moraram por longo tempo no deserto de Faran. Ismael tornou-se um bom flecheiro. Depois os dois foram para a terra do Egito e lá moraram: e Agar tomou para seu filho uma esposa egípcia, de nome Meriva, que quer dizer, a briguenta. Ela concebeu e pariu quatro filhos e uma filha de Ismael. Mas depois, Ismael, sua mãe, sua mulher e seus filhos, puseram-se a caminho e voltaram ao deserto. Moravam em tendas, mas andavam e perambulavam pela estepe, de forma que, mês após mês e ano após anos, mudavam de lugar. E Deus deu ovelhas e gado e muitas cabanas a Ismael, tudo por amor a Abraão, seu pai, de modo que ele se tornou imensamente rico em gado.

Depois de anos, Abraão falou à sua mulher Sara: Quero rever meu filho Ismael, pois já faz muito tempo desde que o vi. E Abraão montou num camelo e partiu à procura de seu filho Ismael, pois ouvira dizer que ele habitava no deserto.

E Abraão partiu e chegou diante da tenda de Ismael justamente na hora do almoço. Não encontrou o filho e apenas achou na tenda a mulher de Ismael com seus filhos. Então Abraão perguntou à mulher: Onde está Ismael? A mulher respondeu: Foi ao campo caçar as feras. Abraão, contudo, ainda estava montado no camelo e não tinha descido, pois havia jurado à sua mulher Sara, que ficaria sentado no camelo. Abraão falou: Filha, dá-me um pouco de água, pois estou cansado e enfraquecido da viagem. A mulher retrucou: Não temos água nem pão. E ela permaneceu sentada dentro da tenda e não olhou para Abraão e nem perguntou quem ele era; bateu e amaldiçoou seus filhos e também praguejou contra Ismael, seu marido, e o difamou.

Abraão ouviu tudo isso e não gostou do fato. Chamou a mulher, para que saísse da tenda. A mulher saiu e Abraão lhe disse: Quando Ismael, teu marido, retornar, dize-lhe o seguinte: Esteve aqui um homem idoso do país dos filisteus perguntando por ti; o seu rosto era assim e assim e sua figura era assim e assim; eu não perguntei quem ele era e ele te mandou dizer o seguinte: retira o pilar da tua tenda e coloca outro em seu lugar. E Abraão voltou-se esporeou o camelo e retornou.

Quando Ismael voltou da caça com a mãe, sua mulher falou-lhe da seguinte maneira: Enquanto estavas fora, um homem do país dos filisteus esteve aqui perguntando por ti, seu rosto era assim e sua figura era assim e assim, não perguntei quem ele era, e ele me falou que, quando voltasses para casa, eu deveria te dizer o seguinte: retira o pilar da tua tenda e coloca um outro em seu lugar.

Ismael ouviu as palavras de sua mulher e compreendeu que seu pai estivera ali e que sua mulher não o havia recebido com veneração. Compreendeu também a instrução de seu pai e atendeu a sua voz e expulsou a mulher inóspita. Depois se dirigiu para o país de Canaã e lá tomou outra mulher. *

Passados três anos, Abraão falou novamente: Quero de novo procurar meu filho Ismael, pois há muito tempo que não o vejo. Montou em seu camelo e dirigiu-se ao deserto; chegou diante da tenda de Ismael quando era hora do almoço. Perguntou por Ismael e então apareceu uma mulher saindo da tendo que disse: Ele não está aqui, meu senhor, está no campo para caçar as feras e para apascentar os camelos.

E a mulher prosseguiu falando a Abraão: Mas entra na tenda, meu senhor, e come um pedaço de pão, pois estás cansado da viagem. Abraão retrucou: Não quero descansar porque preciso continuar logo; dá-me apenas um pouco de água para beber pois estou com sede. Então a mulher correu agilmente para a tenda e trouxe água e pão para Abraão. Insistiu muito com ele para que comesse e ele comeu e bebeu, alegrou-se e abençoou seu filho Ismael. Depois de ter comido, enalteceu seu Deus e falou à mulher de Ismael: Quando Ismael, teu marido, voltar para casa, dize-lhe o seguinte: Um homem do país dos filisteus esteve aqui, era muito velho e sua aparência era assim e assim. Ele mandou te dizer: O pilar que puseste em tua cabana é bom e valoroso, não o atires fora. E Abraão voltou-se e partiu para o país dos filisteus.

Quando Ismael voltou para casa, a mulher foi ao seu encontro com alegria e disposição. Disse-lhe: Esteve aqui um velho homem do país dos filisteus e perguntou por ti. Ofereci-lhe pão e água e ele comeu e bebeu e ficou contente. Ele mandou te dizer: O pilar da tua casa é muito bom, conserva-o e não o atires fora. Então Ismael compreendeu que seu pai estivera ali e compreendeu que sua mulher lhe havia demonstrado veneração e enaltecido seu Deus.

Depois se pôs a caminho, tomou sua mulher, seus filhos, seu gado e tudo o que lhe pertencia, deixou o lugar e foi ter com seu pai no país dos filisteus.

6. A Bem-aventurança de Abraão

ABRÃO MOROU longo tempo no país dos filisteus; ao todo foram vinte e seis anos. Depois seguiu com seus servos e todos os seus

---

* Segundo uma outra tradição, a segunda mulher de Ismael era a egípcia, da qual a Bíblia conta que se chamava Petuma.

pertences; chegaram até as proximidades de Hebron e lá se instalaram. E os servos de Abraão cavaram poços e Abraão morou com tudo o que lhe pertencia, perto da água.

Mas quando os servos de Abimelec, o rei dos filisteus, souberam que os servos de Abraão haviam cavado poços nas fronteiras do país, vieram e brigaram com os servos de Abraão; tomaram-lhes à força o grande poço que haviam feito. Abimelec, rei dos filisteus, também soube disso e veio com seu capitão-de-campo Pichol e vinte homens diante de Abraão e conversou com ele sobre o caso. Abraão, contudo, pediu explicações a respeito do poço que os servos de Abimelec tinham roubado. Então Abimelec falou: Certo como Deus vive, aquele que criou a terra toda, até hoje eu não sabia o que meus servos fizeram aos teus.

Abraão então tomou sete cordeiros e deu-os a Abimelec, dizendo: Toma de mim estes animais como sinal de que fui eu que cavei este poço. Abimelec tomou os cordeiros, e mais muitas ovelhas e bezerros, que Abraão lhe dera e fez-lhe um juramento a respeito do poço. Por isso o lugar se chama Bersheva (Beer-Seba), porque ali os dois juraram em conjunto. * Depois concluíram uma aliança entre si.

OS PASTORES de Abraão discutiram com os pastores de Abimelec. Os pastores de Abraão diziam: O poço é nosso. E os pastores de Abimelec diziam: O poço é nosso. Depois os pastores de Abraão disseram: Para aquele que a água subir sozinha a fim de dar de beber às suas ovelhas, a esse deverá pertencer o poço. Quando a água então via chegar o rebanho do nosso patriarca Abraão, ela subia. E Deus falou a Abraão: Isso é um presságio para os teus filhos. Também para os teus filhos acontecerá um dia, que a água subirá logo que os avistar. **

ABRAÃO PLANTOU uma vinha em Bersheva e fez quatro portões para os quatro lados do mundo, a fim de que cada viandante encontrasse uma porta no seu caminho.

A casa de Abraão estava aberta para todos os seres humanos, aos passantes e aos que regressavam para casa. Diariamente vinham pessoas à sua casa para comer e beber. Dava pão ao que estava com fome e o hóspede comia, bebia e se saciava; vestia aquele que vinha nu para sua casa e fazia-lhe saber a respeito de Deus, o Criador de todas as coisas. Está escrito: Abraão plantou uma árvore em Bersheva. Com isso se quer referir ao albergue que erigiu.

DEPOIS QUE o viandante se fortalecia, Abraão lhe dizia: Agora profere a bênção. E o estrangeiro perguntava: O que devo dizer? Abraão respondia: Dize: Louvado seja o Senhor, o Deus eterno!

---

*   Beer, poço. Schewuah, juramento.
** Referência ao poço de Miriam da jornada pelo deserto.

Era dele, o que comemos. Por isso está escrito: Abraão pregava o nome do Senhor, o Deus eterno.

QUEM DESPERTOU o justo para a exaltação? Quem lhe bradou para que fosse? Os povos da terra dormiam e não podiam chegar sob as asas da divindade; quem os despertou para que procurassem proteção embaixo delas? Abraão! Mas não só os povos da terra, ele sacudiu mas despertou também a clemência do seu sono. Fundou um albergue e lá recebia os viandantes e os que voltavam para casa.

ABRAÃO LEVOU consigo para Canaã as almas que havia formado em Haran. Ainda que todos os seres humanos se juntassem, não poderiam formar por si só uma mosca, sequer, e no entanto, a respeito de Abraão, está escrito que ele formou almas. Com isso, deve-se entender os estrangeiros que Abraão e Sara converteram a Deus. Abraão costumava converter os homens, Sara, as mulheres. Nosso patriarca Abraão conduzia os estrangeiros para sua casa, dava-lhes de comer e de beber; cuidava deles com amor e os conduzia para baixo das asas da divindade. Vês assim que converter uma criatura ao Senhor significa o mesmo que criá-la, formá-la e educá-la.

DEUS FALOU com Abraão e disse: Vê, sou eu e tenho minha aliança contigo: serás pai de muitos povos. Serás chamado pai de quem se circuncidar e se converter a mim. Por isso um mestre da Lei disse: Também um recém-convertido, quando leva as primícias de frutos ao Templo, pode clamar: Deus de nossos pais; pois assim falou o Senhor a Abraão: Eu te fiz pai de muitos povos. Antes eras apenas o pai de Aram, mas a partir de agora és pai de todos os povos.

ABRAÃO PLANTAVA árvores em todo lugar onde chegava, elas, porém, não queriam crescer direito. Mas em Canaã, plantou uma árvore que cresceu e se desenvolveu. Através dessa árvore, Abraão podia saber quem estava com Deus e quem estava com os ídolos. Pois quando alguém aparecia sob a árvore, se estava com Deus, ela tabria os galhos sobre ele e formava uma sombra agradável ao redor de sua cabeça.

Quem porém estava com os ídolos, dele a árvore desviava-se e dirigia seus galhos para o alto. Assim, Abraão sabia que se tratava de um pagão. Mas também o recebia e não se afastava dele até que adotasse a fé em Deus. Assim sendo, um homem íntegro era recebido pela árvore e um malfeitor a árvore não recebia. Dessa forma Abraão sabia quem era impuro e então costumava purificar este homem com água.

Sob a árvore havia uma fonte de água e, se alguém necessitava de uma limpeza, a água subia ao seu encontro. Assim, através da árvore, Abraão podia pôr à prova todos os homens.

Os sábios dizem:

Por ter comido da árvore da sabedoria, Adão trouxe a morte ao mundo. Mas quando veio Abraão, e através de uma árvore, igualmente, ele salvou o mundo, ele curou o mundo.

7. O Velho do Deserto

ACONTECEU QUE Abraão estava sentado à entrada de sua cabana porque o dia estava quente. E eis que, vindo do deserto, apareceu um homem muito velho, avançado em idade, de cabelos brancos e uma longa barba branca, que lhe ia até a cintura. E o ancião andava apoiado em seu bastão, pois, devido à idade, estava fraco. Quando Abraão o avistou, levantou-se, foi ao encontro do viandante, e disse-lhe: Peço-te, meu senhor, hospeda-te comigo; toma um pouco de água e lava teus pés. Deleita teu coração e passa a noite aqui; de manhã, podes acordar cedo e seguir o teu caminho. O ancião respondeu dizendo: Não, pois quero encostar-me sob a árvore. Abraão insistiu muito, até que o estrangeiro acedeu e entrou na tenda. E Abraão colocou manteiga, leite e pão branco diante do hóspede, e eles comeram juntos e saciaram-se.

Quando terminaram a refeição, Abraão viu que o homem não proferiu a bênção e falou-lhe: Por que não enalteces Deus, o Senhor do céu e da terra? A isso, o ancião respondeu: Teu Deus não é meu Deus, não conheço Javé e não invoco o seu nome. Fiz os meus próprios deuses e esses estão na minha casa e ouvem minha voz sempre que os invoco. Então Abraão enfureceu-se com o homem; levantou-se e afugentou-o para o deserto.

Logo o Senhor chamou Abraão e disse: Abraão, Abraão! E ele respondeu: Eis-me aqui. E o Senhor falou: Onde está o velho, que esteve hoje contigo? Abraão retrucou dizendo: Senhor, o homem não se lembrou de teu Nome e não Te enalteceu e por isso eu o expulsei para o deserto. Então o Senhor falou a Abraão dizendo: A idade do homem é de cento e noventa e oito anos; tolerei-o todo esse tempo e não o deixei perecer; alimentei-o com pão, provi-o de roupas e não lhe deixei faltar nada. Bem sei que ele não atendeu a minha voz, e no entanto não o privei de minha benevolência. Como pudeste levantar tua mão contra ele e expulsá-lo, sem ao menos conceder-lhe pousada por uma noite?

Abraão prostrou-se com o rosto em terra e disse: Que a ira do meu Senhor não se inflame sobre o seu servo. Eu faltei, perdoa-me desta vez. E Abraão seguiu para o deserto, a fim de procurar o expulso. Chamou em voz alta e alcançou-o. Depois o conduziu de volta para sua tenda e tratou-o bem. Na manhã seguinte, deixou-o prosseguir seu caminho em paz.

8. Do Sacrifício de Isaac

ACONTECEU NUM mesmo dia em que os filhos dos poderosos vieram diante do Senhor, também Satã aparecer diante do Senhor para acusar perante Ele os seres humanos. O Senhor falou ao Satã: De onde vens? Este respondeu: Vagueei pelo mundo e atravessei o país. Deus então disse: O que saberias dizer acerca dos filhos da terra? O Satã retrucou: Nada, a não ser que os vejo sempre te servindo e lembrando de ti, quando desejam algo. Mas quando lhes concedes o que pedem, eles te abandonam e não se recordam mais de ti. Eis Abraão, filho de Taré; enquanto não tinha filhos, ele te serviu e erigiu altares; aonde quer que fosse, ofertava-te sacrifícios e pregava o teu Nome a todos os seres da terra. Mas agora que lhe nasceu Isaac, seu filho, ele te abandonou, convidou todos os habitantes do país para um grande banquete e esqueceu seu Deus; de tudo o que preparou, não te ofertou nem um holocausto de fogo nem um sacrifício completo, e não te deu um boi, nem uma ovelha e nem um cabritinho.

Deus então falou ao Satã: Não atentaste bem para o meu servo Abraão, pois em todo o país não há igual a ele, sem falsidade e justo, temente a Deus e evitando o mal. Tão certo como vivo, se eu lhe falasse: Traze-me teu filho Isaac para o holocausto de fogo, ele não o recusaria, da mesma forma como se eu lhe dissesse: Sacrifica-me uma de tuas ovelhas ou bezerros. Então o Satã falou: Pois bem, Senhor, fala então a Abraão como estás falando agora, para ver se ele não faltará e não agirá contra tuas palavras.

Nesta hora, a palavra de Deus fez-se ouvir a Abraão e Ele falou: Abraão! Este respondeu: Eis-me aqui. Então Deus falou: Toma Isaac, teu único filho, que tanto amas, e vai à região de Moria; lá, oferece-o em holocausto sobre um dos nomes, no lugar em que a nuvem do Senhor se mostrar a ti. Então Abraão falou em seu íntimo: Como farei para separar meu filho Isaac de sua mãe Sara, para ofertá-lo em holocausto de fogo ao Senhor? E entrou na tenda, sentou-se diante de sua mulher Sara e falou com ela da seguinte maneira: Eis que nosso filho Isaac está crescido e ainda não sabe nada sobre o culto a Deus; assim, vou levá-lo amanhã a Sem e seu filho Eber, para que lá aprenda os caminhos de Deus; eles lhe ensinarão reconhecer Deus e lhe indicarão como deve orar ao Senhor, para que Ele o atenda.

Sara respondeu: Falaste certo, meu senhor; faze como disseste. Mas não o mandes para longe de mim e não o deixes ficar muito tempo, porque minha alma está muito ligada à dele. Abraão, porém, disse a Sara: Filha, implora ao Senhor, nosso Deus, para que nos faça o bem.

E Sara tomou o filho Isaac e deixou que dormisse com ela naquela noite; beijou-o e abraçou-o e cuidou dele até a manhã. Falou: Meu filho, como pode minha alma separar-se de ti? E chorou. Depois recomendou-o a Abraão, seu pai, e disse: Sê benevolente comigo, meu senhor, cuida do teu filho e dirige teu olhar para ele, pois não tenho outro filho ou filha além dele. Não o abandones, dá-lhe pão quando tiver fome e água quando tiver sede; não o deixes andar a pé e ficar sentado no sol; não o deixes ficar só pelo caminho; não lhe negues nada e faze tudo o que ele pedir.

Na manhã seguinte, Sara tomou um belo traje, um dos que havia ganho de Abimelec, rei dos filisteus, vestiu-o em Isaac; pôs-lhe um chapéu e enfeitou o chapéu com uma pedra preciosa. Também deu a ambos alimento para a jornada.

Depois Isaac e seu pai Abraão deixaram a casa e vários servos foram com eles, para acompanhá-los. E também Sara os acompanhou; então Isaac lhe disse: Volta para a tenda. Ao ouvir as palavras de seu filho, Sara rompeu em pranto, e seu marido Abraão chorou junto e seu filho Isaac começou a chorar alto e todos que os acompanhavam, choraram muito. E Sara tomou seu filho Isaac e segurou-o com força abraçou-o, beijou-o e continuou a chorar com ele. Ela disse: Quem sabe se tornarei a ver-te, meu filho, depois do dia de hoje. Em seguida Sara desviou-se chorando do filho e suas criadas e servos voltaram com ela para a tenda. Abraão, porém, foi com Isaac, a fim de oferecê-lo em holocausto de fogo, conforme o Senhor lhe ordenara. Havia levado seus dois rapazes, Ismael, o filho de Agar, e Eliezer, seu servo, junto com eles.

Durante o caminho os dois rapazes conversaram e Ismael disse a Eliezer: Vê, meu pai Abraão está levando Isaac para oferecê-lo em holocausto de fogo ao Senhor e, quando ele voltar, tornar-me-á herdeiro de tudo o que lhe pertence, pois eu sou o seu primogênito. Então Eliezer retrucou: Mas Abraão expulsou a ti e tua mãe e jurou que não herdarás nada do que lhe pertence. A quem irá legar tudo que possui, e toda a sua magnificência senão a mim, seu fiel servo, que o servi dia e noite e em tudo lhe fiz as vontades?

Abraão e Isaac estavam seguindo seu caminho e a eles juntou-se o Satã; apareceu a Abraão sob a forma de um homem idoso, curvado e humilde. Ele falou: Provavelmente és um tolo e um simplório se queres fazer isso com o teu único filho. No fim dos teus dias Deus de teu um filho e agora queres matá-lo sem motivo e exterminar sua alma. Deus não faria isso com um homem, dizendo-lhe: Vai, mata teu filho!

Abraão ouviu as palavras e compreendeu que eram insinuações do Satã, que queria desviá-lo do caminho de Deus. Não queria porém dar ouvidos à voz do Satã e gritou-lhe que fosse embora.

Contudo o Satã retornou e desta vez apareceu a Isaac como um jovem, de bela figura e belas feições. Falou-lhe: Provavelmente já ouviste que teu velho e tolo pai pretende sem mais nem menos matar-te hoje. Meu filho, não o ouças e não lhe faça a vontade, pois o velho é insensato.

Ao ouvir isso, Isaac disse ao pai Abraão: Ouviste, meu pai, o que este aqui me falou? Repetiu ao pai suas palavras. Abraão respondeu: Toma cuidado com ele, meu filho; ele é o Satã, que nos quer desviar dos mandamentos de nosso Senhor. E Abraão gritou novamente com o Satã para que fosse embora.

Quando o malvado viu que nada podia conseguir, escondeu-se e continuou andando; logo se colocou no caminho deles sob a forma de uma grande correnteza de água. Abraão, Isaac e os dois rapazes chegaram a esse lugar e de repente viram as águas de uma correnteza. Entraram e no começo a água só lhes chegava aos tornozelos. Mas ao continuar, foi se tornando cada vez mais funda e a água lhes chegou até o pescoço. Primeiro se assustaram, mas logo Abraão reconheceu o lugar e lembrou-se de que lá não havia água antes. Falou a Isaac: Conheço este lugar e sei que aqui sempre foi só terra firme e seca. Com certeza é o Satã que está fazendo isso conosco, para nos desviar do mandamento de Deus. E Abraão gritou novamente com o Satã e disse: Que Deus te maldiga, Satã, desaparece daqui, pois andamos de acordo com a ordem do Senhor. O Satã então partiu e o lugar tornou-se de novo terra firme, como era antes. Abraão e Isaac puderam continuar a jornada que Deus lhe ordenara.

No terceiro dia, Abraão levantou seus olhos e avistou de longe o lugar, que o Senhor lhe havia indicado; acima dele havia uma coluna de fogo, que ia desde a terra até o céu, e acima da montanha havia uma nuvem, que envolvia a glória de Deus. Abraão perguntou a seu filho Isaac: Viste na montanha, que vemos ao longe, o que eu vi? Isaac retrucou: Vejo uma coluna de fogo e uma nuvem, e a majestade de Deus é visível na nuvem. Então Abraão reconheceu que seu filho Isaac agradava ao Senhor como holocausto.

Depois Abraão falou a Eliéser e a Ismael: Também enxergais algo na montanha, que vemos ao longe? Estes responderam: Não vemos nada além de uma montanha igual às outras. Então Abraão reconheceu que a companhia dos dois rapazes não era do agrado ao Senhor e falou-lhes: Ficai aqui com o jumento; eu e meu filho Isaac seguiremos até essa montanha para adorar o Senhor; depois voltaremos para junto de vós.

E Abraão pegou a lenha para o holocausto e colocou-a sobre os ombros de seu filho Isaac; ele mesmo levava o fogo e o cutelo, e ambos foram para o lugar do sacrifício. Então, Isaac perguntou ao pai: Temos fogo e lenha conosco, mas onde se acha o cordeiro para o holocausto de fogo ao Senhor? Abraão respondeu: Meu filho, o Senhor escolheu a ti, para que sejas uma vítima inocente em lugar do cordeiro. Isaac falou: Farei com alegria e boa disposição tudo o que o Senhor ordenou. E Abraão continuou: Meu filho, confessa abertamente se em teu coração não se ergue algum pensamento contra essa ordem e se não tens em mente alguma idéia imprópria. Dize-me, meu filho, não escondas de mim. Então Isaac respondeu ao pai Abraão e falou: Certo como Deus vive, meu pai, e como tua alma vive, não tenho em mente de me voltar para a direita ou para a esquerda, daquilo que o Senhor determinou. Nenhum osso dos meus membros e nenhuma fibra da minha carne estremece ante essa palavra, não tenho maus pensamentos e meu coração, ao contrário, está alegre, eu estou bem disposto e gostaria de clamar: Louvado seja o Senhor, que hoje me escolheu para o holocausto do fogo.

Abraão, então, alegrou-se muito com essas palavras de Isaac; continuaram andando e chegaram ao lugar, que o Senhor havia indicado. Abraão pôs-se a erigir o altar e seu filho Isaac alcançava-lhe as pedras e a argila. Depois Abraão pegou a lenha e a empilhou no altar. E pegou seu filho Isaac, amarrou-o e colocou-o no altar sobre a lenha. Isaac falou ao pai: Amarra-me com firmeza, pai, prenda-me bem, só depois me coloca sobre o altar, para que eu não me mexa e não me solte quando o cutelo penetrar na minha carne e eu não profane o altar do holocausto do fogo. E Isaac continuou falando a Abraão: Pai, depois que tiveres me oferecido em holocausto de fogo, toma as cinzas, leva-as à minha mãe Sara e dize-lhe: Este é o cheiro de Isaac. Mas não lhes diga isso, quando estiver sentada perto de um poço ou numa elevação, para que ela por minha causa não atire fora sua alma e morra.

Ao ouvir essas palavras de Isaac, Abraão levantou sua voz e chorou, e as lágrimas de Abraão caíram sobre seu filho. E também Isaac chorou muito e disse a seu pai: Rápido pai, apressa-te e faze em mim a vontade do Senhor, nosso Deus. Então os corações de Abraão e de Isaac alegraram-se; o olho chorava amargamente, mas o coração estava alegre. Isaac esticou seu pescoço e Abraão agarrou o cutelo para sacrificar seu filho no altar.

Nessa hora os anjos da misericórdia avançaram diante do Senhor e intercederam em favor de Isaac. Falaram: Imploramos a ti, ó Senhor, bondoso e misericordioso Rei! Tu te compadeces de todas as criaturas e a todas dás vida. Permite que te demos um penhor em lugar de Isaac, teu servo; sê clemente e misericordioso para com Abraão e seu filho Isaac, que hoje agiram de acordo com tua palavra. Viste, ó Senhor, Isaac, filho de Abraão, atado e amarrado, pronto para o sacrifício, deitado sobre o altar como um animal? Que a misericórdia te mova!

Então o Senhor apareceu a Abraão e bradou-lhe do céu: Não coloques tua mão sobre o menino e não lhe faças nada, pois agora sei que temes a Deus, pois não me poupaste o teu único filho! E levantando Abraão ergueu o olhar e viu um carneiro com chifres presos num espinheiro; este era o carneiro que o Senhor criou no dia em que fez o céu e a terra e que conservava preparado para que algum dia fosse oferecido em holocausto de fogo no lugar de Isaac. O carneiro aproximou-se de Abraão quando o Satã o agarrou e fez com que ficasse preso com os chifres no espinheiro, para que não alcançasse Abraão e este matasse seu filho. Mas Abraão viu o carneiro chegar e aproximar-se e viu como o Satã o impedia. Então agarrou o carneiro e o conduziu até o altar. Depois libertou seu filho Isaac das amarras, colocou o carneiro sobre o altar, abateu-o e ofereceu em holocausto de fogo; borrifou o altar com o sangue do carneiro e exclamou: Este é meu filho, este sangue deverá ser considerado pelo Senhor como sendo o sangue do meu filho.

9. Ainda Sobre o Sacrifício de Isaac

OS CAMINHOS de Deus são perfeitos. O Senhor viu que Abraão lhe era apegado e O tinha elegido. Então falou: Eu sou o Todo-poderoso, caminha à minha frente e sê piedoso.

As palavras do Senhor purificam. Deus purificou Abraão através de dez provações. Primeiro mandou jogá-lo no forno de cal. Depois ordenou-lhe que deixasse sua terra natal e os seus amigos. Provou-o duas vezes com Sara, através do Faraó e através de Abimelec; depois pela ordem de expulsar Agar e Ismael. Em seguida Deus provou Abraão pela guerra dos reis, pela aliança entre as partes, mostrando-lhe os quatro reinos, aos quais seus filhos deveriam servir; depois pela circuncisão e finalmente pelo sacrifício de Isaac, dizendo-lhe: Toma teu único filho. E Abraão aceitou tudo com humildade e com amor, e suportou tudo como um herói. E qual foi a sua recompensa? Foi que se tornou um escudo para todos que nele confiam.

DEUS EXPERIMENTOU Abraão. Um ceramista que examina seus vasos, não escolhe para isso os frouxos, pois assim que neles bate, quebram-se; escolhe os mais perfeitos, aqueles que, por mais que se bata, continuam inteiros. Assim o Senhor não põe a prova os ímpios, mas somente os justos, como também está escrito: "O Senhor porá a prova o justo".

QUANDO ISAAC tinha trinta e sete anos, Ismael veio à sua tenda e vangloriou-se dizendo: Eu tinha treze anos quando o Senhor disse a meu pai que nos circuncidasse e eu dei voluntariamente a minha carne. Isaac então retrucou: Vanglorias-te por causa dessas coisas, dessa pouca carne que sacrificaste?

Certo como o Senhor, o Deus de Abraão, meu pai, vive, se Ele dissesse a meu pai: Toma teu filho Isaac e traze-mo em holocausto, eu não lhe reteria a minha alma e deixaria com alegria que tal acontecesse. E Deus ouviu o que Isaac falou a Ismael e gostou. Decidiu experimentar Abraão.

ABRAÃO PARTIU de madrugada, levou Ismael, Elieser e seu filho Isaac e selou o jumento. Este era o jumento, o filhote da jumenta, que foi criada no crepúsculo do sexto dia, este era o jumento, no qual Moisés montou mais tarde, quando chegou ao Egito: este era o jumento, no qual algum dia, o Messias da casa de David fará sua entrada, como está escrito: "Rejubila-te, filha de Sião, grita de alegria, filha de Jerusalém. Eis que teu rei vem a ti, um justo e protetor, é pobre e monta um jumento, um potrinho, filho da jumenta".

QUANDO ABRAÃO e Isaac chegaram ao lugar do sacrifício, o Senhor apontou o dedo e falou: Este é o lugar. Esse era o altar, sobre o qual Caim e Abel haviam sacrificado e sobre o qual Noé e seus filhos haviam sacrificado. E Abraão reconstruiu o altar.

ISAAC CARREGOU a lenha para o holocausto de fogo, como um homem carrega sua cruz nos ombros. Ao chegarem ao lugar de qual Deus falara, Abraão começou a construir o altar e amarrou seu filho Isaac. Estendeu a mão para o cutelo e de seus olhos jorraram lágrimas de pena, que caíram nos olhos de Isaac. No entanto o coração estava satisfeito por fazer a vontade do seu Criador. E os anjos em serviço reuniram-se aos bandos e clamaram: Devastadas estão as veredas.

ABRAÃO E ISAAC chegaram ao lugar. Ambos carregavam as pedras, ambos carregavam o fogo, ambos carregavam a lenha. Abraão parecia alguém que conduz o filho para o casamento e Isaac parecia um noivo que caminha para o matrimônio. Isaac falou: Pai, apressa-te e faz a vontade do teu Criador; queima-me bem e leva minhas cinzas à minha mãe, para que ela as guarde e, sempre que as olhar, diga: este é meu filho, a quem seu pai sacrificou. E agora, pai, o que fareis vós nos vossos dias de velhice? Então Abraão falou: Meu filho, sabemos que nossa morte está próxima; mas Aquele que nos consolou até agora, nos consolará também até o dia da morte.

ANTES DO SEU sacrifício, Isaac orou: Senhor do Mundo! Seja a tua vontade que minha gordura, meu sangue e cada fibra de minha carne sejam considerados por ti neste altar, como múltiplos sacrifícios que teus filhos te ofertarão no futuro. Quando teus filhos pecarem diante de ti, propositadamente ou involuntariamente, mas depois se penitenciarem, aceita e concede-lhes a expiação. Se, porém, forem culpados de extermínio, recorda-te de mim e enche-te novamente de misericórdia para com os teus filhos.

DEPOIS ISAAC foi para junto de seu pai e o encontrou fazendo os preparativos para o sacrifício; então sua boca abriu-se num riso ditoso e ele se alegrou, como está escrito: "Cantaram sobre seus jazigos". Quando o cutelo chegou ao pescoço de Isaac, sua alma o deixou. Mas quando o Senhor fez ecoar sua voz entre os querubins: Não ponhas tua mão sobre o menino — a alma de Isaac voltou para o seu corpo. Abraão o desamarrou e seu filho ali estava sobre seus pés. Isaac soube então que existe uma ressurreição dos mortos, que todos os mortos algum dia reviverão. Abriu a boca e disse: Louvado seja o Senhor que desperta os mortos.

SAIBA QUE ambos, Adão e Abel, pecaram através da visão. Mas as suas duas almas continuaram a caminhar. Uma foi para dentro do corpo de Abraão e a outra para dentro do corpo de Isaac. Isaac foi escolhido para redimir o pecado de Abel e Abraão, de seu lado, devia compensar a culpa de Adão.

O CARNEIRO, que fora criado no crepúsculo do sexto dia, correu e quis ser sacrificado em lugar de Isaac. Mas, Semael confundiu-o, fazendo-o ficar preso num espinheiro, pois queria destruir a obra de Abraão. Que fez então o carneiro? Esticou sua pata e tocou na veste de Abraão, para que ele olhasse e o visse. Ele então o libertou e o sacrificou em lugar de Isaac. E o agradável aroma do sacrifício subiu ao trono do Senhor e lhe foi tão doce, como se fosse o aroma de Isaac.

UM CARNEIRO, de nome Isaac, andava à frente do rebanho de Abraão. Então Gabriel foi para lá e levou-o diante de Abraão e este o sacrificou em lugar de seu filho. Isso aconteceu no dia do Ano Novo.

DO CARNEIRO ISAAC, não se perdeu nenhum resto. Sua cinza tornou-se a consistência básica do fogo que ardia no altar interno do Templo. Seus tendões eram dez e por isso também a lira que David tocava tinha dez cordas. De seu couro foi feito o cinto que Elias usava ao redor de seus quadris, como também está escrito: "Um homem subiu a nosso encontro vestido de pele rude e tinha um cinto de couro ao redor dos quadris". Os dois chifres do carneiro — No esquerdo o Senhor soprou no monte Sinai, como está escrito: "O som da trombeta era cada vez mais forte". O direito, porém, era maior do que o esquerdo, e nesse o Senhor soprará um dia quando juntar os dispersos do exílio, sobre o que também está escrito: "Nesse tempo tocar-se-á uma grande trombeta".

DURANTE TODO esse dia Abraão viu como o carneiro ora ficava preso numa árvore e se libertava, ora se perdia na espessura da mata e voltava à luz do dia, ora ia com os chifres de encontro a uma sebe e dela se soltava. Então o Senhor falou-lhe: Assim um dia os teus filhos, presos em pecados, e se perdendo pelos reinos, vaguearão de Babel para a Média, da Média para a Grécia, e da

Grécia para Edom. Então Abraão falou: Ó Senhor do Universo! E perdurará isso por toda a eternidade? O Senhor então falou: Mas o seu fim será que se salvarão pelo chifre desse carneiro, como também está escrito: "Deus, o Senhor, soará o chifre e avançará na borrasca do Sul".

ABRAÃO VOLTOU para onde estavam os dois rapazes, e juntos retornaram a Bersheva. Onde ficou Isaac? Sobre isso diz um sábio: Apesar de Isaac não estar morto, a Escritura fala dele, como se não existisse mais e como se a sua cinza tivesse sido espalhada no altar. Todavia, conta-se também que Deus teria levado Isaac para o Jardim do Éden e ele teria ficado ali durante três anos.

LOGO APÓS o sacrifício, Abraão mandou Isaac e Sem, filho de Noé, para que recebesse os ensinamentos da Escritura. Certa vez, havia uma mulher que enriqueceu fiando e por isto falou: Este fuso tornou-me rica; ele jamais deverá cair da minha mão. Assim também falou Abraão: Tudo o que recebi obtive pelo fato de ter-me ocupado com o Ensinamento; não deverá ficar afastado da minha descendência por toda a eternidade.

DIVERGEM as opiniões dos sábios acerca do monte Moria. Uns dizem que esse é o lugar de onde veio o Ensinamento para o mundo; outros dizem que esse é o lugar de onde veio o temor a Deus para o mundo. Uns afirmam que esse é o lugar de onde partiram os mandamentos e onde ecoou a palavra; outros opinam que de lá veio a luz para o mundo.

Diz-se que Moria é o lugar que fica em frente ao templo celestial.

Abraão chamou o lugar de Jaré, o que significa: que apareça o Senhor; razão pela qual ainda hoje em dia se diz: O monte onde aparece o Senhor. Sem, porém, chamou o lugar de Salém. Ao que Deus falou: Se eu chamar o lugar de Salém, ao modo de Sem, anulo a palavra de Abraão, a quem amo. Se eu porém chamar o lugar de Jaré, como o fez Abraão, eu anulo o que Sem, o justo, falou. O que fez o Senhor? Juntou as duas denominações e delas fez o nome de Jerusalém.

10. Da Morte de Sara

QUANDO ABRAÃO retornou do monte Moria, a ira inflamou-se em Semael, pois viu que não havia conseguido o que seu espírito almejara, ou seja, frustrar o sacrifício de Abraão. Assim foi à Sara e disse-lhe: Não ouviste o que aconteceu no mundo? Ela respondeu: Não. Ele disse: Teu velho marido tomou o menino Isaac e o ofereceu em holocausto de fogo. E o menino chorou e gritou, mas não pôde salvar-se.

Então Sara chorou alto e lamentou muito; e devido à enorme
aflição do seu coração, sua alma vôou e ela morreu. Abraão, nosso
pai, regressou e a encontrou morta.

UM OUTRO livro relata da seguinte maneira:
Na hora em que Abraão sacrificou o carneiro, o Satã foi à casa
de Sara e apareceu-lhe sob a forma de Isaac. Ela falou: Meu filho,
o que é que teu pai fez contigo? O Satã retrucou: Levou-me para
as montanhas e me fez descer os vales; depois levou-me ao cimo
de uma montanha, ergueu ali um altar, empilhou a lenha, amarrou-me
e tomou do cutelo para me matar; e não tivesse o Senhor bradado:
Não ponha tua mão no menino — eu teria sido sacrificado.
Mas Satã ainda não terminara de falar e já a alma de Sara
partira.

ABRAÃO HAVIA concluído uma aliança com os povos da terra.
Quando os três anjos vieram a ele em Mamré, pensou que fossem
viandantes e correu ao seu encontro; quis preparar-lhes uma refeição
e foi depressa buscar um novilho, mas o novilho fugiu e refugiou-se
na caverna dupla. Abraão correu atrás dele. Então viu Adão e
Eva deitados e dormindo em seus esquifes; a suas cabeças ardiam
círios e um suave aroma os rodeava. Desde então Abraão desejou
possuir a caverna dupla como jazigo de família.

NO DIA EM que os anjos visitaram Abraão, ele correu com
Ismael ao rebanho e quis buscar três bois; mas o anjo Rafael
esgueirou-se secretamente atrás dele. Depois que Abraão apanhou
dois bois, deu-os ao rapaz, para que os levasse; queria apanhar
ainda o terceiro, e então Rafael pôs-se à sua frente na forma de um
belo e grande bezerro. Abraão tentou agarrá-lo, mas o animal correu
e atraiu Abraão atrás de si, até que chegaram diante da entrada
da caverna dupla; então a porta se abriu — tudo isso aconteceu
por disposição da Onipotência. Quando Abraão se apercebeu do
jazigo de Adão e Eva e aspirou o suave aroma do Jardim do Éden,
sentiu a santidade do lugar e desejou ardentemente descansar ali.
Logo o boi rendeu-se de bom grado ao comando de Abraão.
Abraão retornou à tenda e eis que ali só estavam dois bois. * Ele
porém, precisava de mais um, a fim de que o banquete não fosse
escasso, e criou o terceiro com o auxílio do Livro da Criação. Foi
este o bezerro que Abraão preparara.

ANTES DE ABRAÃO ter ido à caverna dupla, muitos quiseram ser
enterrados lá, mas os anjos em serviço guardavam o lugar. Os homens viam um fogo arder ali constantemente e não podiam entrar.
Veio então Abraão, conseguiu entrada e conquistou o campo.

QUANDO ABRAÃO quis enterrar Sara na caverna dupla, Adão e
Eva levantaram-se e não quiseram mais ficar lá, pois falaram: Já

---

* Rafael retornou novamente aos seus companheiros.

é suficiente que tenhamos sempre de nos envergonhar perante o Senhor pelo nosso pecado; agora ainda quereis aumentar nossa vergonha, lembrando-nos constantemente de vossas boas ações. Então Abraão falou: Tomarei sobre mim e orarei ao Senhor, para que não mais tenhais de vos envergonhar. Contudo, Eva não quis mais entrar, até que Abraão a tomou pela mão e a conduziu de volta. Depois Abraão enterrou Sara.

11. Do Envelhecer

DESDE O DIA em que o céu e a terra foram criados até Abraão, a idade não era perceptível nos homens. Surgiu então nosso pai Abraão e sua cabeça era grisalha. Os homens admiravam-se com isso porque nunca haviam visto semelhante coisa. Como uma coroa adorna a cabeça de um rei, o cabelo branco do ancião é esplendor e magnificência.

QUANDO ABRAÃO interveio em favor de Sodoma, o Senhor falou-lhe: És o mais belo entre os seres humanos, teus lábios são encantadores. Então Abraão retrucou: No que consiste a minha beleza? Eu e meu filho, chegamos ambos a uma cidade e os homens não reconhecem quem é o pai e quem é o filho. E Abraão continuou: Senhor do Mundo! Deves fazer uma diferença entre pai e filho, entre jovem e ancião, para que o ancião seja respeitado pelo jovem. Então Deus falou: Por tua vida! Contigo deverá ser feito o início.

E Abraão deitou-se para dormir naquela noite e quando acordou, na manhã seguinte, viu que sua cabeça e sua barba haviam embranquecido. Então falou ao Senhor: Com isso tornaste-me exemplo.

ABRAÃO FOI o primeiro a quem foi colocada a coroa da velhice. Da mesma forma que certa vez um rei falou ao seu favorito: Devo dar-te ouro e prata, servos e criadas? Eis que possuis tudo isso. Vou então te dar a coroa da minha cabeça — assim também falou o Senhor ao seu predileto Abraão: O que hei de te dar? Já tens ouro. Mas eis que sobre mim dizem: "O cabelo de sua cabeça é como lã branca" — assim também te farei.

12. O Casamento de Rebeca

ESTÁ ESCRITO: "O sol brilha, o sol se põe". Isto significa: antes ainda que o sol de um justo se ponha, Deus faz levantar o sol de outro justo. Antes ainda que o resplendor de Sara tivesse desaparecido, o esplendor de Rebeca passou a brilhar.

ABRAÃO LEGARA tudo que era seu a Isaac: tomou o documento e o deu a Eliezer, seu servo, para que fosse e o mostrasse a seus amigos. De Kiriat Arba até Haran é uma caminhada de dezessete dias, mas o servo chegou lá em três horas. Então seu coração jubilou-se e ele falou: Hoje parti e hoje cheguei.

O Senhor quis mostrar benevolência a Isaac e enviou um anjo à frente de Elieser, para que a estrada saltasse ao seu encontro e ele fizesse o trajeto em três horas.

ELIESER PARTIU e foi para Aram Neharaiim, a cidade de Nacor. E eis que Rebeca saiu, e carregava um cântaro ao ombro. Era uma bela donzela e de rosto assemelhava-se à Eva. Desceu à fonte, pois lá havia escadas, e, com a mão, afundou o cântaro na água; não o amarrou antes numa corda. Tornou a subir e era rápida em seu trabalho. O servo, acorreu ao ver que as águas subiam até ela, e disse: Deixa-me, beber do teu cântaro. Ela respondeu: Bebe, meu senhor. Filha de uma mulher amável, era também muito amável; segurou o cântaro na mão e assim deu-lhe de beber e não permitiu que ele tomasse o cântaro em sua mão. Depois correu novamente à fonte para tirar água, e tirou água para os camelos. Então Elieser reconheceu que ela merecia tornar-se mulher de Isaac, pois se apiedava dos animais.

AO SENHOR era notório que uma filha de rei nunca sai para tirar água; mas Rebeca saiu nessa hora para tirar água. E a moça, que nada sabia sobre o homem, concordou em se casar com Isaac. Por que isso? Porque ela lhe fora destinada pelo Onipotência, desde o ventre materno.

QUANDO LABÃO viu o anel e os braceletes nas mãos de sua irmã, quis matar Elieser. Mas Elieser percebeu que Labão nutria más intenções e invocou o verdadeiro nome de Deus e fez os camelos pairarem no ar sobre a fonte. Labão, ao ver isso, compreendeu que tinha um justo à sua frente, e falou: Entra, ó bendito do Senhor. Pensou que fosse Abraão porque se parecia com ele.

O IRMÃO e a mãe de Rebeca falaram: Deixa que a moça fique ainda um ou dez dias conosco, depois poderás partir. Mas onde estava Betuel, seu pai? Conta-se que o anjo, do qual Abraão falou, trocou a tigela destinada a Elieser e que continha comida envenenada, com a de Betuel, e ele comeu dela e morreu.

Outros, por sua vez, contam da seguinte forma: Betuel era rei de Aram, e a ele eram conduzidas as virgens no dia de seu casamento, para que fosse o primeiro a dormir com elas. Então as pessoas do lugar falaram: Agora vamos ver se ele faz o mesmo com sua filha. Mas veio o anjo e o matou naquela noite.

Elieser cumprira fielmente a mensagem de Abraão e, por isso, foi julgado digno de ir vivo para o Jardim do Éden.

ISAAC LEVOU Rebeca à tenda de Sara, sua mãe.

Todo o tempo em que Sara viveu, uma nuvem pairava sobre a entrada de sua tenda. Mas quando ela morreu, a nuvem recuou. Com a chegada de Rebeca o véu de nuvens retornou. Todo o tempo em que Sara viveu, uma luz ardia em sua tenda de uma noite de Sábado para a outra: mas quando morreu, a luz apagou-se. Com a chegada de Rebeca, começou a arder de novo. Todo o tempo em que Sara viveu, as portas de sua casa estavam bem abertas; quando porém morreu, a hospitalidade cessou. Com a vinda de Rebeca, as portas foram abertas novamente. Todo o tempo em que Sara viveu, havia uma bênção em sua massa, mas quando morreu, a bênção desapareceu. Com a vinda de Rebeca a bênção voltou novamente.

Isaac, vendo que em tudo ela procedia como sua mãe, que mexia com pureza a massa e que separava com pureza a parte da oferenda, levou-a para a tenda de sua mãe.

13. Dos outros Descendentes de Abraão

ABRAÃO CONTINUOU e tomou outra mulher chamada Ketura; esta era Agar, a mesma que se sentara junto à fonte e falara ao Eterno: Vê a minha miséria. Por ordem de Deus, Abraão tomou-a por esposa. Era chamada de Ketura, pois o aroma de suas virtudes e boas ações * a envolvia como incenso. Ela deu Simron e Jokschan a Abraão. Chamavam-se assim porque os seus descendentes cantavam e tocavam os tímbales no culto aos ídolos. ** Jokschan gerou Saba e Dedan, e estes eram chefes de povos.

ABRAÃO FEZ com que os filhos de Ketura saíssem de sua casa, pois Isaac ainda vivia. Tomou os dezessete filhos de Ketura e construiu-lhes uma cidade de ferro, longe no Oriente. Os muros eram tão altos que o sol nunca penetrava ali, deu-lhes pérolas e pedras preciosas que os iluminavam. Mas um dia, o último, essas pedras resplandecentes hão de aclarar o mundo, quando o Senhor for envergonhar o sol e a lua. ***

OS FILHOS de Kedar, filho de Ismael, são aqueles sobre os quais fala o profeta Jeremias. + Os filhos de Kedma são aqueles sobre os quais fala Bileam.

Bileam disse: Dos setenta povos, que o Senhor criou, a nenhum Ele deu nome, a exceção de Israel. Mas, uma vez que denominou Ismael ++ de maneira semelhante, isto não significa outra coisa senão que ninguém poderá subsistir contra Ismael.

Um sábio falou: Futuramente os filhos de Ismael executarão quinze coisas na Terra Santa, e essas são: Medirão a terra com cordas. Transformarão os cemitérios em pousos para os carneiros,

---
* Kitter, queimar incenso.
** Simmer, cantar; Jokschan de nakasch, bater.
*** Isaías, 24, 23.
+ Jeremias 49, 28.
++ Israel e Ismael têm a mesma terminação el, isto é, Deus.

nos quais estes deixarão os seus excrementos. Em seus dias a mentira multiplicar-se-á e a verdade será subjugada. A lei será expulsa de Israel e os pecados de Israel crescerão. Por uma canga, dar-se-á púrpura; o rolo de escritura e a folha estragar-se-ão; a moeda do rei perderá o valor. Mas eles reconstruirão as cidades destruídas e nivelarão os caminhos. Plantarão jardins e árvores e cercarão as destroçadas muralhas do templo. Em lugar do Templo erguerão um edifício e no fim dois irmãos serão os seus príncipes. Nessa época elevar-se-á o rebento de David, como também está escrito: "Ao tempo de tais reinos, o Deus do céu erigirá um reino, que jamais será destruído".

E o sábio ainda prosseguiu: No fim dos dias, os filhos de Ismael farão na Terra Santa três guerras com grande vozerio; uma nas florestas da Arábia, uma no oceano e uma na grande cidade de Roma, que será pior do que as primeiras, como está escrito: "Fogem ante a espada, sim, diante da espada desembainhada, diante do arco retesado, diante da violência da batalha". Mas de Roma se levantará o filho de David e assistirá à ruína de todos eles; depois virá para a Terra Santa, como está escrito: "Quem é este que vem de Edom, de Bosra, em vestes rubras? E vem tão formoso em seu traje caminhando com pleno vigor? Sou eu, o que ensina a justiça e é um mestre na ajuda!"

14. A Morte de Abraão

DEUS HAVIA abençoado Abraão com tudo. Concedeu-lhe o grande dom da astrologia, de modo que os reis do Oriente e do Ocidente batiam à sua porta.

Muitos acreditam que Abraão usava ao pescoço uma grande pérola, e cada doente que a olhava logo ficava curado. Mas na hora em que o nosso pai Abraão deixou o mundo, o Senhor retomou a pérola e a pendurou na esfera solar.

OS ANOS DE vida de Abraão foram cento e setenta e cinco. Os anos dos justos são agradáveis ao Senhor e Ele os inscreve na Escritura, para que os anos de sua vida permaneçam como uma recordação eterna.

Abraão morreu numa velhice feliz e saciado da vida. Deus permite aos justos que vejam antes da morte toda a recompensa que os espera no futuro; sua alma se deleita com isso e eles adormecem.

Abraão foi sepultado por Isaac e Ismael. O filho da criada cedeu o passo ao filho da senhora. Sem e Eber caminharam à frente do ataúde; viram, então, uma elevação destinada à sepultura do nosso pai Abraão. Sepultaram-no ali, no lugar já preparado de antemão para ele.

NO DIA EM que Abraão deixou o mundo, todos os grandes dos povos dispuseram-se numa fila e falaram: Ai do mundo, que perdeu o seu chefe, ai do navio que ficou sem timoneiro.

O SENHOR concluiu uma aliança com sete patriarcas e esses são: Abraão, Isaac e Jacó, Moisés, Aarão, Pinehas e David.

A três homens o Senhor deixou ver algo da vida futura neste mundo, e esses foram: Abraão, Isaac e Jacó. Alguns ainda incluem também David.

São seis as pessoas sobre as quais o anjo da morte não tinha poder, e essas foram: Abraão, Isaac e Jacó, Moisés, Aarão e Míriam.

De sete pessoas após a morte, nenhum verme podia se aproximar, e esses foram: Abraão, Isaac e Jacó, Moisés, Aarão, Míriam e Benjamim, o filho de Jacó. Alguns pensam que também David foi poupado pelos vermes, como está escrito acerca dele: "Minha carne terá descanso".

Livro Sexto: Esaú e Jacó

1. Os Gêmeos Desiguais

ISAAC PRANTEOU a morte de Sara, sua mãe, por três anos. Depois de três anos tomou Rebeca como esposa e deixou o luto. Enquanto o homem não tem mulher, apega-se ao pai e à mãe, porém, quando toma uma mulher, volta seu amor para ela.

ISAAC JÁ ESTAVA com cinqüenta e nove anos e sua mulher Rebeca continuava estéril. Ela então falou a Isaac: Ouvi dizer, meu senhor, que também Sara, tua mãe, em seu tempo foi estéril; só depois que Abraão, teu pai, orou por ela, é que ela concebeu. Então ora tu também a Deus e Ele atenderá à tua prece e em sua benevolência lembrar-se-á. Isaac retrucou: Já meu pai rezou por mim e suplicou-lhe que multiplicasse a minha descendência. Assim, essa esterilidade provavelmente veio sobre nós por tua causa. Então Rebeca disse: Mesmo assim implora por nós; o Senhor atenderá a tua súplica e me dará filhos.

Isaac obedeceu às palavras de sua mulher e ambos partiram em direção à terra de Moria, para lá rezar e insistir com o Senhor. Chegando ao lugar, Isaac prontificou-se a pedir ao Senhor por Rebeca, sua esposa. Falou: Tu, meu Deus, Senhor do céu e da terra, de cuja bondade e clemência a terra está cheia: Tu és aquele que conduziste meu pai para fora da casa de seu pai e de sua terra natal, trouxeste-o a este país e lhe disseste: Darei este país a ti e à tua descendência. Tu lhe asseguraste e disseste: Farei tua descendência numerosa como as estrelas do céu e como a areia do mar; que sejam agora cumpridas as palavras que disseste a meu pai. E agora, Senhor, nosso Deus erguemos os nossos olhos para ti, a fim de que nos concedas semente humana.

ISAAC SUPLICOU ao Senhor por sua mulher. Prostrou-se de um lado e ela prostou-se do outro. Ele orou: Senhor do Universo! Que todas as crianças que me deres no futuro nasçam desta justa. E ela orou: Senhor de todos os mundos! Que todos os filhos que quererás me dar sejam filhos deste justo.

DEUS ENTÃO atendeu a súplica de Isaac, o filho de Abraão; acedeu, e Rebeca concebeu. Mas aconteceu que depois de sete meses, as crianças empurravam-se em seu ventre. E Rebeca sofreu com isso e ficou preocupada. Consultou as mulheres que estavam no país e perguntou: Aconteceu o mesmo convosco? Estas responderam: Não. Então ela falou: Por que comigo será diferente das outras mulheres? Fez uma nova peregrinação para o país de Moria, a fim de consultar o Senhor. Pediu também a Sem e a seu filho Eber, que pedissem a Deus por ela. Abraão também deveria perguntar ao Senhor o que lhe acontecera. E todos dirigiram-se ao Senhor por essa razão e transmitiram a Rebeca a palavra de Deus, cujo teor era o seguinte: Dois meninos estão em teu ventre, e esses serão os pais de dois povos, um povo procurará subjugar o outro; e o mais velho servirá ao mais moço.

OS MENINOS empurravam-se no ventre materno, um queria matar o outro, um queria derrubar os preceitos do outro. Se nossa mãe Rebeca passava diante do templo dos idólatras, Esaú atirava-se para a frente e queria sair; se, porém, ela passava frente às sinagogas e casas de estudo, Jacó impelia-se para a frente e queria sair.

CONTA-SE QUE, estando ainda Esaú e Jacó no ventre materno, Jacó falou a Esaú: Esaú, meu irmão, somos dois e dois mundos estão diante de nós, um mundo de um lado e um mundo do outro. Um deles é o mundo onde se come e se bebe, o mundo do trabalho e do comércio; o outro, porém, não tem nada disso. Se é de tua vontade ficar com este mundo, eu ficarei com o outro. Nesse momento Esaú tomou sua parte neste mundo, e Jacó escolheu o outro.

QUANDO REBECA ia dar à luz, sua alma quase pereceu de dor, pois as crianças em seu colo eram como heróis e poderosos e empurravam-se no ventre. Jacó agarrou o calcanhar de Esaú; sua mão apertava o calcanhar do irmão. Daí é de se perceber que os filhos de Esaú não cairão antes que apareça o último da casa de Jacó e lhes decepe os pés.

CHEGANDO O tempo do parto de Rebeca, o primeiro que saiu era ruivo. Mas antes as crianças rolaram em seu ventre como as ondas do mar; um falou: Quero ser o primeiro a sair; o outro falou: Eu quero ser o primeiro. Então Esaú disse a Jacó: Se não me deixares sair primeiro, matarei a mãe e sairei pela barriga. Ao que Jacó falou: Este malfeitor já quer derramar sangue logo de início. E deixou que nascesse primeiro.

QUANDO CHEGOU o dia do parto, Rebeca inclinou-se e eis que eram gêmeos os que carregara em seu ventre, como o Senhor dissera. O primeiro que saiu era ruivo e áspero como pelo de animal, o país inteiro chamou-o então de Esaú, porque saíra completo do ventre materno.* Depois dele saiu o irmão, segurando com a mão o calcanhar de Esaú e, por isso, recebeu o nome de Jacó.** Tinha Isaac sessenta anos, quando os dois lhe nasceram.

ISAAC CIRCUNCIDOU Jacó; Esaú, porém, desprezou a circuncisão, assim como desprezou a primogenitura.

E OS MENINOS cresceram como dois cálamos. Até os treze anos ambos freqüentaram uma casa de estudos; logo um provou ser erva olorosa, o outro, porém, planta espinhosa.

JÁ NA CRIAÇÃO do mundo o Senhor determinou que o sol seria o reino de Esaú e a lua o reino de Jacó.

Outros, por sua vez, contam: No início, o reino de Jacó era o sol, mas depois o Senhor o tomou dele e deu-lhe a lua. E Jacó afligiu-se com isso.

SAIBA QUE ISAAC possuía duas faces, uma santa e uma terrena; a face voltada para dentro era santa, e a externa era profana. Jacó recebeu seu espírito da interna; Esaú, porém, da externa; a ele, por sua vez, estão ligados os governantes do lado esquerdo do mundo.

2. O Prato de Lentilhas

AQUELE QUE pratica a indulgência, vale mais do que o arrogante. Nosso pai Jacó sempre teve paciência com Esaú; este arrogante, contudo, comia diariamente de sua caça e em sua intransigência não dava nada a Jacó.

Uma vez Esaú foi à caça, mas não teve sorte; viu então Jacó comendo um prato de lentilhas e ficou com vontade. Disse a Jacó: Deixa-me provar dessa comida vermelha aí. Jacó respondeu-lhe: Saíste vermelho do ventre materno e desejas comer uma iguaria vermelha.

Diz-se que lentilhas são uma refeição dos enlutados. Quando Abel foi assassinado, Adão e Eva comeram um prato de lentilhas no luto e na tristeza. Quando Haran foi queimado no forno de cal, seu pai e sua mãe comeram um prato de lentilhas no sofrimento e na angústia. Jacó, porém, comia um prato de lentilhas, porque o domínio de Esaú e sua primogenitura o oprimiam e porque aquele era o dia do aniversário da morte de Abraão, nosso patriarca, e pai do seu pai. Mas os filhos de Israel comem lentilhas em recordação à destruição do Templo e quando pranteiam o exílio.

OS PAGÃOS DIZEM: Acaso é costume entre os homens que, quando alguém dá um prato de lentilhas a outro, deve ao mesmo tempo lhe

---

* Esaú, assuj, pronto, terminado. De acordo com Jonathan ben Usiel, Esaú veio ao mundo com barba e cabelo, com os dentes da frente e os molares.
** Ja-akow, Ekew, calcanhar. Segundo uma interpretação este nome lhe foi dado por Deus, segundo uma outra, foi por um anjo.

dizer: Vende-me o teu direito de primogenitura — e que o outro o faça imediatamente?

Foi isso o que aconteceu entre Esaú e Jacó: Esaú entrou na tenda e viu Jacó cozinhando no fogão e o recinto estava cheio de fumaça. Então Esaú falou: Para que te dás tanto trabalho? Ergue teus olhos e vê como os filhos dos homens comem tudo o que encontram, peixes e animais rasteiros, a carne do porco e similares, e tu te apoquentas para cozinhar um prato de lentilhas. Jacó replicou: Mas o que nos acontecerá no dia da ira do Senhor? Ao que Esaú falou: Acaso existe uma ressurreição dos mortos? Voltará, Adão, o primeiro homem? Voltará Noé, através de quem o mundo foi reconstruído? E Abraão, tão querido pelo Senhor, voltará? Então Jacó disse: Bem, se não existe um mundo futuro nem ressurreição dos mortos, para que precisas então do teu direito de primogenitura? Vende-mo. Mas considera bem, prosseguiu Jacó, existe um outro mundo e existe uma desforra, para que não digas que eu te ludibriei.

E Esaú comeu e bebeu e desprezou seu direito de primogenitura. Reuniu bandos de malfeitores ao seu redor e disse-lhes: Sabeis o que fiz com este aqui? Comi suas lentilhas e bebi o seu vinho, fi-lo de tolo e vendi-lhe o meu direito de primogenitura.

Então o Senhor falou-lhe: Desprezaste o direito de primogenitura; certo como vives, serás o desprezado em todas as gerações, como está escrito: "Eu te diminuí entre os pagãos e te desdenhei muito".

NO PRINCÍPIO da criação, Adão foi o filho primogênito do mundo. Quando ia ofertar um sacrifício, punha vestes sacerdotais, como está escrito: Deus fez túnicas de peles a Adão e sua mulher e vestiu-os. Mas essas eram vestes magníficas e desde então somente eram usadas por primogênitos. Quando Adão morreu as vestes passaram para Set, Set as deu a Matusalém, Matusalém as deu a Noé. E Noé erigiu um altar e nele fez sacrifícios. Mas antes de morrer entregou as vestes a Sem. Por que a Sem e não a Jafet? Era Sem o primogênito? Não, mas Noé viu a dinastia de patriarcas proceder de Sem. Saiba, porém, que também Sem sacrificava, como está escrito: Melquisedec apresentou pão e vinho; e ele era sacerdote do Deus, Altíssimo. E Sem passou a túnica a Abraão. Era Abraão o primogênito? Por ser um justo foi-lhe destinado a primogenitura e tinhas direito de ofertar sacrifícios. Abraão passou a veste a Isaac, Isaac passou-a a Jacó.

Mas era Jacó o primogênito? Quando ouves que Jacó adquiriu a primogenitura pela astúcia, imaginas certamente, que ele o fez sem motivo? Não, Jacó queria ofertar sacrifícios e não o podia fazer por não ser o primogênito. E Esaú falou: Para que quero a primogenitura, se tenho de morrer? Quando então Jacó adquiriu o direito de primogenitura, começou a ofertar sacrifícios, conforme está escrito: "Deus falou a Jacó: Levanta-te, vai a Bet-El e faze lá um altar para Deus".

3. As Primeiras Ações de Esaú

APÓS A MORTE de Abraão, Esaú costumava errar pelo campo e caçar animais ferozes. Nimrod, também chamado de Amrafel, rei de Babel, também foi com seus homens ao campo caçar, pois o dia estava fresco. Mas Nimrod olhou Esaú de revés e a inveja apossou-se dele. Um dia Esaú encontrou Nimrod no campo caminhando com dois homens. Sua comitiva havia se afastado dele e cada um caçava em outra parte. Esaú então escondeu-se e ficou à espreita de Nimrod, porque queria matá-lo. Quando Nimrod chegou ao lugar em que Esaú estava escondido, este saiu subitamente do esconderijo, desembainhou sua espada, correu ao encontro de Nimrod, e decepou-lhe a cabeça. Depois lutou duramente com os dois homens de Nimrod, os quais gritavam ferozmente, mas ele os abateu e matou.

Mas, o resto da comitiva de Nimrod ouviu de longe a gritaria, e reconheceram a voz dos dois homens. Acorreram e encontraram seu rei e os dois acompanhantes caídos mortos no deserto. Esaú no entanto fugira a tempo e assim escapara. Mas antes havia se apoderado da preciosa veste de Nimrod, que este havia recebido do pai por herança e graças à qual Nimrod se tornara vencedor sobre toda a terra.

Os homens carregaram Nimrod e levaram-no para Babel; enterraram-no em sua cidade. Os anos que Nimrod viveu foram duzentos e quinze. Mas os anos que ele reinou sobre todos os homens da terra foram cento e oitenta e cinco. Assim Nimrod morreu na vergonha e na ignomínia e foi a descendência de Abraão que o assassinou, como lhe fora anunciado em sonho.

ISAAC ENVIOU seu filho mais jovem, Jacó, para a casa de Sem e Eber, a fim de que lhe fossem ensinados o culto a Deus e seus ensinamentos. E Jacó lá permaneceu durante trinta e dois anos.

Esaú não queria freqüentar a casa de estudos e preferia caçar. Era um homem cheio de idéias astutas; sabia cativar os corações dos homens, seduzir suas mentes e era um poderoso herói da floresta.

Quando Esaú atravessava certa vez o país de Seir e estava caçando nos campos de Edom, viu ali a filha de um cananeu, chamada Judite, filha de Beeri, filho de Eber, da estirpe de Het, filho de Canaã. Tomou-a por esposa e uniu-se a ela: Esaú tinha quarenta anos quando se casou com ela. Levou-a para Hebron, ao lugar onde seu pai havia morado como estrangeiro.

4. A Cegueira de Isaac

NA HORA EM que Isaac devia ser sacrificado, ergueu seus olhos e olhou para a glória de Deus. Mas está escrito: "Ninguém olhará para mim e permanecerá vivo". Todavia, ele não morreria por isso, apenas sua vista se obscureceu ao envelhecer. Para isso é apresentada uma analogia. Um rei ergueu seus olhos e viu que o filho de seu amigo olhava para ele da janela. Então falou: Se eu o matar, peco contra o meu amigo, se não lhe fizer nada, desrespeito a minha majestade. Assim sendo, fecharei as janelas da qual ele olhou.

ISAAC ENVELHECEU e seus olhos enfraqueceram. Pois na hora em que ele devia ser ofertado em sacrifício no altar, as hostes choraram; as lágrimas de seus olhos caíram nos olhos de Isaac e neles deixaram vestígios. Quando ele então envelheceu, seus olhos ficaram rígidos.

ISAAC ENVELHECEU e seus olhos turvaram-se. Mas, na Bíblia, consta o seguinte: As mulheres de Esaú causaram amargura a Isaac.

A glória de Deus habitava anteriormente a casa de Isaac; mas Esaú levantou-se e tomou por mulheres as filhas de Canaã e estas sacrificavam e incensavam seus ídolos.

Então a majestade de Deus abandonou Isaac. E Isaac viu isso e afligiu-se. Então Deus falou: Vou escurecer os seus olhos para que não veja nada mais e não se aflija.

ISAAC SENTIU desejo de sofrer e falou ao Senhor: Senhor do Universo, se um homem morre sem ter sofrido, a medida da severidade volta-se contra ele; mas se impões o sofrimento sobre ele, a medida da severidade não o irá ameaçar tanto. Então Deus falou: Pela tua vida! Pedes uma coisa justa, e vou começá-la contigo. Desde o início da Escritura até esta passagem, nada consta acerca de sofrimento; uma vez que agora Isaac se levantou, foram-lhe dados dores como quinhão. Quando ficou velho, seus olhos não puderam mais enxergar.

5. Pela Bênção Paterna

ISAAC FALOU: Vê, estou velho e ignoro o dia da minha morte. Se Isaac, o justo, não conhecia de antemão o dia de sua morte, quanto mais as outras criaturas. Assim fala Salomão: "O homem desconhece o seu tempo".

Os mestres falaram: Isto é uma das três coisas, cujo conhecimento o Senhor ocultou às suas criaturas. Elas são: o dia da morte, o dia do juízo e a recompensa pelas ações.

O dia da morte é desconhecido ao homem, pois se ele o soubesse, diria: Para que devo plantar, para que devo construir, se amanhã devo morrer? Por essa razão, Deus falou: Vou ocultar esse dia, para que o meu mundo não termine.

O dia do juízo permaneceu obscuro, pois se fosse do conhecimento do homem, ele diria: Posso cometer pecado, e quando chegar a hora do juízo, faço penitência antes. Por isso, Deus falou: Ninguém deve saber quando será julgado.

O homem também não conhece a recompensa pelas suas ações. Certa vez um rei que possuía um jardim, procedeu de modo semelhante; contratou empregados mas não lhes revelou a recompensa pelos respectivos trabalhos, pois se lhes dissesse de antemão, só teriam plantado aquilo pelo qual iriam receber maior paga; somente uma parte do jardim seria plantada e o resto ficaria inculto. Assim não os esclareceu, para que executassem todo o serviço.

CHEGOU A NOITE de Pessach. Issac chamou seu filho mais velho e falou: Meu filho, nesta noite todos louvam o Senhor, nesta noite são abertas as câmaras onde é guardado o orvalho; prepara-me uma refeição; enquanto ainda estou com vida, quero te abençoar. Mas o espírito santo intrometeu-se: Não quebre o pão para o malvado. Esaú saiu em busca da caça e foi detido. Rebeca, porém, falou a Jacó: Meu filho, nesta noite são abertas as câmaras do orvalho, as hostes entoam hinos; nesta noite teus filhos serão, um dia, salvos do cativeiro; nesta noite cantarão hinos; prepara então uma refeição para teu pai, a fim de que ele te abençoe, enquanto ainda está com vida.

Jacó, contudo, conhecia bem a Escritura e, por isso, temia que o pai o amaldiçoasse. Rebeca então falou: Meu filho, a bênção esteja sobre ti e tua descendência, mas se vier uma maldição, que recaia sobre mim e sobre minha alma.

Então Jacó foi buscar dois cabritinhos. Acaso Isaac comeria dois cabritinhos? Não lhe bastaria um? Um deles estava destinado ao sacrifício de Pessach, do outro devia ser preparada uma iguaria para Isaac.

Conta-se que todas as preciosidades que o Senhor criou nos seis dias da Criação estavam contidas nessa refeição. Outros dizem: Também tudo o que é reservado aos justos nos dias futuros, Isaac sentiu nessa refeição.

Quando Esaú partiu para a caça, o Senhor mandou Satã ao seu encontro * e este não permitiu que ele apanhasse nenhuma caça enquanto Jacó não tivesse ido ao pai e recebido a bênção. Esaú apanhou um veado, amarrou-o e colocou no chão, depois continuou a correr, apanhou um segundo veado, amarrou-o também e o deitou. O Satã, porém, soltou os animais e deixou-os fugir.

---

* De acordo com uma outra opinião era um anjo.

REBECA PÔS as peles dos dois cabritinhos em volta dos braços de Jacó. Os braços do nosso pai Jacó eram como duas colunas de mármore e Rebeca teve que costurar as peles ao redor.

Quando Isaac falou a Jacó: Entra, meu filho, para que eu possa apalpar-te — o suor correu-lhe pelas coxas e seu coração ficou mole como cera; então Deus enviou dois anjos, um do lado direito e o outro do lado esquerdo, e eles ampararam sua nuca para que não caísse.

ABRAÃO DERA tudo que possuía a Isaac. O que lhe deu? Diz um sábio que ele lhe deu o direito de primogenitura, um outro diz que ele lhe deu a bênção.

Agora que Isaac ia abençoar Jacó, falou: Quero começar onde meu pai terminou.

ISAAC ABENÇOOU Jacó e falou: Que Deus te conceda o orvalho do céu e a fertilidade da terra, abundância em trigo e vinho. O orvalho do céu é o maná, a fertilidade da terra é o poço.*

E Isaac continuou: Que te sirvam as nações — isso significa os setenta povos da terra —, e prostrem-se as tribos diante de ti, estes são os filhos de Ismael e os filhos de Ketura.

Maldito seja quem te amaldiçoar: isto refere-se a Bileam e seus companheiros. Bendito seja quem te abençoar — isto refere-se a Moisés e os outros profetas. Isaac proferiu dez bênçãos sobre Jacó em confronto com as dez palavras com as quais Deus criou o mundo. Quando Jacó saiu da presença de Isaac, seu pai, estava coroado como um noivo; o orvalho revigorante do céu caíra sobre ele, seus ossos tornaram-se fortes e ele estava qual herói.

QUANDO DEPOIS de Jacó, Esaú chegou à presença de Isaac, este apavorou-se sobremaneira. Jamais se diz que uma pessoa se apavorou sobremaneira, a não ser que, já tivesse sofrido antes um susto semelhante: E assim foi com Isaac. Quando no monte Moria foi amarrado pelo pai e este tomou do cutelo para sacrificá-lo, apareceu o Senhor ao lado dos anjos e abriu a abóbada celeste. Isaac ergueu seus olhos, viu os átrios celestiais e foi acometido de tremor. E também desta vez, com Esaú, estremeceu terrivelmente e o horror foi maior do que o de antes.

"SENHOR, DEUS Zebaot, até quando te irritarás apesar das preces do teu povo? Tu os alimentas com o pão das lágrimas, lhes dá de beber com o pranto copioso."

As lágrimas de Esaú foram três; uma lágrima caiu do olho direito, uma lágrima caiu do olho esquerdo; a terceira, porém, ficou presa nos seus olhos.

---

* Provavelmente o poço no deserto na época de Moisés.

COMO RECOMPENSA pelas duas lágrimas que Esaú deixou cair, foi lhe dado o monte Seir, um país onde a chuva benéfica nunca cessa.

Mas pelo fato de tomar seus utensílios e largar Jacó, recebeu cem países.

NA HORA em que Esaú, o ímpio, diante do seu pai pediu: Abençoa a mim também, meu pai! — Isaac quis lhe dar mais bênçãos do que havia dado a seu irmão. Mas o espírito santo bradou-lhe: Isaac, Isaac, não creias no apelo de um malfeitor, pois sete abominações habitam seu coração.

Um outro sábio, por sua vez, disse que a divindade falou a Isaac da seguinte forma: Sei que este algum dia destruirá o Templo sagrado e escravizará as doze tribos. Então Isaac proferiu uma modesta bênção sobre Esaú e disse: Com tua espada te alimentarás e a teu irmão servirás, mas somente enquanto seus filhos se ocuparem com o Ensinamento; se porém pecarem de novo contra as palavras da Escritura, sacudirás o seu jugo da tua cerviz.

A VOZ É A DE Jacó, as mãos são as de Esaú, falou Isaac. A voz de Jacó é a voz daqueles que revelam o Deus Único e lêem na Escritura; as mãos de Esaú são as mãos daqueles que derramam sangue e trazem a morte. Quando no céu se exclama: A voz é a voz de Jacó, as abóbadas estremecem. Mas também na terra se clama: A voz é a voz de Jacó, aquele que obedece e cumpre os mandamentos, faz parte da voz de Jacó; mas aqueles que não obedece e não cumpre os mandamentos, sua parte está nas mãos de Esaú.

JACÓ REINA através de sua voz apenas. Esaú apenas por intermédio de suas mãos.

Não se ergueram maiores sábios do que Bileam, filho de Beor e Oinomas de Gadara. Os pagãos vieram a Oinomas e falaram: Dize-nos, como podemos abordar esse povo? Ele respondeu: Ide lá e olhai nas suas sinagogas e casas de estudos; se lá encontrardes criancinhas ciciando, nada podeis fazer contra elas, pois assim o seu pai lhes predisse: Enquanto a voz de Jacó ecoar nas sinagogas, as mãos de Esaú serão impotentes contra elas; mas se ela emudecer, as mãos de Esaú podem agarrá-las.

E MAIS. As mãos de Esaú começam a tremer quando a voz de Jacó se faz ouvir, a voz do Rei Messias.

6. *As Intrigas de Esaú*

ESAÚ FALOU: Caim foi um tolo em matar seu irmão, enquanto o pai ainda vivia e podia gerar; eu não farei assim, esperarei até terminar o tempo de luto por meu pai.

ESAÚ FALOU: Se eu estrangular Jacó, Sem e Eber virão, sentar-se-ão para me julgar e irão me repreender: Como pudeste matar teu irmão?

Assim sendo, vou confraternizar com Israel, ele há de discutir com Jacó sobre o direito de primogenitura e matá-lo-á. Depois apresentar-me-ei vingador de sua morte e matarei Ismael, e assim tornar-me-ei herdeiro das duas gerações.

ESAÚ FOI ter com Ismael e disse-lhe: Vê o que teu pai fez contigo: deu tudo que tinha a Isaac e deixou-te de mãos vazias — meu pai quer fazer o mesmo comigo. Ergue-te e mata teu irmão, e eu me erguerei e matarei o meu, então ambos herdaremos o mundo inteiro.

Então Ismael falou: Em vez de me ordenares que mate teu pai, faze isso tu mesmo e mata-o.

Ao que Esaú respondeu: Vimos muito bem que um homem matou seu irmão; Caim o fez com Abel; contudo, ainda não vimos um homem que matasse seu pai.

ATENTA PARA o que Esaú, o ímpio, fez contra Jacó. Viu-o sair de mãos vazias e não se apiedou, mas disse: Vou alcançá-lo em seu caminho, a fim de estrangulá-lo. Jacó, porém, sabia disso e elevou seus olhos para Deus e este fez milagres com ele.

Jacó mergulhou sua vara na água e o rio Jordão dividiu-se e ele o atravessou, conforme está escrito: Com minha vara atravessei o Jordão.

E Esaú esperou no caminho, mas Jacó não veio por esse caminho. Então Esaú compreendeu que Jacó atravessara a torrente e continuou perseguindo-o, até encontrá-lo junto a uma fonte termal, semelhante às fontes de Tiberias. Jacó havia descido até a fonte, pois disse: Não tenho pão comigo, por isso quero me aquecer na água quente.

E Esaú, o malfeitor, mandou cercar a fonte para que Jacó nela perecesse.

Mas o Senhor lhe falou: Malvado, queres atingir seu irmão! E a Jacó falou: Por que temes? Vê, estou contigo. Então Jacó disse: Senhor do Mundo! Se estás comigo, confiarei em ti e sairei.

Quando Jacó dirigiu-se a Haran, Esaú chamou seu filho Elifas e falou-lhe confidencialmente: Apressa-te, toma tua espada na mão e corre atrás de Jacó; fica à sua espreita e mata-o com tua espada num dos montes; toma-lhe tudo o que tiver e volta para casa.

Elifas era um rapaz ágil e um bom arqueiro, a quem o pai ensinara a caçar. Tinha então treze anos. E ele partiu levando consigo dez homens, irmãos de sua mãe, e perseguiu Jacó; alcançou-o na fronteira da terra de Canaã, frente à cidade de Siquem.

Viu então Jacó como Elifas e seus companheiros corriam em seu encalço e ficou parado no lugar para ver o que iria acontecer. Mas Elifas desembainhou sua espada e aproximou-se de Jacó. Jacó falou-lhes: O que há convosco, que viestes até aqui, e a quem persegues com vossa espada? Elifas respondeu: Meu pai ordenou-me que eu

fizesse tais e tais coisas. Quando Jacó viu quão grande era o poder da palavra de Esaú, pediu a Elifas que levasse tudo quanto o pai e a mãe lhe haviam dado e que o poupasse.
E Deus fez com que Jacó encontrasse clemência aos olhos de Elifas e seus homens e eles o deixaram com vida. Todavia, tomaram-lhe todo o ouro e prata, que trazia consigo de Bersheva.
E Elifas e seu bando voltaram para Esaú. Contaram-lhe tudo o que aconteceu com eles e Jacó e deram-lhe tudo o que haviam apresado. Esaú, porém, enfureceu-se com os homens e com o filho, por não terem morto Jacó.

7. A Escada para o Céu

PARA ONDE quer que os patriarcas seguissem eram precedidos por um poço. Precisavam apenas revolver a terra três vezes e lá estava a água. Assim, Isaac remexeu o solo três vezes e encontrou, diante de si, uma fonte. Esse é o ribeiro que algum dia jorrará em Jerusalém, para irrigar a região, conforme está escrito: "Neste dia água viva jorrará". Mas como o poço foi achado sete vezes, foi chamado de Sheva e a respectiva cidade, foi denominada, em razão do poço, de Bersheva. *
Jacó tinha setenta e sete anos quando partiu da casa de seu pai; o poço o precedeu durante dois dias desde Bersheva até o monte Moria; quando lá chegou era meio-dia. Apareceu-lhe então, o Senhor, louvado seja, e ele falou: Jacó, no teu farnel há pão e à tua frente há água. Jacó, porém, replicou: Senhor do Mundo! O sol ainda não fez a quinquagésima descida, já devo repousar? O sol então se pôs antes da hora, e Jacó viu-o na noite; e assim passou a noite nesse lugar.
Apanhou doze pedras do altar sobre o qual seu pai Isaac fora ofertado em holocausto e as colocou sob a cabeça. Isso deveria ser sinal de que, um dia, dele brotariam doze tribos. Mas as doze pedras transformaram-se numa só e isso significava que, de todas essas tribos, se formaria um só povo na terra, como está escrito: "Quem é como o teu povo de Israel, um povo unido na terra?"
JACÓ PARTIU de Bersheva para ir a Haran e deparou com um lugar, o que quer dizer: encontrou o Senhor. Por que do Senhor também é chamado de *Makom?*** Porque Deus é o espaço do mundo, mas o mundo não é seu espaço. De onde concluo isso? Está escrito: "Vê, há espaço comigo".
Um mestre do Talmud disse: Na Bíblia está escrito: "Esta é a morada de Deus desde o princípio". Não sabíamos se devíamos con-

---
* Ber — poço, sheva — sete.
** Makom — lugar

siderar o Senhor como a morada do mundo ou o mundo como Sua morada, até a chegada de Moisés, que disse: "Senhor, tu és o abrigo". Portanto, Deus é o espaço do mundo.

Um sábio falou: Deus com o seu mundo é comparável a um cavaleiro montado em seu cavalo. Mas o cavalo está sempre subordinado ao cavaleiro.

JACÓ CHEGOU a um lugar e quis passar por ele. O mundo então ergueu-se à tua frente como um muro. O Senhor fez o sol se pôr antes da hora, porque queria manter um diálogo com Jacó em meio ao silêncio.

Havia certa vez um rei que tinha um amigo, que só costumava visitá-lo raramente. Quando uma vez devia aparecer, o rei falou aos seus criados: Soprem as velas, apaguem as lanternas, quero conversar com meu bom amigo no escuro.

JACÓ APANHOU três pedras e falou: Deus uniu o seu Nome ao nome de Abraão, uniu o seu Nome ao nome de Isaac; se agora estas três pedras se fundirem, sei que Ele também me permitirá compartilhar dessa graça. E como as pedras se tornassem uma só, Jacó soube que o Senhor também unira o seu Nome ao dele.*

Conta-se que as pedras que Jacó havia colocado sob a cabeça, serviam-lhe como um leito, como um travesseiro. E ele dormiu em cima delas. Aqui dormiu novamente, pois durante todos os quatorze anos que passara na casa de Eber, não havia dormido.

E JACÓ SONHOU que havia uma escada na terra, cujo cimo alcançava o céu; tinha a largura de oito mil milhas porque os anjos de Deus subiam e desciam por ela. Quando se encontravam na escada, eram quatro. Diz-se acerca dos anjos, que seu corpo é tão largo quanto a cidade de Tarsis e esta tem duas mil milhas de largura.

Subiam e olhavam para o semblante daquele que está em cima, desciam e olhavam sua imagem que estava embaixo. Invejavam em Jacó a benevolência de Deus e queriam prejudicá-lo, mas o Senhor já estava com ele. Se a Escritura não contasse nada, mal se poderia dizer que Deus estava sobre Jacó como um pai está sobre o filho e o abanava com um leque.

O SENHOR ESTAVA sobre Jacó. Jamais um rei está no seu campo quando ele é arado ou semeado; ele só está lá, quando o trigo está maduro. Assim também o Senhor. Abraão plantou o campo, Isaac semeou; então veio Jacó e ele se assemelhava à colheita, conforme também está escrito: "Sagrado é Israel ao Senhor, e seu primeiro fruto".

DESDE O DIA em que o Senhor criou o mundo, os anjos costumavam enaltecer o Senhor e clamar: Louvado seja o Senhor, Deus

---

* Conforme uma interpretação, as pedras derreteram-se como cera diante do fogo de Deus que havia descido.

de Israel! Contudo, não sabiam quem era Israel. Tão logo Jacó chegou a Bet-El, os anjos que o haviam acompanhado, seguiram para as alturas e falaram às outras hostes: Quereis ver o homem, em cujo nome enaltecemos o Senhor? Descei e olhai, ei-lo! Os anjos então desceram e viram a imagem de Jacó; falaram: Realmente, este é o semblante e a imagem daquele que está estampado no trono da glória. E todos entoaram um louvor e bradaram: Louvado seja o Senhor, o Deus de Israel.

UM SÁBIO RELATA: Deus mostrou ao nosso pai Jacó o príncipe de Babel, que subiu setenta degraus da escada e caiu; depois veio o príncipe da Média e subiu cinqüenta e dois degraus; o príncipe da Grécia subiu cento e oitenta degraus; depois veio Edom e subiu, mas Jacó não pôde mais contar os degraus, de tanto que ele subiu. Então Jacó ficou muito preocupado e falou: Será que este nunca cairá? E o Senhor retrucou-lhe: Não temas, Jacó, não te horrorizes, Israel, mesmo vendo-o subir tão alto, eu o derrubarei.

E assim o Senhor também falou a Edom: "Mesmo que te eleves para o alto como a água e entre as estrelas faças o teu ninho, de lá te precipitarei".

JACÓ SONHAVA e o Senhor mostrava-lhe os que subiam e desciam. Mostrou-lhe como Elias subira ao céu durante a tormenta; mostrou-lhe Jonas, que descera para as profundezas das montanhas; também o deixou ver Coré, a quem a boca da terra engolira.

Uma escada estava sobre a terra. Era a casa de Deus, e seu cimo, que alcançava o céu, eram os sacrifícios cujo aroma chega até o alto; os anjos de Deus eram os sacerdotes, que exerciam suas funções, subiam e desciam os degraus do altar, e o Senhor estava no alto, sobre o altar como o profeta Amós o vira.

A ESCADA DE JACÓ estava em Bersheva e pairava transversalmente em direção ao Templo. Outros dizem que a escada estaria dentro do Templo e se inclinaria para Bet-El. Todavia, o Templo celestial está apenas afastado da terra por um espaço de dezoito milhas.

OUTROS DIZEM: A escada era o monte Sinai, e seu cimo, que tocava o céu, era o fogo que chamejava até o alto; os anjos de Deus eram Moisés e Arão. Alguns contam que a escada de Jacó era um anjo que estava na terra e com a cabeça alcançava o céu. É a roda gigante Sandalfon, da qual uma de suas extremidades está embaixo e a outra alcança o céu, até aos animais sagrados.

Com o símbolo da escada, a qual, estamos embaixo, alcançava o céu com a outra extremidade, foi mostrado a Jacó como os mundos estão interligados, como todas as coisas têm relação entre si, as celestiais com as terrenas, as terrenas com as celestiais.

8. A Pedra Fundamental

JACÓ TOMOU algumas das pedras do lugar, colocou-as sob a cabeça e deitou-se para dormir. Mas quando acordou de manhã, havia somente uma pedra, como está escrito: Jacó tomou a pedra e ergueu-a de uma vez. E, realmente, todas as pedras juntaram-se e cada uma disse: Sobre mim deve o justo deitar sua cabeça. Depois tornaram-se todas uma só pedra.

E DEUS FALOU-LHE: Eu sou o Senhor, Deus de Abraão, teu pai, e o Deus de Isaac. Darei a ti e à tu posteridade a terra sobre a qual estás deitado. O Senhor juntou toda a terra de Israel e a colocou sob a cabeça de Jacó, para que um dia fosse facilmente conquistada pelos seus filhos.

JACÓ PREPAROU-SE para juntar as pedras e eis que eram uma só pedra, e ele cravou-a como marco no meio do lugar. Do céu foi derramado óleo e este ungiu o marco para toda a eternidade. E o Senhor estendeu seu pé direito e afundou o marco na profundeza dos abismos; fez dele um apoio da terra.

Por essa razão, o marco foi chamado pedra fundamental da terra, o umbigo do mundo; de lá a terra se estendeu e lá está o Templo de Deus, conforme Jacó também falou: Esta pedra que cravei como marco tornar-se-á uma casa de Deus.

Jacó prostrou-se diante a pedra fundamental e falou: Senhor do Mundo! Se permitires que eu volte a este lugar em paz, ofertar-te-ei oblações e holocaustos. E ele ergueu os pés e num piscar de olhos chegou a Haran. E Deus, o Santo, foi santificado em justiça e as hostes superiores falaram: Louvado sejas tu, Senhor, Deus santo!

A PEDRA FUNDAMENTAL é feita de fogo, vento e água; todas essas coisas foram transformadas em uma pedra. O marco, porém, jaz nas profundezas; de vez em quando jorra água dele e enche os abismos. Esse marco está no centro do mundo e é a pedra do patriarca Jacó; é o alicerce do mundo.

Mas foi Jacó que fez essa pedra? Afinal, já estava ali quando Deus criou o mundo. Contudo, foi Jacó que a transformou em pedra fundamental do mundo superior e do mundo lá embaixo. Por isso, falou: Seja esta pedra, que transformei em marco, uma casa de Deus. Assim, transformou-a em morada dos celestiais.

Os sábios dizem que essa é a pedra sobre a qual estavam os sete olhos dos quais fala o profeta Zacarias. *

ÀS VEZES o nome *Ewen*, pedra, é pronunciado como nome de Deus, *Adonai*. A pedra é o pilar fundamental do mundo, e tudo o que existe na terra, nela se apóia.

---

* Zacarias, 3. 9.

9. Lusa

POR QUE NOS conta a Escritura, que a cidade de Bet-El chamava-se antes Lusa? Com isso ela nos quer revelar também que a partir deste lugar o mundo começou a se formar e renovar.

JACÓ CHAMOU a cidade de Bet-El; antes porém ela se chamava Lusa. Essa é a cidade na qual se encontrava o maravilhoso azul, com o qual se tinge lã. Essa é a cidade sobre a qual marchou Senaqueribe e à qual não pôde fazer nenhum mal; a cidade que Nabucodonosor não conseguiu devastar; a cidade sobre a qual o anjo da morte não tem poder. Mas o que acontece lá com os anciãos? Quando atingem a idade mais avançada, são conduzidos a um lugar fora dos muros da cidade e lá a morte os alcança.

O IMPERADOR romano Adriano perguntou certa vez ao mestre Rabi Josua ben Chananja: Do que Deus fez ressuscitar o homem após a morte? O sábio retrucou: De uma vértebra da espinha dorsal chamada Lusa. Então o imperador falou: Como sabes que essa vértebra é indestrutível? O sábio respondeu: Manda buscar um desses ossos e eu to provarei. Trouxeram uma vértebra, moeram-na com uma mó e não foi triturada; foi jogada no fogo e não queimou; foi imersa na água e não amoleceu; foi colocada sobre uma bigorna e nela se bateu com um martelo, a bigorna se partiu em dois e o martelo quebrou, mas a vértebra não se esmigalhou.

UMA VÉRTEBRA está sob os ossos do homem, chamada Lusa, e essa vértebra é a vértebra inicial e a raiz de seu corpo. Mesmo quando o homem morre, esta vértebra não deteriora e não diminui; essa é a vértebra que recebe a recompensa e o castigo pelas ações realizadas em vida e que tem duração eterna. Desta vértebra, o homem será reconstruído na ressurreição. Essa vértebra é de origem celestial; os mestres da Cabala chamam-na de Mandelbein. *

A CIDADE DE Lusa é a Jerusalém celeste onde permanece a magnificência de Deus.

10. Lea e Raquel

SE ALGUÉM chega a uma cidade e donzelas lhe vêm ao encontro, então terá sorte em sua viagem. Como é que sabes disso? Donzelas foram ao encontro de Eliezer, servo de Abraão, antes dele entrar na cidade, e Deus fez com que seus propósitos lograssem êxito. A quem podes citar como exemplo, além dele? Nosso mestre Moisés; ainda não havia entrado no país de Midian, quando encontrou donzelas em seu caminho. E assim ocorreu também com Jacó, que avistou Raquel antes de ter alcançado a cidade de Haran.

* Lil: Osso de Amêndoa

"que teu passo não fique tolhido quando andares, e que não tropeces quando correres." Os pés de Jacó não depararam com nenhum obstáculo e sua força não diminuiu. Rolou a pedra da boca do poço como um herói, e as águas subiram e transbordaram. Os pastores viram isso e encheram-se de admiração; eles não conseguiam levantar a pedra do lugar. Jacó, porém, rolou facilmente o tampo do bebedouro.

quando jacó chegou aos arredores de Haran e viu os pastores esforçarem-se diante do poço, aproximou-se e rolou a pedra da boca do poço. Percebes a diferença entre ele e Moisés? Jacó apenas ergueu a pedra e logo as águas começaram a jorrar. Mas acerca de Moisés consta que ele tirava água para as moças.

quando labão ouviu que se tratava de Jacó, filho de sua irmã, e soube da força que demonstrara no poço, correu ao seu encontro, para abraçá-lo e beijá-lo. Falou a Jacó: És realmente meu irmão, contudo, não hás de me servir de graça.

decorrido o sétimo ano de serviço de Jacó, ele falou a Labão: Dá-me Raquel por mulher, pois terminaram os meus dias de serviço. Labão reuniu todos os habitantes do lugar e fez um banquete. À noite, porém, entrou na casa onde se encontrava o noivo com os convidados e apagou todas as luzes. Jacó perguntou a Labão: O que fazes? Labão replicou: Assim é costume em nossa terra. Depois Labão tomou sua filha Lea e a conduziu a Jacó. Jacó uniu-se à moça e não sabia que se tratava de Lea. Labão deu à sua filha Lea uma criada de nome Silpa.

À noite apareceram os convidados, regalaram-se e gracejaram; em sua desbragada alegria tocavam tímbales, daçavam e cantavam: Hilea, Hilea! Jacó ouviu o júbilo dos moços, mas não entendeu o significado das palavras e pensou consigo: Certamente este é costume do país. E os alegres rapazes continuaram a bradar dessa maneira durante toda a noite. As luzes, porém, estavam apagadas.

De manhã, ao despontar o dia, Jacó olhou para sua mulher, e eis que Lea estava em seus braços. Então Jacó falou: Agora sei o que os amigos cantavam ontem: Hilea, Hilea! Esta é Lea, esta é Lea. E eu não os entendi. Ergueu-se, foi a Labão e falou-lhe: Por que agiste assim comigo? Pois se foi por Raquel que te servi, por que me enganaste e me deste Lea? Labão respondeu-lhe: Em nosso país não é uso casar a filha mais nova antes da mais velha. Mas, se quiseres casar com a irmã de Lea também, toma-a por outros sete anos de serviço.

Jacó concordou com alegria. Recebeu Raquel por esposa e serviu por ela outros sete anos. Amava-a mais que a Lea. Labão deu a Raquel Bilha, como criada.

das duas irmãs, Raquel e Lea, Lea deveria tornar-se mulher de Esaú, Raquel, porém, deveria ter Jacó por marido. Lea foi ao lugar em que os caminhos se cruzavam e indagou dos passantes por Esaú e suas ações. Os homens responderam-lhe: Ele é um malvado, derrama sangue e rouba os haveres dos andantes; é rude como uma pele de cabra e causa horror ao Senhor. Ao ouvir isso, Lea chorou e disse: Eu e minha irmã Raquel nascemos do mesmo ventre; mas Raquel terá Jacó, o justo, por marido, e eu, Esaú, o ímpio. E ela chorou e afligiu-se até que seus olhos perderam o brilho. Deus viu então que ela detestava o modo de vida do malfeitor. Por sua vez, o coração de Raquel estava alegre e orgulhoso, quando soube que se tornaria mulher de Jacó. Quando depois as duas irmãs casaram-se com Jacó, Deus falou: Aquela que chorou, afligiu-se e orou diante de mim, a ela cabe não ser afastada pelo justo e, portanto, vou conceder-lhe que conceba primeiro.

O SENHOR VIU que Lea não era estimada e por isso abençoou-a com a gravidez. A Escritura diz: "Deus apóia os que caem". Pois a maneira do Senhor não é como a dos homens. Se um homem tem um amigo rico, apega-se a ele e o estima. Mas quando vê a mão do amigo enfraquecer e empobrecer, não lhe dá mais atenção e ainda lhe atira uma pedra. O Senhor, porém, dá a mão àquele que vê enfraquecer e o levanta.

E foi assim que fez com Lea. Disse consigo: Como é que a tornarei do agrado do marido? Vou dar-lhe filhos em primeiro lugar e através deles tornar-se-á valiosa aos olhos do marido.

Ao perceber que não concebia um filho de Jacó, Raquel invejou sua irmã Lea. Por que somente então despertou sua inveja? Porque não invejou Lea quando esta se casou com Jacó? Ela disse: Se ela não fosse mais virtuosa do que eu, o Senhor não a teria abençoado com filhos antes de mim.

E Raquel falou a Jacó: Dá-me filhos, senão morrerei. Acaso uma mulher que não tem filhos deve ser considerada morta? Todavia, Raquel, falou para si mesma: Se eu não der um filho ao justo, meu pai me casará com um ímpio e ficarei unida a este também no Além.

OS NOSSOS MESTRES diziam: Aquele que vê diante de si criaturas perfeitas e árvores florescentes, deve proferir a bênção: Louvado seja aquele, cujo mundo guarda tantas maravilhas. Ninguém era tão bela quanto Raquel, e por causa de sua formosura, Jacó a desejava por esposa. Mandou-lhe presentes de noivado, mas Labão dava os presentes à sua irmã Lea. E Raquel calava-se diante disso. O silêncio era próprio de Raquel, e também pode-se dizer o mesmo acerca de seus filhos. Benjamim sabia acerca da venda de José e não traiu os irmãos. Saul, filho de seu filho, ocultou aos parentes, que fora eleito rei. Ester não revelou sua origem.

Lea, por sua vez, é agradecida. Quando lhe nasceu Judá, ela falou: Desta vez vou render graças ao Senhor. Também pode-se

dizer em louvor de seus filhos que eles eram agradecidos. Judá, David e Daniel — todos eles rendiam graças ao Senhor.
Um sábio falou: Grande é o valor do silêncio. Como recompensa pelo seu silêncio, foi dado a Raquel fundar mais duas tribos em Israel; a tribo de Efraim e a tribo de Manassés.
QUANDO LEA teve o quarto filho, ela falou: Agora quero render graças ao Senhor. Por que não rendeu graças ao Senhor por ocasião do nascimento de Ruben, Simeão e Levi, e por que só o fez no nascimento de Judá? De forma semelhante age um sacerdote, ao ir à eira, a fim de receber seu tributo e seu dízimo. Pelo tributo e pelo dízimo ele não vai agradecer ao dono da eira. Mas se este o obsequia com uma quantidade de trigo, além da dádiva legal, o sacerdote roga por sua felicidade. Assim também Lea. Ela falou: Doze tribos devem nascer de Jacó. Assim, nós, suas quatro esposas, teríamos que ter três filhos cada uma. Eu, porém, já pus três filhos no mundo e recebi minha parte, e agora Deus me presenteia com um quarto filho; portanto, vou lhe render graças.
Raquel entretanto invejava sua irmã. Então Deus falou: Por quanto tempo ainda deverá a virtuosa continuar magoada? É justo que ela também conceba e não seja inferior às criadas. E o Senhor também pensou em Raquel.
RUBEN, CERTA VEZ, conduzia o jumento de seu pai para o pasto. Amarrou-o numa mandrágora e foi-se embora. Quando voltou, encontrou o animal morto; o jumento havia arrancado a mandrágora e, quem assim procede, morre. Ruben então tomou a planta e levou-a para a sua mãe.
RAQUEL DISSE A LEA: Dá-me das mandrágoras de teu filho.* Lea, porém, retrucou: Já não basta que me tomaste o marido, queres ainda me tomar as mandrágoras! Então Raquel falou: Pois bem, deixa Jacó dormir contigo esta noite.
Mas, pelo fato de Raquel ter tido pouca consideração pelo justo, ela não seria sepultada no jazigo dele.
À NOITE, Jacó voltou do campo. Lea foi ao seu encontro — não esperou até que ele tivesse lavado os pés — e falou: Deves passar esta noite comigo.
Todavia, Deus viu que ela não tinha outro intuito senão o de dar novas tribos a Jacó, e atendeu-a. Lea concebeu e deu à luz o quinto filho; chamou-o de Issachar. Depois concebeu novamente e deu o sexto filho a Jacó, a esse denominou de Zebulon.
Um sábio falou: Vem cá e vê o que as mandrágoras proporcionaram de belo! Através delas originaram-se duas gerações em Israel.

---

* Gên. 30, 14.

OS MESTRES diziam: Quando uma mulher está grávida e seu marido reza: Seja a vontade do Senhor, que minha mulher dê à luz um menino, essa é uma prece inútil. Contrastando, um sábio falou: A prece jamais é em vão; mesmo na hora em que a mulher se deita na mesa do parto, ainda se pode rezar, pois não é difícil para o Senhor transformar menino em menina e vice-versa. Tal milagre aconteceu com Lea. Ela já dera à luz seis filhos e viu, graças ao seu poder de antevisão, que de Jacó nasceriam doze tribos. Quando então concebeu pela sétima vez, reclamou junto ao Senhor dizendo: Senhor do Mundo! Doze tribos deverão nascer de Jacó; já lhe dei seis varões e estou abençoada com a sétima criança; cada uma das criadas, Bilha e Silpa, deu-lhe dois varões. Se agora, o que tenho sob o meu coração for um menino, Raquel será inferior a qualquer uma das criadas. Deus atendeu ao pedido de Lea e transformou o fruto de seu ventre numa menina. E Lea teve uma filha a quem chamou de Dina, por ter ela argumentado com o Senhor. * O Senhor falou-lhe: Uma vez que foste piedosa com tua irmã, eu também terei misericórdia com ela. E Ele pensou então em Raquel.

AS DUAS FILHAS de Labão são como duas vigas que unem uma extremidade do mundo com a outra. Uma produziu príncipes, a outra produziu príncipes; de uma nasceram reis e da outra nasceram reis. De uma vieram domadores de leões e também da outra vieram domadores de leões. Tanto de uma como da outra vieram profetas, juízes, conquistadores de países e distribuidores de nações.

O holocausto de um filho de Lea cancela o Sábado; o holocausto de um filho de Raquel cancela o Sábado; e se um filho de Lea ou Raquel guerrear, é permitido lutar também no Sábado. Aos descendentes de uma foram destinadas duas noites de vitória; aos descendentes da outra foram destinadas duas noites de vitória. A noite de Pessach é a noite do extermínio do exército de Senaqueribe, foram obra dos descendentes de Lea. A noite em que Gideão subjugou Midian, e a noite em que começou a ascensão de Mordecai, são as noites de vitória das estirpes de Raquel. Contudo, a herança de Lea é maior do que a de Raquel; aos filhos de Lea foi concedido sacerdócio e reinado eternos, conforme está escrito: "Judá será habitada para sempre e Jerusalém eternamente". Em comparação, a herança de Raquel é medíocre: o domínio de José durou pouco, o reinado de Saul foi curto e a existência do Templo em Silo foi de curta duração.

Outros dizem, porém, ser Raquel sozinha o esteio da casa de Jacó. Todo o povo de Israel é chamado com o seu nome, conforme está escrito: "Raquel lamenta seus filhos". Mas não é só o seu nome que vale como denominação de Israel, mas também o nome do seu

---

* Din, argumentar, julgar.

filho José e o do filho de seu filho, Efraim. Como já diziam os profetas: "Talvez o Senhor se compadeça dos remanescentes de José", e: "Não é Efraim, meu querido filho, minha cara criança?" "O QUE O ímpio teme, lhe acontece; e o que justo almeja, lhe é dado", diz o rei Salomão.

O ímpio é Esaú; ele temia que a bênção recebida por Jacó, se realizasse. Falou de si para si: Ele gerará muitos filhos e eu não poderei vencê-lo. E isto realmente aconteceu.

A virtuosa, à qual se refere o provérbio de Salomão, é Raquel: o seu desejo era conceber filhos de Jacó. E também Jacó ansiava ter filhos de Raquel. Todos os quatorze anos de servidão na casa de Labão foram dedicados somente a ela, e enquanto não lhe desse um filho, não queria retornar à casa de seu pai. Ele falou: Ela deverá ser mãe para todos os meus filhos. Quando os meus filhos pecarem, Raquel pedirá clemência por eles.

SAIBA QUE só depois que Adão errou, é que se tornou pecado o casamento entre parentes consangüíneos. Antes do pecado original, o casamento entre irmãos era algo muito sagrado.

Quando ocorre algo na terra, que somente cabe ao céu, produz-se um distúrbio nas regiões superiores. Aquele que casa com duas irmãs ao mesmo tempo, ofende as esferas celestiais Hod e Malchut.* Na carruagem divina, encontramos os querubins casados entre si. Mas aquele que, na terra, toma por mulher uma parente consangüínea, iguala-se a alguém que se utiliza do cetro do rei.

Mas a Jacó o Senhor falou: Tu és o Deus aí embaixo, com isso lhe deu o direito de conduzir seu bastão. Assim, a Jacó foi permitido casar-se com as duas irmãs, Raquel e Lea.

11. Jacó e Labão

PARA ONDE quer que os justos sigam, a bênção lhes é enviada atrás. Isaac seguiu para a terra de Gerara, e a bênção de Deus o acompanhou. Jacó refugiou-se na casa de Labão e a bênção de Deus o acompanhou para lá. José foi para o Egito, e a sorte o seguiu de perto.

Antes de Jacó chegar à casa de Labão, a este não nasciam filhos homens. Só depois que Jacó morou com ele, Labão foi abençoado com descendentes varões.

A GLÓRIA DE DEUS nunca está onde se encontra um ídolo. Durante todo o tempo em que Abraão morou com Lot, o Senhor não lhe apareceu. Mas logo que se separou dele, o Todo-poderoso apareceu a ele. E o mesmo deu-se com Jacó. Enquanto permaneceu na casa de Labão, não ouviu a palavra de Deus. Embora

---
* Brilho e domínio, duas das dez esferas ou emanações.

o Senhor lhe houvesse prometido estar sempre com ele, disse: Não me convém aparecer na casa de Labão, o malfeitor. Assim que Jacó se separar dele, cumprirei minha palavra e estarei com ele. E falou a Jacó: Deixa a casa de Labão e volta para o país de teus pais.

UM DIA JACÓ ouviu os filhos de seu sogro falarem assim: O filho de Isaac tomou para si tudo o que era de nosso pai, e enriqueceu às custas da propriedade de Labão. E Jacó olhou o semblante de seu tio, e eis que não estava como estivera ontem e anteontem.

Nesta hora o Senhor apareceu a Jacó e disse-lhe: Eia, vai daqui e volta ao lugar de teu nascimento. Jacó, então, preparou-se para a viagem com seus filhos e suas mulheres. Carregou tudo o que era seu nos camelos. Labão, todavia, não sabia de nada pois saíra para tosquiar seus carneiros. Raquel, por sua vez, furtou os ídolos (Terafim) de seu pai, e os escondeu sobre o camelo no qual montou e partiu.

OS TERAFIM eram ídolos produzidos da seguinte maneira: Decepava-se a cabeça de um homem, que devia ser filho primogênito, e arrancavam-lhe os cabelos. A seguir, a cabeça era polvilhada com sal e ungida com óleo. Depois tomava-se uma pequena placa de cobre ou ouro, nela escrevia-se o nome de um ídolo e colocavam-na sob a língua da cabeça decepada. A cabeça era erigida num aposento, acendiam-se velas à sua frente e prostravam-se diante dela.

E acontecia que, quando as pessoas se prostravam diante da cabeça, ela começava a falar e a responder a todas as perguntas que lhe eram dirigidas. Fazia tudo isso graças ao poder do nome do ídolo, que se achava sob a língua. Existiam também Terafim fundidos em ouro ou prata e feitos à imagem de um homem. Estas imagens costumavam, em certas horas do dia, absorver o poder dos astros e prever o futuro. Os ídolos que Raquel havia furtado do pai eram dessa espécie. Ela os levara apenas para que seu pai não descobrisse o caminho tomado por Jacó.

LABÃO VOLTOU para casa e perguntou pelo genro e pelos demais moradores da casa e eis que não estavam lá. Quis, então, indagar dos deuses o paradeiro de Jacó e eis que também eles haviam sumido. Assim, perguntou a outros Terafim, e estes lhe disseram que Jacó fugira e se encontrava a caminho de Canaã.

Labão pegou os então irmãos e servos e saiu em perseguição dos fugitivos; alcançou Jacó no monte de Gilead e falou-lhe: Por que abandonaste minha casa furtivamente? Roubaste meu coração e raptaste minhas filhas com seus filhos, como se fossem cativas pela espada. Não me deixaste sequer beijá-las para que partissem alegremente e ainda furtaste os meus ídolos, Jacó então respondeu: Temi, que fosses exigir de volta tuas filhas; mas que morra aquele com quem achares teus deuses. Labão procurou então pelos Terafim revistou todos os objetos das tendas, mas não descobriu as imagens.

Depois falou a Jacó: Façamos, então, uma aliança e o sinal dessa aliança será testemunho entre mim e ti. Se maltratares minhas filhas, ou se tomares outras mulheres, além delas, que Deus seja juiz entre mim e ti. E ambos juntaram pedras num montículo, e Labão disse: Este montículo seja hoje testemunha entre mim e ti. Por isso o lugar foi chamado de Gilead.* Abateram animais sobre a colina, comeram juntos e lá passaram a noite. Labão levantou de manhã cedo, chorou com suas filhas, abraçou-as e voltou a Haran. Jacó, porém, prosseguiu seu caminho.

QUANDO LABÃO disse a Jacó: Por que furtaste meus ídolos? — Jacó respondeu: Aquele com quem achares os teus deuses, que morra aqui. Com essas palavras, Jacó evocou a morte prematura sobre Raquel.

DEPOIS QUE Labão voltou a Haran, apressou-se em enviar seu filho Beor, de dezessete anos, a Esaú, irmão de Jacó; fê-lo acompanhar por Avichoref, filho de Uz, neto de Nacor, e mais dez homens. Estes seguiram por outro caminho passaram à frente de Jacó e chegaram à terra de Seir. Foram à presença de Esaú e falaram: Teu parente e irmão de tua mãe, Labão, filho de Batuel, manda-te dizer o seguinte: Ouviste o que teu irmão me fez? Chegou a Haran nu e maltrapilho. Fui ao seu encontro, levei-o com honras para a minha casa, tornei-o grande, dei-lhe minhas duas filhas por esposas e ainda duas criadas. Deus o abençoou por minha causa e ele multiplicou-se, teve filhos, filhas, servos e criadas. Recebeu também de mim um sem-número de bois, carneiros, camelos e jumentos, além de muito ouro e prata. Quando viu que o seu poder ficou bastante grande, abandonou-me quando saí para tosquiar meus carneiros. Esgueirou-se furtivamente e partiu em direção a Canaã, para junto de Isaac seu pai. Nem sequer me deixou beijar minhas filhas e levou-as como se fossem suas prisioneiras; além disso, ainda roubou os meus deuses. Agora deixei-o com sua turba diante da montanha junto ao rio Jabok. Se te apetece encontrá-lo, apressa-te em ir lá. Assim falaram os mensageiros de Labão a Esaú.

Ao ouvir essas palavras, o ódio de Esaú inflamou-se contra seu irmão. Pôs-se rapidamente a caminho, levando seus filhos, servos e todos os moradores de sua casa, num total de sessenta homens. Além disso, reuniu todos os filhos de Seir, o horita, e todos os filhos da região, num total de trezentos e quarenta homens. Com esse exército de quatrocentos homens, cada um armado com espada, partiu contra Jacó para combatê-lo. E Esaú dividiu seu exército em sete partes. Uma parte era composta de seus filhos e servos, a qual subordinou ao filho mais velho, Elifas. As outras seis, colocou sob o comando dos seis filhos de Seir.

---

* Gal Ed, Montículo de pedras do testemunho.

Os mensageiros de Labão, porém, depois de terem estado com Esaú, seguiram para a terra de Canaã, para a casa de Rebeca. Falaram-lhe: Teu filho Esaú está se armando contra o irmão que regressa; quer combatê-lo, dominá-lo e tomar-lhe os pertences. Rebeca então enviou setenta e dois servos de Isaac em auxílio de seu filho predileto. Os servos encontraram Jacó além do rio Jabok. Quando os avistou, exclamou: Deus envia este exército para me ajudar. E deu ao lugar o nome de Machanaüm.* Todavia, logo reconheceu os homens como sendo os servos de seu pai; abraçou-os, beijou-os e chorou com eles. Contaram-lhe que em casa tudo estava em paz e depois disseram: Tua mãe Rebeca manda transmitir-te o seguinte: Chegou aos meus ouvidos que teu irmão Esaú vai ao teu encontro com os filhos de Seir, o horita. Portanto, meu filho, escuta minha voz e não trates Esaú com aspereza quando ele te encontrar. A ti cabe honrá-lo, pois ele é teu irmão mais velho. Apresenta-lhe dádivas de tudo o que te pertence e com que o Senhor te abençoou. Talvez isso aplacará sua ira. Quando Jacó ouviu essas palavras de sua mãe, da boca dos servos, elevou sua voz e chorou alto.

12. A Luta de Jacó com o Anjo

CONTA-SE QUE sessenta mil anjos saltaram diante de Jacó, quando voltou de Haran para Canaã. Outros são de opinião que foram cento e vinte mil anjos.

JACÓ QUERIA atravessar o vau do rio Jabok e aí um homem lutou com ele. Apareceu a Jacó como pastor. E, assim como Jacó, conduzia carneiros e camelos. O anjo falou a Jacó: Atravessa o rio com teu rebanho, depois atravessarei com o meu. Assim foi feito. Depois o anjo falou: Voltemos, talvez alguma coisa tenha sido esquecida. Quando ambos estavam novamente na margem de cá, o anjo começou a lutar com Jacó.

No fim o anjo quis revelar a Jacó quem era. Tocou a terra com o dedo e ela começou a cuspir fogo. Então Jacó falou: Queres me assustar com isso? Eu mesmo sou todo fogo. Outros mestres contam que este era o anjo protetor de Esaú nas regiões superiores.

QUANDO O ANJO ia lutar com Jacó, Deus falou ao Seraf: O justo é protegido por cinco amuletos; é seu próprio mérito que o faz forte, o mérito de seu pai e sua mãe e o de Abraão e Sara. E tivesse ele apenas seu próprio mérito a seu lado, poderias vencê-lo? Mede tua força. O anjo então viu que não poderia subjugar Jacó.

Jacó e o anjo pelejaram a noite toda, os golpes de um riconheteavam no escudo do outro. Ao alvorecer, porém, o anjo falou: Deixa-me regressar, pois o sol está nascendo.

---

* Machanaüm, dois acampamentos.

O anjo falou a Jacó: Deixa-me ir, pois está na hora de enaltecer o Senhor. Jacó replicou: Que os teus amigos proclamem o louvor. Ao que o anjo disse: Isso não pode acontecer; se amanhã eu quiser cantar louvores, os meus companheiros dirão: Como não cantaste ontem conosco, hoje também não cantarás. Jacó retrucou: Executa teu trabalho e então receberás tua recompensa; não te deixarei ir embora, antes que tenhas me abençoado. Os mensageiros que haviam vindo a Abraão, não se separaram dele antes de tê-lo abençoado. O anjo respondeu: Aqueles foram enviados apenas para essa finalidade. Jacó falou: Não te deixo partir, a não ser que me abençoes.

O anjo disse: Certa vez, as hostes em serviço foram expulsas de seu círculo por cento e trinta anos por terem revelado o segredo do Senhor; se eu te obedecer, serei expulso também. Mas Jacó repetiu: Não te deixarei ir antes de proferires a bênção sobre mim.

Então o anjo falou para si: Preciso revelar-lhe tudo; e se Deus falar: Por que traíste meu segredo a Jacó? Então, eu responderei: Senhor do Mundo! Se os teus profetas impõem algo sobre o mundo, também tu não podes anular suas palavras. Poderia eu fazê-lo? E falou a Jacó: O Senhor se revelará um dia a ti em Bet-El, mas eu estarei presente. *

O ANJO QUE lutou com Jacó pediu-lhe: Deixa-me ir. Acerca disso um sábio disse: Saiba que os justos são mais altos do que os anjos, pois quem é superior a quem? Aquele que deixa alguém ir ou aquele que é mandado embora? Está claro que aquele que deixa o outro partir é o mais poderoso. Assim um pai despede o filho e o professor, seu aluno.

Quem é mais importante: o vigia ou o vigiado? Sem dúvida que é o vigiado. Vê, um rei é guardado por seus servos, e a respeito do justo está escrito: "Aos seus anjos foi ordenado, guardar-te em todos os teus caminhos". Também aquele que é carregado é mais importante do que quem carrega; pois um senhor é carregado por seus servos e a respeito do justo consta: "Carregar-te-ão nos braços". Assim, os justos devem ser considerados superiores aos anjos.

JACÓ FICOU sozinho e um homem lutou com ele até o alvorecer. Este era o arcanjo Michael. Ele falou a Jacó: Se venceste a mim, que sou um dos primeiros príncipes, ainda tens medo de Esaú? Michael não pôde se mexer do lugar antes que Jacó lho permitiu. O anjo pediu a Jacó: Deixa-me partir, o sol vai se erguer. Jacó respondeu: Serás um gatuno ou ladrão de escravos para temeres o sol? Mas então apareceram hostes de anjos em serviço e exclamaram: Michael, sobe, está na hora de entoar os cânticos matutinos; se não iniciares o canto, a prece não poderá se realizar. Então o anjo

---
* Vide Oséias 12, 5.

começou a implorar a Jacó e falou: Deixa-me seguir, se não meus companheiros me queimarão na Arawot. Jacó disse: Não te deixo ir antes que me abençoes. Michael disse: De quem o Senhor gostará mais, de seu servo ou de seu filho? Nada mais sou do que um servo de Deus, tu, porém, és seu filho; portanto, cabe a ti me abençoar. Jacó replicou: Mesmo que seja assim, abençoa-me. Michael e falou então: Teu nome não mais será Jacó, mas sim, Israel. E prosseguiu: Abençoado és tu, filho da mulher, que conseguiste entrada nos terraços superiores e permaneceste vivo.

Nossos mestres dizem:

Na hora em que Jacó e Michael lutavam, a hoste de Michael quis pôr Jacó em perigo. Mas então apareceu o Senhor. Quando Michael avistou Deus, suas forças paralisaram-se e viu que não ia poder dominar Jacó; assim tocou-lhe apenas a articulação do quadril. Deus então falou a Michael: Acaso foi direito de tua parte causar mal a meu sacerdote? Michael replicou: Senhor do Mundo! Ao que Deus respondeu: Tu és meu sacerdote no céu, mas Jacó é meu sacerdote na terra. Logo Michael chamou Rafael e disse: Amigo, a quem está subordinada a arte de curar, ajuda-me no infortúnio. Então Rafael desceu e curou Jacó.

Outros, porém, dizem que Deus fez brilhar sobre Jacó o sol que algum dia brilhará para os justos, e graças a isso Jacó ficou curado.

Então Deus falou a Michael: A partir de agora serás patrono de Jacó e de sua descendência, até o fim de todas as gerações. Pois o grande será protetor do grandíssimo; tu és fogo e ele é fogo, o fogo socorrerá o fogo; tu és o chefe de todos os anjos, ele é o chefe de todos os homens, um chefe protegerá o outro; tu és o sublime e ele é o sublime; o sublime será o amparo do sublime e deverá suplicar a misericórdia do Altíssimo.

JACÓ E O ANJO lutaram a noite inteira. Então o anjo falou: Talvez este seja como eu, vou verificar. E apalpou o quadril de Jacó para ver se encontrava o nó da articulação; o quadril dos anjos não é flexível porque eles jamais se sentam. Mas ele então viu que o quadril de Jacó era flexível e disse: Este não é senão um filho do homem. Então tocou-lhe a articulação da coxa e esta se deslocou

QUANDO JACÓ atravessou o vau do rio Jabok, encontrou-se com um anjo, que era tão grande quanto um terço do mundo. O anjo nada pode fazer a Jacó, que assim o subjugou sob seus pés.

TANTO NA ERA do dilúvio quanto na da construção da Torre de Babel, Semael bramia, pois a imundície dominava. Então Satã deparou com Jacó, que era a imagem de Adão, o primeiro homem, e iniciou uma peleja contra ele. Contudo, não pôde vencê-lo, pois à direita de Jacó estava Abraão e à esquerda, Isaac. Quando Semael quis separar-se dele, Jacó não o deixou partir. O Satã teria de reconhecer o direito de primogenitura, que Jacó comprara de Esaú, e a bênção que seu pai lhe dera. Semael falou-lhe: A partir de agora teu nome será Israel, pois lutaste com deuses e homens e os venceste. Assim, Semael confessou que Jacó o dominara.

13. O Encontro dos Irmãos

SE UM HOMEM crê que escapou de um leão, encontra um urso. O leão é Labão, que perseguiu Jacó e queria agarrar sua alma. O urso era Esaú, que estava à sua espreita no caminho e queria matá-lo, juntamente com suas mulheres e filhos. O leão ainda sente vergonha, mas o urso não sabe o que é vergonha.

JACÓ MANDOU mensageiros a seu irmão Esaú, para falar com ele em tom conciliatório. Falou-lhes: Digam a meu senhor Esaú que assim é a mensagem do seu servo Jacó: Não creias que a bênção que meu pai me deu um dia tenha me dado sorte. Durante vinte anos morei com Labão e este me enganou e mudou dez vezes meu salário. Servi em sua casa e executei trabalho pesado; Deus então viu meu esforço e minha miséria e fez com que eu conquistasse o favor de meu sogro. Adquiri bois, jumentos e carneiros, servos e criadas — tudo através da bondade e misericórdia de Deus. Agora quero seguir para a terra de Canaã. E por meio desses mando dizer isso a meu senhor, para que eu encontre graça a seus olhos.

JACÓ MANDOU mensageiros ao encontro de Esaú. Uns pensam terem sido os mensageiros seres humanos, outros afirmam que eram anjos de Deus.

Se à Agar, a criada de Sara, apareceram cinco anjos, não apareceriam muitos a alguém que era predileto do Rei? Se a Eliezer, que era servo de uma casa se juntaram anjos, quanto mais não iriam se juntar a um anjo que era o predileto de uma casa?

JACÓ FALOU aos anjos: Dizei a meu senhor Esaú: Possuo boi e jumento. Possuiria Jacó apenas um boi e um jumento? Já pelo presente que mandou a Esaú pode-se ver que possuía muita coisa. Mas esta é a maneira dos justos: menosprezam o que possuem. Os ímpios, ao contrário, alardeiam suas posses. Assim, Esaú disse: Tenho muito de tudo.

QUANDO JACÓ seguia para Canaã, Esaú veio do monte Seir, furioso, ao seu encontro; pretendia eliminar, o irmão. "O ímpio tece intrigas contra o justo e range os dentes para ele." Esaú pensou: Não vou matá-lo com arco e flecha, mas com minha boca e quero chupar seu sangue. E correu ao seu encontro, enlaçando-lhe o pescoço, querendo mordê-lo. Mas o pescoço de Jacó então ficou rígido como marfim e os dentes de Esaú embotaram-se.

Jacó tomou o dízimo de suas posses, que trouxera da Mesopotâmia, e o enviou a Esaú através de seus servos; mandou que dissessem: Assim fala teu servo Jacó! Então o Senhor falou: Jacó, amesquinhaste a santidade. Acaso eu não falei: O mais velho servirá ao mais moço, e tu te denominas servo de teu irmão? Pela tua vida! Que assim seja: Neste mundo Esaú reinará sobre ti; contudo, no mundo futuro, tu serás o senhor.

POR ISSO Jacó falou a Esaú: O Senhor passe adiante, e eu seguirei lentamente atrás. Jacó falou a Esaú: Meu senhor sabe que levo crianças novas comigo; por isso, passe o senhor à frente. Com isso quis dizer: Antevejo que meus filhos receberão sofrimento dos teus; assim, fica com teu poder e utiliza-te da tua coroa até que de minhas entranhas nasça o Messias e te tome o domínio. E Jacó continuou: Meu amo que passe adiante de mim até eu chegar junto do meu Senhor, em Seir. Seir é a cidade de Bet-Gubrin.

Um dia todos os povos se revoltarão contra Edom e se libertarão de seu domínio; não lhe restará nenhum país e nenhuma cidade, e ele será impelido de povo a povo, até chegar a Bet-Gubrin; ali o rei Messias irá ao seu encontro e Edom fugirá para Bozra. Então o Senhor descerá para matá-lo e Edom dirá: Não falaste em tua lei acerca do assassino: "que ele fuja para um dos montes e fique vivo?" Mas o Senhor dará a resposta: Não sabes o que falei além disso? O vingador matará o assassino. Todavia, estou vingando meu parente consangüíneo, Israel, meu filho primogênito. Em seguida Deus agarrará o protetor de Edom pela raiz dos cabelos e Elias matá-lo-á de modo que o sangue salpicará suas vestes. Por isso está escrito: "Quem é que vem de Edom, com vestes avermelhadas de Bozra?"

Por sete vezes o Senhor troca suas vestes desde a criação do mundo até a época em que cobra a dívida de Edom, o ímpio. Quando Deus criou o mundo, estava envolto em fausto e glória; quando se revelou aos filhos de Israel no Mar dos Juncos, estava vestido de orgulho; quando deu o Ensinamento a seu povo, sua veste era a força. Quando pagou aos caldeus pelas suas maldades, usou vestes da vingança. Quando Deus um dia perdoar os pecados de Israel, usará uma veste branca como a neve. No dia em que vier o Messias, o Senhor usará a veste da justiça. Mas o Senhor vestirá uma roupa vermelha no dia em que se vingar de Edom. Então os anjos lhe falarão: Senhor do Mundo! Bela é a veste que usas, mais bela do que as tuas vestes anteriores.

O SENHOR é chamado de o primeiro, conforme está escrito: "Sou o primeiro e sou o último". O monte Sião é chamado de primeiro monte, conforme está escrito: "O trono de minha glória está em cima, no primeiro lugar". Também Esaú é chamado "o primeiro" e o Messias é chamado "o primeiro". Assim sendo, o Senhor que é chamado de "o primeiro", virá e erguerá seu santuário no monte que é chamado de primeiro monte, e cobrará a falta de Esaú, que é chamado "o primeiro".

Livro Sétimo: Os Filhos de Jacó

1. Dina

JACÓ CHEGOU são e salvo à cidade de Siquem, no país de Canaã; tinha saúde, seus filhos estavam bem, seu saber não diminuíra em Haran. Levantou sua tenda diante da cidade. Quando lá chegou era véspera do dia de Sábado; mas determinou os limites quando ainda era dia. Daí pode-se concluir que Jacó guardava o Sábado, ainda antes disso ser dado como mandamento. Comprou uma gleba de terra, dos filhos de Hemor, pai de Siquem, na qual queria erguer sua tenda. Ali também construiu um altar, ao qual denominou Deus de Israel. Falou: Tu és o Deus das regiões superiores, eu sou o Deus das regiões inferiores.

JACÓ ADQUIRIU a gleba de terra, na qual ergueu sua tenda, de Hemor, pai de Siquem, por cem peças de dinheiro.

Acerca disso diz um sábio: Este é um dos três lugares, dos quais os povos da terra não podem censurar Israel de tê-los despojado. Tais lugares são: a caverna dupla, a colina sobre a qual se situava o Templo de Jerusalém e a sepultura de José.

JACÓ LEVANTOU-SE no meio da noite, quando foi ao encontro de seu irmão Esaú; tomou as duas mulheres, as duas criadas e os onze filhos. Mas onde estava Dina nessa hora? Ela era mantida oculta numa caixa. Pois Jacó falou: Possivelmente o malvado lançará seus olhos sobre ela e a arrebatará de mim. Então Deus falou: Impediste teu irmão de fazer clemência. Pois, se Jacó tivesse casado sua filha com Esaú, ela não teria caído na prostituição.

COM JACÓ aconteceu o mesmo que com aquele que ao entrar em casa e apoiar-se a mão na parede é mordido por uma cobra. Depois que se separou de seu irmão Esaú e erigiu sua casa no terreno adquirido no país de Canaã, uma cobra o feriu. Quem era essa cobra? Siquem, o filho de Hemor.

Dina, a filha de Jacó, permanecia sempre na cabana e não se deixava ver pelos de fora. O que fez Siquem, o filho de Hemor? Pôs donzelas a tocar tímbales diante de sua tenda e Dina saiu, para ver as filhas da terra. Então Siquem raptou a moça e violentou-a.

Depois de violentada por Siquem.
DINA FALOU: Para onde irei com minha vergonha? E não quis deixar a casa de Hemor. Então Siquem jurou que se casaria com ela.
SIQUEM enviou três de seus amigos a seu pai Hemor, o filho de Hidekem, neto de Pered, a fim de que ele pedisse a filha de Jacó em casamento. Hemor foi então ter com o filho e falou-lhe: Acaso não há em tua tribo nenhuma virgem, para que desejes tomar uma mulher de origem estranha? Siquem, contudo, respondeu ao pai: Não, pede essa em casamento para mim, meu coração afeiçoou-se apenas a essa. Então Hemor resolveu atender o pedido de seu filho e dirigiu-se para a moradia de Jacó. Mas antes que tivesse entrado na tenda do patriarca, os filhos de Jacó voltaram do campo. Ainda não era hora de tanger o gado para casa, mas a notícia do que Siquem fizera com Dina alcançara os irmãos e eles derramaram diante do pai a ira contra o filho do príncipe. Jacó ainda não havia respondido aos filhos, quando apareceu Hemor, pai de Siquem, e apresentou o pedido do filho. Falou: O coração de meu filho Siquem afeiçoou-se à vossa filha; dai-lha, pois, em casamento. Fazei amizade conosco: deixai que casemos com vossas filhas e casai com as nossas. Morai em nosso país; sejamos um só povo. Vêde, nosso reino é bastante grande; estabelecei-vos nele, fazei comércio e agi de acordo com a vossa vontade. Quando Hemor terminou de falar, Siquem também veio e repetiu o pedido diante dos filhos de Jacó.
NO DIA SEGUINTE, Siquem e Hemor seu pai foram ter com Jacó e seus filhos, para ouvir-lhes a resposta. Os hebreus responderam: De acordo com as palavras de nosso pai Isaac, não podemos dar nossa filha como esposa a um homem incircunciso, pois isto para nós é uma vergonha. Se quiserdes nos seguir e vos igualar conosco, mostrar-nos-emos condescentes também e tornar-nos-emos um só povo. Se não aceitardes esta condição, levaremos nossa irmã Dina e partiremos.
O NÚMERO de homens que deram ouvidos a Siquem e se deixaram circuncidar foi de seiscentos e quarenta e cinco, o de meninos de duzentos e setenta e seis. Apenas o pai de Hemor, Hidekem, filho de Pered, e seus seis irmãos não deram ouvidos à ordem de Siquem e não se deixaram circuncidar, pois o costume dos hebreus causava-lhes abominação.
No dia seguinte, os mensageiros de Siquem e Hemor deram uma busca na cidade e encontraram oito meninos pequenos que haviam sido escondidos pelas mães. Quiseram apanhá-los e levá-los diante dos príncipes, a fim de que as crianças fossem circuncidadas, mas foram atacados por Hidekem e seus irmãos. A ira do velho era imensa; invadiram a casa de Hemor e Siquem e estavam dispostos a matar ambos e também Dina, a filha dos hebreus. Falaram: O

que estais fazendo conosco? Não existe entre vossos irmãos, os cananeus, nenhuma mulher, para que tomais uma dum povo que não conhecíeis ontem e anteontem? E agora ainda vos deixais levar a praticar um costume, que vossos pais nunca vos ordenaram! Achais que isto vos trará sorte? O que ireis responder aos parentes de vossa estirpe se amanhã vierem vos censurar as ações?
Quando os príncipes ouviram as palavras de Hidekem sentiram medo. Já estavam arrependidos de terem obedecido à vontade dos hebreus e responderam aos fanáticos: O que dizeis está certo. Mas não penseis que assim fizemos por amor aos hebreus. Obedecemos apenas porque vimos que, de outra forma, não nos dariam a moça. Mas logo que os nossos desejos estiverem satisfeitos, voltar-nos-emos contra eles. Aguardai apenas até que nossa carne cicatrize, depois os atacaremos juntos. Mas Dina, a filha de Jacó, ouviu tudo o que Hidekem e seus fiéis falaram e o que Hemor e Siquem responderam. Apressou-se a enviar uma das criadas que Jacó lhe dera, a seu pai e irmãos, e mandou-lhes relatar tudo.
Quando Jacó e seus filhos ouviram o recado ficaram muito irados e sua cólera inflamou-se bastante. Simeão e Levi praguejaram, dizendo: Certo como o Senhor, Deus de todos os mundos, vive, amanhã a esta hora não restará nenhum vestígio dos siquemitas.
Havia em Siquem vinte jovens que se tinham mantido ocultos e que permaneceram incircuncisos. Esses foram ao encontro de Simeão e Levi quando estes penetraram na cidade, porém, foram mortos por eles. Apenas dois jovens escaparam e fugiram para os poços de argila, que se encontravam fora da cidade. Enquanto isso, Simeão e Levi atacaram a cidade. Houve grande tumulto em Siquem; todas as mulheres e crianças se lamentavam. Os dois irmãos, todavia, continuaram a exterminar todas as pessoas do sexo masculino. Também Hemor e Siquem caíram e os irmãos tiraram sua irmã da casa dos príncipes. Enquanto juntavam o saque, cerca de trezentas mulheres reuniram-se à sua volta e atiraram-lhes terra e pedras. Contudo, Simeão venceu-as sozinho.
UM SÁBIO DIZ: Simeão e Levi tinham treze anos quando se ergueram contra Siquem. Está escrito: Entraram na cidade valorosamente, confiavam na força de seu pai. Jacó não queria que seus filhos atacassem Siquem. Mas depois que o fizeram falou: Deveria eu deixar meus filhos nas mãos dos povos? E tomou da espada e do arco e postou-se diante da porta de Siquem. Falou: Se vierem os inimigos fazer mal a meus filhos, lutarei com eles. Por isso falou a José: "Dei a ti um pedaço de terra a mais que a teus irmãos, pois o conquistei com minha espada e meu arco das mãos dos amorreus".
SIMEÃO E LEVI exaltaram-se muito com o ultraje à Dina. Cada um tomou da espada e mataram todos os habitantes de Siquem.

Quando Jacó soube do acontecido, amedrontou-se muito e falou: Agora todas as tribos do país sairão para ir contra mim. E ele amaldiçoou a cólera deles e falou: "Amaldiçoada seja sua ira que é tão intensa e sua raiva que é tão recalcitrante". Amaldiçoou também suas espadas e as denominou de armas assassinas.

A façanha de Simeão e Levi causou porém temor aos reis da terra e eles disseram: Se apenas dois dos filhos de Jacó conseguiram tal coisa, o que não conseguirão se agirem todos unidos? Destruirão o mundo. E o temor de Israel caiu sobre os cananeus.

2. A Morte de Raquel, Débora e Rebeca

NOSSOS MESTRES diziam: Existem três casos em que o livro de culpas da pessoa é tirado: quando sozinha e solitária empreende uma peregrinação, quando permanece numa casa em ruínas e quando não cumpre uma promessa.

As ações da pessoa são então examinadas, os anjos acusam-na da transgressão e relacionam seus pecados. — Um sábio falou: Quem fez um voto e não cumpriu, é culpado da morte de sua mulher.

Observa! Quando Jacó partiu para a Terra das Duas Torrentes e fez o voto de honrar o Senhor como seu Deus, o Todo-poderoso satisfez todos os seus desejos. Jacó tornou-se rico no país estranho; voltou para a terra natal e esqueceu seus votos. Então o Senhor fez vir Esaú para o corromper; tomou-lhe uma parte de seus pertences. Contudo, Jacó não percebeu que isso acontecera por causa do voto não cumprido. Então o Senhor enviou o anjo para lutar com ele; este era Semael, o mensageiro de Esaú. Todavia, Jacó não compreendeu a advertência. Então o Senhor submeteu-o à desgraça do estupro de Dina. Mas Jacó ainda não compreendeu porque era castigado, e assim Raquel lhe foi tomada através da morte. Então o Senhor falou: Por quanto tempo ainda deve ser castigado o justo sem saber por qual pecado sofre? E falou a Jacó: Levanta-te e segue para Bet-El e fica ali. Com isto queria dar-lhe a entender: Toda a desventura que sofreste nada mais é do que o castigo por teres falhado no cumprimento teu voto. Se não quiseres mais ser punido, daqui por diante vai a Bet-El e constrói um marco ao Deus, perante ao qual pronunciaste o voto. Pois eu sou o Deus de Bet-El, do lugar onde ungiste a pedra com óleo. Jacó logo falou aos moradores de sua casa: Vamos nos pôr a caminho e subir a Bel-El. Lá construirei um altar ao Deus que me atendeu na hora de minha angústia.

SÃO TRÊS AS mulheres que tiveram parto difícil e morreram ao trazer filhos ao mundo: a matriarca Raquel, a mulher de Pinehas, filho de Elis, e Michal, filha do rei Saul. *

---

* A lenda atribui Michal ao sexto filho de David, Jitream. Vide I Crôn. 3, 3.

Raquel morreu e foi sepultada no campo de Efrata. O que terá Jacó entrevisto quando destinou esse lugar para sepultura de Raquel? Viu em seu espírito os exilados passando a caminho da Babilônia e ali sepultou a esposa a fim de que implorasse clemência para seus descendentes. Como diz o profeta: "Ouve-se uma voz lamentar e chorar amargamente: Raquel chora por seus filhos".

Morreu Débora, ama de Rebeca, e foi sepultada perto de Bet-El sob um carvalho o qual depois se denominou carvalho do pranto. Enquanto Jacó ainda pranteava a morte de Débora, recebeu a notícia que sua mãe Rebeca falecera. E o Senhor apareceu-lhe e o abençoou. Um sábio disse: Deus consolou Jacó em sua tristeza.

EXISTE A TRADIÇÃO de que as dez pedras do túmulo de Raquel foram assentadas pelos dez filhos de Jacó. A pedra superior final foi posta por Jacó. Benjamim não pode trazer nenhuma pedra porque era um recém-nascido. Também José não trouxe nenhuma, porque na época era um menino de oito anos; contudo, talvez o pesar pela morte da mãe o tivesse impedido.

QUANTA TRISTEZA aconteceu a Rebeca! Quando seu filho Jacó já estava ausente há vinte anos, ela enviou sua ama Débora para a Mesopotâmia, a fim de buscá-lo. Débora encontrou-se com Jacó no caminho e morreu em Bet-El. E na mesma época morreu também Rebeca em sua terra natal sem rever seu filho.

ERA DESEJO de Rebeca ser sepultada de noite. Ela falou: Meu filho Jacó, o justo, não está em casa, meu marido Isaac, o justo, não sai da tenda porque seus olhos estão obscurecidos. Se meu corpo for levado para fora durante o dia, só Esaú, o malfeitor, seguirá à frente do caixão e o povo dirá: Desgraçados os seios que amamentaram esse aí! Por isso, ordenou que a levassem à sepultura durante a noite.

Por ter sido Rebeca sepultada à noite, sua morte não é mencionada na Bíblia.

3. A Morte de Isaac

O QUE SIGNIFICARÁ a frase do profeta: "Tu, Senhor, és nosso Pai, não conhecemos Abraão, e não sabemos de Israel. Tu, Senhor, és nosso Pai e Redentor, desde a eternidade é este Teu nome". Um dia o Senhor falará a Abraão: Teus filhos pecaram diante de mim. Ao que Abraão falará: Senhor do Universo! Que sejam exterminados em nome de tua santidade. Então o Senhor diz: Vou me dirigir a Jacó, que conhece as dores de pai, talvez ele peça misericórdia. E Ele diz a Jacó: Teus filhos pecaram. Então Jacó responde: Que sejam exterminados em nome de Tua santidade. Então Deus fala: A salvação não está com os velhos e o conselho não está com os jovens. E o Senhor dirige-se a Isaac e diz: Teus filhos cometeram pecado. Ao que Isaac replica: Acaso são meus filhos? Não são muito mais teus? Quando falaram diante de ti no Sinai: Tudo faremos ainda antes de ouvir — tu denominaste teu filho primogênito Israel, e agora são meus filhos e não teus? Então todo o povo de Israel fala a Isaac: Tu és nosso pai! Mas Isaac responde-lhes: Em vez de glorificar-me, enaltecei o Santo, louvado seja. E Isaac indica com os olhos o Senhor. Depois Israel ergue seus olhos para o céu e fala: Tu, Senhor, és nosso Pai e nosso Salvador, este é teu Nome desde a eternidade!

O PROFETA Miquéias fala de sete pastores. Estes são: Adão, Set, Matusalém, Abraão, Jacó, Moisés e David. David está no meio; à sua direita encontra-se Adão, Set e Matusalém; à sua esquerda, Abraão Jacó e Moisés. Por que nosso pai Isaac não está entre eles? Ele está sentado à entrada do inferno, a fim de salvar seus descendentes do fogo devorador.

ANTES DE morrer Isaac deixou seu gado, sua propriedade adquirida e tudo o que possuía aos seus dois filhos; por isso ambos executaram a remissão que lhe cabia. Mas depois Esaú disse a Jacó: Vamos dividir tudo o que o nosso pai nos deixou em duas partes e eu decido porque sou o primogênito. Então Jacó pensou: Os olhos desse ímpio não se saciam de riqueza. E ele declarou toda a propriedade de Isaac como uma parte da herança e o direito sobre a terra de Israel como a segunda parte. Depois Esaú foi aconselhar-se com Ismael no deserto. Ismael disse: Os amorreus e os cananeus são habitantes do país e Jacó ainda tem esperanças de obtê-lo? Fica com o que teu pai te deixou, Jacó não ficará com nada. Assim, Esaú tomou posse de toda a herança de seu pai e transferiu a Jacó o país de Canaã e a caverna dupla. Acerca disso escreveram um documento de validade eterna. Depois Jacó falou a Esaú: Deixa o país que agora é minha propriedade. Esaú tomou suas mulheres e tudo o que lhe pertencia e desocupou a região em favor de Jacó. Como recompensa por haver deixado o lugar livre para o irmão, o Senhor deu-lhe cem países de Seir até Magdiel. Magdiel é Roma. Daí por diante, Jacó morou pacífica e seguramente no país de Canaã, na terra de seu nascimento, na terra em que seu pai havia sido estrangeiro.

ISAAC DEFINHOU e morreu; foi reunido ao seu povo, velho e saciado de viver. Pôde contemplar antes sua parte no Jardim do Éden.

JACÓ E ESAÚ tombaram sobre a face de Isaac, seu pai, e ambos choraram sua morte. Levaram-no para a caverna dupla, que Abraão comprara dos hetitas para jazigo hereditário. Todos os reis de Canaã acompanharam o cortejo fúnebre e prestaram grandes honras ao falecido. Os filhos de Jacó e os filhos de Esaú descalços atrás do esquife de Isaac, lamentando em voz alta. Assim o séquito chegou em Kiriat-Aba.

Ali Esaú e Jacó sepultaram seu pai no túmulo da caverna dupla. Enterraram-no com grande pompa, como se enterram reis. Depois Jacó e Esaú procederam à lamentação por Isaac; realizaram uma refeição fúnebre e ficaram enlutados por muitos dias.

4. A Guerra

JACÓ MORAVA em Canaã havia nove anos após seu retorno da Mesopotâmia. No décimo ano, o centésimo quinto de sua vida, deixou Hebron com os seus e foi estabelecer-se novamente em Siquem. Ali os pastores encontratram uma rica pastagem para seu gado. A cidade de Siquem já havia sido reconstruída entrementes.

Os reis das redondezas souberam então que os hebreus tinham voltado de novo a Siquem. Falaram uns aos outros: Acaso os filhos de Jacó, que já uma vez exterminaram os cidadãos de Siquem, vieram estabelecer-se na cidade para também herdar dos que nela moram agora?

E os príncipes enviaram uma epístola a Jacó e seus filhos, do seguinte teor: Vinde a nós na planície, queremos nos olhar face a face.

Quando os irmãos leram essas palavras, prepararam-se rapidamente, empunharam suas armas e armaram seus criados para a luta. Partiram para o combate com o pai à frente, e postaram-se junto à colina de Siquem. E Jacó estendeu seus braços e orou mais uma vez ao Senhor.

Aconteceu então que a terra estremeceu e a luz do sol se obscureceu; os reis horrorizaram-se e houve um tumulto em suas fileiras. O Senhor ouvira a súplica de Jacó e enviara temor por seus filhos aos corações dos amorreus. Fê-los perceber a aproximação de muitos cavaleiros, passos de cavalos fogosos e a agitação de um grande exército e eles pensaram a princípio em desistir dos filhos de Jacó. Mas, não o fizeram e falaram: Seria uma vergonha para nós fugir dos hebreus pela segunda vez.

OS FILHOS de Jacó aproximavam-se cada vez mais dos reis e seus exércitos. Viram-se diante de um povo numeroso e bradaram: Ajuda-nos, ó Senhor, para que não sucumbamos aos incircuncisos! Confiamos em ti! E levantaram os escudos e apanharam as lanças. Judá, filho de Jacó, e seus dez servos, foram os primeiros a entrar em combate. Por parte dos inimigos foi Jeschuw, rei de Tapuach, com seu exército precedeu aos demais. Montava um cavalo fogoso e estava revestido de ferro e aço da cabeça aos pés. Era um herói que sabia atirar flechas com ambas as mãos ao mesmo tempo e nunca errava o alvo. Cavalgando ao encontro de Judá, arremessava suas flechas contra ele, como era seu costume. Mas Deus fez as flechas caírem para trás e elas atingiram os combatentes de Jeschuw. Assim, Jeschuw e Judá aproximavam-se cada vez mais um do outro; o espaço entre eles já era de apenas trinta côvados. Judá então levantou do chão uma grande pedra, que pesava sessenta libras, correu com todo o ímpeto em direção a Jeschuw e atirou a pedra. O golpe atingiu o escudo do rei, que ficou perturbado com a batida e caiu do cavalo. O escudo rolou para quinze côvados adiante. Os príncipes amorreus, que assistiram ao duelo, assustaram-se. Judá, porém, correu contra o exército de Jeschuw e abateu quarenta e dois homens com um só golpe de espada. Os combatentes inimigos então dispersaram-se ante os heróis hebreus; empreenderam a fuga e abandonaram seu rei.

Quando Jeschuw viu que seus homens haviam fugido, ergueu-se e retomou sozinho a luta contra Judá. Levantou o escudo do chão e segurou-o contra a espada de Judá; com a mão livre preparou-se para o golpe contra o hebreu, pretendendo derrubá-lo com a lança. Mas Judá protegera rapidamente a cabeça com o escudo e assim a arma defensiva recebeu o golpe; mas nisto ela se despedaçou. Judá então tomou sua espada, dirigiu-a contra os tornozelos de Jeschuw e separou-lhe os pés das pernas. Então o príncipe de Tapuach caiu novamente ao solo e a lança escorregou-lhe das mãos. Nesse momento sua cabeça foi decepada por Judá que atirou a cabeça no lugar onde estava os pés.

Enquanto isso, Levi era atacado pelas costas por Elon, rei de Gaas, e quatorze dos seus melhores combatentes. No entanto, ele e seus doze ajudantes conseguiram defender-se e bateram o rei e seus fiéis com o fio de suas espadas. Veio então Ihuri, rei de Silo, para auxiliar Elon. Contudo, apareceu na mira de Jacó, o que prestava auxílio aos filhos com arco e flecha, e foi morto por um projétil da aljava do patriarca.

Quando os outros reis dos amorreus viram o príncipe de Silo também tombar, falaram entre si: Nossa força terminou; não podemos vencer os hebreus, depois que eles exterminaram três de nossos príncipes. E abandonaram suas posições.

GAAS ERA a sede da mais poderosa e numerosa tribo dos amorreus. A própria cidade era um dos lugares mais fortificados do país e rodeada por três muralhas. Quando os hebreus se aproximaram da cidade, todas as portas estavam trancadas e cerca de quinhentos homens encontravam-se na muralha exterior. E uma grande multidão, impossível de ser contada, estava à espreita atrás da cidade. Os impetuosos preparam-se então para arrombar as portas. Mas eis que apareceram de ambos os lados os que estavam atrás à espreita e cercaram os atacantes. Assim, os filhos de Jacó estavam rodeados pelo inimigo por todos os lados, e, os que estavam sobre a muralha, atiravam contra eles pedras e flechas. Quando Judá viu o que se passava, começou a berrar de tal maneira que os inimigos perderam o sangue frio e muitos de susto caíram da muralha.

Os irmãos de Judá voltaram-se então contra aqueles que os haviam atacado pelas costas e os combateram duramente. Em seguida, junto com Judá, tentaram abrir as portas da cidade, mas não o conseguiram. Para onde quer que se voltassem, eram cobertos de pedras. Os que ainda se conservavam sobre a muralha escarneciam dos hebreus e bradavam: Para que iniciais uma luta quando não podeis vencer? Acreditais que podeis destruir Gaas, a poderosa cidade, como destruíste as fracas cidades de nossos vizinhos? E eles insultaram os filhos de Israel e desafogaram-se em maldições contra o Deus dos hebreus. Judá, então, exaltou-se por seu Senhor e exclamou em alta voz: Senhor, ajuda-nos! Senhor, ajuda-nos! Pulou para o alto com a espada desembainhada e, levado pela ira, saltou sobre a muralha. Mas quando estava em cima, a espada lhe caiu. Deu novamente um grito tão furioso que alguns homens escorregaram de susto da muralha e caíram mortos; outros saíram correndo. Só alguns se encheram de coragem e tentaram arremessar Judá do muro de pedras. Vieram também heróis em seu auxílio, os quais, com armas desembainhadas, cercaram Judá e o atrapalharam. Então, aflito, da muralha Judá chamou por auxílio. Nesse momento Jacó e seus filhos armaram seus arcos e mataram três dos combatentes com as flechas. Novamente Judá berrou contra seus inimigos e de novo alguns se assustaram e deixaram cair suas espadas. Então ele levantou rapidamente as espadas e com elas bateu em seu redor e matou os inimigos que acorriam.

Apenas um dos combatentes de Gaas, de nome Arud, ergueu-se para ferir Judá, mas este ainda teve tempo de proteger a cabeça com o escudo e assim a espada do gaasita partiu-se no escudo de Judá. Então o lutador foi acometido de temor; escorregou e caiu da muralha. Os filhos de Jacó abateram-no.

Judá estava com dor de cabeça devido à pancada que recebera e gritou. O grito chegou aos ouvidos de seu irmão Dan e este tomou impulso de longe e saltou sobre a muralha. Quando os gaasitas viram Dan ao lado de Judá, abandonaram a muralha exterior e subiram na próxima. Então levantou-se um vozerio em Gaas. Jacó e os irmãos que haviam ficado embaixo preocuparam-se por Dan e Judá. Naftali então escalou a primeira muralha e pulou desta para a próxima. Os gaasitas viam agora três hebreus lutarem contra eles e refugiaram-se no interior da cidade. No entretanto, Issachar e Zebulon arrombaram as portas e penetraram em Gaas. A eles juntaram-se Jacó com os demais filhos e escudeiros. Travou-se uma luta violentíssima e os hebreus aniquilaram quase todos. Quando estavam despojando os cadáveres, surgiram três homens fortes, mas que não levavam espadas consigo. Um deles agarrou Zebulon, que ainda era jovem e pequeno, e atirou-o com toda a força ao chão. Jacó apanhou rapidamente com sua espada, deu um golpe na região lombar do homem e matou-o. Nesse momento o segundo gaasita, correu, agarrou Jacó e quis derrubá-lo, mas Jacó berrou e vieram Simeão e Levi que bateram nas pernas do ameaçador de seu pai, fazendo-o cair. Cheio de raiva, ele levantou-se novamente, mas antes ainda de se ter posto em pé Judá veio e partiu-lhe a cabeça com a espada. O terceiro gaasita, vendo que seus dois companheiros haviam sido mortos, fugiu dos hebreus que o perseguiram. No caminho o perseguido achou uma espada, ergueu-a e voltou-se contra seus perseguidores; levantou a espada para atingir Judá. E Judá não tinha escudo. Mas antes que desfechasse o golpe, Naftali adiantou-se e cobriu a cabeça de Judá com seu escudo. O escudo foi atingido e Judá saiu ileso. Simeão e Levi arremessaram-se então contra o gaasita e bateram-no com suas espadas. Ambas as armas atingiram o inimigo e despedaçaram seu corpo. Assim foram mortos também os três últimos heróis de Gaas.

OS HABITANTES das demais cidades de Canaã criaram medo dos hebreus, porque estes realizaram feitos que desde tempos imemoriais nenhum rei havia conseguido. Jafia, rei de Hebron, enviou mensagens secretas ao rei de Ai, aos reis de Gibeon, de Salem, de Adulam, de Lachis, bem como aos outros príncipes cananeus subordinados a estes, mandando-lhes dizer: Vinde a mim, vamos aos hebreus para firmar com eles uma aliança de paz, a fim de que o país inteiro não seja exterminada pela sua espada.

Então os governantes, vinte e um reis e sessenta e três príncipes, atenderam a esse chamado, e depois de quarenta dias encontraram-se montanha diante de Hebron. O rei de Hebron apareceu com seus três príncipes e nove conselheiros e os reunidos discutiram sobre como proporiam paz aos vencedores. Concordaram em que o príncipe de Hebron seria o primeiro a negociar.

Enquanto os governantes deliberavam em conselho, os filhos de Jacó souberam que os príncipes de Canaã tinham reunido próximo a Hebron. Mandaram verificar por meio de espiões o número dos participantes, tomaram das armas e prepararam-se para combater os reis de Canaã, pois imaginavam que eles iriam sair para a luta. Jacó também seguiu. Mal deixaram as portas de Siquem, quando viram o rei de Hebron com seus três príncipes caminhar ao seu encontro. O rei Jafia aproximava-se cada vez mais com seu séquito e prostraram-se até o chão diante dos filhos de Jacó.

Os hebreus então perguntaram: O que pretendes, senhor de Hebron? Por que vieste hoje até aqui? O rei voltou-se para Jacó e falou: Meu senhor, os príncipes de Canaã vieram oferecer paz. Os jovens, todavia, não acreditaram nessas falas e pensaram que o príncipe queria ludibriá-los. O rei, ao perceber isso, mandou um de seus homens para chamar os outros detentores do poder. Estes vieram, inclinaram-se profundamente perante os filhos de Jacó e falaram: Queremos concluir uma aliança convosco e firmar paz real. Não devereis mais nos atacar e nós não vos combateremos. Então os hebreus viram que os reis desejavam realmente a paz e concordaram com uma aliança. Esta aliança foi jurada tanto pelos pelos filhos de Jacó como pelos príncipes de Canaã.

Agora havia paz entre os hebreus e os soberanos de Canaã e esta paz durou até a época de Josué, quando os filhos de Israel apoderaram-se do país.

5. A Venda de José

"ESTA É A história de Jacó e José." Vês que José se assemelhava em tudo a seu pai e tudo que aconteceu a Jacó, aconteceu também a José. Jacó era invejado por seu irmão Esaú, José sofria sob o ódio de seus irmãos. Jacó foi exilado para Haran, José foi vendido para o Egito. Ambos, embora não sendo filhos primogênitos, eram chamados de primogênitos. E ambos subiram às alturas através de sonhos.

ISRAEL AMAVA a José mais do que a todos os filhos, porque lhe nascera na velhice. Mas era José um filho de sua velhice? Não o era Benjamim muito mais? Mas Jacó, com visão de profeta, viu que José um dia seria soberano, por isso amava-o mais ainda. Os irmãos, porém, odiavam o menino.

UM SÁBIO ensinava: Um pai nunca deve dar preferência a um de seus filhos. Por causa do peso de duas medidas de seda, que Jacó gastou a mais quando fez a túnica de José, inflamou-se a inveja dos irmãos e daí resultou na escravidão a que nossos antepassados foram submetidos no Egito.

QUANDO JOSÉ contou a seu pai o sonho que tivera e no qual o sol, e a lua e onze estrelas prostraram-se diante dele, Jacó julgou que a época da ressurreição dos mortos já não estava longe. Falou-lhe: Porventura eu, teus irmãos e tua mãe, já falecida, devemos prostrar-nos diante de ti? Jacó não sabia que o sonho de José tratava de Bilha, a serva de Raquel, que o havia criado como uma mãe.

Jacó guardou o sonho de José em seu coração. Um sábio disse que Jacó marcou numa lousa, o dia, a hora e o lugar do acontecimento. Um outro sábio disse que o espírito santo bradou a Jacó: Guarda estas palavras em tua lembrança; algum dia se realizarão.

José via que os filhos das concubinas cortava pedaços de bode e carneiro vivos e os comiam. Contou isso ao pai e a partir daí os irmãos não puderam mais falar amigavelmente com ele.

JACÓ DISSE a José: Vai ver como estão teus irmãos. E mandou-o a Siquem. Siquem, porém, é um lugar sinistro. Dina foi violentada em Siquem, José foi vendido em Siquem, o reino de David foi dividido em Siquem.

ASSIM O MENINO foi para junto dos irmãos, vagando pelos caminhos o anjo o encontrou e perguntou: A quem procuras aqui? José respondeu: Quero encontrar meus irmãos. Então o anjo conduziu José para junto dos irmãos, e estes, ao verem-no, tramaram matá-lo.

Ruben, porém, falou: Não derrameis sangue, lançai-o na cisterna que há aqui no deserto, para que ele morra por si. Os irmãos assim fizeram; agarram o menino e o lançaram na cisterna.

A CISTERNA estava vazia e não havia água; contudo, abundavam ali as cobras e escorpiões. Quando José se viu entre esses répteis, ficou aflito e exclamou: Ai de mim, não escaparei dessas malvadas criaturas. Por causa do susto e do medo, perdeu sua beleza. Mas o Senhor tapou a boca dos animais e eles nada lhe fizeram.

RUBEN ESGUEIROU-SE atrás de uma montanha e pretendia descer durante a noite e tirar José da cisterna. Seus nove irmãos permaneceram sentados no mesmo lugar e todos nutriam um único pensamento e desejo. Uma caravana de ismaelitas passou então ao lado deles e eles disseram: É melhor vendermos José a estes homens. Hão de levá-lo para o deserto e nosso pai nada mais saberá dele. E retiraram o menino da cisterna e venderam-no aos ismaelitas por vinte moedas de prata. Cada um recebeu duas moedas de prata e comprou sapatos com o dinheiro. Deles diz o profeta: "Venderam o justo e o pobre por sapatos".

QUANDO OS irmãos de José avistaram a caravana de ismaelitas, retiraram o irmão da cisterna e venderam-no nu como estava. O Senhor falou: Tal justo deverá andar despido entre os homens? José, porém, tinha um amuleto que usava sempre em volta do pescoço. O Senhor fez com que o anjo Gabriel descesse e tirasse do amuleto um traje no qual pudesse envolver José.

Quando os irmãos viram esse traje, falaram aos ismaelitas: Devolvei-nos o traje, vendemos o rapaz nu e despido. Os ismaelitas responderam: Não vamos devolver. Mas os irmãos não desistiram, até que os ismaelitas ainda lhes deram mais quatro pares de sapatos.

Nesse traje os ismaelitas levaram José ao Egito, nele o venderam a Putifar, nele foi atirado no cárcere, nele apareceu diante do Faraó; também usou essa roupa quando se tornou rei do Egito.

DEPOIS OS filhos de Jacó falaram: Queremos nos obrigar ao silêncio através de um anátema, nenhum de nós deverá dizer uma só palavra sobre o ocorrido diante de nosso pai, a não ser que os demais concordem. Judá, no entanto, falou: Ruben não se encontra entre nós e um anátema só tem validade, quando dez pessoas fazem o juramento. O que fizeram? Incluíram o Senhor em seu meio e impuseram um anátema uns sobre os outros.

Durante a noite, Ruben desceu da montanha para tirar José da cisterna, mas não o encontrou mais lá. Dirigiu-se aos irmãos: Matastes o menino e eu para onde irei? Então os irmãos confessaram-lhe o que haviam cometido e informaram-no sobre o juramento do silêncio. Quando Ruben ouviu o prometido, obrigou-se a nada trair. E também o Senhor cumpriu o juramento e não revelou a Jacó o que ocorrera. Daí por que Jacó não ficou sabendo que seu rebento havia sido vendido e disse: Estraçalhado foi meu filho José!

Um mestre disse: O pecado da venda de José não foi perdoado aos irmãos senão no dia de suas mortes. Assim falou o Senhor Zebaot: "O crime não vos será perdoado até morrerdes".

QUANDO OS justos pedem satisfações terrenas ao Senhor, vem Satã e levanta queixas contra eles. Diz: A este não basta a certeza do Além; quer gozar do bem-estar na terra. — Por Jacó estar preocupado com sua segurança nesta vida, alcançou-o a desgraça da venda de José.

Jacó rasgou suas vestes quando soube da notícia da morte de José. Essa culpa recaiu sobre as tribos. E quando foi cobrado delas? Quando, durante a jornada do Egito a Canaã, hospedaram-se no albergue e reencontraram nos sacos o dinheiro pago. Então também elas rasgaram suas vestes. Mas a culpa disso cabe a José e foi expiada no filho de seu filho, como está escrito: Josué rasgou suas vestes. Benjamim também teve culpa, por seus irmãos terem rasgado as vestes. Quando isso foi retribuído? Na cidade real de Susa, onde Mordecai, descendente de Benjamin, rasgou suas vestes. Também Manassés foi causa de as tribos terem dilacerado suas vestes e por isso sua descendência foi dileçarada para toda a eternidade. Uma metade encontra-se na Jordânia Oriental e a outra na terra de Canaã.

Jacó cingiu seus flancos com saco. Um mestre do Talmud falou: É pena que nosso patriarca Jacó tenha vestido então um saco! Os seus filhos e filhos de seus filhos nunca despiriam essa veste de luto.

O QUE DISSE nosso pai Jacó, quando seus filhos lhe trouxeram a túnica ensangüentada de José? Não quis acreditar na morte de seu filho. Foi para as montanhas rochosas, quebrou doze pedras e as dispôs em fila. Sobre cada pedra escreveu o nome de um dos filhos, juntou o nome do respectivo planeta e do respectivo mês. Na primeira pedra pôs o nome de Ruben, da Constelação do Carneiro e do mês de Nissan, e dessa maneira escreveu nas outras onze pedras. Depois retirou a pedra de Ruben e falou às demais: Ordeno-vos: Erguei-vos diante desta aqui. Contudo, as pedras não se levantaram. Diante disso, retirou a pedra de Simeão e ordenou às demais para que se levantassem diante dele. No entanto, as pedras não obedeceram. Assim chamou seguidamente os nomes de todos os seus filhos e ordenou às outras pedras que se levantassem. As pedras, todavia, não se mexeram. Quando depois Jacó pronunciou o nome de José, as pedras ergueram-se prostraram-se diante da pedra de José.

Mesmo assim, Jacó não acreditou que José ainda pudesse estar vivo e, foi ao campo, tomou doze espigas e nelas escreveu os nomes dos filhos, dos planetas e dos meses, como tinha feito antes com as pedras. Falou: Ordeno-vos que vos levanteis diante de Levi, o qual algum dia será o esteio dos Urim e Tumim; contudo, as espigas não se levantaram. Jacó continuou: Erguei-vos diante de Judá, que é rei entre seus irmãos. Mas as espigas não se mexeram. Quando, porém, Jacó proferiu o nome de José, as espigas ergueram-se e prostraram-se diante da espiga de José.

QUEM TEM vinte ou mais anos, deve ofertar um sacrifício de tributo ao Senhor, assim está escrito no Livro da Lei. Nossos mestres interpretaram: Em virtude das tribos terem vendido o primogênito de Raquel por vinte moedas de prata,* devem, por todo o futuro, resgatar seus primogênitos por vinte moedas de prata.

O SENHOR falou às tribos: Vendestes José como servo; por vossa vida! Devereis anualmente dizer: Servimos como servos ao faraó no Egito.

OS DEZ MESTRES do ensinamento oral, que foram executados pelos romanos, os dez mártires de Roma, sofreram a morte só por causa do crime que foi perpetrado contra José. Um sábio falou: De cada geração são escolhidos dez, que devem expiar esse crime; mas o pecado ainda não foi extinto até hoje.

6. Na Casa de Putifar

JOSÉ DESCEU até o Egito e a glória de Deus desceu com ele.

José pensou para si: Meu pai foi tentado pelo Senhor, ao pai de meu pai também foram impostas provações por Deus. Porventura só eu não serei tentado? Ao que Deus falou: Certo como vives, tens provações pela frente, muito mais árduas do que as dos teus antepassados!

E JOSÉ DESCEU até o Egito. O Senhor queria cumprir a palavra que dera a Abraão do qual dissera: Saiba que tua descendência será estranha num país que não lhe pertence — e Ele fez o início com o mais jovem da estirpe. José foi vendido para o Egito, Jacó e seus filhos seguiram-no para a terra estranha. Aqui o Senhor procedeu com Jacó como certa vez um camponês procedeu com uma vaca teimosa. A vaca

---

* Alusão à lei da consagração e resgate do primogênito.

não queria carregar o jugo e constantemente o lançava fora da nuca. Aí o camponês retirou o bezerro e levou-o para o campo que devia ser arado. Quando então a vaca ouviu o mugido do filhote, deixou-se conduzir para onde estava o bezerro. Da mesma forma Jacó foi forçado a descer até o Egito, por causa de seu filho.

NOSSOS ANTEPASSADOS diziam: Existem três tipos de fidelidade no mundo. O camponês, que separa honestamente o seu dízimo — é tão fiel que é impossível ser mais; um pobre, com o qual foi depositado um penhor e que não é suspeito de tê-lo desviado — é tão fiel que é impossível ser mais; um rapaz, que vive na vizinhança de prostitutas e não comete pecado, é tão fiel que é impossível ser mais. Quem pode ser chamado de mais fiel do que José, que conservou sua pureza entre os egípcios, cujo ardor era como o dos jumentos e dos garanhões? Tinha dezessete anos e não se tornou culpado de impudicícia. Isso deve ser levado em alta conta sobretudo por ele residir na mesma casa que a mulher de seu amo, e esta o tentar diariamente com palavras e por causa dele mudar de roupa três vezes por dia.

José viu que Deus estava com ele. O nome de Deus não saía da boca de José. Costumava invocá-lo diariamente murmurando: Senhor do Mundo! Tu és minha esperança, tu és meu protetor. Deixa-me encontrar clemência e favor aos teus olhos, aos olhos de todos os que me vêem. Putifar perguntou-lhe: O que murmuras? Não praticas magia? José respondeu: Rezo para encontrar clemência aos teus olhos. Quando Putifar viu que Deus fazia tudo resultar bem para José, entregou-lhe todas as chaves e não mais se preocupou com a casa.

José, então, tornou-se ousado; comia, bebia e encrespava os cabelos. Disse: Louvado seja o Senhor que me fez esquecer a casa de meu pai. Então Deus falou: Teu pai te pranteia; ele espalha cinzas sobre a cabeça e usa como veste um saco e tu passas bem e encrespas teu cabelo? Por isso entrarás em apuros através da mulher do teu amo. E a mulher de Putifar levantou os olhos para José e falou-lhe: Dorme comigo! José, porém, negou-se a pecar. Apareceu-lhe a imagem de seu pai e esta lhe disse: José, os nomes de teus irmãos estarão futuramente gravados nas pedras que adornarão a túnica do sacerdote. Queres agora que o teu nome fique faltando entre eles?

O ESPÍRITO de Deus pairava sobre José desde a sua juventude e conduzia-o como um pastor conduz seu rebanho. E mesmo assim, a mulher de Putifar quase o seduziu. José já estava a ponto de cometer o pecado; apareceu-lhe então o semblante do pai, e ele recuou e superou o desejo. Foram três os que reprimiram seus impulsos: José, Boas e Palti, filho de Lais. Doze tribos deveriam ser geradas por José, porém as pontas de seus dedos jorraram a semente para dez filhos, como consta a respeito dele. "Os braços de suas mãos estendiam-se longe" — e assim apenas duas tribos puderam nascer dele, Manassés e Efraim.

UM DIA, nobre egípcias reuniram-se na casa da mulher de Putifar; queriam contemplar a beleza de José. O que fez a mulher? Mandou servir laranjas às mulheres e deu uma faca a cada uma para descascar as frutas. Em seguida mandou chamar José e apresentou-o às mulheres. As mulheres ficaram tão fascinadas com a beleza de José, que cortaram as mãos com as facas. A mulher de Putifar falou: A sua mera aparição foi suficiente para perturbar-vos, podeis imaginar o que sinto eu, vendo-o constantemente!

A mulher de Putifar conduziu José de aposento em aposento e de quarto em quarto, até levá-lo para o seu leito. Sobre este encontrava-se o ídolo adorado por ela. Então a princesa apanhou um lençol e cobriu a imagem. José falou: Tu encobres teu ídolo, para que não veja o teu pecado. Mas acerca do nosso Senhor consta que seus olhos abarcam todo o mundo.

7. A Elevação de José

OS MODOS do Senhor não são como os modos dos homens. O homem faz feridas com uma faca e as cura com uma pomada. O Senhor não procede assim; com aquilo que fere, ele também cura. Os sonhos foram culpados de que José fosse vendido ao Egito e foi através da interpretação de um sonho que ele chegou à soberania.

O COPEIRO e o padeiro do faró pecaram contra seu senhor. No que consistia sua culpa? Na taça que o copeiro serviu ao soberano, encontrava-se uma mosca; no pão que o padeiro fizera, encontravam-se pedrinhas.

Mais tarde, o faró lembrou-se do copeiro e do padeiro e mandou que os juízes revissem as transgressões de ambos; então o copeiro foi considerado inocente, pois o vinho estava puro quando ele o serviu, mas o padeiro teve de suportar seu castigo porque não havia amassado a massa com cuidado.

O FARAÓ FALOU a José: Tive um sonho e não consigo interpretá-lo; ouvi dizer que és capaz de interpretar qualquer sonho que te contem. Ao que José replicou: Isso não cabe a mim, porém, a Deus.

Assim ele indicou o Senhor como o único autor de todas as grandes coisas. A isso Deus falou: Não quiseste te vangloriar de teus dotes; por tua vida, por causa disso chegarás e alcançarás soberania.

JOSÉ CONHECIA todas as línguas. Quando avistava os diversos povos agrupados no mercado e os ouvia falar em seus idiomas, entendia tudo o que falavam.

Quando saía com a carruagem e percorria todo o Egito, as donzelas costumavam subir nos muros e atirar anéis dourados sobre ele, para que olhasse para elas e se apercebesse de sua beleza; mas nenhuma pessoa conseguia apanhar seu olhar.

Todos os povos vinham ao Egito, em busca de pão. Traziam dinheiro assim como presentes, José conversava com cada um em seu respectivo idioma. Por isso, era chamado de intérprete.

José ordenou que fossem construídos celeiros em cada cidade e armazenou o trigo dos diversos países. Os egípcios zombaram disso e falaram: O verme comerá as provisões de José. Mas nenhum verme roeu os mantimentos e as provisões não se esgotaram enquanto José viveu. Ele alimentou o país com pão durante os anos de fome e por isso foi chamado de provedor.

COMO É QUE José protegeu o trigo dos vermes? Entre as espigas que armazenava pôs pó da terra e cinza, coisas que conservam o fruto do campo. Também se conta assim: José mandou recolher os cereais sem debulhá-los e o chão dos armazéns ficou coberto com a terra dos campos, na qual a planta havia crescido.

APÓS A VENDA de José sobreveio uma fonte de sete anos ao o país de Israel. Os filhos de Jacó desceram até o Egito para buscar pão e encontraram o irmão em alto posto. Então desfizeram o anátema, pelo qual até então estavam obrigados a manter silêncio. E quando Jacó soube que José estava vivo, seu espírito reviveu. Acaso seu espírito estava morto, para que revivescer? Não, mas o anátema havia feito com que o espírito santo abandonasse Jacó. Tão logo porém o anátema foi suspenso, o espírito de Deus retornou ao patriarca.

QUANDO JACÓ soube que havia trigo no Egito, disse aos filhos: Descei até lá para comprar pão. Então dez dos irmãos de José foram ao Egito. Por que dez tiveram que empreender a viagem? Porque só dez homens podem repelir as forças do mal. Quando Abraão pediu clemência para Sodoma, suplicou ao Senhor em favor dos cinqüenta justos, que poderiam ter permanecido na cidade. Depois pediu em favor de quarenta; depois por trinta e finalmente em favor de dez justos. Dez é o número mínimo que forma uma comunidade, e o Senhor está na comunidade.

OS IRMÃOS de José separaram-se e entraram na capital egípcia por dez portas diferentes. Os guardas anotaram seus nomes e à noite trouxeram dez tábuas diante de José. E José leu: Através da porta da água entrou um homem chamado Ruben, filho de Jacó. Através da porta do falcão entrou um homem chamado Simeão,

filho de Jacó. Através da porta das cegonhas entrou um homem
chamado Levi, filho de Jacó. Judá entrara pela porta do leão,
Issachar pela porta dos jumentos, Zebulon pela porta do mar, Dan
pela porta das serpentes, Naftali pela porta do veado, Gad pela
porta do exército e Asser pela porta do azeite.

José reconheceu os irmãos, quando eles vieram ao Egito, e inicialmente quis recebê-los cordialmente. Mas apareceu-lhe alguém das regiões superiores, acusou os irmãos e falou: Eles só vêm para te matar. José ouviu isso e tratou-os como estranhos. Quem era aliás o mensageiro que lhe sussurrara isso? Era o estranho que uma vez aparecera ao menino no campo, quando ele procurava seus irmãos em Siquem. Os filhos de Jacó voltaram ao pai e falaram: Um homem falou mal de nós ao soberano. Então Jacó disse: Que o Todo-poderoso vos faça encontrar clemência aos olhos desse homem.

Os irmãos de José ficaram na prisão por três dias, quando José os teve em seu poder. O Senhor nunca deixa os seus justos em dificuldades por mais de três dias. Assim diz também o profeta: "Ele nos ressuscita no terceiro dia".

Um homem sábio falou: Ai de nós, filhos dos homens, que aguardamos o Dia do Juízo! Ai de nós que teremos de prestar contas pelas nossas ações! Se os irmãos de José, que estavam perante um juiz terreno, não puderam suportar sua reprimenda, como é que nós poderemos agüentar o castigo do Santo, louvado seja, que ao mesmo tempo é queixoso e juiz e está sentado no trono do julgamento?

José recusou-se a entregar Benjamim e então Judá aproximou-se dele. Um sábio conta: Quando Judá se encolerizava, dois fios de cabelo no seu peito eriçavam-se; tornavam-se espinhos e atravessavam suas roupas. Se queria aumentar sua raiva ainda mais, tirava moedas de cobre de sua bolsa colocava-as entre os dentes e mastigava-as. Assim chegava à fúria extrema.

Um outro sábio falou: Quando Judá e José discutiram, os anjos falaram: Pois bem, desçamos para ver o touro lutar com o leão. Em geral acontece que o touro recua ante o leão; aqui, porém, o touro e o leão defrontam-se e sua contenda persistirá até a vinda do Messias.

José falou aos irmãos: Aproximai-vos. E eles se aproximaram. Cada um o beijou e chorou. Assim como José se reconciliou com seus irmãos através de lágrimas, o Senhor um dia resgatará Israel pelas lágrimas, conforme está escrito: "Virão chorando e suplicando e eu os conduzirei".

O ouro que José, o justo, juntou no Egito, enchia três torres; cada torre media cem côvados de fundo e cem côvados de comprimento. Contudo, José entregou todo esse ouro ao faraó e não deu a seus filhos cinco moedas de prata sequer. Assim, mantinha-se fiel ao faraó. Mais tarde Coré encontrou uma das torres e mergulhou em sua fortuna; a segunda torre foi encontrada pelo imperador romano Antonino; mas o terceiro tesouro somente deverá ser achado em dias futuros.

8. *Asnat*

DINA CONCEBEU e deu à luz a Asnat. Os filhos de Israel queriam matar a menina, para que não se dissesse que se praticava a prostituição nas tendas de Jacó. O que fez Jacó? Apanhou uma placa de metal e nela gravou o Nome sagrado; pendurou-a no pescoço de Asnat e deixou-a partir. Mas o Senhor tudo prevê. Michael desceu e levou a menina ao Egito para a casa de Putifar. Asnat estava destinada a ser esposa de José. A mulher de Putifar era estéril e assim criou Asnat como filha. Quando depois José veio ao Egito, casou-se com ela.

O DIA EM que José fugira da mulher de Putifar e deixara com ela o manto rasgado, era um dia de adoração aos ídolos. Todos os criados da casa haviam saído, mas a mulher de Putifar fingira estar doente. Então vieram as amigas da dona da casa para visitá-la. Perguntaram-lhe: O que acontece para tua face estar tão pálida? A mulher de Putifar contou-lhes a história do assalto de José, que ela própria inventara. As amigas falaram: Não te resta outra alternativa senão contar a teu marido, para que atire o escravo na prisão. A isso a mulher de Putifar disse: Peço-vos, contai também a vossos maridos, que fostes perseguidas por José. As egípcias assim fizeram. Em conseqüência, os príncipes foram à casa de Putifar e contaram-lhe o que o seu servo pretendeu fazer com suas esposas. Putifar pensou em matar José. Mas sua mulher disse: Não o mates, meta-o na prisão. Putifar, porém, queria eliminá-lo. Então, Asnat, foi secretamente a Putifar e contou-lhe a verdadeira versão e fez um juramento sobre seu depoimento. O Senhor falou a Asnat: Por tua vida! Pelo fato de teres procurado provar a inocência de José, as duas tribos de Israel, que brotarão dele, virão ao mundo através de ti.

DINA, A FILHA de Jacó, concebeu de Siquem e deu à luz uma menina; essa menina era Asnat. Quando Asnat cresceu, as tribos não quiseram tê-la em casa, porque era uma filha de Siquem. Jacó, porém, considerou que a menina era filha de Dina e, portanto, de semente sagrada, pois uma criança é o rebento da mãe. Por isso fez uma placa de ouro e nela gravou em idioma hebraico que a portadora era uma criança da casa de Jacó e, quem se casasse com ela, aparentava-se com a geração de Jacó. Pendurou essa plaquinha ao pescoço de Asnat.

Os filhos de Jacó expulsaram a menina e em sua raiva deixaram-na sozinha no campo. Contudo, o Senhor apiedou-se dela, por amor a Jacó. Mercadores passaram pelo lugar; sentiram pena da criança, levaram-na consigo e trouxeram-na ao Egito. Putifar, comandante da guarda, viu a menina e ela lhe agradou; levou-a para casa e lá ela cresceu como se fosse sua filha. Ela era de belíssima aparência. Asnat mostrava a placa de ouro que trazia no pescoço a todos os sábios do Egito, mas nenhum conseguia decifrar o que estava escrito nela. Mas, quando a fama da sabedoria de José propagou-se e superou a dos sábios do Egito, quando de toda a parte lhe eram ofertados presentes, Asnat também foi a ele e entregou-lhe a placa, a fim de que ele a lesse e recebesse sua dádiva. José tomou a plaqueta de ouro, leu a inscrição e soube que a portadora era uma criança da descendência de Jacó.

Quando depois o faraó quis casar o seu vice-rei, José falou-lhe: Se for do teu agrado, pede em casamento para mim a donzela Asnat, que reside na casa de Putifar. O faraó mandou buscar a moça imediatamente e deu-a a José por esposa. Este casou-se com ela de acordo com a lei e o costume, fiel à lei de Moisés e de Israel.

9. Jacó no Egito

POR DEZ vezes o Senhor desceu do céu para a terra. Na quarta vez, o Senhor desceu a fim de ir ao Egito com Jacó. Jacó recebeu a notícia de que José vivia e meditou e falou em seu coração: Como deixarei o país de meus antepassados, país em que nasci e no qual repousa a majestade do Santo, louvado seja, para ir a um país torpe, para o povo de escravos, os filhos de Ham? Então o Senhor falou: Não temas Jacó, eu descerei até o Egito contigo e depois te farei subir de lá. Assim, Jacó acatou essa ordem, tomou suas mulheres, seus filhos e filhas e as mulheres de seus filhos e partiu com todos eles para o Egito.

Por filhas de Jacó deve-se entender as mulheres de seus filhos, que eram suas irmãs gêmeas. Pois os rebentos de Jacó somente se casavam entre irmãos ou parentes e evitavam misturar-se com os povos da terra. Por isso eram chamados de semente pura.

Quando Jacó e os seus alcançaram a fronteira do Egito, a parte masculina da tribo dos hebreus, juntamente com José e seus dois filhos, totalizavam um número de sessenta e nove almas. Mas não consta, não obstante, que eram setenta almas? O Senhor andava entre eles e assim foram contadas setenta cabeças. Quando, por outro lado, os filhos de Israel saíram do Egito, perfaziam seis vezes cem mil almas, no entanto, faltava uma. Então o Senhor colocou-se novamente entre eles, a fim de completar o número. Assim, cumpriram-se as palavras de Deus, que falou: "Eu descerei contigo até o Egito e depois te conduzirei de novo na subida".

E José soube que seu pai viera ao Egito; foi ao seu encontro com toda a sua comitiva. É certo que um povo vai ao encontro de um rei; mas vai um rei ao encontro de um cidadão? Poderás concluir daí que o pai de uma pessoa é considerado por ela seu rei.

DOIS SERES humanos receberam honraria sem igual: Jetro e Jacó. De Jetro consta que quando foi ter com Moisés, este foi ao seu encontro. Mas quem veria Moisés ir ao encontro de alguém, sem acompanhá-lo? Quem veria centenas e milhares de capitães porem-se em marcha sem acompanhá-los? Quem veria os setenta anciãos o sumo-sacerdote Arão caminharem e não acompanharia seus passos? Portanto, todo o povo de Israel foi ao encontro de Jetro.

E o mesmo ocorreu com Jacó, quando foi ter com José no Egito. José mandou atrelar seu carro e foi ao encontro de seu pai, Israel. Mas por acaso alguém poderia ver José seguir sem seguir junto? Os cortesãos do faraó, os anciãos da casa real e os anciãos da terra do Egito poderiam ver alguém prestar honrarias a alguém e não tomar parte? Assim, todo o Egito foi ao encontro de Jacó. Por isso está escrito: "Os sábios herdarão a honra".

JACÓ APRESENTOU-SE diante do faraó e não o deixou antes de abençoá-lo. Que bênção era essa que o patriarca concedeu ao rei dos egípcios? Falou-lhe: Que o Nilo suba até teus pés.

QUEM é portador de boas notícias e anuncia mensagens alegres, é chamado de boca santa. Mas a quem é dado anunciar uma boa nova a um justo, a esse é designado um lugar no Éden. Isso se depreende do destino de Sera, a filha de Asser. Por ter transmitido a Jacó a boa nova de que José ainda vivia, ela pode em vida chegar ao Jardim do Éden.

A MARCA DE reconhecimento do Redentor foi transmitida aos filhos de Israel por Jacó. Jacó confiou o segredo a José; José o confiou a seus irmãos. Mas Asser, o filho de Jacó, iniciou sua filha Sera, e esta vive até hoje.

10. Ruben, Simeão, Levi, Judá

A INTENÇÃO das tribos era afastar José; a intenção de Ruben era fazer penitência; Jacó pranteava seu filho; Judá desceu até a Adulam e tomou uma mulher, mas o Senhor pensava em fazer surgir a luz do Messias.

Não nascera ainda o primeiro opressor e o último Redentor já existia.

NO LIVRO de Leis de Moisés está escrito: "Quando um homem tem duas esposas, u'a amada, e a outra odiada e ambas tiverem filhos, se o filho primogênito for da mulher odiada, não lhe é permitido, no dia em que dividir entre seus filhos, dar os direitos de primogenitura ao filho da amada, em detrimento do filho da mulher desprezada. Este é o caso do patriarca Jacó: tinha duas esposas, Lea e Raquel; a esta dedicava amor, àquela detestava, e ambas, tanto Raquel como Lea, deram-lhe filhos. Chegado o momento de partir deste mundo, não lhe era permitido nomear José, filho de sua amada, primogênito e, portanto, falou: Ruben, és meu primogênito — embora se lembrasse da desonra de Ruben, e acrescentou: Ele desliza tão facilmente como uma torrente.

RUBEN SERIA salvo mais tarde por Moisés. Moisés interveio em seu favor e falou: Que viva Ruben, e o Senhor acrescentou: Que não morra jamais. Ruben deveria viver eternamente neste mundo e não perderia o Além. Ruben ouviu o que seus irmãos pretendiam fazer com José e decidiu salvá-lo. O Senhor falou-lhe: Foste o primeiro a pensar em salvar almas. Por tua vida! Os abrigos para os criminosos involuntários deverão um dia localizar-se em teu território.

SIMEÃO E LEVI haviam conduzido consigo oitenta e cinco donzelas de Siquem, as quais, por não terem ainda conhecido nenhum homem, foram deixadas com vida por eles. Entre essas donzelas havia uma moça, linda de rosto e de figura, de nome Buna, e a essa Simeão tomou por esposa.

SIMEÃO CASOU-SE com sua irmã Dina, e esta lhe deu cinco filhos. Em seguida Simeão uniu-se à cananéia Buna — que era a moça que ele aprisionara em Siquem, — e esta lhe deu Saul. Buna, porém, ficava ao redor de Dina e a servia.

A ESTIRPE DE Levi era a tribo predileta do Senhor. Deus criou os dias da semana e escolheu um, que é o Sábado. Criou os anos e escolheu um, que é o ano sabático. Criou os sete anos sabáticos e escolheu o quinquagésimo, que é o ano de jubileu. Criou os céus e escolheu uma abóbada, que é o Arawot. Deus criou os países da terra e escolheu um deles, que é a Terra de Israel. Criou setenta povos e escolheu um. Criou doze tribos e escolheu uma; esta é a tribo de Levi, da qual está escrito: "Escolheu-a dentre todas as tribos de Israel, para que seja seu sacerdote".

JACÓ QUERIA atravessar o rio Jabok e permanecer na margem oposta. Então o anjo falou-lhe: Não me disseste um dia: De tudo que me deres, consagrar-te-ei o dízimo? Nisso Jacó tomou todos os seus pertences, trazidos da Mesopotâmia, ao todo eram cinco mil e quinhentos carneiros, e separou o dízimo. Depois o anjo continuou: Também te nasceram filhos e deles não me deste o dízimo. Então Jacó separou primeiramente os quatro primogênitos, das quatro mães e sobraram oito filhos. Depois começou a contar os filhos restantes; começou com Simeão e terminou com Benjamim, que ainda se encontrava no ventre materno. Depois contou novamente Simeão e Levi, e assim, Levi tornou-se o décimo, que devia ser consagrado a Deus. E a eles se refere a Escritura quando diz: "O décimo pertencerá a Deus".

Horas depois, Michael, desceu, apanhou Levi, o filho de Jacó, levou-o diante de Deus e falou: Senhor do Mundo! Sobre este caiu a sorte, é a tua parte. Então o Senhor estendeu sua destra e abençoou Levi, para que seus filhos O servissem na terra, como os anjos O servem no céu. Michael falou: Soberano de todo o Universo! Não devem os servos de um rei, receber dele seu alimento? E o Senhor determinou que tudo o que fosse consagrado ao Seu nome, fosse dado aos levitas, como está escrito: "Deverão comer o que é de Deus e o que é Sua herança".

PERCEBES QUE a tribo de Levi diminui constantemente. Por que acontece isso? Porque seus filhos na tenda de recolhimento olharam freqüentemente a glória de Deus. O Senhor, porém, falou: "Ninguém me olhará e continuará com vida". Mas um dia, quando eu levar a minha majestade de volta a Sião, revelarei minha glória a todo o povo de Israel; "todos me olharão e viverão eternamente."

JUDÁ FALOU a Onan: Procura a mulher do teu irmão e casa-te com ela. Judá foi o primeiro a instituir o casamento entre cunhados.

Tamar depôs seus trajes de viuvez e cobriu-se com um véu. Duas mulheres cobriram o rosto com um véu, Tamar e Rebeca, e ambas tiveram gêmeos. Tamar sentou-se à entrada de Petach-Enaüm. * Um sábio disse: Percorremos toda a Bíblia e não encontramos nenhum lugar de nome Petach-Enaüm. Deve-se entender que Tamar fixou seus olhos na porta, na qual estavam todos os olhares e falou: Que seja a vontade do Senhor, eu não sair desta casa de mãos vazias.

Judá viu Tamar sentada. Conta um mestre do Talmud que Judá queria passar por Tamar, mas o Senhor teria feito descer o anjo, que despertara o desejo terreno, e este teria dito a Judá: Por que te afastas? Onde Israel buscaria seus reis, de onde viriam seus heróis se abandonares a mulher?

JUDÁ UNIU-SE a Tamar e ela concebeu. Depois que foi abençoada, foi tomar banho, tendo envolvido o corpo com um pano. Falou: De mim nascerão profetas, brotarão reis das minhas entranhas.

QUANDO TAMAR foi levada para fora, a fim de ser queimada, mandou dizer ao sogro: Concebi do homem a quem pertencem estes objetos. Examina, portanto, a quem pertencem o anel de sinete, o cordão e o cajado. Com isso ela queria ao mesmo tempo dizer: Reconhece o semblante do teu Criador e não afasta teus olhos de mim.

---

* Petach, portão; Enaüm, olhos.

— Judá reconheceu os objetos e falou: Ela é mais justa do que eu. Logo uma voz ecoou do céu dizendo: Salvaste Tamar e seus dois filhos do fogo. Por tua vida! Um dia salvarei três de teus filhos da morte pelo fogo. Estes são: Hanania, Misael e Asaria.

JUDÁ ERA o quarto filho de Jacó; porém, no quarto dia foram criadas as luzes do céu, e sobre o ungido está escrito: "Seu trono é como um sol que brilha à minha frente". Quatro de seus descendentes foram milagrosamente salvos da morte: um deles escapou da cova dos leões e três do forno de cal.

"O CENTRO não será tirado de Judá, e o comando não se afastará de seus pés, até a chegada de Silo; a este obedecerão os povos." Silo é o rei Messias; ele virá e embotará os dentes dos adoradores de astros.

E a bênção de Jacó sobre Judá continua: "Atará seu potro à videira e à cepa os filhos de sua jumenta". Os sábios dizem: Com esta frase Jacó referia-se à época em que se realizará o que está escrito: "Eis que teu rei vem a ti, ele é justo e protetor, é pobre e monta em um burro, em um potro, filho de jumenta".

JACÓ DISSE que Judá é um filhote de leão. Com isso referiu-se ao Messias da casa de David, que provirá de duas gerações; seu pai seria da tribo de Judá e sua mãe da tribo de David. E tanto sobre David quanto sobre Judá está escrito: "Ele é um filhote de leão".

11. Sobre os Demais Filhos de Jacó

"O POVO DE Zebulon arriscou sua alma na morte". Sempre que Zebulon entrava em contenda, colocava sua vida à disposição da morte e saía vencedor. Quem parte para a luta e não toma cuidado, tomba. Mas a tribo de Zebulon vencia sempre, estando ou não seu espírito imbuído na luta.

"GAD, SERÁ atacado por salteadores, mas ele também os ataca e persegue", disse Jacó. O Redentor, que provirá de Gad, é Elias, sobre o qual está escrito: "Eis que vos envio o profeta Elias, antes que venha o grande e terrível dia de Deus". O profeta Elias é descendente da tribo de Gad.

A RESPEITO de Gad, a bênção de Jacó diz: "Dan criará o direito para seu povo como uma das tribos de Israel", isto quer dizer, como uma única tribo em Israel, como a tribo de Judá, ou também como aquele que é único no mundo, que não necessita auxílio de ninguém na luta. Assim era Sansão, o danita, que nunca necessitava de ajuda.

E Jacó prosseguiu: "Dan será como a serpente no caminho". Todos os animais andam aos pares, só a serpente rasteja sozinha.

"NAFTALI, é uma corça ligeira, e tem boas falas". Assim designou Jacó esse filho de Bilha. Por que comparou-o a uma corça e não a um veado? Porque viu através do espírito santo que dele um dia brotaria a juíza Débora. Mas como Débora cantou o cântico de louvor, Jacó designou a tribo de Naftali como a que sabe falar bem.

NAFTALI ERA um mensageiro da paz. Foi ele que deu a boa nova a Jacó de que José ainda vivia. Quando Jacó o viu chegar ao longe, falou: Ali vem Naftali; traz boa nova e palavras amáveis.

O SENHOR criou sete mares, mas entre todos escolheu somente o fragoroso mar Kineret, que legou à tribo de Naftali.

POR QUE FOI dado a Benjamim que Deus se estabelecesse em seu território e fizesse erigir o Templo na região herdada por ele? Coisa semelhante ocorreu com um rei que, de tempos em tempos, ia visitar seus filhos. Cada filho desejava que o rei se hospedasse com ele. Somente o mais moço disse consigo mesmo: Será possível que meu pai negligencie meus irmãos mais velhos para morar comigo? E ali ficou, envergonhado e preocupado. Quando o pai o viu de olhar anuviado, disse aos outros filhos: Vêem como o meu filho mais moço se aflige; assim, vou comer e beber em vossas casas, mas dormirei na casa dele. Assim também falou o Senhor: Minha casa será erguida no território de Benjamim, os sacrifícios sobre o altar serão ofertados por todas as tribos.

Outros dizem que esta parte coube a Benjamim porque foi o único que nasceu na terra de Israel; todos os seus irmãos vieram ao mundo fora da Terra Santa. Outros ainda afirmam que Benjamim recebeu essa parte por não ter sido cúmplice na venda de José. O Senhor falou: Quando eu disser a seus irmãos que me edifiquem um santuário, não poderei, quando me invocarem, encher-me de clemência, pois eles também não tiveram clemência com seu irmão.

BENJAMIM é um lobo furioso, diz Jacó. Como um lobo agarra sua presa, o juiz Ehud, da tribo de Benjamim, agarrou a alma de Eglon, o rei moabita.

Outros são de opinião que a denominação refere-se a Saul, que usurpou a soberania.

"RECOMPENSAREI a quem me precedeu", diz o Senhor. Isto se refere a José, que guardou o Sábado antes ainda da existência do mandamento. O Senhor disse-lhe: José, tu guardaste o Sábado, antes de existir a lei. Por tua vida! Premiarei o filho de teu filho que ofereça sacrifício no Sábado. Embora isso seja proibido nesse dia, de teus descendentes, benevolamente eu aceitarei. *

---

* Alusão a Lev. 7, 48.

JOSÉ EDIFICARA uma casa de estudos no país de Gosem. Lá, nossos antepassados dedicavam-se ao conhecimento da lei, antes de ter sido dada a Escritura.

O SENHOR FALOU: Neste mundo as tribos somente são salvas por causa de José, portanto, também no mundo futuro, serão salvas apenas por causa de José.

JACÓ E JOSÉ eram dois justos perfeitos, e ambos geraram tribos em Israel.

JACÓ É O MAIS perfeito entre os patriarcas. Enquanto viveu, o mundo não conheceu o castigo. Também na época de José, que era o retrato do pai, Israel não soube o que era o desterro, pois José protegia seu povo; só com sua morte é que a desgraça começou.

Quem olhava para o semblante de José, imaginava estar vendo Jacó. José era do reino masculino, mas as outras tribos eram do reino feminino. Por essa razão, José não podia unificar-se com elas.

MOISÉS CHAMA as montanhas de José de montanhas antiquíssimas. Portanto, devem ser consideradas acima das montanhas de Sion, assim como as montanhas de Sion devem ser consideradas acima das montanhas da Terra Santa. José foi enviado ao Egito na frente de seus irmãos; também irá precedê-los no dia do Juízo Final.

COMO OS CHIFRES do búfalo são maiores do que os dos outros animais, assim os chifres de Menachem, filho de Amiel, o filho, de José, sobressaem-se tudo pela sua altura; atinge com eles todas as quatro direções da rosa-dos-ventos. Dele diz Moisés: "Sua glória é como a do primogênito, e seus chifres, como os do búfalo. Tais as miríades de Efraim, tais os milhares de Manassés".

JACÓ ABENÇOOU seus filhos, e concedeu uma bênção especial a cada um. Concedeu a Judá a força dum leão, a José o poder dum touro, a Naftali a ligeireza da corça, a Dan o veneno da serpente. Pensas talvez que ele preferiu um a outro? Não, pois no fim proferiu uma bênção comum a todos.

Jacó disse a seus filhos: Um dia, um profeta acolherá minha bênção e continuará a vos abençoar; onde eu terminei, ele começará.

E realmente, veio Moisés e iniciou a bênção com as palavras com que Jacó finalizara a sua. O rei David, por sua vez, elevou cânticos de louvor com as palavras com as quais Moisés terminou sua bênção.

12. A Morte de Jacó

DESDE O DIA em que foram criados o céu e a terra, até a época de Jacó, os homens não sabiam o que era adoecer antes da morte. O homem estava em caminho em qualquer parte ou estava fora, quando, de repente, espirrava e a alma deixava o seu corpo.

Jacó foi o primeiro a colocar-se diante do Senhor e dizer: Senhor do Universo! Não tires minha alma antes que eu tenha revelado minha última vontade a meus filhos. Este pedido do patriarca foi atendido; não demorou muito e José foi informado: Eis que teu pai está doente. Os reis da terra souberam que um homem adoecera e estranharam, pois jamais ocorrera coisa semelhante desde a criação do céu e da terra.

JOSÉ FOI informado: Eis que teu pai está doente. Efraim, que sempre estava junto de Jacó estudando a Escritura, foi quem lhe trouxe a notícia. E Israel forçou seu coração e ergueu-se no leito diante de José. Disse: Embora meu filho, ele é um rei, e por isso quero honrá-lo devidamente.

Quando Jacó viu os filhos de José disse: Quem são esses? Um mestre indagou: Jacó então não conhecia seus netos? Afinal, sentavam diariamente à sua frente e pesquisavam a Escritura com ele. Como então pergunta quem eram? Mas ele olhava ao longe e via nascerem de Efraim os idólatras Jeroboão, filho de Nebat, e Ahab, filho de Omri, e o espírito santo e abandonara para que não mais pudesse abençoá-los. José, ao se aperceber disso, prostrou-se ao solo, implorou misericórdia ao Senhor e bradou: Senhor do Mundo! Se meus filhos foram escolhidos para serem abençoados, não me deixes hoje partir daqui envergonhado. Logo depois, o espírito santo retornou sobre Jacó e ele abençoou seus netos.

O ESPÍRITO SANTO abandonara Jacó por duas vezes: a primeira, quando devia abençoar os filhos de José e a segunda, quando quis revelar aos filhos o dia da chegada do Messias.

A duas criaturas humanas foi revelado o fim das coisas; depois, porém, esse conhecimento lhes foi novamente tomado. Foram eles, Jacó e Daniel.

Aconteceu com Jacó o mesmo que aconteceu um dia ao favorito de um rei. Este, antes de morrer, disse aos filhos: Vinde, quero revelar-vos os segredos do rei. Mas, aí, o moribundo ergueu os olhos e avistou o rei. Então disse a seus filhos: Atentai para em tudo honrar satisfatoriamente o rei e os príncipes. Semelhante coisa ocorreu ao nosso pai Jacó; quando quis revelar a seus filhos o fim dos tempos, ergueu os olhos e avistou a majestade de Deus à sua frente. Por isso, disse: Conservai em alta conta a honra do Santo, louvado seja!

Vemos que Deus revelou mais a Jacó do que a Abraão e Isaac.

A Abraão, Deus deu a conhecer apenas o passado, a Isaac falou: Habita neste país. Mas a Jacó mostrou o presente e o futuro. Falou-lhe: "Farei tua descendência tão numerosa como o pó da terra e tu serás propagado para o norte, sul, leste e oeste". Assim, Jacó avistou os quatro lados do mundo.

Quando o patriarca devia deixar este mundo, quis transmitir tudo a seus filhos. Então, o Senhor falou: Lembra-te, Jacó, a honra de Deus é manter uma coisa oculta. Queres revelar os meus segredos? Até agora isso não era teu costume.

Conta-se ainda:

O Senhor mostrou a Jacó tudo o que iria acontecer no decorrer dos tempos, como surgiriam os profetas, como a casa de Deus seria construída e destruída, como Gog e Magog se levantariam contra o Senhor e seus ungidos, e como Deus iria combatê-los.

Tudo isso Jacó queria também revelar a seus filhos e, por isso, falou: Quero anunciar-vos o que vos acontecerá em tempos futuros, quando virão Gog e Magog, quando o Senhor vai construir seu Templo, quanto tempo perdurarão os reinos. Mas quando quis dizê-lo, apareceu-lhe o Senhor e o coração de Jacó fechou-se novamente. Por isso consta: "Agarras as pálpebras de meus olhos, de modo que eu me assusto e não consigo falar".

QUANDO JACÓ devia deixar o mundo, chamou seus filhos e advertiu cada um em separado. Depois dirigiu-se a todos em conjunto e disse: Acaso não nutris algum pensamento de rebelião contra aquele que falou: Que haja um mundo? Os filhos retorquiram: Ouve, pai. Assim como teu coração desconhece a vacilação, nossa mente também não oculta nenhuma infidelidade contra o Eterno, e nós clamamos: O Senhor, nosso Deus, é Deus único. Referindo-se a isso, a Escritura diz: "E Israel inclinou-se contra a cabeceira da cama". Com isso queria demonstrar agradecimento e louvor ao Senhor, por não ter gerado nenhum ímpio.

TODA A FRASE na Bíblia que se inicia com a palavra *Eu*, expressa temor a Deus e reverência extrema. Quando Jacó ia morrer, falou a seus filhos: Meus filhos, atentai para o sinal que vos darei. O Senhor colocou a palavra Eu no início, quando falou com meu antepassado Abraão e disse-lhe: "Eu sou teu escudo". Com a mesma palavra iniciou a fala a meu pai, quando lhe disse: "Eu sou o Deus de Abraão, teu pai". Com esta palavra dirigiu-se a mim, quando me fez ouvir a revelação: "Eu sou o Deus de Bet-El". Falou assim também quando me fez seguir para o Egito: "Eu descerei contigo até o Egito". Portanto, sabei que, quando alguém se dirige a vós com tal palavra, é um dos vossos que fala. Caso porém tal palavra não se faça ouvir, no começo da fala, esta provém de um estranho.

Quando, mais tarde, os filhos de Israel chegaram diante do Monte Sinai e as primeiras palavras ecoaram: "Eu sou o Senhor vosso Deus" — souberam que era o seu Deus que lhes falava.

E CHEGOU A hora em que Israel devia morrer. Chamou seu filho José e disse-lhe: Não me sepultes no Egito. Por que Jacó não queria ser sepultado no Egito? Para que sua cova não se tornasse um lugar de idolatria. Aquele que faz de si mesmo um ídolo, não está menos sujeito ao castigo que aquele que adora um ídolo.

Um mestre perguntou: Por que os pais desejavam tão ansiosamente descansar na terra de Israel após a morte? Porque na chegada do Messias, os mortos da Terra Santa serão os primeiros a ressuscitar e os primeiros a gozar os tempos maravilhosos. Aquele que é sepultado fora da terra de Israel, sofre a morte duas vezes. Um sábio disse a esse respeito: Então os justos que morreram no estrangeiro são prejudicados! Mas o que faz o Senhor? Faz surgir corredores subterrâneos em suas covas, através dos quais seus ossos deslizam até alcançarem a terra de Israel. Ali então, o Senhor sopra o alento vivo em seus corpos e eles se erguem.

NA HORA EM que Jacó devia reunir-se a seus antepassados, chamou seu filho José e falou: Meu filho, jura-me pela aliança de Abraão, que me levarás para a sepultura de meus pais na caverna dupla. Antes de ser concedido o Ensinamento, nossos pais costumavam jurar pela aliança de Abraão. E José fez o juramento e subiu para sepultar seu pai e cumprir sua promessa. Juntamente com José seguiram para Hebron todos os servos do faraó; os anciãos de sua casa e todos os anciãos do Egito. A eles Deus falou: Tivestes clemência para com meu servo Jacó, portanto, um dia retribuirei isso a vossos filhos. Quando, após o êxodo de Israel do Egito, os exércitos do faraó afogaram-se no Mar Vermelho, não permaneceriam na água, mas seriam julgados dignos de repousar na terra, conforme está escrito: "Estendestes tua destra e a terra os engoliu".

JOSÉ PROSTROU-SE sobre o semblante de seu pai e o pranteou; beijou o corpo e exclamou: Pai, ó meu pai! E todos os filhos de Jacó rasgaram suas vestes; enrolaram-se em sacos, espalharam cinza sobre suas cabeças e atiraram-se ao chão. Depois vieram as mulheres dos filhos de José e os demais parentes, inclinaram-se sobre o morto, levantaram uma gritaria e choraram em voz alta. A notícia do falecimento foi levada a Asnat, mulher de José. Ela vestiu um saco e foi com as mulheres do Egito para a casa enlutada e elas prantearam o falecido. Mas também todos os anciãos do Egito, todos os habitantes do país de Gosen prantearam Jacó, junto com seus filhos e netos. José ordenou a seus médicos que embalsamassem o cadáver de seu pai com mirra, incenso e todas as espécies de plantas aromáticas.

O patriarca foi pranteado por setenta dias. Passados esses dias, José e seus irmãos puseram-se a caminho de Canaã, depois de ter obtido a permissão de seu rei. E o faraó mandou proclamar no Egito: Aquele que não acompanhar José e seus familiares, para levar Jacó à sepultura, deverá morrer. Então os egípcios obedeceram; e todos os servos do faraó, os anciãos de sua casa e os anciãos do país, além dos príncipes e cortesãos do faraó, assim como os servos de José, participaram do sepultamento. E os filhos de Jacó carregaram o esquife, conforme seu pai lhes ordenara. O esquife era de ouro puro, adornado com cristal e esmeraldas, sobre ele havia um manto bordado em ouro, que estava amarrado com cordões e ganchos preciosos. José colocara uma coroa de ouro sobre a cabeça de seu pai e pusera-lhe um cetro dourado na mão; sentou-o meio inclinado no esquife, de maneira que parecia um rei repousando. O cortejo fúnebre caminhava na seguinte ordem: na dianteira iam os guerreiros do faraó e os guerreiros de José, cingidos de espadas, vestidos com couraças, ostentando as armas. À esquerda e à direita do ataúde, mas a uma certa distância, bem como atrás, caminhava o povo, lamentando e chorando alto. Cinqüenta dos servos de Jacó corriam à frente do esquife e espalhavam especiarias aromáticas, de modo que aqueles que carregavam o esquife pisavam em cima. Logo atrás, seguiam descalços, José e seus fiéis. Assim marchava o cortejo desde o Egito até Canaã.

Quando o cortejo fúnebre chegou à eira de Atad, situada além do Jordão, levantaram um grande e amargo pranto. Os reis de Canaã, souberam que o cortejo com o ataúde do neto de Abraão chegara ao Jordão, e vieram, trinta e um príncipes com seus homens, a fim de prantear o morto. Quando viram o esquife de Jacó e perceberam a coroa que estava pendurada, tiraram suas próprias coroas e as penduraram também no esquife.

OS IRMÃOS DE José amedrontaram-se depois que o pai morreu e falaram: José terá rancor de nós e vingará o crime que cometemos contra ele. Ao retornarem do enterro de seu pai, o caminho conduziu-os através da região em que se encontrava a cisterna, na qual um dia haviam atirado o irmão. José postou-se na beirada da cisterna, olhou para dentro e rezou em voz baixa. O homem deve se lembrar sempre do Senhor no lugar em que lhe ocorreu um milagre. Os irmãos viram isso e temeram que José se vingasse deles.

JOSÉ CONSOLOU seus irmãos e conversou cordialmente com eles. Disse-lhes: Se dez luzes não conseguem apagar uma, como é que uma poderia apagar dez?

NA CAVERNA dupla estavam reunidos todos os aromas do Jardim do Éden e uma luz ardia ali eternamente. Mas quando as tribos seguiram com Jacó ao Egito, a luz não foi mais avistada. A luz só retornou depois que Jacó foi enterrado na caverna dupla e assim o lugar sagrado ficou novamente perfeito. Todavia, até o dia de hoje a cova não acolheu mais ninguém e nem acolherá. Mas quando almas de justos passam diante da caverna, os patriarcas acordam e regozijam-se perante o Senhor com a visão de seus filhos.

13. A Morte de Esaú

A NOTÍCIA DE que Jacó morrera no Egito e que seus filhos queriam trazê-lo para sepultá-lo em Hebron, chegou ao conhecimento de Esaú em Seir, e ele se pôs a caminho com os seus, a fim de ir a Canaã para prantear seu irmão. Chegou ao lugar em que era entoado o pranto, uniu-se aos egípcios e aos cananeus e carpiram juntos. Depois os filhos ergueram o esquife do pai e continuaram a seguir em direção a Hebron para a caverna dupla.

Mas, ao chegarem a Kiriat-Arba, os filhos de Esaú e seus homens, colocaram-se à entrada da cova e falaram: Jacó não pode ser enterrado aqui, pois este lugar pertence a nosso pai e a nós. Quando José e seus irmãos ouviram os filhos de Esaú falar assim, ficaram muito irritados. José aproximou-se do irmão de seu pai e falou: Como podem teus filhos falar assim, quando meu pai adquiriu este lugar de ti, após a morte de Isaac, por uma grande fortuna? Adquiriu de ti também toda a terra de Canaã para si e seus filhos como propriedade eterna. A isso Esaú replicou: Não vendi nada do que é meu neste país a meu irmão Jacó e ele nada comprou de mim. Mas José falou: Todavia, nosso pai escreveu um documento sobre a compra e mandou reconhecê-lo por testemunhas; o documento ficou conosco no Egito. Ao que Esaú disse: Buscai a carta; acatarei o que nela estiver escrito. Então José chamou Naftali: Eia, corre ao Egito e apanha os escritos, a carta de aquisição, os documentos abertos e lacrados e também os livros, nos quais consta tudo a respeito da transmissão do direito de primogenitura de Esaú a Jacó.

Naftali era ligeiro como um veado e podia pisar em talos, sem vergá-los, e assim correu rápido ao Egito.

Quando Esaú viu que os livros iam ser apanhados, levantou-se com seus homens e começaram uma luta com José e seu povo. Mas eles foram vencidos pelos filhos de Jacó e quarenta homens tombaram. Durante a contenda, Husim, filho de Dan, e os demais netos de Jacó, ficaram velando o esquife do avô. Husim era surdo e mudo, mas conseguia perceber gritaria distante. Perguntou aos outros: Por que o morto não foi sepultado e o que significa esta gritaria que estou ouvindo? Então os irmãos lhe deram a entender o que havia ocorrido e que Esaú impedia o sepultamento. Quando o menino entendeu, sua ira inflamou-se; tomou sua espada e correu para a luta. Desfechou um golpe mortal em Esaú e decepou-lhe a cabeça. Assim tombou o irmão de Jacó nesse dia.

QUANDO HUSIM, o filho surdo de Dan, desembainhou sua espada e decepou a cabeça de Esaú, esta caiu na cova ao lado da sepultura de Isaac. O que fez este? Apanhou a cabeça de Esaú, orou a Deus e falou: Que este encontre clemência! O espírito santo retrucou: Mas ele foi um malfeitor, que não guardava os mandamentos da Escritura, não conhecia a justiça e blasfemava contra a terra de Israel e a caverna dupla. Certo como eu vivo, ele não avistará a glória de Deus.

DEPOIS OS FILHOS de Esaú armaram-se para uma nova luta com os filhos de Jacó, a qual se desencadearia nos campos de Hebron. O cadáver de Esaú ainda jazia fora e não fora recolhido. Mas a mão forte de José dominou os adversários de seu pai, e ele aprisionou Zefu, filho de Elifas, neto de Esaú, e cinqüenta de seus homens. Acorrentou-os e mandou que fossem levados para o Egito. Ao verem isso, os demais filhos de Esaú temeram a mesma sorte e fugiram com Elifas para o Monte Seir. Havia guardado o cadáver de Esaú e enterraram-no em Seir; contudo, foi apenas o tronco de seu pai que puderam sepultar, a cabeça ficara em Hebron. Os filhos de Jacó deixaram de perseguir os inimigos na fronteira de Seir, pois não queriam perturbá-los no enterro de seus mortos.

"PERMITES QUE os meus inimigos estejam com a nuca à minha frente." Isso aconteceu entre Judá e Esaú. Pois um sábio do Talmud disse: É tradição que Judá matou Esaú. Quando ocorreu isso? Quando o patriarca Isaac morreu foi levado à sepultura por Esaú e Jacó e todas as tribos de Israel. Rodearam o morto na caverna dupla e choraram por ele. Todavia, pouco depois, os filhos de Jacó deixaram a caverna por veneração ao pai, para não vê-lo chorar e para que ele não se abandonasse diante deles. Então Esaú esgueirou-se para dentro, porque pensou: Agora que meu pai está morto, vou matar Jacó. Mas Judá viu Esaú entrar na caverna e disse: Vai certamente matar meu pai lá dentro. Seguiu atrás dele para dentro da cova e encontrou Esaú ao tentar desfechar o golpe mortal no pai. Imediatamente colocou-se atrás dele e o abateu. Por que não o enfrentou face a face? Porque o semblante de Esaú assemelhava-se ao de Jacó e assim prestou-lhe veneração e o abateu por trás. Por isso, Jacó disse ao abençoar Judá: "Tua mão estará sobre a nuca de teus inimigos".

DOIS FERREIROS, pai e filho, trabalhavam numa praça, quando viram chegar um carro cheio de cardos. Disseram: Onde a gente pode se salvar destas ervas daninhas? Mas um homem inteligente passava justamente por perto e respondeu-lhes: Temeis esta coisa? Basta uma centelha do teu fogo e uma da do fogo de teu filho, e os cardos estão queimados. Algo semelhante ocorreu com nosso pai Jacó ao se aperceber dos exércitos de Esaú e Elifas. O Senhor falou-lhe: Temes a estes? Uma centelha tua e uma centelha do teu filho bastam para queimá-los. Por isso, está escrito: "A casa de Jacó é fogo e a casa de José é chama".

QUANDO UM dia no Além, os chefes das doze tribos combaterem Esaú, ele não será subjugado por eles. Mas assim que José se aproximar. Esaú cai em seu poder. Por quê? Porque Esaú tem a censurar um pecado a cada um dos irmãos. A Ruben ele diz: A ti cabe a culpa de ter abusado da mulher de teu pai. A Simeão e Levi repreende: Vós devastastes Siquem. A Judá diz: Tu és culpado de ter transgredido com tua nora. E a todos os irmãos atira no rosto: Vós vendestes vosso irmão. Mas quando José se aproxima, Esaú cai diante dele, pois não tem censura a lhe fazer.

COM JOSÉ nasceu o Satã de Esaú. A tradição ensina que Esaú cairia diante de um dos filhos de Raquel.

14. Edom

HOUVE REIS que reinaram no país de Edom, antes ainda que os filhos de Israel tivessem reis.

Antes mesmo de ter surgido um rei em Israel, já havia reis governando em Edom. Pois, enquanto em Edom governavam reis, em Israel governavam juízes. Ambos, porém, Israel e Edom, tiveram oito reis cada um. Os dos edomitas foram: Belas, Jobab, Husam, Hadad, Smla, Saul, Baal-Hanan e Hadar. Os príncipes de Israel foram: Saul, Is-Boset, David, Salomão, Roboão, Abia, Asa e Josafat. Depois veio Nabucodonosor, misturou as tribos de Edom e Judá e suprimiu o domínio de todos os príncipes. No entanto, Evil-Merodac, rei da Babilônia, devolveu a soberania a Joiachin. Assuero permitiu que Haman, o edomita, recebesse honrarias.

O FOGO NÃO nasceu nos seis dias da Criação. Todavia, o Senhor tinha em mente criá-lo. O mesmo aconteceu com as criaturas mestiças. Quando uma tal criatura veio ao mundo? Foi ao templo de Anas, o edomita, filho de Zibeon. Acasalou no deserto uma jumenta com um garanhão e daí surgiu o mulo. Então Deus falou: Até agora não criei nenhum ser nocivo. Tu, porém, fizeste surgir uma criatura aterradora. Assim também eu farei surgir um animal que praticará o mal. E Deus tomou um porco espinho e cruzou-o com uma lagartixa e disso resultou a víbora.

Nenhum ser humano pôde ainda dizer ter sido mordido por uma víbora e continuado com vida, ou que um cachorro raivoso o tivesse mordido e sem que perdesse a vida, ou que um mulo, ou seja, um mulo branco o tivesse atacado e continuasse a viver.

UM DIA ANAS tangeu o gado para longe da sua pastagem cotidiana, e os jumentos chegaram até os limites da costa marítima. Veio então um temporal do lado do mar, atingiu os jumentos de forma que eles se empinaram, ficando sobre as patas traseiras. Da praia surgiram uns cento e vinte animais horríveis e poderosos que se colocaram diante dos jumentos. Esta era a aparência desses animais: a parte inferior do corpo era semelhante à dos seres humanos e a superior era semelhante a de um urso, noutros semelhante a um macaco. Da nuca pendiam longas caudas que iam até o chão. Esses animais apoderaram-se dos jumentos, montaram neles e foram embora. Um dos estranhos animais aproximou-se de Anas, golpeou-o com sua cauda e o afugentou. Anas teve muito medo e correu de volta a Seir. Contou a seu pai e irmãos o que lhe tinha acontecido. Então muita gente foi com ele ao deserto à procura dos jumentos, todavia, não os encontraram; também os animais marítimos nunca mais foram vistos. Desde então, Anas e seus irmãos passaram a evitar esse lugar pois tinham muito medo.

TIMMA, A IRMÃ de Lotan, era uma princesa. Queria converter-se ao Deus de Israel e pediu a Abraão, Isaac e Jacó, que a aceitassem. Mas eles a rejeitaram. Então ela os deixou e tornou-se concubina de Elifas, filho de Esaú, pois disse: Prefiro ser criada nesta tribo a ser senhora numa outra. Dela proveio Amalek, o carrasco de Israel. E por quê? Os patriarcas não deviam tê-la rejeitado.

15. O Porquê do "Doze" das Tribos

QUANDO JACÓ saiu da casa de seu pai e foi a Haran, apareceu-lhe a *glória de Deus*, colocou-se sobre ele e disse: Jacó, meu filho, ergue teus olhos para o céu e vê os doze planetas e astros na abóbada; doze horas tem o dia, doze horas tem a noite e doze filhos te darei.

A VINHA QUE o copeiro do faraó viu em sonho é uma parábola para o mundo; as três videiras são os patriarcas Abraão, Isaac e Jacó; o fato da vinha verdejar, florescer e crescer, deve referir-se às matriarcas; mas as uvas que amadureceram são as doze tribos.

NO QUE AARÃO se distinguiu, para no Dia da Expiação, ter entrada na suprema santidade do Tabernáculo? O mérito das tribos é que o permitiu. No peitoral de Aarão havia doze pedras preciosas, e nestas estavam escritos os nomes das tribos. O Senhor olharia os nomes e assim acordar-se-ia dos méritos das tribos.

ASSIM COMO o Senhor criou doze ventos e assim como as tribos de Israel no deserto reuniram-se em volta de quatro estandartes, Deus rodeou seu trono com quatro anjos: Michael, Gabriel, Uriel e Rafael. Michael está à direita, como se sustentasse o estandarte de Ruben; Uriel está à esquerda, como se segurasse o estandarte de Dan. Gabriel está na frente e representa a soberania de Judá. Rafael simboliza a bandeira de Efraim.

16. Jacó-Israel

"Não há ninguém como o Deus de Jeshurun"; ninguém se iguala a Deus como Jeshurun. Jeshurun é o patriarca Israel. Sobre Deus está escrito: "*Só* Ele é excelso". E também sobre Jacó está escrito: "Ele ficou *só*".

A segunda frase na bênção de Jacó deve ser lida da seguinte maneira: Reuni-vos e ouvi, ó filhos de Jacó, ouvi a Israel, Deus e vosso pai.

Um Deus é Israel, vosso pai. Como o Senhor cria mundos, também Israel, vosso pai, cria mundos. Como Deus distribui mundos, também Israel distribui mundos.

O senhor falou ao povo de Israel: Antes de eu ter criado o meu mundo, os anjos enalteciam-me com o vosso nome, chamando: "Louvado seja o Senhor, o Deus de Israel, de eternidade a eternidade". Quando Adão foi criado, perguntaram-me: É este, com cujo nome te louvamos? Respondi-lhes: Não, este é um gatuno. Depois veio Noé e eles perguntaram: É este aqui? Eu repliquei: Não, este é um bebedor. Depois veio Abraão e eles perguntaram se eu desejava ser louvado em seu nome. Eu redargui: Não, pois deste nascerá a tribo dos ismaelitas. Depois veio Isaac e eles perguntaram: É este? Eu respondi: Não, este ama meus adversários. Em seguida veio Jacó e eles perguntaram: É este? E eu retruquei: Sim, é este. E determinei que Jacó doravante passaria a se chamar Israel e que todo o povo devia usar o nome de Jacó.

O senhor diz da casa de Jacó que ela redimiu Abraão.[*] Como é que Jacó pode ter redimido Abraão? Ele nem tinha nascido ainda. Mas aconteceu assim: Quando Abraão foi lançado no forno de cal, Deus reuniu a estirpe celestial e falou: Salvai Abraão, pois ele é meu favorito. Os anjos retrucaram: Por que deverá ser salvo se dele nascerá Ismael? Deus falou: Mas também Isaac nascerá dele. Os anjos responderam: Mas Isaac gerará Esaú. E Deus falou: Mas Isaac terá Jacó como filho. Ao que os anjos disseram: Pois bem, será salvo por causa de Jacó. Portanto, Abraão foi redimido por Jacó.

Abraão é comparado ao sol, Isaac, à lua; Jacó e seus filhos devem ser equiparados às estrelas. Um dia, no futuro, tanto o sol como a lua conhecerão à vergonha, somente as estrelas não terão necessidade de se envergonhar. O semblante de Abraão e o de Isaac obscurecem-se por causa de seus filhos; Abraão tem diante dos olhos Ismael e os filhos de Ketura, Isaac pensa em Esaú e nos príncipes

---
[*] Isaías 29, 22.

da estirpe de Edom. Apenas Jacó não sente vergonha e não empalidece, pois vê seus filhos santificando o nome do Senhor.

O ARCO-ÍRIS aparece nas três cores dos patriarcas, verde, vermelho e branco. Verde era a roupa de Abraão quando lhe nasceu Ismael. Vermelho é a cor de Isaac, de quem brotou Esaú. Branca é a veste de Jacó, cujo semblante jamais se altera.

DEUS CRIOU mundos e os destruiu, até vir Jacó. Então o mundo tornou-se perfeito e não foi destruído mais.

EM JACÓ resplandecia a beleza de Adão. A aparência de Jacó assemelhava-se com a do Senhor e lembrava a glória do trono divino. Por isso não quis ser sepultado entre os egípcios.

UM MESTRE do Talmud afirma que nosso pai Jacó jamais morreu. Então perguntou-se ao sábio: Mas acaso ele foi pranteado, embalsamado e ungido sem motivo? O mestre respondeu: Agarro-me ao dito: "Não temas Jacó, não te horrorizes, Israel; eu te libertarei de terras estranhas e tirarei tua descendência do país da escravidão". Então, se a descendência de Jacó está viva, também o patriarca está eternamente vivo.

Um mestre da Cabala interpretou o fato da seguinte maneira:

Depois que o espírito de Jacó deixou o corpo terreno, ele foi revestido de um novo corpo, o qual se assemelhava ao corpo de Adão, o primeiro homem, antes dele ter cometido o pecado. Assim transformado, Jacó paira no mundo para uso e proveito do povo santo.

DEPOIS DA morte, todas as almas são despidas dos corpos, e não podem mais envolver-se neles, nem mesmo as almas dos justos. Apenas a alma do nosso pai Jacó não permaneceu despida sequer uma hora; o invólucro paira sempre sobre ela. Sempre que Jacó o desejar, sua alma é revestida. E quando o infortúnio do exílio pesa sobre Israel, Jacó envolve-se na veste e, diante do Senhor, roga por clemência para seu povo.

17. *Os Pais e a Carruagem Divina*

FORAM OS patriarcas que determinaram as três orações diárias. Abraão foi o primeiro a proferir a prece matutina, conforme está escrito: "E Abraão partiu de manhã cedo para o lugar onde esteve em pé diante do Senhor". Estar em pé diante do Senhor nada mais significa do que orar. Isaac foi o primeiro a proferir a prece vespertina, conforme está escrito: "Antes do anoitecer Isaac foi ao campo, para dialogar com o Senhor". Jacó, finalmente, foi o primeiro a proferir a prece noturna, conforme está escrito: "Encontrou o Senhor". E encontrar o Senhor significa orar. Assim como o dia muda três vezes seu semblante, o homem deve fazer três orações diárias. À noite deve rezar e dizer: Que seja tua vontade, Senhor meu Deus, conduzir-me da escuridão para a luz. De manhã deve rezar: Agradeço-te, Senhor meu Deus, que me tiraste da escuridão para a luz. Ao crepúsculo deve rezar: Que seja tua vontade, permitir que eu presencie o pôr-do-sol, como me deixaste ver o seu brilho.

O TERCEIRO dos cinco átrios do Jardim do Éden é construído de ouro e prata e está adornado de pedras preciosas e pérolas. Todas as delícias existentes no céu e na terra ali se encontram. O lugar é imenso e nele estão plantadas as mais belas gramas. No centro ergue-se a Árvore da Vida, cuja altura corresponde a quinhentos anos de viagem. À sua sombra estão Abraão, Isaac, Jacó, as doze tribos, assim como todos os que saíram do Egito e pereceram no deserto. Ocupam-se com a Escritura.

NAS VISÕES de Elias consta: Vejo reunidos Abraão, Isaac e Jacó, bem como todos os justos; à sua frente estende-se uma terra semeada com todas as delícias, e a árvore que o Senhor plantou está no centro do jardim. Essa é a árvore que cresce ao lado dum ribeiro, suas folhas não murcham e seus frutos não secam. E navios, carregados de riquezas e destinados aos justos, partem de Ein-Gedi a Eglaim.

QUANDO O Senhor estava em vias de criar o mundo, tomou Isaac e fundou o mundo sobre ele; viu então que o mundo não poderia existir somente através de Isaac. Tomou Abraão e apoiou o mundo sobre ele; mas viu que o mundo necessitava de um apoio ainda mais forte. Então tomou Jacó, reuniu-o a Isaac e assim fortificou o mundo.

Deus criou as grandes baleias, que são os patriarcas, e toda a alma viva é a alma de Adão, o primeiro homem.

ANTES DO homem descer para este mundo, aparecem-lhe quatro anjos: Michael vem por causa de Abraão, Gabriel por causa de Isaac, Uriel por causa de Jacó e Rafael por causa de Adão.

A cabeça do homem refere-se a Adão, o chefe de todos os homens, o braço direito a Abraão, o esquerdo a Isaac, seu corpo, no entanto, é Jacó.

ABRAÃO É A raiz da vida de Israel; Isaac é a raiz de seu espírito; Jacó é a raiz de sua alma.

OS PATRIARCAS são a carruagem divina: Abraão por sua clemência, Isaac por seu temor a Deus, Jacó pela beleza e verdade. A verdade é a medida de Jacó, que era um homem afável e honesto; habitava as tendas e mantinha a balança entre o temor de seu pai e a clemência de seu avô. Ele equilibra tudo e é a própria paz.

A medida de Jacó é o alicerce da construção.

os PATRIARCAS formam a carruagem. De que maneira? Abraão por inteiro tomou posse do lado direito, que é a medida da clemência; Isaac por inteiro tomou do lado esquerdo, que é o temor; Jacó por inteiro tomou o centro.

Enquanto Abraão, nosso pai, estava em vida, a glória de Deus era expressa pelo nome de Sara, na época de Isaac, pelo nome de Rebeca e na época de Jacó, pelo nome de Raquel.

ABRAÃO É O leão da carruagem divina, Isaac é o touro e Jacó é a águia.

Segunda Parte
MOISÉS
JUDÁ
ISRAEL

Livro Oitavo: O Êxodo

1. A Morte de José

HAVIAM SE passado trinta e dois anos desde que Israel se estabelecera no Egito. Era o septuagésimo-primeiro ano da vida de José. Morrendo, então, o faraó, rei do Egito, seu filho Magron tornou-se rei em seu lugar. Antes de morrer, porém, o faraó recomendou o filho ao Vice-rei José, a quem pediu que lhe fosse como um pai; ao jovem faraó, o conselho de José devia servir como linha de conduta. Os egípcios concordaram que José continuasse a ser seu chefe, pois gostavam dele havia muito.

Magron tinha quarenta e um anos ao assumir o trono de seu pai e governou durante quarenta anos. Como seu pai, também era chamado faraó, pois era costume, no Egito, denominar os reis de faraó. O jovem faraó transferiu ao vice-rei a incumbência de todos os negócios do reino e da legislação do país. O filho de Jacó era como que um soberano no Egito, e tudo estava subordinado a seu poder. Fazia guerras com os inimigos ao redor e os dominava; obrigou o país dos filisteus, até a fronteira de Canaã, a pagar-lhe tributos; também as terras de Canaã, Sidon e a Jordânia Oriental estavam sujeitas a pagar uma contribuição anual. Seu domínio estendia-se desde o Egito até o rio Eufrates, e Deus estava com ele. Estava firme no poder e seus irmãos viviam em paz na terra de Gosen.

MAS APROXIMAVA-SE a época em que José deveria morrer e ele mandou chamar seus irmãos e toda a casa de seu pai. Falou-lhes: Eu morro, mas Deus certamente se lembrará de vós e vos tirará desta terra para a terra que jurou dar a vossos pais. Mas se seguirdes para a terra de vossos pais, transportai meus ossos daqui. E fê-los jurar isso.

Morreu José na idade de cento e dez anos, setenta e um anos depois que Israel havia descido ao Egito. Seus irmãos e servos o embalsamaram de acordo com o costume; depois prantearam-no, juntamente com os egípcios, durante setenta dias. Colocaram o corpo numa arca repleta de especiarias e condimentos, e enterraram-no às margens do Nilo, que também se chama rio Sichor.

Em seguida, prantearam-no durante sete dias.

A IDADE DE Abraão era de cento e setenta e cinco anos; a de Isaac, cento e oitenta anos. Jacó alcançou a idade de cento e quarenta e sete anos. Sara morreu com cento e vinte e sete anos, Rebeca alcançou cento e trinta e três. Raquel, porém, morreu com trinta e sete anos e Léa com quarenta e sete.

O nascimento de Ruben ocorreu no décimo-quarto dia do nono mês; morreu com cento e vinte e cinco anos. Simeão nasceu no vigésimo-primeiro dia do décimo mês; sua morte ocorreu com a idade de cento e vinte anos. Levi nasceu no primeiro dia do primeiro mês e morreu com cento e trinta e sete anos. Dan nasceu no nono dia do sexto mês e morreu com cento e vinte e cinco anos. Judá nasceu no décimo-quinto dia do terceiro mês e morreu com cento e dezenove anos. Naftali nasceu no quinto dia do terceiro mês e morreu com cento e trinta e três anos. O nascimento de Gad ocorreu no décimo dia do sétimo mês, sua morte, depois que viveu cento e vinte e cinco anos. Issachar nasceu no quarto dia do quinto mês e morreu com cento e vinte e dois anos. Asser veio ao mundo no segundo dia do décimo-primeiro mês e morreu com cento e vinte e três anos. José nasceu no vigésimo-primeiro dia do sétimo mês e morreu com cento e dez anos. Observa que nenhum dos patriarcas ficou mais velho do que Levi, mas que também nenhum deles morreu mais moço do que José.

2. A Escravidão

APÓS A MORTE de José, todavia, os egípcios começaram a oprimir os filhos de Israel. Faraó, o rei do Egito, tomou as rédeas do poder e governou sozinho o povo.

A ESCRITURA diz: Levantou-se um novo rei no Egito. Mas não era o antigo faraó? Aconteceu assim:

Os egípcios falaram ao faraó: Combatamos este povo! No que o rei respondeu: Tolos, acaso não lhes devemos a vida? Não fosse José, não estaríamos vivos. Como então podemos iniciar uma luta contra eles? Quando os egípcios perceberam que o faraó não queria obedecer-lhes, derrubaram-no do trono por três meses, até que ele disse: Farei tudo o que desejardes. Assim sendo, investiram-no novamente em seu cargo.

POR QUE OS egípcios tinham a temer especialmente o poder dos filhos de Israel? Zefu, filho de Elifas e neto de Esaú, partira à frente de muitos reinos e povos para a luta contra os egípcios. Os egípcios inicialmente partiram sozinhos para a luta e foram vencidos; depois, pediram o auxílio dos israelitas de Gosen e estes decidiram a luta em favor dos egípcios e expulsaram Zefu e seus aliados.

Depois desses acontecimentos, os conselheiros do faraó e seus anciãos foram em conjunto ter com o rei e falaram: Vês, o povo dos filhos de Israel é maior e mais poderoso do que nós. Tu experimentaste a sua força; ela ainda é maior do que a de seus antepassados: um pequeno número resistiu a um grande exército e o venceu com o fio da espada; do lado deles, porém, não tombou nenhum homem. Portanto, pensemos numa solução para que seu número não se multiplique e eles sejam eliminados paulatinamente. Se não evitarmos a sua multiplicação, tornar-se-ão um obstáculo; no caso de romper uma nova guerra, eles se juntarão aos nossos inimigos e nos farão desaparecer da face da terra.

Ao que o rei retrucou: Eis a solução que encontrei. As cidades de Pitom e Ramses não são fortificadas e não nos oferecem proteção em caso de guerra; vamos ampliá-las e transformá-las em fortalezas. Vós seguireis na frente e fareis com que simuladamente o rei de Mizraim e Gosen proclame: — Vós todos que habitais Mizraim, Gosen e Patros! O rei vos ordena ampliar as cidades de Pitom e Ramses e fortificá-las. Quem de vós, egípcio ou israelita, quer trabalhar na obra? — Vós mesmos vos portareis como pedreiros e trabalhareis na obra, mas não deveis parar de repetir em voz alta a ordem do rei. Se então alguns dos filhos de Israel vierem procurar-vos, a fim de cooperar na construção da cidade, pagai-lhes fielmente seu salário por algum tempo. Mas, pouco a pouco, afastai-vos despercebidamente, um após o outro, e depois apresentai-vos como seus feitores e capatazes. Logo terão que trabalhar sem salário e nosso país será fortificado. Mas, para eles, a vida será amarga, e em virtude da pesada servidão seu número diminuirá, visto que vós os mantereis afastados de suas mulheres.

"ESTABELECERAM-SE sobre eles inspetores de trabalho forçados". * Para isso, conta-se que foi pendurado um tijolo ao pescoço do faraó. Assim, se algum dos filhos de Israel se queixava da dureza do trabalho e dizia — Eu não estou acostumado — então recebia como resposta: Acaso és mais nobre do que o faraó?

NO EGITO VIVIAM todas as espécies de povos dos setenta idiomas do mundo, e, no entanto, os egípcios faziam com que o trabalho fosse executado apenas pelos judeus. Amargavam-lhes a vida com a dura servidão, na cidade e no campo. Depois de terem durante o dia se esfalfado amassando tijolos, ao chegarem em casa à noite, aparecia-lhes o egípcio e falava: Sai para o campo, traze-me frutas do pomar! Ou: Abate-me uma árvore e racha-a, enche o barril com água!

---

* O trecho bíblico quer dizer: inspetores sobre o povo de Israel.

O que era trabalho de homem, era dado para a mulher fazer, e ao homem obrigavam-no a executar trabalho de mulher. Assim, exigiam dos homens que misturassem massa e fizessem pão e da mulher que rachasse lenha e carregasse água.

OS EGÍPCIOS costumavam desonrar os hebreus e suas mulheres. Lá vivia um homem, que era um dos netos de Dan e que se casara com Sulamit, filha de Dewer.* Os feitores foram à casa desse homem, mataram-no e uniram-se à sua mulher, que ficou grávida. Mas, tal qual a semente, assim o fruto: quando Israel saiu do Egito, este filho de prostituta começou a blasfemar e a insultar o Senhor, conforme está narrado na Bíblia: "E o filho da mulher israelita amaldiçoava e insultava o Nome".

OS FEITORES do faraó batiam nos filhos de Israel, para que estes lhes preparassem tijolos. Contudo, não lhes davam palha e os hebreus tinham que procurar restolhos no deserto. As mulheres e as crianças pisavam com os pés descalços nos restolhos e seus calcanhares ficavam tão perfurados que corria muito sangue. Este, depois, misturava-se à argila.

Raquel, filha de Sutela, estava grávida. Estava amassando a argila juntamente com o marido e abortou; a criança misturou-se ao barro. Então, o grito da mãe elevou-se até o trono da glória de Deus.

CERTA VEZ, quando os filhos de Israel eram servos dos egípcios, uma mulher grávida veio ajudar seu marido a amassar a argila, mas, em virtude do pesado trabalho, o fruto imaturo caiu de seu ventre e afundou-se no barro. E a mulher preparou um tijolo desse barro. Então Gabriel desceu, tomou a pedra e a levou diante do Santo, louvado seja, dizendo: Vê como teus filhos perdem as forças; estão em dura escravidão. E o Senhor colocou o tijolo à sua frente e o guardou como recordação da época em que Israel esteve no Egito. Mais tarde, quando o povo foi libertado, o Senhor colocou a pedra sob os seus pés e do tijolo resplandecia luz e magnificência. Por isso, está escrito: "Debaixo de seus pés havia como que límpida safira". Mas quando o Templo foi destruído, o Senhor lançou o tijolo à terra e assim lamenta o profeta: "Ele atirou do céu para a terra a glória de Israel e não se recordou do escabelo de seus pés".

O FARAÓ impôs quatro pesados castigos a Israel. Ordenou aos feitores que os oprimissem duramente, para que produzissem bastante; deveriam proibi-los de ir para casa e dormir com suas mulheres, para que não gerassem filhos. Disseram aos judeus: Se fordes para casa e lá permanecerdes até que vos iremos buscar, a primeira e a segunda hora da manhã terão passado antes de chegardes novamente ao local de trabalho e assim não terminareis a tarefa

---

* Uma outra interpretação desta história está na pág. 261.

diária. Assim, os filhos de Israel tinham que dormir no campo. O Senhor, então, falou aos egípcios: Prometi a seu pai Abraão que multiplicaria sua semente, como as estrelas do céu, e vós acreditais que pela astúcia podeis fazer com que não se multipliquem de modo algum. Pois bem, vejamos qual intenção vencerá, a minha ou a vossa!
E ASSIM FOI. Quanto mais os egípcios atormentavam os judeus, tanto mais crianças nasciam, graças às virtuosas mulheres que viveram nessa geração e através das quais Israel foi libertado do Egito. O que faziam elas? Iam buscar água com dois baldes, e num deles Deus fazia com que apanhassem peixes, que elas levavam aos maridos no campo; alimentavam-nos e davam-lhes de beber, lavavam-nos e ungiam-nos e uniam-se a eles no abraço amoroso. Se concebiam, iam para casa e aí ficavam; quando chegava a hora de dar à luz, iam para a sombra de uma árvore frutífera e lá pariam. O Senhor, então, enviava seu anjo do céu, que limpava e lavava o recém-nascido e presenteava cada um com duas bolas; uma produzia gordura e a outra mel, como está escrito no hino de Moisés: "Deixou-o sugar mel da rocha, e azeite da pedra dura". Quando os egípcios encontravam essas crianças, queriam matá-las, mas sempre acontecia o milagre da terra engolir os pequenos. Sobre suas costas estendiam-se os sulcos da lavoura; depois as crianças saíam da terra, semelhantes às ervas do campo.

OUTROS NARRAM ASSIM:

Quando uma mulher tinha que dar à luz, na época em que Israel estava no Egito, ela ia ao campo e lá tinha a criança. Passado o parto, ela se voltava ao Senhor e dizia: Senhor do Mundo! Eu fiz a minha parte, faze a tua. Imediatamente o Senhor descia em sua própria figura, cortava o cordão umbilical da criança, lavava-a e a ungia. Depois dava-lhe duas pedras, uma jorrando mel e a outra azeite; disso as crianças se alimentavam e cresciam no campo aberto.

Depois de adultas procuravam a casa de seus pais. Estes perguntavam: Quem cuidou de vós lá fora? Os pequenos respondiam: Um jovem, amável e de maravilhosa aparência, desceu das alturas e nos tratou.

Quando depois Israel chegou ao Mar Vermelho e o Senhor ali se revelou, as crianças foram as primeiras a reconhecê-lo e exclamaram: Foi este que cuidou de nós e nos deu tudo quando jazíamos desamparados no Egito.

3. As Parteiras

COMO OS EGÍPCIOS vissem que o rumo que haviam tomado não os levava ao destino e que os judeus proliferavam por toda a terra do Egito e a província de Gosen, os anciãos e os sábios movimentaram-se novamente e falaram ao rei: Deste-nos um conselho com referência aos filhos de Israel, e nós o seguimos. No entanto, quanto mais dura a servidão, tanto maior sua fecundidade e seu poder de multiplicação, e seu número nos excede. Agora os olhos de todos os filhos do Egito estão dirigido para ti, a fim de que, em tua sabedoria, inventes um meio pelo qual os filhos de Israel sejam exterminados na terra. Então o rei respondeu: Encontrai vós uma solução contra eles. Apresentou-se então um dos conselheiros do rei, cujo nome era Jó* da terra de Uz na Mesopotâmia. Este falou: O conselho de oprimir os filhos de Israel com dura servidão é acertado, todavia, existe ainda um outro meio de fazer diminuir seu número. Que o rei decrete uma lei, pela qual deverá ser derramado o sangue de cada menino recém-nascido dos hebreus. Assim todas as criaturas do sexo masculino dos judeus serão exterminadas e não precisaremos temer a guerra por parte deles. Que o rei mande chamar as parteiras dos hebreus e lhes ordene que façam como eu falei.

Essa proposta agradou ao faraó e aos cortesãos e o rei não hesitou em seguir as instruções de Jó. Mandou chamar as parteiras, uma delas de nome Schifra, a outra Pua. O faraó falou-lhes: Se, ao ajudardes no parto das mulheres hebréias, virdes sobre a mesa que é um filho, matai-o imediatamente; mas se for filha, deixai-a com vida. Se não me obedecerdes, mandarei queimar-vos assim como a vossas casas.

As parteiras, porém, temiam a Deus, e não acataram as palavras do rei. Quando eram chamadas, tratavam tanto das mães quanto das crianças, quer fosse menina ou menino. Isso chegou aos ouvidos do rei que mandou chamar novamente as parteiras, e disse-lhes: Como ousais contrariar as minhas ordens, deixando viver as crianças? As sábias mulheres retrucaram: Que o faraó nos ouça; as mulheres hebréias não são como as egípcias; dão à luz antes que as parteiras venham a elas.

O faraó ouviu essas palavras das parteiras e acreditou nelas. As mulheres se foram e Deus as recompensou com o bem e assim o povo de Israel aumentou cada vez mais.

4. O Sonho do Faraó

NO CENTÉSIMO-TRIGÉSIMO ano após a chegada dos filhos de Israel ao Egito, o faraó teve o seguinte sonho: Estava sentado no trono e viu diante de si um ancião. Este trazia nas mãos uma balança, do tipo que os comerciantes utilizam para pesar. Em seguida tomou todos os anciãos do Egito, seus príncipes e potentados, amarrou-os e colo-

---

* Conforme a lenda, Jó, Jetro e Bileam eram os três conselheiros do faraó.

cou-os num dos pratos da balança. No outro prato pôs um cordeiro apenas e o cordeirinho pesou mais do que os homens. Então o faraó estranhou tal visão.

O faraó levantou de manhã cedo e contou o sonho a seus servos; estes foram tomados de muito medo. O rei falou: Interpretai-me a visão, para que eu a compreenda. Bileam ben Beor, o conselheiro, respondeu ao rei: Um grande infortúnio virá sobre o Egito na devida época. Nascerá um menino entre os hebreus, o qual destruirá o país do Egito, exterminará todos que nele habitam e com mão forte conduzirá Israel para fora do Egito. Deixai-nos refletir sobre um meio de arruinar a esperança dos judeus, antes que a desgraça caia sobre nós. O rei falou a Bileam: O que podemos ainda fazer? Já nos foi aconselhada tanta coisa e nada conseguimos. Ou sabes de uma nova boa saída?

Bileam disse: Manda primeiro chamar teus dois conselheiros e ouçamos suas propostas; depois teu servo falará. O rei mandou chamar seus dois conselheiros, Reguel, o midianita, que também se chamava Jetro, e Jó, o homem de Uz. O faraó falou-lhes: Certamente ouvistes falar do sonho que eu tive e o que significa. Portanto, aconselhai bem e dizei como devemos enfrentar a ruína.

O primeiro a responder foi Reguel, o midianita; falou: Que o rei viva eternamente! Caso seja do agrado do rei ele que deixe os judeus e não levante mais sua mão contra eles. Pois seu Deus escolheu-os anteriormente e tornou-os a corrente de sua herança. Todo soberano que lhes fez mal, tendo, porém, reparado isso, mais tarde foi poupado da vingança de seu Deus. Assim foi com o rei do Egito que tomou Sara, a mulher de Abraão, e depois a restituiu. O mesmo aconteceu com o rei dos filisteus Abimelec, que morava em Gerara; e também com o rei dos filisteus Abimelec, o qual raptou Rebeca, a mulher do patriarca Isaac, e mais tarde a restituiu. Seu terceiro patriarca, Jacó, escapou de seu irmão Esaú e seu sogro Labão de Aram, tendo ambos intenção de matá-lo. Também guerreou com resultado feliz contra os reis de Canaã, os quais vieram com o propósito de aniquilar a ele e seus filhos. — E não lembras mais do faraó, o pai de teu pai, daquele que engrandeceu José, o filho de Jacó? E este José, mais tarde, salvou a terra do Egito da fome. Portanto, deixa-os e não procura mais aniquilá-los.

Quando o faraó ouviu essas palavras de Reguel, o medianita, irritou-se muito com ele e o expulsou vergonhosamente de sua presença. Reguel teve que fugir para seu país, mas ainda conseguiu agarrar às pressas o bastão de José e o levou consigo. Depois o faraó voltou-se para Jó e perguntou-lhe sua opinião. Jó respondeu: Afinal de contas, a vida de todos no país está nas mãos do faraó; ele que faça com eles o que quiser.

Então o rei falou a Bileam: Agora deixe-nos ouvir o teu conselho. Então Bileam respondeu ao rei: Se quisesses exterminar os filhos de Israel através do fogo, não o conseguirias; pois o seu Deus salvou o patriarca Abraão do forno da Caldéia. Se pensas matá-los com a espada, não poderias; pois o patriarca Isaac foi salvo da espada e em seu lugar foi sacrificado um carneiro. Se imaginas oprimi-los pelo trabalho árduo e pesado, não chegarias a um resultado; o patriarca Jacó foi servo de Labão para trabalho pesado e isso reverteu em seu benefício. Mas se for do agrado do rei, manda lançar n'água os meninos que nascerem agora e daqui por diante. Assim conseguirás apagar a lembrança de seu nome, pois nem eles e nem seus antepassados tiveram que passar por essa provação.

O rei ouviu as palavras de Bileam e elas foram bem acolhidas.

5. Amram e Jochebed

HAVIA UMA vez um homem na terra do Egito, da descendência de Levi, filho de Israel. Esse homem foi e tomou a Jochebed, irmã de seu pai, por mulher. Ela tinha cento e vinte anos quando ele se uniu a ela. A mulher concebeu e deu à luz uma filha, à qual chamou de Míriam,* pois na época os egípcios amargavam a vida dos judeus. E a mulher concebeu de novo e deu à luz um filho, ao qual chamou de Aarão,** pois na época em que o carregava no ventre, o faraó começou a derramar o sangue dos meninos recém-nascidos.

E O FARAÓ ordenou a todo o povo que jogasse os meninos recém-nascidos no rio. Também os de seu povo? Por que fez isso? Porque os astrólogos lhe tinham dito: U'a mãe carrega o redentor de Israel sob o seu coração, contudo, não sabemos se é hebreu ou egípcio. O faró reuniu logo todos os egípcios e falou-lhes: Deixai que atire vossos filhos recém-nascidos no Nilo durante nove meses. Mas a isso os súditos não quiseram aceder. Falaram: Jamais um egípcio libertará o povo dos judeus. Tal homem somente poderá nascer de mãe judia.

AMRAM, PAI DE Moisés, era nesse tempo, chefe do conselho superior. Quando foi anunciada a ordem do faraó, de que se atirasse cada filho recém-nascido no Nilo, disse: Devemos gerar filhos, para que sejam aniquilados? E manteve-se afastado de sua mulher Jochebed e não compartilhou o leito com ela. E todo o povo de Israel seguiu seu exemplo e separou-se das mulheres.

Então sua filha Míriam lhe disse: Tua proibição é ainda pior do que a do faraó. Pois o castigo do faraó atinge apenas os me-

---

* Miríam (Mariam) de mar, amargo.
** Aaron, de heraion, gravidez.

ninos, o teu, porém, atinge os meninos e as meninas. O faraó, o malvado, proclamou uma lei, que ocasiona apenas meio infortúnio. Tu, porém, és um justo, e teu decreto nada mais traz do que infortúnio completo. Logo depois Amram deixou sua mulher vir para perto dele. E todo o povo de Israel fez o mesmo.

"E FOI UM homem da casa de Levi e casou com uma filha de Levi." Esta era Jochebed, a mesma Jochebed, que foi concebida quando os filhos de Jacó estavam a caminho do Egito, mas que só nasceu lá. Pois acerca dela está escrito: "A que nasceu a Levi no Egito" — assim está claro: ela nasceu no Egito, mas sua mãe não a carregou no ventre no Egito. Mas por que é chamada de filha? Ela, que já era idosa, ficou novamente virgem, seu corpo ficou bonito, as rugas de sua pela alisaram-se e sua beleza refloresceu.

Mas por que está escrito: Tomou-a? Não deveria ser: Retomou-a? Porque já era sua mulher e já lhe havia parido, Aarão e Míriam. — Mas não! Ele se casou com ela como que pela primeira vez. Sentou-a numa liteira, Aarão e Míriam cantaram hinos diante dela, e os anjos em serviço exclamaram: "Rejubilou-se a mãe das crianças".

FOI UM HOMEM da casa de Levi e tomou uma filha de Levi. Esse homem era o anjo Gabriel, que buscou Jochebed e a conduziu de volta a Amram.

6. O Nascimento de Moisés

ACONTECEU naquela época que o espírito de Deus veio sobre Míriam, filha de Amram e irmã de Aarão, e ela profetizou em sua casa e falou: Eis que um filho nascerá de minha mãe e meu pai, o qual libertará Israel das mãos dos egípcios.

Quando Amram ouviu as palavras de sua filha, trouxe sua mulher de volta para a casa, pois, depois que fora decretada a ordem de matança do faraó, a expulsara. Amram trouxe a mulher de volta no terceiro ano após sua expulsão. Uniu-se a ela e ela concebeu. Após sete meses deu à luz um filho; então a casa ficou cheia de luz, tão clara como do clarão do sol e da lua quando brilham. A mulher examinou o menino. Era uma criança perfeita e de bela aparência e ela o escondeu durante três meses no aposento mais interno.

CONTA-SE QUE os egípcios obrigaram Israel a somente uma hora de trabalho pesado, pois para o Senhor mil anos equivalem a um dia; portanto, os oitenta e três anos até o nascimento de Moisés devem ser considerados apenas uma hora.

Os adivinhos falaram ao faraó: Logo nascerá um menino o qual tirará Israel do Egito. Então o faraó falou em seu coração: Vou mandar jogar todos os recém-nascidos no rio e esse então será atirado junto e assim sua missão não se realizará. Mas quando Moisés veio ao mundo, os feiticeiros falaram: Agora ele brotou do ventre de sua mãe, mas está oculto aos nossos olhos. O faraó respondeu: Uma vez que já nasceu, não lanceis mais os meninos n'água; vamos então impôr um pesado jugo sobre seus pais, para amargar-lhes a vida.

Quando os pais de Moisés viram quão formoso ele era, e que se assemelhava a um anjo, circuncidaram-no no oitavo dia e chamaram-no de Jekutiel. Outros dizem que o chamaram de Tov. *

OS EGÍPCIOS que queriam exterminar o nome de Israel procederam da seguinte maneira: Fizeram suas mulheres ir a Gosen, carregando nas costas as crianças pequenas que ainda não sabiam falar. Mas as mulheres de Israel mantinham seus filhos recém-nascidos escondidos, a fim de que os egípcios não os apanhassem. Quando uma egípcia passava com sua criança diante da casa de um israelita e o pequeno começava a balbuciar, o pequeno dentro da casa também respondia balbuciando para a criança egípcia. As egípcias contavam o fato ao faraó, e este enviava seus esbirros, que agarravam os meninos e os matavam.

E assim aconteceu que o segredo de Jochebed tornou-se sabido na casa do faraó. Mas a mulher tomou rapidamente o menino, antes mesmo que aparecessem os beleguins, fez uma pequena arca de juncos e a calafetou com betume e pez; pôs nela o menino e a colocou nos juncos à beira do rio. Mas Míriam, a irmã de Moisés, postou-se ao longe para saber o que lhe aconteceria se suas palavras se tornariam verdade. Então Deus enviou nesse dia um vento quente sobre o Egito, a carne dos homens ardia e eles ficaram com medo. Todo o povo do Egito desceu ao rio para se banhar. Assim veio também Bitia, a filha do faraó, para a beira do rio, querendo banhar-se, as suas donzelas passeavam pela margem do rio. Bitia percorreu o rio com os olhos e avistou a arca no meio dos juncos. Enviou sua criada para buscá-la. E abrindo-a, viu o menino, e eis que ele chorava. Então ficou movida de compaixão e disse: É um menino dos hebreus.

O SENHOR tudo prevê e tudo determina com antecedência. Bitia, a filha do faraó, estava acometida de grave eczema e não podia lavar seu corpo nas fontes termais. Por isso, desceu ao rio para refrescar seu corpo. Viu o menino que balançava nas ondas e chorava; estendeu sua mão e o tocou: Então ficou logo curada. Ela falou: Este menino é um justo e seu destino é viver. — Por isso a filha do rei foi considerada digna de ser aceita sob os asas da divindade e ser chamada de filha de Deus. **

* Tov — o bom.
** Bitia = Bat-Iah, filha de Deus.

TODAS AS mulheres do Egito, que passeavam na margem, quiseram amamentar o menino, mas ele não quis aceitar seio estranho; pois o Senhor determinara que o menino voltaria aos seios de sua própria mãe. Contudo, Míriam, que se encontrava na margem do rio com as mulheres, viu isso e falou à filha do faraó: Devo ir e chamar uma das mulheres hebréias, a fim de que amamente a criancinha para ti? A filha do faraó respondeu-lhe: Faze isso. Então a donzela chamou a mãe da criança, e a filha do faraó falou-lhe: Amamenta-me o menino; eu te darei um salário de duas moedas de prata por dia. A mulher tomou o menino e o amamentou.

7. O Carvão

QUANDO O menino cresceu, sua irmã o levou à filha do faraó, a qual o adotou. Moisés era mais alto do que os seus companheiros. A filha do faraó amava-o, beijava-o e afagava-o constantemente, como se fosse seu próprio filho, e não o tirava do colo. Como era muito bonito, todos desejavam vê-lo e quem o via ficava encantado. Também o faraó o amava muito; constantemente o abraçava e o apertava junto ao coração. Moisés podia brincar com a coroa real e a colocava em sua cabeça. Transcorria o terceiro ano após o nascimento de Moisés. O faraó estava sentado à mesa comendo; à sua direita estava Alparanit, a rainha, à sua esquerda sua filha Bitia, e o menino Moisés estava no colo dela. Bileam ben Beor com seus dois filhos e todos os príncipes do reino também estavam sentados à mesa do rei.

O menino, então, estendeu a mão para a cabeça do rei, agarrou a coroa e a colocou na sua própria cabeça.

O rei e os príncipes horrorizaram-se com o atrevimento do menino, o temor apoderou-se do soberano e de seus potentados e todos ficaram muito admirados. E o faraó falou a seus príncipes: Como achais que devo proceder com o menino hebreu, que fez tal coisa?

O feiticeiro Bileam respondeu: Meu senhor e rei, recorda-te do sonho que tiveste há muito tempo atrás e o qual teu servo teve licença de te interpretar; e agora vê: este é o menino das crianças hebréias, na qual se acha o espírito divino. Que o rei não imagine que a criança fez isso por ser pequena e imprudente. É um menino dos hebreus e a sabedoria e o conhecimento lhe são próprios; colocou a coroa na cabeça porque almeja o domínio sobre o Egito. Se for do agrado do rei; derramemos o seu sague na terra, para que não cresça.

Mas o faraó disse a Bileam: Consultemos ainda os juízes do Egito e os sábios se realmente cabe a morte ao menino.

E o faraó mandou chamar todos os homens sábios do Egito; estes compareceram com eles veio também um anjo do Senhor na figura de um dos sábios. O rei falou-lhes: Já sabeis o que o menino hebreu que está aqui no palácio fez. Bileam encontrou tal solução para o caso. E agora julgai também vós e dizei qual o castigo que o menino merece.

Então o anjo sob forma de juiz respondeu: Se o rei estiver de acordo, mande trazer pedras preciosas e carvão em brasa e faze colocar ambos diante do menino. Se o menino estender a mão para as pedras, ficaremos sabendo que sua ação foi premeditada, e ele deve morrer. Se ele esticar a mão para os carvões, então cometeu o pecado por infantilidade e poderá continuar vivo.

Então o faraó mandou buscar uma pedra preciosa e um carvão em brasa e o menino quis estender a mão para a pedra preciosa; mas o anjo conduziu a mão da criança, de modo que ela agarrou o carvão que ardeu em sua mão. Colocou-o ainda na boca e ele queimou seus lábios e sua língua; esse é o motivo pelo qual ficou com a fala embaraçada.

O rei e os príncipes reconheceram que o menino não agarrara a coroa por astúcia ou malícia. E o faraó desistiu do plano de matar a criança e o menino Moisés permaneceu na casa do faraó, crescendo cada vez mais, e o Senhor estava com ele.

8. O Jovem Moisés

COM DOZE ANOS, Moisés foi arrancado da casa de seu pai. Por que foi assim? Pois se tivesse crescido na casa paterna, os filhos de Israel não teriam acreditado nele, pois teriam dito: Tudo isso lhe foi ensinado por seu pai. Pois José havia transmitido tudo o que sabia a seu irmão Levi; este ensinou a seu filho Kahat e Kahat passou tudo a Amram.

Mas, visto que Moisés cresceu longe de seu pai, o povo acreditou nele.

NESTA ÉPOCA Moisés tornou-se grande; aproximou-se de seus irmãos e viu seu sofrimento. Viu crianças carregando cargas de adultos; viu mulheres serem obrigadas a efetuar trabalhos que somente um homem pode executar; viu anciãos sucumbirem sob o peso de seus fardos. Então largou o serviço, ajudou os homens e atenuou a sua miséria.

Em seguida, o Senhor falou: Abandonaste a tua profissão e te dispuseste a socorrer Israel; foste como um irmão para com eles. Por isso também eu vou sair da minha esfera celestial e vou estabelecer um diálogo contigo.

A INSTITUIÇÃO do Sábado ocorreu vinte anos antes do êxodo do Egito. Quando Moisés foi ter com os seus irmãos e viu o peso do jugo que carregavam, meditou sobre uma forma de atenuar sua labuta, e inculcou-lhes o espírito do descanso no Sábado. Mas como fez para que o mandamento se tornasse válido? Foi ao faraó e disse: Antevejo: A servidão que infligiste, terminará. O rei perguntou: Por que acontecerá isso? Moisés replicou: Porque o horário do trabalho não tem medida; e não só isso, mas o menino tem de produzir tanto quanto o homem e o ancião realizar o mesmo que o jovem. E não tem que perecer um servo que movimenta sem interrupção membros e mãos? O faraó disse: É verdade. Então Moisés disse: Teus servos, os israelitas, morrerão se não lhes concederes um intervalo. O faraó retrucou: Eu te nomeei inspetor sobre tudo. Vai ter com eles e ordena tudo o que achares necessário.

ENTÃO MOISÉS foi ter com os filhos de Israel; permaneceu com eles e contou o tempo dos seis dias da Criação, para descobrir quando seria o Sábado. Em seguida decretou o dia do descanso e ordenou aos feitores que o guardassem. Desde aquela época os hebreus deviam trabalhar somente seis dias por semana e ter livre o sétimo dia.

Moisés nessa época já era muito alto — pode-se concluir que sua altura era predominante e que excedia a dos demais. Saiu para ver seus irmãos e via como sofriam. Chorou por causa do tormento deles e falou: Tenho pena de vós, meus irmãos; ah se eu pudesse enfrentar a morte por vós! Pois não há trabalho mais penoso do que amassar argila. E a cada um oferecia seu ombro como apoio.

Um dia viu um egípcio bater num hebreu. O maltratado era marido de Sulamit, filha de Dewer. O egípcio era um feitor que comandava cento e vinte homens. Arrancava esses homens de suas casas ao primeiro canto do galo. Mas como arrastava esses homens ao local de trabalho, estava acostumado a entrar em suas casas. Ao avistar Sulamit, a filha de Dewer, que era mulher formosa e perfeita, inflamou-se de desejo por ela. De manhã cedo, depois que arrancou o marido para a servidão, retornou à casa e uniu-se à mulher. Ela, porém, acreditou tratar-se do marido. Este, ao voltar para casa, viu o egípcio deixando sua moradia. Então perguntou a Sulamit: Ele não te tocou? Ela respondeu: Sim, ele o fez, mas pensei que foste tu que me seguravas nos braços.

Quando o feitor reparou que fora descoberto, impeliu o hebreu novamente para o trabalho e o chicoteou. Mas Moisés sabia, por intermédio do espírito santo, o que o egípcio fizera ao israelita, como o chicoteara e, por isso, bradou: Já não basta que violentaste sua mulher, ainda queres matá-lo? E em sua ira, abateu o egípcio.

Com que o matou? Uns dizem que o feriu na cabeça com a pá, de modo que os miolos esguicharam para fora, outros são de opinião que o aniquilou com auxílio do verdadeiro nome de Deus.

NOSSOS MESTRES contavam: Moisés viu com seus olhos de profeta, que jamais mataria um justo em toda a corrente de descendentes do ímpio e assim aconselhou-se com os anjos e perguntou: Este homem merece ser morto? Eles responderam: Sim.

NO DIA SEGUINTE Moisés viu dois homens israelitas brigarem. Eram Datan e Abiram. Perguntou a um deles: Por que bates em teu próximo? Datan retrucou: Queres matar-me também com a espada de tua boca, como mataste o egípcio? Quem foi que te nomeou príncipe e juiz sobre Israel?

E O FARAÓ soube que Datan e Abiram haviam se rebelado contra Moisés e deu ouvidos à difamação. Decidiu matar Moisés e mandou trazer uma espada que era tão afiada como nunca se vira outra. Dez vezes o pescoço de Moisés foi golpeado por ela, mas manteve-se duro como uma coluna de marfim.

OUTROS RELATAM o fato da seguinte forma: A espada escorregou do pescoço de Moisés; caiu sobre o pescoço do carrasco e o matou. Por isso Moisés falou: "Ele salvou-me da espada do faraó", salvou a mim, mas não ao servo do verdugo.

NA HORA EM que Moisés fugiu da mesa do faraó, todos os cortesãos foram mutilados ficando aleijados; alguns ficaram mudos, alguns coxos, alguns cegos e alguns surdos. Os cegos falaram aos mudos: Para onde fugiu Moisés? Mas estes não podiam responder. Se os coxos faziam essa pergunta aos surdos, estes não ouviam. Estes, por sua vez, perguntaram aos cegos sobre o paradeiro de Moisés, mas os cegos nada tinham visto. Por isso o Senhor falou a Moisés: Quem criou a boca do homem? Quem fez os mudos ficarem mudos, os surdos ficarem surdos e os cegos ficarem cegos?

Moisés foi preso e conduzido à presença dos juízes. Amarraram-no e colocaram a espada em seu pescoço. Nesse momento desceu um anjo, que apareceu a todos na feição de Moisés, filho de Amram. Foi preso e Moisés foi libertado.

E MOISÉS FUGIU do faraó. — Moisés havia sido apanhado e levado a julgamento; agora o faraó iria matá-lo. Deus, então, fez com que o rei egípcio ficasse mudo, castigou os príncipes com surdez e tornou cegos os feitores. Assim, Moisés pôde fugir.

A BÍBLIA CONTA que Moisés escolheu três cidades livres do outro lado do Jordão, para que aquele que matasse involuntariamente o próximo, lá se refugiasse, e estivesse a salvo dos vingadores.

O que Moisés teria previsto quando decretou essa ordem? Um mestre do Talmud deu a seguinte resposta: Aquele que provou um alimento conhece o seu sabor. Afinal, Moisés tinha morto o egípcio...

9. No País dos Etíopes

NESSA ÉPOCA os habitantes de Kedem e Aram rebelaram-se contra o domínio dos etíopes. O rei Kikanos partiu com um exército poderoso contra os rebeldes, para sujeitá-lo de novo a seu domínio. Mas durante o tempo em que iria combater, deixou a administração da capital e das fronteiras do país a cargo do feiticeiro Bileam. E Kikanos venceu seus inimigos; bateu os chefes, aprisionou muitos homens, tornou-os novamente súditos e impôs-lhes pesados tributos. Mas enquanto isso Bileam sublevou o povo dos etíopes contra seu soberano e induziu-os a não permitir a volta de Kikanos. Os etíopes concordaram, nomearam Bileam rei e seus dois filhos, generais.

Depois fortificaram a cidade e aumentaram de maneira considerável em dois lados as muralhas existentes. No terceiro lado deixaram a muralha da cidade como estava, mas cavaram canais profundos até o rio que cercava todo o país e desviaram toda a água do rio para os canais recém-construídos. Protegeram o quarto lado da cidade, atraindo, através de mágicas e palavras secretas, serpentes, que ficaram naquele lugar. — Depois os etíopes recolheram-se à cidade e ninguém mais saía ou entrava.

Quando, terminada a guerra, Kikanos voltou ao seu país, ao aproximar-se da capital, ele e seus combatentes ergueram os olhos, e eis que novas e altas muralhas haviam sido erigidas diante da entrada. Falaram entre si: Como ficamos fora por tanto tempo, eles nos consideraram vencidos e imaginaram que não voltaríamos; no entanto, temem assalto dos cananeus e, por isso, aumentaram as fortificações. E os homens que regressavam chegaram às portas da cidade e gritaram aos guardas: Abri e deixai que entremos na cidade. Os guardas, porém, negaram-se a abrir as portas, pois obedeciam às ordens de Bileam, seu novo rei. E os habitantes da cidade até efetuaram uma surtida e iniciaram um combate com aquele que até então tinha sido o seu príncipe. Nesse dia tombaram cento e trinta homens do exército de Kikanos. No dia seguinte, Kikanos tentou um ataque à cidade pelo outro lado do rio, mas não conseguiu atravessá-lo por causa da largura dos canais que os etíopes haviam cavado e muitos de seus homens morreram afogados. Então o rei ordenou que se abatessem árvores para armar jangadas, e assim chegar à cidade. Mas quando os guerreiros alcançaram os canais viram a água produzir ondas; pois lá haviam sido construídos moinhos para movimentar a água. Assim, as jangadas foram inundadas pela água e duzentos homens encontraram a morte. Finalmente, no terceiro dia, tentaram entrar na cidade pelo lado onde estavam as serpentes, mas foi em vão e cento e setenta homens foram mortos pelos répteis.

Assim, desistiram do combate e permaneceram sossegados diante da cidade. O sítio iria durar nove anos.

FOI NESSA ÉPOCA que Moisés teve que fugir do faraó, por contar com uma represália pela morte do egípcio. Mas aconteceu que ele chegou ao acampamento de Kikanos, quando este se achava diante da fortificação. Permaneceu então no exército e auxiliou no cerco. O rei e seus soldados ficaram gostando de Moisés e o respeitavam muito porque era forte e corajoso como um leão e sua face brilhava como o sol.

Mas depois de nove anos, aconteceu que Kikanos foi acometido por uma doença, da qual viria a morrer; depois do sétimo dia, seu espírito o abandonou. Então seus servos o embalsamaram e o enterram diante da porta da cidade que conduzia ao Egito. Ergueram-lhe um bonito e alto monumento, adornado com grandes pedras. E os escravos do rei enalteceram em inscrições a grandeza de Kikanos e os feitos heróicos que havia realizado.

Todavia, após terem levado seu rei ao túmulo, os soldados desanimaram da guerra e falaram entre si: Já estamos aqui no campo deserto há nove anos, longe de nossas mulheres e filhos. Se continuarmos a guerra, pereceremos todos; se ficarmos aqui inativos, também morreremos. Pois agora, os vizinhos sabendo que o nosso rei está morto, nos atacarão e não restará vestígio de nós. Por isso, antes de tudo, vamos nomear um rei entre nós; depois reiniciaremos o sítio.

Logo procederam à escolha de um príncipe e não encontraram ninguém que fosse mais digno de portar a coroa do que Moisés. Todos despiram suas vestes e atiraram-nos ao solo, até formar uma colina. Sobre ela sentaram Moisés, tocaram as trombetas e exclamaram: Que viva o rei! Que viva o rei! E todo o povo e os príncipes concordaram em dar sua rainha, a viúva de Kikanos, a Moisés como esposa. Cada um devia também presentear Moisés com algum de seus pertences. Então foi estendida uma coberta em frente da colina e cada qual atirava sobre ela o que possuía de valioso: um bracelete de ouro, uma moeda de prata ou também pedraria preciosa como ônix ou berilo. E Moisés juntou tudo isso aos seus tesouros e tomou posse.

NO SÉTIMO DIA após a nomeação de Moisés para rei, os nobres reuniram-se perante o novo soberano e falaram: Senhor, aconselha-nos sobre o que devemos fazer com esta cidade. Então Moisés respondeu: Se quiserdes ouvir a minha voz e acatar minhas palavras, Deus fará com que a cidade caia em nossas mãos. Os soldados responderam em uníssono: Tudo que o nosso amo ordenar, seus servos farão.

Então Moisés disse: Mandai proclamar em todo o acampamento o seguinte: Ide todos para as florestas e cada um traga de lá um filhote de cegonha. Deveis cuidar muito bem dos pintainhos e criá-los; mas, deveis ensinar-lhes o vôo comum aos gaviões.

O povo não tardou em seguir à risca a ordem do rei; subiram nos cimos dos ciprestes e tiraram os filhotes dos ninhos das cegonhas. Estes foram criados e depois lhes foi ensinado um vôo acelerado. Quando os pássaros estavam crescidos, Moisés ordenou um dia que os deixassem passar fome por três dias. Depois disse aos homens: Apanhai vossas armas e cingi vossas espadas nos flancos. Que cada um monte no seu cavalo e leve na mão a cegonha que criou. Vamos atacar a cidade pelo lado em que as serpentes impedem o acesso.

Então os combatentes seguiram para o lugar ao qual foram conduzidos. Quando chegaram ao local em que encontravam as serpentes, o rei bradou: Que cada um solte a cegonha que traz nos braços! Os pássaros logo voaram sobre as serpentes, apanharam-nas e devoraram-nas, de forma que em pouco tempo não se podia ver mais nenhum réptil. O júbilo do povo foi grande; dirigiram-se corajosamente ao lugar e o tomaram. Nesse dia tombaram mil e cem homens dos habitantes da cidade; os atacantes, porém, não haviam perdido um só homem. Os vencedores penetraram na fortificação e cada um procurou sua mulher e seus filhos.

Mas Bileam, o feiticeiro, seus dois filhos e oito irmãos, abriram um dos portões e puseram-se em fuga, ao verem que a capital fora conquistada. Retornaram à corte do faraó; esses são os mágicos e adivinhos que se rebelaram contra Moisés, quando Deus impôs as pragas ao Egito, conforme está escrito no Livro do Ensinamento.

ASSIM, MOISÉS, reconquistou a cidade graças a sua sabedoria, e os etíopes fizeram com que subisse ao trono de Kikanos. A mulher de Kikanos tornou-se sua esposa; ele, porém, temia o Deus de seus pais e não se uniu a ela. Pois recordava-se do juramento que Abraão impusera ao seu servo Elieser, e esse era: Não tomarás para meu filho uma mulher dentre as filhas dos cananeus. O mesmo disse Isaac, quando Jacó fugiu do seu irmão Esaú; disse: "Não tomes para ti mulher dentre as filhas dos cananeus e não te aparentes com os descendentes de Ham; pois Deus, nosso Senhor, determinou que os filhos de Ham serão servos dos filhos de Sem e Jafet e de todos os seus descendentes por toda a eternidade".

Mas as tribos de Aram e Kedem ouviram a notícia da morte de Kikanos e ousaram novamente sacudir o jugo dos etíopes. Moisés então reuniu um exército de trinta mil homens e marchou contra os rebeldes. Dirigiu o ataque em primeiro lugar contra Kedem e os bateu.

Depois Moisés foi a Aram e ali submeteu ao mesmo destino os rebeldes. Em seguida, Moisés regressou ao país dos etíopes, coroado de vitórias.

ACONTECEU, ENTÃO, no quadragésimo ano da sabedoria de Moisés, que a rainha Adonia dirigiu-se aos cortesãos, dizendo: Bem sabeis que em todos os quarenta anos em que esse estranho governa o país dos etíopes, ele não se aproximou de mim e não serviu aos nossos deuses. Pois bem, etíopes, a partir de agora ninguém vos governará a não ser que seja de vosso sangue. Vêde, aí está meu filho Monarchos que está crescido; que ele se torne vosso rei, pois é melhor servirdes ao filho do vosso príncipe a serdes súditos de um homem de tribo estranha, de um servo do rei do Egito.

Os nobres e o povo dos etíopes acataram as palavras da rainha e investiram Monarchos, filho de seu antigo príncipe Kikanos, no cargo de rei. Todavia, temeram levantar a mão contra Moisés, pois Deus estava com seu servo e os etíopes também se recordavam do juramento que lhe tinham feito. Assim, nada lhe fizeram e o deixaram partir com grandes honrarias.

Moisés deixou assim o país e não mais era príncipe dos etíopes. Tinha nessa época sessenta e sete anos. Tudo isso Deus havia assim determinado, pois logo viria o dia em que Israel seria libertado das mãos dos filhos de Ham.

10. Na Casa de Jetro

JETRO, que também é chamado de Reguel, era sacerdote de uma comunidade que praticava a idolatria. Mas a idolatria sempre fora detestada por aqueles que estavam a seu serviço; Jetro a odiava mais ainda, pois observava as manipulações dos adivinhos. Assim, tencionava deixar o cargo. Reuniu todos os habitantes da cidade e falou: Até agora exerci a função de sacerdote; mas agora estou velho, portanto escolhei um outro. E foi buscar todos os utensílios da idolatria e os devolveu. Os homens, então, o renegaram e juraram que ninguém mais lhe prestaria qualquer espécie de serviço; as suas ovelhas também não seriam apascentadas por outros. Por isso, as filhas de Jetro tiveram que cuidar do rebanho.

E MOISÉS seguiu para o país dos midianitas, pois temia retornar ao Egito e aparecer diante do faraó. Quando chegou, sentou-se junto a um poço e descansou da viagem. Enquanto isso, as sete filhas do midianita Reguel, que tinham saído para apascentar as ovelhas de seu pai, chegaram ao poço e tiraram água para dar de beber aos animais. Eis que se aproximaram então pastores midianitas e expulsaram as moças. Moisés levantou-se em defesa das moças e ajudou-as a abeberar as ovelhas.

As donzelas voltaram depressa para casa de seu pai e relataram-lhe o que lhes acontecera. Disseram: Um egípcio nos protegeu dos pastores; tirou água para nós e deu de beber às nossas ovelhas. Então Reguel disse às filhas: Por que deixastes esse homem lá fora? E Reguel mandou buscar Moisés; conduziu-o para dentro de sua casa e ofereceu-lhe comida e bebida.

Moisés contou a Reguel sua fuga do Egito, que fora rei dos etíopes por quarenta anos e como o povo o deixara partir coberto de honrarias. Quando Reguel ouviu essa história, pensou: Vou meter esse homem na prisão e assim os etíopes me serão gratos, já que ele fugiu deles. E lançou Moisés numa caverna; Moisés lá permaneceu durante dez anos. Mas Zipora, a filha de Reguel, apiedou-se dele e passou a levar-lhe pão e água.

DECORRIDOS os dez anos — era o primeiro ano do governo de Adiko sobre o Egito — Zipora disse a Reguel, seu pai: É estranho que ninguém pergunte pelo hebreu, que prendeste há dez anos! Pai, vamos procurá-lo e ver se ainda vive ou não. Reguel não sabia que ela o havia alimentado e mantido por todo esse tempo. Disse à filha: Acaso é possível que um homem, que está na prisão há dez anos e não recebe nada para comer, permaneça vivo? Ao que Zipora respondeu ao pai: Não ouviste quão grande e poderoso é o Deus dos hebreus e quão grandes milagres ele lhes faz? Foi Ele quem libertou Abraão do forno de cal, que não deixou que Isaac morresse sob o cutelo de seu pai, que concedeu a vitória a Jacó, quando lutou com o anjo no vau do Jabok. E também a nosso homem concedeu milagre: ele escapou das ondas do Nilo, da espada do faraó e da perseguição dos etíopes — portanto, Deus também o pode ter preservado da fome.

Tais palavras de Zipora agradaram a Reguel e ele foi à caverna, para ver Moisés. E realmente, o prisioneiro estava em pé na caverna e entoava hinos de louvor e preces ao Deus de seus pais. Então Reguel ordenou que o conduzissem para fora da prisão, e ele teve que deixar que lhe cortassem os cabelos, teve de mudar de roupa e comer pão à mesa. Depois Moisés dirigiu-se ao jardim de Reguel, atrás da casa, e louvou o Senhor que tão miraculosamente o tratara.

Enquanto estava rezando, viu-se diante de um magnífico bastão, encrustado de safiras, que brotava da terra. Aproximou-se e eis que nele estava gravado o verdadeiro nome de Deus. Proferiu o Nome, agarrou o bastão e o arrancou da terra, com tanta facilidade como se arranca um pequeno arbusto. Este era o bastão com o qual foram realizadas todas as obras divinas, após o término da criação do céu e da terra e toda a sua hoste.

Pois quando Deus expulsou o primeiro homem do Jardim do Éden, Adão tomou esse bastão nas mãos e plantou o campo no qual foi feito. Depois o bastão foi para Noé e este o entregou a Sem e sua estirpe, até que mais tarde foi parar com Abraão, o hebreu. Mas quando Abraão deu tudo o que possuía a seu filho Isaac, também lhe deu o bastão. Depois aconteceu que Jacó, o filho de Isaac, fugiu para a Mesopotâmia; quando atravessou o Jordão, não tinha nada a não ser o bastão. Depois regressou à casa do pai, mas não se esqueceu do bastão e o levou consigo quando desceu até o Egito. Presenteou-o a José como sendo a parte que lhe dava a mais do que aos outros irmão * e que ele havia arrebatado a seu irmão Esaú. Após a morte de José, vieram os príncipes do Egito à casa do regente e seu bastão tornou-se propriedade do midianita Reguel. Este então o plantou em seu jardim.

Daí por diante todos os heróis dos ceneus tentaram arrancar o bastão da terra, pois aquele que o conseguisse levaria Zipora como esposa. Mas nenhum o conseguiu. Assim, o bastão permaneceu no jardim de Reguel até que chegou aquele a cujo lado estava a justiça. Quando Reguel viu o milagroso bastão na mão de Moisés, admirou-se desmedidamente e deu-lhe a filha Zipora por esposa.

E MOISÉS contou a Jetro: Certa vez dormi e tive um sonho. Vi uma montanha alta e sobre ela um imenso trono que alcançava o céu. Sobre o trono estava sentado um homem de aparência magnífica e sublime, tendo na cabeça uma coroa e segurando um grande cetro na mão esquerda. Com a direita acenou para que eu me aproximasse. Cheguei perto e aí ele me estendeu o bastão e deu-me a entender que eu deveria sentar-me no trono do qual se havia levantado; também colocou em mim a coroa que tinha tirado de sua cabeça. Depois os meus olhos se abriram e eu pude ver todo o globo terrestre, as profundezas do inferno e as alturas do céu. De repente, todas as estrelas do firmamento caíram a meus pés, de maneira que pude contá-las e elas se enfileiraram diante de mim. Então despertei do sonho e tive medo.

Então o midianita respondeu: Meu distinto hóspede! Deus fará com que vejas grandes e magníficas coisas. Ah, espero ainda poder presenciar quando isso se realizará! Tu derrubarás um trono poderoso, distribuirás grande despojo, serás general e senhor de muitos povos. Ter visto o mundo inteiro, a terra e o que existe debaixo dela, o céu e o que está acima dele, significa que os segredos de todos os tempos te serão revelados e saberás o que já aconteceu, o que acontece no presente e o que acontecerá no futuro, até o fim dos tempos.

---

* Alusão a Gên. 48, 22.

11. No Monte Horeb

QUANDO MOISÉS apascentava o rebanho de Jetro no deserto, certa vez fugiu-lhe um cabritinho. Moisés perseguiu-o, até que o animal estacou diante de um prado. Ali o cabritinho encontrou um ribeiro do qual bebeu. Vendo isso, Moisés falou ao animal: Eu não sabia que fugiste por estares com sede. E colocando o cabritinho nas costas, carregou-o de volta. Então o Senhor disse a Moisés: És cheio de clemência e tratas os animais com misericórdia. Por tua vida. Serás guia do meu rebanho Israel.

MOISÉS APASCENTAVA as ovelhas de Jetro, seu sogro, e apascentou-as durante quarenta anos; nenhum mal lhes aconteceu por parte dos animais selvagens do campo. A Bíblia denomina-os: um rebanho sagrado. Ele foi pastor até chegar ao monte Horeb.

Ali o Senhor revelou-se a ele, em mcio à sarça ardente, conforme está escrito: Um anjo do Senhor apareceu-lhe numa chama de fogo, no meio de uma sarça. Moisés viu que a sarça ardia sem se consumir; por outro lado, o fogo também não se apagava da sarça, que não estava enraizada na terra, mas parecia estar enfiada dentro da água. Moisés surpreendeu-se com a estranha visão e pensou: Quão magnífico é tudo isso! Irei lá e quero ver a grande visão e o motivo pelo qual a sarça não se consumiu. Mas o Senhor o interrompeu: Moisés, permanece onde estás, pois nesse lugar darei um dia o Ensinamento a Israel. Não te aproximes, tira as sandálias de teus pés, porque o lugar que pisas é terra santa. Daí provém o costume de tirar os sapatos em lugar santo.

A SARÇA ARDIA sem se consumir. O que quis Deus dar a entender a Moisés com isso? Pois Moisés havia pensado: Não exterminarão os egípcios Israel completamente? Então o Senhor o fez ver a sarça que o fogo não conseguia consumir, e com isso deu-lhe a entender que, assim como a sarça não fora destruída, Israel tampouco seria destruído.

A QUINTA DESCIDA da divindade foi a revelação da sarça. * Deus deixou o monte e escolheu a sarça para pouso, o arbusto que era espesso e estreito e cheio de abrolhos e espinhos. Por que se abaixou justamente ali? Porque via a aflição de Israel e queria participar dela, conforme também está escrito: "Onde eles tiveram medo, Ele também teve".

POR QUE DEUS deixou o céu e falou com Moisés do meio da sarça? A sarça era uma alegoria da servidão no Egito. Como a sarça por seus espinhos é a mais cruel das árvores, de forma tal que um pássaro que nela se abrigar não sai ileso, mas com as

---

* Conforme a lenda, a divindade desceu dez vezes ao mundo.

asas dilaceradas — assim também a servidão no Egito era mais dura e penosa do que qualquer outra servidão no mundo.

UM PAGÃO perguntou a um sábio do judaísmo: Por que foi do agrado do Senhor dialogar com Moisés de dentro da sarça? O sábio retrucou: Certamente queres dizer por que o diálogo não ocorreu numa alfarrobeira ou numa figueira? Não é possível dar uma resposta simples a isso, mas podes concluir daí que não existe lugar que não tenha sido pouso da majestade de Deus, portanto também a sarça pode abrigá-la.

E O ANJO DE Deus apareceu a Moisés numa chama de fogo no meio da sarça. O anjo era Gabriel; mas outros são de opinião que se tratava de Michael. Onde quer que Michael apareça paira a glória de Deus.

12. A Missão

DEUS FALOU a Moisés: Vai, eu te enviarei ao faraó. Moisés respondeu: Senhor do Universo! Não te disse que não tenho forças para isso? Tenho um defeito na língua. E prosseguiu: Não sou um orador eloqüente e agora me envias àqueles que são meus inimigos, que me desejam o mal e dos quais fugi. O Senhor respondeu-lhe: Não os temas porque estão mortos todos os que reclamavam a tua vida.

E novamente o Senhor falou a Moisés: Eu te enviarei ao faraó. Moisés retrucou: Senhor do Universo! Envia a quem quiseres. Deus falou: Eu não te disse que te enviarei a Israel, mas é ao faraó que te enviarei. Mas o mensageiro a quem te referes, ainda o enviarei um dia a Israel, como também está escrito: "Eis que eu vos enviarei o profeta Elias, antes que venha o grande e terrível dia do Senhor". Moisés falou: Senhor do Mundo! Mostra-me um sinal e um milagre. Então o Senhor disse: Atira tua vara ao chão. Moisés assim fez e a vara transformou-se numa serpente de fogo. Mas por que Deus fez Moisés ver uma serpente de fogo e não outra coisa? Isso era uma alegoria ao faraó e seu povo, que mordiam e matavam Israel como serpentes. Mas depois a serpente se converteu de novo em madeira seca.

Então Moisés disse: Senhor do Universo! Dá-me mais um sinal. O Senhor falou: Põe tua mão no teu peito. Moisés assim fez e quando tirou a mão ela estava coberta de lepra. Com isso Deus mostrou-lhe a impureza do faraó e seu povo, os quais procuravam infectar os filhos de Israel. Moisés devia tornar a pôr a mão no peito e quando a tirou, estava limpa, e o Senhor falou: Assim Israel se libertará de toda a imundície do Egito.

Moisés falou a Deus: Senhor do Universo! Revela-me o teu grande e santo Nome para que eu possa invocar-te e tu me respondes. E o Senhor o fez saber: "Eu sou aquele que sou". E o Senhor disse mais: Dize aos filhos de Israel: Ó Eterno, o Deus de vossos pais, o Deus de Abraão, de Isaac e de Jacó, enviou-me a vós; este é o meu Nome por toda a eternidade e por ele devem lembrar-me de geração em geração.

Então os habitantes das regiões superiores viram que Deus havia revelado o segredo do verdadeiro Nome e falaram: Louvado sejas tu, Senhor, que conferes conhecimento.

O SENHOR FALOU a Moisés: Moisés, queres saber o meu nome? Sempre sou chamado de acordo com as minhas ações. Quando julgo as criaturas, sou chamado de Elohim; quando me vingo dos ímpios, chamam-me de Senhor Zebaot; quando me irrito com os pecadores por seus atos, chamam-me El Schadai; quando julgo pela medida da misericórdia, chamam-me Rachum, o Deus misericordioso. Tu, porém, vai e dize-lhes: O Deus de Abraão, de Isaac e de Jacó, enviou-me a vós; este é o meu nome por toda a eternidade e a forma de invocar-me de geração em geração.

"QUÃO BELO e encantador é habitarem irmãos juntos e em harmonia!" Com estas palavras o salmista refere-se a Moisés e Aarão. Amavam-se e eram dedicados um ao outro. Quando Moisés tomou posse do reino e Aarão da dignidade de sacerdote, nenhum deles nutriu inveja um do outro, mas cada qual alegrou-se com a posição de seu irmão.

Quando o Senhor falou a Moisés que cumprisse sua missão e fosse ao faraó, Moisés respondeu: Envia um mensageiro. — Imaginas acaso que ele se recusou a desincumbir-se da missão e fazer o trajeto? Nada disso: Isso aconteceu somente porque venerava sobremaneira a Aarão. Falou: Antes de eu aparecer, meu irmão Aarão vaticinava aos filhos de Israel no Egito; devo eu agora penetrar em seu círculo e deixá-lo enfurecido comigo? Este foi o motivo de sua delonga. Mas o Senhor respondeu-lhe: Não tiras nada do que pertence a Aarão; não só não está zangado contigo, como se regozija com o fato. Eis que ele virá ao teu encontro, e alegra o seu coração ao te rever.

Depois que o Senhor disse essas palavras, Moisés encarregou-se de ir à presença do faraó. Em seguida Deus apareceu a Aarão e disse-lhe: Eia, vai ao encontro de Moisés. Aarão partiu, encontrou Moisés no monte de Deus, e o beijou.

"O SENHOR troveja miraculosamente com sua voz." Quando é que Deus produziu milagres com sua voz? Foi na hora em que quis enviar Moisés ao faraó, para que este deixasse os filhos de Israel partir. Moisés achava-se então em Midian, pois temia o faraó.

Foi aí que o Senhor lhe falou: Vai, e retorna ao Egito! — a palavra de Deus dividiu-se e duas vozes formaram-se de uma; Moisés ouviu no deserto o brado: Retorna ao Egito! Aarão, porém, ouviu a ordem: Vai ao encontro de Moisés!

13. O Primeiro Êxodo

DURANTE TODOS os anos que os filhos de Israel permaneceram no Egito, gozaram de sossego e segurança, até a vinda de *Jinon*, um dos descendentes de Efraim. Ele falou: O Senhor apareceu para mim e ordenou-me que vos guiasse para fora do Egito! Assim, os filhos dos filhos de Efraim, os altivos, que eram de descendência real e valentes heróis, puseram-se em movimento, tomaram suas mulheres, filhos e filhas e saíram do Egito. Mas os egípcios os perseguiram furiosamente e os mataram.

NA MESMA ÉPOCA, no centésimo-octagésimo ano após a chegada de Jacó ao Egito, um punhado de jovens heróis, em número de trinta mil, da tribo de Efraim, partiu desta terra. Diziam que a tortura da servidão precisava ter um fim e que a promessa de Deus feita a Abraão devia se cumprir. Armaram-se muito bem, cingiram suas espadas e partiram animados e confiantes na sua força. Não levaram alimentos sequer para o primeiro dia, carregaram apenas ouro e prata. Pensavam em adquirir alimento dos filisteus por dinheiro; caso eles não o fornecessem, usariam da força. Eram homens valentes, cheios de coragem e decisão; um deles podia lutar contra mil, mas dois podiam pôr dez mil em fuga. Primeiro chegaram a Gat, onde encontraram pastores que apascentavam o rebanho dos habitantes da cidade. Falaram-lhes: Dai-nos algumas peças de vosso gado por dinheiro, para que as possamos abatê-las e depois comê-las, pois estamos com fome. Então os pastores responderam: Acaso este gado e estas ovelhas nos pertencem, para que possamos vendê-las? Então os filhos de Efraim aproximaram-se e quiseram roubar os animais. Os pastores logo iniciaram uma enorme gritaria lancinante que atraiu todos os habitantes de Gat, os quais apareceram com armas nas mãos. Houve um combate no vale de Gat com muitos mortos de ambos os lados. No dia seguinte, os homens de Gat enviaram mensageiros às cidades dos filisteus pedindo auxílio contra os efraimitas que queriam roubar-lhes o rebanho e que os haviam atacado sem motivo.

Logo acorreram os filisteus de todos os lugares, num total aproximando de quarenta mil homens, e lançaram-se contra os efraimitas. Estes estavam cansados e enfraquecidos pela fome, pois fazia três dias que não provavam pão, e assim foram vencidos pelos inimigos e quase todos foram massacrados. Somente dez homens, dos que haviam partido do Egito, conseguiram escapar. Mas tudo isso viera de parte do Senhor, porque haviam deixado o Egito sem esperar pelo fim, conforme Deus determinara. Também os filisteus tiveram muitas baixas, mais de vinte mil homens; estes foram levados por seus irmãos às cidades e lá enterrados.

Os cadáveres dos filhos de Efraim permaneceram no vale por dias e anos e assim o desfiladeiro ficou cheio de ossadas. Os dez que escaparam, chegaram ao Egito e contaram aos filhos de Israel o que havia acontecido com seus irmãos. Efraim, o chefe de sua tribo, afligiu-se muito. Em seguida uniu-se à sua mulher e ela concebeu um filho, ao qual ele chamou de Beria,* pois viera ao mundo numa época ruim.

"E DEUS NÃO os conduziu pela estrada da terra dos filisteus." Por quê? Porque a tribo de Efraim cometera um equívoco. Partiram do Egito antes de terminado o período de sofrimento, e trinta mil homens foram mortos. Calcularam o tempo desde a hora em que Deus havia firmado com Abraão a aliança entre as partes, e não sabiam que faltavam trinta anos para a sua realização. Não houvessem eles se enganado, não teriam partido e nem teriam exposto seus filhos aos assassinos. Os assassinos, porém, foram os filisteus, conforme também está escrito: "Os filhos de Efraim foram: Sutela, Eser e Elead; e os homens de Gat, os nativos do país, estrangularam-nos". As ossadas dos mortos permaneceram amontoadas nas ruas durante trinta anos. Por isso, quando do êxodo dos filhos de Israel do Egito, o Senhor pensou: Se virem os ossos dos filhos de Efraim, vão querer retornar ao Egito. O que fez o Senhor? Tomou do sangue dos filhos de Efraim e nele mergulhou sua veste. Por isso também está escrito: "Por que tua veste é tão vermelha?" O Senhor falou: Não tenho consolo antes de vingar o sofrimento dos filhos de Eraim.

CINCO SINAIS repetem-se na Escritura, e deles provém a salvação. Tais sinais foram revelados apenas ao patriarca Abraão. De Abraão passaram a Isaac, de Isaac a Jacó, de Jacó a José. José transmitiu-o a seus irmãos; Asser confiou-os à sua filha Serah.

Quando Moisés e Aarão foram à presença dos anciãos dos judeus e diante de seus olhos executaram os milagres, os anciãos foram procurar a velha Serah, filha de Asser, e contaram-lhe o que tinham visto. Disseram: Um homem veio a nós e fez tais e tais sinais diante de nossos olhos. Serah retrucou: Os sinais nada significam. Então os anciãos falaram: Mas também revelaram isto: Deus disse o seguinte: Eu vos visitarei, sim, visitarei!

Então a velha falou: Este é o homem que conduzirá Israel para fora do Egito, pois assim o ouvi da boca de meu pai.

---

* Beria, de ra, mal.

A partir de então, o povo acreditou em Deus e em Moisés, conforme também está escrito: E o povo acreditou e obedeceu, pois Deus visitara os filhos de Israel.

DOIS DE NOSSOS antepassados ainda chegaram a ver a vigésima-quarta geração depois deles; porém, sete são os elos da corrente que unem o princípio ao fim.

Adão ainda viu nascer Matusalém, Matusalém viu Sem, Sem viu Jacó, Jacó viu Serah, Serah ainda presenciou o nascimento do profeta Ahia de Silo, Ahia viu a chegada de Elias, mas Elias vive ainda hoje e viverá até a vinda do Messias.

14. Os Sinais Milagrosos

MOISÉS E AARÃO chegaram ao Egito e transmitiram à comunidade de Israel as palavras que o Senhor lhes falara. O povo então encheu-se de alegria. No dia seguinte, pela manhã, Moisés e Aarão dirigiram-se à casa do faraó, e o bastão de Deus estava em suas mãos. Todavia, diante da porta do palácio havia filhotes de leão presos por correntes, de modo que ninguém podia aproximar-se do faraó. Quando o rei chamava alguém à sua presença, fazia-o acompanhar por seus feiticeiros e estes dominavam as feras com seus cicios. Mas Moisés vibrou seu bastão sobre os filhotes de leão, desprendeu-os da corrente e entrou despreocupadamente com Aarão no palácio do rei. E os leões seguiram-no, saltando alegremente como cachorros que correm atrás de seu dono quando este volta do campo.

MOISÉS É O PAI de todos os sábios, o pai de todos os profetas. Discorreu diante do faraó sobre todas as coisas da sabedoria, do conhecimento, da inteligência e da razão, em setenta idiomas. Havia setenta escribas ao redor do faraó e cada um deles escrevia numa língua diferente. Mas quando os escrivãos depararam com Moisés e Aarão e viram suas figuras semelhantes à dos anjos, suas estaturas altas como os cedros do Líbano, seus globos oculares que cintilavam e rolavam como estrelas, suas barbas que ondeavam como leques de palmeira, suas faces brilhantes como o sol e ainda o bastão de Deus com o verdadeiro Nome, e escutaram suas palavras que faiscavam como centelhas de suas bocas, foram acometidos de susto e tremor, atiraram as canas de escrita das mãos e os rolos de suas costas, caíram por terra diante de Moisés e Aarão e adoraram-nos.

O faraó, porém, falou aos dois irmãos: Quem vos envia? Eles responderam: O Deus dos hebreus nos chamou. Então o faraó disse: Qual é o nome do vosso Deus? Em que consiste o seu poder? Sobre que reinos, países e cidade ele governa? Quais foram as guerras que fez e venceu?

Quantos exércitos, cavaleiros e tropas de infantaria ele comanda quando parte para a guerra? Eles responderam: O mundo está repleto da sua onipotência; seu trono é o céu e a terra é o escabelo de seus pés. Ele cria o espírito e as almas, Ele une o fogo com a água; só através de sua palavra surgiu o céu, pela falta de sua boca, a terra; Ele alimenta e sustenta o mundo inteiro, desde os chifres do búfalo até os ovos do piolho. Então o faraó respondeu: Não necessito dele, eu me fiz a mim mesmo. E prosseguiu: Dizeis que ele deixa cair o orvalho e a chuva, eu, porém, possuo o Nilo, que brota sob a árvore da vida; sua água é abençoada, e ele conduz em seu percurso frutos do Jardim do Éden, dos quais cada um é tão pesado que precisa ser carregado por duas jumentas, e quem deles comer experimenta trezentos sabores diferentes.

O faraó continuou e disse a Moisés e Aarão: Esperai, mandarei buscar o baú no qual se encontram os nossos rolos de escrita desde a Antiguidade; lá estão as cartas dos primeiros reis, que existiram desde a criação do mundo e dos primeiros soberanos que dominaram o Universo. Farei com que os escrivãos as leiam em setenta idiomas; talvez haja no meio deles um escrito com o nome do vosso Deus.

E LOGO RETIROU um rolo no qual constavam todos os deuses e começou a ler em voz alta. O deus de Edom, o deus de Moab, o deus de Sidon — e assim por diante. Em seguida, dirigiu-se a Moisés e Aarão dizendo: Vêde, li todo o escrito mas não encontro o nome do vosso Deus.

Com o que pode ser comparado esse caso? Um sacerdote possuía um criado parvo. Quando um dia saiu de casa e ficou fora por muito tempo, o criado foi procurar o senhor no cemitério. Perguntou às pessoas que lá se encontravam: Vistes o meu senhor? Os homens falaram: Não é um sacerdote? Quando o criado respondeu afirmativamente, os homens disseram: Tolo! Quem já viu um sacerdote no campo dos mortos?

Assim também responderam Moisés e Aarão ao rei do Egito: Tolo, os deuses que mencionaste estão todos mortos. O Senhor, porém, é o Deus verdadeiro e o Deus vivo, o rei do mundo. Então o faraó perguntou: Quais são as suas obras? Os irmãos responderam: Ele estende o céu e cria a terra, sua voz desencadeia chamas de fogo, faz saltar montanhas e destroça rochedos; seu arco é fogo, sua lança é um facho de fogo, seu escudo são as nuvens, sua espada é o raio. Ele faz surgir montanhas e elevações, Ele cobre o céu com véus escuros, Ele faz descer a chuva e o orvalho, Ele faz as plantas florescerem, alimenta os frutos e faz os animais viverem. Prepara a criança no ventre materno e depois a faz vir à luz do mundo; Ele entrona reis e depõe reis.

Então o faraó os interrompeu: Tudo o que dizeis é fraude e mentira. Eu sou o senhor do mundo, eu mesmo me criei e também o Nilo é minha obra, conforme está escrito: "Meu é o Nilo, eu o fiz". E voltou-se para seus sábios e falou-lhes: Já ouviste algum dia falar desse Deus? Eles responderam: Ouvimos que é filho de sábios e que descende de reis antiquíssimos. Nesse momento o Senhor interveio: Intitulai-vos sábios e a mim filho de sábios? Por vossa vida, vou inutilizar vossa sabedoria e os sábios, conselheiros do faraó, transformar-se-ão num conselho de tolos. A sabedoria dos sábios perecerá e a razão dos inteligentes será ofuscada.

MOISÉS E AARÃO chegaram à presença do faraó e falaram: Assim fala o Senhor, o Deus de Israel: Deixa sair meu povo para que me preste culto. O faraó, então, respondeu: Quem é afinal o Deus, ao qual devo obedecer? Não o conheço e não deixarei Israel partir. A isso Aarão lançou por terra o seu bastão e ele se transformou numa serpente de fogo. Então o faraó chamou seus feiticeiros e eles realizaram o mesmo prodígio. Mas o bastão de Aarão saltou e engoliu os outros bastões. Depois Aarão colocou sua mão no peito e quando a retirou estava branca e coberta de lepra. Mas também os feiticeiros egípcios fizeram o mesmo e também suas mãos ficaram cobertas de lepra. E assim foi com todas as pragas que Deus fez vir sobre os egípcios, os feiticeiros puderam saná-las. Mas quando veio a praga da sarna, não souberam descobrir-lhe a causa.

Quando Aarão atirou seu bastão e este se tornou serpente, o faraó zombou dele e de Moisés e cantou como galo, dizendo: Então são esses os sinais que o vosso Deus me faz ver? É geralmente costume em todo o mundo, que se levem para uma terra estranha coisas que lá sejam desconhecidas. Quereis levar caldo de sal para a Espanha e peixes para Aco?

Dois dos feiticeiros, de nome Jochani e Mamré, zombaram de Moisés e falaram: Queres levar palha para Afaraim? Quem leva repolhos para um lugar que está cheio de repolhos?

AARÃO LANÇOU seu bastão e este se tornou serpente. Então o faraó disse: É esta a força do vosso Deus? É do Egito que sai a magia para o mundo inteiro. E chamou meninos e crianças pequenas de quatro e cinco anos, e também elas lançaram seus bastões que se transformaram em serpentes.

Os nossos sábios dizem: Ocorreu um grande milagre com o bastão de Aarão. Pois se uma serpente devora outras serpentes, isso nada tem de estranho: é da natureza da serpente devorar outras serpentes. Mas está escrito que o bastão de Aarão engoliu os outros bastões. O milagre, portanto, aconteceu depois que a serpente se transformou novamente em bastão. O bastão de Aarão engoliu-os a todos e não ficou mais grosso do que era anteriormente. — Ao ver isso, o faraó ficou muito admirado e pensou consigo: Agora ele só precisa dizer: Engole o faraó e seu trono, e o bastão o fará!

Toda vez que Moisés saía da presença do faraó, o malvado dizia: Assim que o filho de Amram vier novamente a mim, vou matá-lo, crucificá-lo e queimá-lo. Mas logo que Moisés entrava, o faraó ficava paralisado como um tronco.

15. *As Pragas*

DEUS FALOU A MOISÉS: De onde provém a água dos egípcios? Moisés respondeu: Do Nilo. Então o Senhor falou: Converte a água em sangue. Moisés respondeu: Não posso fazer isso; deverá alguém que bebeu água do poço atirar uma pedra nele? Eu fui atirado ao Nilo e o Nilo me embalou; devo eu feri-lo? Deus, então, falou: Que Aarão o faça! Aarão golpeou o rio e a água converteu-se em sangue.

POR QUE consistiu a primeira praga em que a água se convertesse em sangue? Em virtude do faraó e dos egípcios adorarem o Nilo, Deus falou: Vou atingi-lo, primeiro no que está diante dele e depois no que está dentro dele. E assim a água do Nilo, dos ribeiros, dos lagos e de todas as fontes, e também nos cântaros e nos vasos de madeira e pedra, converteu-se em sangue. Até mesmo o que os egípcios cuspiam era sangue.

AS DEZ PRAGAS obedecem todas a uma só regra: medida por medida. Qual a razão para o sangue? Era porque impediam que as filhas de Israel se lavassem após a menstruação e assim detinham a multiplicação dos hebreus.

Por que veio a praga das rãs? Porque se serviam dos judeus, e queriam que eles lhe trouxessem esses bichos nojentos.

E os piolhos? Porque obrigavam os judeus a manter limpas de pó as ruas e os mercados. Por isso o pó converteu-se em piolhos.

E os animais selvagens? Porque encarregavam os judeus de lhes trazer ursos e leões selvagens, os quais depois atiçavam contra eles. Por isso o Senhor enviou vários tipos de animais selvagens sobre os egípcios.

E a lepra? Os judeus tinham de lhes esquentar a água quando estava frio e esfriar quando estava quente, demais para que lavassem seus corpos. Por isso, Deus os cobriu de lepra, para que não pudessem tocar na pele.

E o granizo? Os filhos de Israel tinham a incumbência de cuidar de seus jardins e de suas vinhas. Por isso, o Senhor enviou o granizo, que destruiu suas árvores e plantas.

Por que sofreram a praga dos gafanhotos? Os judeus eram obrigados a cuidar de suas lavouras e semear trigo e cevada. Por isso veio o gafanhoto e destruiu tudo o que os judeus haviam semeado.

O que significam as trevas? Louvado seja o nome do Rei dos Reis, que não julga a aparência da pessoa e que perscruta os corações e examina os sentidos. Uma vez que entre os hebreus existiam malfeitores, que tinham encontrado protetores entre os egípcios e gozavam de riqueza e honrarias, e, por isso, não queriam deixar o país, o Senhor falou: Se eu os golpear diante de todos, os egípcios dirão: Da mesma maneira que ele trouxe a ruína sobre nós, ele a traz sobre eles. Por isso, envolveu a terra em escuridão durante três dias.

De onde provinha esta escuridão? Vinha das regiões superiores. Outros dizem que vinha do inferno.

16. Os Primogênitos

QUANDO O Senhor mandou a praga dos primogênitos sobre os egípcios, falou-lhes: Ao chegar a meia-noite todos os primogênitos morrerão. Então os filhos correram para os pais e falaram: Tudo o que Moisés disse antes realizou-se; se quereis que continuemos vivos, deixai que os hebreus partam, do contrário morreremos. Mas os pais responderam aos filhos: Mesmo que todos os egípcios tenham que morrer, os judeus não partirão.

Em seguida, os primogênitos foram ter com o faraó e bradaram: Imploramos-te, deixa esse povo partir daqui, por causa deles a ruína cai sobre nós e sobre ti. Então o faraó disse a seus criados: Eia, esmagai as suas pernas!

O que fizeram os primogênitos? Cada um desembainhou sua espada e matou seu pai.

ANTES DO Senhor atingir os primogênitos do Egito, organizou uma devastação entre os seus deuses, conforme está escrito: Julgarei todos os ídolos do Egito. Mas qual foi a praga com a qual atingiu os ídolos? Os ídolos, que eram de pedra, quebraram-se e ficaram em pedaços. Os ídolos de madeira apodreceram e tornaram-se um monte de pó; e os que eram fundidos em prata, metal, ferro ou chumbo, tornaram-se uma camada de terra. Quando os egípcios se afogaram no mar, sobreveio um fogo em suas tendas e as queimou.

E ACONTECE QUE, no meio da noite, o Senhor atingiu todos os primogênitos no Egito; o Senhor havia dividido a noite em duas partes. Estrangulou os primogênitos dos egípcios com as próprias mãos e não através de um mensageiro. E mesmo que o pai do menino estivesse em outro país, mas seu filho primogênito no Egito, este foi morto. Dos primogênitos dos homens aos primogênitos dos animais, todos sofreram a morte.

ENTÃO O FARAÓ levantou-se no meio da noite e também todos os seus servos. Uma grande gritaria elevou-se no Egito, pois não havia casa em que não existisse um morto. Também as imagens de pedra dos rapazes egípcios, que haviam sido gravadas nas paredes das casas como recordação, foram apagadas ou caíram ao chão e as ossadas dos meninos, que tinham morrido muito antes, foram desencavadas por cães e atiradas diante dos egípcios. Então os que permaneceram vivos choraram os mortos e lamentaram a imensa desgraça, de modo que a gritaria ecoou longe.

MAS BITIA, a filha do faraó, saiu do palácio com o rei, a fim de procurar Moisés e Aarão; encontrou-os em sua casa, ilesos e confiantes, e com eles todo o povo de Israel. Então a filha do rei dirigiu-se a Moisés: Esta é decerto minha recompensa por ter te criado e cuidado de ti; por isso teve que acontecer tal desgraça a mim e à casa de meu pai! Moisés respondeu-lhe dizendo: Vê, o Senhor mandou dez pragas sobre o Egito; alguma delas te atingiu? A filha do rei retrucou: Não, nenhuma. Moisés continuou: E também agora nada de mal te acontecerá e, embora sejas a filha primogênita de tua mãe, não morrerás. Então a filha do faraó falou: Em que sou melhor do que meu irmão, o rei, e seus criados que tiveram que presenciar a morte de seus filhos? Moisés retrucou: Então ouve: Nem teu irmão, nem teus servos e nenhum dos egípcios quis acatar as palavras de Deus; por isso, o mal veio sobre eles.

E ELA SE LEVANTOU naquela noite. Esta é Bitia, a filha do faraó. Era pagã e tornou-se judia, por isso seu nome é mencionado entre os devotos e também pelo bem que fez a Moisés. Ela foi julgada digna de ser aceita com vida no Jardim do Éden.

DEUS FALOU AO faraó: Escrevi na minha Torá: Deixa a mãe voar, mas os filhotes podes tomar; tu, porém, deixaste partir os pais e atiraste os filhos ao Nilo. Assim, procederei também convosco; vou lançar-te ao mar e deixarei que pereças, mas tomarei tua filha e lhe prepararei um lugar no Éden.

LÁ EM CIMA no céu existe um templo especial no qual está Bitia, a filha do faraó, a salvadora de Moisés. Milhares e milhares de castas mulheres estão ao seu redor e cada uma possui um aposento próprio, cheio de luz e prazer. Três vezes por dia ecoa o chamado: Moisés, o verdadeiro profeta chegou! A filha do faraó ouve o chamado e dirige-se a uma sala que está encoberta. Aí ela avista Moisés, inclina-se profundamente diante dele, e diz: Feliz sou eu que te preservei para o mundo! E essa hora é sua maior alegria. Depois ela volta para suas mulheres e juntas cumprem os mandamentos, que não puderam cumprir enquanto viviam na terra.

Todas essas mulheres em volta de Bitia são chamadas de mulheres bem-aventuradas, pois jamais experimentaram as torturas do inferno.

17. Três Parábolas

QUANDO REIS na terra se guerreiam, infligem-se tormentos corporais. Se um reino se revolta contra um rei, ele envia suas legiões contra os rebeldes, sitia a cidade e entope suas fontes de água, para que os habitantes pereçam. Se se rendem, está bem: caso contrário ele lhes envia arautos. Se então se rendem, está bem; senão, dispara flechas contra eles. Se eles se sujeitam a seu poder, está bem; caso não queiram, envia lanceiros contra eles. Depois manda prendê-los e mata seus nobres.

Assim também procedeu o Senhor com os egípcios; empregou meios de guerra contra eles, como também é costume dos reis da terra. Primeiro tornou inútil a água dos egípcios, eles, porém, não deixaram Israel partir. Depois enviou-lhe mensageiros — estes eram as rãs que saltavam sobre seus corpos. Não quiseram conceder liberdade a Israel e então atirou-lhes flechas — estas eram os mosquitos, que penetravam na carne dos egípcios como flechas. Eles porém não se importaram e continuaram mantendo Israel como escravos. Então o Senhor enviou lanceiros contra eles — esta foi a peste, que exterminou seu gado. Não libertaram Israel, e então enviou sobre eles o azeite fervente — a sarna. Não deram a Israel a liberdade, então movimentou suas armas de tiro — o granizo. Continuavam a não se compadecer de Israel, então atingiu seus primogênitos.

UM PORQUEIRO achou um carneiro e o anexou a seu rebanho. Então o dono do carneiro mandou dizer-lhe: Devolve-me meu carneirinho. O pastor respondeu: Não há carneiro em meu rebanho. Então o afastou de carneiros procurou informar-se onde o porqueiro abeberava seus animais; foi lá e tapou o poço. Mandou novamente dizer ao desonesto que devolvesse seu carneiro; este continuou recusando. O pastor de carneiros então procurou descobrir onde eram os cercados do porqueiro. Foi lá e destruiu as cercas. Ainda assim o ladrão não queria devolver o carneirinho. O pastor de carneiros descobriu os campos de pastagem do porqueiro e queimou todo o capim que ali crescia. Contudo, nada adiantou e o ladrão continuou obstinado. A vítima, então, ficou à espreita do filho do porqueiro e aprisionou-o. Dessa vez o culpado bradou: Aqui está toma teu cordeiro! O pasto de carneiros é o Senhor, o Rei dos Reis; o carneiro é Israel, o porqueiro é o faraó.

UM HOMEM enviou seu criado ao mercado, a fim de que lhe trouxesse um peixe. O criado, porém, comprou um peixe que estava podre e fedia. Então seu patrão o recriminou dizendo: Poderás reparar o erro por meio de uma dessas três penitências: Ou tu próprio comes o peixe; ou agüentas cem bastonadas, ou então me restituis seu valor. O criado disse: Vou comer o peixe podre. Mas mal deu uma mordida sentiu náuseas e, falou ao amo: Prefiro suportar as bastonadas. Mas depois de receber cinqüenta golpes, pareceu-lhe que ia morrre e bradou: Pára, eu te pagarei o valor do peixe! Assim o tolo teve de provar o peixe, apanhar e ainda foi obrigado a pagar o preço total.

Tolice fez o faraó. Foi-lhe dito: Deixa Israel partir. Mas ele não quis. Então o atingiram as dez pragas, os filhos de Israel tomaram-lhe todos os bens e, após tudo isso, teve que deixá-los partir.

18. O Caixão de José

O CADÁVER de José foi embalsamado como se costuma fazer com os cadáveres dos reis, e depois enterrado no jazigo real dos egípcios.

Muitos contam que lhe foi feito um caixão de bronze, o qual foi afundado no Nilo. Como é que isso aconteceu? Inicialmente a ossada de José foi enterrada numa lavoura e o campo desenvolveu-se sobremaneira. Quando se percebeu isso, os restos foram roubados e guardados em outro campo; e o solo produziu frutos com maior abundância do que antes. A notícia chegou ao rei, e os adivinhos do faraó falaram: Os egípcios alimentam-se das águas do Nilo. Assim, vamos afundá-lo no Nilo, para que o rio seja abençoado por sua causa. E os egípcios fizeram um caixão de metal para as ossadas de José e colocaram-no no rio, para que o país nunca mais fosse visitado pela fome.

MUITOS CONTAM que José foi enterrado no palácio do faraó, de maneira que se costuma enterrar reis. Os egípcios colocaram dois cães de ouro dos dois lados do caixão, e, através de artes mágicas, fizeram com que os cães ladrassem e o seu latido fosse ouvido em toda a nação, numa distância de quarenta dias de viagem, quando alguém se aproximasse do lugar. Mas Moisés conseguiu calá-los. Daí estar escrito: "Contra os filhos de Israel, nenhum cão se mexia".

OS EGÍPCIOS souberam do juramento que José recebera de seus irmãos: não sair do Egito antes que pudessem levar seu cadáver. Os sábios falaram, então, ao faraó: É tua vontade que este povo não deixe o Egito. Em seguida fizeram um caixão de chumbo para a ossada de José e afundaram-no no Nilo. Então os filhos de Israel disseram: Ai de nós, jamais seremos resgatados.

MOISÉS FOI a Serah, a filha de Asser, a única que havia restado daquela geração, e perguntou-lhe onde José estava enterrado. Serah respondeu-lhe: Os egípcios fizeram-lhe um caixão de metal e afundaram-no no Nilo, a fim de que as águas do rio fossem abençoadas.

Então Moisés foi às margens do rio e chamou: José, é chegada a hora!

OUTROS CONTAM que Moisés teria tomado a taça de José, quebrando-a em quatro pedaços. Numa das partes arranhou a figura de um leão, na outra, uma águia, na terceira, um touro e na quarta, um homem. Depois, postou-se diante do Nilo, e atirou na água a parte com o leão, dizendo: José, é chegada a hora em que Israel deve ser resgatado, mas a majestade de Deus hesita e também as nuvens da glória hesitam por tua causa. Contudo, o caixão não apareceu. Então Moisés atirou na água a imagem do touro e proferiu as mesmas palavras, mas o caixão não veio à tona. Em seguida, Moisés atirou a imagem da águia no Nilo e repetiu o apelo. A arca com a ossada de José não apareceu. Por último, atirou no rio a imagem do homem, e eis que o caixão de José veio à tona. Moisés estendeu a mão e apanhou a arca.

OS FILHOS DE Israel partiram do Egito carregados com ouro e prata que haviam tomado aos egípcios: Moisés, porém, carregava outro fardo sobre os ombros: o caixão com a ossada de José.

O Senhor falou a Moisés: Moisés, crês ser pouco o que realizaste? Por tua vida, grande é a misericórdia que demonstraste. Não ligaste para o ouro e nem para a prata. Por isso, vou também estender minha misericórdia sobre ti.

JOSÉ TINHA carregado seu pai ao túmulo e ele era o maior entre seus irmãos, pois era rei; por isso foi considerado digno de ser tirado da cova por Moisés, que era o maior de todos, e que foi rei.

Mas não apenas isso. Com o corpo de Jacó seguiram para Canaã também os servos do faraó e os anciãos de sua casa e os anciãos da terra do Egito. O caixão de José foi acompanhado pela majestade de Deus, pela arca da aliança, pelos sacerdotes, os levitas, e as sete nuvens da glória. E o caixão de José peregrinou juntamente com a arca do testemunho em companhia de Israel pelo deserto, e os povos da terra perguntaram: O que significam as duas arcas? E Israel respondeu: Um dos caixões guarda um morto, o outro permanecerá vivo por toda a eternidade. Os povos falaram: Acaso é próprio de um morto seguir com alguém que viverá eternamente? Retrucaram: O morto que repousa num dos caixões cumpriu tudo aquilo que contém o rolo que está guardado no outro.

19. O Mar de Juncos

SEMPRE É VÁLIDA a frase: Medida por medida. Pelo fato dos egípcios terem, cheios de petulância, atirado na água os meninos hebreus, o Senhor fê-los perecer na água.

NA HORA EM que Israel partiu do Egito, Usa, que é o príncipe dos egípcios no céu, estava diante do Santo, louvado seja, e falou-lhe: Senhor do Mundo! Esse povo que hoje tiras do Egito deve-me algo. Se é de teu agrado, que venha Michael, seu príncipe, e eu discutirei com ele. O Senhor logo deu ordem a Michael, que ouvisse Usa.

Usa começou e disse: Senhor do Mundo! Tinhas imposto a este povo que ficasse subordinado ao meu durante quatrocentos anos. Mas até hoje passaram apenas oitenta e seis anos na servidão, ou seja, desde o dia em que Míriam nasceu. Ela foi assim chamada em virtude dos egípcios amargarem a vida dos filhos de Israel. Portanto, ainda não é tempo de libertá-los. Por isso, dá-me o poder de reconduzi-los ao Egito, a fim de que ainda sirvam trezentos e quatorze anos aos egípcios; cumpre a palavra que deste, como até hoje tens cumprido todas as tuas palavras.

Quando Michael ouviu essas palavras permaneceu em silêncio e não sabia o que poderia responder a Usa, o mandatário dos egípcios. Vendo o Senhor que Israel deveria ser reconduzido ao Egito, disse a Usa: Por que queres transformar meus filhos novamente em escravos? São eles acaso obrigados a servir ao teu povo por causa da palavra que Abraão disse quando perguntou: Como perceberei que eles herdarão o país? E eu lhe respondi: Estranha será a tua semente. Eu não disse: Será estranha no país do Egito — mas: num país que não é o seu. É sabido e evidente que eles foram estranhos desde o dia do nascimento de Isaac e, portanto, os quatrocentos anos de servidão já terminaram há muito.

OS EGÍPCIOS perseguiram os filhos de Israel até o Mar de Juncos e ali encontrava-se Israel entre os egípcios e o mar. À sua frente estava o mar, atrás, o inimigo. Os judeus atemorizaram-se e, neste lugar, desfizeram-se de todas as abominações do Egito, fizeram penitência e invocaram o seu Deus.

E Moisés viu a aflição de Israel e levantou-se para rezar por eles. Então Deus falou-lhe: Dize aos filhos de Israel que continuem o seu caminho. Moisés falou: Eles têm os inimigos na sua retaguarda e o mar diante de si. Para onde poderão ir? — O que fez o Senhor então? Mandou descer Michael, o grande príncipe, e este se postou como uma parede de fogo entre Israel e os egípcios. Assim os inimigos não podiam alcançar Israel.

OS ANJOS DO céu viram a aflição de Israel e enalteceram o Senhor de modo diverso do costumeiro. Mas o Senhor falou a Moisés: Estende tua mão sobre o mar e divide-o. Moisés assim fez, mas a água não quis se afastar. Moisés apontou para o sinal da aliança com Abraão em sua carne, para o caixão de José sobre o qual estava gravado o Nome sagrado, mas o mar se manteve inalterado. Então Moisés dirigiu-se novamente ao Senhor e falou: O mar não me obedece. Então o próprio Senhor surgiu em toda a sua majestade sobre a água e a água fugiu, a maré espumou, as porções de água assustaram-se e estremeceram e correram para a profundeza, conforme também está escrito: "As águas te viram, ó Deus; quando te viram, assustaram-se".

UMA PARÁBOLA existe a este respeito. Um rei na terra possuía dois jardins, dos quais um se situava no meio do outro. Ele então vendeu o jardim interno a um estranho. O novo proprietário queria entrar em seu campo, mas o guarda não permitiu. Disse que vinha em nome do rei, mas o guarda não lhe abriu. Mostrou-lhe a carta de aquisição com o sinete do rei, mas o guarda continuou insensível. Então aí apareceu o próprio rei e o guarda assustou-se e fugiu.

QUANDO OS filhos de Israel chegaram ao Mar Vermelho, logo voltaram-se, pois temiam que as águas os tragassem. A tribo de Benjamim foi a única que queria lançar-se ao mar, mas os homens da tribo de Judá começaram a atirar pedras neles. O *filho de Naha*, então, foi o primeiro a se atirar nas ondas e, aos olhos de todo o mundo, santificou o nome do Senhor. Depois, sob o comando da tribo de Judá, todo Israel entrou no mar.

LOGO DEPOIS das águas se juntarem, congelaram-se e converteram-se em muros firmes; doze altas paredes ergueram-se no mar, mas entre elas corriam ruas pelas quais as tribos atravessaram. Havia janelas nos muros de maneira que as tribos podiam se ver. Viam também o Senhor caminhar à sua frente, mas as pegadas de seus pés lhes eram invisíveis, conforme também está escrito: "No mar abriu-se teu caminho e tua senda nas grandes águas, mas os vestígios de teus pés não foram encontrados".

DEZ MILAGRES aconteceram aos filhos de Israel no Mar Vermelho: O mar dividiu-se; tornou-se uma só margem; nele surgiram doze ruas; o mar tornou-se terra seca; a água converteu-se em barro; as marés quebraram-se; as ondas ficaram eretas e formaram paredes; da maré de sal podia-se tirar água doce; as águas juntaram-se e converteram-se em gelo; tudo se tornou qual uma bola de vidro.

OS EGÍPCIOS pretenderam perseguir Israel e atravessar o mar atrás deles, mas recuaram assustados diante das ondas. O que fez o Senhor? Apareceu no mar na forma de cavaleiro montado no cavalo e assim o cavalo montado pelo faraó assustou-se e correu cegamente para dentro da correnteza. Os egípcios viram seu rei seguir na frente e todos lançaram-se atrás dele. Mas as águas, no seu refluxo, cobriram a todos, cavalos e cavaleiros.

HAVIA ENTRE os egípcios dois mágicos de nomes Jochani e Mamré. Quando entraram no mar e viram que as águas ameaçavam tragar os egípcios, lançaram-se para o alto e voaram no ar até alcançarem o céu. Não existem mágicos maiores do que os egípcios, conforme já disseram os sábios: Vieram ao mundo dez medidas de magia, nove das quais foram tomadas pelos egípcios e a medida restante foi dada ao mundo inteiro. Estes dois, Jochani e Mamré, eram mágicos supremos e assim podiam voar alto, e os anjos Michael e Gabriel nada podiam contra eles. Então os anjos bradaram ao

Senhor, imploraram e disseram: Senhor do Mundo! Estes malfeitores que escravizaram teus filhos são tão arrogantes, nada temem e até ousam te enfrentar! Faze justiça com os teus filhos. Então o Senhor falou a Metatron: Empurra-os e deixa-os cair; mas presta atenção para que somente caiam no mar. E Metatron fez os dois caírem na profundeza do mar contra sua vontade.

UMA OUTRA história: Quando o Senhor estava em vias de dividir o mar para Israel e de afogar os egípcios, Rahab, o príncipe da profundeza, tentou interceder em favor dos egípcios. Falou ao Senhor: Senhor do Mundo! Por que queres deixar que se afoguem? Deveria bastar a Israel que tu os libertes de suas mãos. Nesse momento, o Senhor ergueu sua destra, atingiu Rahab juntamente com seu exército, e empurrou-o para sempre no abismo.

QUANDO OS egípcios viram que os filhos de Israel haviam entrado no mar, dividiram-se em três grupos. Um grupo falou: Vamos arrastá-los de volta ao Egito. O segundo grupo disse: Vamos despi-los e deixá-los nus. O terceiro grupo falou: Vamos matar todos agora. Os que falaram: Vamos arrastá-los de volta ao Egito — o Senhor fez com que fossem levados pelo sopro de um vento; os que falaram: Vamos deixá-los nus — o Senhor empurrou para dentro do mar; os que falaram: Vamos matá-los — o Senhor fez com que encontrassem a morte nas ondas.

CONTA-SE QUE, quando os filhos de Israel estavam acampados no quarto dia à beira do mar, os cadáveres dos egípcios boiavam na água como odres vazios. Sobreveio um vento do meio da noite que arremessou os cadáveres de encontro ao acampamento dos hebreus. Então os filhos de Israel levantaram-se, foram olhar os mortos e reconheceram todos. Falaram: Estes são os do palácio do faraó, estes são os feitores. Isto significa o verso: "E viram os egípcios mortos na beira do mar".

"SENHOR, QUEM é igual a ti entre os deuses?"

Os sábios contam: Quando Israel entoou este hino ao Senhor, o faraó, ao qual as ondas já ameaçavam tragar, também o ouviu. Ele ergueu seu dedo para o céu e exclamou: Creio em ti, ó Deus, és o verdadeiro Deus e não há outro Deus além de Ti. Nessa hora, Gabriel desceu, colocou-lhe uma corrente de ferro ao redor do pescoço e falou: Malvado! Ontem ainda disseste: Quem é o Deus, para que eu acate a sua palavra? E agora dizes: Deus é justo.

— E empurrou-o para a profundeza do mar. Ali ele foi mantido durante cinqüenta dias e torturado, para que reconhecesse a onipotência de Deus.

Depois foi príncipe sobre Nínive, a grande cidade. Quando, então, Jonas chegou a Nínive e falou: Mais quarenta dias e Nínive perecerá — o faraó foi acometido de temor e susto. Levantou-se do seu trono, envolveu-se num saco e sentou-se na cinza; e foi ele mesmo que bradou: Nem homem e nem animal, nem boi e nem carneiro devem provar algo, e não devem ser apascentados ou beber água, pois eu sei que não há outro Deus no mundo, todas as suas palavras são verdadeiras e seu julgamento é fiel e justo.

E até hoje vive o faraó e está postado ante a porta do inferno. Quando os reis dos povos chegam lá, ele lhes revela a onipotência do Senhor.

20. O Hino da Vitória

MOISÉS FOI o primeiro a entoar um hino de louvor ao Senhor. Até a hora em que Israel encontrou-se diante do Mar de Juncos, nenhum cântico havia ecoado diante do Senhor. Deus criou Adão, o primeiro homem; mas este não sabia cantar nenhum hino. Salvou Abraão do forno de cal de Nimrod; este lhe agradeceu, mas não através de um hino. Deixou que Jacó conquistasse a vitória sobre o anjo, livrou-o da mão de Esaú e da mão dos homens de Siquem; mas Jacó não cantou nenhum hino a seu Salvador.

Quando Israel chegou ao Mar de Juncos e o mar dividiu-se diante deles, entoaram um cântico com Moisés. O Senhor falou: São estes que eu estava esperando!

A MULTIDÃO sempre segue aquele que está à frente. Se o pastor se perde, o rebanho também se perde; se o pastor anda seguro de seu caminho, as ovelhas também não tomam o rumo errado. Pastor assim dedicado era Moisés. Quando entoou um cantar de graças para louvar o Senhor, Israel o acompanhou e também cantou.

Míriam começou a cantar e dançar e todas as mulheres seguiram-na e cantaram e dançaram. Mas onde foram buscar trombetas e alaúdes no deserto? Sim, os justos sempre sabem e confiam em que o Senhor fará milagres. Logo ao sair do Egito levaram consigo instrumentos de som e percussão.

NA HORA em que os filhos de Israel saíram do Mar Vermelho, ergueram seus olhos e entoaram um cântico. Mas como cantaram o hino? A criança pequena estava sentada no colo da mãe e o lactente havia mamado nos seios da mãe; mas quando avistaram a divindade, a criança pequena esticou seu pescoço, o lactente arrancou sua boca do seio materno, e eles falaram: Este é o Senhor, vamos louvá-lo.

Por isso também está escrito: "Da boca dos pequenos e dos lactentes tu preparaste para ti um poder".

NÃO É DO agrado do Senhor que se jubile quando o inimigo tomba. Naquela hora em que os egípcios se afogavam, os anjos queriam entoar um hino de louvor ao Senhor. Mas Ele exclamou:

Seres humanos, criados por mim, sucumbem no mar e vós quereis jubilar?

"OS CANTORES à frente, seguem os músicos," — diz o salmista. Na noite em que Israel atravessou o Mar Vermelho, os anjos queriam antes entoar uma canção. Mas o Senhor os impediu, dizendo: Quando então os filhos de Israel saíram do mar, os anjos quiseram ser os primeiros a cantar. Mas o Senhor disse: Que os meus filhos cantem primeiro. Digo-o, não porque quero humilhá-los, mas porque eles são criaturas de carne e sangue e, portanto, também devem temer a morte. Vós, porém, podeis esperar com o cântico, pois vivereis eternamente.

QUANDO ECOARAM as palavras: Então Moisés e os filhos de Israel entoaram este hino — o Senhor envolveu-se numa veste cheia de brilho, que estava pintada com todos os versos alegres da Escritura, os quais começam com a palavra "então". Podia-se ler: "Então pois as donzelas dançarão alegremente em roda"; "Então o coxo saltará como um cervo" e outros mais. Mas depois que Israel cometeu pecado, o Senhor tirou a veste e rasgou-a. Um dia tornará a vesti-la, pois está escrito: "Depois que libertar os cativos de Sion, nossa boca estará cheia de riso".

NOS DIAS DO êxodo do Egito, uma criada via coisas que mesmo Ezequiel e os outros profetas jamais viram!

Livro Nono: A Peregrinação pelo Deserto

1. Os Primeiros Milagres no Deserto

"TIRASTE UMA videira do Egito", diz o salmista. Israel é comparado a uma videira. Como uma videira que, para flarescer e desenvolver-se, precisa ser transplantada do jardim em que cresce para uma terra estranha, assim o Senhor procedeu com Israel: tirou-os do Egito e transplantou-os ao deserto, onde viveram felizes, receberam o Ensinamento e conquistaram nome e fama no mundo.

"FUI UM DESERTO para Israel?", disse o Senhor. Deixei que o deserto, que atravessastes, fosse como um deserto?

Um rei da terra, quando percorre o deserto, desfruta ali de paz, encontra alimento e bebida como em sua casa? Mas vós, falou o Senhor aos filhos de Israel, que do Egito chegastes ao deserto, pudestes pastar sob as nuvens da glória; lá vos presenteei com três redentores, Moisés, Aarão e Míriam; sete nuvens vos envolveram, antes da vossa passagem exterminei serpentes e víboras, fiz os montes ficarem baixos e os vales elevados, queimei os espinhos e as brenhas; fiz o maná do céu e os poços erguerem-se da profundeza; depois ainda vos obsequiei com as codornas. Fui, então, um deserto para vós?

No mundo acontece assim: Se alguém tem um hóspede em sua casa, no primeiro dia abate um bezerro para ele, no segundo dia oferece-lhe galinhas para comer, no terceiro alimenta-o com ervilhas, e no quarto dá-lhe tão pouco que o hóspede tem de partir; o primeiro dia não é como o último. O Senhor também procede assim? Está escrito: "São estes os quarenta anos em que o Senhor esteve contigo!" Tratou-te no último dia como no primeiro.

DO MAR DE Juncos, os filhos de Israel caminharam três dias no deserto sem encontrar água; chegando a Mara, lá havia água, ·nas era tão amarga que não podiam bebê-la. E Deus mostrou a Moisés uma árvore, que lançada na água, tornava-a doce. Que árvore era essa? Um mestre diz: um salgueiro; outro diz: um cedro; um terceiro diz: Moisés lançou na água as raízes de uma figueira e as de uma oliveira. Mas a oliveira tem a madeira mais amarga de todas as árvores. O Senhor procede de modo diverso ao do homem quando se trata de converter o amargo em doce. O homem cura o amargo com o doce, o Senhor cura o amargo com amargo e o adoça.

QUANDO JETRO chegou ao acampamento, alegrou-se com o bem que Deus fizera a Israel.

O bem era o maná. Assim falaram os filhos de Israel a Jetro: Este maná, que o Senhor nos concedeu, tem o sabor de pão e de carne, de peixes e de gafanhotos; tem o gosto de todos os deliciosos alimentos que existem no mundo.

Outros, porém, dizem que o bem foi o poço de Míriam, e que os filhos de Israel falaram a Jetro o seguinte: A água do poço, que Deus faz jorrar à nossa frente, é para nós como vinho velho e agradável, como leite e mel; quando a provamos, saboreamos todas as bebidas doces que existem.

SOBRE O MANÁ consta em algumas fontes que era como pão, noutras que parecia azeite, e noutras ainda, que tinha gosto de mel. Como se deve entender isso? Aos jovens, quando o comiam, era como pão; aos anciãos era como azeite; às crianças pequenas era doce como mel.

Uma vez consta que o maná era como pão; outra vez que dele se fazia torta de azeite; e noutras vezes conta-se que antes era preciso moê-lo. Isso precisa ser explicado assim: ao justo o maná era como pão pronto; àqueles que não viviam da melhor maneira, era apresentado na forma de torta de azeite; os malvados tinham que moê-lo antes.

COMO CHEGOU o maná a Israel? Um vento norte soprou e limpou o deserto; uma chuva caiu e lavou a terra; uma camada de orvalho levantou-se enquanto o vento soprava e formaram-se mesas que pareciam de ouro; sobre estas veio o maná.

QUANDO O orvalho caía durante a noite sobre o acampamento, o maná caía com ele. O maná também caía sobre os umbrais e batentes das portas. Mas quando se queria comê-lo, não estava sujo e misturado com terra? A Escritura ensina: Estava no chão como escamas — ou seja, havia geada na terra, semelhante a um prato grande e sobre ele estava o maná, de modo que os filhos de Israel podiam apanhá-lo limpo. Assim estava protegido por baixo, mas moscas e insetos nocivos não podiam sentar-se em cima? A Escritura também responde a isso, pois está escrito: O orvalho levantou-se. Isso significa que o orvalho deitou-se sobre o maná e cobriu-o qual uma redoma.

POR QUE DEUS não fez o maná cair num só dia do ano, a fim de que durasse o ano inteiro? Isto aconteceu para que sempre se recordassem de Deus. Pois um pai de família, quando tinha dez almas em sua casa, preocupava-se cada dia com o seguinte e pensava: Pode ser que amanhã não cairá maná do céu e nós morreremos de fome! Ah, que seja a vontade do Senhor amanhã também nos conceder o pão do céu.

QUANDO O sol brilhava sobre o maná, ele se aquecia e dissolvia-se. Os rios carregavam-no e levavam-no ao grande mar. Então vinham veados, cervos, antílopes e todos os animais da floresta e bebiam da água. Se acontecia depois um dos pagãos caçar um desses animais e assar sua carne, ainda saboreava nela um pouco do gosto do aromático maná e exclamava: "Bem-aventurado o povo a quem isso acontece!"

MOISÉS FALOU aos filhos de Israel: O Senhor vos dará esta noite carne para comer e, pela manhã, pão com fartura.

No princípio os filhos de Israel eram como as galinhas que remexem o monturo, até que veio Moisés e determinou quando deveriam fazer suas refeições.

2. Amalek

DEPOIS DE todo o maravilhoso e o prodigioso que o Senhor realizou com Israel no Egito e no Mar Vermelho, os judeus afastaram-se dele e tentaram-no por umas dez vezes. Caluniavam o seu Deus, dizendo: O Senhor abandonou-nos e deixou-nos sozinhos aqui no deserto; sua glória não mais permanece entre nós.

Mas o que se verificou depois? Amalek atacou-os. Apareceu para castigá-los. Quando se encontra alguém que vem pelo caminho, a gente o recebe com comida e bebida. Amalek viu os filhos de Israel aproximando-se cansados e fracos, esgotados pela servidão no Egito e das dificuldades da jornada; mas isso não o emocionou e ficou à sua espreita como um urso, pronto para matar mãe e filhos.

Conta-se que Amalek seria descendente de Esaú e vinha carregado do ódio de seus antepassados. O acampamento de Israel estava cercado por uma nuvem, como uma cidade cercada por muralha, e nela nenhum inimigo podia penetrar. Só o filho de Israel que precisasse se lavar de sua impureza, saía do acampamento, pois este era sagrado. Amalek, porém, atacava e matava quem quer que se entremostrasse fora da nuvem, conforme também está escrito: "E atingiram aqueles que seguiam atrás de ti."

Então Moisés falou a Josué: Escolhe homens, filhos que sejam dignos de seus pais, heróis valentes e lutadores tementes a Deus e vai combater Amalek. Moisés, Aarão e Hur postaram-se em cima de uma colina, no meio do acampamento de Israel, Moisés no centro e os dois à sua direita e à sua esquerda. Todo o povo de Israel estava fora das tendas e viu Moisés ajoelhar-se e cair com o rosto abaixado. Também eles se ajoelharam e inclinaram seus rostos para a terra. Depois ele ergueu suas mãos para o céu e também eles ergueram as mãos para seu pai no céu. E o Senhor derrubou Amalek e atingiu-o com o fio da espada.

OS FILHOS DE ISRAEL experimentaram o Senhor e falaram: Está o Senhor entre nós, ou não? — Logo depois está escrito: E Amalek veio pelejar contra Israel.

Um homem foi ao mercado carregando seu filhinho nos ombros. Quando o menino via um brinquedo bonito, dizia ao pai: Compra! E este atendia ao pedido. Continuando a andar, a criança avistou um amigo de seu pai na rua; perguntou-lhe então: Viste meu pai por acaso? — O homem da rua retrucou: Rebento degenerado! Estás montado sobre os ombros de teu pai e me perguntas onde ele está! O pai tirou o garoto dos ombros e logo apareceu um cachorro que o mordeu na perna.

Quando os filhos de Israel deixaram o Egito, foram cercados protetoramente pelas nuvens da glória; desejavam pão e o Senhor deu-lhes o maná; queriam carne e as codornas vieram por ordem de Deus; Ele saciou sua fome e sua sede. Começaram, então, a cismar e resmungar: Será que o Senhor está entre nós, ou não? O Senhor falou-lhes: Por vossa vida, descobrireis! Eis um cachorro que vos morderá. O cachorro foi Amalek.

AMALEK ESTAVA ansioso pela luta como a mosca que pousa numa ferida; Amalek estava ansioso por pelejar contra Israel como o cão que quer lamber sangue. Amalek percorreu quatrocentas milhas para iniciar a contenda com os israelitas em Rafidim.

Amalek havia ido antes ao Egito, para a casa que contém os escritos do reino e as listas dos tributos que as tribos tinham que pagar; encontrou ali as tribos de Israel relacionadas pelo nome. Depois Amalek seguiu para o acampamento de Israel, que estava cercado pela nuvem, e os amalecitas bradaram: Ruben, Simeão, Levi e Judá! Somos vossos irmãos; saiam a fim de fazermos negócios. Quem, atendendo ao chamado, deixava o acampamento, era morto.

AMALEK foi o primeiro que ousou pelejar contra Israel, mas depois eles tiveram muitos inimigos.

Numa bacia cheia de água fervendo, na qual ninguém tem coragem de se banhar — um sujeito destemido acaba entrando e, embora se queime, para os outros a água ficou mais fria. Assim também aconteceu a Israel: quando saíam do Egito, os povos ao redor sentiram medo deles. Amalek atreveu-se a combatê-los; mas, embora tenha recebido sua parte das mãos deles, ao mesmo tempo tornou a água mais fria para os outros povos e novos inimigos ergueram-se contra Israel.

3. O Monte de Deus

MOISÉS APASCENTAVA as ovelhas de seu sogro, quando chegou ao monte de Deus.

Um sábio conta: Moisés e o monte foram criados um para o outro e estavam se esperando desde a época da Criação; nesse dia o monte despertou e aguardava ansiosamente a chegada de Moisés. Quando sentiu que Moisés nele havia pisado, o monte parou. Por aí podes ver como ambos estavam felizes de se ter um ao outro. E Moisés sabia que esse monte era o monte de Deus.

Mas o que foi que Moisés viu diante da montanha? Viu pássaros voando e abrindo suas asas sem conseguirem aproximar-se do monte. Um outro sábio, porém, disse: Ele viu os pássaros voarem da montanha e caírem a seus pés. Então percebeu que chegara a hora; deixou o rebanho e aproximou-se do monte.

O ESPÍRITO DE Deus estava ao redor de Moisés desde seu nascimento. Percebera logo que o deserto era terra sagrada, pois aí seria revelado o reino de Deus. E assim conduziu suas ovelhas para o deserto.

QUANDO O Senhor estava em vias de conceder o Ensinamento a Israel, os montes Carmel e Tabor saíram de seus lugares e foram ter com Ele. O Tabor falou: Eu sou o monte Tabor; convém que a majestade divina estabeleça sua sede sobre mim. Pois eu sou dos montes o maior e as águas do dilúvio não atingiram o meu cume. O Carmel falou: Eu sou o monte Carmel e convém que a majestade divina repouse sobre mim; eu estava no meio do mar e sobre mim os israelitas atravessaram as águas. Mas o Senhor retrucou-lhes: Não me servis, pois não sois muito altos; não os considero suficientemente. Então os montes falaram: Acaso há diante de ti uma preferência de pessoa, e a nós queres nos privar de nossa recompensa? O Senhor respondeu: Pois bem! Uma vez que vos preocupastes com minha glória, vou recompensar-vos. Vou elevar o monte Tabor nos dias da profetisa Débora, para que Israel receba auxílio por ele. E o monte Carmel servirá de auxílio ao profeta Elias.

Todos os montes, então, começaram a se mover colericamente. O Senhor falou-lhes: Por que olhais de revés, grandes montanhas; por que quereis disputar contra o monte Sinai? O monte no qual Deus deseja habitar, não é outro senão o monte Sinai, porque ele é o menor de todos vós.

COMO É QUE o monte Sinai foi parar no deserto de Sinai? Inicialmente fazia parte do monte Moria, sobre o qual Isaac deveria ser sacrificado. O Senhor falou: O monte, no qual ocorreu tal fato com o patriarca, é bom para que sobre ele os filhos dos filhos recebam a Lei. Assim uma parte do Moria foi separada, como o fermento da massa, e transferido para o deserto.

4. A Revelação

O SENHOR FEZ brilhar uma luz no monte Seir e revelou-se aos descendentes de Esaú, conforme também está escrito: "O Senhor veio do Sinai e se lhes abriu em Seir". Falou-lhes: Quereis tomar sobre vós o Ensinamento? Os filhos de Esaú perguntaram: O que está escrito nele? O Senhor respondeu: "Não matarás". Então os filhos de Esaú falaram: Sai da nossa frente. Queres que abandonemos a bênção que Isaac proferiu sobre o nosso ancestral Esaú e que diz: "Alimentar-te-ás da tua espada?"

O Senhor então os deixou e apareceu aos filhos de Ismael, conforme está escrito: "Irrompeu do monte Faran". Falou-lhes: Estais dispostos a receber a Escritura? E também eles perguntaram: O que é que ela ensina? O Senhor respondeu: "Não roubarás". Os ismaelitas, então, retrucaram: Não podemos deixar de agir como nossos pais fizeram ao raptar José e ao conduzi-lo ao Egito.

Depois o Senhor enviou mensageiros a todos os povos da terra e perguntou-lhes se queriam receber o Ensinamento. Mas quando estes ouviram a frase: "Não terás outros deuses perto de mim" — todos disseram: Não queremos abandonar as leis de nossos pais, que adoravam os ídolos; não queremos teu Ensinamento, dá-o ao teu povo.

O Senhor voltou-se, então, para os filhos de Israel, como também está escrito: "Veio com muitos milhares de santos". Milhares de anjos vieram com Ele, pois a carruagem do Senhor são muitos milhares vezes milhares. Na mão direita segurava o Ensinamento, pois assim está escrito: "Em sua destra está uma lei ardente para eles".

QUANDO O Ensinamento foi dado a Israel, a voz do Senhor ecoou de uma extremidade do mundo a outra, e todos os soberanos da terra foram acometidos de tremor em seus palácios. Eles reuniram-se a Bileam, o malfeitor, e falaram-lhe: O que significa este tumulto? Não virá por acaso uma inundação sobre a terra? Mas ele respondeu: O Senhor jurou que não fará mais vir nenhuma inundação. Os reis falaram: Uma enchente não virá mais, mas talvez esta seja uma inundação de fogo. Bileam falou: O Senhor jurou que não mais exterminará toda a carne. Então os príncipes falaram: Mas o que significa, então, o retumbar que escutamos? Ele respondeu: Ele tem uma dádiva preciosa em seu tesouro, que esteve ali guardada durante novecentas e setenta e quatro gerações. Pretendia dá-la a seus filhos, antes ainda do mundo ser criado. — Então todos abriram a boca e clamaram: Que o Senhor abençoe seu povo com a paz.

QUANDO OS DEZ mandamentos iam ser revelados, os filhos de Israel chegaram perto do monte. E o Senhor agarrou o monte, entornou-o como um barril e deixou-o suspenso por sobre o povo. Disse: Se aceitais o Ensinamento, está bem; caso contrário, este será vosso túmulo.

LOGO NO início o Senhor dirigiu-se à obra de sua criação e disse: Se Israel tomar sobre si o Ensinamento, está bem; caso contrário, farei com que retorneis ao caos que havia no princípio.

NO DIA DA revelação tudo era triplo e triplicado. A Torá é a primeira das três partes da Escritura Sagrada. Israel estava dividida em três classes: os sacerdotes, os levitas e o povo. Provinham de três patriarcas: Abraão, Isaac e Jacó. O próprio Moisés apresentou-se como um terceiro, como mediador entre Deus e o povo. Pertencia à terceira das doze tribos, a tribo de Levi; o terceiro filho de seus pais; mantido oculto do faraó durante três meses e portanto um nome que se compõe de três letras! * E foi no terceiro dia do terceiro mês, que o Senhor desceu ao Sinai para se revelar a Israel.

NO DIA DO preparo para o Sábado, o povo de Israel estava ao pé do monte Sinai, homens de um lado e mulheres de outro, e o Senhor falou a Moisés: Vai e pergunta às filhas de Israel se querem tomar sobre si o Ensinamento, porque é próprio dos homens, seguir as mulheres. Então todos responderam a uma só voz: Faremos e acataremos tudo o que o Senhor falou.

No terceiro mês do ano, o dia dura o dobro da noite. Os filhos de Israel dormiram até a segunda hora do dia, pois o sono num dia que é festivo é doce, além da noite ter sido muito curta. Então Moisés percorreu o acampamento de Israel, acordou o povo e bradou: Despertai, despertai! O noivo aqui está e chama a noiva para que venha sob o dossel; o Senhor vos espera para vos dar o Ensinamento. Chegou o padrinho para conduzir a noiva.

NA HORA EM que o povo de Israel encontrava-se ao pé do monte Sinai, ouviu-se as seguintes palavras: Faremos e acataremos tudo o que o Senhor falou — nessa hora não havia entre eles nenhum leproso e nenhum doente de febre reumática; nenhum aleijado e nenhum cego; nenhum mudo, nenhum surdo e nenhum idiota. A Escritura refere-se a essa hora, ao dizer: "Tu és formosa em tudo amiga minha e não possuis mácula".

ESTÁ ESCRITO: "Meu filho, se te tornas fiador de teu próximo, estás amarrado pela palavra de tua boca". Essa frase foi cunhada para Israel, quando Israel devia receber o Ensinamento.

Pois, tencionando o Senhor dar seu Ensinamento ao povo de Israel, falou-lhe: Apresentai-me fiadores de que seguireis tudo o que nele está escrito. Eles retrucaram: Que os nossos pais sejam nossos fiadores! Deus falou: Vossos pais pecaram contra mim, eles

---

* Em hebraico o nome Mosche é formado por três caracteres.

que respondam por si mesmos! Então eles perguntaram: E quem é sem culpa a teus olhos? Deus respondeu: As crianças pequenas o são. Assim, trouxeram-lhe aqueles que ainda mamavam nos seios da mãe e, além disso, as mulheres grávidas; o ventre delas porém tornou-se transparente como vidro e os não natos puderam ver o Senhor através do ventre materno e falaram com Ele. O Santo, louvado seja, falou-lhes: Hoje sois fiadores por vossos pais; se não cumprirem os mandamentos, então castigai-os.

Os menores falaram: Seremos fiadores. O Senhor disse-lhes: Eu sou o Eterno, vosso Deus. Eles responderam: Tu és. Continuou o Senhor: Não tereis outros deuses a meu lado. Eles deram como resposta: Está bem. E assim, Deus lhes disse cada um dos dez mandamentos e a cada eles respondiam afirmativamente e a cada não, negativamente. Então o Senhor falou-lhes: Dou o Ensinamento a Israel através de vossa boca.

OS DEZ mandamentos vieram de um só fôlego da boca da Onipotência — algo difícil de ser apreendido pelo homem, cuja boca não consegue falar assim e cujos ouvidos não possuem a força para escutá-lo. Mas a voz do Senhor dividiu-se em sete vozes e depois ecoou em setenta línguas.

"DEUS TROVEJA milagrosamente com seu trovão, realiza grandes coisas e não é reconhecido." Quando foi que o Senhor trovejou milagrosamente? Foi quando deu o Ensinamento no Sinai. O Senhor falou e a voz soou e ecoou no mundo inteiro. Israel pensou que a voz vinha do sul e voltou-se nessa direção. Mas, então, a voz soava como se viesse do norte e o povo correu nessa direção. Então as palavras soavam como se viessem do leste e eles foram nessa direção. Mas no leste, pareceu-lhes que a voz vinha do oeste. No oeste imaginaram que vinha do céu. Ergueram os olhos para o céu, mas a voz parecia vir das profundezas da terra. Então os filhos de Israel falaram uns aos outros: "Onde pode ser encontrada a sabedoria e onde é a sede da razão?" Onde estará o Senhor? No leste ou no oeste, no norte ou no sul?

NO SEXTO DIA do mês de Siwan o Senhor revelou-se ao povo de Israel no monte Sinai. Mas o monte foi mudado de seu lugar e seu cume penetrava no céu; uma nuvem envolvia o monte e o Senhor estava sentado em cima no seu trono, os pés apoiados na nuvem, conforme está descrito no Livro dos Salmos com as palavras: "Ele inclinou o céu e desceu, e a escuridão estava sob seus pés".

MOISÉS ESTAVA com os pés sobre o monte, mas o seu corpo estava no céu, que o cercava como uma tenda. Olhou ao redor e viu tudo o que acontecia lá em cima, e o Senhor falou com ele como um amigo, face a face.

E o Senhor disse estas palavras: Eu sou o Senhor, teu Deus que te conduzi para fora do Egito. A voz ressoou e os céus assombraram-se, os mares e as correntezas fugiram, os montes e as colinas começaram a estremecer, as árvores tombaram, os mortos nas sepulturas ergueram-se e ficaram de pé, e todas as criaturas, que ainda deviam nascer até o fim do mundo, estavam ali e cercavam o monte Sinai.

ESTANDO OS filhos de Israel acometidos de temor pela aparição de Deus e suas poderosas palavras, o Senhor enviou dois anjos a cada um deles: um colocou-lhe a mão sobre o coração, para que a alma não perecesse; o outro segurou-lhe a cabeça, para que pudesse olhar o Senhor. E a voz da Onipotência troou e bradou: Quereis tomar sobre vós o Ensinamento que contém duzentos e quarenta e oito preceitos de ação? Os filhos de Israel responderam em alta voz: Sim! E novamente a voz ecoou da boca de Deus e penetrou em seus ouvidos: Quereis comprometer-vos com a Escritura, a qual contém trezentos e sessenta e cinco itens: Isto não te é permitido?
— E pela segunda vez os judeus responderam: Sim! Então a palavra divina, que os filhos de Israel haviam escutado, jorrou de seus ouvidos e os beijou na boca. Depois o Senhor abriu-lhes os sete céus e os sete abismos e deixou-os ver os sete mundos; assim reconheceram que não havia ninguém no Universo além Dele.

QUANDO O SENHOR anunciou o Ensinamento, nenhum peixe estava nadando, nenhum pássaro voando, nenhum boi mugindo. As rodas divinas estavam paradas, os serafins estavam mudos, o oceano não se movia, as criaturas não emitiam um único som. O mundo inteiro permanecia em silêncio e uma voz ecoou: Eu sou o Senhor, teu Deus.

EU SOU O Eterno, teu Deus, disse o Senhor. Aparecera-lhes sobre o oceano como um herói que se arma para a guerra; sobre monte Sinai era o escriba que ensina a lei; nos dias de Salomão apareceu como um mancebo; * nos dias de Daniel, como um ancião ** cheio de misericórdia. Com a primeira sentença Deus quis ao mesmo tempo dizer: Embora vós me vistes e vedes sob diversas formas, sabei, contudo, que eu sou o mesmo para sempre: eu sou o Eterno, vosso Deus!

5. No Monte Sinai

NA HORA EM que Moisés subiu ao monte, os anjos em serviço falaram ao Santo, louvado seja: Senhor do Mundo! O que faz entre nós o nascido de mulher? Deus disse: Ele veio para receber o Ensinamento. Então os anjos falaram: A tua jóia secreta, guardada

---
* Alusão ao Cântico dos Cânticos 5, 10.
** Daniel 7, 22.

por ti desde os seis dias da Criação, durante novecentos e setenta e quatro gerações desde a formação do mundo — essa queres dar a uma criatura de carne e osso? O que é o homem para que te recordes deles e o filho do homem, para que o protejas? Então Deus disse a Moisés: Dá-lhe tu a resposta. Moisés falou: Senhor do Mundo! Não está escrito no Ensinamento que me dás: Eu sou o Eterno, teu Deus, que te conduzi para fora do Egito, da casa da servidão? E voltou-se para os anjos: Descestes ao Egito? Fostes escravos do faraó? Portanto, é a vós que cabe o Ensinamento?

Logo depois os anjos agradeceram ao Senhor sua escolha, conforme também está escrito: "Senhor, nosso Deus, quão munificente é teu nome em todas as terras".

QUANDO MOISÉS subiu ao céu, o Senhor deixou-o ver o Templo celestial. Em seguida, Deus fez brilhar diante de Moisés as quatro cores luminosas, que utilizaria na construção do Tabernáculo; Moisés, até então, desconhecia as quatro cores. Deus lhe falou: Passa à direita. Moisés assim fez e viu uma hoste de anjos, cujas vestes eram da cor do mar. Então Deus lhe falou: Assim é a aparência da púrpura azul. Depois o Senhor falou: E agora passa para a esquerda. Moisés assim fez e viu homens que usavam trajes avermelhados. Deus então lhe falou: Assim é a aparência da púrpura vermelha. Depois Moisés deu alguns passos para trás e viu criaturas envolvidas em trajes que não eram nem vermelhos nem amarelados. Então o Senhor falou: Esta é a cor escarlate. Depois Moisés deu um passo à frente e viu hostes vestidas de branco diante de si; estes lhe deram um quadro da cor do bisso torcido.

HAVIM SIDO criadas no mundo cinqüenta portas da sabedoria, e todas foram abertas a Moisés, com exceção de uma. Por isso, também está escrito: "Tu o fizeste somente um pouco inferior a Deus".

MOISÉS PERMANECEU no monte durante quarenta dias e quarenta noites; não comeu pão e não bebeu água. Alimentou-se do pão do Ensinamento e aplacou a sede na fonte da Escritura. Durante o dia aprendeu a conhecer a lei, à noite procurava compreendê-la. Por que procedeu assim? A fim de dar um exemplo a Israel e ensinar-lhe que a Escritura tinha de ser pesquisada dia e noite.

QUANDO DEUS deu o Ensinamento a Moisés, ensinou-lhe a Escritura e sua interpretação como em toda a interpretação oral. O que em futuro remoto um discípulo de sábio irá perguntar a seu mestre — tudo isso Deus já confiara a Moisés no Sinai.

NAQUELA HORA em que Moisés subiu às alturas para receber o Ensinamento, viu o Santo, louvado seja, colocando pequenas coroas sobre as letras do livro. Perguntou pelo motivo e recebeu a seguinte resposta: Virá um homem, ao fim de uma longa corrente de gerações, de nome Akiwa ben Iosef; este edificará montanhas de leis sobre cada um dos risquinhos. Então Moisés disse: Senhor do Mundo! Deixa-me vê-lo! — E Deus ordenou-lhe que se virasse para trás e então encontrou-se na casa de estudos de Akiwa, sentado na oitava fila; não compreendeu o sentido das coisas que ali discutiam e sentiu suas forças diminuídas. Mas a sábia discussão chegou a um ponto que precisava de esclarecimento; os discípulos de Akiwa perguntaram a seu mestre: De onde vem esta interpretação? E ele respondeu-lhes: Já foi transmitida ao nosso mestre Moisés no monte Sinai. Ao ouvir isso, Moisés ficou novamente calmo.

QUANDO Moisés entrou no primeiro dos sete céus, encontrou hostes de anjos que abriram o livro do Ensinamento diante dele e leram em voz alta a obra da Criação do primeiro dia; depois entoaram hinos em louvor da Escritura. Moisés subiu ao segundo céu e aqui os anjos relatavam a obra da Criação do segundo dia; depois enalteceram o Ensinamento e o povo de Israel.

Subiu à terceira abóbada; ali estavam os anjos e querubins que recitavam o que surgira no terceiro dia da Criação; depois procederam ao louvor a Jerusalém.

Na quarta abóbada Moisés encontrou os Arielim, que relatavam da obra do quarto dia e entoavam cânticos de louvor em honra do Messias.

De lá, Moisés foi ao quinto céu. Ali encontrou hostes de anjos, que contavam a história do quinto dia da semana da Criação; mas depois começaram a descrever o tormento que os pecadores padecem no inferno.

Moisés seguiu para a sexta abóbada, onde os anjos relatavam da obra do sexto dia da Criação; depois ouviu deles cânticos de louvor sobre a glória do Jardim do Éden.

Então Moisés fez sua entrada na sétima abóbada. Lá viu os Ofanim, os Serafins, as rodas sagradas, os anjos da misericórdia, os anjos da clemência e indulgência, os anjos do tremor e do suor de angústia. O filho de Amram, então, segurou-se no trono de Deus. E os anjos começaram a relatar as obras do sétimo dia e enalteceram o poder da penitência.

6. O Bezerro de Ouro

DEPOIS QUE recebeu o Decálogo, Israel esqueceu Deus. Quarenta dias após a revelação, falaram a Aarão: Vê os egípcios. Eles carregam seu deus pelas ruas, dançam à sua frente, fazem música e o vêem com os próprios olhos; fazei-nos também deuses como são os dos egípcios, para que os vejamos caminhar diante de nós. Assim falaram eles a Aarão e Hur, os companheiros de Moisés.

Hur, porém, era da tribo de Judá e um dos grandes de sua geração e assim começou a castigar Israel com palavras duras. Mas entre eles encontravam-se infames patifes, que o mataram. Vendo isso, Aarão sujeitou-se à vontade da maioria e erigiu um altar.

Antes, porém, Aarão refletiu e disse para consigo: Se eu lhes disser: Dai-me ouro e prata, eles os trarão em abundância. Portanto, vou dizer-lhes: Trazei-me as jóias de vossas mulheres — e eles desistirão do intento. E assim aconteceu: Quando as mulheres ouviram o que se queria delas, recusaram-se a entregar seus adereços, dizendo: Quereis fazer uma imagem que é uma abominação e não pode auxiliar ninguém; não vos obedeceremos. E o Senhor recompensou essa atitude correta dando-lhes o dia da lua nova como feriado.

Quando os homens viram que as mulheres se opunham ao plano, arrancaram os brincos de suas próprias orelhas, que usavam à maneira dos outros povos, e os deram a Aarão. Entre os ornamentos Aarão encontrou uma argola que de um lado continha a inscrição do Nome sagrado, mas do outro a imagem de um bezerro. Esse brinco ele atirou ao fogo e dali surgiu o bezerro mugindo, que foi visto por Israel.

ALGUNS CONTAM que também Micha desceu para isso da montanha de Efraim, onde mais tarde fez o ídolo. Este Micha fora arrancado de uma parede por Moisés, durante a servidão no Egito, quando se encontrava preso entre os tijolos. Agora apareceu e atirou ao fogo a plaquinha, na qual estavam escritas as palavras: "Eleva-te, ó touro" e que Moisés havia lançado no Nilo, quando retirara o caixão de José da água. Em seguida, o bezerro saiu do fogo, berrando e pulando, e o povo exclamou: Estes são teus deuses, Israel, os que te libertaram do Egito!

SEMAEL HAVIA entrado no corpo do bezerro e de lá berrava para levar a desonra a Israel. O povo beijou o bezerro, cultuou-o e ofereceu-lhe sacrifícios. O Senhor, porém, falou a Moisés: Moisés, eles esqueceram tudo o que eu realizei no Egito e no Mar de Juncos e fizeram um ídolo para adorar; desce, pois teu povo se corrompeu. Moisés respondeu: Senhor do Mundo! Enquanto não haviam cometido pecado diante de ti, tu os chamavas de teu próprio povo; agora que erraram, tu os chamas de meu povo? Eles são o teu povo e a tua herança.

E Moisés pegou as tábuas e preparou-se para descer; a Escritura nas tábuas de pedra suportavam as duas tábuas e ainda Moisés. Mas, quando as letras avistaram o bezerro de ouro e as danças à sua volta, voaram e, de repente, as tábuas tornaram-se pesadas nas mãos de Moisés; ele já não podia mais suportar o seu peso, soltou-as e elas se partiram. E Moisés falou a Aarão: Que fizeste com este povo? Tornaram-se desregrados como meretrizes. Aarão respondeu: Vi o que fizeram a Hur e fiquei com medo.

Conta-se que os anciãos não participaram da adoração do bezerro de ouro. Por isso foram considerados dignos de ver a divindade e assim está escrito acerca deles: "E viram o Deus de Israel".

A tribo de Levi também não tomara parte no pecado. Quando Moisés entrou na porta do acampamento e chamou aqueles que estavam com o Senhor, todos os filhos de Levi reuniram-se a ele. Fortalecido por sua fidelidade, Moisés agarrou o bezerro de ouro, queimou-o no fogo e reduziu-o a pó; as cinzas, ele as espalhou pela água, obrigando os filhos de Israel a bebê-la. Mas, aqueles que haviam beijado o bezerro, ficaram com os lábios dourados e a tribo de Levi abateu todos eles.

Além disso, o Senhor enviou cinco anjos exterminadores, para destruírem todo o povo de Israel, e eles eram: cólera, ódio, raiva, extermínio e rancor. Ao saber disso, Moisés invocou os patriarcas Abraão, Isaac e Jacó, clamando: Vós, a quem foi concedida a vida eterna, auxiliai-me nesta hora em que os vossos filhos são conduzidos como ovelhas ao matadouro. Depois Moisés invocou o Senhor: Soberano do Universo! Não juraste a eles multiplicar sua semente como as estrelas do céu? E aconteceu que, por causa dos três patriarcas, três dos cinco anjos exterminadores desmaiaram e desapareceram. Assim, sobraram apenas dois. Então Moisés abriu uma cova profunda na terra e lá prendeu os dois exterminadores.

QUANDO ISRAEL fez o bezerro, Deus quis exterminar todo o povo. Então, Moisés disse a Deus: Senhor do Mundo! Este bezerro ainda te será útil. O Senhor respondeu: Que benefício poderá me trazer? Moisés disse: Darás chuva e o bezerro pingará orvalho; enviarás o vento e o bezerro fará brilhar o ralâmpago. O Senhor retorquiu: Moisés, Moisés! Também tu foste acometido de loucura? Moisés respondeu: Que a tua cólera não se inflame contra teu povo.

DEUS TENCIONAVA exterminar Israel e Moisés implorou-lhe que perdoasse o povo. Então Deus falou: Repito-te o que outrora disse a Abraão: Mostra-me dez justos e eu a todos perdoarei por causa deles. Então Moisés começou a enumerar os justos da época, mas apenas relacionou sete: a si mesmo, seu irmão Aarão, os filhos deste, Eleasar e Itamar, o filho de Eleasar, Pinehas, e ainda Josué e Caleb. Depois perguntou a Deus: Os mortos viverão novamente? Deus respondeu: Ressuscitarão. E Moisés continuou: Então lembra-te dos três patriarcas Abraão, Isaac e Jacó, adiciona-os aos sete justos e terás dez!

QUANDO o Senhor desceu para dar o Ensinamento a Israel, sessenta mil anjos desceram com ele, cada um portanto nas mãos uma coroa com o Nome sagrado inscrito, e com elas coroaram os filhos de Israel.

Enquanto Israel não tinha cometido o pecado do bezerro de ouro, o Senhor os amava, mais ainda do que a suas hostes; o anjo da morte não tinha poderes sobre eles e eles não praticavam imundícies. Mas depois que se desencaminharam, o Senhor disse: Pensei que a geração que saiu do Egito, seria como os anjos; mas agora conhecereis a morte como os vossos pais.

NESSA HORA desceram novamente do céu sessenta miríades de anjos em serviço e tomaram de cada um dos heróis de Israel, o que lhes haviam dado. Na hora em que Moisés quebrou as tábuas da aliança, as águas do oceano saíram das margens e queriam inundar o mundo. Então Moisés pegou no bezerro e queimou-o. Depois bradou às enchentes: O que fazeis, ó águas? O oceano falou: O mundo só poderia existir por força do Ensinamento, escrito nas tábuas; mas o Ensinamento foi traído pelos filhos de Israel quando fizeram o bezerro de ouro e, portanto, queremos exterminar o mundo. Então Moisés falou: Pois bem, que todos os que cometeram esse pecado sejam entregues a vós. E atirou as cinzas no mar. Mas os vagalhões não se acalmaram. Então Moisés deu a água, misturada com a cinza do bezerro, para os filhos de Israel beberem. Logo a cólera do oceano aplacou-se.

NÃO EXISTE geração que não tenha ajudado a suportar o fardo que o pecado do bezerro de ouro impôs ao povo de Israel.

7. As Segundas Tábuas

MOISÉS passou quarenta dias no monte; dia e noite pesquisou e leu a Escritura. Depois tomou as tábuas e desceu ao acampamento. No décimo-sétimo dia do mês de Tamus quebrou as tábuas e matou os renegados. Permaneceu no acampamento durante quarenta dias, até que a idolatria foi exterminada e cada tribo de Israel foi novamente convertida; queimou o bezerro, reduziu-o a pó e matou todos que o tinham beijado. Depois, no dia da lua nova do mês de Elul, o Senhor chamou-o novamente ao monte, e o som da trombeta anunciou a todo o acampamento, que Moisés tinha subido às alturas e que de modo algum recaíssem de novo na idolatria. O Senhor conduziu Moisés para cima nas asas do som da trombeta, como mais tarde David com a arca de Deus. Por essa razão nossos sábios determinaram que, anualmente, no dia da lua nova do mês de Elul, fosse tocado o chifre do bode.

OUTROS, POR sua vez, contam o seguinte: Moisés permaneceu quarenta dias no monte, estudou o Ensinamento e procurou entender cada uma de suas letras; depois desceu com ele no décimo dia do sétimo mês, que é o Dia da Expiação, e deu o Ensinamento a Israel como legado eterno.

E os filhos de Israel leram a Escritura e encontraram nela as seguintes palavras: Deveis mortificar vosso corpo. Então fizeram anunciar pelo som da trombeta que o povo inteiro deveria jejuar, homem e mulher, velho e moço. Não houvesse um Dia de Expiação, o mundo não poderia continuar; esse dia reconcilia neste mundo e reconcilia no Além; e mesmo aquele que menospreza todas as festas, honra o Dia da Expiação.

Moisés, porém, falou no Dia da Expiação: Quero olhar a majestade do Senhor e depois vou penitenciar os pecados de Israel. E dirigindo-se a Deus, disse: Senhor do Mundo! Deixa-me ver a tua glória. O Senhor porém, retrucou: Moisés, não podes ver a minha majestade, pois ninguém pode me olhar e continuar vivo. Tão--somente pelo juramento que fiz e por causa do nome que te revelei, vou satisfazer o teu desejo. Põe-te na entrada do inferno e eu farei com que todos os anjos que trabalham para mim desfilem na tua frente. Quando ouvires o Nome, que eu lhe disse uma vez, saberás então que estou à tua frente; não temas, pois sou benevolente e misericordioso com aquele que me apraz.

MOISÉS TOMOU sua tenda e montou-a fora do acampamento, chamando-a de Tenda da Fundação. E quem quisesse consultar o Senhor, quer fosse um dos anjos, serafins ou alguém das hostes celestiais, deveria dirigir-se à Tenda, pois Deus permanecia perto de Moisés. E quando Moisés penetrava na Tenda, a coluna de nuvem descia e parava à sua entrada. Assim, todos viram como a majestade de Deus se revelava a Moisés; o povo ergueu-se e orou.

O Senhor falou com Moisés face a face. Não sabemos se com isso o homem tornou-se divino ou Deus, humano. Um sábio disse: É como se o Altíssimo tivesse se inclinado para Moisés, pois está escrito: "E o Senhor desceu até a tenda".

E Moisés voltou ao acampamento, pois o Senhor lhe falou: Já te disse que, quando eu me zango, tu deves ser bondoso, mas quando tu estás zangado, eu serei bom. Agora ambos nos irritamos com os filhos de Israel; mas eles não deverão ver ambas as fisionomias iradas. Portanto, volta para eles: caso contrário, Josué, filho de Nun, entrará em serviço em teu lugar. Então Moisés disse ao Senhor: Eis que até em tua ira procuras conciliar-me com eles. E prosseguiu: Eis que dizes: conduz o povo; vê não consegues deixar de amá-los. Se encontrei benevolência a teus olhos, indica-me os teus desígnios. O Senhor respondeu-lhe: Pretendo realizar grandes coisas; acatarei as tuas palavras e vou perdoar-lhes o pecado do bezerro de ouro; e também nisso agirei conforme tua vontade fazendo com que minha presença caminhe à frente; ela te guiará.

Moisés falou: Deixa-me ver a tua glória. O Senhor respondeu: Eis que tenho um aposento. Não disse: Estou dentro do aposento — e, portanto, quis ao mesmo tempo dizer: meu aposento é a casca que envolve o caroço. E continuou: Eis que farei passar diante de ti toda a bondade, a medida do bem e a medida do rigor; eu serei benevolente com quem eu quiser e usarei de misericórdia com quem me aprouver. Nesta hora o Senhor mostrou-lhe toda a recompensa que aguarda os justos.

AS DUAS PRIMEIRAS tábuas da aliança eram obra de Deus, e embora de safira, podiam ser enroladas como um rolo de pergaminho. Um sábio disse: As tábuas foram gravadas com o ouro da esfera solar.

QUANDO O Senhor, louvado seja, falou a Moisés: Corta para ti, duas tábuas de pedra, iguais às primeiras — um poço de safira abriu-se diante de Moisés em sua tenda. Retirou um bloco de pedra preciosa e talhou duas tábuas, tais como eram as primeiras.

NO MOMENTO em que Moisés terminou a escrita do Ensinamento, o clarão da Escritura Sagrada envolveu-o e sua face resplandeceu. Pois, o Ensinamento, eram chamas negras que ardiam sobre uma base de fogo branco; estava selado com fogo e era envolto em fogo. Moisés limpou o canudo de escrever nos seus cabelos e com isso eles se tornaram brilhantes.

MOISÉS NÃO sabia que a pele de sua face resplandecia. Mas de onde lhe vieram os chifres da luz? Dizem alguns que ele os recebera ainda na gruta do rochedo onde estivera enquanto a glória de Deus passava à sua frente. Outros dizem que a luz provinha das tábuas. O comprimento das tábuas era de seis palmos e sua largura era igual. Moisés pegou nas tábuas por um lado e a glória divina pelo outro, e assim obteve os chifres resplandecentes.

NOS TRÊS meses que Moisés foi mantido oculto na casa de sua mãe, esteve cercado por aquela luz original que só brilhou durante a época da Criação e que Deus havia guardado para os justos do futuro mundo. Quando Moisés ia ter com o faraó, Deus tomou-lhe a luz. Quando, porém, subiu ao monte Sinai, a luz retornou e jamais iria abandoná-lo, até o dia de sua morte. Por isso, os filhos de Israel não conseguiam olhá-lo no rosto e ele teve que encobrir sua face.

8. O Tabernáculo

ENQUANTO Moisés permaneceu sobre o Sinai, o Senhor mostrou-lhe a feição de todos os utensílios do Tabernáculo e da própria Tenda de Deus. Moisés pensou em depois elaborar tudo sozinho, seguindo o modelo divino, mas o Senhor falou-lhe: Eu te fiz rei; um rei, porém, não trabalha, mas ordena aos outros e eles executam o trabalho.

BEZAEL sabia ligar as letras, por força das quais foram criados o céu e a terra. Era chamado de Bezalel, pois, quando Moisés recebeu sua instrução no Sinai, ele também ali estava sob a sombra de Deus.

Deus falou a Moisés: Estás de acordo que Bezalel seja tu mestre-de-
-obras? Moisés respondeu: Se tu estás, quanto mais eu! Moisés
falou ao povo: Estais de acordo com que Bezalel construa o Tabernáculo? Eles responderam: Se o Santo, louvado seja, e tu, estais
de acordo, quanto mais nós!

DEUS MOSTROU a Moisés no Sinai um modelo do candelabro, que
devia ser confeccionado para o Tabernáculo: Fê-lo ver um fogo
branco e um vermelho, um preto e um verde, e deles formou o
candelabro, a haste e os seis braços adornados de ramos, flores e
cálices. E Deus estampou a imagem do candelabro na mão de Moisés.

A COBETRURA do Tabernáculo foi feita com a pele de um animal,
que era chamado de Tachasch. * O Tachasch era uma criatura, única
em sua espécie, e os sábios da época do deserto não sabiam se o
incluíam entre as feras ou entre os animais domésticos. Tinha um
chifre na testa, do que se pode depreender que era um animal puro.
O Tachasch apareceu apenas na época de Moisés e depois nunca mais.

NÃO FOI SÓ a pele para a cobertura, mas também a madeira para
as tábuas do Tabernáculo que os filhos de Israel obtiveram por
meio de um milagre. As tábuas provinham da madeira dos cedros
que Jacó plantou quando chegou ao Egito. Jacó disse a seus filhos:
Algum dia sereis resgatados do Egito e Deus vos ordenará que lhe
construam uma tenda, portanto, os cedros devem estar preparados
para que possais derrubá-los quando chegar a hora.

O SENHOR falou com Moisés, e disse: Reúne toda a comunidade.
Moisés perguntou ao Senhor: Onde devo reuni-la? O Senhor retrucou:
Diante da porta do Tabernáculo. Moisés, então, falou: Senhor do
Mundo! Haverá lugar para sessenta miríades de homens e sessenta
miríades de jovens diante da porta da Tenda? Ela não tem mais do
que dois côvados de largura! Ao que Deus disse: Estás admirado?
Pois se todo o céu não é mais do que uma pele muito fina, que se põe
sobre o olho e o torna cego; eu porém sou aquele que o estendeu
de uma extremidade da terra até a outra. Eu sou aquele que criou
as multidões de seres humanos, a começar por Adão até a época em
que os mortos ressuscitarão. Achas, então, que não terão lugar onde
ficar?

REPARA O quanto o Senhor apreciava a Tenda da Reunião, pois
desceu das regiões superiores e ficou morando na Tenda.

A majestade de Deus sempre gostou de permanecer nas planuras.
Pois acerca de Adão e Eva consta: E ouviram a voz de Deus, que
passeava no Jardim. Mas depois que Adão cometeu o pecado, a
divindade desvaneceu-se e subiu ao céu. Caim veio ao mundo e

---

* Ver Núm. 4, 6. (A palavra hebraica Tachasch significa golfinho, foca,
marta, dugongo)

matou seu irmão e a majestade divina transferiu-se da primeira abóbada celeste para a segunda. Veio a geração de Enós e irritou o Senhor; a majestade recuou do segundo céu para o terceiro. A geração do dilúvio era cheia de corrupção e a divindade passou para o quarto céu. A geração da construção da torre, devido à sua arrogância, expulsou a glória de Deus para a quinta abóbada celeste. Os homens de Sodoma obrigaram-na a fugir do quinto céu para o sexto; Amrafel e os seus comparsas fizeram com que ela se recolhesse ao último céu.

Eis que veio Abraão e praticou boas ações e a majestade de Deus aproximou-se novamente e veio para o sexto céu. Isaac a atraiu do sexto para o quinto, Jacó do quinto para o quarto. Seu filho Levi a fez vir do quarto para o terceiro, o filho de Levi, Kahat, do terceiro para o segundo. No tempo de Amram, pai de Moisés, a divindade retornou ao primeiro céu. Moisés, porém, erigiu o Tabernáculo e a glória de Deus inundou o Tabernáculo que se localizava na terra.

ENQUANTO estava só no seu mundo, o Senhor teve o desejo de habitar em baixo com o que tinha criado. No entanto, não o fez.

Mas quando o Tabernáculo foi erguido, o Eterno fez sua majestade habitá-lo e, quando os chefes das tribos vieram até ali ofertar sacrifícios, Deus falou: Dever-se-á escrever que neste dia foi criado o mundo.

NA HORA EM que o Senhor ordenou ao povo de Israel a construção do Tabernáculo, insinuou às hostes que também construíssem um santuário. Este lá de cima é o lugar do menino, que aí é chamado de Metatron. Lá em cima ele leva as almas dos justos ao sacrifício.

ANTES DA Tenda ter sido erguida, os maus espíritos costumavam morar junto com os homens. Mas depois que o Tabernáculo foi construído, a glória de Deus repousou nele e os demônios desapareceram do mundo.

9. Nadab e Abihu

DEUS HAVIA chamado Moisés, seu irmão e os filhos de seu irmão, ao monte Sinai. Assim Moisés e Aarão caminharam à frente, seguidos por Nadab e Abihu, e atrás deles todo o povo de Israel. Enquanto assim subiam, Nadab disse a Abihu: Quando é que finalmente morrerão estes dois anciãos, para que tu e eu nos tornemos os chefes do povo! Mas o Senhor respondeu-lhes: Não vos vanglorieis do dia de amanhã; vejamos quem enterrará quem!

OS DOIS FILHOS de Aarão viram todos os sacrifícios serem preparados sem que a divindade aparecesse. Então Nadab disse a Abihu:

Será possível um homem cozinhar uma refeição sem fazer fogo? Então pegaram num fogo estranho e com ele entraram no Santuário. Mas Deus falou-lhes: Vou prestar-vos uma honra ainda maior do que a que me havia prestado; trouxestes fogo impuro diante de mim, eu vos queimarei com fogo puro.

COMO ENCONTRARAM os dois a morte? Dois fios de fogo saíram do Santíssimo. Dividiram-se em quatro, e dois de cada penetraram no nariz de cada um dos dois filhos de Aarão. Assim os corpos de Nadab e Abihu consumiram-se e apenas as suas vestes permaneceram intactas.

NADAB E ABIHU foram castigados com a morte, por causa de quatro transgressões: penetraram sem ordem no Santuário, ofertaram um sacrifício que não fora ordenado, acenderam no altar um fogo estranho tirado do fogão de casa, sem ao menos um ter perguntado ao outro se era certo o que faziam. Um sábio enumerou quatro outros pecados dos filhos de Aarão: penetraram embriagados de vinho na câmara dos sacrifícios, sem lavar as mãos e os pés, e, além disso, haviam gerado filhos sem se casarem. Isso foi devido à sua altivez, pois não consideravam nenhuma mulher digna deles; assim muita moça permaneceu solteira na esperança de se casar com um deles, mas ambos diziam: O irmão do pai é um rei, o irmão da mãe é um príncipe, o nosso próprio pai é sumo-sacerdote e nós somos chefes do sacerdócio — portanto, onde existe uma mulher que mereça ser nossa esposa?

ELISEBA, filha de Aminadab, que era mulher de Aarão, gozou de cinco alegrias num único dia: seu cunhado Moisés era rei, seu irmão Nahasson, um dos príncipes do povo e seu marido sumo-sacerdote; além disso, seus dois filhos eram sacerdotes-chefes e seu neto Pinehas era comandante na guerra.

Mas então aconteceu que seus dois filhos ofertaram o sacrifício e foram consumidos pelo fogo; assim, sua alegria transformou-se em luto.

10. O Acampamento

SETE NUVENS acompanharam os filhos de Israel em sua peregrinação pelo deserto; uma seguia à frente, a segunda atrás, duas ficavam nos dois lados, uma pairava sobre eles e aliviava o calor e protegia-os da geada, uma estava na coluna do meio, indicava o caminho, animava os tímidos e reprimia os atrevidos; a sétima, porém, pairava sobre os estandartes das tribos e escondia a luz da majestade divina.

A maneira como essa luz estava presa nessa nuvem é explicada da seguinte forma: Havia quatro estandartes, nas quatro direções da rosa-dos-ventos. O estandarte de Judá era oriental e representava um leão; o gancho em cima era de ouro e tinha a forma de uma espada; sobre a ponta da espada o Senhor deixou pendurado um côvado da sétima nuvem e ali brilhavam as letras iniciais dos nomes dos patriarcas. A bandeira de Ruben que se erguia no sul trazia a imagem de um homem, cuja forma era como a dos Dudaim, que o patriarca Ruben encontrara no campo. Também o gancho desta bandeira tinha a forma de espada, e na parte da nuvem que pairava em cima, brilhavam as segundas letras dos nomes dos patriarcas. No ocidente, tremulava a bandeira de Efraim; nela constava a figura de um peixe, fiel ao verso: E multiplicar-se-ão como os peixes do oceano. No pedaço de nuvem, que pairava sobre o gancho dessa bandeira, podia-se ler as terceiras letras dos nomes dos patriarcas. A última bandeira era a de Deus, que estava ao norte; trazia a imagem de uma serpente e na extremidade da nuvem, que pairava sobre o gancho, resplandeciam com clareza as letras finais dos nomes dos patriarcas. À letra que sobrou do nome de Abraão, que contém cinco sinais de escrita, acrescentou Deus uma do seu nome, e assim formou sua excelsa denominação *Jah*, da qual consta que é eterna como o rochedo. Colocou estes dois sinais * sagrados na coluna de nuvem que se erguia sobre a arca, onde estavam entrelaçadas todas as bandeiras. E a coluna percorreu o acampamento de Israel durante sete dias. De dia, brilhava como o sol e, de noite, como a lua, e com isso era possível saber se era dia ou noite. Quando Deus queria movimentar o acampamento, a nuvem sobre a arca, com o nome Jah, erguia-se as quatro nuvens com as letras dos nomes dos patriarcas a seguiam. Depois os sacerdotes soavam as trombetas, e os ventos do mundo sopravam trazendo o perfume da mirra e do aloé. As trombetas eram para reunir a congregação e convocar o acampamento para a partida; davam o sinal para a guerra e anunciavam o Sábado e os dias festivos. A trombeta era oca e soava alto; sua ponta formava um tubo pelo qual soprava o vento, e onde eram produzidos os sons. Quando se tratava de chamar a congregação ou reunir os príncipes, a trombeta era soprada por um dos filhos de Aarão, uma única vez, simplesmente num toque seco. Mas quando se tratava de dar o sinal de partida ao campamento, ambas as trombetas eram tocadas com fragor. Ao primeiro som, as três tribos que estavam sob a bandeira de Judá no oriente punham-se em movimento; ao segundo som, erguiam-se os que estavam acampados sob a bandeira de Ruben no sul; ao terceiro som, partiam as tribos do ocidente, que estavam reunidas sob a bandeira de Efraim; ao quarto som, reuniam-se à marcha as três tribos da bandeira de Dan, que estavam ao norte.

---

* Em hebraico apenas valem as consoantes.

As duas trombetas eram também sopradas com estrépito quando se tratava de ir para a luta, quando havia júbilo entre o povo, quando iam ser comemorados os dias festivos e de lua nova.
As quatro bandeiras correspondiam aos quatro elementos. Cada uma das doze tribos era representada por uma respectiva pedra preciosa no escudo peitoral de Aarão. A bandeira de Judá, no oriente, personificava ao mesmo tempo o elemento de fogo; entre as estrelas, as três tribos reunidas sob ele, correspondiam às constelações do Carneiro, do Leão e do Sagitário; entre as pedras preciosas do peitoral, correspondia-lhes a primeira série, o rubi, o topázio e a esmeralda.

A bandeira de Ruben, no sul, era um símbolo do elemento da terra. As figuras do zodíaco que correspondiam eram: o Touro, a Virgem e o Capricórnio; das pedras preciosas do peitoral correspondiam-lhes o sárdio, a safira e o diamante.

À bandeira de Efraim, no ocidente, correspondiam os elementos da água e as constelações de Gêmeos, Balança e Aquário; das pedras do peitoral, a terceira série, ou seja, o jacinto, a ágata e a ametista.

Finalmente a bandeira de Dan, que estava ao norte, era símbolo do vento; das estrelas correspondiam-lhe o Câncer, o Escorpião e os Peixes; e das pedras do peitoral, a turquesa, o ônix e o jaspe.

E os quatro acampamentos das bandeiras principais achavam-se agrupados à volta do Tabernáculo. Entre o Santuário e os diversos acampamentos ainda havia espaço, da largura de uma rua. Sempre três tribos estavam reunidas sob uma bandeira, de modo que cada acampamento praticamente se dividia em três acampamentos, assemelhando-se a uma cidade forte e poderosa. No oriente estavam os acampamentos de Judá, Issachar e Zebulon; ao sul acampavam Ruben, Simeão e Gad. Efraim, Benjamin e Manassés tinham o seu acampamento no ocidente; Dan, Asser e Naftali acampavam ao norte. No espaço existente entre a Tenda e os doze acampamentos moravam os levitas, divididos também nas quatro direções da rosa-dos-ventos; ainda havia uma área livre entre eles e o Santuário, entre eles e os acampamentos das outras tribos; todavia estavam mais próximos ao Santuário do que das tribos.

Todo o quadro apresentava-se da seguinte maneira: no centro erguia-se o Tabernáculo; este ficava cercado nos quatro lados pelos levitas; atrás dos levitas acampavam as tribos com suas bandeiras; mas as nuvens da glória envolviam todo Israel.

11. O Poço de Míriam

ENQUANTO Israel percorria o deserto, a coluna de nuvem seguia à sua frente e a fumaça do sacrifício elevava-se ao céu. Duas línguas de fogo saíam dos suportes da arca e queimavam as serpentes e escorpiões à sua frente. Os povos da terra viam esses estranhos sinais e falavam: Parecem ser deuses, esses que aí vêm, pois se utilizam unicamente do fogo. Então Moisés disse aos filhos de Israel: Todo esse louvor, que o Senhor vos preparou, provém apenas do fato de terdes recebido o Ensinamento no Sinai.

DOIS MESTRES conversavam acerca da peregrinação pelo deserto. Um deles perguntou: Como terá sido quando os filhos de Israel saíram do Egito: seguiram também tecelões com eles? O outro respondeu: Não, não seguiram. Então o primeiro perguntou: Como se arranjavam os filhos de Israel a respeito de roupa? O outro retrucou: Estavam vestidos como os anjos em serviço, em tecidos preciosamente estampados.

E novamente um dos mestres perguntou: Mas as roupas não ficaram apertadas para os pequenos? A resposta foi a seguinte: Enquanto criança estava na fase de crescimento, o seu envoltório crescia com ela. — Mas as roupas não se estragavam? — As nuvens da glória as renovavam e mantinham-nas brilhantes. — Mas não cheiravam com o suor do corpo? — O poço milagroso fazia subir especiarias e ervas aromáticas com as quais se impregnava as roupas e estas cheiravam tão bem quanto aquelas.

O QUE HAVIA com o poço de Míriam? Era como um rochedo que rolava diante deles e acompanhava os filhos de Israel em sua migração. Quando as bandeiras acampavam e a Tenda estava armada, o rochedo colocava-se no seu átrio, e os príncipes rodeavam-no clamando: Poço, sobe!

O POÇO QUE acompanhou Israel pelo deserto, assemelhava-se a um rochedo perfurado, de onde pingava a água e depois se elevava. A água do poço subia aos cimos dos mais altos montes e corria nos vales mais profundos, de conformidade com o local em que Israel acampava; e seu lugar era sempre à entrada da Tenda. Os príncipes de Israel rodeavam-no com seus bastões e cantavam o hino do poço, que começa com as palavras: Poço, sobe! Entoai hinos para ele! E a água jorrava e erguia-se como uma coluna. Cada um dos nobres pegava seu bastão em nome da sua tribo e de sua geração, de acordo com o hino: "Este é o poço que os príncipes cavaram, os nobres do povo o escavaram com o cetro, com seus bastões".

O POÇO DE Míriam localizava-se no átrio, ao lado da tenda de Moisés, e indicava aos que queriam repousar como deveriam acampar. Pois quando eram fincadas as estacas da Tenda, erguiam-se doze colunas acima do poço e entoavam um hino. Mas as águas do poço subiam, transformando-se em vários rios; um deles corria em volta do acampamento onde repousava a divindade e dividia-se em quatro ribeiros, os quais desaguavam nos quatro ângulos do átrio. Uma corrente maior banhava o acampamento dos levitas e outra maior ainda, o acampamento de Israel; mas os braços do último corriam como linhas de limite entre os territórios das diferentes tribos. E em todas as margens cresciam magníficos frutos e um delicioso aroma de especiarias impregnava o ar e por toda a parte havia pastos para o gado.

QUEM QUISER ver o poço de Míriam, deverá subir ao cimo do Carmel e de lá olhar para o mar; avistará algo semelhante a uma peneira, no meio do mar — é o poço de Míriam.

12. Os Setenta Anciãos

QUANDO O Senhor ordenou a Moisés que reunisse setenta anciãos, ele pensou: Como vou fazê-lo? Se tomar cinco de cada tribo serão apenas sessenta; mas se tomar cinco de uma tribo e seis de outra, então estarei semeando a discórdia entre elas. O que fez então? Tomou setenta e duas placas e em cada uma escreveu a palavra ancião. Quebrou duas dessas placas em pedaços e colocou tudo dentro de uma urna. Então ordenou que tirassem as plaquinhas. Aquele que tirava uma placa na qual a inscrição estivesse intacta, sabia que fora escolhido para ancião; mas aquele que apenas ficava com um pedaço de placa, sabia que não fora escolhido. Mas o encarregado disse a estes: Lá dentro também havia plaquinhas inteiras; se tivesses sido considerado digno, terias apanhado uma delas. Desta maneira reuniram-se os setenta anciãos.

DEUS FALOU a Moisés: Tomarei de teu espírito e o colocarei sobre os setenta anciãos. A sabedoria de Moisés não diminui assim? Não, Moisés era como uma luz na qual podem ser acesas várias luzes, sem que perca a sua intensidade.

QUANDO DEUS falou a Moisés: Reúne-me setenta homens para chefes — Eldad e Medad disseram um ao outro: Não somos dignos dessa honra. Ao que o Senhor disse: Uma vez que vós próprios vos rebaixastes, vou tornar-vos ainda maiores do que os outros anciãos. E no que consistiu essa sua grandeza? Profetizavam constantemente, os outros, porém, profetizavam e interrompiam seu vaticínio.

ELDAD E Medad eram meio-irmãos de Moisés. Pois, quando Amram expulsou sua esposa Jochebed, ela se tornou mulher de Eliiafan e deu-lhe os filhos Eldad e Medad. Só depois, ao se casar novamente com Aram, é que deu à luz a Moisés.

13. Os Emissários

QUANDO Moisés enviou os emissários para espiar o país, disse-lhes: Sigam para a banda do sul e examinai a região. Examinai-a bem; certos países podem criar um herói, outros só conseguem sustentar homens fracos; um país fervilha de gente, no outro a população é escassa. Observai também a própria raça humana, se é forte ou não. Mas como se pode verificar isso? Se acampam ao ar livre, são heróis que confiam na sua força; se se mantêm escondidos nas fortificações, então sua força não é grande e o coração é medroso.

os EMISSÁRIOS chegaram a Hebron e ali colheram cinco figos e cinco romãs; também cortaram uma videira com um cacho de uvas. Mas, por isso, os cananeus ficaram sabendo de sua chegada e dois deles foram ao seu encontro. Um deu um berro e os emissários caíram por terra. Então os cananeus sopraram-lhes o rosto e esfregaram seus narizes até que os desfalecidos voltassem a si. Quando recobraram os sentidos, os cananeus falaram: Acaso viestes para destroçar nossos bosques de deuses ou para extinguir o culto a Astarté? Os emissários responderam: Não queremos fazer isso. Portanto, foram deixados ir em paz.

O Senhor, porém, recompensou os cananeus por não terem feito nada aos emissários e por não os terem morto; deixou que alguns subsistissem até a destruição do Segundo Templo.

DOS DOZE emissários, oito tiveram que carregar a videira; os outros quatro carregaram os figos, as romãs e sua carga habitual.

QUANDO AO cabo de quarenta dias, os exploradores voltaram do reconhecimento do país encontraram Moisés e Aarão ocupados com as determinações sobre a fermentação da massa e a colheita de frutas. Então disseram-lhes: Se não deveis entrar no país, desde já vos preocupais com preceitos que só lá terão validade! Ao que Moisés e Aarão disseram: Ainda assim, relatai o que vistes. Os homens responderam: O país que percorremos devora seus habitantes; encontramos cadáveres em todas as cidades pelas quais passamos.

Então o Senhor disse: O bem que lhes concedi, eles me retribuem com um maldoso vozerio contra o país. Eu fiz com que morressem os melhores do povo em cada cidade aonde chegavam, a fim de que, enquanto os habitantes estivessem ocupados com o enterro dos mortos, pudessem examinar a cidade e afastar-se sem perigo. Eles, porém, falaram: Não estamos em condições de lutar contra este povo, pois é mais forte que nós. Com isso, blasfemaram contra o Senhor, como se Ele não fosse suficientemente poderoso para auxiliá-los também contra forças superiores.

QUANDO OS emissários voltaram ao acampamento, comportaram-se como quem tem um defunto em casa e grita e se lamenta. Cada um deles foi para sua tenda e acocorou-se no canto de sua casa. Seus filhos e filhas perguntaram-lhe: O que descobriste? O inquirido atirava-se ao solo e clamava: Ai de vós, meus filhos, como os amorreus irão ferir-vos, como irão escravizar-vos! Quem é capaz de mirar o semblante de um só homem deste povo? Sei o que experimentei. Logo todos na casa romperam em pranto, o clamor espalhou-se pela vizinhança, a lamentação abrangeu toda a parentela e logo toda a tribo chorava; e o mesmo aconteceu com as outras tribos, até que todas as sessenta miríades de israelitas converteram-se num monte de lamentadores e chorões, que clamavam ao céu seu sofrimento.

DEZ VEZES nossos pais tentaram o Senhor no deserto com a sua vocificação; quando chegaram ao Mar de Juncos, quando o deixaram, quando sofreram sede em Mara, quando sofreram sede em Rafidim, quando procuraram o maná no Sábado, quando juntaram uma provisão de maná, antes das codornizes aparecerem pela primeira vez, antes delas aparecerem pela segunda vez, por seu pecado do bezerro de ouro, pela crença na afirmação dos emissários no deserto de Faran.

14. A Revolta de Coré

UMA POBRE mulher tinha um carneiro, do qual cuidava como um filho; dava-lhe de comer do seu pão e de beber do seu copo. Chegada a época da tosquia, cortou-lhe a lã. Apareceu, então, o sacerdote Aarão e tomou a lã para si. A mulher então correu a Coré e queixou-se: Senhor, sou uma pobre mulher e nada mais possuo além deste único carneiro; eu o tosquiei para com sua lã fazer um vestido, pois estou sem roupa. Eis que veio Aarão, o sacerdote, e tomou-me a lã à força! O que fez Coré? Dirigiu-se imediatamente a Aarão e disse-lhe: Já não te basta o dízimo e o tributo sacerdotal que recebes de Israel? Tens que confiscar ainda a lã de uma pobre mulher, que devido à sua pobreza já pode de qualquer maneira ser contada entre os mortos? Aarão respondeu: Morrerás de morte horrível; por tua causa não vou alterar uma única letra da lei, e está escrito: "Os primeiros da tosquia de teus carneiros pertencem a mim".

Três meses depois o carneiro da pobre mulher deu cria e Aarão logo apareceu e levou-a. E novamente a mulher chorou diante de Coré, dizendo: Meu senhor, eis que Aarão não tem piedade. Ontem ainda confiscou a lã do meu carneiro para si e hoje roubou-me um cordeiro. Aarão, porém, falou: A Escritura diz: "Todos os primogênitos de teus carneiros e bois, que são machos, deverás consagrar ao Senhor, teu Deus". Então a mulher foi e degolou o carneiro. Mas Aarão apresentou-se imediatamente e tomou a espádua, a mandíbula e o estômago. Então a mulher gritou e em seu desgosto exclamou: Que a carne toda seja tua! Aarão, porém, retorquiu: Agora toda a carne é minha; tomo-a, pois tornou-se minha, conforme também está escrito: "Todas as coisas desterradas em Israel serão tuas".

Então a mulher dirigiu-se novamente a Coré e contou-lhe a história. Coré ficou muito irado e cheio de revolta falou a Aarão:

Aarão, como podes oprimir tanto a pobre mulher? Roubaste sua lã, tomaste o primeiro cordeirinho e agora confiscaste todo o carneiro. Aarão, porém, respondeu: Tua ira não me moverá a alterar um sinal sequer da Escritura, e lá está escrito: "Tudo o que for consagrado em Israel, será teu!" Coré falou: Meu pai foi um dos quatro irmãos: Amram, Izahar, Hebron e Usiel. Coube ao primogênito Amram que seus dois filhos herdassem o poder: Aarão, o sacerdócio e Moisés, o reinado. Mas a quem caberia com justiça a segunda das honrarias? À estirpe do segundo filho, que foi meu pai Izahar. Eu sou filho de Izahar e deveria ser o príncipe de minha parentela. No entanto, Moisés nomeou como príncipe o filho de Usiel, o mais moço dos irmãos de meu pai. Quem descende do irmão mais moço, pode ser maior do que eu, que descendo do segundo?

Este foi o motivo da revolta de Coré.

QUANDO O Senhor ordenou aos filhos de Israel, por intermédio de Moisés, que colocassem franjas nas bordas de suas vestes, Coré sentou-se naquela mesma noite e teceu quatrocentos mantos de púrpura azul. Vestiu quatrocentos homens com os mantos e foi com eles a Moisés, dizendo: Necessitam também estas vestes os fios azuis, já que são inteiros de púrpura azul? Ao que Moisés respondeu: Pode uma casa que está cheia de livros dispensar por isso o umbral da porta? Portanto, esses mantos também precisam de franjas em suas bordas.

Mas o ciúme tornava-se cada vez maior entre os dois, entre Moisés e Coré. Um dia o Senhor falou a Moisés: Chega-te aos levitas e impõe-lhes preceitos de limpeza. Moisés impôs quatro determinações aos levitas, das quais duas foram aceitas e duas rejeitadas. Disseram a Moisés: Borrifar-nos-emos com a água do pecado e também lavaremos nossas vestes; só não aceitamos trazer e levar as oferendas de sacrifício e raspar o cabelo. Moisés impingiu-lhes contra a vontade o trabalho de trazer e levar; mas quando quis executar a determinação do corte de cabelo, nada conseguiu. Por isso, falou a todo Israel: Foi imposto aos levitas que raspassem todos os pelos de sua pele com a navalha, mas eles se recusam a abedecer. Logo todos os filhos de Israel levantaram-se e forçaram os levitas a cortar os cabelos.

Nessa hora a mulher de Coré apresentou-se e disse ao marido: Desejais ser tratados como escravos? Agora a navalha deverá passar pelo vosso corpo e vos cortar toda a barba. Quereis tornar-vos abomináveis a todos que nos vêem? Para vós seria melhor morrer do que permanecer vivos. O Rei Salomão diz: "Erige sua casa a mulher sábia, a tola a destrói com suas mãos". Uma mulher sensata, que conservou sua casa, foi a mulher de On, filho de Pelet. Falou ao marido: Escuta meu conselho! Se Coré é o príncipe, se Moisés é o príncipe — tu continuas sendo um discípulo; assim sendo, o que lucras com a discórdia? Por isso, deixa-me dizer-te que deves cuidar apenas da tua salvação e não deves te meter. O filho de Pelet falou: Mas o que posso fazer, de vez que já me comprometi com Coré por um juramento? Então a mulher disse: Não quebrarás teu juramento se tomares o partido de Moisés, pois todo o Israel é sagrado. E o marido sujeitou-se às palavras de sua mulher.

No dia em que a sublevação iria irromper, ela preparou uma refeição substanciosa e fez com que o marido comesse e bebesse tanto que ele adormeceu embriagado. Colocou-o na cama, saiu e ficou sentada à entrada de sua casa. Descobriu a cabeça, desmanchou os cabelos e fingiu estar lavando-os. Quem viesse buscar o marido dela, via a mulher com os cabelos eriçados e retrocedia indignado. Assim passou o tempo e On foi poupado da destruição.

Mas a tola destrói com as mãos — esta é a mulher de Coré que impeliu o esposo à desavença com Moisés; assim ele pereceu e perdeu este mundo e o Além.

"A RIQUEZA LEVA o homem à corrupção"; assim aconteceu com a riqueza de Coré. Um sábio disse: Trezentos mulos brancos carregavam apenas as chaves dos tesouros de Coré.

José enterrou três grandes tesouros na terra do Egito. Um deles foi achado por Coré, o outro pelo imperador Antonino e o terceiro está guardado para os justos do mundo futuro.

"Aquele que confiar em sua riqueza perecerá, mas os justos verdejarão qual uma folha." Coré foi quem confiou em sua riqueza, e ele pereceu; mas Moisés e Aarão verdejaram como uma folha.

NO MUNDO existiram dois homens ricos: Coré entre os judeus e Haman entre os pagãos; ambos pereceram por causa de suas mulheres.

A TERRA ABRIU a boca para tragar o bando de Coré. Muitas bocas abriram-se na terra, ou melhor, a terra ficou como um funil. Onde quer que se encontrasse alguém do bando de Coré ou uma parte de seus pertences, ela engolia.

Um objeto pertencente a alguém do bando de Coré rolava e era engolido pela terra, mesmo que uma outra pessoa o tivesse nas mãos. A agulha de uma pessoa do bando de Coré, que alguém de Israel tomara emprestado, também caía da mão e afundava-se na terra.

PARECE QUE um ismaelita disse ao mestre Raba bar Chana: Vem, mostrar-te-ei a garganta que engoliu Coré. Então o acompanhei — conta o mestre — e chegamos a um desfiladeiro do qual subia vapor. O ismaelita pegou um floco de lã, molhou-o e amarrou-o em volta de uma lança. Afundou-a na caverna e eis que a lã se queimou. Depois disse-me: Observa e escuta o que eles conversam lá dentro. Podia se ouvir as seguintes palavras elevarem-se: Moisés é verdadeiro, sua lei é verdadeira; nós, porém, o que dissemos é fraude e mentira. Cada trinta dias são virados para outro lado no inferno, como acontece à carne que se assa na panela. E novamente clamam: Moisés é verdadeiro e seu ensinamento é verdadeiro, nossas palavras, porém, são fraude e mentira.

Algum dia o Senhor os arrancará do inferno. A eles se refere Hana, a mãe de Samuel, em seu cântico: "O Senhor mata e torna a reviver; atira ao inferno e arranca de lá".

OS FILHOS DE Coré não ouviram o conselho do pai, mas seguiram o Ensinamento de Moisés; por esse motivo não sofreram aquela morte, não foram consumidos pelo fogo e não foram tragados pela terra.

OS FILHOS DE CORÉ eram como rosas, e não deviam queimar junto com os espinhos; o próprio Senhor acorreu e livrou-os da morte. Assim também está escrito nos Salmos: "Ao regente do coro nas rosas, salmo dos filhos de Coré.

15. O Povo Resmungador

PÔS-SE ISRAEL a reclamar amargamente contra o Senhor e falou: Acaso está em teu poder alimentar-nos no deserto? Sim, estava Deus em condições de preparar a mesa no deserto?

Assim, o Senhor viu que atacavam sua honra. Sua honra, porém, é como um fogo que consome. Assim fez vir um fogo sobre eles e o fogo consumiu tudo em sua volta. Então, em seu terror correram a Moisés e falaram: Preferimos ser conduzidos como carneiros ao matadouro, do que ser devorados pelas chamas. Ao ver sua aflição, Moisés intercedeu junto ao Senhor e a violência de fogo se aplacou.

O fogo, que viera do céu, desapareceu realmente da terra, mas não retornou ao céu, penetrou na Tenda e lá continuou a arder. Quando, então, Israel oferecia sacrifícios no deserto, o fogo saía da Tenda e os devorava. Esse é o mesmo fogo que devorou o bando de Coré. Nenhum homem entrega a alma a Deus, sem ser tocado por este fogo, aceso outrora pelo Senhor nos dias de peregrinação pelo deserto.

DEUS FALOU a Moisés: Por quanto tempo ainda este povo me vai irritar? Vou feri-lo com a peste e destruí-lo, mas transformarei a ti num grande povo. Então Moisés respondeu ao Senhor falando: Vê uma cadeira com três pernas * não pode sustentar-se. Se te zangares, como poderá então teu povo subsistir com uma única perna?

DEUS ENVIOU serpentes que picaram o povo resmungante. A serpente foi nos tempos primitivos a primeira a caluniar; agora foi enviada para castigar aqueles que caluniavam.

---

* Alusão aos três patriarcas.

DEUS FALOU a Moisés: Faze uma serpente de bronze e fixa-a sobre uma alta haste; aquele que for mordido e olhá-la, ficará com vida. — Uma tal serpente teria acaso poder de matar ou curar? Não, mas quando Israel olha para o céu e volta seu coração para o Senhor, cura-se da doença.

ISRAEL RESMUNGOU quando teve que atravessar o deserto, e certa vez a comunidade toda sublevou-se, levantou a voz e chorou a noite inteira. Mas era a noite do nono dia de Av. Então o Senhor falou-lhes: Vós vos lamentastes diante de mim sem motivo; vou preparar-vos para esta noite uma lamentação que perdurará por toda a eternidade. Nessa hora foi augurado que o Templo seria destruído e que Israel iria para o exílio; o dia da destruição do Templo foi o nono dia de Av...

CADA ANO, durante a peregrinação de quarenta anos pelo deserto, no nono dia do mês de Av, Moisés mandava anunciar através do acampamento: Saí e cavai. E todo o povo saía e cavava covas e cada qual se deitava numa delas. Na manhã seguinte, um novo chamado ecoava no acampamento: Que os vivos separem-se dos mortos. Então os que permaneciam vivos levantavam-se de suas covas, e eis que seu número diminuíra em quinze mil. Assim acontecia ano após ano, até morrerem seiscentos mil.

No último ano da peregrinação, procederam da mesma forma no nono dia de Av e eis que seu número permanecia completo, sem faltar ninguém. Acreditaram inicialmente ter errado na conta e que ainda não chegara o dia da morte; assim repetiram o procedimento nas cinco noites seguintes do mês e passaram cada uma delas em suas covas. Mas quando perceberam que ninguém mais morria, pensaram: Parece que Deus desistiu do mau decreto. Por isso, transformaram o décimo quinto dia de Av num dia de festa.

16. Sobre a Morte de Aarão

ATENTA PARA a devoção de Aarão! Quando Moisés o ungiu com o óleo da unção, derramando-o sobre sua cabeça, Aarão estremeceu e foi acometido de um arrepio. Disse: Meu irmão Moisés! Talvez eu não seja digno do óleo sagrado; talvez eu demonstre ser pecador e torne-me culpado do extermínio, pois acerca do óleo está escrito: Não deverá ser derramado sobre corpos humanos! Por isso, acerca de Aarão, a Escritura diz: "Como é belo e adorável irmãos morarem juntos em harmonia. É como o delicioso bálsamo que flui da cabeça de Aarão, para dentro de sua barba, e cai até sua roupa; é como o orvalho que desce do Hermon". O óleo da unção é comparado ao orvalho do Hermon, pois assim como nada pode ser falsificado em um, nada pode ser falsicado no outro.

O BASTÃO florescente de Aarão era um dos doze bastões que Moisés cortara de uma única vara; mas na ponta do bastão de Aarão estava escrito o verdadeiro nome de Deus e assim era o único entre os doze que florescia. O bastão carregava flores de amendoeira e não romãs ou nozes. Israel é comparado à amendoeira! E o bastão de Aarão tornou-se o cetro de todos os reis de Israel; quando Jerusalém caiu, ele foi escondido e algum dia o Messias o fará vibrar novamente.

AARÃO MORRERIA no monte Hor, isto é, num monte que por sua vez se situa sobre um outro monte,* como uma pequena maçã que se acha sobre uma maçã maior. Quando os filhos de Israel seguiam pelo deserto, a nuvem os precedia aplainando cada colina e elevando cada descida, a fim de que os filhos de Israel não tivessem muitas dificuldades com as subidas e descidas; e não apenas isso, mas ainda que todo o deserto se tornasse uma planície lisa, a Tenda, onde quer que fosse montada, ficava num lugar elevado. Mas, como símbolo dos milagres que o Senhor realizou no deserto, Ele deixou três montes e assim os distinguiu: o Sinai para sede da divindade, o Hor para local da morte de Aarão e o Nebo para que Moisés lá morresse.

DEUS DISSE a Moisés: Dize a teu irmão Aarão que é chegado o dia de sua morte. Moisés, porém, respondeu: Como poderei anunciar tal coisa a meu irmão?

Moisés e Aarão subiram ao Hor e Moisés começou a falar: Meu irmão Aarão, acaso Deus te confiou um penhor que Ele quer que tu restituas? Aarão respondeu: Meu irmão Moisés, a tenda e seus objetos me foram confiados, mas deixei algum dia de servir a este santuário? Ao que Moisés disse: Refiro-me ao candelabro de sete velas. Esse o Senhor entregou-te em penhor. Com isso Moisés referiu-se à alma de Aarão, conforme também está escrito: "A alma do homem é uma luz divina". Mas Aarão não entendeu o que Moisés queria dizer. Então Moisés falou: Aarão, é chegada a hora em que tens de morrer.

QUANDO Moisés despojou Aarão de suas vestes, despiu-o primeiramente só até os tornozelos. Perguntou a Aarão: Meu irmão, o que sentes? Este respondeu: Não sinto nada; apenas a nuvem divina envolve os membros dos quais tiras o envoltório. Moisés despiu-o até a cintura, e a nuvem o envolveu até a cintura. Moisés despojou-o de suas vestes até o pescoço e de novo perguntou ao irmão: Aarão, e agora, o que sentes? Como é a morte? Aarão respondeu: Continuo não sentindo nada exceto a nuvem envolvendo-me até o pescoço. Mas, no momento em que Moisés tirou todas as vestes de Aarão, a nuvem cobriu-o por inteiro. E Moisés chamou seu irmão: Ó Aarão, meu irmão Aarão! Como é a morte dos justos? Onde estás? E Aarão falou: Não posso revelar-te, só que desejaria ter chegado

---

* O nome Hor significa também monte.

aqui antes. Quando Moisés viu que foi assim o fim de seu irmão, desejou ele próprio morrer.

O SENHOR foi benevolente não só com Moisés, mas também com Aarão. Pois, quando Moisés e Eleasar desceram do monte Hor sozinhos, onde haviam subido anteriormente com Aarão, o povo comentou: Moisés e Eleasar deixaram Aarão no monte e desceram. Não acreditavam que Aarão havia expirado e recusaram-se a lhe prestar as últimas homenagens. Então Deus pegou o caixão de Aarão e o fez pairar acima do acampamento dos filhos de Israel. Acreditaram então em sua morte, prestaram-lhe todas as homenagens e lamentaram-no durante trinta dias. Moisés, quando morreu, só foi pranteado pelos homens; por Aarão choraram também as mulheres.

TODA A CASA de Israel chorou Aarão durante trinta dias. Quem poderia ver Moisés chorar, sem chorar também? Quem poderia ver Pinehas e Eleasar, os dois sumos-sacerdotes, derramarem lágrimas e permanecer alegre? O Senhor fez o caixão de Aarão pairar no ar e os anjos em serviço exaltavam seu louvor. Clamaram: A lei da verdade estava em sua boca, a injustiça não pairava em seus lábios.

AARÃO JAMAIS disse a um homem: Agiste mal — ou a uma mulher: Agiste mal. E quando encontrava um dos filhos de Israel no caminho, ainda que fosse pecador ou malvado, apresentava-lhe uma saudação de paz. E acontecia que, se tal pessoa, que fora cumprimentada por Aarão, queria praticar uma ação má, passava subitamente a pensar: Ai de mim! Como poderia depois olhar o semblante de Aarão? Teria de envergonhar-me e ele me saudou. Assim, todos eram impedidos de pecar. O mesmo ocorria quando dois homens do povo tinham uma desavença. Aarão entrava no meio e não descansava enquanto eles não se reconciliassem e aqueles que há pouco ainda eram adversários se abraçassem e beijassem. Por isso, quando Aarão morreu, toda a casa de Israel pranteou-o.

DEPOIS QUE Aarão morreu, as nuvens da glória desapareceram, os cananeus desejaram lutar com os filhos de Israel e Israel quis retornar ao Egito.

17. Seon e Og

SEON E OG foram ainda mais difíceis de vencer do que o faraó. E assim como depois da derrubada do faraó foi entoado um hino, após a derrubada dos dois reis, também deveria ter sido entoado um hino. Mas isso foi realizado posteriormente por David, compondo o Salmo: "O grande rei combateu e reis poderosos estrangulou: Seon, rei dos amorreus e Og, rei de Basan".

DEPOIS QUE os filhos de Israel haviam saído do Egito e o Senhor havia realizado tantos milagres, todos os povos da terra atemorizaram-se diante de Israel. Quando então se chegou à guerra contra Seon e Og, os amorreus perguntaram-se: Terá o povo que nos provocou para a luta, heróis valentes? Quantas tribos serão? Os perguntados responderam: São descendentes de três patriarcas. Então Seon e Og disseram: Então todo esse povo compõe-se de três tribos? Cinjamos nossas espadas e sigamos ao seu encontro; mataremos a todos.

SEON, O REI dos amorreus, era muito pesado e muito forte. Poderia até ser comparado a uma torre, tão alta que era. Nenhum homem lhe podia oferecer resistência. O que fez o Senhor? Prendeu o anjo protetor dos amorreus, derrubou Seon e entregou-o aos filhos ds Israel. Por isso, no profeta Amos consta: "Eu, porém, diante deles exterminei os amorreus, cuja altura igualava à do cedro e cuja força igualava à do carvalho, destruí no alto seu fruto e embaixo suas raízes".

QUANDO Moisés chegou com o povo de Israel diante da cidade de Edrei, em Basan, falou-lhes: Levantemos aqui nosso acampamento; amanhã cedo avançaremos e tomaremos a fortificação. Mas quando Moisés levantou-se de manhã, não pôde mais ver o muro; olhou fixamente para longe e viu o rei Og sentado sobre o muro, tocando o chão com os pés. Moisés falou: Não sei o que meus olhos vêem; parece que durante a noite ergueu-se um segundo muro. Deus, então, disse-lhe: Moisés, o que vês é Og!

O COMPRIMENTO das pernas de Og era de dezoito côvados. Ele arrancava montanhas e arremessava-as contra os filhos de Israel. Moisés, porém, apanhou uma pedra do chão, proferiu sobre ela o verdadeiro nome de Deus e assim deteve a montanha que caía. Israel clamou: Malditas as mãos que arremessaram montanhas. Os amorreus, porém, bradaram: Malditas as mãos que fazem as montanhas estacarem!

OG, O REI de Basan, jamais em sua vida conheceu uma cadeira de madeira, um banco de madeira, uma cama de madeira; jamais tinha se sentado sobre madeira, pois a madeira não o agüentaria e quebrar-se-ia sob seu peso. Todos os seus objetos eram de ferro, sua mesa era de ferro, sua cadeira era de ferro, seu banco era de ferro. Era de ferro tudo o que usava. "Seu leito era feito de ferro", diz a Escritura.

NOSSOS MESTRES dizem: Aquele que vir uma travessia de mar ou do Jordão, aquele que chegar aos ribeiros do Arnon, aquele' que vir grãos de cristal no caminho para Bet-Horon, em toda a parte onde o Senhor feriu os amorreus, pelo granizo, aquele que vir a pedra que Og quis arremessar contra Israel — aquele que vir essas coisas, que renda graças e louvor ao Senhor.

Mas esta é a história da pedra que Og quis arremessar contra Israel. Og falou: O acampamento de Israel deve medir três milhas; arranco uma montanha de três milhas de altura e a arremesso sobre eles; assim perecem de uma só vez. E realmente arrancou tal montanha da terra e colocou-a sobre sua cabeça. Mas o Senhor fez com que as formigas abrissem um buraco na pedra e ela caiu sobre o pescoço de Og. Ele tentou removê-la, tentou livrar-se dela, mas eis que lhe cresceram os dentes por todos os lados da boca e não permitiram que ele empurrasse a pedra para cima.

Moisés tinha dez côvados de altura; apanhou então um machado de dez côvados de comprimento, deu um salto de dez côvados de altura e bateu contra o tornozelo de Og, que caiu morto.

ABA SAUL conta: Eu era coveiro e uma vez persegui um veado; eis que deparei no campo com o osso ilíaco de um morto. Corri três milhas e não consegui caçar o veado, o osso, porém, não tinha fim. Quando retornei, contaram-me: Esse era o osso ilíaco de Og, o rei de Basan.

COMO CAÍRAM os amorreus? A uma ordem de Deus, duas vespas agarraram-se em cada um deles; e cada uma penetrou num olho do inimigo e encheu-o de veneno. O olho estourou e o homem caiu morto na terra.

Alguns, porém, pensam que o temor a Israel deles se apossara e os paralisara, e assim foram mortos.

POR ISSO, no livro sobre as guerras do Senhor consta: "O Waheb em Sufa e os ribeiros do Arnon". O que teria acontecido ali?

O Senhor mostrou nesses lugares milagres maiores do que os da travessia do Mar de Juncos. Pois o rio Arnon corria entre duas montanhas; uma era cheia de cavernas e ali escondiam-se os inimigos, a outra apresentava uma porção de abaulamentos em sua superfície, que se sobressaíam como seios. Israel devia primeiro escalar esta montanha e depois descer até o rio. Os povos nas cavernas alegraram-se e disseram: Se agora Israel descer até o rio, sairemos de nossos esconderijos e cairemos sobre eles para aniquilá-los. Mas o Senhor então fez um sinal às montanhas; elas se juntaram de maneira que as elevações de uma se comprimiram nas cavernas da outra e os inimigos pereceram miseravelmente. E o povo de Israel transpôs os cimos das duas montanhas que se haviam unido, formando um caminho firme, e nada souberam do milagre que acontecera. Então o Senhor falou: Quero levar ao conhecimento de meus filhos, quantos exércitos exterminei por sua causa. E a água do poço penetrou nos buracos da terra e de lá trouxe à tona um sem-número de crânios, braços e pernas.

18. Balak e Bileam

OS MOABITAS se atemorizaram diante dos filhos de Israel e por isso pediram auxílio aos anciões dos midianitas. Moab e Midian jamais haviam convivido em paz; mas, diante da perspectiva duma guerra contra Israel, uniram-se.

Quem saberia de uma parábola a este respeito? Certa vez, junto a um rebanho, havia dois cães que sempre brigavam e ladravam um contra o outro. Apareceu, então, um lobo querendo roubar um dos carneiros e um dos cães, por não querer permiti-lo, lutou com ele. Naquele momento o outro cão pensou: Se agora eu não auxiliar o meu companheiro e ele vier a morrer, amanhã o destino me alcançará. Assim, os dois cães reconciliaram-se e ambos se defenderam contra o lobo.

Um sábio disse: Para esta história, serve o dito: Gato e doninha fizeram uma refeição com a gordura do cão que passava mal.

POR QUE MOAB se dirigiu justamente aos anciãos dos midianitas? Viram como os filhos de Israel saíram vitoriosos e como sua força parecia sobre-humana. Então pensaram: O chefe deste povo cresceu em Midian; informemo-nos, portanto, com os midianitas qual é a sua índole. Os anciãos de Midian responderam: A força de Moisés está apenas em sua boca. Então Moab disse: Assim sendo, enviaremos contra eles um homem, cuja força também está em sua boca. — E Balak mandou chamar Bileam.

BALAK ERA um grande feiticeiro e havia construído, artificialmente, um pássaro que adivinhava: a cabeça era de ouro, a boca de prata, as asas de bronze e prata ao mesmo tempo, o corpo e também as patas de ouro; inseriu nessa figura a língua do pássaro Jadua, que sabia tudo. Pendurou o pássaro numa janela, deixando-o, de dia, tomar sol, e, de noite, ser iluminado pela lua; além disso, queimou incenso diante do pássaro durante sete dias. No sétimo dia, a língua na boca do pássaro começou a se mexer. Balak tocou-a com uma agulha de ouro e o pássaro começou a falar coisas formidáveis. Dessa forma, Balak viu e ficou sabendo de coisas que nenhuma outra pessoa vira e ficara sabendo; ouviu sobre a passagem de Israel e acerca da vitória sobre Seon e Og.

E BALAK, o rei dos moabitas, soube da vinda de Bileam. Por aí, poderás entrever que Bileam lhe havia enviado mensageiros para anunciar sua chegada. E Balak seguiu ao encontro de Bileam na capital dos moabitas, que se situa na fronteira extrema do Arnon. Por que foi ao seu encontro até a fronteira do país? Com isso quis ao mesmo tempo dizer-lhe: Estas fronteiras estão determinadas desde os dias de Noé, para que futuramente nenhum povo ultrapasse a demarcação de seu vizinho; este povo, porém, vem para apagar as fronteiras. Portanto, amaldiçoai-os!

E Balak relatou a Bileam como Israel havia procedido com as fronteiras de Seon e Og.

QUANDO OS mensageiros de Balak chegaram a Bileam, Deus falou-lhe: Não sigas com eles! Bileam, então, pensou: Amaldiçoá-los-ei do meu próprio lugar. Mas Deus falou: Não pronunciarás nenhuma maldição sobre este povo. Bileam disse: Então vou abençoá-lo. Mas Deus falou pela terceira vez: Eles não necessitam de tua bênção; pois esse povo é abençoado! Muita gente também fala assim à abelha: Não quero conhecer teu ferrão, não quero experimentar teu mel!

A JUMENTA de Bileam foi criada no sexto dia da Criação. Jacó deu-a de presente a Bileam; esperava que Bileam desistisse de aconselhar o faraó contra Israel.

E DEUS ABRIU a boca da jumenta. Com isso Deus mostrou a Bileam, que também a boca humana deve obedecer a Deus; o homem não pode proferir maldição quando Deus quer que seja bênção.

Mas Deus fez a jumenta morrer, assim que terminou de falar; pois, do contrário os pagãos tê-la-iam mostrado a todo o povo como aquela cuja boca falava palavras humanas, e ter-lhe-iam prestado homenagens divinas.

ATÉ ONDE teria penetrado a voz de Bileam? Um sábio disse: Por sessenta milhas. Um outro relatou que setenta povos escutaram a voz de Bileam. Um terceiro disse: Deus emprestou tamanha força à voz de Bileam, que ela ecoou de uma extremidade do mundo até a outra. Viu os povos adorarem o sol, a lua, as estrelas ou madeira e pedra; por isso deu poder à voz de Bileam e ela foi ouvida por todas as tribos da terra.

"E DAÍ EM diante nenhum profeta levantou-se em Israel, que pudesse se igualar a Moisés." Em Israel, ninguém se levantou, mas um homem levantou-se entre os demais povos da terra, a fim de que não pudessem dizer: Se tivéssemos um profeta igual a Moisés, também teríamos servido a Deus. Mas quem era seu profeta? Era Bileam.

A profecia de Moisés tinha três características, que faltavam à profecia de Bileam: Enquanto Deus falava com Moisés, este permanecia ereto; Bileam, porém, caía por terra. Com Moisés, Deus falava cara a cara; Bileam era apenas um ouvinte da fala divina. Com Moisés, Deus mantinha simples diálogos, com Bileam falava através de fábulas e provérbios. Por outro lado, a profecia de Bileam possuía três vantagens que faltavam à profecia de Moisés, e essas eram: Moisés não sabia quem falava com ele, Bileam sempre o sabia; Moisés também não sabia quando o Senhor falaria com ele, Bileam, porém, o percebia. E em terceiro lugar, Bileam podia invocar o Senhor em qualquer tempo e falar com Ele.

QUANDO O sacerdote Pinehas seguiu para Midian com todos os seus exércitos, o malvado Bileam avistou-o, e, então, converteu seus braços em duas placas de pedra e lançou-se para o alto, graças ao sagrado nome de Deus, que sabia proferir. Mas também Pinehas voou para os ares, também ele converteu seus braços em pedra e perseguiu o feiticeiro, até encontrá-lo diante do trono da glória de Deus. Então o agarrou, desceu com ele e levou-o diante de Moisés, tendo sido sentenciado pelo tribunal e morto. Assim morreu Bileam.

19. Peor

A ALDEIA de Sitim era uma fonte de iniqüidade, e sua água era a bebida da população de Sodoma. O povo começou a se entregar à libertinagem com as filhas de Moab.
Atira um pau ao ar e ele cairá no lugar em que está sua raiz. As mães de Amon e Moab haviam se entregado à libertinagem; a mais velha disse à mais jovem: Vamos dar vinho a nosso pai e dormiremos com ele — as filhas, portanto, seguiram o seu exemplo.
Foram elas que, a conselho de Bileam, afastaram Israel do Senhor. Montaram tendas e lá dentro puseram meretrizes, que ofereciam todas as espécies de coisas concupiscentes. Uma velha ficava sentada à entrada da loja e no interior, atrás da cortina, ficava uma jovem prostituta. Quando os rapazes de Israel passavam diante das tendas, a fim de comprar um objeto qualquer, eram abordados pela velha que dizia: Moço, não desejas adquirir algo belo, uma veste de linho da cidade de Bet-Schean? E apresentava-lhe a peça aos olhos, dizendo: Vem para dentro da loja, ali verás coisas ainda mais bonitas. A velha também sempre dizia um preço mais alto e a moça, um menor. Em seguida, a moça falava: Senta-te aqui como em tua própria casa; senta-te e lava-te. Na tenda havia uma jarra de vinho, e a moça estava enfeitada e recendia a especiarias. Ela continuava: Por que é que nós, que vos amamos, apenas encontramos ódio de vossa parte? Fica com o objeto que tens nas mãos de graça e sem dinheiro. Afinal, somos todos filhos do mesmo pai, Taré, o pai de Abraão. Não quereis participar dos nossos sacrifícios de animais e de nossas oferendas. Assim sendo, tomai bezerros e galos, imolai-os de acordo com o vosso mandamento e comei-os. E o jovem, embriagado pelo vinho e excitado pelo Satã, em tudo concordava com a prostituta. Depois, quando exigia que lhe fizesse a vontade, ela dizia: Não te atenderei antes de levares um sacrifício a Peor e adorá-lo. E ele fazia tudo o que ela ordenava.
Assim, Israel consagrou-se a Peor. De início, cada um o fazia secretamente, depois praticavam aos pares e abertamente. Então o Senhor disse a Moisés: Reúne os chefes do Sinédrio em tribunal para castigar todos aqueles que adoraram Peor. Moisés perguntou: Como poderão ser descobertos? O Senhor respondeu: Vou revelá-lo; aquele que adorou o ídolo, dele afastou-se a nuvem e o sol o ilumina em meio à comunidade.
E eis que veio um homem dos filhos de Israel, de nome Simri, e trouxe para diante de seus irmãos uma esposa midianita de nome

Cosbi, filha de Zur. Ela, porém, falou: Não obedeço a ti, obedeço apenas a Moisés, vosso mestre; assim nos ordenou Balak, nosso rei. O marido israelita falou: Sou tão grande quanto Moisés; conduzir-te-ei a ele sob os olhos de toda a comunidade. Agarrou-a pelos cachos, levou-a à presença de Moisés e disse-lhe: Tu, filho de Amram! Unir-me a essa mulher é permitido ou não? Moisés respondeu: É proibido. Simri, então, retrucou: A mulher que tomaste, não é também midianita? Então os braços de Moisés afrouxaram, o espírito abandonou-o e ele começou a chorar.

QUANDO Simeão e Levi exaltaram-se certa vez com a impudicícia! Seu descendente, todavia, o príncipe da tribo de Simeão, não pensou na ação de seu ancestral; não impedia o modo de vida dos jovens e ele mesmo cortejava uma midianita sob os olhos de todos. Os chefes do povo, Moisés, Eleasar e Pinehas, viam o anjo da morte aproximar-se; ali estavam, choravam e não sabiam o que fazer.

VENDO ISSO, Pinehas, filho de Eleasar, levantou-se no meio da comunidade. Tomou uma lança na mão, quebrou a ponta de ferro e ocultou-a em seu peito, apoiando-se no bastão. Receava que sua estirpe o impedisse de agir. Perguntaram-lhe para onde ia. Então respondeu que também ia procurar uma cortesã. Assim penetrou no aposento onde Simri, abertamente e sem pudor, coabitava com uma filha de Midian.

PINEHAS enfiou a lança nas costas do homem e traspassou a mulher; enfiou a lança na terra através dos corpos dos dois enamorados, de modo que sob o cabo podia se ver dois corpos, em cima o homem e embaixo dele, a mulher. E Pinehas ascendeu a juiz e castigador em Israel; castigava os jovens e arrastava os namorados por todos os cantos do acampamento, para que o povo os visse e temesse. Quando o Senhor viu o que Pinehas fizera, pôs fim à epidemia.

O nome de Pinehas, porém, tornou-se perante o Senhor igual ao nome de Elias, o tesbita, e Ele concedeu-lhe vida temporal e eterna. Concedeu-lhe e à sua descendência a aliança do sacerdócio perpétuo.

MOISÉS HAVIA enterrado o espírito da corrupção numa cova. Quando Israel cometia pecado, o soterrado abria a boca para ferir Israel com seu alento. Por esse motivo era chamado de Peor.* Moisés, porém, proferiu o Nome sagrado e o corrupto retornou à cova.

Mas como foi após a morte de Moisés? Deus colocou sua sepultura em frente à cova de Peor. Assim, cada vez que Peor quer se levantar e exterminar Israel, avista a sepultura de Moisés e retrocede assustado.

---

* Pa'ar, abrir (a boca).

20. Nebo

NUM SÓ ANO morreram os três justos: Moisés, Aarão e Míriam, e Israel não se alegraria mais por muito tempo. Cumpriu-se a sentença: "Exterminei três pastores num mês". É certo que estes não foram levados em um mês, mas no decorrer de um ano; mas cada um deles ainda dera valiosa dádiva a Israel, e estas três coisas prodigiosas perderam-se no decorrer de um mês. Refiro-me ao poço de Míriam, à coluna de nuvens e ao maná. O maná viera por intermédio de Moisés, a coluna de nuvem, por Aarão e o poço, por Míriam.

Depois que Míriam morreu, o poço devia secar, mas passou para a mão de Moisés; quando Aarão morreu a coluna de nuvem devia desaparecer; contudo, foi dada a Moisés. Mas agora que a vida de Moisés chegara ao fim, os favores deixaram de existir e não retornaram. Nessa hora Israel empobreceu e foi despojado de todos os benefícios.

E MOISÉS falou aos filhos de Israel: Estou hoje com a idade de cento e vinte anos. Isso deverá te ensinar que o Senhor arredonda a vida dos justos e completa seus anos.

E Moisés prosseguiu: Já não posso mais ir nem vir. Como deve ser entendido isso? Pois mais abaixo está escrito: sua vista não se havia obscurecido nem havia esgotado seu vigor. E também conta-se: E Moisés subiu do campo dos moabitas ao monte Nebo. Mas dos campos de Moab até o monte Nebo há doze degraus e Moisés os atravessou num lance. Assim, um sábio explica as palavras: Não posso ir nem vir — de forma que Moisés já não se entendia mais nos caminhos da lei, pois as portas da sabedoria lhe ficaram fechadas.

Moisés e Josué apresentaram-se à Tenda da Reunião. Esta era uma reunião de dois iguais; depois, o poder foi tomado de um e dado ao outro.

CHEGADA A HORA em que Moisés devia morrer, o Senhor falou ao mensageiro da morte: Apressa-te e busca a alma de Moisés. O anjo exterminador foi para o lugar em que Moisés deveria se encontrar, mas não o achou lá. Então foi para junto do mar e perguntou: Onde estará o filho de Amram? O mar respondeu: Depois que ele conduziu Israel para fora do Egito e com eles atravessou as minhas águas, não o vi mais. Em seguida, o anjo perguntou aos montes e aos vales se não haviam visto Moisés. Estes responderam: Não o vemos desde que Israel recebeu o ensinamento no monte Sinai. O anjo exterminador procurou-o no submundo e no inferno e até perguntou: Vistes o filho de Amram? Eles responderam: Já ouvimos seu nome, mas nunca avistamos seu semblante. Então o anjo da morte perguntou aos anjos em serviço, o que disseram: Procura-o entre as criaturas humanas.

O DIA EM que Moisés devia expirar, queixou-se ao Senhor e disse: Senhor do Mundo! Eu não afrouxarei e nem terminarei meu trabalho para que Moisés viva eternamente. Mas nossos mestres contam assim: Como Moisés sabia que devia morrer nesse dia, escreveu treze rolos de Torá; distribuiu doze entre as tribos, e colocou a décima terceira na arca, para que, se mais tarde fosse falsificada uma palavra, a verdadeira pudesse ser comprovada pelo décimo terceiro rolo. E Moisés pensou: Durante o tempo em que eu estiver ocupado com o Ensinamento, o qual, afinal, é a própria vida, o dia passará e a sentença de morte será nula.
O que fez o Senhor? Fez um sinal ao céu e este não escureceu, permanecendo claro.

MOISÉS FALOU a Deus: Senhor do Mundo! Os ossos de José deverão ir para Canaã, e eu não chegarei lá? Deus respondeu-lhe: Somente aquele que se confessa a favor de meu país deverá ser enterrado lá. José não negou sua origem; acerca dele sua ama disse: Trouxeram-nos um servo hebreu. E ele não o contestou e disse, ainda: Fui raptado secretamente do país dos hebreus. Por essa razão, foi enterrado no meu país. Tu, porém, não te confessaste a favor de teu país, portanto, também não serás enterrado lá. Como aconteceu isso? As filhas de Jetro falaram ao pai: Fomos salvas por um egípcio. Moisés, ouviu isso, mas permaneceu calado.

MOISÉS CONTINUOU suplicando. Falou: Senhor do Mundo! Já que me foi imposto não conduzir este povo ao país, na qualidade de rei, deixa-me entrar lá como simples homem. Mas o Senhor respondeu: Quem é rei não pode entrar no país como simples homem. Contudo, Moisés não desistiu e falou: Se não me é permitido entrar no país como rei e nem como simples homem, deixa-me chegar lá através dos caminhos subterrâneos da caverna de Cesaréia. Mas o Senhor falou: Mesmo assim não chegarás lá. Então Moisés falou pela última vez: Senhor do Mundo! Muito bem, Senhor, se estou impedido de chegar ao país como rei, como simples homem ou através da caverna de Cesaréia, então concede-me que os meus ossos atravessem o Jordão. Mas o Senhor respondeu-lhe: *Não atravessarás este Jordão.*

MOISÉS DISSE a Deus: Deixa-me ao menos ver o país com os meus próprios olhos. Então o Senhor lhe falou: Sobe ao cume do monte Pisga e ergue teus olhos em direção ao norte e em direção ao sul, em direção ao leste e em direção ao oeste; sobe, olha em volta e examina com teus olhos.

Moisés desejou ver o Templo e o Senhor mostrou-lhe. Ainda o fez ver Sansão, filho de Manoac, bem como Barak e Débora, Josué, o comandante, e o rei David, portando o cetro; Moisés, pôde ver todo o ocidente, até mesmo os túmulos dos pais, que se situavam em direção ao sul, bem como ainda Gog e seus bandos.

E MOISÉS subiu do campo dos moabitas ao monte Pisga. Isso não era uma descida, mas sim uma ascensão. O Senhor mostrou-lhe a corrente de reis, que iriam provir da moabita Ruth. Mostrou-lhe ainda a corrente de profetas, que se originariam da hospedeira Raab. Mostrou-lhe o país de Israel, em profunda paz e como mais tarde seria tiranizado e oprimido pelos inimigos. Mostrou-lhe também o Templo, firmemente fundado e estruturado, e o mesmo Templo, destruído e devastado.

E mostrou ainda o Senhor a Moisés todos os quatro cantos do mundo: Norte, sul, leste e oeste, também desfrutando a paz e atormentados pela guerra. Deixou-o ver o mundo todo, desde o dia da Criação até o dia da ressurreição dos mortos, e também o Jardim do Éden com os justos que lá passeavam.

21. A Morte de Moisés

"AINDA QUE sua altura alcance o céu e sua cabeça toque as nuvens", está escrito no livro de Jó. Isto refere-se a Moisés, pois ele subira ao céu, sentira as nuvens perto de si e em tudo se igualara às hostes celestiais; falara com o Senhor cara a cara e recebera o Ensinamento de suas mãos. No entanto, o seu fim aproximava-se, e ele ouviu do Senhor as seguintes palavras: O dia de tua morte não está longe! Então Moisés falou: Senhor do Mundo! Então meus pés pisaram em vão nas nuvens, em vão corri como um ginete à frente de teus filhos; também o meu fim será com os vermes? Mas o Senhor falou: Moisés, já a Adão, o primeiro homem infligi a morte. Moisés respondeu: Senhor do Mundo! Adão mereceu sofrer a morte; a ele foi dado apenas um mandamento simples, o qual ele não cumpriu e, portanto, teve que morrer. Então o Senhor falou: E Abraão, que santificou meu Nome, acaso não morreu? Moisés retrucou: Abraão gerou Ismael, cuja estirpe te irritou sendo destruidores de tendas e violentadores. O Senhor continuou: Mas tens também Isaac que voluntariamente ofereceu seu pescoço ao cutelo e mesmo assim morreu! Moisés respondeu: Isaac? Dele proveio Esaú, que algum dia devastará o teu Templo e queimará teu palácio. O Senhor continuou: Bem, então Jacó: Nesse não se pode encontrar mácula! Moisés retorquiu: Mas Jacó nunca esteve no céu, seus pés não tocaram uma nuvem e tu não falaste com ele face a face; também não recebeu nenhum Ensinamento da tua mão. Então o Senhor falou: Basta! Não fales mais nenhuma palavra comigo.

Moisés falou: Bem sei que as gerações futuras dirão de mim que só fiz tua vontade durante a juventude, mas na velhice não. Mas o Senhor retrucou: Já disse há muito: vós pecastes contra mim. Moisés falou: Deixa que seja a tua vontade, que eu chegue ao país só por pouco tempo; depois morrerei. O Senhor respondeu: Não porás os pés no país. Moisés falou: Já que não chegarei lá em vida, deixa que chegue lá após a minha morte. O Senhor retrucou: Nem vivo e nem depois de morto. Moisés perguntou: Por que há de cair toda essa ira sobre mim? O Senhor respondeu: Porque não me santificaste. Moisés falou: Tratas todas as criaturas com a medida da clemência e demonstra-lhes benevolência duas e três vezes; a mim, porém, que cometi apenas um pecado, não queres perdoar. Ao que Deus disse: Moisés, cometeste seis delitos; só que até agora não te revelei nenhum. Inicialmente te recusaste a ir ao faraó e disseste: "Envia a quem quiseres". Em segundo lugar, ousaste dizer-me: "E tu não livraste teu povo". Em terceiro, foste descrente quando eu disse que alimentaria o povo com carne durante um mês; falaste então: "Devemos abater carneiros e bois que lhes sejam suficientes?" Em quarto, disseste na revolta do bando de Coré: "Se estas pessoas morrerem como morrem todos os homens, é sinal de que o Senhor não me enviou". Em quinto, falaste com a comunidade, quando eu te ordenei bater na rocha para que dela saísse água e disseste: "Escutai, desobedientes, tiraremos água para vós deste rochedo?" Em sexto, falaste: "Apresentastes-vos em lugar de vossos pais, uma raça de pecadores". Acaso Abraão, Isaac e Jacó foram pecadores, para te atreveres a falar de tal modo?

Então Moisés falou: Eu sou um só e os filhos de Israel são sessenta miríades; quantas vezes pecaram contra ti e, cada vez que eu pedia perdão por eles, tu os perdoavas. Tiveste consideração com sessenta miríades e comigo não tens! O Senhor retrucou: Moisés, não é a mesma coisa se é castigado um indivíduo ou toda uma comunidade. Há pouco ainda eras senhor de tua vida, agora não o és mais. Moisés falou: Senhor do Mundo! Levanta-te do trono do rigor e senta no trono da indulgência. Deixa-me morrer e deixa que se expiem meus delitos através de dores, que poderás trazer sobre meu corpo. Não me deixes cair no laço da corda do carrasco, depois anunciarei teu louvor a todos que nascerem. Mas o Senhor respondeu: Esta é a porta do Senhor, por ela passarão os justos; sempre esteve aberta e a morte foi destinada às criaturas desde o início.

Vendo Moisés que o Senhor não se deixava abrandar, dirigiu-se ao céu e à terra e falou-lhes: Pedi misericórdia para mim. Mas estes disseram: Antes de pedirmos para ti, pediremos piedade para nós. Pois o profeta diz: "O céu se desvanecerá como fumaça e a terra envelhecerá como uma veste". Moisés, então, foi às estrelas e aos planetas e pediu que intercedessem em seu favor. Mas, também, estes responderam como o céu e a terra, dizendo: Acerca de nós também está escrito: "O exército do céu murchará". Ele foi às montanhas e elevações e pediu sua interferência. Mas recebeu a mesma resposta; elas falaram: Também nós necessitamos de misericórdia, pois está escrito: "As montanhas deverão recuar e as colinas cair". Moisés então foi ao grande mar e falou-lhe: Pede misericórdia para mim. Então o mar disse: Filho de Amram, em que é diferente este dia dos outros? Não és tu o Moisés, que veio a mim com o bastão, que com uma batida abriu doze caminhos dentro de mim e ao qual eu não pude resistir, porque o Senhor te conduzia com seu braço poderoso? O que então te aconteceu? Mas quando o mar mencionou os atos da juventude de Moisés, este desatou a gritar e chorou: Quem me dera ser como nas luas anteriores, quando Deus me protegia! Quando te atravessei, eu era rei do mundo, agora rastejo no pó e ninguém me olha.

Por fim Moisés foi a Metratron, o príncipe interno, pedindo-lhe que fosse seu intercessor. Este, porém, respondeu: Moisés, para que todo esse esforço? Já ouvi anunciar alto, atrás da cortina, que tua prece não será atendida. Aí Moisés pôs as mãos na cabeça, chorou, desatou em gritos e clamou: A quem pedir misericórdia agora?

Nessa hora, o próprio Senhor passou diante do semblante de Moisés, e este clamou: Senhor, Senhor, Deus, misericordioso, clemente, indulgente e de grande benevolência e dedicação! A tormenta, então, acalmou-se e Deus disse a Moisés: Fiz dois juramentos: um é que morrerás, o outro é que em compensação jamais arruinarei Israel. Se anular o primeiro juramento, tenho que anular também o segundo. Se queres permanecer vivo, então Israel deve perecer. Então Moisés exclamou: Senhor, armas enredos contra mim, seguras a corda pelas duas extremidades; que Moisés e mil de seus iguais encontrem o fim, contanto que ninguém de Israel pereça!

No entanto, Moisés continuou: Senhor do Universo! Os pés que escalaram o céu, o semblante que refletiu o sublime brilho de tua majestade, as mãos que receberam o Ensinamento da tua mão — tudo isso deverá se tornar pó? Não dirão então todas as criaturas: Se Moisés, que foi como os anjos e que falou com Deus face a face, não soube dar resposta, ao ter de morrer — o que é que saberá uma simples criatura de carne e sangue, que vai vivendo sem lei e sem mandamentos? Ao que o Senhor falou: Por que te afliges tão amargamente? Moisés respondeu: Temo o anjo exterminador. Então o Senhor falou: Não serás entregue a ele. Moisés disse: Senhor do Mundo! Os dentes de minha mãe Jochebed ainda estão embotados pela morte de seus dois filhos; deverão ficar ainda mais embotados por minha morte? O Senhor replicou: Esta é a minha decisão, e esta é a evolução do mundo; as gerações vêm e perecem e o mesmo ocorre com seus protetores, provedores e dirigentes. Até agora cabia a ti servir-me, agora o teu discípulo Josué vem em teu lugar. Então Moisés disse: Senhor, se devo morrer por causa de Josué, então quero tornar-me seu discípulo. Deus respondeu: Então vai, e faze o que disseste.

Assim, Moisés levantou-se cedo e postou-se à porta de Josué. Josué estava sentado e ensinava. Moisés, porém, inclinado, colocou a mão sobre a boca e permaneceu oculto a Josué. Os filhos de Israel dirigiram-se à tenda de Moisés e indagaram: Onde está o nosso mestre? Receberam como resposta: Ele saiu de manhã e entrou na tenda de Josué. E realmente o encontraram lá; viram Josué sentado e Moisés humildemente em pé. Então falaram a Josué: Como é estranho a maneira de te comportares! Moisés, nosso mestre, permanece em pé e tu ficas sentado na tua cadeira. Só então os olhos de Josué avistaram Moisés; rasgou suas vestes, gritou, chorou e clamou: Meu senhor, meu pai, meu mestre! E todo o povo de Israel falou a Moisés: Moisés, ensina-nos a lei! Mas Moisés respondeu: Não devo mais fazê-lo. E uma voz ecoou e bradou: A partir de agora vosso mestre será Josué. E o filho de Nun passou a sentar à cabeceira, Moisés sentado à sua direita, os filhos de Aarão à sua esquerda, e ele interpretava a Escritura na presença de Moisés.

Um sábio relata: Quando Josué disse a sentença: Louvado aquele que escolheu os justos — os sinais de sabedoria foram tirados de Moisés e transferidos a Josué, e Moisés não sabia mais o que Josué falava. Terminado o ensinamento, os filhos de Israel falaram a Moisés: Dize tu a palavra final do trecho de hoje. Ele, então, respondeu: Nada mais sei para vos dizer. E ele estava como que cambaleante e curvado. Nesse momento clamou a Deus: Senhor do Mundo! Até o dia de hoje eu te implorava por viver; agora, porém, a minha alma te pertence.

Mas, quando Moisés concordou com a morte, o próprio Senhor começou a clamar, e falou: Quem me auxiliará contra os malfeitores? Quem assistirá Israel na hora da minha ira? Quem fará suas guerras, quem pedirá misericórdia por eles? Então Metatron caiu aos pés de Deus e falou-lhe: Senhor do Mundo! Moisés é teu, vivo ou morto!

Um rei tinha um filho com quem vivia em discórdia e a quem queria matar, porque não cumpria o mandamento do respeito para com ele. Mas a mãe do rapaz era sua intercessora e sempre afastava o mal de perto dele. Depois de certo tempo aconteceu que a rainha morreu e o rei a pranteou. Os cortesãos perguntaram: Por que choras? O rei respondeu: Não lamento apenas a perda da minha mulher; entristeço-me por ela e ao mesmo tempo por meu filho; pois sempre que eu me zangava com ele, sua mãe colocava-se entre nós dois, de modo protetor. — Assim também o Senhor respondeu a Metatron: Não me aflijo apenas por Moisés, mas por ele e por Israel; pois, tantas vezes quantas eles me encolerizaram, ele intercedeu em seu favor e afastou deles a minha ira.

Em seguida foi anunciado a Moisés: É chegada a hora em que deves deixar o mundo. Ele respondeu: Aguardai apenas até que eu tenha abençoado Israel; enquanto vivi, não os deixei em paz com meus castigos e minhas repreensões. E começou a abençoar cada tribo em separado. Mas quando viu que o tempo urgia, incluiu todos numa grande bênção. E realmente, de novo lhe foi dito: Tua última hora bateu! Então falou aos filhos de Israel: Eu vos causei muito temor com a lei e os mandamentos; mas agora perdoai-me. Eles responderam: Nosso senhor e mestre, estás perdoado. E os filhos de Israel, por sua vez, falaram: Moisés, nosso guia e chefe! Freqüentemente te encolerizamos e te demos muito trabalho e tormento; perdoa-nos! Ele respondeu: Estais perdoados. Mas eis que novamente foi anunciado a Moisés: Chegou o último instante! Então, ele falou: Louvado seja o Nome daquele que vive e existe para todo o sempre! E a Israel falou: Concedei-me um favor: Recordai-vos de meus ossos, quando entrardes no país, e dizei: Ai do filho de Amram, que correu à nossa frente como um ginete e cujos ossos ficaram no deserto. Mas o aviso ecoou pela terceira vez: Num instante o fim estará aí! Então Moisés dobrou suas mãos; colocou-as sobre seu coração e falou: Vêde o filho do homem o seu fim! O povo disse: As mãos que receberam a Torá, afundar-se-ão na terra! E a alma de Moisés deixou o seu corpo através dum beijo, conforme está escrito: "Moisés, o servo de Deus, morreu ali pela boca do Senhor".

Antes de morrer, Moisés implorou ao Senhor, dizendo: Concede-me o favor, não me entregues ao anjo da morte. Ao que o Senhor respondeu-lhe: Não temas, eu mesmo cuidarei de ti, tua morte e teu sepultamento serão minha preocupação.

Moisés, então, levantou-se, purificado e semelhante aos serafins. O Senhor, porém, desceu do céu, para receber a alma de Moisés, acompanhado por três anjos em serviço: Michael, Gabriel e Zagzagael. Michael preparou o leito para Moisés, Gabriel estendeu um pano de bisso por cima, Zagzagael permaneceu aos pés de Moisés. O Senhor falou a seu servo: Moisés, olha com um dos teus olhos por sobre o outro. Moisés assim fez. Depois Deus falou: Põe tua mão sobre o peito. Moisés cumpriu a ordem. O Senhor continuou: Coloca teus pés um sobre o outro. Isso também aconteceu. O Senhor então chamou a alma de Moisés, que ainda estava em seu corpo e falou: Filha, cento e vinte anos foi o tempo que determinei que permanecesses no corpo de Moisés; agora é chegada a hora em que deves deixá-lo; evola-te e não demores. A alma, porém, respondeu: Senhor do Mundo! Sei que és Deus de todos os espíritos e de todas as almas, as almas dos vivos e dos mortos estão em tua mão. Tu me criaste, me formaste e me fizeste morar no corpo de Moisés durante cento e vinte anos. Existe acaso um corpo que seja mais puro do que o de Moisés? Aquele que nunca será tomado pelo mau cheiro; aquele que o verme e o bicho não devorarão? Amo-o por isso; e não quero abandonar seu corpo. Mas o Senhor falou: Tu, alma de Moisés, sai do corpo e não permanesas lá por mais tempo; elevar-te-ei ao extremo de todos os céus e fazer-te-ei morar sob o trono de minha glória, junto aos querubins, serafins e as outras hostes. Todavia, a alma continuou: Senhor do Mundo! Certa vez dois de teus anjos, Aza e Azael, desceram das alturas para a terra; desejavam as filhas dos homens e corromperam-se no seu trajeto pela terra; por isso, tu os deixastes suspensos entre o céu e a terra. Este filho de Amram, no entanto — desde que tu lhe apareceste na sarça, não mais se uniu à sua mulher; imploro-te, deixa-me permanecer em seu corpo...

Nessa hora, o Senhor deu um beijo nos lábios de Moisés e tomou-lhe a alma através do beijo de sua boca. E Deus chorou e disse: Quem me assistirá contra os ímpios, quem estará a meu lado contra os malfeitores? O espírito santo clamou: Não mais surgirá profeta igual a Moisés. Os céus choraram e bradaram: Os devotos não mais estão na terra. A terra chorou e disse: Os justos não mais estão entre os homens. Josué procurou seu mestre e não o encontrou; então chorou e disse: Os santos diminuíram e são poucos os crentes entre os seres humanos. As hostes falaram: Ele praticou justiça. E Israel clamou: E também os direitos de Israel. Uns e outros falaram: E os que caminharam certo diante de Ti, alcançaram a paz e repousam sobre seus leitos.

A recordação dos justos é abençoada e suas almas têm vida eterna.

DEPOIS QUE Moisés morreu, Josué chorou e gritou e pranteou-o por muito tempo, até que o Senhor lhe disse: Josué, por quanto tempo ainda irás te lamentar? Acreditas que morreu apenas para ti? Acaso não o perdi Eu também? A tristeza não me abandona desde o dia de sua morte, conforme diz o profeta: "Por isso o Senhor mandará chamar nessa ocasião, a fim de que se chore e lamente".

22. O Escriba da Escritura

ASSIM MORREU Moisés, o grande escriba da Escritura. E doze vezes doze milhas em volta do acampamento de Israel podia se mente aos levitas que colocassem a Torá na Arca Santa; e estaria
Mas há quem diga que ele não morreu.

MOISÉS ESCREVEU o livro, que leva o seu nome, e nele se encontra o trecho que trata de Bileam. Além disso, o compôs o livro de Jó.

OS OITOS últimos versos da Torá foram escritos por Josué. Como sabemos isso? Porque está escrito: "E Moisés ali morreu". — Isso não poderia ter sido escrito por Moisés. Portanto, Moisés deve ter escrito todas as palavras da Torá até essa frase. As últimas linhas foram escritas por Josué.

Mas também está escrito que Moisés havia ordenado anteriormente aos levitas, que colocassem a Torá na Arca Santa; e estaria faltando ainda uma frase nessa Torá, que deveria ser escrita por Josué? Não, deve ser entendido assim: Moisés escreveu toda a Torá. Até chegar àquele trecho, Deus ditava cada palavra, Moisés repetia-a e depois a escrevia; mas, a partir daquela frase, Moisés não mais repetiu a palavra ditada, apenas escreveu-a e chorou na ocasião.

23. A Sepultura Desconhecida

SEIS COISAS foram conferidas a Moisés, que nenhuma outra pessoa possui: seu olho não se tornou nublado, sua energia não se extinguiu, sua voz podia ser ouvida por todo o acampamento, e ele podia abranger com a vista toda a terra; o Senhor falava-lhe face a face, e não surgiu em Israel profeta igual a Moisés.

O SENHOR foi misericordioso com Moisés e o enterrou com as próprias mãos. Se isso não estivesse escrito, seria impossível de se imaginar. Mas está realmente escrito: "E enterrou-o no vale".

ONDE OCORREU a morte de Moisés? Acaso no território de Ruben, porque o monte Nebo se localiza na terra dele? Todavia, foi enterrado no território de Gad, pois acerca dele falou: "Escolheu a primeira herança, pois ali lhe estava reservada a parte de chefe". A distância do país de Ruben até a parte herdada de Gad é de quatro milhas. Quem terá trasladado o corpo de Moisés para lá? Provavelmente foi carregado nas asas da divindade.

NEM A ISRAEL e nem aos anjos foi permitido ocupar-se de sua sepultura; o próprio Senhor deitou-o e enterrou-o no vale. Mas por que devia ser enterrado fora do país? Para que, por sua causa, todos que morressem no estrangeiro, tivessem vida eterna.

NA SEPULTURA de Moisés havia uma caverna, que ia até os túmulos dos patriarcas.

TRÊS SUBIRAM vivos ao céu. Henoc, Moisés e Elias. De Moisés está escrito: "Subiu Moisés das planícies de Moab, e ninguém soube onde estaria seu sepulcro".

ESTÁ ESCRITO: "Enterrou-o no vale, no país de Moab, em frente a Bet Peor". Com referência a isso, um sábio disse: A Escritura dá indícios e mais indícios, para indicar a sepultura de Moisés; e ao mesmo tempo nos diz que seu túmulo é desconhecido.

A autoridade romana ordenou e disse: Ide e procurai a sepultura de Moisés. Os enviados foram e escalaram um monte e então viram o túmulo embaixo; desceram e viram o túmulo em cima. Então os mensageiros dividiram-se; metade subiu e a outra metade ficou embaixo. E aconteceu que, para aqueles que estavam em cima, o túmulo estava embaixo, e para aqueles que estavam embaixo, o túmulo parecia estar em cima.

Por esse motivo está escrito: "E ninguém soube do seu sepulcro".

24. A Glória de Moisés

O SENHOR pesou os méritos de todos os justos em confronto com os de Moisés, e o peso de suas ações era maior do que as de todos juntos. Em seguida, Deus colocou todas as obras dos dias da Criação num dos pratos da balança e na outra estava Moisés, e o peso do prato de Moisés excedeu toda a obra da Criação.

Tomemos inicialmente Adão e Moisés. Ambos eram realmente grandes médicos e a ambos competia curar uma mordida de serpente. Um deles foi picado pela serpente e não sabia como a picada podia ser curada e assim morreu. O outro, por sua vez, sabia curar todos que foram mordidos pela serpente. Sobre um a Escritura diz: A serpente seduziu-me e assim comi da árvore. Mas do outro está escrito, que mandou fazer uma serpente de bronze e, se alguém era picado por uma serpente, olhava a serpente de bronze e permanecia vivo.

Por sua vez, Noé e Moisés devem ser comparados a duas criaturas humanas que ofereciam presentes ao seu rei. As dádivas de ambos foram recebidas. Da dádiva de um, apenas o cheiro foi percebido; por outro lado, o rei disse ao outro, quando ele entrou: Saiba, que comeremos duas vezes por dia em tua casa, à noite e de manhã. Pois está escrito sobre o sacrifício de Noé: E o Senhor sentiu o agradável cheiro. Mas sobre Moisés está escrito: Prepararás um cordeiro de manhã e o outro à noite. Portanto, Moisés é maior do que Noé.

Abraão e Moisés parecem dois irmãos, dois filhos da mesma mãe. Um deles tomou uma jóia preciosa e penhorou-a; o outro, porém, resgatou-a. Quem é então o mais querido? Naturalmente aquele que a resgatou. Assim, através de uma única palavra, Abraão penhorou Israel aos egípcios. Moisés, porém, foi lá e os resgatou da servidão.

Isaac e Moisés — um é igual à luz de uma vela, o outro, à de uma lanterna. A vela apaga-se com facilidade, a lanterna mantém a luz acesa até a manhã. O que então é de mais valor? Naturalmente a lanterna. Assim sendo, os olhos de Isaac também se obscureceram, porque olhou a glória de Deus. Moisés, no entanto, subira ao céu, olhara Deus e falara com ele, face a face; alcançou a idade de cento e vinte anos, sua vista não se tinha obscurecido nem se extinguira na força.

Como podem ser comparados Jacó e Moisés? Como dois caçadores que lutaram com leões. Um agarrou o leão e, embora o dominasse, foi ferido. O outro entrou numa jaula cheia de leões, mas eles puseram uma coroa sobre sua cabeça e depois se deitaram a seus pés. Qual é então o mais poderoso? É claro que aquele a cujo os pés se deitaram os leões.

Assim também Jacó e Moisés. Um lutou com o anjo, venceu, porém foi ferido no quadril. Moisés, ao contrário, subiu ao céu e os anjos viram-no e fugiram de sua presença, conforme está escrito: "Subiste às alturas e prendeste a prisão."

NOSSO MESTRE Moisés, que é chamado de homem de Deus, era homem da cintura para baixo, mas da cintura para cima era como um anjo do céu.

A RECOMPENSA de todo justo, a qual herdarão algum dia, já foi predeterminada por Deus ainda antes da época da Criação. Mas o tesouro da clemência, que algum dia se abrirá a Moisés, a este o Senhor acrescenta cada dia uma nova bem-aventurança.

TODO MUNDO sabe que Moisés é o Messias da estirpe de David, até a vinda de Silo — está escrito no vaticínio sobre o Messias. Mas Silo e Moisés são uma única criatura.

É POR CAUSA de Moisés que o mundo foi criado.

A ALMA DE Moisés expande-se e está presente em cada geração e época; vive seu elemento em cada homem sábio e justo, que pesquisa o Ensinamento.

Livro Décimo: De Josué a David

1. A Nomeação de Josué

JOSUÉ INICIALMENTE foi chamado de Oséias, conforme também está escrito: "Da tribo de Efraim, Oséias, filho de Nun". Depois, no entanto, quando se sobressaiu através de grandes obras, acrescentou-se uma letra o mais no começo de seu nome e foi chamado de Josué.

O SENHOR falou: A letra Iod, que tirei do nome de Sarai, já que o transformei em Sara, estava diante de mim e chorou muitos anos até que chegou Josué, que antes se chamava Oséias,* e eu coloquei-a na frente de seu nome.

QUANDO AMALEK pelejou contra Israel em Rafidim, Moisés falou a Josué: Escolhe homens, vai na frente e luta contra Amalek. Por que Moisés se dirigiu primeiro a Josué? É que Josué iria conquistar Canaã para Israel; por isso Moisés quis iniciá-lo cedo no ofício da guerra.

Outros dizem: Havia uma tradição, e esta chegou a Moisés, dizendo que Amalek somente poderia ser vencido pela mão dos filhos de José. Por essa razão, Josué devia pelejar contra Amalek.

Amalek veio contra Israel com quatro vezes cem mil homens, e Josué bateu a todos com sua espada. No dia da vitória sobre Amalek, Josué foi promovido a general.

NA HORA EM que Moisés, nosso mestre, devia seguir para o paraíso, ele falou a Josué: Pergunta-me ainda todas as coisas sobre as quais tens dúvidas. Josué falou: Meu senhor, jamais te deixei sozinho por um instante, para ir a outro lugar, e tu mesmo escreveste sobre mim: "E seu servo, o jovem Josué, jamais deixava a tenda". Assim como me restaria alguma dúvida? No momento em que falou com tanta presunção, a força de Josué afrouxou; trezentos mandamentos escaparam de sua memória e setecentas dúvidas despertaram nele. Aí todo o povo de Israel ergueu-se contra ele, a fim de

---

* Em hebraico escreve-se Oséias com as mesmas letras que Josué, menos o iod(i).

matá-lo. Então o Senhor falou a Josué: Não podes mais falar com eles; portanto, sai e conduz a guerra deles!

DESDE QUE o Senhor começara a se revelar a Moisés, jamais lhe aparecera senão através dum mensageiro, o anjo Michael, o anjo protetor de Israel, que se mostrou no fogo da sarça, que dirigiu o êxodo do país da servidão e que vigiou a travessia pelo Mar de Juncos. Mas quando o povo pecou e adorou o bezerro de ouro, Moisés repudiou o anjo protetor de sua presença, e este não pôde mais se mostrar, enquanto Moisés esteve vivo. Somente quando Josué se encontrava diante de Jericó, o anjo apresentou-se novamente e falou: Vim para de novo colocar o povo de Israel sob a minha proteção.

ESTANDO JOSUÉ nos arredores de Jericó, ergueu os olhos e eis que viu diante de si um homem de pé, tendo na mão uma espada desembainhada. Josué, então, caiu de rosto em terra e disse: És dos nossos, ou dos nossos inimigos? Quando o anjo ouviu isso, um grito partiu de sob as unhas de seus artelhos e ele exclamou: Não, eu sou o general do Senhor. Estou aparecendo pela segunda vez, para conduzir Israel; fui eu que vim no tempo de Moisés, teu mestre; mas este me repudiou e não quis que eu o acompanhasse. E agora estou retornando.

Imediatamente Josué caiu de rosto em terra e disse: O que ordena o Senhor ao seu servo?

NABUCODONOSOR, rei da Babilônia, perguntou certa vez ao sábio Jesus, filho de Sirach: Por que o focinho do boi não tem pêlos? O sábio retrucou: Quando Israel ia conquistar a cidade de Jericó sob o comando de Josué, o filho de Nun podia vangloriar-se de grande força física. Apresentaram-lhe um cavalo, um jumento e uma mula para montar e todos esses animais sucumbiram ao peso do herói. Depois fizeram-no montar um boi e este carregou o poderoso em seu lombo. Vendo Josué o que conseguira com o touro, beijou-o no focinho e desde esse tempo não nascem mais pêlos nesse lugar.

"SUA MAGNIFICÊNCIA é como a de um touro primogênito e seus chifres são os chifres do búfalo, com eles impulsionará os povos."

A força do touro é grande, mas seus chifres não são bonitos. O búfalo, ao contrário, tem chifres bonitos, mas a sua força não é tão grande. A Josué foi dada a força do touro e a magnificência do búfalo.

O SEGREDO da quinquagésima porta do reconhecimento, que foi negado a Moisés, foi alcançado por Josué; por esse motivo foi chamado de filho de Nun. *

---

* A letra Nun significa o número cinqüenta.

2. Do Jordão a Garizim

QUANDO O POVO devia atravessar o Jordão, a água ficou ereta em um dos lados. As caudais de água alteram-se, onda sobre onda, até uma altura de trezentas milhas, de maneira que todos os reis do Oriente e Ocidente pudessem ver o prodígio.

ESTANDO os israelitas no meio do Jordão, Josué falou-lhes: Sabei com que objetivo estais transpondo este Jordão; é para conquistar um país e herdá-lo de seus habitantes. Se obedeceis, está bem; caso contrário, as águas se abaixarão sobre vós e vos afogarão.

DEPOIS QUE todos os israelitas, até o último homem, saíram do Jordão e pisaram na terra, as ondas juntaram-se novamente e encheram o leito do rio. Mas a Arca da Aliança e os sacerdotes ainda haviam ficado na outra margem. Então aconteceu um milagre e a Arca carregou aqueles que normalmente a carregavam, atravessando por si a correnteza.

VEM CÁ e observa quantos milagres aconteceram aos filhos de Israel naquele único dia!

No mesmo dia em que transpuseram o Jordão, caminharam até os montes de Garizim e Ebal, que é um trajeto de sessenta milhas; nenhum inimigo ousou enfrentá-los, e quem assim mesmo cruzou seu caminho, ficava paralisado. Com as pedras que tiraram do Jordão, construíram um altar sobre um dos dois montes, cobriram as pedras com cal e sobre elas escreveram em setenta línguas as palavras do Ensinamento. Depois ofertaram holocaustos e sacrifícios de agradecimento no altar, comeram, beberam, regozijaram-se e lá mesmo proferiram a bênção e a maldição; depois carregaram novamente as pedras, voltaram ao primeiro acampamento e pousaram em Gilgal. Tudo isso aconteceu em "um" dia!

Mas como procederam os filhos de Israel, ao chegarem àquelas montanhas? Seis tribos escalaram o cimo do monte Garizim, seis tribos subiram ao cume do Ebal, e embaixo, entre os montes, estava a Arca da Aliança; ao seu redor, em círculo, estavam os sacerdotes, ao redor dos sacerdotes, os levitas e ao redor destes estava todo o povo de Israel. Todos voltaram seus rostos para o Garizim e profiriram as bênçãos; depois voltaram seus rostos para o Ebal e proferiram as maldições; após cada bênção e maldição dizia-se amém, até que todas as doze leis foram anunciadas.

NO MONTE Garizim, Josué fez proferir as doze maldições, conforme Moisés, o servo de Deus, ordenara aos filhos de Israel e conforme estão escritas no Livro da Lei. *

---

* Deut. 27, 11-26.

Pois Moisés previra que mais tarde surgiria Micha e faria um ídolo, e assim disse a primeira maldição: Maldito, quem fizer um ídolo ou imagem de metal fundido, abominação para o Senhor, uma obra das mãos de um artesão!

Vira a chegada dos filhos de Eli, que não obedeciam à voz de seu pai e disse a maldição: Maldito, quem não honrar seu pai e sua mãe!

Vira a chegada de Ahab e vira-o desejar e roubar a vinha de Nabot e disse: Maldito, quem adultera os limites de seu próximo.

Vira Ananias ben Azur, o profeta mentiroso, desviar o povo e levá-lo a cair em erro. Então falou: Maldito, quem desviar o cego do seu caminho!

Vira os filhos de Samuel lesarem o direito, e assim exclamou: Maldito, quem lesar o direito do estrangeiro, do órfão e da viúva!

Vira Absalão coabitar com as mulheres de seu pai e pronunciou a maldição: Maldito, quem se deitar com a mulher de seu pai!

Vira Sansão dormir com Dalila, e assim falou: Maldito, aquele que se deitar com qualquer animal!

Vira Amnon violentar sua irmã Tamar e anunciou: Maldito, aquele que se deitar com sua irmã!

Vira o edomita Doeg caluniar e trair David diante de Saul, e falou: Maldito, aquele que, em segredo, persegue seu próximo!

Vira Gehasi, servo de Eliseu, aceitar presentes do sírio Naeman e exclamou: Maldito, aquele que aceitar presentes!

QUANDO os filhos de Israel estavam acampados em Gilgal, celebraram a Páscoa e comeram do trigo do país um dia depois da Páscoa e o maná cessou de cair um dia depois de comerem do trigo do país.

Enquanto Moisés esteve vivo, o maná caía do céu diariamente; depois que morreu, o pão do céu cessou imediatamente. Mas não foi só depois de quarenta dias após a morte de Moisés, que os filhos de Israel passaram a comer dos frutos da terra? Sim, pois a quantidade de maná que caiu no último dia de vida de Moisés, foi colhida e armazenada em tal quantidade, que durou trinta e nove dias.

Se o maná não tivesse terminado, os filhos de Israel jamais teriam se dignado comer do fruto da terra. Só quem não pode obter uma bebida quente, satisfaz-se com a fria; aquele a quem é negado pão de trigo, contenta-se com pão de cevada; quem não tem bolo de figo, mata sua fome com pão de alfarroba.

3. Raab

E JOSUÉ, filho de Nun, tinha enviado secretamente de Sitim dois espiões, dizendo-lhes: Ide, examinai o país de Jericó. Nossos mestres opinaram que os dois espiões teriam sido Pinehas e Caleb. Partiram e deram sua alma pela causa, e a missão teve todo o êxito. — Disfarçaram-se de vendedores de panelas de barro e anunciavam por toda a parte: Aqui estão panelas; quem quiser comprar, que venha! Mas fizeram isso para que ninguém percebesse a vinda de espiões ao país.

Raab, a hospedeira de Jericó, à casa de quem chegaram os dois espiões, quis escondê-los, mas Pinehas lhe disse: Sou um sacerdote e um sacerdote é igual a um anjo; se quiser é visto, e se quiser, permanece invisível. Por isso, ela só escondeu a Caleb.

Antes dos homens adormecerem, ela subiu ao telhado da casa e disse-lhes: Eu sei que Deus vos deu este país; pois vosso Deus é o Senhor do céu lá em cima e da terra aqui embaixo. — Então o Senhor falou a Raab: Falaste de mim que eu sou um Deus mui poderoso no céu e na terra; falaste de coisas que não viste com os olhos. Por tua vida! O filho de teu filho se levantará e verá coisas, que nenhum profeta viu antes dele. Esta previsão refere-se a Jeremias.

OITO PROFETAS, que foram sacerdotes, descenderam da hospedeira Raab: Neria, Baruch, Seria, Machasia, Jeremias, Hilkia, Hananel e Salum. Alguns dizem que também a profetiza Hulda foi uma das descendentes de Raab. Não havia príncipe ou nobre que não houvesse dormido com Raab. Conta-se: Ela tinha dez anos quando Israel saiu do Egito e durante todos os quarenta anos, em que Israel atravessou o deserto, ela praticara a prostituição. Aos cinqüenta anos, ela converteu-se ao Deus de Israel, dizendo: Que me seja perdoado em recompensa pelo cordão vermelho que pendurei à janela, em Jericó.

Raab tornou-se judia e casou-se com Josué.

EM JOSUÉ, filho de Nun, reviveu José, filho de Jacó. E porque este receou tomar a mulher de seu amor Putifar, Josué teve de casar-se com Raab, através da qual a egípcia veio novamente ao mundo.

RAAB SEDUZIA todo homem que proferisse seu nome; Jael tornava os homens submissos pelo som de sua voz; Abigail arrebatava quando se pensava nela; Michal, só depois de ser vista.

Espalha-se a semente daquele que pronuncia o nome de Raab.

Estas são as quatro mulheres mais belas que existiram no mundo: Sara, Raab, Abigail e Ester.

4. Achan

ANÁTEMA é juramento e juramento é anátema; quem quebra um anátema, é como se quebrasse um juramento; aquele que sabe

de um juramento quebrado e oculta-o, terá sobre sua casa o anátema que a devorará com toda a sua madeira e suas pedras.
Poderosa é a força do excomungado. Depreendes isso do exemplo de Josué, o filho de Nun, que queimou com fogo a cidade de Jericó, com tudo o que havia dentro dela, e mandou apedrejar Achan, o filho de Charmis. Achan vira os Terafim e a prata, que diante de seus olhos lhes era ofertado, bem como o manto estendido à sua frente e ainda a barra de ouro, e passou a cobiçar essas coisas. Tomou-as e escondeu-as em sua tenda. Mas esse delito trouxe morte a trinta e seis homens inocentes; estes foram abatidos pelos homens de Hai em virtude do pecado de Achan. Ao saber disso, Josué rasgou suas vestes, e caiu por terra diante da Arca da Aliança, pois queria penitenciar-se. O Senhor mostrou-se clemente e falou-lhe: Josué! Teu Israel transgrediu com os bens proscritos.

ACHAN APODEROU-SE de muitas espécies de bens proscritos: o de Canaã, que significa as propriedades do rei Arad, o dos reis Seon e Og, a propriedade proscrita de Midian e os despojos proscritos de Jericó.

QUANDO ACHAN cometeu o pecado e apoderou-se dos bens proscritos, Josué começou a convencer o Senhor que lhe revelasse o culpado. Falou: Senhor do Mundo! Deixa que eu saiba quem o fez! Então Deus retrucou: Jamais revelo quem é o autor de um crime e não cometo traição contra as minhas criaturas. Tu, porém, investiga entre as tribos e deixa que tirem a sorte; depois eu o revelarei.

JOSUÉ, ENTÃO, olhou para as doze pedras no peitoral do sumo-sacerdote, que simbolizavam as tribos, e eis que todas cintilavam menos a pedra de Judá, que estava embaçada e sem brilho. Então ficou sabendo que a tribo de Judá cometera o pecado. Jogou a sorte e o dado caiu em Achan, o filho de Charmis, filho de Sabdi, filho de Serah, da tribo de Judá.

QUANDO A SORTE caiu em Achan, Josué falou-lhe: Meu filho, honra a Deus e rende-lhe homenagem. Achan então, falou: Pelas palavras que proferes, estou condenado à morte. E pensou consigo mesmo: Agora estou me enredando pelo no jogo da sorte, no qual não creio, e estarei como impostor diante de Josué. E assim tornou a falar a Josué: Por que fazes com que eu e os meus tiremos a sorte? Inclui a ti e a Pinehas entre aqueles que jogam a sorte. Se a sorte cair em vós, eu acreditarei. Mas Josué perguntou com firmeza: Dize-me, o que fizeste?

Logo depois iniciou-se uma disputa em Israel; a tribo de Judá, à qual Achan pertencia, era a mais violenta de todas e matou muita gente das outras tribos. Então Achan pensou em seu coração: Aquele que salva uma única alma em Israel é tão considerado como se tivesse salvo o mundo todo. Por minha causa, porém, morrerão tantas pessoas em Israel; eu sou o pecador e aquele que induz ao pecado. Portanto, é melhor que eu confesse meu delito a Deus e a Josué, a fim de que não haja mais destruição por minha causa. Levantou-se e fez sua voz ecoar diante de toda a comunidade, dizendo a Josué: Na verdade, pequei contra o Senhor, Deus de Israel, e eis o que fiz.

JOSUÉ PEGOU Achan, a prata, a capa e a barra de ouro, bem como seus filhos e filhas e os conduziu ao vale de Achor. Mas não está escrito: "Os filhos não deverão morrer pelos pais?" Então por que os filhos de Achan tiveram que morrer como ele? Isso aconteceu porque tinham conhecimento do pecado de seu pai, mas não o revelaram; por isso, foram apedrejados e queimados. Mas, se foram queimados, para que ainda tiveram que ser apedrejados? Sofreram o apedrejamento por haverem encoberto o delito. A morte pelo fogo, por haverem sido a causa da morte de trinta e seis justos.

Mas já que Achan confessou seu delito, poderá participar também do mundo vindouro. Josué disse-lhe: "Por nos teres afligido que Deus te cubra hoje de desgraça". Neste dia aqui, Ele te afligirá, quis dizer Josué; porém, nunca mais.

5. Gibeon

A TUDO O QUE o Senhor criou nos seis dias da Criação, desde o início atribuiu uma ação. Criou o mar e ordenou-lhe que um dia se dividisse diante de Moisés; ordenou ao sol e à lua que ficassem parados na época de Josué; encarregou o corvo de alimentar o profeta Elias no deserto; o fogo não deveria consumir os três homens Hanania, Misael e Asaria; os leões não deveriam fazer nenhum mal a Daniel na cova. O céu, por seu lado, deveria se abrir, um dia, diante de Ezequiel, o vidente; deu ordem ao peixe que abrigasse Jonas, o emissário em seu ventre.

QUANDO JOSUÉ estava em Gibeon para lutar, disse ao sol: Sol, fica calado sobre Gibeon! Ele não disse: Pára. Mas: Fica calado. Pois enquanto o sol enaltece o Senhor, ele tem força para continuar; mas se silencia, pára. O sol falou a Josué: Josué, é permitido a um jovem dar ordens a um velho? Eu fui criado já no quarto dia da Criação, os homens, porém, só no sexto, e tu me ordenas silenciar? Ao que Josué retrucou: Se um homem livre, que é moço, tem um servo que é velho, ele por isso não lhe dá ordens? Deus não tornou o céu e a terra subordinados ao meu pai Abraão? O sol não se inclinou diante de José, o filho de Jacó? Então o sol falou: Queres que eu me cale? Mas quem então entoará louvores ao Senhor? Josué respondeu: Eu o farei por ti.

O OUTRO LIVRO de leis de Moisés estava pendurado na bandeira que era carregada por Josué. E Josué ergueu a bandeira e segurou o livro diante do sol. Falou: Eu não fiquei parado diante deste livro; tu, porém, silencia e pára diante de mim.

DESDE A CRIAÇÃO do mundo jamais acontecera que, dos astros que brilham no céu, algum tivesse perturbado o outro, até que Josué chegou e guerreou por Israel. Era o dia dos preparativos para o Sábado e Josué viu que os filhos de Israel estavam aflitos, pois não queriam profanar o Sábado. Viu também como os sacerdotes pagãos dominavam os planetas, que queriam vir em auxílio de Israel. Aí estendeu sua mão em direção ao sol, à lua e às estrelas e invocou o verdadeiro nome do Senhor. Logo todos pararam e permaneceram quietos durante trinta e seis horas, até o Sábado terminar e o povo ter-se vingado dos inimigos. E não houve dia igual a esse e nunca aconteceu, antes ou depois, que Deus tivesse obedecido à voz de um homem.

DEZ VEZES foram entoados hinos neste mundo. O primeiro hino foi cantado por Adão, o primeiro homem, quando, depois do pecado, o Sábado intercedeu em seu favor; então cantou um hino em louvor do Sábado. O segundo hino é o de Moisés e dos filhos de Israel, que cantaram depois de atravessarem sãos e salvos o Mar de Juncos. O terceiro hino foi cantado pelos filhos de Israel quando o poço se abriu para eles no deserto; o quarto é o cântico que Moisés entoou antes de sua morte e com o qual advertiu os filhos de Israel.

Josué foi o cantor do quinto hino quando fez a guerra em Gibeon e o sol e a lua pararam para ele durante trinta e seis horas e deixaram de cantar louvores; ele então abriu sua boca e cantou um hino. O sexto hino foi entoado por Débora e Barak após sua vitória sobre Sisera; o sétimo canto de louvor foi entoado por Hana, a mãe de Samuel, depois que Deus atendeu sua prece. O oitavo hino é o hino do rei David, que o cantou em júbilo por estar a salvo de todos os seus inimigos; o nono hino é o cântico dos cânticos de Salomão, o rei de Israel. E o décimo hino ainda será cantado quando os dispersos voltarem do exílio.

6. As Guerras

JOSUÉ ENVIOU três avisos ao país de Canaã, antes que os filhos de Israel atravessassem a fronteira: Quem quiser deixar o país, que o faça; quem quiser pactuar conosco, que o faça; quem quiser a guerra, que tenha a guerra!

Os girgasitas, então, deixaram o país e rumaram para a África; os gibeonitas pactuaram com Josué; mas os trinta e um reis escolheram a guerra e encontraram a morte.

JOSUÉ VENCEU trinta e um reis; mas alguma vez reinaram trinta e um reis no país de Israel?

Não, naquela época o país de Canaã era o que atualmente é Roma; hoje em dia, nenhum rei tem valor se não possuir uma propriedade em Roma; e assim, naquele tempo, cada rei da terra declarava-se possuidor de um palácio ou um castelo na terra de Israel.

ADONISEDEC, o rei de Jerusalém, partiu contra os homens de Gibeon. Mas quando os ameaçados enviaram mensageiros a Josué pedindo rápido auxílio, o filho de Nun pensou consigo mesmo: Devo ainda carregar meus combatentes com tal fardo, por causa desses estranhos? Então o Senhor lhe falou: Josué, se pretendes afastar de ti os distantes, no fim terás que considerar também os próximos como distantes. Recorda-te de onde provéns — não é de um país em que teus antepassados eram estranhos? Pois se José gerou teu ancestral Efraim no Egito!

AQUELE QUE em Bet-Horon viu as pedras de granizo que atingiram os amorreus em fuga, que diga uma bênção de graças diante do Senhor. Moisés foi o homem que deteve as pedras de granizo no ar, quando fez terminar a sétima praga; Josué foi o homem que fez com que as pedras de granizo caíssem do céu, quando libertou Gibeon e fez os homens e aliados de Adonisedec fugirem.

O SEGUINTE CASO ocorreu, certa vez, com o filho de um rei, que herdara de seu pai o governo sobre a Armênia Menor. Este filho tinha o nome de Schowach. Reuniu um grande exército, numeroso como a areia do mar e juntou-se a um herói de nome Jafet, que era um famoso lanceiro. Depois enviou uma carta a Josué, o filho de Nun, nos seguintes termos: De nós, a gloriosa união dos reis da Pérsia e Média, a ti, Josué, filho de Nun; que a paz seja contigo! Tu, lobo do deserto, bem sabemos o que fizeste com os nossos vizinhos. Destruíste suas capitais; exterminaste sem piedade e não poupaste o ancião e o menino. Portanto, ouve e sê avisado que, de hoje a trinta dias, nós te atacaremos e acabaremos com a glória da tua herança no monte Efraim. Somos quarenta e cinco poderosos reis e cada um de nós dispõe de mil combatentes, que sabem manejar o arco e a flecha, como também a espada, e são guerreiros experimentados; temos ao nosso lado o herói Jafet do qual temos ótima recordação. Portanto, prepara-te para a guerra e mantém as armas à mão; estamos te avisando para que depois não digas que foste atacado de surpresa.

Esta epístola foi confiada a um sábio mensageiro, o qual a levou ao acampamento de Josué. O filho de Nun estava sentado sobre seu trono e todo o povo achava-se ao seu redor. Ordenou que fizessem entrar o mensageiro, porém não o olhou antes de ter terminado de julgar o povo. Depois tomou a carta da mão do emissário e dirigiu-se à Casa de Deus, onde a leu em jejum, entre choro e lamento. Mas guardou a carta consigo até que tivesse terminado

a Festa da Semana, de que estavam nas vésperas, para não entristecer o povo durante o tempo festivo.
Terminados os dias festivos, porém, reuniu a comunidade e leu-lhe a carta. Falou-lhes: Quantas guerras já não fiz; quantos reis já não venci — jamais senti medo, mas agora estou acometido de tremor e receio. O povo então se assustou e baixou a cabeça. Disseram a Josué: Da mesma maneira que obedecemos a Moisés, também obedeceremos a ti, senhor. Toma uma tábua e nela grava com uma ponta afiada palavras que açoitem como chicotes, para que sejam uma resposta apropriada aos atrevidos inimigos. Josué falou: Aproximai-vos, ler-vos-ei a resposta que redigi.

E Josué começou a ler: Em nome do Senhor, o Deus de Israel, que amortece os combates fogosos, que mata os rebeldes ousados, que diminui as filas dos rebeldes, mas que promove a união dos devotos e justos, em nome, portanto, do Senhor dos Senhores, do Deus de Abraão, de Isaac e de Jacó, do Deus combatente! De mim, o servo do Senhor e da eleita comunidade sagrada, da comunidade de Israel ao povo ímpio, delituoso, ao corrupto bando de idólatras, que servem ao ídolo — que não haja paz convosco! Sabei que brincastes com o destino ao acordar o leão adormecido, provocando-o. Eu, fui eu quem acordei, quem vos retribuirá a infâmia; não vos atreveis a deixar vossa terra e pisar na nossa! Estejais preparados, pois virei dentro de pouco tempo, já daqui a sete dias, e vos infligirei grandes tormentos. E se vos vangloriais com a quantidade de vossos combatentes, sabei que temos aliança com os anjos, aos quais direi: Destrui as cidades de Sodoma e Gomorra, ou fazei um dilúvio cair sobre a terra, ou deixai que os inimigos se esfacelem em setenta povos. O povo que eu comando, porém, compõe-se de seiscentos mil homens, que caminharam pelo mar e pela terra firme. E o nosso Deus os procede, à noite como coluna de fogo e de dia como coluna de nuvem. Temos também um sacerdote, que é chamado de Pinehas, e que segura nas mãos uma trombeta retumbante; se ele a soprar, os nossos inimigos tombam. E se à vossa frente está Jafet, o forte, aquele que nos comanda é o Supremo dos Supremos.

Quando os filhos de Israel ouviram seu comandante Josué dizer estas palavras, sua coragem fortaleceu-se e eles tornaram-se firmes e corajosos. O emissário de Schowach partiu e contou em casa o que vira, quão poderoso era o exército de Josué, quão grande era a pompa com que Josué se vestia e que a coroa sobre sua cabeça trazia o nome de Deus. — Os príncipes que ouviram isso prostraram-se em terra e começaram a bradar: O que arranjamos!

E logo Josué os atacou com seus doze mil combatentes. A mãe de Schowach, porém, que era uma feiticeira malvada, disse aos seus: Não temais; eu os trancarei em sete muros de ferro. E iniciou seus exorcismos e mágicas e prendeu os homens de Josué nas paredes de ferro. Então Josué refletiu; escreveu uma carta a Jania da tribo de Ruben, que era rei das duas tribos e meia além do Jordão, a fim de que viesse imediatamente com seu exército guerreiro e que também trouxesse Pinehas com suas trombetas. Uma pomba veio ter com José tarde da noite. Josué amarrou fortemente a carta às suas asas e ela voou até Jania. Este montou imediatamente o seu cavalo, percorreu o acampamento e bradou: Espada do Senhor! O povo acorreu de todos os cantos e também Pinehas logo apareceu.

Quando a mãe de Schowach viu o novo exército se aproximando, disse ao filho: Vejo uma estrela surgir do Oriente; não há remédio ou saída para nós; meu poder de afastar o mal está se voltando contra nós. Ouvindo isso, Schowach enfureceu-se violentamente e ordenou que atirassem sua mãe do muro abaixo.

E Jania armou-se para combater Schowach e venceu-o. Pinehas fez soar as trombetas e a cada som abria-se uma parede de ferro, até abrirem-se todas as sete. Então todos os inimigos de Deus foram exterminados.

NA BÊNÇÃO de Jacó está escrito: "Gad são bandos guerreiros opressores". Pois quando Israel estava para conquistar o país e dividi-lo, as tribos que mais demoraram foram as tribos de Ruben e Gad. Quando finalmente voltaram ao lugar aquém do Jordão, encontraram os filhos, que tinham deixado pequenos, crescidos e adultos. Com estes descendentes de Ruben e Gad, os ismaelitas, as três malvadas gerações Jetur, Nafisch e Nodaw começaram uma guerra.

Os pais haviam feito promessa de deixar crescer os cabelos até que tornassem a ver seus filhos, os filhos haviam feito a mesma promessa até tornarem a ver seus pais. As estirpes de Jetur, Nafisch e Nodaw também usavam cabelo comprido, como os ismaelitas que jamais cortam o cabelo. Assim os filhos de Israel e os filhos de Ismael não podiam ser diferenciados. Durante a luta então, quando os filhos de Ruben e Gad foram duramente atingidos pelos ismaelitas, Deus lhes deu uma idéia, e eles bradaram: Tu, Deus de Abraão, de Isaac e de Jacó, atende-nos! Por este brado foram reconhecidos por seus pais, e estes os libertaram da mão de seus inimigos.

7. A Divisão do País

"ELE ESTAVA ali e mediu a terra," — disse Habacuc, o profeta.

O Santo, louvado seja, examinou cada povo da terra, para ver se merecia receber o Ensinamento, e não encontrou nenhum que fosse mais digno do que a estirpe que atravessou o deserto. Olhou para todos os montes e nenhum lhe pareceu mais apropriado do que o monte Sinai, para que nele revelasse os Mandamentos. Olhou para todas as cidades e nenhuma lhe pareceu mais conveniente do que a cidade de Jerusalém para guardar o Templo, entre suas muralhas. Percorreu todos os países com seu cordel de agrimensor e nenhum país servia melhor para os filhos de Israel do que a terra de Canaã.

UM DIA, a terra de Canaã será dividida em treze partes; mas no tempo de Josué foi repartida entre as doze tribos e a divisão foi feita por dinheiro, por sorteio e pelo oráculo dos Urim e Tumim. De que maneira se deu a divisão do país? Eleasar, estava revestido dos Urim e Tumim e diante de Josué estavam duas urnas, uma com o nome das tribos e a outra com o nome dos diversos territórios. O espírito santo veio sobre Eleasar, de forma que, ainda antes de ser efetuado o sorteio, ele anunciou: Agora sairá o nome da tribo de Zebulon e da outra urna o nome do território de Aco. Josué agitou então, nomes de um recipiente e depois do outro, e, realmente, foram sorteados os nomes de Zebulon e Aco.

Eleasar falou novamente através do espírito santo, dizendo que agora era a vez da tribo de Naftali e o território que lhe caberia era o de Kineret. Josué novamente tirou os dois nomes anunciados das urnas. O mesmo aconteceu com o território de cada uma das demais tribos.

Contudo, uma divisão que é feita neste mundo — não é igual à divisão que ocorrerá no Além. No mundo terreno, acontece o seguinte: aquele que obtém por sorteio um trigal que não é protegido pela sombra das árvores, não tem jardim; aquele que recebe uma terra arborizada, não lhe cabe um campo no qual possa plantar cereais. A divisão, que terá lugar um dia, será de tal forma que cada um em Israel possuirá colinas e planícies, terra seca e terra úmida.

QUANDO JOSUÉ repartiu entre as tribos a terra conquistada, as sortes, à medida que eram jogadas, começaram a falar: e cada qual dizia: Esta parte da terra pertence a Benjamim, esta a Manassés, esta à tribo de Zebulon, esta é a parte de Judá, e o mesmo com referência às terras herdadas das demais tribos. Não estranhes, porém, que uma sorte tenha o poder de fala, o próprio Josué colocou apenas uma pedra por testemunha e disse a respeito dela, que era capaz de ouvir e entender as palavras, conforme também está escrito: "Esta pedra seja o vosso testemunho, pois ela ouviu todas as palavras do Senhor".

Assim também diz Habacuc: "Pois também as pedras clamarão na parede, e as traves no teto lhe responderão".

QUANDO AS filhas de Zelofchad viram que a terra estava sendo distribuída só entre os homens e que as mulheres sairiam de mãos vazias, reuniram-se num lugar para trocar idéias; então falaram:

A benevolência dos homens não é como a benevolência de Deus; Ele, que falou: Que haja um mundo — sua clemência abrange todas as criaturas, homens ou mulheres.

E as filhas de Zelofchad exigiram sua herança. Seu pai Zelofchad era um primogênito e todas elas tinham tanto valor como se fossem primogênitas; eram puras e filhas de um puro, justas e filhas de um justo. Em valor todas se igualavam; eram todas sábias, eruditas e honestas. Nenhuma delas, nem mesmo a mais moça, casou-se antes de ter atingido a idade de quarenta anos. E se disseres: uma mulher que se casa antes do vigésimo ano de vida, poderá conceber até os sessenta, mas aquela que se casa depois dos vinte só é fértil até os quarenta, então eu digo: em virtude das filhas de Zelofchad serem tão justas, aconteceu-lhes o mesmo milagre que ocorreu anteriormente com Jochebed, a mãe de Moisés, que deu à luz seu filho aos cento e trinta anos.

As mulheres são mais persistentes do que os homens. Os homens de Israel falaram: Voltemos a cabeça e retornemos ao Egito. As mulheres, porém, falaram: Dai-nos um quinhão de herança no país.

8. A Morte de Josué

O SOL DE Moisés ainda não havia declinado e já surgia a luz de Josué; a luz de Josué ainda não se havia apagado e já começava a brilhar o sol de Otoniel, filho de Kenas.

O sol de Eli ainda estava no céu e já despontava o sol de Samuel, o profeta.

Antes do Senhor fazer desvanecer a luz de um justo, Ele acende a luz de outro justo.

ESTE É O segredo de Josué: Não havia gerado filhos, pois viera ao mundo apenas para aperfeiçoá-lo. Josué teve que aparecer para levar os filhos de Israel através de Jordão e para conduzi-lo à terra de Canaã.

Deus comia no Eden com os justos e convidava cada um a proferir a benção sobre a refeição. Falou a Josué: Dize tu a benção. Este respondeu: Não posso dizer nenhuma bênção, pois não me foi concedido deixar semente no mundo.

OS SAMARITANOS contam: Na época do sacerdócio de Eleasar, filho de Aarão, os filhos de Israel começaram a tomar posse do país de Canaã, e seu rei nessa época era Josué, o filho de Nun, filho de Eden, filho de Sutela, filho de Efraim, filho de José. Durante seu reinado, os filhos de Israel conquistaram todo o país, conforme o Senhor havia ordenado através de Moisés. Josué tinha cento e dez anos de idade; passara vinte e cinco anos no Egito: durante quarenta anos percorrera com o povo de Israel pelo deserto, e durante quarenta e cinco anos foi rei em Canaã. Foi sepultado em Gibea, em frente ao monte Garizim, em Bet-El, no Timnat-Serach. Depois dele subiu ao governo Natanael, que também se chama Otoniel, filho do irmão de Caleb da tribo de Judá, fiel à ordem de Eleasar, o filho de Aarão, o sacerdote.

E ACONTECEU depois que Josué, filho de Nun, servo de Deus, morreu; foi sepultado no limite da terra que lhe coubera por herança, em Timnat-Serach, situada na montanha de Efraim, ao norte do monte Gaas.

Nessa hora o povo de Israel fragmentou-se, cessou o senso de comunidade e teve início a discórdia; cada um cuidava apenas de si. Vendo isso, Deus quis exterminar o mundo.

JOSUÉ FOI sepultado na terra que lhe coubera por herança, em Timnat-Serach, na montanha de Efraim, o lugar também é chamado de Timnat-Cheres, isto é: parte de herança do sol. Na pedra sobre o túmulo de Josué havia uma imagem do sol, o que queria dizer: Aqui jaz o homem que mandou o sol parar. E quem quer que fosse, que passasse pelo túmulo de Josué, exclamava: Pena, um homem que realizou tal façanha, ter tido que morrer!

NO INTERIOR do monte Gaas está enterrado Josué ben Nun, e a seu lado repousa Caleb. Do lado de fora, porém, pode se ver uma pegada semelhante àquela que um homem deixa na neve. É a pegada do anjo, que após a morte de Josué, fez a terra de Israel estremecer do alto do monte.

9. Débora e Jael

EXISTIRAM sete profetisas, correspondendo às sete virtudes do coração. A matriarca Sara foi a primeira profetisa; a segunda foi Míriam, irmã de Moisés, que predisse o nascimento de seu irmão. A juíza Débora foi a terceira entre as mulheres profetisas. Hana, a mãe de Samuel, pode ser considerada a quarta, e foi seu mérito ter seu filho sido o primeiro a profetizar. A quinta foi a sábia Abigail, que desnudou seus quadris e fez David caminhar por três milhas à luz de seus membros, revelando-lhe três futuros acontecimentos de sua vida. A sexta profetisa foi Hulda, a sétima, a rainha Ester.

NESSA ÉPOCA era juíza em Israel, uma profetisa chamada Débora, mulher de Lapidot. Este chamava-se assim porque confeccionava archotes; sua mulher auxiliava-o no trabalho e reforçava as mechas, para que brilhassem intensamente.

E o Senhor, que perscruta os corações e os sentimentos, falou-lhe: Débora, tu te esforças por fazer brilhar intensamente a minha luz; por isso, também eu tornarei a tua luz uma chama sublime em Judá e em Jerusalém.

E Débora mandou chamar Barak, filho de Abinoam, de Kedes-Naftali. Que posição teria Barak que ocupar junto a Débora? Tratava-se do seguinte: Na época de Josué, Barak servia aos anciãos e continuara com esse encargo após a morte de Josué. Como tal, foi agregado à Débora.

O MARIDO da juíza Débora tinha três nomes: Barak, Michael e Lapidot. Chamava-se Barak porque seu semblante assemelhava-se ao raio; chamava-se Michael porque se rebaixara a si mesmo * — ou talvez porque tivesse o nome do anjo Michael; chamava-se Lapidot pelo nome das tochas que sua mulher confeccionava.

SISERA VEIO contra Israel com quarenta mil heróis, todos chefes de grandes forças. Cada um tinha cem mil homens sob seu comando, metidos em couraças de ferro. Então o Senhor fez cair trovoadas e raios, estrelas candentes, fumaça e fachos de fogo, para destruí-los segundo o que está escrito: "Do céu pelejaram contra eles; as estrelas, de seus lugares lutaram contra Sisera". — Os guerreiros entraram no ribeiro de Kison para se refrescarem, mas o ribeiro Kison fê-los rolar em suas águas.

O Senhor fez o próprio Sisera sucumbir pela mão de uma criatura sem força, através de uma fraca mulher. Deus falou: Este malvado vangloria-se de sua força e agora todos que habitam o mundo verão que nenhum forte pode me escapar. Se eu destruí-lo pelo fogo, as pessoas dirão: Sem o fogo Ele jamais o teria vencido. Portanto, vou matá-lo através de uma mulher, para que todos reconheçam que o poder e a força são meus. E assim dirigiu os passos de Sisera para a tenda de Jael, e ela com um martelo o matou.

Sisera tinha trinta anos quando foi morto e já havia conquistado o mundo inteiro. Não havia fortificação cujas muralhas não houvessem sucumbido apenas à sua voz. Um dia inclinara-se para o rio, a fim de beber água, e quinhentos peixes ficaram presos em sua barba.

A distância entre o monte Hermon e o monte Sion é de dez milhas e Sisera transpunha-as dum salto. Contava-se dele que mesmo os animais selvagens paravam ao ouvirem sua voz. Quando partiu para a guerra, novecentos cavalos puxavam seu carro, e esses esmagavam o ferro como se fora lã. Mas depois, nenhum deles permaneceu vivo. E esse gigante tombou pela mão de uma mulher!

O SENHOR enviou tormenta, neve e chuva, trovão e raio sobre Sisera e seu exército, de modo que um tumulto os envolveu e eles caíram pelo fio da espada, Sisera, porém, fugiu a pé até a tenda de Jael, e esta correu ao seu encontro, beijou-o, pô-lo a dormir e cobriu-o. Depois orou ao Senhor, dizendo: Deus, fortalece tua criada contra teu inimigo! Vou certificar-me que o entregaste em minha mão,

---

* Barak, raio; Michael derivado alegoricamente de mammich, aquele que rebaixa.

se conseguir tirá-lo do leito para o chão sem que ele acorde. E ela assim o fez. Depois tomou a estaca da tenda e pegou um martelo e perfurou-lhe a fronte, conforme Débora o havia vaticinado.

Mas quando Sisera partiu para a guerra contra Israel, sua mãe Tamar invocou suas artes mágicas e viu seu filho dormir na cama de Joel, mulher de Heber, coberto com um magnífico manto todo bordado, e por isso disse: "Um seio de mulher ou dois para cada homem como botim".

ORGULHO GRANDE demais não fica bem às mulheres. Houve duas mulheres altivas e ambas tinham má fama; uma se chamava *abelha*, que era Débora, a outra *doninha*, que era Hulda. A abelha mandou chamar Barak; por que era tão orgulhosa que não foi procurá-lo pessoalmente? Aquela que se chamava doninha começou seu vaticínio, o qual Hilkia deveria transmitir a Josias, com as palavras: Dizei isto ao homem — era tão altiva que não disse: ao rei.

AQUELE QUE se infla com demasiado orgulho — se for um sábio, é-lhe tirada a sabedoria, se é um profeta, o espírito abandona-o.

A profetisa Débora vangloriou-se dizendo: "Faltava ordem em Israel, até que eu, Débora, surgi, uma mãe em Israel". Logo, porém, ela perdeu o dom da profecia e parou de falar e os filhos de Israel tiveram que lhe dizer: "Acorda, acorda Débora! Acorda e entoa um cântico".

10. Gedeão, Abimelec e Jair

ISRAEL tornou-se pequeno em relação à Midian. Clamaram ao Senhor. Então, o anjo do Senhor apareceu a Gedeão, o filho de Joas, e disse-lhe: Que o Senhor seja contigo, valente guerreiro!

A noite em que isto aconteceu era a noite de Pessach. Gedeão, então, falou: Meu senhor, se Deus está conosco, porque nos aconteceu tudo isso? Onde estão todos os milagres que Deus realizou para os nossos pais, quando feriu os primogênitos do Egito e conduziu com alegria Israel para fora de lá?

Uma vez que Gedeão sabia defender Israel de tal forma, o Senhor pensou para si: Nada mais justo do que eu lhe revelar a minha glória. E dirigindo-se a Gedeão, disse-lhe: Vai com essa tua força! Tens a força para defender Israel; serão salvos por tua causa, tu os salvará das mãos dos midianitas.

Aí Gedeão começou a experimentar o Senhor. Falou a Deus: Se queres salvar Israel por meu intermédio, colocarei um velo sobre a eira. Se o orvalho ficar apenas sobre a pele e toda a terra em volta permanecer seca, reconhecerei nisso que salvarás Israel por minha mão. E assim aconteceu. Mas Deus falou: Deixei o mundo inteiro aflito só para provar a unidade do meu Nome. Quando depois Gedeão disse: Que esteja seco só o velo, mas que haja orvalho sobre toda a terra — o Senhor falou: Que caia o orvalho e o mundo fique feliz e nisso eu dou provas da unidade do meu Nome. E assim procedeu naquela mesma noite.

GEDEÃO, FILHO de Joas, malhava o trigo no lagar. Antes o pai batia as espigas e Gedeão apenas as peneirava; depois, porém, Gedeão falou a Joas: Pai, estás velho e cansado. Se os inimigos vierem não lhes poderás fugir; deixa então todo o trabalho para mim. E Gedeão passou a malhar o trigo, para escondê-lo dos midianitas.

ENTRE AS DOZE pedras do peitoral do sumo-sacerdote, apenas Efraim, dos filhos de José, possuía sua pedra; Manassés, não.

Por isso Gedeão, que descendia de Manassés, fez um *efod* de ouro; contudo, embora o tivesse feito em homenagem a Deus, tornou-se uma ofensa e um obstáculo para os filhos de Israel, que passaram a praticar a idolatria com o *efod* de Gedeão.

JOTAM, O ÚNICO dos filhos de Gedeão que escapou com vida, subiu ao cume do monte Garizim e lá proferiu um discurso que era uma parábola.

Falou: Um dia as árvores foram ungir um rei para si — referia-se aos filhos de Israel; disseram à oliveira: Reina sobre nós! Este era Otoniel ben Kena que era da tribo de Judá, tribo essa que é descrita por Jeremias como sendo uma verde, fértil e bela oliveira.

Disseram à figueira: Reina tu sobre nós! Essa era Débora, a heroína e entoante do cântico da vitória. Depois as árvores dirigiram-se à videira, para que se tornasse seu rei; a videira era o juiz Gedeão, e ele também não quis ser rei de Israel.

Então as árvores foram ao espinheiro e disseram: Vem e sê tu nosso rei! E o espinheiro, que é o malvado Abimelec, concordou. Assim receberam como rei uma planta estéril, que nada mais produz do que espinhos, e assim também Abimelec, filho de Gedeão, jamais praticou uma ação que fosse boa.

DEUS FALOU a Abimelec, o filho de Gedeão: Atenta para as homenagens que um Abimelec prestou outrora ao patriarca Abraão! Tu, porém, mataste teus setenta irmãos sobre uma pedra. — "Mas aquele que cava um poço, acaba caindo nele." Abimelec, o assassino, também encontrou a morte através de uma pedra, através da mó, que a mulher em Tebeg lançou da muralha sobre ele.

DEPOIS JAIR, gileadita, apresentou-se como juiz. Este ergueu um altar a Baal e os filhos de Israel voltaram-se para ele e passaram a servir a Baal, com exceção de sete homens justos. Estes disseram a Jair: Recordamo-nos do que Moisés ordenou a Israel, ao dizer: Guardai-vos de vos afastar de Deus — e tu seduziste o povo para que servisse a Baal. Jair, então, ordenou que os homens fossem queimados por terem blasfemado contra Baal. Mas quando foram atirados no fogo, as chamas deixaram intactos os devotos homens e devoraram os servos de Jair e também toda a sua casa. Os sete homens, porém, saíram do fogo e seguiram seu caminho, pois tudo em volta havia sido atacado pela cegueira. E Jair ouviu a voz de Deus dizer: Eu te elevei a juiz em Israel, mas tu desorientaste o povo, transformando-o em servo de Baal, e, aqueles que estavam comigo, quiseste matá-los pelo fogo; mas, agora, eles viverão e tu te consumirás no fogo que jamais se apagará. Assim pereceu Jair e com ele dez mil homens, e ele foi sepultado em Kamon.

11. Jefté

SOBRE JEFTÉ, o gileadita, há a dizer que levou sua filha à destruição porque desconhecia a Escritura. Pois, quando pelejou com os amonitas, fez um voto, dizendo: Se entregares em minhas mãos os filhos de Amon, aquele que sair ao meu encontro, da porta da minha casa, quando eu voltar, pertencerá a Deus e eu o oferecerei em holocausto.

Nessa hora, o Senhor irritou-se com ele e pensou: E se o primeiro que sair ao encontro dele for um cão, um porco ou um camelo, então oferecer-me-á um animal impuro? — E fez sua filha sair ao seu encontro.

JEFTÉ DERROTOU os amonitas e subjugou-os diante dos filhos de Israel. Depois voltou a Mizpa e as mulheres e donzelas saíram-lhe ao encontro, dançando ao som de trombetas; mas, sua filha Scheila, foi a primeira pessoa que encontrou na cidade natal. Era sua única filha; afora ela, não tinha nem filho nem filha. Vendo-a, rasgou as vestes, exclamando: Ai de mim, minha filha, como tu me abates e como me afliges! Agora há para mim, num prato da balança, a alegria pela destruição dos inimigos e, no outro, a minha própria carne e sangue; o que me é mais pesado? Em meio à embriaguez do triunfo me causas tamanha dor. Pois me comprometi diante de Deus e não posso voltar atrás. Então sua filha Scheila respondeu: Por que te afliges? A minha morte te faz sofrer, depois que te vingastes dos teus inimigos? Pensa em nossos pais, recorda como outrora um pai sacrificou seu filho e ambos, o ofertante e o ofertado, foram agradáveis ao Senhor. Faze comigo, pai, conforme a promessa que saiu da tua boca. Seja-me concedido um único favor, antes que eu morra. Dá-me um prazo de dois meses, para eu rezar àquele ao qual devolverei minha alma, para que eu suba aos montes e desça, pernoite nas colinas e transponha os rochedos, chore minha virgindade junto com as minhas amigas e verta lágrimas. Quero refrescar o meu espírito sobre a juventude perdida e as árvores da floresta e os animais do campo derramarão seu pranto por mim. Não sofro por ter de morrer e por meu pai ter prometido ofertar-me em sacrifício, apenas receio que o meu sacrifício não seja apreciado e minha morte seja em vão.

Jefté concordou com o desejo de sua filha e ela seguiu pelo mundo com suas amigas. Visitou os sábios de seu povo e contou-lhes qual a sua sorte, mas ninguém pôde lhe dar conselho. Subiu então às montanhas de Telag e aí apareceu-lhe o Senhor durante a noite, e lhe falou: Fechei a boca dos sábios do meu povo, para que não soubessem responder à filha de Jefté; agora ela receberá a resposta por meu intermédio: sua morte é uma dádiva agradável para mim, pois a sabedoria de todos os sábios nela habita.

Depois Scheila, a filha de Jefté, atirou-se no colo de sua mãe. Partiu chorando para as montanhas de Telag, lamentou-se e bradou: Ouvi, ó montanhas, o suspiro de minha alma; olhai, ó colinas para as lágrimas dos meus olhos; vós rochedos sois testemunhas de angústia do meu coração, que foi consagrado à morte. Contudo, minha morte não será em vão. Minhas palavras encontrarão sua penitência no céu e lá serão enxugadas as minhas lágrimas. O pai não discutiu com a filha que quis sacrificar e deu sua única filha não por ordem de um príncipe. Eu, porém, não hei de ver o meu dossel e nunca porei a coroa do casamento; jamais ostentarei os trajes nos quais a donzela é envolvida no dia de seu casamento. O aroma da mirra jamais penetrará em minha tenda e o óleo da unção não borrifará a minha testa. Ó, minha mãe, inutilmente me fizeste nascer! O casamento de tua filha terá lugar na cova; debalde foi o trabalho que tiveste comigo. Meus belos vestidos serão devorados pelas traças e as flores de minha coroa ficarão murchas e ressequidas. As árvores estenderão suas copas sobre minha virgindade e os animais do campo pisá-la-ão, pois o curso de meus anos está sendo interrompido e o tempo de minha vida terminará na escuridão.

Passados dois meses, a filha de Jefté voltou para seu pai, e ele realizou com ela o voto que tinha feito. Vieram então as donzelas de Israel e levaram-na para a sepultura e prantearam-na. E tornou-se costume em Israel, de irem as filhas de Israel, de ano em ano, chorar pela filha de Jefté, durante quatro dias.

Pinehas ainda vivia nessa época. Não podia tê-la livrado da desgraça? Pinehas falou: Sou sumo-sacerdote e filho de sumo-sacerdote; deveria eu rebaixar-me e procurar um homem comum, para falar com ele? Jefté, por sua vez, disse: Sou o chefe das tribos de Israel, o chefe dos príncipes; deveria eu descer da minha dignidade e procurar um cidadão? A infeliz perdeu a vida em virtude do pecado destes dois e eles são culpados do sangue vertido. Mas ambos experimentaram o castigo — o espírito da profecia afastou-se de Pinehas e os ossos de Jefté foram dispersos.

12. Ruth

POR DEZ VEZES o mundo foi acometido pela fome: uma vez na época de Adão, a segunda, na época de Lamec, a terceira, na época de Abraão, a quarta, na época de Isaac, a quinta, na época de Jacó e José; além disso, na época do profeta Elias, na época do profeta Eliseu, na época do rei David, na época em que governaram os juízes. E ainda há mais uma fome no mundo, sempre prestes a surgir.

Por que Elimelec, marido de Noemi, foi castigado? Por ter encoberto o brilho de Israel. Era um dos provedores da comunidade. Quando veio a fome, ele pensou: agora todas as pessoas baterão à minha porta e rodearão minha casa, um com seu certo e o outro com seu saco. E ele se pôs a caminho e fugiu.

MAS NÃO deveriam seus filhos ter aprendido a lição e voltar então para a terra natal? Eles se casaram com mulheres moabitas, as quais não conheciam o banho ritual e não aceitaram a fé judaica. Uma chamava-se Orpa, pois tinha voltado as costas à sua sogra; a outra chamava-se Ruth, que atentava para aquilo que Noemi fazia. *

Moraram na terra de Moab dez anos. Durante todo esse tempo foram admoestados pelo Senhor para que fizessem penitência e retornassem à terra de Israel. Como não davam ouvidos à advertência, o Senhor abateu seus bois e camelos; mas como isso também não adiantasse, os dois filhos de Elimelec, Mahalon e Kilion, morreram.

RUTH E ORPA eram filhas de Eglon, o rei dos moabitas. Quando o juiz Ehud foi procurá-lo, o rei estava sentado sozinho em sua sala de verão. Ehud disse: Tenho para ti palavras de Deus. Então Eglon levantou-se do trono. Nesse momento, o Senhor falou a Eglon: Tu te levantaste do teu trono em minha homenagem! Por tua vida! De ti farei nascer um filho, que sentará no trono de Deus. **

Orpa beijou a sogra e voltou para o seu povo; Ruth, porém, juntou-se a ela. Então o Senhor falou: Os filhos daquela que beijou, cairão pela mão dos filhos daquela que se juntou à sogra.

Assim caiu Golias, filho de Orpa, por meio de David, neto de Ruth.

COMO RECOMPENSA pelos quarenta passos que Orpa, nora de Noemi, deu com a sogra, ela obteve quarenta dias a mais de vida para seu filho. Seu filho foi o gigante Golias, que se mostrou durante quarenta dias aos filhos de Israel, até que David o matou.

Orpa acompanhou Noemi por quatro milhas; por isso, nasceram-lhe quatro heróis. Esses são os quatro filisteus, os quais a Escritura conta que nasceram a Rafa, em Gat.

---

* Refere-se a David.
** Refere-se a David.

Pois, na noite em que Orpa deixou a sogra e voltou para casa, cem pagãos dormiram com ela. Diz um mestre do Talmud que entre eles também figurava um cão; daí por que Golias disse mais tarde a David: "Acaso sou um cão?"

NO DIA em que Noemi voltou com sua nora a Belém, havia morrido a mulher de Boas. Todo Israel reuniu-se para prestar-lhe as honras. Uma mulher deixara Belém e uma nova lá chegara.

BOAS PERGUNTOU ao servo, o chefe dos ceifeiros: Quem é esta jovem? O rapaz começou, então, a elogiá-la e a enaltecer-lhe a castidade, relatando: Já está conosco há tantos dias, e ainda não se viu um dedo de sua mão ou de seu pé; também não sabemos se fala ou se é muda.

Boas começou então a informar-se sobre a mulher.

BOAS PERGUNTOU ao rapaz: A quem pertence esta jovem? Pois vira como ela era decente e modesta. Enquanto as outras mulheres juntavam em pé as espigas, Ruth, sentada no chão apanhava-a uma a uma; as outras procuravam apanhar dos feixes já amarrados, Ruth contentava-se com o que sobrava e estava à disposição de todos. As mulheres da cidade gracejavam com os ceifeiros, ao passo que a casta Ruth evitava ficar entre eles. Também só apanhava as espigas quando eram uma ou duas; se havia três espigas juntas no chão, ela as deixava lá ficar como um bem que não lhe pertencia.

BOAS DEU seis medidas de cevada a Ruth e isto foi um sinal de que entre seus descendentes haveria seis homens, que receberiam seis bênçãos. Mas quem são esses seis? David, o Messias, Daniel, Ananias, Misael e Asarias.

E ACONTECEU no meio da noite que o homem se assustou e, debruçando-se, viu uma mulher deitada a seus pés.

Tocou seus cabelos e pensou: Espíritos não têm cabelo. E falou à mulher: És uma mulher ou és um espírito? Ela respondeu: Sou mulher. Ele continuou a perguntar: Solteira ou casada? Ela respondeu: Solteira. Boas perguntou: Pura ou impura? Ela retrucou: Pura. Assim, uma mulher livre e pura estava deitada a seus pés.

IBZAN, que é mencionado como juiz de Israel, era Boas, o redentor de Ruth. Boas era um ancião de trezentos anos quando gerou seu filho Obed; na mesma noite em que se casou com Ruth e ela concebeu, Boas morreu; mas, antes de Ruth ter se tornado sua mulher, ele gerara trinta filhos e trinta filhas, que morreram.

Obed, o pai do pai de David, alcançou uma idade de mais de quatrocentos anos, e Ruth viveu tanto tempo que ainda viu o rei Salomão, o neto de seu neto, sentado no trono.

O JUIZ IBZAN, ou antes, Boas, comemorou cento e vinte festas; ou seja, por seus trinta filhos e por suas trinta filhas, por seus trinta genros e por suas trintas noras. Todavia, a nenhum dos banquetes convidou a Manoac, pai de Sansão.

Mas todos os seus filhos sofreram a morte, enquanto ele ainda vivia.

13. Sansão

O ANJO DO Senhor apareceu à mulher de Manoac, e disse-lhe: És estéril e não tiveste filhos, mas conceberás e darás a luz um filho. Como fosse estéril, foi enganada por suas vizinhas, que lhe falaram: Se queres ter um filho, toma a pele de uma raposa e queima-a com fogo até tornar-se cinzas; coloca na água e bebe dela três vezes por dia, durante três dias e logo serás abençoada.

O Senhor, porém, viu a dor da mulher e enviou-lhe um anjo. Este falou: Filha, guarda-te de comer alguma coisa impura. E, tendo obedecido às leis de purificação, logo ficou grávida.

A MULHER DE Manoac deu à luz um filho e deu-lhe o nome de Sansão. O menino cresceu e Deus o abençoou. Com que Deus o abençoou? Com a virilidade. Seu órgão procriador era tão grande quanto o de um homem adulto. Sua semente jorrava como uma fonte.

A CINCO HOMENS foi conferido um sinal divino e todos pereceram por causa dele: Sansão, por sua força, Saul, por seu pescoço, Absalão, por seu cabelo, Sedequias, por seus olhos e o rei Asa, por seus pés.

SANSÃO JULGAVA Israel como seu Pai no céu. Afinal, o seu nome é *sol* como o nome de Deus, que é sol e escudo. * Mas se era assim, por que Sansão morreu? Mas não, pois havia apenas uma parte da força do Nome divino no nome de Sansão.

"DAN SERÁ JUIZ de seu povo, como um das outras gerações em Israel." Isso se refere a Sansão, o filho de Manoac, o qual foi como aquele que é único em seu mundo. Pois, da mesma maneira que o único Deus não necessita de apoio, Sansão também não precisava de apoio.

O ESPÍRITO DE Deus levou Sansão ao acampamento de Dan entre Zorea e Eschtaol.

O que significa: entre Zorea e Eschtaol? Sansão arrancou duas montanhas e as esfregou uma na outra, como alguém que toma dois cacos de vidro nas mãos e os esfrega, um no outro.

Na hora em que o espírito santo pairou sobre Sansão, seus cabelos ficaram em pé e bateram uns nos outros como campainhas; este som, porém, podia ser ouvido entre Zorea e Eschtaol.

OUTROS ACHAM que a majestade de Deus o precedia e tocava como um sino. O espaço entre os ombros de Sansão media a largura de sessenta côvados. Pois, sobre ele está escrito que se levantou à meia-noite, pegou em ambas as folhas das portas da cidade e nos

---

* Salmo 84, 12 — Schimschon vem de Schemesch, sol.

dois umbrais, ergueu-os juntamente com as trancas, arrancou-os e, pondo-os sobre os ombros, levou-os até o cume do monte.
As portas de Gaza tinham a largura de sessenta côvados.
DEPOIS, Sansão gostou de uma mulher de junto do ribeiro de Sorek, cujo nome era Dalila. Por que seu nome era Dalila? Foi com razão assim chamada, pois diminuiu a força de Sansão, diminuiu sua coragem e diminuiu seus feitos. *
DALILA AFLIGIA-O com palavras e atormentava-o. Como é que o atormentava? Quando ele se unia a ela, esquivava-se de seus braços mal estavam unidos e assim sua alma enfraquecia mortalmente. Mas a alma dela não enfraquecia, pois ela matava seu desejo com outros homens.
DURANTE TODA sua vida Sansão seguiu o desejo de seus olhos; por isso o seu fim também foi que os filisteus lhe arrancaram os olhos.
E OS FILISTEUS agarram Sansão, vazaram-lhe os olhos, amarram-no com duas correntes de bronze; e foi obrigado a moer na prisão.
Moer, significa aqui produzir filhos. Cada filisteus trazia-lhe a mulher para a prisão, para que dele concebesse.
SANSÃO IMPLOROU a Deus e disse: Senhor, Senhor, lembra-te de mim e fortalece-me ainda esta vez para que eu me vingue. Orou perante o Santo, louvado seja: Senhor do Mundo, considera em meu favor os vinte e dois anos em que fui juiz em Israel; jamais incomodei qualquer homem do povo, dizendo-lhe: Leva-me uma vara de um lugar a outro.
NA BÊNÇÃO de Jacó está escrito: "Dan será uma serpente no caminho". Isso se refere a Sansão.
A serpente procura a companhia de mulheres, pois foi ela que seduziu Eva; assim também Sansão procurava as mulheres. Toda a força da serpente reside em sua cabeça e o mesmo acontecia com Sansão, cuja força estava em seus cabelos. A assim como o veneno da serpente continua exercendo seu efeito mortífero, ainda quando o réptil já está morto há muito tempo, o mesmo se deu com Sansão: os mortos que pereceram em vista de sua morte, foram em número maior do que aqueles que morreram durante sua vida.
SANSÃO OROU a Deus, e disse: Ajuda-me ainda esta vez para que me vingue dos filisteus, por meus dois olhos — por um dos olhos quero ainda ser vingado neste mundo, e pelo outro que perdi, vinga-me no mundo vindouro.
Às vezes está escrito sobre Sansão que ele foi juiz durante vinte anos; outras vezes, encontramos escrito: "Ele porém julgou Israel durante quarenta anos". Portanto, os filisteus temiam-no ainda vinte anos após a sua morte.

---

* Dalila, derivado de Dal, pobre.

DOIS HERÓIS viveram no mundo, Sansão em Israel e Golias entre os pagãos; mas ambos pereceram por considerarem a força que possuíam como mérito próprio e não uma dádiva de Deus.

14. O Ídolo de Micha

QUANDO MOISÉS atirou a plaquinha com o nome sagrado no Nilo, a fim de trazer o caixão de José à tona, apareceu Micha e roubou secretamente a plaquinha do rio. Quando depois o Senhor conduziu Israel pelo Mar de Juncos, Micha também atravessou, segurando na mão a plaquinha, da qual mais tarde seria feito o bezerro de ouro.

Outros, por sua vez, são de opinião que Micha fez o ídolo antes, levando-o consigo quando Israel atravessou o Mar de Juncos.

UM SÁBIO DISSE: Existe vergonha maior do que essa? Israel atravessa o Mar Vermelho e o ídolo de Micha acompanha-os na travessia?

MICHA AGIRA de acordo com a ordem de sua mãe e fabricara diversas imagens; fez três imagens de homens, três imagens de bezerros, uma águia, um leão e uma serpente. Quem desejava filhos, orava para as imagens dos homens. Quem pedia riqueza, orava para a águia. Quem queria poder, prostrava-se diante do leão. Quem pedia vida longa, dirigia-se à serpente. Quem desejava muitas coisas, dirigia-se à pomba, da qual também fora feita uma imagem.

DE GAREB, onde habitava Micha, a Silo, eram três milhas, e a fumaça da tenda sacerdotal de Deus e o incenso da imagem de Micha misturavam-se. Os anjos em serviço quiseram expulsá-lo, mas o Senhor disse-lhes: Deixai-o fazer, pois dá seu pão a quem quer que passa pelo caminho.

OS FILHOS DE Dan erigiram para si um ídolo, pois eram adoradores de abominações e não eram sinceros para com seu Criador.

"E JONATAN, filho de Gerson, filho de *Manassés,* foi sacerdote entre a tribo dos danitas." No nome de Manassés paira a letra "Nun" acima das outras letras, e assim não se sabe se aqui se trata de um filho de Manassés ou de um filho de Moisés; se pode ser absolvido, então era filho de Moisés; caso contrário, era filho de Manassés.

Um mestre levantou a seguinte questão: Se Jonatan ben Gerson foi um sacerdote de ídolos, como pôde alcançar uma idade tão avançada? Recebeu como resposta: Não estava com toda a alma na idolatria. O mestre perguntou: Em que sentido não estava nisso com toda a alma? A resposta foi a seguinte: Se um homem o procurava e trazia-lhe uma rola, um cordeiro ou um cabritinho, pedindo-lhe que predispusesse o ídolo a seu favor, Jonatan respondia: Em que pode este aí te ajudar? Não vês que não ouve e também não pode falar, que não pode fazer o bem e nem o mal? Então o homem dizia: Por tua vida, o que devemos, então, fazer? O sacerdote falava: Traze-me uma vasilha com farinha de rosca e ainda dez ovos e prepara com eles um bolo; o ídolo certamente o comerá e eu o tornarei favorável a ti. Mas quando o crente lhe trazia essas coisas, era o próprio sacerdote quem as comia.

Um outra vez, o filho de um príncipe foi ter com o sacerdote, que lhe deu os mesmos conselhos. Então, o recém-chegado falou: Se este deus aqui não ajuda, por que o serves? Ele respondeu: Para que eu possa viver.

Quando mais tarde David, filho de Isai, subiu ao poder, mandou buscar o sacerdote e falou-lhe: És descendente de um justo e te consagraste à idolatria? Jonatan ben Gerson respondeu: Assim foi-me transmitido por meu ancestral: é melhor te venderes ao servo de ídolos do que te entregares à dependência de seres humanos. Ao que David disse: Ai de Deus, ter seu mandamento assim interpretado! Deve ser entendido assim: Prefere aceitar um serviço que te é estranho, a pedir auxílio de homens.

No entanto, David percebeu que o homem era cobiçoso, e assim fê-lo administrador de suas provisões, daí estar escrito: "E Zebuel, filho de Gerson, filho de Moisés, era chefe sobre os tesouros". Mas era chamado de Zebuel porque retornara a Deus com todo coração e com toda alma. * Quando, pois, David morreu e Salomão efetuou a troca de conselheiros, Jonatan retornou à sua antiga idolatria. No Livro de Reis está escrito: "Mas *um velho profeta* morava em Bet-El". Esse profeta seria Zebuel.

QUANDO OS filhos de Israel partiram para pelejar contra a tribo de Benjamim, a fim de se vingarem da atrocidade cometida com a concubina em Gibea, ** o Senhor o fê-los sofrer uma derrota.

Então os filhos de Israel lamentaram-se perante Deus até a noite e decidiram perguntar ao Senhor no que consistira seu pecado e se deviam continuar a disputa. O Senhor respondeu-lhes: Marchai novamente para a luta; depois eu vos revelarei no que o povo errou. No dia seguinte repetiram o ataque e novamente muitos foram mortos. Daí o povo todo dirigiu-se a Bet-El, onde se achava a Arca da Aliança, e chorou e jejuou lá mesmo até a noite, oferecendo holocaustos. Mas Pinehas, filho de Eleasar, orou perante Deus, dizendo: Se nossos atos te agradaram, por que nos deixaste cair nas mãos deles? Dize a teu servo onde deve ser procurado o pecado!

Deus, então, atendeu ao pedido de Pinehas e disse: Encolerizei-me porque os filhos de Israel se exaltaram com o crime em Gibea enquanto que a atividade de Micha, que levou o povo todo à idolatria,

---
* Schuw, retornar; El, Deus.
** Juízes 19, 21.

os deixou insensíveis. Mas, agora, poderão marchar pela terceira vez contra Benjamim e eu os deixarei vencer.

As tribos de Israel caíram então mais uma vez sobre a tribo de Benjamim, e Deus derrotou os benjaminitas. Apenas seiscentos homens refugiaram-se sobre o rochedo de Hermon e escaparam. Com estes, os filhos de Israel fizeram paz. Voltaram ao seu território e reconstruíram suas cidades e também os filhos de Israel retornaram, indo cada um para sua casa e sua família.

Depois chegou a época em que Pinehas devia morrer e o Senhor lhe falou: Estás com cento e vinte anos e esta é a vida do homem. Põe-te a caminho, e sobe ao meu monte e lá permanece por longo tempo. Darei ordem aos meus corvos para que te alimentem, assim como às minhas águias; não desças mais até as criaturas humanas, até que o fim se aproxime. Depois o céu fechar-se-á e à palavra de tua boca abrir-se-á novamente; em seguida, subirás até os teus ancestrais e lá ficarás, até eu me recordar novamente do meu mundo. *

15. Elkana e Hana

HAVIA UM homem de Ramataim-Zofim, da montanha de Efraim, chamado Elkana, um efraimita. Efraim recebera uma coroa do nosso patriarca Jacó. Quando ele estava para morrer, disse: Meu filho Efraim será o chefe da comunidade, o chefe da tribo, excelso e enaltecido entre meus filhos, e eles serão chamados pelo seu nome.

ELKANA FOI um dos duzentos profetas que vaticinaram em Israel.

TODOS OS ANOS subia Elkana de sua cidade para adorar e sacrificar ao Senhor Zebaot, em Silo. Era o chefe de corte, o chefe da cidade, o chefe em todo Israel e sua grandeza era sua própria obra.

Elkana peregrinava junto com sua mulher, seus filhos, suas irmãs e todos os seus familiares. Quando chegavam a uma cidade, pernoitavam na rua. A cidade ficava tumultuada com isso e os habitantes perguntavam aos estranhos: Para onde quereis ir? Eles respondiam: Para a Casa de Deus que é em Silo, de onde o Ensinamento e os Mandamentos sairão. Vós, porém, por que não nos acompanhais? Então os habitantes da cidade vertiam lágrimas, dizendo: Seguir-vos-emos. Assim, no primeiro ano, cinco famílias aderiram a eles, no segundo, dez, até que, no fim, todos os habitantes seguiram-nos. No entanto, cada ano, faziam um caminho diferente, de modo que, pouco a pouco, todas as cidades peregrinavam com eles.

Então, o Senhor falou a Elkana: Elkana, inclinaste o prato da balança da clemência em favor de teus companheiros de jornada;

---

* A lenda identifica Pinehas com Elias.

educaste-os para a obediência dos mandamentos e muitos foram purificados por teu intermédio. Dos teus flancos farei brotar um filho, que guiará todo Israel.

E HANNA FEZ uma promessa, dizendo: Senhor Zebaot! — Desde a Criação do mundo, Hanna foi a primeira pessoa que assim se dirigiu ao Senhor. Ela pediu: Senhor do Mundo! Destes tantas hostes ao mundo; não queres me conceder um único filho? O que poderia ser citado como parábola referente a isso? Um rei deu uma festa para todos os seus súditos. Apareceu, então, um mendigo, que parou à entrada do castelo e pediu um pedaço de pão. No entanto, nenhuma pessoa o atendia. Então, o pobre homem rompeu por entre a multidão, chegou diante do rei e disse: Com toda essa comida que ofereces aqui a teus convidados, é difícil me dares um pedacinho de pão?

HANNA SUPLICOU a Deus, e disse: De todos os membros que criaste para a mulher, um seria inútil? Existem os olhos para enxergar, as mãos para trabalhar, os pés para andar e os seios para amamentar. E então os seios, que me deste e que se acham sobre o meu coração, devem secar? Dá-me um filho, para que eu o amamente!

E A RIVAL DE Hanna, a segunda mulher de Elkana, que se chamava Penina, provocava-a para irritá-la. Costumava acordar de manhã cedo e dizer a Hanna: Não te foi concedido lavar os rostos de teus filhos de manhã, para que possam ir limpos para a casa de estudos. E, na sexta hora do dia, dizia a Hanna: Agora não podes te erguer para receber teus filhos, que voltam da casa de estudos.

DIA APÓS DIA, uma voz ecoava do céu, clamando: Um justo de nome Samuel nascerá entre vós. E assim todas as mulheres passaram a dar o nome de Samuel aos filhos que davam à luz nessa época. Mas depois, quando observaram as atitudes dos meninos, diziam: Este Samuel não me parece ser o verdadeiro Samuel.

Mas quando Hanna, a mulher de Elkana, deu à luz ao seu filho Samuel, disse: Este parece ser o verdadeiro Samuel.

DEPOIS QUE o Senhor se apiedou de Hanna, abençoando-a com filhos, aconteceu que, cada vez que Hanna tinha um filho, Penina levava dois dos seus à sepultura. Hanna já dera à luz quatro filhos, e Penina enterrara oito dos seus. E Hanna estava grávida pela quinta vez e Penina passou a temer pela vida dos dois filhos que lhe restavam. Então dirigiu-se a Hanna e disse-lhe: Sê benevolente e deixa que te peça; sei que pequei contra ti, mas concede-me que meus dois últimos filhos permaneçam vivos. Hanna, então, orou ao Senhor por sua rival, dizendo: Deixa-lhe os dois filhos. O Senhor respondeu: Por tua cabeça! Estavam destinados a morrer, mas já que oraste por eles, conceder-lhes-ei a vida por tua causa.

16. Eli e Samuel

DE TODAS as tribos de Israel nasceram juízes e reis, só da tribo de Simeão é que não surgiu nenhum governante e administrador, em virtude do pecado de Simri, o príncipe dos simeonitas, que praticou adultério com a mulher midianita e foi apunhalado pelo zeloso Pinehas.

Otoniel ben Kena era da tribo de Judá, Ehud, da de Benjamin, Débora e Barak, da montanha de Efraim e do santuário de Naftali. Gedeão era da tribo de Manassés, seu filho Abimelec sucedeu-o. Tola era da tribo de Issachar, o gileadita Jair de Chavot-Jair no território de Manassés; também Jefté era um dos habitantes de Gilead. Ibzan provinha de Belém na terra judaica, Elon era zebulonita e Abdon novamente de Efraim. O herói Sansão era da tribo de Dan; Eli e Samuel descendiam de Levi.

O primeiro rei foi o benjaminita Saul; David e sua casa eram da estirpe de Judá; Jeroboão era efraimita, Jehu, o filho de Nimsi, da tribo de Manassés. Apenas a tribo de Simeão não apresentou nenhum juiz e nenhum rei.

QUANDO a Arca da Aliança foi capturada pelos filisteus, um benjaminita do exército correu para Silo, a fim de informar Eli. Este homem foi Saul. Naquele dia correu sessenta milhas. Estava no campo de batalha quando soube que as Tábuas da Lei tinham sido capturadas. Correu, então, até lá, arrancou-as de Golias e foi ter com Eli.

EM ELI, sentia-se como se Aarão tivesse ressuscitado. E Eli, que em toda a sua vida não cometera um único pecado, experimentou o castigo, que Aarão merecera pela confecção do bezerro de ouro. Quando o portador da má notícia mencionou a Arca, Eli caiu de seu trono, quebrou a nuca e morreu, pois, uma vez que Aarão havia retornado em Eli, este associou o fato às Tábuas da Lei, que Moisés quebrara em virtude do seu pecado, e ele mesmo atirou-se da cadeira, para penitenciar o antigo delito.

Mas, nos indignos filhos de Eli, Hofni e Pinehas — neles reencontramos Nadab e Abihu, os desregrados filhos de Aarão.

OS FILISTEUS apossaram-se da Arca de Deus e levaram-na para Asdod, ao templo de Dagon. Prestaram-lhe homenagens e disseram: Neste templo está um Deus e este também é um Deus; que um Deus descanse perto do outro.

Conta-se, porém, que também falaram assim: Este Deus aqui é um vencedor, o outro, um vencido; que o vencido adore o vitorioso. Então, o Senhor falou-lhes: Não percebeis a diferença entre o frio e o morno; apenas o escaldante pode vos queimar! Quando no dia seguinte, os de Asdot levantaram-se, deram com Dagon caído de bruços diante da arca de Deus.

A MÃO DO Senhor pesava sobre os habitantes de Asdot e Ele aterrorizou-os, infligindo-lhes tumores malignos. Enquanto as pessoas jaziam por ali, cobertas de tumores, vieram ratos das profundezas que penetravam em seus ventres e devoravam suas entranhas. Então, as pessoas fizeram bancos de madeira para sentar e proteger-se dos ratos. Mas, o rato falou ao banco: Eu sou o mensageiro de Deus e tu apenas és uma coisa manufaturada; inclina-te diante do Criador do Universo. Então o banco rachou, o rato penetrou pela abertura até o ventre do homem, arrancou suas entranhas e retornou às profundezas.

OS FILISTEUS carregaram a Arca pelo campo, mas também lá o Senhor os atingiu com terrível epidemia.

Então encheram a arca de prata e colocaram-na sobre um carro. Mas, quando estavam a caminho com a Arca, as vacas, que puxavam o carro, entoaram um canto, exclamando: Rejubila-te, relicário de madeira de acácia, ó Arca; balança-te e voga em teu esplendor! Tu que estás coberta de panos bordados a ouro, que brilhas na pompa dentro da Casa de Deus, que te abrigas entre dois querubins!

Assim cantavam as vacas em caminho para Bet-Schemesch.

RABI ELIESER disse: Ouvi com meus próprios ouvidos o Senhor Zebaot falar: E o que disse Ele? Estas palavras: "Eis que hoje te apresentei a vida e o bem, a morte e o mal". Deus, o Senhor, falou: Apresentei os dois caminhos a Israel, o caminho do bem e o caminho do mal; o bom caminho é o caminho da vida, o mau caminho é o caminho da morte. O bom caminho ainda se divide em dois, o caminho da justiça e o caminho da misericórdia.

O profeta Samuel, entretanto, parou entre os dois caminhos do bem e disse: Qual dos dois devo escolher? Se eu escolher o caminho da misericórdia, talvez seja o da justiça o mais belo; mas, se eu escolher o da justiça, talvez o da misericórdia seja melhor para percorrer. Portanto, invoco o céu e a terra como testemunhos de que percorrerei ambos.

Então, o Senhor falou a Samuel: Samuel, estiveste entre os dois caminhos do bem e portanto quero te dar três dádivas preciosas; por elas todos saberão que, quem sempre pratica a justiça e a misericórdia, tem assegurada uma tríplice recompensa; pois alcança vida, justiça e honra.

QUANDO SAMUEL falou ao povo: Testemunhai contra mim na presença do Senhor e de seu ungido. Se tomei boi ou jumento de alguém, se pratiquei injustiça ou violência contra alguém, se recebi um presente da mão de alguém, falai! Eles, então, replicaram: Não nos fizeste injustiça ou violência. E uma voz do céu anunciou e exclamou: Eu testemunho a verdade dessas palavras.

Esta foi uma das três vezes em que o espírito santo apareceu no tribunal; uma vez que já se havia revelado na casa de Sem e depois mais uma vez nos dias de Salomão, iluminando-o em seu julgamento.
A MALDIÇÃO de um sábio sempre se realiza, mesmo quando ligada a uma condição. Eli tinha dito a Samuel: "Que Deus te castigue caso me ocultes algo do que te é dito por Ele". E embora Samuel lhe revelasse tudo o que a face divina lhe anunciara, a maldição de Eli cumpriu-se: seus filhos não seguiram o seu caminho e violaram a lei.
AQUELE QUE crê que os filhos de Samuel foram pecadores, está enganado. Apenas não seguiram o mesmo caminho de seu pai; porém, não se lhes podem ser atribuídas más ações. Samuel, o justo, percorreu todas as cidades de Israel e em cada lugar falou sobre justiça; os filhos de Samuel, porém, ficaram morando em suas cidades, de maneira que, quem desejava justiça, precisava procurá-los e assim eles aumentavam o ganho de seus inspetores e escribas.
CONSTA QUE, quando Samuel ficou velho, instalou seus filhos como juízes; por outro lado, verificamos que o número de anos de sua vida foi apenas cinqüenta e dois. Portanto, de repente, Samuel transformou-se de homem em ancião da seguinte maneira:
Quando o Senhor disse a Samuel estar arrependido de ter feito Saul rei, Samuel respondeu: Senhor do Mundo! Consideraste-me tão digno quanto Moisés e Aarão, conforme também está escrito: "Moisés e Aarão estão entre seus sacerdotes, e Samuel está entre os que invocam o seu Nome". Mas como a obra que Moisés e Aarão edificaram subsistiu, enquanto ambos viveram, não deixes também perecer antes da minha morte aquilo que erigi. — Nessa hora o Senhor pensou: O que devo fazer? Se faço Saul morrer, entristeço Samuel; se faço com que Samuel morra, sendo ainda tão jovem, o mundo ficará infeliz. Contudo, não posso deixar os dois viverem por mais tempo, pois já se inicia a era do reinado de David. Uma soberania não pode durar mais um minuto, depois que outro já é rei. Assim, o Senhor fez Samuel encanecer e envelhecer de uma só vez, de modo que expirou antes de Saul, sem ninguém estranhar sua morte prematura.

17. A Unção de Saul

OS FILHOS DE Israel insistiram em ter um rei e assim gozaram do fruto do reinado antes que houvessem amadurecido. Se houvessem aguardado com paciência, David teria se tornado o seu primeiro rei e Jonatan seu ministro, e ambos teriam construído um reino estável e permanente. Todavia, desprezaram o Senhor e adoraram o ídolo de Micha, e essa imagem levou-os a desejar um rei. O escolhido chamava-se Saul, e haviam-no convidado a usar a coroa antes do tempo.

SAMUEL TOMOU um vaso de óleo e derramou-o sobre a cabeça de Saul. Saul e Jehu foram ambos ungidos com óleo de um mesmo vaso; o reinado de ambos não teve duração. David e Salomão foram ungidos com óleo de um chifre e seus reinados foram de duração.

SAUL E SEU servo encontraram moças que saíam para buscar água. Quando perguntaram pelo vidente, as aguadeiras responderam: "Sim, ei-lo ali; corre, que ele acaba de chegar à cidade, pois o povo vai a um sacrifício hoje nas colinas. Ao entrardes na cidade, decerto o encontrareis, antes que suba à colina para a cerimônia. O povo não comerá antes que ele chegue, e abençoe o sacrifício; Depois, então, os convidados comerão". Para que essa longa conversa? Um sábio deu a seguinte resposta: O motivo é que as mulheres são tagarelas. Um outro disse: Não cansavam de olhar a formosura de Saul, por isso falaram tanto. Um terceiro relatou: Cada reinado tem seu tempo certo, e não pode ser encurtado nem que seja na largura de um fio de cabelo, em favor de um novo rei. O tempo de Samuel ainda não havia decorrido, quando Saul já caminhava ao seu encontro; as moças que apanhavam água, então, detiveram-no até que o tempo de juizado de Samuel, previamente estabelecido, tivesse terminado.

O MÉRITO DO seu ancestral permitiu a Saul alcançar o reinado. Seu avô Abiel acendeu velas nas escuras escadas que conduziam à casa de estudos, e essas velas iluminaram a todos. Por isso Abiel também é chamado de Ner. *

POR QUE Saul foi considerado digno de ser rei? Porque era extremamente modesto. Ao servo que o havia acompanhado para procurar as jumentas, falou: Vem, voltemos para casa, meu pai não tardará a preocupar-se por nossa causa! — Assim, o servo era para ele como um igual, como seu irmão.

POR QUE o reinado da casa de Saul não continuou? Porque não havia nele nenhuma mácula.

Na Escritura está escrito: "Saul ficou reinando por um ano". Sim, como uma criança de apenas um ano de idade, Saul era na época inocente e não havia experimentado o pecado.

18. O Pecado e a Morte de Saul

O SENHOR queria exterminar e aniquilar por completo a semente de Amalek. Saul e o povo acataram a vontade de Deus e não poupavam nenhum deles, exceto Agag e também deixaram com vida, as melhores cabeças de gado. Ao saber disso, Samuel foi a seu encontro; disse: Tivestes pena de Amalek e deixastes um resto dele?

---

* Ner, vela.

O povo respondeu: São apenas carneiros e bois e vamos sacrificá-los ao Senhor, teu Deus. Mas Samuel disse: O Senhor não se compraz com holocaustos e sacrifícios, mas apenas com a obediência às suas ordens.

Um sábio falou: O Senhor previu que de Agag nasceria, um dia, um inimigo e opressor dos judeus, e por parte de Samuel, um redentor e vingador. A quem se referia? Ao malvado Haman e a Mordecai, o justo. Samuel pôs-se a rezar diante da presença de Agag, clamando: Senhor do Mundo! Não esqueças o delito de Esaú, que afligiu seu pai casando-se com idólatras; recorda-te de seu pecado e castiga seus descendentes até o fim de todas as gerações.

Agag viu Samuel movendo os lábios e pensou: Talvez tenha escapado da amarga morte. Samuel, porém, disse-lhe: Como tua espada espoliou as mulheres de seus filhos, assim tua mãe será espoliada do seu. Assim, como a espada de Amalek, o ancestral de Agag, degolou os jovens de Israel, assim, mais tarde, por meio da prece de Ester, todos os filhos de Amalek foram mortos, e as mulheres dos amalecitas aí ficaram viúvas e sem filhos.

MAS SAUL assim como o povo pouparam Agag e os carneiros e bois. Saul justificou-se com seu Criador, dizendo: É certo que o Senhor ordenou exterminar Amalek; todavia, mesmo que os homens sejam culpados, que pecado cometeram as mulheres? O que fizeram de mal as crianças? E o boi, o jumento e o carneiro, o que fizeram de mal?

Então, ecoou uma voz do céu que falou: Não sejas mais justo do que o teu Criador!

E SAMUEL PARTIU Agag em pedaços. Despedaçou sua carne e deu-a de comer às avestruzes.

TODO AQUELE que tem piedade de um homem feroz, acaba se tornando feroz com homens que merecem piedade. Foi o que aconteceu com Saul; primeiro, teve pena do rei Agag e não quis matá-lo; depois, porém, ele mesmo se tornou um tirano e destruiu a cidade sacerdotal de Nob com a espada.

DEUS DEIXOU que Moisés visse, antes de morrer, todas as gerações futuras, os reis de cada época, os sábios, os chefes, os juízes, que algum dia surgiriam; e também, os malfeitores que apareciam, todos os ladrões e assassinos, e ainda, todos os profetas. Assim, mostrou-lhe também Saul e seus filhos e como encontrariam a morte em combate contra os filisteus. Moisés, então, disse a Deus: O primeiro rei, que governará teus filhos, irá perecer pela espada? O Senhor respondeu: Por que perguntas a mim? Pergunta, antes, aos sacerdotes que ele irá matar; pois são estes que o acusam.

SAUL HAVIA expulsado do país os feiticeiros e os adivinhos. Mas, nesse tempo, os filisteus preparavam-se para atacar Israel. Então Saul disse a seus servos: Procurai-me uma mulher que saiba vaticinar, para que eu a consulte. — A quem Saul pode ser comparado nessa hora? A um rei que, ao penetrar numa terra estranha, ordenou que todas as galinhas fossem mortas. Mas, ao deixar a cidade, perguntou: Não há aqui nenhum galo que cante? Responderam-lhe: Mas foste tu mesmo que mandaste matar todas as galinhas.

Os servos responderam a Saul: Há uma mulher que vaticina em Endor. Saul então saiu à sua procura. Libertou-se dos negócios de Estado, vestiu roupas modestas e foi para lá, acompanhado por dois homens, Abner e Amasa. A Escritura nos ensina as normas da vida: quem faz uma viagem, precisa ter dois acompanhantes.

Chegou à casa da mulher à noite, isto é, estava escuro como se fosse noite. E, jurando por Deus, disse-lhe: Como é certo que Deus vive, nenhuma culpa cairá sobre ti. — Com quem Saul pode ser comparado nesse episódio? Com uma mulher que vai ter com o amante e jura-lhe amor com as palavras: Como é certo que meu marido vive!

A bruxa de Endor falou: A quem invocarei? A alguém que disse: Quem é o Senhor? Ou a alguém que disse: Quem é como tu, ó Senhor? Saul respondeu: Invoca-me Samuel. Então ela fez alguns passes, murmurou palavras especiais, e eis que Samuel surgiu da terra. A própria mulher estremeceu à aparição.

São três as maneiras pelas quais um morto se entrega àqueles que invocam sua sombra. Aquele que o manda vir, vê sua figura, mas não ouve sua voz; aquele que necessita de seu auxílio, ouve sua voz, mas não vê sua figura; mas os outros, que estão presentes, nada vêem e nada ouvem. Assim foi em Endor: a bruxa viu Samuel, mas não o ouviu falar; Saul o ouviu falar, mas não viu sua aparição; mas os dois servos, Abner e Amasa, nada viram e nada ouviram.

A mulher falou: Vejo deuses elevarem-se da terra. Samuel acreditara que a hora do Juízo Final havia chegado, e subira juntamente com Moisés. E Samuel disse a Saul: Para que me consultas? O Senhor afastou-se de ti e tens que aceitar a sentença; amanhã estarás comigo, tu e teus filhos. Logo depois, Saul caiu estendido ao solo.

No dia seguinte, Saul tomou seus três filhos, Jonatan, Abinadab e Melchisua e partiu com eles para a luta. Nessa hora o Senhor falou aos anjos em serviço: Olhai o herói que criei. Quando um homem vai a uma festa, evita levar seus filhos de medo do mau olhado. Este, porém, parte para a morte certa e leva os seus três filhos; aguarda com alegria a fatalidade que o atingirá.

RECONHECE O poder da justiça em Saul, o rei, que expulsou todos os feiticeiros e adivinhos do país, mas depois teve de sentir amor por aquilo que odiava. Foi procurar a mãe de Abner, Zafania, em Endor, e ela invocou-lhe Samuel e este trouxe Moisés consigo à terra. E quando os demais mortos viram ambos se elevando ergueram-se também, acreditando que havia chegado a hora da ressurreição. Todos os profetas vaticinaram enquanto vivos, Samuel, porém, enquanto vivo e depois de morto. Quando apareceu a Saul, em Endor, disse-lhe: Se queres me ouvir e cair pela espada, tua morte te expiará e teu destino será vir para onde estou. Saul ouviu as palavras do profeta e atirou-se sobre sua própria espada.

QUEM NOS ensina respeito aos mortos? O povo de Jabes, em Gilead. Quando Saul e seus filhos caíram pela espada, os habitantes da cidade falaram uns aos outros: Devemos ficar devendo a dívida de honra àquele que nos libertou do domínio amonita? E todos os heróis, filhos da cidade, puseram-se a caminho e, marchando a noite inteira, chegaram à muralha de Bet-Schean. Ali, retiraram os cadáveres de Saul e de seus filhos, que os filisteus haviam pendurado, e trouxeram-nos para Jabes, onde os queimaram.

Aos enlutados consola-se com pão e vinho, conforme está escrito: "Vinho para as almas aflitas". Mas, os habitantes de Jabes mantiveram luto por meio de jejum, prantos e lamentos e abstiveram-se de qualquer alimento durante sete dias. O Senhor falou-lhes: Vou recompensar-vos por essa atitude. Quando futuramente eu reunir Israel de todos os quatro cantos do mundo, recordar-me-ei, em primeiro lugar, da meia tribo de Manassés, conforme também está escrito: "Meu é Gilead e meu também é Manassés". E depois também os de Efraim, sobre o qual está escrito: "E Efraim é a força de minha cabeça".

UM ANO após a morte de Saul e de seus filhos, nos tempos de David, a fome assolou o país, por três anos seguidos. Então, David fez as pessoas saírem em peregrinação, dizendo-lhes: Parti e procurai por gente que pratica a idolatria e por cujo pecado nos é negada a chuva. Procuraram e averiguaram, mas nada encontraram.

No segundo ano, Israel peregrinou novamente e David falou-lhes: Averiguai bem e vêde se não achais pessoas que praticam a libertinagem, por culpa das quais somos castigados com a seca. Mas nada disso encontraram.

No terceiro ano, quando outra peregrinação estava para se realizar, David falou ao povo: Procurai atentamente se não existem assassinos entre vós, os quais são culpados da nossa desgraça. No entanto, também disso não se encontrou. Então, David falou: Agora sei que é por minha causa. E procurou a presença do Senhor, que lhe disse: É por causa de Saul. David replicou: Senhor do Mundo! Mas eu não sou Saul e no meu tempo não se encontrou idolatria; também não sou Saul, que foi ungido com óleo de unção do vaso; e também não sou Saul que teve uma divergência com o profeta Samuel.

Depois David reuniu os sábios e os grandes de Israel. Eles atravessaram o Jordão e chegaram a Jabes, em Gilead. Ali encontraram os ossos de Saul e de seu filho Jonatan, e nenhum verme os roía, colocaram-no num ataúde e tornaram a transpor o Jordão. Enterraram-nos no território de Benjamin, em Zela, na sepultura de seu pai Kis e fizeram tudo que o rei ordenara. Mas o que é que o rei havia ordenado? Ordenara que o ataúde de Saul fosse levado através de todo o reino de Israel, através de cada província e cada distrito, e que se prestasse atenção se o povo prestava a devida homenagem aos despojos. E aconteceu que em toda a parte, os cidadãos com seus filhos e filhas prestavam homenagem ao morto e cumpriam seu dever.

Vendo o Senhor que Israel homenageava seu rei como era devido, encheu-se de misericórdia e fez a chuva cair.

19. O Pastor David

HÁ QUEM afirme que David era o filho de uma mulher amada por seu marido, outros dizem, que ele nasceu de uma mulher odiada. Pois seu pai Isai havia se separado da esposa, vivendo três anos longe dela. Depois, uma bela escrava veio para sua casa e ele passou a amá-la. Falou-lhe: Minha filha, prepara-te esta noite e vem ter comigo; em troca, eu te darei a liberdade. Mas a criada procurou sua senhora e disse: Salva a ti, a mim e ao dono da casa, do inferno. A esposa de Isai perguntou pelo motivo e a criada então contou-lhe o que o dono da casa lhe havia proposto. A mulher falou: O que posso fazer? Há três anos que ele não me toca. A moça respondeu: Vou te dar um conselho. Eu me prepararei essa noite e tu farás o mesmo. Serei a primeira a entrar no aposento; quando ele me ordenar que feche a porta, eu a abrirei de mansinho, sairei e tu entrarás em meu lugar. E assim aconteceu. A criada foi ter com Isai à noite, apagou a luz e foi até a porta para, aparentemente, trancá-la; nesse momento, a senhora esgueirou-se para dentro e a moça correu. A mulher de Isai passou a noite com seu marido e concebeu; depois de nove meses deu à luz a David.

Mas o forte amor de Isai para com a criada fez com que o menino fosse ruivo e diferente de seus irmãos. Estes pretenderam matá-lo juntamente com sua mãe, mas Isai disse: Ele será nosso servo e apascentará as ovelhas.

"E ELE ESCOLHEU seu servo David e tirou-o do curral de ovelhas."
— Teria David algo a fazer nos currais? Sim, pois só deixava as ovelhas saírem separadamente do curral para o pasto. Primeiro conduzia os cordeiros para os prados e deixava que comessem as pontas do capim. Depois apascentava os carneiros, e estes comiam a parte

central dos talos. Por fim, saíam as ovelhas e comiam a parte inferior do capim junto com as raízes. Ao ver isso, o Senhor falou: Como ele sabe cuidar bem dos animais! Que venha e tome conta do meu rebanho, os filhos de Israel!

QUANDO DAVID ainda era pastor de suas ovelhas, deparou certa vez com um búfalo, que dormia no deserto. David acreditou ter uma montanha à sua frente; assim, subiu no lombo do animal e de lá queria continuar a apascentar as ovelhas. Mas o búfalo berrou e levantou-se, de forma que David ficou sentado a cavaleiro sobre os chifres, alcançando o céu com a cabeça. Nessa hora David bradou: Senhor do Mundo! Se me deixares descer deste monstro, eu te construirei um templo de cem côvados de altura, tão alto quanto os chifres do búfalo.

QUANDO ISAI fez seus filhos apresentarem-se diante de Samuel, a cada um que passava, o profeta pensava tratar-se do escolhido e inclinava seu vaso de óleo. Mas o óleo ficava no vaso e não escorria. Chegada a vez de David, o óleo jorrou sozinho do vaso e derramou-se sobre sua cabeça.

Assim cumpriu-se o ditado: "E meu chifre elevou-se como o chifre de um búfalo, e eu fui ungido com óleo fresco".

QUANDO DAVID soube das injúrias de Golias, atirou-se diante da Arca de Deus e falou ao Senhor: Por que tu, Altíssimo, ficas ao longe? Este malfeitor profana tua Arca e difama teu ungido e teu povo Israel, e tu não o deixas perceber teu poder? Senhor do Mundo! Por que te manténs oculto na hora da aflição?

Nessa hora o Senhor fez David encontrar uma saída, e ele falou alto: Que acontecerá ao homem que abater estes filisteus e tirar o opróbrio de Israel? Quando Saul tomou conhecimento disso, ordenou que o chamassem e vestiu-o com seus trajes; contudo, caíam-lhe sobre os tornozelos. E quando David montou a mula, esta o levou para muito mais longe do que costumava levar Saul, de forma que ele o invejou e falou consigo: Este também alcançará o reinado.

E David enquanto montado na mula, ouviu três pedras conversando: Qual será o filho de Isaí? Se ele ouvisse a nosso respeito, abaular-nos-ia, e faríamos sua guerra por ele. Então David desceu da montaria, despiu as roupas que usava e levantou as pedras. A primeira pedra disse: Eu sou a pedra de Abraão; se David me lançar com a funda, arrancarei facilmente o capacete da cabeça de Golias. A segunda pedra falou: Eu sou a pedra de Isaac; se David me arremessar contra o filisteu, perfuro a sua fronte, penetro em seus miolos e saio novamente pela nuca. A terceira pedra disse: Eu sou a pedra de Jacó. Eu acerto o filisteu no coração e seu corpo tomba e fica deitado como carniça diante de todo Israel.

David, então, aproximou-se de Golias com o cajado na mão e clamou: Senhor do Mundo! Deixa-me ver um sinal de que vencerei. Nesse momento viu a sarna brilhando sobre Golias. Em seguida, atirou a primeira pedra e o elmo de Golias caiu de sua cabeça; atirou a segunda pedra e esta penetrou no cérebro do gigante e saiu pela nuca, fazendo com que ele caísse e a lança escorregasse de sua mão; atirou a terceira pedra, a qual atingiu o monstro no coração e ali jazia como carniça. David aproximou-se correndo do filisteu, arrancou-lhe a espada da bainha e cortou-lhe a cabeça.

20. David e Saul

QUANDO SAMUEL se dispunha a ungir David, os anjos em serviço levantaram sua voz ao Senhor contra isso, e disseram: Por que tiras o reinado de Saul e entrega-o a este? O Senhor replicou-lhes: Vou fazer-vos ver em que David é superior a Saul. Saul estava em via de consultar os Urim e Tumim, quando chegaram os filisteus. Largou logo a obra devota e disse ao sacerdote: Retira tua mão. Não esperou pelo fim do serviço divino.

O contrário aconteceu com David, que agora será ungido. Quando os filisteus vieram, ele encontrava-se no vale de Refaim e mesmo assim foi até a Arca Santa. O Senhor falou-lhe: Não marches para o alto; mas, dá a volta, e assalta-os por detrás; não deves estender tua mão contra eles, mesmo que estejam perto de ti, porém, tens que aguardar até que as copas das amoreiras se mexam. Ao subir, viu os filisteus aproximarem-se e os filhos de Israel também perceberam que a distância somente era de quatro milhas. Falaram a David: David, por que ficamos aqui inativos? Ele respondeu: Recebi ordens de Deus para não atacar antes de eu ver as copas das amoreiras se mexerem. E continuou: Se os atacamos, isso significa a nossa morte; se não os atacamos, também morremos. É melhor, portanto, morrermos como justos, do que como pecadores. Levantemos nossos olhos ao Senhor. Ao erguerem os olhos, as copas das árvores já estremeciam e David iniciou o ataque. Agiu como Deus lhe ordenara e bateu os filisteus desde Geba até o lugar onde se chega a Geser.

A CASA DE David possuía duas entradas, uma larga e uma estreita. Uma estava trancada e era vigiada pelos mensageiros de Saul e assim David deixava a casa pela outra porta.

Outros dizem que a casa tinha somente uma entrada, diante da qual os mensageiros de Saul montavam guarda. Michal, então, deixou-o escapar pela janela. Quando os enviados de Saul entraram na casa e perguntaram por David, ela disse que ele estava doente. Transmitiram a notícia a Saul e este ordenou que lhe trouxessem o doente com a cama para cima. Feito isso, Saul descobriu na cama um ídolo coberto com uma pele de cabra. Saul ficou furioso com a filha e censurou-a: Por que me enganaste assim, deixando escapar meu inimigo? Ela, então, respondeu-lhe: Tu me casaste com um salteador, pois ouve o que ele me disse: Se não me ajudares a fugir, eu te matarei! Fiquei com medo e deixei-o fugir às escondidas.

E ELA JUROU a Saul: Então Saul dirigiu-se para sua casa e seus criados disseram-lhe: Chamas David de justo, por que ele não te matou? Ele sabia muito bem que, se te fizesse o menor mal, nós nos teríamos levantado e o teríamos torrado e devorado. Então Saul atentou para as suas falas.

Mas David e Abisai vieram uma segunda vez à noite sobre Saul, enquanto o rei dormia no forte. David apanhou a lança e a taça de água da cabeceira de Saul, fugiu novamente, e ninguém o percebeu. David postou-se no cume da montanha, ao longe, e gritou para Abner: Não foste tu que anunciaste a Saul: Se David te tocasse um só cabelo, nós o teríamos devorado frito? Eis que a lança e a taça do rei estão na minha mão; o que dirás agora ao rei, diante do qual te gabaste: Cozinharemos David e o devoraremos? Ao ouvir isso, Abner perdeu a fala e emudeceu.

QUANDO DAVID poupou Saul na caverna e depois lhe gritou de longe, Saul disse-lhe: Vê, eu sei que serás rei sobre Israel. De onde veio essa certeza a Saul?

Antes, Samuel havia anunciado ao rei: O Senhor arrancará de ti o reino de Israel. Então Saul perguntou: Quem será meu herdeiro? Ao que Samuel respondeu: Não te revelarei completamente, mas apenas te darei um sinal: Aquele que arrancar um pedaço do teu manto, esse, mais tarde, arrancar-te-á todo o reino.

Quando David cortou um pedaço da roupa de Saul, este lembrou-se da profecia de Samuel e exclamou: Sei que serás rei sobre Israel!

DAVID CORTOU secretamente um canto da veste de Saul. Com referência a isso, um sábio disse: Aquele que ultraja a veste de seu próximo, não terá prazer com suas próprias roupas. E assim aconteceu com David quando ficou velho: sentia frio e nenhuma roupa conseguia aquecê-lo.

SE JONATAN tivesse dado a David apenas dois pedacinhos de pão para a fuga, David não teria necessidade de tocar nos pães consagrados e os habitantes da cidade sacerdotal de Nob não teriam sido dizimados, o traidor Doeg não teria se levantado e a morte em combate não teria atingido Saul e seus três filhos.

21. *Abigail, Michal, Betsabá*

"E SAMUEL morreu e todo Israel o pranteou; mas havia um homem em Man, que possuía propriedade em Carmem."

Enquanto que todo Israel pranteava o justo, aquele malfeitor que se chamava Nabal, permanecia à parte, dando um banquete. David enviou seus jovens a Nabal, para que ele lhes desse algo de seu supérfluo, mas Nabal falou-lhes: Por que confiais tanto em David? Será, acaso, pelas duas gotas de óleo com as quais Samuel o ungiu? Mas Samuel se foi e o óleo se foi!

ABIGAIL MONTOU no jumento e desceu o monte na escuridão, e eis que David e seus homens vinham chegando. Abigail desnudou suas coxas e elas brilhavam tão claras que David pôde enxergar o caminho por três milhas.

ABIGAIL PRESTOU um serviço tal a David, que mil dádivas em holocausto não poderiam compensar; houvesse ele abatido Nabal, conforme pretendia, nada o teria penitenciado. Ela foi ao seu encontro e o impediu de cometer o crime.

E assim Abigail falou a David: Imagina a seguinte questão: Um homem pobre pede uma dádiva a um rico, e este recusa-lhe até um pedaço de pão; o pobre levanta-se e mata o impiedoso. Então os queixosos vem a ti; afinal, não podes absolver aquele que derramou sangue. Mas ele dirá: nosso rei fez o mesmo com Nabal e quer castigar-me!

Então David falou-lhe: Isto foi inspiração divina e foi Ele que te mandou a mim; bendito seja o Senhor, que te enviou ao meu encontro, e louvor e bênção também sobre ti!

O SANTO, louvado seja, falou: Que a boa mulher seja companheira do bom homem e o malfeitor fique com sua maldade. Dez dias passaram-se, e Deus atingiu Nabal, e ele veio a morrer. Mas o que lhe causou a morte? Foi o fato de possuir um braço curto demais para conceder dádivas. Chamava-se Nabal, o tolo, e tolice era o que fazia; já as letras do nome de *Nabal* são iguais às do nome de *Laban* (Labão), e assim como Laban foi um impostor, Nabal também o foi.

E SAUL DEU Michal, sua filha, mulher de David, a Palti, filho de Lais, de Galim.

Palti também é chamado de Paltiel. Por que também Paltiel? Porque Deus o guardou do pecado. * Pois Palti plantou uma espada entre si e sua mulher e disse: O primeiro que quiser praticar a luxúria, será atravessado pela espada.

"MUITOS MANTÊM-SE virtuosos, mas tu os superas a todos." Entre os virtuosos contavam-se José e Boas; mas Palti ben Lais superou a ambos.

O SANTO Matia ben Cheresch, ** o qual vazou seus olhos, a fim de não cair na tentação da mulher — é o renascido Palti ben

---

* Palet, salvar; El, Deus.
** Vide *Born Judas* ("A Fonte de Judá"), p. 208.

Laís. Palti, o qual Saul fez casar com Michal, depois que David fugiu, não deveria ter tomado a mulher; deveria ter dito a Saul: Não quero desposar a mulher de David. Quando se trata da honra de Deus, a consideração pelo rei precisa silenciar. A ele refere-se o verso: "Expulsais as mulheres do meu povo da casa de suas alegrias". Embora Palti não a tenha tocado, apreciava sua aparência e se alegrava com uma mulher que não lhe pertencia.

Agora devia reparar isso em sua segunda vida. Foi entregue a Satã, e este apareceu-lhe na figura de uma bela mulher, a fim de levá-lo à queda. Todavia, ele foi mais forte do que o desejo e não a olhou.

Mas nos dois, tanto em Palti quanto em Matia, havia uma centelha de José, o qual soube resistir à mulher de Putifar.

MICHAL VIU David pular e dançar diante do Senhor, e desprezou-o em seu coração.

Disse a David: Os homens da minha casa paterna eram todos mais dignos de honra do que tu; jamais um deles desnudou a mão, o pé ou o calcanhar diante de outros. David respondeu: A geração da qual provéns só pensa na própria honra e ninguém se incomoda com a honra de Deus; eu, porém, não me preocupo com minha honra e procuro aumentar a fama do Senhor.

QUANDO O gigante Golias caiu, seu elmo estava fechado em volta de seu pescoço e sua cabeça não podia ser decepada. Então Urias aproximou-se e disse a David: Se eu abrir o fecho, dar-me-ás uma mulher em troca? David respondeu: Eu o farei.

Então, o Senhor disse a David: Ousas distribuir as filhas de Israel? Por tua vida! Este receberá a mulher que te foi destinada. Essa era Betsabá, a qual Urias levou para seu lar e que estava destinada a David.

BETSABÁ ESTAVA destinada a ser esposa de David desde os dias da Criação, mas ele deixou passar o devido tempo e desposou a filha de Saul. No mesmo dia em que Michal se casou com David, Urias esposou Betsabá.

BETSABÁ, FILHA de Eliam, estava destinada a David desde os dias da criação do mundo, mas eles gozaram do fruto antes de estar maduro e foram castigados.

BETSABÁ LAVAVA seus cabelos embaixo de uma colmeia vazia, a fim de não ser vista. Apareceu o Satã, na figura de um pequeno pássaro, e quando David o avistou, atirou uma flecha em sua direção; mas o projétil atingiu o telhado protetor, rompendo-o. E assim Betsabá ficou exposta e David pode vê-la.

CERTO DIA, David disse ao Senhor: Por que és sempre invocado como o Deus de Abraão, de Isaac e de Jacó, mas não como o Deus de David? O Senhor respondeu: Os patriarcas passaram por provas, mas tu ainda não. David, então, pediu com insistência que Deus o experimentasse também. E o Senhor continuou: Farei ainda algo mais; a eles não contei como iria prová-los enquanto que a ti di-lo-ei com antecedência: vou te experimentar por meio de uma mulher! ASSIM o próprio David invocou a tentação sobre si e logo sofreu a queda. O pecado de David para com Urias ocasionou quatro vítimas: o primeiro filho de Betsabá, Tamar, Amon e Absalão. Assim se cumpriu o que David disse ao profeta Natan: "O rico pagará a ovelha do pobre quatro vezes".

QUEM PARTIA para a guerra sob o comando de David, tinha antes de escrever uma carta de divórcio à esposa.

22. Joab

QUANDO Abraão quis adquirir a caverna dupla, procurou os jebuseus; os heteus, com os quais concluiu a compra, eram também chamados de jebuseus, devido à cidade de Jebus, denominação antiga de Jerusalém.

Os jebuseus recusaram-se a princípio a vender o campo e falaram a Abraão: Sabemos que um dia o Senhor dará todas essas terras à tua descendência. Portanto, faze conosco uma aliança sob juramento de que Israel não atacará a cidade de Jebus, a não ser que os habitantes concordem. Somente depois de ter jurado isso é que Abraão pôde adquirir a caverna dupla por ouro, e o campo lhe foi confirmado como propriedade eterna por meio de um documento.

Os jebuseus confeccionaram placas de bronze e nelas gravaram o teor do juramento de Abraão. Quando depois os filhos de Israel chegaram a Canaã, sob o comando de Josué, e quiseram conquistar a cidade de Jebus, não puderam penetrar em virtude das colunas que lembravam o juramento de Abraão.

Muito tempo depois, David tornou-se rei de Israel, e também foi desejo seu tomar a cidade de Jebus. Mas os habitantes disseram-lhe: Não penetrarás aqui. Os cegos e os coxos expulsar-te-ão. E embora Israel fosse numeroso como a areia do mar, nada puderam contra os jebuseus, tão grande era o poder do juramento de Abraão. Assim David permaneceu no castelo e lhe foi dito: Não serás senhor sobre a cidade dos jebuseus, enquanto não afastares as placas que contém a inscrição do juramento de Abraão. David, então, disse: O primeiro que subir e retirar as placas, tornar-se-á meu general-de-campo.

E JOAB, o filho de Zeruia, foi o primeiro a subir e tornou-se chefe do exército. Depois David comprou a cidade dos jebuseus para propriedade eterna de Israel. Cobrou cinqüenta siclos de cada tribo, ou seja, um total de seiscentos siclos e pagou-os a Ornan, o jebuseu.

JOAB, O FILHO de Zeruia, empreendeu outrora uma guerra contra uma cidade no reino de Amalek. Os amalecitas fecharam as portas da cidade e os filhos de Israel sitiaram-na durante seis meses. Havia doze mil guerreiros com Joab, o filho de Seruia. Depois de decorrido meio ano, os combatentes reuniram-se diante de Joab e disseram: Não conseguiremos atacar a cidade, deixa-nos ir para casa; vê já faz muito tempo que deixamos as nossas aldeias e que não vimos as nossas mulheres e filhos. Então Joab disse: Quereis retornar com essa vergonha no coração, e que o rei veja os nossos rostos decepcionados e os inimigos criem nova coragem? Atentai para o meu conselho e fazei o seguinte. Tomai uma catapulta e lançai-me com um só impulso para dentro da cidade. Depois esperai ainda quarenta dias; se virdes jorrar sangue sob os portões, sabereis que estou vivo; caso contrário, isso será para vós um sinal de que estou morto e de que deveis voltar para casa.

E assim aconteceu. Joab tomou sua espada e mil peças de prata. Depois, por uma catapulta, foi lançado para dentro da cidade inimiga. Caiu no quintal de uma viúva, que vivia junto com sua filha e o marido desta. A jovem senhora viu o estranho deitado lá fora e chamou a mãe e o marido; os três levaram o desconhecido para dentro da casa. Lavaram-no com água fresca da fonte, ungiram-no com óleo e o homem esgotado recobrou os sentidos. Perguntaram-lhe quem era e ele respondeu: Sou amalecita e fui parar no exército dos israelitas; agarraram-me e levaram-me à presença de seu rei. Este impôs-me o castigo de ser arremessado por uma catapulta e assim fui atirado para cá; peço-vos, deixai-me viver. E Joab deu dez moedas de prata ao marido da jovem mulher, dizendo-lhe: Toma dinheiro, compra o que quiseres. Dez dias depois, Joab desejou sair à rua, mas os donos da casa disseram-lhe: Não te mostres nestes trajes. Deram-lhe as suas roupas e assim ele pôde se movimentar na cidade como se fosse um de seus habitantes. Mas era um lugar muito extenso e nele havia cento e cinqüenta mercados, um maior do que o outro. Joab chegou a uma ferraria e falou ao ferreiro: Faze-me uma espada igual a esta que tenho aqui quebrada nas mãos. Ao avistar a espada, o ferreiro estremeceu. Joab perguntou ao homem: Por que te assustas? O ferreiro respondeu: Em toda a minha vida, jamais vi uma espada dessa. A isso Joab repetiu seu pedido e prometeu uma boa recompensa ao homem. Mas quando o ferreiro terminou de fazer a arma, Joab pegou-a na mão e brandiu-a de um lado para o outro e ela quebrou-se. O mesmo também aconteceu com a segunda espada e somente a terceira ficou inteira e agradou a Joab. Então perguntou ao artífice: Quem deveria ser morto com esta espada? O ferreiro retrucou: Joab, o general-de--campo do rei de Israel. Então, o herói falou: Eu sou Joab. E continuou: Olha atrás de ti. O ferreiro virou sua cabeça para trás e Joab feriu-o na barriga, de maneira que caiu morto, e Joab correu para a rua. Logo encontrou um bando de quinhentos mercenários e abateu a todos, não deixando nenhum escapar com vida. Depois enfiou a espada na bainha e voltou para a casa onde era hóspede. Entretanto, a notícia da morte de tantos homens espalhara-se na cidade e perguntava-se: Quem os terá aniquilado? As pessoas não sabiam dizer outra coisa além de que devia ter sido Asmodeu, o rei dos demônios. Os anfitriões de Joab também lhe perguntaram se ouvira a notícia; ele respondeu que de nada sabia e tornou a presenteá-los com dinheiro.

Depois de outros dez dias, Joab deixou a casa e dirigiu-se a um dos portões da cidade. Caminhou pelas ruas com a espada desembainhada, agitando-a em sua volta, de modo que mil e quinhentos homens tombaram. Mas depois seu braço contraiu-se e a mão ficou colada na espada. Foi para sua pousada e encontrou a jovem mulher diante da casa. Pediu-lhe que lhe desse um pouco de água quente para que soltasse a espada de sua mão. Ela, porém, gritou e exclamou horrorizada: Comes e bebes conosco e matas os nossos! Então Joab enterrou a espada no ventre da mulher e sua mão restabeleceu-se. Correu à praça do mercado e lá ouviu um homem proclamar: Aquele que abriga um hóspede, que o traga perante o rei! Joab aproximou-se dele e perfurou-o com sua espada. E assim fez com todos que dele se aproximavam, até ter morto dois mil e um homens. Assim chegou até as portas da cidade e abriu-as; então o sangue jorrou para o campo. Os filhos de Israel já haviam chorado por Joab, pois o imaginavam morto e estavam prontos para voltar para a terra natal. Mas quando viram o sangue jorrar, ficaram cheios de júbilo e exclamaram: Ouve Israel, o Senhor, nosso Deus, é Deus único.

E Joab, o filho de Zeruia, subiu ao telhado de uma torre, para que os homens parados fora pudessem vê-lo, e bradou em alta voz: O Senhor não abandona seu povo por causa do seu grande Nome. E agora trazei nosso rei, cingi vossas espadas e entrai na fortificação.

Quando, depois David chegou, disse a Joab: Então cumpriste o que está escrito: "E exterminarás a lembrança de Amalek". Joab respondeu: Sim, meu príncipe, dos nossos inimigos apenas restou seu rei. E o soberano dos amalecitas já estava sendo levado à presença de David e este o abateu com as próprias mãos. Joab, porém, tirou a coroa da cabeça do morto e colocou-a na de David.

QUANDO SEBA, o filho de Bicri, instigou a revolta contra David e depois fungiu para Abel, o povo perseguiu-o, tendo Joab à frente. Chegaram a Abel, atacaram e quiseram derrubar a muralha. Quando Serah, a filha de Asser, soube disso, começou a gritar alto: Trazei Joab à minha presença! Joab veio e ela lhe disse: És tu, o Joab, a quem a Escritura elogia como aquele que fazia parte do conselho de sábios? Não conheces a lei que ordena: "Se segues para uma cidade, a fim de atacá-la, primeiro oferece-lhe a paz?" Por que queres devorar a herança do Senhor? Joab, então, assustou-se e pensou: Se aqui existem homens justos, ai de mim. E falou alto: Longe de mim destruir e eliminar; mas um homem da montanha de Efraim rebelou-se contra o rei David. E perguntou à mulher: Quem és tu? Ela respondeu: Sou a única que restou de setenta almas. Fica aonde estás; vou para lá e farei a paz.

E a mulher foi ao povo e com sua sensatez, falou-lhes: Joab e todo Israel estão diante da cidade e querem nos matar. As pessoas perguntaram: Mas, por quê? Ela disse: Ele quer cem dos nossos homens. As pessoas responderam: Ele os terá. Então a mulher falou: Ele apenas quer cinqüenta homens. E, por fim, falou: Ele não quer nem cem nem cinqüenta, ele quer um só homem, Seba, o filho de Bicri!

Logo cortaram a cabeça de Seba e atiraram-na a Joab. Então o general-de-campo retirou-se e deixou a cidade em paz.

UM MESTRE falou: Era mais fácil destroçar um muro de seis côvados de espessura do que decepar um pé de Abner, general-de--campo de Saul.

ABNER TINHA orgulho de sua força e disse: Se a terra tivesse um cabo pelo qual pudesse ser agarrada, eu a tiraria dos gonzos.

Todo o acampamento de Israel cabia entre as coxas de Abner, mas mesmo assim, chegada a sua hora, Joab o levou à queda. Mas no momento de sua morte, Abner agarrou Joab e segurou-o no punho como um novelo de linha. Então, todo Israel postou-se diante de Abner, suplicando: Senhor, se matares este também ficaremos como órfãos que não têm pai e os filisteus virão sobre nós e levarão as nossas mulheres e os nossos bens. Mas Abner respondeu-lhes: Devo poupar aquele que apaga a luz da minha vida? Eles falaram: Discute com ele, quando ambos estiverdes diante do juiz celestial.

Então Abner atirou longe o prisioneiro que tinha na mão e este permaneceu vivo. E a alma de Abner expirou.

23. A Aventura de David

EM TODA a sua vida o rei David jamais teve um sonho bom. Pois, como guerreava constantemente, à noite só sonhava com batalhas, espadas e sangue.

DURANTE muitos anos, depois da Arca da Aliança retornar dos filisteus, ficara na casa de Aminadab, em Kiriat-Jearim, em Judá. Mas, quando David se tornou rei, partiu, como todo o povo de Israel, a fim de trazer de volta a Arca da Aliança. No entanto, como já não se sabia mais como proceder com a arca, todos pensaram: A Arca foi trazida da terra dos filisteus em cima de um carro; assim só podemos conduzi-la num carro, para a casa de David, rei de Israel. Assim, colocaram a Arca em cima de um carro; mas ela pairava entre o céu e a terra, não subia e não caía no chão. Então Usa, o filho de Aminadab, estendeu a mão e segurou a Arca. Nessa hora os pecadores de Israel pensaram: Só graças a Usa que a Arca não escorrega para o chão. Logo o Senhor infligiu a morte sobre Usa. Ele morreu e sua mão largou a Arca. E assim foi revelado a todo Israel que a Arca pairava com as suas próprias forças entre o céu e a terra, não subindo e nem caindo.

O SENHOR tinha falado um dia a David: Tu e tua casa estais chegando ao fim. Queres que tua semente seja exterminada ou que eu te entregue ao inimigo? David, então, respondeu: Senhor do Mundo! Entrega-me preferivelmente ao inimigo e que o extermínio não atinja os meus descendentes.

Um dia David foi à caça. Apareceu, então, o Satã na figura de um veado e David dirigiu-lhe uma flecha. Mas não o atingiu e perseguiu o animal até que este o levou para a terra dos filisteus. Lá foi reconhecido por Jesbi, que habitava em Nob, e este falou: Este é o homem que abateu meu irmão Golias! E prendeu-o e colocou-o sob as lagariças de óleo; mas, então, aconteceu um milagre; e a terra debaixo dele cedeu, e ele não foi esmagado. A esta história refere-se o verso: "Abres um espaço embaixo de mim para andar, de maneira que meus tornozelos não claudiquem".

O dia era o de preparativo para o Sábado, e na véspera desse mesmo dia, em Jerusalém, Abisai, filho da Zeruia, lavou a cabeça, enxaguando-a quatro vezes em água limpa. Mas a água estava sempre tinta de sangue. Outros dizem que uma pomba, viera voando, batendo as asas, lamentando e chorando, de modo que Abisai falou: A pomba é o símbolo de Israel; ela chora e está triste, portanto, o rei David está em perigo. E correu direto ao palácio do rei, porém, David não estava lá. Procurou-o na casa de estudos, mas nem ali David foi encontrado. Então, mandou perguntar se era lícito em horas de perigo montar a cavalo do rei. Isso lhe foi permitido e assim galopou rapidamente para o país dos filisteus. A estrada corria ao seu encontro e ele logo alcançou o lugar onde David se achava. A mãe de Jesbi, Orpa, estava sentada à janela, fiando. Ao ver Abisai se aproximando, atirou contra ele a roca, mas não o atingiu. Então falou: Tu és Abisai. Traze-me a roca que caiu aos teus pés. Abisai, porém, levantou a roca, atirou-a à cabeça dela, matando-a.

Jesbi, por sua vez, ao ver Abisai, falou: Agora tenho dois nas minhas mãos, David e Abisai. E arremessou David para o alto, e plantou sua lança de ponta para cima, esperando que David caísse sobre ela e fosse perfurado. Mas, Abisai proferiu o verdadeiro nome de Deus, conseguindo com isso que David pairasse entre o céu e a terra e não caísse. Mas por que o próprio David não invocou o nome de Deus? É que nenhum prisioneiro pode resgatar a si mesmo, pois lhe falta a mente clara e lúcida para tal ação.

Abisai perguntou a David: Como vieste parar aqui? David respondeu: O Senhor me falou assim e assim e então eu disse que preferia cair na mão do inimigo a que minha descendência fosse dizimada. Abisai, então, falou: É melhor que tua descendência pereça a que sejas entregue a teus inimigos. David respondeu: Ajuda-me então para que assim aconteça.

Então Abisai invocou o verdadeiro nome de Deus e David caiu ileso ao chão. Ambos correram e procuraram fugir para a terra natal. O inimigo Jesbi, porém, perseguiu-os, pois ainda se achavam no país dos filisteus. Ao chegarem à aldeia de Korbi, que fica entre a terra dos filisteus e a terra de Israel, David e Abisai combinaram: Enfrentemo-lo e matemo-lo. Quando alcançaram o lugar chamado Be-Tre, refletiram: Bastariam duas flechas para abater um leão? E voltando-se para Jesbi, disseram-lhe: Vai e procura tua mãe Orpa que está na cova; pois nós lhe demos a morte. Assim que mencionaram o nome de sua mãe, as forças abandonaram-no e ele foi abatido.

HAVIA MIL torres em Jerusalém; cada herói combatente comandava sobre uma delas. Todavia, todas as torres dependiam da torre de David. Se esta estava iluminada, todas as outras mantinham-se com luz e seu brilho luzia de uma extremidade da terra à outra, de modo que os navios que navegavam no oceano, guiavam-se por essa luz. Mas quando o Santuário desmoronou, as torres também arriaram.

QUANDO O Senhor, na Criação do mundo, separou as águas superiores das inferiores, a água do abismo jorrou e correu para o oeste, de modo que não se podia ver terra seca. Depois, o Senhor fez um pequeno caco, nele gravou o verdadeiro Nome quarenta e oito vezes e esse pedacinho de barro tornou-se o sinete de Deus com o qual tapou a abertura do abismo. Quando agora a água quer subir dos abismos, é impedida pelo sinete e retorna à profundeza.

Qando David quis assentar a pedra angular do Templo, cavou a terra até mil e quinhentos côvados de profundidade, até que chegou ao sinete. Então exclamou: Ai de mim, todo o meu esforço foi em vão! Pensei atingir um lugar jamais tocado por homem algum e o que encontro é um caco! E ordenou que a terra em volta fosse retirada até que o sinete ficasse à mostra e claramente visível. Mas esse caco era a pedra fundamental do mundo, com o qual a construção do mundo tivera início. Quando David viu o nome de Deus gravado nele, estendeu a mão e quis apanhá-lo. Mas, uma voz vinda da pedra, bradou: Não me toques, pois destruirias o mundo; observa o nome de Deus gravado em mim quarenta e oito vezes.

David, contudo, não atendeu à advertência e arrancou a pedra da profundeza. As letras do nome sagrado dissiparam-se imediatamente e um simples caco de barro ficou na mão de David. A água dos abismos, porém, jorrou e quis inundar o mundo, para que se transformasse de novo em caos. David e todo Israel estavam dentro da água, que subira até o umbigo do rei. Então ele começou a chorar alto e chamar: Ajuda-me, ó Deus, pois a água me chega até a alma. Mas nenhuma resposta se fez ouvir. Então chamou: Senhor do Mundo! Não me deixes perecer desta maneira. Novamente, não houve resposta a seu brado. Então David falou pela terceira vez: Se houver alguém entre nós, que saiba escrever o Nome sagrado e não o faz, deverá encontrar a morte por estrangulamento. Sua morte não o penitenciará e todo Israel estará livre de pecado.

Nessa hora, Aquitofel refletiu sobre o que teria mais peso e falou: Se o nome de Deus pode ser apagado com água, quando se trata de fazer paz entre marido e mulher,* tanto mais deve ser permitido quando se trata de salvar todo Israel. Aproximou-se dum salto e escreveu o verdadeiro nome de Deus sobre a pedra e atirou-a na água para fechar a abertura. Logo depois a enchente diminuiu e terra seca apareceu.

24. Os Traidores

CONTA NO SALMO: "Tu esmagas todos os que se desviam do teu caminho". Isso se refere a Doeg, o conselheiro de Saul, que denunciou ao rei os sacerdotes que tinham alimentado o fugitivo David, e Aquitofel, o conselheiro de Absalão, que sugeriu ao rebelde filho de David, desonrar as mulheres de seu pai.

Doeg conhecia todas as leis da Escritura, mas não as seguia e assim ela o destruiu; também Aquitofel estudou a Escritura, mas não tomou a peito seus ensinamentos, e assim encontrou a morte por meio dela.

A quem se pode comparar Doeg e Aquitofel? A um celeiro cheio de palha, o qual foi desentulhado pelo proprietário e depois recoberta de barro; contudo, o barro foi colocado quando ainda havia palha nas fendas e frestas; depois que a camada de barro afundou, a palha antiga voltou a ser visível. O mesmo aconteceu com Doeg e Aquitofel; haviam memorizado todas as regras e as menores frases do Ensinamento, mas os seus corações estavam cheios de tolice. Então o Senhor neles fez cumprir a frase: "Tu esmagas todos os que se desviam do teu caminho".

AQUELES QUE cometem atos sangrentos e fraudes não chegam até a metade de suas vidas. Doeg, o assassino e traidor, não alcançou

---

* Refere-se à lei em Núm. 5, 23.

mais de trinta e quatro anos, e o intrigante Aquitofel teve de morrer mal chegando aos trinta três anos.

TRÊS ANJOS exterminadores deviam destruir Doeg: um fez com que esquecesse o Ensinamento, o segundo queimou sua alma e o terceiro dispersou sua cinza sobre as casas de estudo e de oração.

AQUITOFEL ordenou três coisas a seus filhos. Falou-lhes: Não resisti ao domínio da casa real de David, pois evidentemente Deus é afeiçoado a ela. Não disputai com alguém cuja hora lhe é propícia. Se o tempo está bom na festa das Semanas, semeai trigo e linho e eles brotarão.

ABSALÃO TINHA orgulho de seu formoso cabelo e sua petulância levou-o a se rebelar contra seu pai; mas, o cabelo trouxe-lhe a destruição e na fuga seus cachos enroscaram-se no carvalho.

ATENTAI PARA a fidelidade e a integridade do homem que viu Absalão suspenso no carvalho. Relatou o fato a Joab e este ofereceu-lhe dinheiro para que matasse Absalão. Mas o homem falou: Ainda que me desses mil siclos de prata, não ergueria minha mão contra o filho do rei. Joab então se pôs a insistir e a implorar que lhe mostrasse o lugar onde Absalão estava pendurado. O homem concordou e levou-o ao lugar na floresta; ali Joab cravou três dardos em Absalão.

ABSALÃO ERA um herói combativo e tinha sempre a espada na cintura. Por que não a desembainhou e cortou os cabelos da ramagem do carvalho? O inferno abria-se diante dele, e por isso pensou: Prefiro ficar pendurado pelos meus cabelos, do que me afundar no abismo do inferno.

O inferno tem sete portas. Absalão chegara até a quinta e então David soube de sua morte e começou a chorar e se lamentar. Clamava sem cessar: Meu filho Absalão, meu filho! Assim o salvou dos martírios do inferno que se seguiriam.

25. O Devoto David

DAVID HABITOU em cinco moradas e de cada uma entoou um hino de louvor. Enquanto ainda no ventre materno, proferiu uma bênção; ao começar a respirar o ar deste mundo e ver no céu os astros e planetas, cantou um hino; quando mamava nos seios de sua mãe, compôs um cântico de louvor; mais tarde, quando viu os inimigos derrotados entoou um canto de vitória; e até mesmo quando sentiu próxima a hora da morte, enalteceu o Senhor.

ACIMA DO leito de David pendia uma harpa. Ao chegar meianoite, quando soprava o vento norte, a harpa soava por si. David acordava logo e com ele seus discípulos, que pesquisavam na Escritura; sacudiam de si o sono e o cansaço, aprofundavam-se no Ensinamento e ocupavam-se com ele até o amanhecer.

AO ALVORECER os sábios de Israel costumavam procurar David. Diziam-lhe: Nosso rei e Senhor! Teu povo precisa de alimento e manutenção. Então David respondia: Que eles se alimentem mutuamente, um ao outro. Os sábios retrucaram: um punhado de comida não sacia um leão; uma cova também não se preenche com a areia que dela se cavou. Aí o soberano decidiu: Então segui para uma guerra!

Logo se aconselharam com Aquitofel, como e contra quem a guerra deveria ser feita; pediram o auxílio do conselho de anciãos, para que orassem por aqueles que partiam; consultaram os Urim e Tumim sobre o feliz resultado da luta.

QUANDO DAVID estava na casa de estudos, desprezava almofadas e estofados e sentava-se no chão nu. Seu mestre Ira, o jairita ao discursar, costumava sentar-se macia e confortavelmente; após sua morte, David tornou-se seu sucessor, mas também na qualidade de mestre ficava sentado no chão. Os sábios, seus discípulos, diziam-lhe: O senhor poderia tomar assento nas almofadas e estofados. Mas David recusava.

Então Deus lhe falou: Tu provaste ser humilde. Por esse motivo, serás meu igual em poder; quando eu impusera um castigo, a ti será dado revogá-lo.

MIFIBOSET, o filho de Jonatan, foi mestre de David, e tudo o que David fazia, perguntava a Mifiboset: Meu mestre, julguei bem, condenei corretamente, absolvi corretamente, devia declarar isso puro e aquilo impuro? Ele não era nada orgulhoso.

QUANDO irrompeu a fome na época de David e os gibeonitas queriam sete homens dos descendentes de Saul para expiar sua desgraça, David empenhou-se em salvar Mifiboset, o filho de Jonatan. Pois Mifiboset era homem de grande sabedoria e conhecimento da Escritura. David disse: Vou conduzi-los diante do altar e aquele que for atraído pelo altar, será meu. E David assim procedeu e orou pelos condenados e eis que o altar segurou Mifiboset.

QUANDO DAVID terminou o Livro dos Salmos, seu espírito estava exaltado e ele falou diante de Deus: Senhor do Mundo! Existe entre as criaturas, que formaste, alguma que tanto te louvasse e enaltecesse? Nesse momento apareceu-lhe um sapo e disse: David, não te julgues tão grande, pois também eu entôo cânticos e hinos de louvor ao Senhor, e esses superam os teus. Sim, a cada um de meus hinos podem ser feitas três mil parábolas.

26. Penitência e Morte de David

PODES VERIFICAR o poder da penitência pelo exemplo de David, rei de Israel. Pois, o Senhor jurara aos patriarcas multiplicar sua semente como as estrelas do céu, e eis que vem David e pretende contar o povo. Então, o Senhor falou-lhe: David, sabes o que prometi aos patriarcas; agora queres anular meu juramento! Por tua culpa o rebanho será dizimado. E realmente, no decurso de três horas, tombaram setenta mil homens de Israel.

Ao tomar conhecimento disso, David rasgou suas roupas, vestiu um saco, espalhou cinzas sobre a cabeça e prostrou-se com o rosto em terra diante da Arca de Deus. Pediu perdão a Deus, dizendo: Senhor de todo o Universo! Fui eu aquele quem pecou; não ignora o meu pecado. Sua penitência foi aceita e Deus falou ao anjo exterminador: Basta, afasta tua mão deles.

Então o anjo pegou sua espada e enxugou-a no manto de David. David viu a lâmina do anjo da morte e seus membros estremeceram e não pararam de tremer até a morte. Por esse motivo, consta acerca dele: Não podia mais ir à procura de Deus, tão assustado ficou diante da espada do anjo.

O PROFETA Gad, o vidente de David, veio ao rei e disse-lhe: O que preferes? Queres que a fome devaste teu país por sete anos, ou preferes ter de fugir dos teus inimigos durante três meses e eles te perseguirem, ou ainda que haja três dias de pestilência no país?

Então David disse consigo mesmo: Se eu escolher a fome, o povo de Israel dirá: ele confia nas próprias terras, que são férteis. Se eu escolher a guerra, eles dirão: Confia nos seus aguerridos heróis. Por isso vou preferir a peste, que ataca a todos da mesma maneira, o rico e o pobre, o velho e o moço. E David falou a Gad: Doe-me e tenho medo; mas é melhor cairmos na mão do Senhor do que na mão dos homens.

Então veio a peste sobre Israel; grassou durante três dias em Jerusalém. David ergueu seus olhos e viu o anjo parado entre o céu e a terra. Nesse mesmo momento, David também viu os pecados de Israel, aglomerados em exército e chegando até o céu. Então ele e os anciãos vestiram sacos e prostraram-se com os rostos em terra.

Nessa hora um anjo desceu da altura celestial e matou o profeta Gad, bem como quatro filhos de David e também os anciãos que rodeavam o rei. David olhou o anjo exterminador e foi acometido de calafrio, que não o deixaria mais até o dia de sua morte. Por mais cobertas que lhe pusessem, não se aquecia.

QUAL O CASTIGO que atingiu David? Foi atacado de sarna por seis meses, o Sinédrio manteve-se afastado dele e a divindade o tinha abandonado.

O ESPÍRITO de Deus afastara-se de David por vinte e dois anos; nesse tempo David enchia diariamente uma taça com suas lágrimas e comia seu pão com cinzas, conforme também está escrito: "Eu como cinzas misturada ao pão e misturo minha bebida com pranto".

"AQUELE QUE tem o Senhor como amparo, não precisa temer, não precisa se preocupar com o mal que pode fazer." Saul tropeçou uma única vez e isso já foi sua ruína; David, por sua vez, cometeu graves pecados e não foi repudiado. Quando Saul poupou Agag, o Senhor arrependeu-se de tê-lo feito rei sobre Israel. Mas quando David cometeu seus dois pecados, a violação de Betsabá e o recenseamento do povo, conseguiu livrar-se da culpa.

DAVID CLAMOU a Deus: Senhor, revela-me o meu fim; ensina-me qual é o objetivo da minha vida; dize-me quando deixarei de existir. Mas o Senhor respondeu: Está determinado no meu conselho que o número de dias de vida não será revelado a nenhum mortal. Mas se queres saber quando morrerás, então ouve: tua vida terá fim num Sábado! David disse a isso: Deixa que morra no dia que segue ao Sábado. Mas o Senhor falou: Então já terá começado o reinado de teu filho e não é possível que um regime toque o outro, nem mesmo no tamanho de um fio de cabelo. Então David falou: Deixa pois que eu morra no dia antes do Sábado. Mas o Senhor falou: "Um dia nos átrios é melhor do que outros mil"; um dia em que estudas a Escritura me agrada mais do que mil holocaustos, que teu filho Salomão ofertará um dia sobre o altar.

David ocupava-se dias inteiros com o Ensinamento e assim também aconteceu no dia em que devia morrer. O anjo da morte veio, mas não pôde dominar David, pois este não interrompia a leitura. O anjo exterminador pensou: Que fazer? Mas David possuía um jardim nos fundos de sua casa. O mensageiro da morte esgueirou-se por lá e fez os ramos das árvores farfalharem. Então David saiu para descobrir o que significava o rumor. Mas um degrau quebrou-se sob seus pés; parou por um instante o recitar das palavras sagradas e calou-se. Nesse momento, sua alma abandonou-o.

DAVID EXPIROU num Sábado na hora da prece vespertina, e nesse momento a lua obscureceu e a luz do Ensinamento oral apagou-se e a partir desse dia aumentou a disputa sobre a exata interpretação da lei.

DAVID FALOU ao Senhor: Senhor do Mundo! Perdoa meus pecados; dá-me um sinal da tua bondade para que meus inimigos o vejam e se envergonhem, porque tu és Deus, meu amparo e consolo. O Senhor respondeu-lhe: Não te deixarei sabê-lo enquanto viveres; vou revelá-lo na época do teu filho Salomão.

E assim foi: Quando Salomão terminou de construir o Templo e a Arca da Aliança ia ser levada para o Santuário, as portas fecharam-se e não queriam se abrir. Salomão entoou vinte e quatro estrofes de cântico, mas não recebeu resposta. Exclamou: Ó portas, erguei a cabeça para que o rei entre com honras! Mas as portas do Santuário não se mexeram. Então ele exclamou: Senhor Deus, não humilhes o semblante do teu ungido; recorda-te das benevolências prometidas a teu servo David. Imediatamente, assim que foi proferido o nome de David, as portas do Templo abriram-se. Nessa hora os rostos dos inimigos de David ficaram pretos como a panela fica preta pela fumaça do fogo, e todos em Israel reconheceram que o pecado de David fora perdoado.

SÓ DEPOIS que o Templo de Salomão foi erguido e o Senhor encarregou o arcanjo Michael e sessenta outros anjos de tomarem conta de Israel, é que Michael conduziu David pelas portas de Jerusalém celestial e permitiu-lhe formar a carruagem divina, juntamente com os patriarcas.

Livro Décimo Primeiro: Os Dois Reinos

1. O Sábio Rei Salomão

O GRANDE rei Salomão, a quem o Eterno concedeu a soberania de uma extremidade da terra até a outra, fora escolhido para isso ainda no ventre materno. O Senhor deu-lhe conhecimento de todos os segredos e proporcionou-lhe uma visão das coisas do mundo, tal como se haviam desenvolvido, desde a época da Criação. Se era procurado por pessoas que tinham uma disputa entre si, fitava-as e sabia logo quem era o culpado, e ninguém se atrevia a dizer uma coisa falsa diante dele. Esplendor e majestade, graça e benevolência se irradiavam dele como outrora de David, seu pai.

DEUS FALOU a Salomão: Pede o que desejas, que eu te darei. E Salomão respondeu, dizendo: Dá a teu servo um coração obediente.

Quem conhece uma parábola a esse respeito? Um rei tinha um conselheiro, a quem tinha em elevado conceito, e assim, um dia, lhe disse: Pede uma graça, que eu ta concederei. O sábio meditou e pensou consigo mesmo: Se eu pedir prata e ouro do rei, ele não me negará; se eu desejar pedras preciosas e objetos de valor, ele me dará. Mas vou pedir-lhe que me dê sua filha em casamento, pois essa posse inclui tudo.

ANTES DE Salomão, o Ensinamento podia ser comparado a um edifício, com muitos portões e portas onde ninguém se orientava. Certa vez apareceu um homem inteligente, que amarrou um fio numa das portas e percorreu todo o palácio desenrolando o novelo à sua frente. Assim, seguindo a linha, pôde reencontrar o caminho que percorrera e quem entrava no palácio sabia entrar e sair dele.

Ou então tomemos um matagal coberto de juncos, que ninguém podia transpor. Então apareceu um esperto que pegou uma foice e abriu um caminho através dos juncos. Assim, o silvado deixou de ser intransponível.

Ou então tomemos um cesto cheio de frutas, tão pesado que não pode ser tirado do lugar. Então surge um esperto e coloca duas alças no cesto — em seguida, o cesto pode ser levado de um lugar a outro. Ou então tomemos um jarro cheio de líquido quente. Ninguém pode tocá-lo ou levantá-lo. Então aparece um esperto, e acrescenta uma asa ao recipiente e eis que ele pode ser inclinado e carregado. Ou então encontra-se um poço fundo com água límpida e fresca. Como é que tiras um gole para beber dele? Aparece um homem esperto, amarra uma corda na outra e um balde na extremidade e puxa a água do poço.

SE SE TOMASSE a sabedoria de todo Israel de um lado e a sabedoria de Salomão de outro, a de Salomão excederia a de todo Israel.

NA MÃO de Salomão encontrava-se a grande chave, com a qual são abertas as portas de toda a sabedoria. Ele entendia a linguagem dos pássaros, assim como também a dos animais mansos e selvagens. Corças e antílopes corriam à sua frente, leões e panteras lutavam por ele; era fluente nas línguas de todos os povos. Os príncipes dos reinos mais distantes respeitavam-no. Aquele que distribui coroas, fazia com que alcançasse a vitória sobre todos.

O JUMENTO zurrava e Salomão sabia o que ele queria dizer; a ave gorjeava e Salomão entendia o que ela pensava.

UMA ÁGUIA poderosa estava às ordens de Salomão. Costumava montá-la e ela o levava à cidade de Palmira no deserto; percorria o trajeto num só dia.

ERA FÁCIL para Salomão servir-se dos espíritos; enviava-os para a Índia e eles traziam-lhe de lá o orvalho milagroso, que reanimava as plantas e fazia as árvores carregar frutos.

SALOMÃO conhecia os poderes inerentes às ervas e gramíneas e seus efeitos curativos, e escreveu um livro sobre terapêutica. Este é o sentido do versículo, que conta: "E falava das árvores, desde o cedro do Líbano até o hissopo, que brota da parede".

SALOMÃO PLANTOU até pimenta no país. Sim, pois não só conhecia o caráter de cada planta, como também sabia onde encontrar o solo apropriado para o seu crescimento.

A RAINHA de Sabá, que viera para conhecer a sabedoria de Salomão, reinava sobre a ilha de Meroe. Propôs muitas charadas a Salomão, e ele soube solucionar todas, e ensinou-lhe muitas fábulas e provérbios. Ela lhe ofertou muitos presentes, bem como a semente da qual é extraído o óleo de bálsamo, e Salomão introduziu a planta em seu reino.

Conta-se que esta princesa concebeu de Salomão e deu à luz uma filha, que foi a ancestral de Nabucodonosor.

SALOMÃO OCUPAVA o trono do Senhor, como rei, é o que reza na Escritura. É por acaso dado a um homem ocupar o trono do Senhor? Todavia, assim como o Senhor, do seu trono, sem ouvir testemunhas e sem advertir, faz julgamento, assim também Salomão julgava do seu trono. De onde podemos concluir isso? Do caso das duas mães que, após a morte de uma das crianças, brigavam pela criança que permanecera viva e que vieram ao rei para que ele julgasse sua disputa. Quem teriam sido as duas mulheres? Um sábio disse que seriam duas mulheres fantasmas; outros dizem que teriam sido duas mulheres de casamento obrigatório entre cunhados; outros ainda, afirmam que seriam duas hospedeiras — e Salomão proferiu a sentenças sem testemunhas e sem advertência. AS DUAS MULHERES, que se apresentaram diante de Salomão com a sua querela, pela criança, eram Lilit e Machlat. *

2. O Trono e a Pista de Corridas de Salomão

O REI SALOMÃO construiu para si um trono. Era uma poltrona imponente, toda de ouro fino, incrustada de ônix, alabastro, mármore, opala e topázio e adornada com magníficas pérolas. Jamais um rei teve um assento desse tipo e nenhum reino possuiu semelhante.

Sobre o trono havia doze leões de ouro e diante deles doze águias; cada leão rodeava com sua pata dianteira a asa esquerda da águia que descansava à sua frente. Seis degraus levavam ao trono. No primeiro degrau acocorava-se um touro de ouro e à sua frente um leão de ouro. O segundo degrau tinha um lobo de ouro e um carneiro de ouro. No terceiro degrau, havia uma pantera de ouro e um camelo de ouro. O quarto degrau era adornado por uma águia de ouro e um pavão de ouro. O quinto ostentava um gato de ouro e um galo de ouro. Um gavião de ouro e uma pomba de ouro eram os adornos do sexto degrau. Acima do trono pendia um candelabro de ouro, ao qual não faltava nenhum adorno e nenhum acessório, tais como: lâmpadas, cálices e flores. De um lado do candelabro saíam sete braços, nos quais haviam a imagem dos sete ancestrais: Adão, Noé, Sem, Abraão, Isaac, Jacó e Jó. Do outro lado do candelabro também saíam sete braços, nos quais havia a imagem dos sete homens mais devotos: Levi, Kahat, Amram, Moisés, Aarão, Eldad e Medad juntos, e por último Hur. Sobre a coroa do candelabro havia uma taça de azeite, cheio de óleo precioso, com o qual eram alimentadas as lâmpadas do Templo. Por baixo, havia uma grande bacia de ouro, também cheia de óleo, e este óleo era destinado ao candelabro do trono. A bacia tinha uma gravação da figura do sumo-sacerdote Eli e, nos dois braços que sustentavam a bacia, podia-se ver Hofni e Pinehas, os dois filhos de Eli. Estes

---

* V. acima p. 52 e ss.

dois braços terminavam em dois canos com a figura dos dois filhos de Aarão, Nadab e Abihu. Em ambos os lados do trono, havia dois assentos dourados, um para o sumo-sacerdote, o outro para o chefe do sacerdócio, e atrás, mas na altura do trono, havia setenta cadeiras, todas de ouro puro sobre as quais se sentavam os setenta juízes do Sinédrio.

Duas sereias ficavam junto dos ouvidos do rei Salomão, para que ele não se abalasse e não estremecesse sobre o trono. Acima de sua cabeça havia vinte e quatro videiras douradas, como que um teto de sombra para o rei no trono. Se Salomão desejava chegar a algum lugar, o trono o carregava, graças à própria força. Quando Salomão colocava o pé no primeiro degrau, ao subir ao trono, o touro de ouro o levantava para o segundo degrau e, do segundo, ele chegava ao terceiro, do terceiro ao quarto, do quarto ao quinto e do quinto ao sexto, até chegar às águias, que o tomavam sobre as asas e o sentavam no tronco. Mas a obra ainda continha um dragão dourado em forma de uma roda giratória.

Depois de Salomão tomar lugar no trono, vinha a águia mais poderosa, trazendo a coroa real, e colocava-a em sua cabeça. Depois o dragão começava a girar com as rodas, engenhosamente confeccionadas e também os leões e a águia giravam com a engrenagem. A pomba dourada descia, abria a Arca e retirava o rolo de Torá, para apresentá-lo ao rei Salomão.

Depois o sumo-sacerdote costumava aparecer, apresentando a saudação de paz a Salomão, e os setenta anciãos sentavam-se em volta do trono e julgavam o povo. Quando aparecia gente para depor seu testemunho numa questão judicial, as rodas recomeçavam a girar; os touros e os leões bramiam, os lobos rangiam os dentes e também as ovelhas berravam, as panteras uivavam, os camelos rinchavam, os gatos ronronavam, os pavões gritavam, os galos cantavam, os gaviões davam seu grito, e todos os pássaros assobiavam — tudo isso, para guiar o coração das testemunhas, a fim de que nada dissessem além da pura verdade.

SALOMÃO TINHA doze administradores por todo Israel. Cada um deles tinha dezoito mil funcionários sob as suas ordens; destes, cada um dava ordens a mil homens, os quais por sua vez eram chefes de outros mil. A estes mil chefes por sua vez, subordinavam-se chefes sobre cem; aos cem subordinavam-se chefes sobre cinqüenta e abaixo deles estavam os que dirigiam apenas um grupo de dez homens. Todos esses funcionários cuidavam da manutenção do rei e de toda a corte, e cuidavam para que nada faltasse. Mas, diariamente, eram necessários trinta coros de farinha de rosca, sessenta coros de farinha comum, dez bois cevados, que eram alimentados com massa misturada e leite; além disso, vinte bois que eram alimentados apenas com capim e cevada; cem gordas ovelhas, cem cervos, trinta carneiros e vinte antílopes, além de cabritinhos, aves, peixes e um sem-número de petiscos de toda a sorte.

E doze vezes por ano havia corridas, de acordo com o número doze de administradores; cada um tinha seu mês no ano. Mas alguns não faziam correr cavalos, mas sim rapazes especialmente treinados para isso; seus membros eram tão elásticos que parecia que os ossos se moviam cada um por si e corriam com tanta rapidez, que nenhum cavalo conseguia alcançá-los. De que tribo teriam sido? Alguns dizem que eram da tribo de Naftali, pois acerca dele está escrito que era um rápido veado; outros, por sua vez, são de opinião que descendiam da tribo de Gad, pois acerca desta está escrito que eram ágeis como os gamos nas montanhas. Todos esses rapazes eram alimentados da mesa do rei. Esses são os soldados da guarda, aos quais Roboão posteriormente confiou os escudos de Salomão. E os escudos não eram de bronze, mas de ouro.

A pista de corrida media três milhas de comprimento e três de largura. No centro, havia um espaço de uma milha de largura e uma de comprimento e cercado por uma grade; animais e aves eram ali mantidos. Em volta desse espaço homens e cavalos rivalizavam-se na corrida, e oito vezes por dia demonstravam sua força e agilidade. Mas a corrida só se realizava em dias determinados.

Quando o mês se aproximava do fim eram organizados jogos para os sábios e discípulos, sacerdotes e levitas. Por outro lado, no dia da lua nova, o povo que morava em Jerusalém devia ser espectador. No segundo dia do mês, os moradores das cidades e aldeias vizinhas, assim como os povos estrangeiros, podiam freqüentar a corrida.

Lá também havia uma cisterna preparada. E de onde provinha a sua água? Salomão erguera duas colunas diante da casa, e diante de cada coluna dois leões de ouro tinham seu lugar, e eles expeliam deliciosos condimentos. Mas a fonte de água era o Jardim do Éden, para dar uma prova do mundo futuro aos filhos de Israel, os quais algum dia veriam estes prodígios com os próprios olhos. Algum dia, naturalmente, o mais ínfimo em Israel será maior do que o rei Salomão em sua época; então, só haverá bálsamo e ervas aromáticas, vinho e leite, mel e muitos doces.

OS FREQÜENTADORES da pista de corrida dividiam-se em quatro grupos, que também se distinguiam pelos trajes. O rei e seus cortesãos, os mestres e discípulos, os sacerdotes e levitas, usavam vestes azuis. O povo de Jerusalém vestia-se de branco. As pessoas que provinham dos arredores portavam trajes vermelhos; os povos que acorriam de longe, e ofertavam presentes a Salomão, usavam mantos verdes.

As quatro cores das vestimentas correspondiam às quatro estações do ano. Os dias do mês de Tischri até Tewet são de contínuo azul. Na época de Tewet a Nissan cai neve sobre a terra e então tudo é branco. De Nissan a Tamus pode-se distinguir bem o mar e então é apropriado o traje verde. De Tamus a Tischri os frutos ficam maduros e vermelhos e então o homem envolve-se em roupa vermelha.

3. O Templo

ANTES DO Templo ser construído, o mundo assemelhava-se a uma poltrona que só tem dois pés. Mas depois que o Templo foi edificado, o mundo passou a ter uma base e ficou firme.

SOBRE O TEMPLO de Salomão está escrito: "E quando a casa estava em vias de se edificar". Daí pode-se concluir que as pedras se juntavam e amontoavam sozinhas.

QUANDO SALOMÃO se preparava para construir o Templo enviou mensageiros a Necho, rei do Egito, para que lhe dissessem: Manda-me operários, que eu os pagarei, pois quero edificar um Santuário.

Então, o faraó reuniu todos os seus astrólogos, e disse-lhes: Procurai no país e achai homens que devam morrer este ano; vou enviá-los ao rei judeu, para depois poder chegar a ele com exigências e poder dizer-lhe: Paga-me dinheiro pelos homens que mataste.

Mas quando os operários chegaram, Salomão reconheceu, por meio do espírito santo, que eram destinados a morrer. Então deu uma veste mortuária a cada um e os remeteu de volta a seu rei. E mandou dizer ao faraó: Querias apenas as vestes mortuárias para os cadáveres; aqui tens algumas, veste os homens e sepulta-os.

DOS OPERÁRIOS que trabalharam no Templo de Salomão, nenhum morreu antes do tempo e nenhum adoeceu. Nenhuma enxada e nenhum machado se quebrou durante o trabalho, nenhuma vista enfraqueceu, nenhum cinto se soltou e nenhum sapato rasgou; não houve prejuízo humano nem material.

Quando os operários terminaram a obra do Templo, expiraram. Acabamos de ouvir que estavam ilesos e intactos e agora ficamos sabendo que morreram todos! Mas o Senhor falou: Isso tinha de acontecer, para que os povos não os tomassem como escravos e fizessem com que eles erigissem suas construções. Não deviam se gabar a respeito deles e dizer: Estes são os homens que construíram o Templo para Salomão.

AO CONSTRUIR o Templo, Salomão precisava de muitas pedras, mas não devia usar instrumentos de ferro. Falou aos sábios: Como fazer o trabalho sem machado e martelo? Os mestres responderam: Existe uma criatura, que foi criada ainda nos primeiros seis dias, o verme Schamir, ao qual nenhuma pedra e nenhum rochedo resistem. Moisés já usou esse verme para as pedras do escudo peitoral do sacerdote; segurou o verme na frente dele e o nome de Deus gravou-se por si nas pedras preciosas.

O SCHAMIR é um verme do tamanho de um grão de cevada. Era mantido numa caixa de chumbo cheia de estopa. Se fosse posto em cima de uma pedra ou rochedo, tê-lo-ia corroído até as bases, fazendo-o saltar pelos ares. Com esse verme, Salomão talhou as pedras que usou para a construção do Templo e assim obedeceu às palavras da Escritura, que ordena: "Que nenhum ferro passe pelas pedras".

Mas, através de quem o Schamir chegou aor ei? A águia foi buscá-lo no Jardim do Éden. Pois Salomão sabia conversar com os animais e as aves e assim perguntou-lhes: Onde se encontra o verme Schamir? A águia logo voou ao paraíso e apanhou o bicho juntamente com sua gaiola.

Outros dizem, porém, que não foi a águia que foi buscá-lo, mas a pega.

A TERRA DE Israel está no coração do mundo, Jerusalém está no coração do país; o Templo está no coração de Jerusalém e a Arca da Aliança está no centro do Templo. Ao lado da Arca, porém, acha-se a pedra fundamental do mundo.

"ASSIM FALA o Senhor Zebaot: Olhai em volta e chamai carpideiras para que venham."

Ao construir o Templo, Salomão mandou fazer duas portas. Uma era destinada aos rapazes prestes a se casar; pela outra, entravam no Templo os enlutados e os expulsos por anátema. Aos Sábados, o povo ficava sentado entre as duas portas, e falava a todos que entravam na casa de Deus. Se alguém entrava pela porta dos alegres, diziam-lhes: Que aquele que aqui reside te abençoe com filhos e filhas. Se alguém entrava pela outra porta e tinha o semblante coberto, então sabiam que era um enlutado e diziam-lhe: Que aquele aqui entronado te console. Mas se alguém entrava pela porta e tinha o semblante descoberto, então sabiam que se tratava de um proscrito e diziam-lhe: Que aquele que aqui reside te alegre e torne teu espírito acessível para que ouças teus irmãos e eles novamente te recebam na comunidade.

Depois que o Templo foi destruído, os alegres e os enlutados tiveram que ir para as casas de estudo e de oração e o povo rejubilava-se com aqueles que iam se casar e ficava sentado nas cinzas com aqueles que choravam seus mortos.

QUANDO Salomão ia levar a Arca Santa para o Templo, exclamou: Ó portas, erguei vossa cabeça para que entre o rei das honras. Então as portas perguntaram: Quem é o rei das honras? E queriam fechar-se novamente e despedaçar Salomão. Mas ele bradou em alta voz: O Senhor Zebaot é o rei das honras. E continuou: Ele é o Senhor poderoso e forte, o Senhor forte na contenda; erguei-vos, portas, pois o rei das honras está sobre vós.

As portas logo obedeceram e abriram-se para que a Arca pudesse entrar. Então o Senhor falou-lhes: Concedestes-me a honra! Por esse motivo, quando um dia eu destruir minha casa, ninguém poderá vos arrebatar.

E realmente todas as partes e utensílios da casa sagrada foram dispersos, não se sabe por onde; apenas as portas afundaram lá onde foram demolidas, conforme também está escrito: "Suas portas jazem no fundo da terra".

4. Asmodeu

OS SÁBIOS aconselharam o rei Salomão a chamar um demônio e uma demônia e a amansá-los através de torturas, para que lhe dissessem onde poderia encontrar o Schamir.

Salomão assim fez, mas os demônios não souberam informar nada sobre o Schamir e indicaram a Salomão seu rei, o príncipe dos espíritos, Asmodeu. Salomão perguntou: Onde se encontra o vosso rei, para que eu o obrigue a me trazer o verme? Os demônios responderam: Está no interior de uma montanha; ali fez uma cova, encheu-a de água e cobriu-a com uma pedra, sobre a qual imprimiu seu sinete. Diariamente ele sai da cova e sobe para a casa de estudos celestial; depois retorna à terra e procura a casa de estudos terrena. Toda a vez que volta à cova examina bem o sinete, para ver se não foi tocado por uma criatura humana; depois levanta a pedra, bebe a água, arrasta-se para dentro do buraco e tampa-o de novo.

Salomão, então, mandou buscar seu ministro Benaia, o filho de Joiada, e deu-lhe uma corrente na qual estava escrito o Nome sagrado e também um anel com o Nome sagrado, fios de lã e um odre cheio de vinho. Benaia foi direto para o lugar em que se achava Asmodeu e primeiramente cavou um buraco embaixo da caverna do príncipe dos espíritos. Depois, fez uma pequena abertura na parede que separava as duas covas de maneira a deixar a água sair da superior para a inferior. Depois tapou a abertura com os fios de lã que trouxera. Fez então uma segunda cova acima da de Asmodeu e nela derramou o vinho, o qual imediatamente gotejou para dentro da cova do príncipe dos espíritos. Benaia fechou novamente com terra os dois buracos que fizera. Depois subiu numa árvore e de lá ficou olhando para baixo. Asmodeu apareceu logo. Examinou o sinete e verificou que estava intacto; desceu à sua cova e encontrou-a cheia de vinho. De início não quis beber, mas a sede torturava-o tanto que teve de experimentá-lo. Então, embriagou-se e adormeceu.

Benaia desceu da árvore, aproximou-se do rei dos demônios que dormia, colocou-lhe a corrente em volta do pescoço e fechou-a bem para que Asmodeu não pudesse soltar a cabeça. Quando o príncipe dos espíritos despertou, procurou em vão libertar a cabeça, vociferou e debateu-se furioso. Mas Benaia falou: O Nome sagrado está sobre ti. Então o demônio deixou-se conduzir. Chegaram a uma árvore e Asmodeu esfregou as mãos na casca; a árvore, então, tombou. Chegaram a uma casa e, a um simples toque de Asmodeu, ela desabou. Depois chegaram à cabana de uma pobre viúva e a mulher saiu e pediu ao demônio que poupasse sua casa. Ele, então, inclinou-se para o lado e nisso partiu um osso.

Logo depois encontraram um cego, que se perdera e Asmodeu levantou-o e o trouxe para o caminho certo. Encontraram um bêbado, que também se perdera e o demônio indicou-lhe o caminho certo. Depois encontraram um grupo de pessoas alegres que festejavam um casamento e o príncipe dos demônios chorou ao vê-los. Eis que ouviu um homem encomendar a um sapateiro botas, que durassem sete anos, e começou a rir. Depois viram um mágico realizar seus truques e Asmodeu também sorriu disso.

Quando, finalmente, chegou ao palácio de Salomão, o rei não o deixou chegar perto de si. Asmodeu perguntou pelo motivo dessa atitude e responderam-lhe que o rei bebera muito. Então Asmodeu pegou um tijolo e colocou-o sobre um segundo. Isso foi relatado a Salomão. O rei, então, disse: Com isso, ele quis vos dizer: Dai-lhe ainda mais para beber! No dia seguinte, Asmodeu perguntou novamente porque Salomão não queria recebê-lo. Informaram-no de novo que o rei continuava bebendo. Então Asmodeu tirou um tijolo de cima do outro e depositou no chão. Quando Salomão foi informado disso, falou: Com isso, ele quis vos dizer que deveis me dar menos comida e bebida.

Depois de três dias Asmodeu pôde ir à presença do rei Salomão. O demônio pegou uma vara de quatro côvados de comprimento, atirou-a diante de Salomão, e disse: Quando o homem morre, não ocupa mais espaço. Tu, porém, conquistaste o mundo inteiro, e ainda não te é bastante; também a mim tiveste que tornar teu escravo. Salomão respondeu: Nada mais quero de ti exceto que me tragas aqui o Schamir; pois quero construir um Templo para Deus e preciso do verme, que arrebenta as pedras. A isso, Asmodeu disse: Não é a mim que pertence o verme Schamir, mas ao príncipe dos mares; mas este o emprestou ao galo silvestre, o qual jurou devolvê-lo. Salomão perguntou: O que é que o galo silvestre faz com o Schamir? Asmodeu redarguiu: Leva-o aos rochedos nus, onde não cresce nenhuma árvore e nenhuma planta; o verme abre uma pequena fenda no monte, onde o pássaro depois espalha sementes, de forma que crescem plantas e ele obtém seu alimento.

Então começaram a pesquisar e procurar o ninho do pássaro, que Asmodeu descreveu, e acharam-no. O galo silvestre acabara de levantar vôo e no ninho viu-se os pintainhos. Os servos de Salomão cobriram a entrada do ninho com vidro transparente, para que o pássaro pudesse ver seus filhotes, sem contudo poder chegar a eles e precisar recorrer ao auxílio de Schamir.

E tudo aconteceu dessa maneira. O galo silvestre buscou o Schamir, para que lhe rompesse a placa de vidro. Só que, antes que isso pudesse acontecer, os enviados de Salomão berraram para o pássaro e este deixou o verme cair. Os criados levantaram-no e levaram-no ao rei. — O galo silvestre, porém, que ficara para trás, enforcou-se de desgosto por ter quebrado o juramento que fizera ao príncipe do mar.

Enquanto isso, Benaia recordava ainda o estranho comportamento demonstrado por Asmodeu durante sua viagem, e por isso perguntou-lhe: Por que auxiliaste o cego a palmilhar o caminho certo? O demônio respondeu: Porque do céu foi bradado ser ele um justo dos pés à cabeça; e quem dá alegria a um justo, alcança o Além. Depois Benaia perguntou: Por que não deixaste o bêbado continuar vagueando? O príncipe dos demônios respondeu: Porque ele é um malfeitor consumado que só merece castigo e assim quis dar-lhe um momento de luz nesta vida. E Benaia continuou perguntando: Por que chorastes quando viste o noivo e a noiva comemorarem seu dia festivo? Asmodeu retrucou: Porque era a ruína dos dois; o noivo morreria depois de trinta dias e a noiva teria de esperar treze anos pelo irmão mais moço do noivo, pois ela é obrigada a se casar com o cunhado.

Mas por que riste, Benaia continuou perguntando, quando o homem pediu ao sapateiro que lhe fizesse sapatos que durassem sete anos? O demônio redarguiu: Porque o homem mal tinha ainda sete dias para viver. E por fim Benaia ainda perguntou a Asmodeu por que zombara também do mágico. O príncipe dos espíritos falou: O mágico estava sentado sobre um tesouro de ouro e prata; seria melhor se empregasse sua arte, para saber o que existia embaixo dele!

E Asmodeu ficou retido por Salomão, até que o Templo foi construído.

CERTA VEZ Salomão falou à hoste de espíritos que o cercavam: Quem me levará, sem parar, para tal e tal lugar? Então os espíritos vangloriaram-se de sua força e o mais forte deles exclamou: Eu te levarei para lá, antes de te levantares do teu trono da justiça. Salomão retrucou: Meu desejo é chegar lá ainda mais depressa. Nisso, um dos homens, muito erudito, de nome Asaf ben Berechia, disse: Eu te levarei ao lugar indicado, antes de teres piscado. Ouvindo isso, Salomão inclinou-se e prostrou-se diante de Deus, pois reconhecera a superioridade dos homens sobre os espíritos.

Elihoref e Ahia eram dois escribas na corte de Salomão. Um dia, o rei viu o anjo da morte parado atrás das costas dos dois homens, rangendo os dentes. Então Salomão proferiu o verdadeiro nome de Deus e seus dois servidores ergueram-se nos ares. Mas então, o anjo exterminador agarrou-os e eles estavam perdidos. Eis que o aniquilador foi novamente à presença de Salomão e riu cinicamente. O rei disse: Há pouco rangias os dentes e agora ris? O anjo da morte respondeu: Deus, o misericordioso, ordenou-me que apanhasse Elihoref e Ahia no ar e os matasse. Então pensei: Quem os faz subir para que eu possa apanhá-los? E ele deu-te a idéia de levá-los para cima e assim pude executar minha tarefa.

UM DIA, o filho de David estava sozinho com Asmodeu, o príncipe dos demônios e disse-lhe: Consta na Escritura: "Sua altura é como a altura de um búfalo". Mas o búfalo sois vós, os demônios. Então, que vantagem tendes sobre nós, para que Deus se vanglorie tanto de vós? Asmodeu disse: Solta minha corrente e dá-me teu anel; eu te mostrarei minha força. Salomão assim procedeu. Mas, logo que Asmodeu se viu livre, levantou-se e engoliu o rei, e depois, enquanto uma de suas asas estava na terra e a outra tocava o céu, cuspiu-o de novo, arremessando-o a uma distância de quatrocentas milhas.

E Salomão foi de porta em porta, dizendo por toda a parte que era o rei de Israel. Zombaram dele e chamaram-no de tolo. Mas quando chegou diante do Sinédrio, os sábios falaram: Que estranho! Não é próprio de um tolo apegar-se a uma tolice e repeti-la continuamente. Começaram a pesquisar o caso. Primeiro chamaram Renaia e perguntaram-lhe: Ainda és chamado à presença do rei, para aconselhá-lo? Ele disse: Não, isso não acontece mais. Depois perguntaram às mulheres de Salomão, se o rei ainda as visitava, e quando responderam afirmativamente, os sábios falaram-lhes: Atentai bem para seus pés quando ele vier, pois os pés do diabo são como pés de galo. As rainhas mandaram dizer: Não podemos ver isso uma vez que sempre aparece calçado.

Então os mestres do Sinédrio reconheceram a verdade. Devolveram ao jovem o anel com a gravação do nome de Deus. Salomão entrou com ele em seu palácio, e assim que Asmodeu o viu, levantou vôo. *

---

* Vide a interpretação folclórica sobre a queda de Salomão em *Born Judas*, p. 75 ss.

5. O Fim de Salomão

SALOMÃO não provou vinho durante todos os sete anos em que construiu o Templo. Terminada a construção, casou-se com Bitia, a a filha do faraó, e nessa noite tomou vinho pela primeira vez, pois havia dois motivos para festejar, a alegria pelo término do Santuário e a alegria pelo casamento.

Então o Senhor pensou: Que alegria devo dividir? — Nessa hora, o Senhor decidiu destruir Jerusalém.

QUANDO SALOMÃO casou com a filha do faraó, ela examinou todos os sacrifícios ofertados e disse: Ofereces tudo isso a teu Deus, e o que ofereces ao meu? Salomão, então, tomou um punhado de moscas e lhas deu, para que as ofertasse. A filha do faraó falou: Ao teu Deus dás ovelhas e para o meu tens apenas moscas? Quem é então o teu Deus? Quem o gerou? Quem o criou?

Então, o espírito de Salomão desalentou-se e ele foi para diante do Sinédrio, a fim de obter uma resposta junto ao supremo conselho. Fizeram-lhe a pergunta: As unhas dos teus dedos são formadas de osso ou carne? Salomão não soube responder. Então os juízes disseram: Se nada sabes dizer sobre uma coisa que tens diariamente diante dos olhos, — como é que poderás entender coisas que estão distantes quinhentos anos de viagem?

UMA VEZ que Salomão espalhava a prata por toda a parte — pois acerca disso está escrito: "E a prata de nada valia nos dias de Salomão", — o Senhor lhe falou: Por tua vida! Ainda dependerão da misericórdia de teus próximos, e terás de ir de porta em porta como um mendigo.

A GLÓRIA DE Salomão encontrou seu fim devido à atuação de um pequeno ser. Como acontecia com todos os reis da terra, os espíritos também eram seus súditos, mas resmungavam contra sua soberania e achavam que não provinha da clemência de Deus, mas era apenas resultado de sua astúcia e sede de poder. Então, o Senhor enviou um pequeno verme, que corroeu a obra mágica de Salomão. Logo o prestígio do rei caiu e ele morreu. Mas sua morte deveria servir de lição para todos os grandes deste mundo.

TUDO O QUE se refere a Salomão era triplo. Atravessou três esferas da vida: era rei, tornou-se simples cidadão, e depois voltou a ser novamente príncipe no trono; era sábio, tornou-se tolo e tornou-se novamente um homem sábio; possuía riquezas, tornou-se mendigo e ficou rico novamente.

Três pecados são atribuídos a Salomão: possuía cavalos demais, tinha mulheres demais e acumulava tesouros demais. Foi chamado por três nomes: Jedidia, Salomão e Kohelet.

Salomão escreveu três obras: o Livro dos Provérbios, o Livro de Eclesiastes e o Cântico dos Cânticos. Primeiro compôs o Cântico dos Cânticos, depois escreveu os provérbios da sabedoria e por fim, o livro de Kohelet. Pois assim é o ser humano: Na juventude entoa hinos, como homem expressa sábios provérbios e como ancião exclama: Tudo é vaidade!

SALOMÃO presenciou três vezes o declínio de seu poder. No início foi rei de toda a terra, depois reinava de uma extremidade até a outra e depois só foi rei sobre Israel. Esta foi a primeira diminuição de sua grandeza. Na segunda vez, diminuiu quando de rei sobre Israel tornou-se rei apenas sobre Jerusalém. Mas, no fim, seu poder caiu tanto que, de rei de Jerusalém, tornou-se rei só sobre sua própria casa.

TRÊS REIS não têm quinhão no Além, ou sejam: Jeroboão, Ahab e Manassés.

Os mestres que pronunciaram esta sentença queriam ainda declarar indigno um quarto rei: Salomão, o filho de David. Então, apareceu a figura de seu pai David e prostrou-se diante deles, mas eles não lhe deram atenção; depois desceu um fogo do céu rodeando suas cadeiras, mas eles não ficaram confusos. Então ecoou uma voz que clamou: Foi ele quem me construiu uma casa! Construiu-a antes de pensar na sua própria casa; e fez a construção andar rapidamente, de forma que conseguiu terminá-la em sete anos, ao passo que a obra de sua própria casa levou treze anos. Deveras, cabe a ele estar incluído entre os reis e não entre os proscritos.

6. Jeroboão

NEBAT, o pai de Jeroboão, viu centelhas de fogo saltarem de seu membro procriador. Percebeu nisso sinal de que se tornaria rei; contudo, embora tenha tido uma visão, não lhe reconheceu o sentido completamente: pois o sinal referia-se a seu filho Jeroboão.

COMO JEROBOÃO chegou à dignidade real? Pelo fato de ter repreendido Salomão. Mas por que foi castigado? Por ter feito isso na presença de muita gente. Ergueu a mão contra o rei Salomão porque este construiu a fortificação de Milo e com isso fechava a brecha da cidade de David. Falou-lhe: Teu pai David deixou brechas na muralha, para que Israel pudesse peregrinar, tu, porém, as fechaste, a fim de prestar serviços à filha do faraó.

A FILHA do faraó apresentou a Salomão oitenta espécies de danças naquela noite, e Salomão dormiu até a quarta hora do dia. As chaves do Templo estavam embaixo de sua cabeça. Sua mãe entrou no aposento e repreendeu-o. Outros, porém, dizem que foi Jerobão ben Nebat quem entrou lá e admoestou-o. Seria possível que Jeroboão se atrevesse a falar assim a Salomão? Sim, consta que teria reunido mil homens de sua tribo e depois se apresentado a Salomão para censurá-lo.

Mas o Senhor falou a Jeroboão: Quem te deu o direito de criticar a ação de Salomão? Afinal ele é príncipe e soberano de Israel. Por tua vida, algum dia eu te farei gozar parte de seu poder e tu também não poderás resistir à tentação.

E Jeroboão encontrou Ahia de Silo, e este trajava um manto novo. Mas da mesma maneira que um manto novo é inteiro e sem falhas, assim também a lição de Jeroboão nessa época foi inteira e sem falhas.

VÊ: JEROBOÃO, na época, tinha o mesmo valor que o profeta Ahia e ambos estavam sentados conversando sobre o segredo da carruagem divina. Então os anjos em serviço levantaram-se e falaram ao Senhor: Senhor do Mundo! Revelas o segredo de tua carruagem a um homem que um dia erigirá dois bezerros? O Senhor respondeu: Mas neste instante, o que ele é: um justo ou um malfeitor? Eles falaram: Ele ainda é um justo. Deus respondeu: Somente julgo o homem por aquilo que ele é no momento.

A ARROGÂNCIA de Jeroboão foi a causa de sua expulsão do mundo. Ele falou em seu coração: Agora o reino caberá novamente à casa de David, o coração deste povo se voltará para seu senhor Roboão, o rei de Judá, e a mim eles matarão. E Jeroboão prosseguiu: De acordo com o costume, apenas os reis da casa de David podem sentar-se no átrio do Templo; se então virem Roboão sentado e eu de pé, vão imaginar que ele é o rei e eu, o servo. Mas se me atrevo a sentar, serei considerado rebelde contra o reino e serei morto e todos seguirão Roboão.

E o rei reuniu um conselho e fez dois bezerros de ouro. Colocou um em Bet-El e o outro em Dan. Mas, para o conselho havia convocado justos e maus, dizendo-lhes: Direis sim para tudo que eu fizer? Eles responderam: Sim. Ele disse: Quero ser rei. Eles concordaram. Ele perguntou: Fareis tudo o que eu vos mandar? Eles concordaram. — Mesmo se eu ordenar a idolatria? Então os justos responderam: Que Deus nos livre disso! Mas os maus falaram aos bons: Imaginais ser possível que um homem como Jeroboão tenha alguma relação com ídolos? Eles apenas quer vos experimentar.

Assim seduziu o povo. Até o profeta Ahia de Silo deixou-se iludir.

QUANDO Jeroboão fez os dois bezerros de ouro e induziu o povo de Israel ao pecado, o reino dividiu-se em duas partes. Então Jeroboão reuniu dez tribos de Israel, e disse-lhes: Parti para a luta contra Roboão e os habitantes de Jerusalém. Mas as tribos retrucaram: Acaso devemos lutar contra os nossos irmãos e os filhos de nosso senhor David! Depois os anciãos de Israel foram à presença de Jeroboão e disseram-lhe: Não há em todo Israel heróis maiores do que os filhos de Dan; ordena a esses que combatam Judá. Jeroboão seguiu o conselho, mas os danitas responderam: Pela vida de nosso pai Dan, não derraráremos sangue fraterno!

Então, uma voz chamou-os: Levantai-vos, filhos de Dan, deixai a terra de Israel e parti para o Egito. Os seus príncipes, porém, falaram: Não podeis mais pisar na terra do Egito, assim diz a lei. Quiseram partir para o país de Amon, mas recordaram-se que Moisés havia proibido a conquista desse país. E Deus fez soprar um vento favorável e os filhos de Dan, montados a cavaleiro em seus camelos, seguiram ao longo do rio Pischon, até encontrarem um país que era fértil, rico em campos, vinhas e jardins.

UM HOMEM de Deus veio de Judá e vaticinou contra o altar de Bet-El, que Jeroboão erigira. Jeroboão, então, estendeu sua mão e ordenou que agarrassem o profeta. Nesse momento sua mão secou.

Louvado seja o nome do Eterno! Quanto não tolera Ele de suas criaturas, mas quanto também lhe significa a honra de seus justos! Viu Jeroboão diante do altar de Bet-El ofertando sacrifícios aos ídolos, porém não fez sua mão secar. Mas quando Jeroboão ergueu a mão contra o justo, ela secou imediatamente.

O HOMEM possui seis órgãos, sendo que sobre três ele tem poder, sobre os outros três, não. Seu ouvido escuta também o que ele não quer ouvir; o nariz cheira também aquilo que ele não deseja cheirar; o olho enxerga também aquilo que ele não deseja ver.

Mas a boca, de acordo com a vontade do homem, tanto pode falar palavras de sabedoria, como blasfemar. A mão tem liberdade de praticar o bem, como também de roubar e matar. O pé pode conduzir o homem para a casa de oração e para a casa de estudos, mas também para os lugares do vício.

Deus castiga o homem mau naqueles membros sobre os quais normalmente tem poder. Assim a mão de Jeroboão secou, quando a estendeu no altar.

JEROBOÃO, filho de Nebat, apagou o nome do Eterno da Escritura e substituiu-o pelo nome de Baal em toda a parte. E essa é a mácula com a qual se sujou.

E JEROBOÃO não se arrependeu do mau caminho. O Senhor agarrou-o pela roupa e disse-lhe: Volta! Eu, tu e o filho de Isai passaremos juntos no Jardim do Éden. Jeroboão, então falou: Quem andará na frente? O Senhor falou: O filho de Isai seguirá na frente. Então Jeroboão respondeu: Então continuarei aquele que sou.

ABIA, O FILHO de Jeroboão, aboliu as sentinelas que seu pai havia colocado nos caminhos, para que ninguém de Israel peregrinasse a Jerusalém e liberou o caminho impedido. Esta foi a boa ação encontrada em Abia e por sua causa ele teria um enterro digno e não seria devorado pelos cães, como toda a casa de Jeroboão.

A MALDIÇÃO, que Ahia de Silo proferiu contra Israel, deve ser mais valorizada do que a bênção que Bileam pronunciou sobre eles.

Ahia, em sua maldição, comparou Israel com a cana-de-junco, dizendo: "Deus atingirá Israel, de tal forma, que se inclinará como um junco que se debruça na água". Mas o junco é uma planta flexível e tem muitas raízes; mesmo que todos os ventos do mundo soprem por cima dela, não conseguem arrancar a cana de seu lugar e, passada a tormenta, o junco está novamente ereto e intacto.
Mas o malvado Bileam abençoou Israel dizendo que deveria ser como um cedro. No entanto, o cedro não cresce junto à água, tem poucas raízes e um tronco firme; é certo que pode desafiar os ventos quando unidos sopram sobre ele, contudo, se o vento sul soprar sobre sua copa, conseguirá derrubá-lo.
Além disso, da cana-de-junco pode ser cortado o caniço do escriba e com este caniço foi escrita a Escritura Sagrada.

7. Dos Maus Reis de Israel e de Judá

NA HORA em que Salomão se casou com a filha do faraó, o arcanjo Gabriel desceu e enfiou uma haste de junco no mar. Desnudou um banco de areia, sobre o qual mais tarde foi edificada a grande cidade de Roma.
No dia em que Jeroboão erigiu os dois bezerros, um em Dan e o outro em Bet-El, foi construída uma cabana de juncos, e esta era Roma.
CONTAM OS sábios que entre os reis de Israel existiram sete malvados, e estes foram: Jeroboão e sua descendência, Baesa e sua descendência, Omri e sua descendência, Jehu e sua descendência, Menahem e sua descendência e ainda Pekah e Oséias.
Também entre os reis de Judá podem ser relacionados sete ímpios: Joram, Ahasia, Ahas, Manassés, Amon, Joiaquim e Sedequias.
DAVID HAVIA DITO: "Que não falte na casa de Joab quem sofra fluxo de pus ou sarna, quem se apóie em bastão, quem tombe pela espada, e quem sofra falta de pão". — Mas todas as maldições que David lançou contra Joab, cumpriram-se em sua própria casa.
Roboão teve um fluxo de pus e teve que fugir num carro como homem acometido dessa doença; Usias foi atacado de sarna. Ele ousou queimar incenso no Templo do Senhor; Asa teve uma doença nos pés e andava apoiado em bengala, pois tinha gota nos dedos, que dói tanto quanto a picada de uma agulha em carne viva. Josias caiu pela espada com a qual os soldados o feriram; atingiram-no de tal modo que seu corpo ficou parecendo uma peneira. Falta de pão sofreu Joiaquim, o qual recebia sua parte de comida do rei Babel.
"PASSEI PELO campo do preguiçoso", isto se refere a Ahas; "e pelo vinhedo do pusilânime", este é Manassés; "Vê: ali havia apenas urtigas", isto indica Amon, "os espinhos cobriam-no inteiramente",

aqui se fala de Joiaquim, "e o muro de pedras tinha caído", isto aponta Sedequias, em cujos dias foi destruído o Templo.

NABUCODONOSOR era um dos descendentes da rainha de Sabá, e quando levou como presa do ouro de Jerusalém apenas retomou o que era seu, pois com muita dessa riqueza a rainha de Sabá presenteara Salomão.

JOSÉ ACUMULARA no Egito todo o ouro e prata que havia no mundo. Quando os filhos de Israel saíram do Egito, levaram tudo consigo para Canaã, onde tudo permaneceu até os dias do rei Roboão. Naquela época, Sisak, o egípcio, marchou contra Roboão, venceu-o e tomou-lhe o tesouro; mas o etíope Serah pelejou contra o egípcio e ficou com o despojo. Surgiu, então, Asa, o neto de Roboão, e arrebatou dos etíopes o ouro roubado, e enviou-o logo depois a Benhadad, o filho de Tabrimon, rei da Síria, para que este o auxiliasse em suas guerras. Depois os amonitas fizeram guerra aos sírios e a riqueza de José tornou-se sua presa; mais tarde, quando Josafé, o filho de Asa, subiu ao poder, subjugou os filhos de Amon e recuperou os antigos bens. Nessa ocasião, o tesouro ficou na mão dos reis de Judá até a época de Ahas, que o perdeu para Senaquerib; Hiskia, porém, trouxe-o novamente para Judá, e lá o guardaram até os dias de Sedequias, o último dos reis. Com a destruição do Templo, o tesouro passou para os caldeus; após a queda da Babilônia foi parar com os persas. Dos persas passou para os gregos, dos gregos para os romanos, e até os dias de hoje, o ouro está em Roma.

DEPOIS QUE Salomão morreu, Sisak marchou contra Jerusalém e roubou o trono de Salomão. Contudo, entrou em guerra com o príncipe dos mouros, Serah, e teve que lhe ceder o trono. Foi o rei Asa que recuperou o trono para Judá. De Asa a Sedequias todos os reis de Judá sentaram-se nesse trono, até a vinda de Nabucodonosor, que incendiou o Templo e levou o trono para a Babilônia. Da Babilônia o trono foi para a Média, da Média para a Grécia e da Grécia para Roma.

Rabi Eleasar, o filho de José, conta: Ainda vi destroços desse trono em Roma.

8. Ahab

POR QUE Omri foi recompensado tendo lhe sido atribuído o reino? Porque enriqueceu Israel com uma nova cidade. Comprou a montanha de Samaria de Semer por dois talentos de prata e construiu uma cidade sobre a montanha, à qual, em homenagem a Semer, chamou de Samaria.

AHAB, O FILHO de Omri, continuou a provocar a ira do Senhor, o Deus de Israel, e procedeu pior do que todos os reis de Israel, seus antecessores. Mandou escrever na porta da cidade de Samaria:

Ahab renega o Deus de Israel. Por isso ele não tem parte alguma do Deus de Israel.

O MENOR pecado que Ahab cometeu, pesa tanto quanto a falta mais grave de Jeroboão. Não havia canteiro ou sulco na terra de Israel, onde Ahab não tivesse colocado um ídolo que devia ser adorado.

QUANDO JOSUÉ reduziu a cidade de Jericó a cinzas, fez um juramento, dizendo: "Maldito seja diante de Deus o homem que se dispuser a reedificar esta cidade de Jericó! Morra seu primogênito quando do lançamento da pedra fundamental, e pereça o último de seus filhos quando lhe puser as portas".

Aconteceu, porém, que no tempo de Ahab, rei de Israel, um homem de Bet-El, de nome Hiel, reconstruiu a cidade de Jericó. Ao lançar os fundamentos, morreu seu primogênito Abiram; ao assentar as portas, morreu seu filho mais moço, Segub. E Hiel levou seus filhos à sepultura, desde Abiram até Segub.

O rei Ahab, porém, era seu protetor e amigo, e por isso veio para consolá-lo em sua tristeza.

Também Elias, o tesbita, visitou a casa de Hiel e o encontrou com a família, lendo o livro de Josué. Elias falou: Louvado seja o Deus dos Justos, que torna realidade as palavras dos justos! A isso o rei Ahab, que estava presente, disse: Qual dos dois é o maior, Moisés ou Josué? Responderam-lhe: Moisés é o maior. Então Ahab falou: No Ensinamento de Moisés está escrito: "Mas guardai-vos de que vosso coração não vos persuada nem vos desvie para servir a outros deuses; pois então a ira do Senhor cairá sobre vós". Eu, porém — não existe idolatria que eu não tenha praticado, e vêde: todo o bem e todas as alegrias do mundo foram-me concedidas. Se, então, a palavra de Moisés não se cumpriu, estaria Josué com a razão?

Então Elias disse: Falas assim? Por Deus que vive: veremos se vai haver chuva. Ao ouvir isso, Ahab começou a chorar. Rasgou suas roupas, vestiu um saco, jejuou e dormiu em saco. Andava descalço pelas ruas. Então o Senhor falou a Elias: Vês como Ahab está contrito? Como organizei bem o mundo; se um homem pecou, a penitência o resgata!

VÊS O PODER da penitência no exemplo de Ahab, o rei de Israel. Este havia roubado, raptado e matado; mandara trazer Josafá, o rei de Judá à sua presença e dava-lhe quarenta pancadas cada dia. Mas quando depois mortificou o corpo e rezou ao Senhor desde manhã até a noite, quando se dedicou inteiramente ao Ensinamento e deixou de agir mal, sua penitência foi aceita. O Senhor falou a Elias: Não viste Ahab, que veio a mim?

QUEM NOS ensina ofertar consolo aos enlutados e participar da felicidade dos alegres? É Jezebel, a esposa de Ahab. Sua casa situava-se perto da praça do mercado e, quando um casal que festejava seu casamento, passava diante dela, ela saía batia palmas e enaltecia-os com palavras. Mas quando passava um enterro, ela chorava com os enlutados, juntava as mãos e acompanhava o séquito.

O profeta Elias predisse que a carne dela seria devorada pelos cães; só os membros, que fizeram o bem, foram poupados.

AHAB ERA um homem que sentia frio. Então sua mulher Jezebel fez duas estátuas que representavam prostitutas, e colocou-as no carro que ele usava. Quando olhava para as figuras, sentia-se aquecido.

NABOT POSSUÍA uma bela voz e anualmente subia até Jerusalém nas grandes festas. Todo Israel reunia-se ali, para ouvir sua voz no Templo.

Um ano deixou de ir a Jerusalém e nesse mesmo ano aconteceu que o rei Ahab desejou sua vinha, pessoas ímpias testemunharam contra ele e ele foi talado do mundo.

O que ocasionou a sua morte? O fato de não ter peregrinado ao Templo, para lá homenagear o Senhor através do dom de cantar, com o qual o Senhor o dotara.

"Ninguém cobiçará tua terra, enquanto subires três vezes por ano, para aparecer diante do Senhor teu Deus," — assim está escrito na lei de Moisés. Nabot não obedeceu a isso, daí por que tal coisa lhe aconteceu.

QUANDO O Senhor falou: Quem convencerá Ahab, para que suba e encontre a morte em Ramot, em Gilead? Apresentou-se então um espírito e, inclinando-se diante do Senhor, declarou: Eu o convencerei.

Quem seria esse espírito? Foi o espírito de Nabot, de Jesreel, a quem Ahab matara para lhe tomar a vinha.

QUE O RICO não se vanglorie de sua riqueza, mesmo que assim se iguale a Ahab, o rei de Israel. Este tinha setenta filhos e construiu um palácio de marfim para cada um. Quando morreu, porém, reino e riqueza perderam-se.

9. Elias

ELIAS ASSEMELHA-SE aos pássaros do céu, pois voa como um pássaro pelo mundo afora.

Conta-se que: Michael vem à terra num bater de asas, Gabriel em dois adejos, Elias em quatro; o anjo da morte precisa bater as asas quatro vezes para chegar à terra. Mas, se irrompe uma epidemia, ele vem num único salto.

ELIAS ATRAVESSA o mundo em quatro movimentos, para estar presente em todas as circuncisões.

EXISTE UM ditado: Os cães uivam, o anjo da morte chegou; os cães estão alegres, Elias apareceu.

OUTRORA NOSSOS mestres e sábios tiveram uma conversa e disseram: De quem será que Elias descende? Uns achavam que era descendente de Raquel, outros afirmavam que provinha de Lea. Enquanto assim discutiam, o próprio Elias apareceu pessoalmente diante deles. Ele disse: Não sei ao certo, mas provavelmente não descendo de Lea. Não está escrito no Livro das Crônicas, na genealogia dos descendentes de Benjamin: "Jaarechia, Elias e Zicri, eram filhos de Jeroam?" Então os mestres perguntaram: Mas não és um sacerdote? * Mas como disseste à viúva de Zarpat: Prepara-me, antes de de tudo um bolo?

Ele respondeu: O filho dessa mulher foi o Messias da tribo de José, e com minhas palavras eu quis dar a entender ao mundo que um dia descerei à Babilônia e depois virá o nosso redentor.

QUANDO O REINO de David se dividiu, as dez tribos abandonaram o pacto da circuncisão e o zeloso Elias levantou-se e rogou ao céu que, como castigo por esse pecado, não deixasse vir orvalho ou chuva sobre a terra. A rainha Jezebel quis mandar o profeta Elias e este suplicou clemência ao Senhor. Então o Senhor falou ao vidente: Elias, em que és maior do que os outros pastores de Israel, pois todos tiveram de fugir dos seus opressores? Acaso Jacó não fugiu da ira de Esaú, Moisés da cólera do faraó e David da suspeita de Saul? Contudo, não foram todos salvos? Portanto, tu também não perecerás.

E O SENHOR dirigiu a palavra a Elias, dizendo: Põe-te a caminho e vai a Zarpat, que fica em Sihon, e ali permanece. Ordenei a uma viúva que te sustente.

Mas como Elias iria descobrir a mulher? Nomeou para si mesmo os animais pelos quais queria reconhecê-la e refletiu do mesmo modo que Eliezer, o servo de Abraão, quando ia pedir Rebeca em casamento para Jacó!

Aquela a quem eu pedir água para beber e me atender é a mulher que o Senhor me indicou.

E, vagueando pelas redondezas, viu uma mulher colhendo lenha. Disse-lhe: Dá-me um pouco de água para eu beber. Ela respondeu: Vou, buscar em seguida. Ele falou: Traze-me também um pedaço de pão. Ela então, retrucou: Deus, o Senhor, sabe que não tenho pão em casa; apenas tenho um punhado de farinha e um pouco de azeite. Eis que colho alguns gravetos para assar alguma coisa; depois, morreremos. Elias falou-lhe: Prepara-me antes de tudo um pouco de alimento, depois prepararás para ti e teu filho. Pois assim disse Deus: A farinha na gamela não se gastará, nem acabará o azeite que está na jarra antes que o Senhor envie chuva sobre

---

* Isto é, da tribo de Levi, que era filho de Lea.

a terra. Mas este é o sinal porque, antes de tudo, deves preparar uma refeição para mim. Sou eu quem um dia serei o primeiro a trazer a mensagem da salvação; depois aparecerá teu filho, o Messias da tribo de José.

ELIAS DISSE a Ahab: Tão certo como Deus vive, não haverá orvalho nem chuva este ano. Elias suplicou ao Senhor e recebeu do céu a chave para as fontes da chuva.

Quando, depois, estando com a viúva de Zarpat, ia ressuscitar-lhe o filho morto, pediu a chave que abre a vida. Disseram-lhe: No céu existem três chaves: uma para as câmaras da chuva, uma que dá vida nova e uma que restitui a vida aos mortos. Mas apenas uma chave é dada a uma pessoa, para que não se diga: Nas mãos do filho há duas chaves e só uma na mão do pai. Então Elias devolveu uma chave e em troca recebeu aquela que ressuscita os mortos. Depois, o Senhor falou a Elias: Vai e mostra-te a Ahab, que farei chover sobre a terra.

DA MESMA forma que uma só estrela do céu tem o poder de queimar o mundo inteiro, um único justo também pode fazê-lo. Vê o exemplo de Elias, por cuja simples palavra caiu o fogo do céu e queimou os emissários do rei Ahasia. Elias falou ao capitão: Se sou um homem de Deus, que desça um fogo do céu e devore e aos teus cinqüenta.

QUANDO ELIAS no monte Carmel disputava com os sacerdotes de Baal, sobre a sentença divina, mandou buscar dois touros; os servos de Baal deviam ofertar o primeiro e depois ele sacrificaria o outro. Aquele cujo sacrifício fosse consumido pelo fogo, seria o vencedor.

Elias, porém, ordenara que fossem trazidos touros gêmeos e realmente foram encontrados dois animais de uma só mãe e que tinham comido da mesma manjedoura. Foram sorteados e um ia ser ofertado ao Senhor e o outro a Baal. O touro, destinado a Elias, acompanhou docilmente o profeta; o outro, no entanto, que seria ofertado a Baal, ficou parado e nem os quatrocentos e cinqüenta sacerdotes de Baal e nem os quatrocentos e cinqüenta sacerdotes de Aschera conseguiram movê-lo do lugar, até que, afinal, Elias falou ao touro: Segue-os. No entanto, o animal respondeu a Elias diante de todo o povo: Eu e meu irmão somos filhos da mesma mãe e crescemos num só pasto e numa única manjedoura. Agora eis que ele será sacrificado para a glória do Senhor; eu, porém, serei ofertado a Baal e magoarei meu Criador. Elias, então, disse: Segue-os para que não tenham motivo de suspeitar de mim, e assim também através de ti, como pelo touro que está comigo, a glória do Senhor será enaltecida. Ao que o boi falou: Então esse é o teu conselho? Pois bem, eu juro, não saio do lugar até que tu próprio me entregues a eles.

E Elias entregou o boi na mão dos servos de Baal.
CHEGADA A hora do sacrifício alimentar, Elias aproximou-se e orou ao Senhor.
Pergunta-se: Quando Elias realizou sua obra? Quando pôde erigir o altar, quando dispôs a lenha e as pedras, quando fez a valeta e encheu-a de água, quando abateu o touro? Deve-se supor que naquele dia fez parar o sol. E disse o seguinte ao astro: Sol, saiba, tudo isso só acontece em virtude da vontade do teu Senhor! Ficaste parado por causa de Josué e de Israel, para que vencessem os seus inimigos. Agora, pára, não por minha causa e não por causa de Israel, mas pela glória do nome de Deus. Logo o sol parou a sua trajetória.

OS SACERDOTES de Baal haviam erigido seu altar como uma caixa e dentro esconderam o malvado Hiel, o qual segurava o fogo na mão. Combinaram com ele que, assim que ouvisse o seu chamado, deveria pôr imediatamente fogo na vítima do holocausto. O que fez o Senhor? Fez com que uma serpente se esgueirasse para dentro, picasse Hiel e provocasse sua morte.

A CAVERNA no monte Horeb, onde estava Elias, era a mesma onde inicialmente estivera Moisés. E se houvesse na caverna uma única fenda do tamanho de um buraco de agulha, nem Moisés, nem Elias teriam suportado a luz quando Deus passou.

QUANDO ELIAS estava na caverna, Deus fez passar diante dele os anjos do vento, que derrubaram montanhas e despedaçaram rochedos, mas a majestade divina não estava entre eles. Depois veio a hoste de anjos da tempestade, em seguida a hoste de anjos do fogo e em ambas as vezes a divindade não estava presente. Mas depois dos anjos do fogo fez-se ouvir uma voz que murmurava palavras de louvor.

NO SEGUNDO ano do reinado de Ahasia, Elias foi afastado e oculto: agora não seria mais visto até a vinda do Messias. Depois, aparecerá e sumirá pela segunda vez, até a vinda de Gog e Magog.

No entanto, na época intermediária, Elias escreve a história de todas essas gerações.

QUANDO ELIAS devia subir ao céu, o anjo da morte foi ao seu encontro. O Senhor falou: Criei o céu apenas para que Elias pudesse subir. Mas o anjo retrucou: Agora todas as criaturas humanas vão comparar-se a ele e não quererão morrer. Ao que o Senhor respondeu: Elias não é como os outros homens; ele pode eliminar mesmo a ti, desconheces o seu poder. Então o anjo da morte disse: Permita-me que eu desça até ele e o apanhe. O Senhor respondeu: Podes fazê-lo.

E o anjo exterminador desceu. Ao vê-lo, Elias prendeu-o embaixo da sola de seus pés. Pensou em expulsá-lo do mundo, mas isso não lhe foi permitido. Então dominou o anjo da morte, arremessou-se para as alturas e levantou vôo para o céu.

ELIAS SUBIU ao céu e a nenhum homem isso foi possibilitado. Procurarás em vão em toda a Escritura pelo nome do pai ou da mãe de Elias; pois em nenhuma parte está escrito de onde ele provém, sempre consta que era Elias, o tesbita, da cidade de Tesbi, em Gilead. O motivo é que Elias, antes de vir ao mundo, também morou no céu; ele veio do céu, permaneceu na terra e retornou ao céu.

10. Eliseu

O ESPÍRITO santo falou a Elias: Unge Eliseu, o filho de Safat! Então Elias ungiu a Eliseu e atirou seu manto sobre ele. E Eliseu abandonou todos os seus bens e não cuidou mais de seus bois; transformou sua propriedade em terra sem dono e espalhou sal sobre sua lavoura; abandonou seu trabalho diário e seguiu Elias.

QUANDO O SANTO, louvado seja, estava em vias de criar Eva, a primeira mulher, viu a geração pecadora do dilúvio e a geração ímpia da construção da Torre descenderem dela; mas viu também nascerem dela as ancestrais Sara, Rebeca, Raquel e Lea. Viu como nasceria Jezebel, a que induziria os sacerdotes de Baal ao pecado; mas viu também surgir a mulher de Obadias, aquela esposa de profeta que alimentaria secretamente os videntes perseguidos. Então o Senhor falou: Se eu criar Eva, e entre seus filhos e descendentes houver uma única mulher justa, isso me bastará.

Aquela, à qual aqui nos referimos, era das esposas dos profetas. E assim falou diante de Deus: Senhor do Mundo! Sei que diante do teu trono não há esquecimento. O homem planta uma horta de pepinos e quando eles estão maduros, arranca os grandes e os vende; os pequenos frutos, contudo, tu te apiedas deles, e à noite quando o homem dorme, envias o orvalho que embebe as plantas. Não permites que os frutos do campo pereçam, mas queres deixar morrer criaturas humanas, esposas de profetas?

E a mulher continuou falando diante de Deus: Durante toda sua vida meu marido praticou o bem, e isso quer dizer: emprestou-te algo; tu, porém, és aquele que recompensa os fiéis. Agora teu servo, meu marido, morreu; portanto, cumpre tua obrigação para comigo.

— Entretanto, uma vez que ela pedia para si, por que precisou mencionar o finado marido? Ela falou assim: Se o pai e a mãe de uma mulher morrem, ela encontra consolo e apoio no marido; mas se o marido morre, em quem se apoiará?

E ela foi ao cemitério e bradou: Ó tu, que temes a Deus, escuta-me. Toda a multidão de mortos entrou em tumulto e disseram-lhe: Foram quatro os chamados tementes a Deus: Abraão, José,

Obadias e Jó. Se invocares nosso pai Abraão — ele não poderá aparecer, pois ainda está discutindo com Satã que lhe fez mal. Queres falar com José? Ainda está lutando no tribunal celeste com os irmãos que o venderam. Chamas Jó? Também ele luta contra o malvado, que destruiu sua casa e assassinou seus filhos. — Ela respondeu: Não procuro nenhum desses, mas aquele que é chamado de extremamente temente a Deus. Reconheceram, então, que se tratava da mulher de Obadias, e ela pôde falar com o marido.

Ela apanhou terra, que espalhou sobre a cabeça, rolou na poeira e falou ao morto: Meu senhor, teus credores querem cobrar tua dívida e levar nossos dois filhos como penhor. Quando partiste deste mundo, falaste: O Senhor prometeu-me o seguinte: "Vou deixar vivos aqueles que restaram de teus órfãos, e tuas viúvas terão esperança em mim". Mas, em vez, o que aconteceu com os teus filhos na casa de Ahab e Jezabel? Nesse momento uma voz ecoou dizendo: Vai a Eliseu!

Então a mulher e os dois filhos foram a Eliseu, vestidos de saco e com as mãos na cabeça. Ao ver a viúva, Eliseu reconheceu que ela acabara de visitar o túmulo do marido. E começou logo a perguntar-lhe: Restou ainda alguma coisa na casa daquele justo? Ela respondeu: Não temos nada. Eliseu continuou perguntando: Mas uma bênção não pode ser proferida sobre uma mesa vazia. A pobre mulher respondeu: Restou somente uma vasilha de óleo, que ainda está um pouco úmida do óleo que continha.

Então o profeta disse: Podes ficar tão calma quanto tuas palavras me acalmaram; pois a bênção depende especialmente do óleo, uma vez que na Tenda da Reunião é acesa apenas uma lâmpada, os reis são ungidos com nada mais precioso do que o azeite e os generais de exército também são consagrados com óleo. E ele pediu-lhe: Parte e procura vasilhas para óleo; cada pessoa que tiver uma ta dará. Procura vasilhas inteiras e defeituosas; e se estranhares que também louça sem valor te possa ser útil, recorda-te de que o Senhor criou um noivo do pó da terra e fez uma noiva de um osso. — E a mulher obedeceu.

Ela fechou a porta; trouxeram-lhe vasilhas e mais vasilhas e ela as enchia com óleo da vasilha esvaziada, e todas as vasilhas encheram-se. Depois disse a um dos filhos: Traze mais uma taça. Mas ele respondeu: Não há mais panelas em nossa aldeia. Essas palavras foram ouvidas pelo óleo e ele parou de correr.

Depois Eliseu falou à viúva: Vai, vende o óleo e paga a teus credores o que lhes deves. A mulher, então, perguntou: Mas talvez a casa de Ahab venha a saber do que aconteceu e eles dirão: O óleo é nosso. Eliseu falou: Aquele que tapou a boca dos cães na terra do Egito para que não ladrassem, também tapará a boca de todos na casa de Ahab. E por fim a mulher perguntou: Mas desse óleo não deve antes ser pago o tributo e o dízimo? Eliseu redarguiu: Teu marido Obadias alimentou os profetas com água e pão; e a água e o pão são livres de tributo e do dízimo.

COM ELISEU, filho de Safat, acontecia que nenhuma mulher podia olhar para seu rosto e continuar vivendo. Ele caminhara de montanha em montanha e de caverna em caverna, até chegar a Sunem. Ali foi recebido por uma nobre senhora, que a irmã de Abisag de Sunem e mulher do profeta Ido. Ela disse ao marido: Este é um homem de Deus e um santo; façamos-lhe um pequeno mirante sobre a muralha, onde instalaremos uma cama, uma mesa, uma cadeira e um candeeiro. E construíram a câmara. E Eliseu, ao chegar a Sunem, subindo para o mirante, mandou chamar a sunemita e ela apresentou-se à porta; não se atrevia a chegar perto, pois temia olhar seu semblante. Ele disse a ela: Daqui a um ano, nesta mesma época, abraçarás um filho. Mas ela respondeu: Meu marido está velho e também eu não estou mais em condições de conceber. Meu senhor, ó homem de Deus, não zombes de tua criada!

O Senhor faz a vontade daqueles que o temem e assim também fez a vontade de Eliseu. A sunemita concebeu e deu à luz um filho. O menino cresceu e, para sua perdição, saiu ao campo, a fim de fiscalizar os ceifadores. Ali a desgraça alcançou-o e ele morreu. Então sua mãe pôs-se a caminho e foi ao monte Carmel, ao homem de Deus. Falou-lhe: Ai, antes meu ventre ficasse vazio; eis que foi abençoado e agora a bênção se foi. O profeta disse: Tudo o que o Senhor faz, ele me revela, só isto ele não me fez saber. Então Giezi, servo de Eliseu, quis afastá-la e colocou a mão sobre seu seio. Mas o profeta disse: Deixe-a. E deu a Giezi o bordão que segurava e disse-lhe: Não diga nenhuma palavra, até chegares ao menino e colocares o bordão sobre seu rosto; com isto, ele ressuscitará.

Giezi, porém, sorriu intimamente. A quem encontrasse dizia: Acreditas que este bordão ressuscita? Por isso, não conseguiu o milagre. Então chegou o próprio Eliseu; pôs seu rosto sobre o rosto do morto e seus olhos sobre os olhos do menino, orou e disse: Senhor do Mundo! Assim como fizeste milagre pela mão de meu mestre Elias e ressuscitaste o morto, faze com que também aconteça por meu intermédio e devolve a vida a este menino. E Deus atendeu-o; o menino espirrou sete vezes e abriu os olhos.

O FILHO que nasceu à sunemita foi Habacuc, posteriormente, profeta. Tinha esse nome em virtude de Eliseu ter profetizado o nascimento à mãe, com as palavras: Daqui a um ano abraçarás um filho. * Mas, não seria, suficiente que ela o denominasse Habac

---

* Chabak, abraçar.

apenas? Sim, em virtude de ter sido chamado à vida pela segunda vez, foi cognominado de Habacuc, pois sua mãe o abraçou duas vezes, uma quando nasceu, e a segunda vez quando Eliseu o acordou da morte.

ELISEU ESTAVA pregando sobre a impureza dos oito animais rastejantes. Na mesma época, Naamã, chefe do exército do rei da Síria, sofria de grave sarna. Então uma menina, que fora levada como prisioneira da terra de Israel, falou-lhe: Se procurares Eliseu, ele te curará dessa sarna.

Quando Naamã foi ter com Eliseu, este falou: Vai e banha teu corpo no Jordão. Ao que Naamã respondeu cheio de irritação: Pareces estar zombando de mim! Mas seus servos disseram-lhe: Que mal te fará? Experimenta fazê-lo. Então Naamã assim procedeu. Mergulhou sua carne no Jordão e sua pele ficou curada e limpa. Foi a Eliseu e levou-lhe todo o ouro que tinha consigo. Mas Eliseu não quis aceitar nada. O moço Giezi, no entanto, que servia a Eliseu, esgueirou-se e seguiu Naamã; fez com que este lhe pagasse o que havia oferecido a Eliseu.

Quando Giezi retornou ao homem de Deus, este viu a sarna de Naamã pairar acima da cabeça de Giezi. Falou ao infiel: É chegada a hora de receberes a recompensa pelo gozo dos oito répteis impuros. A sarna de Naamã apegar-se-á a ti e à tua descendência até a eternidade.

E o rapaz saiu da presença de Eliseu, coberto de sarna, branco como a neve.

ELISEU CHEGOU a Damasco. Por que tinha ido para lá? Queria induzir Giezi à penitência, mas este não quis se converter. Falou: Tu mesmo me transmitistes isto: àquele que comete pecado e induz ao pecado, não é dado se penitenciar.

Mas o que fez Giezi, não obstante? Fez uma pedra, que possuía força magnética, ficar suspensa no ar, e pairar entre o céu e a terra e isso foi um sinal de advertência pelo pecado de Jeroboão, o filho de Nebat.

OUTROS, PORÉM, contam que ele cinzelou o verdadeiro nome de Deus na pedra, e esta bradou: Eu sou o Senhor, teu Deus; não terás outros deuses junto a mim.

Sempre deve acontecer que, quando se afasta alguém com a esquerda, deve-se atraí-lo novamente com a destra. Não como Eliseu procedeu com Giezi, a quem primeiro tomou como criado e depois repudiou com ambas as mãos.

Eliseu sofreu três enfermidades. Uma delas por ter atiçado os ursos contra os meninos quando subia a Bet-El. Estes tinham zombado dele, exclamando: Sobe, careca! Então proguejou contra eles.

vieram dois ursos da floresta e dilaceraram quarenta e duas crianças.
— A segunda enfermidade adveio por ter expulso Giezi. A terceira enfermidade foi aquela da qual pereceu.

RECONHEÇA A força da ação justa no exemplo de Salum, o filho de Tikva, o qual era um nobre em sua geração, praticando, dia-a-dia a caridade. Mas em que consistia seu mérito? Enchia um odre de água e com ele sentava-se diante da porta da cidade. Cada passante era refrescado por ele com bebida e assim reanimado. Em troca, o espírito santo pousou sobre sua mulher Hulda, e o sacerdote Hilkia, juntamente com outros, a procurava, fazendo consultas para o povo. Antes disso, o nome de Salum não era ben Tikva, mas ben Sahara. Quando morreu, terminaram as boas ações em Israel, e o exército dos assírios atacou os judeus. O povo inteiro saíra para acompanhar Salum à sepultura; ao verem, porém, o exército inimigo aproximar-se, atiraram o cadáver na cova de Eliseu. Mas quando o corpo morto tocou os ossos de Eliseu, recobrou a vida. Depois Salum gerou seu filho Hanameel.

11. Jonas

O PROFETA Jonas fugiu da presença do Senhor. O Senhor já várias vezes o havia enviado com mensagens. Na primeira vez, Jonas devia vaticinar o estabelecimento das fronteiras de Israel, e sua palavra cumpriu-se, conforme está escrito no Livro de Reis: "Jeroboão reconquistou os limites de Israel, desde a entrada de Emat, até o mar, conforme a palavra do Senhor, proferida por meio de seu servo Jonas, o filho de Amitai". Depois disso, Deus o enviou a Jerusalém, a fim de anunciar a ruína da cidade.

Mas quando os cidadãos fizeram penitência, o Senhor encheu-se de misericórdia, arrependeu-se do mal pretendido e não permitiu a devastação da cidade. Então Israel denominou Jonas de falso profeta.

Em seguida o Senhor mandou Jonas ir a Nínive. Jonas discutiu consigo mesmo e falou em seu coração: Sei que este povo logo fará penitência; então o Senhor os perdoará e desafogará sua ira contra Israel. Já não basta que os filhos de Israel me chamem de profeta mentiroso; também os povos da terra me considerarão mentiroso. Por isso, fugirei para o fim do mundo, para um lugar do qual não consta que esteja cheio da glória divina, como o resto do mundo.

Jonas fugiu e chegou primeiro a Jafo. Mas ali não encontrou navio em que pudesse atravessar o mar. O navio, ao qual subiu depois, encontrava-se em alto mar, a uma distância de dois dias de viagem da costa, para que Jonas fosse experimentado. Mas o

Senhor lançou uma tormenta sobre o barco, que se dirigiu de volta
a Jafo. Então Jonas se alegrou e pensou: Agora sei que o que
estou fazendo será bem sucedido. Falou aos marinheiros: Irei
convosco. Eles, porém, disseram: Vamos para as ilhas distantes, para
Társis. Ele respondeu: Também eu quero ir para lá. E ficou tão
contente que pagou logo a passagem, e não como é costume, ao
deixar o navio.

Mas depois de um dia de viagem, irrompeu uma tormenta sobre
o mar, e o perigo ameaçou o navio pela direita e pela esquerda.
Todos os setenta povos estavam representados entre os viajantes, e
cada um tinha seu ídolo na mão, invocando-o em sua aflição. Deviam
todos chamar o seu Deus pelo nome, e aquele que os auxiliasse,
tornar-se-ia o seu Deus. Mas nenhum dos deuses atendeu o clamor.
Jonas, porém, agachara-se na parte mais profunda do navio e ali
adormecera. Eis que o piloto aproximou-se dele e gritou-lhe: Pendemos entre a vida e a morte, e tu te entregas à modorra? A que
povo pertences?

Jonas respondeu: Sou hebreu. Então o piloto disse: Ouvi dizer
que o Deus dos hebreus é muito grande. Levanta-te e invoca-o,
talvez ele se compadeça de nós e faça um milagre, como fez convosco
no Mar Vermelho. Jonas redarguiu: Vou confessar-vos a verdade:
esta desgraça veio sobre vós por minha causa; lançai-me ao mar, e
ele se acalmará.

Mas os marinheiros não tiveram coragem de afogar Jonas, e
primeiro tiraram a sorte para ver quem seria afundado. A sorte
caiu em Jonas, filho de Amitai. Mesmo assim, os marinheiros primeiramente atiraram a carga ao mar para aliviar a embarcação. Mas
a tormenta não acalmou. Esforçaram-se por remar para chegar à
terra, mas inutilmente. Então foram à popa do navio e invocaram
a Deus: Senhor do Mundo! Não permitas que nos tornemos culpados
de derramar sangue inocente; não sabemos o que o homem fez.
Mas Jonas falou novamente: O mal aconteceu por minha culpa;
lançai-me ao mar. Eles então pegaram Jonas e puseram-lhe os pés
na água; a correnteza parou imediatamente. Tiraram-no, e a tormenta recomeçou. Mergulharam Jonas na água até o pescoço, e
logo tudo ficou calmo. Mas quando o retiraram, a tormenta de
novo se levantou, ameaçando tragar o navio. Então largaram Jonas
na correnteza, e o mar cessou o seu furor.

Mas o Senhor fez vir um grande peixe para engolir Jonas.
Este peixe já estava destinado a abrigar Jonas em seu ventre
desde a época da Criação. E Jonas penetrou na goela do peixe,
como um homem que entra num aposento, e ficou em pé no seu
corpo. Os dois olhos do animal marinho eram como janelas e
iluminavam também o interior. Outros são de opinião que uma

grande pérola fornecia luz a Jonas como o sol ao meio-dia, e através de seu brilho, ele via tudo o que acontece no mar e nas profundezas. E o peixe falou a Jonas: Saiba que hoje é o dia em que devo ser devorado pelo Leviatã. Jonas respondeu: Leva-me até ele. E ele falou ao dragão: Por tua causa desci às profundezas do mar, pois sou eu que devo preparar-te para o grande banquete dos devotos. E mostrou-lhe o sinal da aliança de Abraão em sua carne. Vendo isso, o Leviatã fugiu para uma distância de dois dias de viagem. Então Jonas disse ao peixe: Eis que te salvei da goela do Leviatã. Em compensação, mostra-me o mundo marinho. E o quadro do oceano infinito desenrolou-se diante dos olhos de Jonas. Viu o Mar Vermelho, pelo qual os filhos de Israel palmilharam com pé seco. Viu a fonte onde o mar irrompe e as ondas se iniciam. Viu os pilares da terra e seu pedestal, viu o inferno e o submundo, o Templo de Deus e a pedra angular do mundo, que se encontra embaixo dele; mas, diante desta, achavam-se os filhos de Coré e cultuavam. E o peixe falou a Jonas: Jonas, estás agora justamente embaixo do Templo de Deus; ora e tua prece será atendida.

JONAS JÁ estava havia três dias no ventre do peixe e não tinha orado. Então Deus disse: Eu lhe fiz espaço no ventre do peixe, a fim de que passasse bem, mas ele não me dirigiu nenhuma oração. Agora vou deixá-lo morar num peixe que carrega trezentos e sessenta e cinco mil peixinhos em seu ventre, para que ele sinta o aperto e clame a mim; pois eu tenho necessidade da oração dos justos.

E um peixe prenhe nadou em direção daquele em cujo ventre se achava Jonas, e disse: Devo receber o homem que vaticina, que reside em teu corpo; se o expelires, está bem, caso contrário eu te engolirei juntamente com ele. Logo o primeiro peixe vomitou Jonas e o peixe prenhe abriu sua goela e engoliu o profeta. Mas logo que Jonas nele penetrou oprimiram-no a imundície e a quantidade de germes no ventre do peixe, e a devoção apoderou-se de seu coração. Orou ao Senhor e disse: "Onde irei diante do teu espírito, e para onde fugirei diante da tua face? Se fosse ao céu, lá estás; se me acomodasse no inferno, eis que lá também estás. Se eu pegasse as asas da aurora e permanecesse no mar extremo, tua mão também lá me alcançaria e tua destra me seguiria".

Nessa hora o Senhor compadeceu-se e falou ao peixe: Cospe Jonas! E o peixe expeliu Jonas a novecentas e sessenta e cinco milhas da praia.

QUANDO OS marinheiros perceberam os grandes milagres e sinais que o Senhor fizera a Jonas, atiraram seus ídolos ao mar e remaram de volta em direção a Jafo. Depos subiram a Jerusalém, circuncidaram o prepúcio de sua carne e ofereceram um sacrifício ao Senhor. E fizeram voto de também converterem suas mulheres ao Deus de

Jonas. A eles se refere o provérbio: Os convertidos pela justiça devem ser colocados acima de todos os convertidos.

PELA SEGUNDA vez, a sentença caiu sobre Jonas e a palavra de Deus chegou a ele nestes termos: Põe-te a caminho, vai a Nínive, a grande cidade. Foi enviado a fim de profetizar e advertir o povo para que fizesse penitência. Jonas, então, se pôs a caminho e dirigiu-se a Nínive com boa vontade. Depois de andar através da cidade durante um dia, Jonas começou a pregar. Nínive, porém, era uma cidade muito grande e media quarenta milhas por quarenta. Havia ali doze praças de mercado e doze ruas principais; de cada uma dessas ruas, saíam doze ruas transversais. Cada travessa possuía doze pátios, cada pátio abrigava doze casas. Jonas estava numa das praças de mercado, anunciando a palavra de Deus e sua voz fazia-se ouvir numa área de quarenta milhas ao redor; podia ser ouvida nas praças e nas ruas, em todos os pátios e em todas as casas da cidade de Nínive. O povo de Nínive foi convertido. Arrependeram-se de seus delitos, ambos, homem e mulher, príncipe e princesa, mancebo e donzela.

OS HABITANTES de Nínive fizeram penitência como nunca se vira. Se achavam um objeto no campo, na vinha ou na rua, devolviam-no ao dono. Se numa casa existiam dez tijolos provenientes de um roubo, a casa era demolida e os pertences eram restituídos ao dono; e também o palácio do rei não seria poupado, se nele fosse encontrado algo furtado.

O FARAÓ, anteriormente rei do Egito, ressuscitado por Deus e agora rei de Nínive, levantou-se do seu trono, em virtude de Jonas ter anunciado a destruição da cidade; rasgou os trajes, vestiu um saco e espalhou cinzas sobre sua cabeça. Mandou decretar ao povo que jejuassem por três dias; quem não o fizesse, seria queimado.

E ainda dispôs o seguinte. Fez os homens ficarem de um lado e as mulheres de outro; também apartou os animais puros dos impuros e separou os filhos de seus pais. Os lactentes viam os seios de suas mães e desejavam mamar, o leite subia aos seios das mães e elas queriam amamentar seus filhos. Não o podendo fazer, choravam, e esta dor abrangeu mais de doze miríades de pessoas. Então o Senhor arrependeu-se do que falara e Ele adiou o castigo por quarenta anos, correspondendo aos quarenta dias nos quais, como Jonas anunciara, Nínive devia perecer.

QUANDO o Senhor perdoou à cidade de Nínive, Jonas também caiu sobre seu rosto e disse: Senhor do Mundo! Sei que pequei diante de ti; perdoa-me por ter acreditado que poderia fugir de ti no mar. Não sabia quão grande é a tua força; mas agora reconheço-a e sei que és um Deus clemente e bondoso. O Senhor respondeu-lhe: Poupastes a minha honra e escolheste o mar para teu abrigo;

por isso, eu também respeitei a tua dignidade e salvei-te do regaço do inferno.

Mas, pelo grande calor que havia no ventre do peixe, Jonas perdeu suas vestes, seu manto e seu cabelo, e moscas, mosquitos, formigas e pulgas picavam sua carne, torturando-o mortalmente. Então o Senhor fez com que numa noite crescesse uma árvore milagrosa por sobre a cabeça de Jonas e, de manhã, abriram-se duzentas e setenta e cinco folhas sobre ele, cada folha do tamanho de quatro palmos e meio. Quatro pessoas podiam abrigar-se à sombra dessa árvore, protegendo-se dos raios solares. Mas o Senhor enviou um verme, que roeu a árvore e esta secou e morreu. E os insetos começaram novamente a atormentar Jonas. As lágrimas caíam de seus olhos como chuva e o Senhor falou-lhe: Jonas, por que choras? Tu lamentas essa árvore que não plantaste, não adubaste, não regaste e que nasceu numa noite e numa noite morreu? Compadeces-te dela? E eu não devia lamentar Nínive, a grande cidade? Então Jonas caiu sobre seu semblante, e disse: Senhor, governa teu mundo na medida da misericórdia, pois tu és o Deus da caridade e do perdão.

Consta que Jonas, o filho de Amitai, tinha por mãe a viúva de Zarpat e que Elias o ressuscitara da morte; como profeta, porém, foi consagrado por Eliseu, discípulo de Elias.

Outros, porém, dizem: Jonas foi um dos filhos dos ressuscitados, cujos ossos foram acordados à vida por Ezequiel, no vale Dura.

12. A Queda do Reino das Dez Tribos

MESA, O REI de Moab, era tributário do rei de Israel e levava-lhe a lã de cem mil cordeiros cevados e de cem mil carneiros. Após a morte de Ahab, revoltou-se o rei de Moab contra o rei de Israel; então três príncipes fizeram uma aliança, o rei de Israel, o de Edom e Josafá, rei de Judá, e marcharam contra ele. Ao ver isso, Mesa tomou o filho primogênito e ofereceu-o em sacrifício sobre o altar. Falou diante do Senhor: Senhor do Mundo! Abraão pôs seu filho sobre o altar mas não o imolou; eu quero imolar o meu filho e oferecê-lo a ti em holocausto completo, pois quero fazer tudo o que ordenares. E sacrificou seu filho, que deveria reinar depois dele.

DEPOIS QUE Mesa sacrificou seu filho, enorme ira caiu sobre os israelitas. — O Senhor disse a Israel: Os idólatras, que não me conhecem, podem-se opor a mim; mas vós me conheceis e ainda ousais vos opor a mim!

Não tivesse o mérito da mulher de Obadias auxiliado Israel, eles seriam exterminados nessa hora.

CONTA-SE DE Jehu, o filho de Nimri, ter sido um rei temente a Deus que não fornicou com os bezerros de ouro de Jeroboão, o filho de Nebat. Mas ao chegar ao poder, corrompeu seus caminhos.

Acerca de Jeroboão, filho de Joas, conta-se, por sua vez, que era um príncipe que tributava respeito aos profetas. Aquilo que o Senhor não fez vir por intermédio de Josué, o filho de Nun, nem por David, o rei de Israel, aconteceu pela mão desse rei. Sobre ele está escrito: "Alargou os limites de Israel, desde a entrada de Emat até o mar".

QUAL A FALTA de Oséias ben Elá, para que nos seus dias caísse o reino das dez tribos? Justamente pelo fato de não ter cometido pecados iguais aos de Jeroboão e Ahab. Pois dos reis de antes de Oséias provinha a idolatria, e Deus não queria exterminar o povo inteiro por causa do pecado de um só.

Oséias, porém, foi mais justo do que os reis anteriores a ele, mas mesmo assim agiu mal. Dispensou os guardas que estavam nas estradas e que deviam impedir o povo de peregrinar a Jerusalém e mandou proclamar: Quem quiser peregrinar, pode fazê-lo! Com isso, soltou o colar de pecado de seu pescoço, colocando-o em volta de seus súditos. Pois eles não se voltavam ao Deus verdadeiro e tornaram-se culpados diante dele; então o Senhor fez Salmanassar subir e este conquistou o país.

Com Oséias tornou-se verdade o provérbio: Aquele que segue um mandamento, mas não o cumpre por completo, não merece a vida e sepulta sua mulher e dois filhos.

AS DEZ TRIBOS enviaram óleo ao Egito, de lá trouxeram trigo e mandaram este a Assur, pois imaginaram: Se inimigos nos atacarem, os povos vizinhos nos auxiliarão.

Quando, então, os adversários penetraram no país, as dez tribos dirigiram-se ao faraó Necho e pediram auxílio. Ele o concedeu, enviando um exército. Mas quando o exército ia atravessar o Mar Vermelho, Deus fez um sinal aos cadáveres de seus ancestrais, que se encontravam no fundo, e eles vieram à tona da água como odres. Os combatentes falaram uns aos outros: O que sobe aí? E receberam como resposta: Estes foram vossos pais, que oprimiram os judeus com trabalho escravo; quando depois se libertaram, atiraram vossos antepassados ao mar e afogaram-nos.

ENTÃO OS mercenários enviados para ajudar, disseram: Fizeram tal coisa com nossos antepassados e nós devemos auxiliá-los? E imediatamente fizeram meia volta.

Verás que as tribos de Judá e Benjamim não foram expulsas juntamente com as outras dez. E as dez tribos falaram umas às outras: Por que tivemos que ir para o exílio e eles não? Provavelmente são os favoritos de Deus, e portanto, Ele leva em consideração as pessoas. Contudo, longe disso! Não era a preferência pela pessoa, mas o simples fato destas duas tribos, até então, não terem cometido nenhum pecado.

Quando se tornaram culpados de más ações também foram exilados. Então, as dez tribos falaram: Que Deus! Quão severo, quão justo! Também com os filhos de sua casa, não faz distinções!

13. De Joas e Ahas

POR CULPA de David, os sacerdotes de Nob foram mortos, por esse motivo sua semente devia morrer prematuramente. Quando ocorreu isso? Ao tempo de Atalia, a qual, ao ver o filho morto, exterminou toda a descendência real. Mas Joas escapou com vida, bem como Ebiatar, de Nob. Se Ebiatar tivesse perecido naquela época, a descendência de David estaria toda extinta ao tempo de Atalia.

O REI JOAS comportava-se como se fosse um Deus, pois acerca dele a Escritura relata: "Depois da morte de Joiada, os chefes de Judá vieram prosternar-se diante do rei". E os chefes falaram-lhe: És realmente um Deus! Se não o fosses, não poderias ter permanecido por seis anos no Santuário. O sumo-sacerdote pode entrar lá apenas uma vez por ano, e reza-se por ele para que nada lhe aconteça; tu, porém, permaneceste lá por tanto tempo e continuas vivo. E o rei ouviu-os.

Mas, logo o Senhor fez com que percebesse que era apenas carne e sangue; veio o exército dos sírios e castigou-o cruelmente.

DE OSIAS, rei de Judá, está escrito, era um amigo da terra. Era soberano e dedicava-se à agricultura; mas não tinha afinidade com o Estudo.

Certa vez, foi à Casa do Conselho e perguntou aos versados na Escritura: Com o que vos ocupais? Os mestres responderam: A frase é: "E um estrangeiro que se aproximar, deverá morrer". Osias disse: O Senhor é rei e eu sou rei; portanto, convém a um rei que sirva a um rei e diante dele queime incenso. Mas o sacerdote Asaria entrou depois dele, com oitenta sacerdotes de Deus, todos homens de coragem e a nata do sacerdócio. Disseram ao príncipe: Não compete a ti, Osias, queimar incenso diante de Deus, mas sim aos sacerdotes, filhos de Aarão, que foram consagrados para isso. Sai do Santuário, porque estás pecando!

E a cólera de Deus pairou sobre ele por causa disso. Enquanto discutia essa questão com os sacerdotes, tendo ainda na mão o turíbulo, a sarna apareceu na sua fronte. O Templo dividiu-se e abriu-se numa área de doze milhas quadradas. Empurraram Osias a fim de que se fosse e ele mesmo se apressou em ir, pois o Senhor o havia atingido.

Mas, por que aconteceu assim? Porque se dedicara à terra e desprezara o Ensinamento. Osias foi um dos três, os quais, ao cultivarem a terra, tornaram-se profanos. O primeiro foi Caim, o lavrador, que se tornou fugitivo e errante na terra; o segundo foi Noé, que plantou a videira e tornou-se desprezível por causa do vinho.

O FILHO DE Osias, Jotam, distinguia-se de todos os outros soberanos de Judá devido à sua modéstia. Honrava seu pai acima de tudo. Em virtude de Osias ter ficado sarnento, Jotam julgava o povo em seu lugar; mas a cada sentença que proferia, acrescentava: Estas são as palavras de meu pai Osias.

Uma vez, o mestre talmúdico Simeão ben Jochai falou: Só eu sou capaz de libertar o mundo de todos os castigos, contando desde a época do meu nascimento até o dia de hoje. Juntamente com meu filho Eleasar eu poderia poupar aos homens o julgamento, desde o primeiro dia da Criação até hoje. Mas se a nós ainda se juntasse o rei Jotam, poderíamos unidos extinguir todas as faltas, desde o começo do mundo até o seu fim.

Por que o filho de Jotam, que se tornou rei de Judá depois dele, levava o nome de Ahas? Porque pôs a mão nas casas de oração e de estudo. *

Nisso assemelhava-se a um pai adotivo desleal, que pretende matar a criança que lhe foi confiada e pensa: Se eu matar o menino, sou culpado de assassínio; por isso, procederei de modo que morra por si e vou tirar-lhe a ama.

O mesmo disse Ahas: Se não há cabritinhos, não há bodes; se não há bodes, não há rebanho; se não há rebanho, não há pastor; se não há pastor, não há mundo. E transferiu esses pensamentos a Israel e continuou o raciocínio assim: Se não há discípulos, não há mestres; se não há mestres, não há sábios; se não há sábios, não há profetas; se não há profetas, não há espírito santo; se não há espírito santo, não há casas de estudo, e assim, se é permitida a expressão, a majestade de Deus não repousa mais sobre Israel.

O SANTO, louvado seja, falou: Encoleriza-me contra o rei Ahas e entregá-lo-ei nas mãos dos reis em Damasco. Lá, ele começou a servir a deuses estranhos. Por outro lado, tive clemência para com Amazia e fi-lo ser preso pelos reis da Síria. Lá, também ficou gostando dos outros deuses e passou a cultuá-los.

É isto o que as pessoas dizem: Ele não reconhece a felicidade, nem reconhece a desgraça. Ai daquele que não sabe distinguir entre o bem e o mal.

SOBRE O REI Ahas consta que fez seu filho passar pelo fogo, a fim de queimá-lo em homenagem a Moloch. Por outro lado, verificamos que Ahas não possuía outro filho a não ser Ezequias, que se tornou seu sucessor.

---

* Achas, pegar, apanhar.

Ahas fez Ezequias passar pelo fogo, mas sua mãe salvou-o: havia passado antes em seu corpo sangue de salamandra, o qual não queima no fogo.

14. Os Primeiros Mártires e Profetas

O ESPÍRITO de Deus chegou sobre Zacarias, filho de Joiada, e este começou a falar sobre coisas grandiosas. Disse: Por que transgredis os mandamentos do Senhor? Não tereis sorte, pois abandonastes Deus, e assim ele vos abandona. — Então se uniram contra ele e apedrejaram-no.

Um mestre perguntou a outro onde Zacarias fora morto, se no átrio das mulheres ou no átrio do povo. Recebeu a seguinte resposta: Não aconteceu num nem noutro, mas no átrio sacerdotal. Mas com seu sangue não se procedeu nem mesmo da forma que se faz com o sangue de um veado ou de um carneiro, o qual, como se sabe, deve ser coberto com terra.

Nesse dia Israel cometeu sete pecados. Mataram um sacerdote, profeta e juiz, e derramaram sangue inocente. Profanaram o nome de Deus. Poluíram o átrio do Templo. Violaram o dia santificado, pois era Sábado e Dia da Expiação ao mesmo tempo.

AO TEMPO de Osias, o rei de Judá, existiam quatro anciãos que profetizavam, e Oséias, filho de Beeri, era o mais velho entre eles. Mas o Senhor olha para todo aquele que pede clemência para seus filhos.

O SENHOR falou a Oséias: Meus filhos pecaram. A isso, Oséias deveria ter respondido: Não são teus filhos também teus protegidos? Não são eles filhos de Abraão, Isaac e Jacó? Deixe que tua misericórdia reine sobre eles. — Mas não só não cuidou do povo, como ainda disse: Senhor do Mundo! O mundo inteiro está sujeito a teu poder; deixa que caiam nas mãos de um outro povo.

Então o Senhor disse para si mesmo: O que fazer com este velho? Vou dizer-lhe que tome uma prostituta e gere filhos da prostituição; depois vou ordenar-lhe que os mande embora. Se ele se separar deles, eu também me separarei de meus filhos.

O Senhor assim fez e ordenou a Oséias que tomasse uma prostituta por mulher, a fim de que ficasse em dúvida, se os filhos, que ela teria, seriam seus ou de outros homens.

Oséias foi e tomou Gomer, a filha de Diblaim, em casamento. Chamava-se Gomer, porque cada um podia matar seu desejo e dormir com ela.* Ela concebeu e teve um filho. Então o Senhor disse a

---

* Gamar, terminar.

Oséias: Chama-o Jesreel porque em breve porei à prova o sangue de Jesreel na casa de Jehu, e porei fim ao reino de David.
Novamente a mulher concebeu e deu à luz uma filha. Deus ordenou a Oséias dar o nome de Lo-Ruchama à menina, pois disse: Não me apiedarei de Israel.
E a mulher concebeu pela terceira vez e deu à luz um filho, a esse Oséias devia chamar de Lo-Amni, pois, Deus disse: Não sois o meu povo e eu não quero ser vosso Deus.
Em seguida, o Senhor disse a Oséias: Toma teu mestre Moisés como exemplo; ordenei-lhe que se separasse de sua mulher e ele o fez. Ordeno-te o mesmo. Mas Oséias retrucou: Senhor do Mundo! Não tenho filhos dela? Como posso expulsá-la? Então o Senhor falou: Tua mulher é uma prostituta e teus filhos são filhos de prostituição e tu não sabes se és ou não o pai, e ainda te recusas repudiá-la. Eu, porém, deveria repudiar Israel, que são os filhos de Abraão, Isaac e Jacó, Israel, um dos quatro bens que adquiri na terra? Deles, dizes que eu os deveria entregar a outro povo?
Então Oséias percebeu que pecara e começou a pedir clemência. Mas o Senhor falou: Não é para ti que deves pedir clemência, mas sim para os filhos de Israel, aos quais infligi três castigos por tua causa. Então Oséias suplicou perdão para o povo e o Senhor anulou a sentença e começou a abençoá-los, dizendo: "Em vez de se lhes dizer: Não sois o meu povo, se lhes dirá: Ó filhos do Deus vivo".

O PROFETA Joel diz: "Regozijai-vos no Senhor, vosso Deus, que vos dará as chuvas de outono e de primavera, como antes".
Quando é que se pede pela chuva de outono? Em Nissan? Não, no mês de Cheschwan. No mês de Cheschwan anseia-se pela chuva de outono e em Nissan, pela chuva da primavera.
Nos dias de Joel, filho de Petual, esse desejo realizou-se. Primeiro houve uma grande devastação, e o que as lagartas deixaram, os gafanhotos devoraram, o que os gafanhotos deixaram, os escaravelhos comeram, o que os escaravelhos deixaram, a piolhada devorou. O mês de Adar passou sem que caísse chuva sobre a terra. Mas, no primeiro dia do mês de Nissan caíram as primeiras chuvas. E o profeta falou a Israel: Saí e semeai! Então o povo falou: Aquele que tem apenas um Kaw* de grãos de trigo e dois Kaws de cevada, deve comê-los e viver ou semeá-los e morrer? O profeta respondeu: Deveis semear! E aconteceu um milagre e eles reencontraram o que estava escondido nas fendas dos muros e nos caminhos das formigas. Semearam no segundo, terceiro e quarto dia do mês e, no quinto, caiu do céu a segunda chuva de outono.

---

* Uma medida.

No décimo sexto dia do mês já puderam oferecer as primícias. O produto do campo que precisa seis meses para amuderecer, amadureceu em onze dias. A esta geração refere-se o provérbio: "Aqueles que semeiam com lágrimas, colhem com alegria".
POR QUE UM dos profetas foi chamado Amós?* Porque tinha a língua pesada. Os homens de seu tempo falaram: Deus não levou em conta nenhuma de suas criaturas a não ser este gago, sobre o qual pousou seu espírito, este homem com a língua mutilada.
O REI OSIAS de Judá matou o profeta Amós com uma barra de ferro, que atirou na sua fronte.

15. A Convocação de Isaías

O PROFETA Isaías falou: Ouvi a voz do meu Senhor, que dizia: A quem enviarei? Quem abrirá o caminho? Então respondi: Aqui estou, Senhor, envia-me.

Nossos mestres contam: O Senhor estava atribulado, queixava-se e suspirava: A quem enviarei? Quem aceitará o encargo? Já enviei então Micha, e a esse mataram; Zedequias, o filho de Kaena, golpeou Micha nas faces. Fiz Zacarias aparecer, e assassinaram-no também, enviei Jeremias, e a esse atiraram na cova. Quem será agora o mensageiro? Então Isaías se apresentou e disse: Aqui estou diante de ti, deixa que eu empreenda a caminhada.

Quando a seguir Isaías ouviu os anjos em serviço entoarem seus hinos de louvor, arrependeu-se de sua boa vontade. Exclamou: Ai de mim, eu pereço! Vi coisas, cuja visão custa a vida aos mortais, e continuei vivo; também não pude cantar com os anjos, pois ficaria como eles, que não morrem e vivem eternamente. Ai, como me senti, por ter que ficar calado! E enquanto o profeta dizia estas palavras, uma outra palavra ainda veio de sua boca e ele disse: Sou um homem de lábios impuros e habito entre um povo de lábios imundos. Ao que o Senhor respondeu: Dizes de ti que és um homem de lábios impuros? Pode estar certo no que afirmas sobre ti; mas como podes injuriar meus filhos e chamá-los de um povo de lábios imundos? Em seguida, Isaías tomou o jugo sobre si.

Um dos serafins tirara uma brasa do altar com uma tenaz, e devia colocá-la na boca de Isaías; tocou com ela os lábios do profeta e disse: Agora que esta brasa tocou teus lábios, teu pecado afastou-se de ti e tua iniquidade foi expiada.

Isaías não foi consumido pela brasa, e assim foi consagrado, tornando-se intercessor e advogado de Israel.

---

* Amós, carregado.

ISAÍAS OUVIU a voz de Deus, clamando: Quem enviarei? Quem será nosso mensageiro? Isaías respondeu: Aqui estou, deixa que eu vá. O Senhor falou-lhe: Meu filho Isaías! Este povo é de homens teimosos e malvados; queres que eles te injuriem e maltratem? Isaías disse: "Oferecerei minhas costas aos castigadores e minha face aos espancadores".
Então o Senhor disse a Isaías: "Teu Senhor ungiu-te com o óleo da alegria mais do que a teus companheiros". Por tua vida! Todos os profetas antes de ti — eles vaticinavam o que ouviram de outros, assim Eliseu foi iluminado pelo espírito de Elias; assim os setenta anciãos foram iluminados pelo espírito de Moisés. Tu, porém, Isaías, anuncias o que ouviste da boca da própria Onipotência.

16. Ezequias e Senaquerib

A ARROGÂNCIA de Senaquerib, rei de Assur, era excepcionalmente grande. Sob o trono, no qual se sentava, estavam as pedras de tempos imemoriáveis; quando se movia, as pedras fendiam-se e a água jorrava delas.
SENAQUERIB empreendeu três guerras: na primeira vez aprisionou as tribos de Rubens e Gad; depois, venceu o reino das dez tribos; na terceira vez, lançou-se sobre Judá. Logo o rei Ezequias armou seus combatentes e fê-los usarem vestes brancas. Ezequias estava preparado para fazer três coisas: orar, entregar um presente e combater.
QUANDO O exército de Senaquerib atravessou a torrente, a vanguarda passou nadando, a parte central do exército já pôde passar a vau, e a retaguarda caminhou pelo leito do rio, como se fosse terra seca; sim, não encontraram mais água potável e tiveram que buscá-la numa fonte distante.
QUAL ERA a verdadeira intenção do malvado Senaquerib? Ele falou aos seus combatentes: Parti todos, e que cada um de vós me traga um punhado de pó da cidade de Jerusalém. Assim, ela será arrasada e seu nome será extinto da terra.
SEBNA, o escriba de Ezequias, reunira treze miríades de homens em sua volta. Ezequias, porém, tinha apenas onze miríades de fiéis. Quando Senaquerib chegou e sitiou Jerusalém, Sebna escreveu uma folha, que lançou para fora da cidade com uma flecha, contendo as seguintes palavras para os assírios: Sebna e seus homens querem a paz, Ezequias e seu exército não querem a paz.
Ezequias, mortificado, disse consigo mesmo: Talvez o Senhor esteja de acordo com Sebna. Se seus homens, que são em maioria, querem entregar-se, os meus terão que fazer o mesmo. Mas eis que chegou o profeta Isaías e disse a Ezequias: Nem tudo o que o

povo chama de aliança, pode ser chamado de aliança. Esta aqui é uma aliança de malfeitores, e portanto, não tem valor.
Sebna quis provocar a queda do Santuário e por isso devia sofrer sua própria vergonha. Depois que saiu da cidade para ir ao acampamento de Senaquerib, Gabriel agarrou o portão da cidade, mantendo-o fechado diante do bando que se acotovelava atrás. Os assírios perguntaram a Sebna, que chegara sozinho: Onde estão os teus homens? Ele respondeu: Não me seguem mais. Então os inimigos disseram: Então zombaste de nós! E perfuraram seus calcanhares, amarrando-os nas caudas de dois cavalos, que arrastaram seu corpo através de espinhos e abrolhos.

SENAQUERIB ainda estava bem longe de Jerusalém, quando sábios caldeus lhe falaram: Se os surpreenderes agora, vencerás; se hesitares, perdes a oportunidade de vitória. Então Senaquerib percorreu dez dias de viagem num só dia e chegou diante de Jerusalém. Ali os seus mercenários prepararam-lhe um assento elevado e ao subir nele, tinha Jerusalém a seus pés e podia abranger com a vista toda a cidade. Jerusalém parecia-lhe muito pequena e ele exclamou: É esta a Jerusalém, que para conquistá-la, empreguei todas as minhas forças? Pois se é a mais ínfima e insignificante de todas as cidades, que meu poderoso braço dominou. Meneou a cabeça e com a mão apontou ironicamente o monte Sião e o pátio do Templo. Então os guerreiros falaram: Deixa que iniciemos o ataque! Ao que Senaquerib disse: Hoje estais muito cansados; parti amanhã e que cada um me traga um pedaço da muralha.

Mas na mesma noite um anjo de Deus saiu e exterminou o acampamento dos assírios. Ao romper da manhã, já havia cadáveres.

O provérbio diz: Sai vigoroso para o ataque; mas, se antes mandas o ataque dormir, então não há mais ataque!

ISRAEL E SEU rei Ezequias achavam-se então sentado e proferiram a graça, pois era noite de Pessach; estavam com muito medo porque pensavam: Jerusalém logo será conquistada por Senaquerib. Mas, quando acordaram e iam pronunciar o "Ouve, ó Israel", encontraram os cadáveres de seus inimigos.

OUTROS CONTAM:

Quando Senaquerib marchou contra Jerusalém, Isaías e Ezequias estavam no Santuário de Deus. Então surgiu um fogo do espaço entre eles e queimou o malfeitor e seu exército.

O SENHOR falou a Gabriel, o anjo, que devia dizimar os assírios: Estás com a foice à mão? Gabriel respondeu: Ó Senhor do Mundo! Tenho-a na mão desde os seis dias da Criação, para ceifar os assírios.

Era na época em que os frutos amadurecem e Gabriel também é o anjo encarregado do crescimento dos frutos. Deus falou ao anjo: Agora que partes para deixar a colheita pronta, apega-te aos inimigos e extermina-os.

Como foi que Gabriel levou a morte aos assírios? Soprou em suas narinas e eles sufocaram. Alguns, porém, dizem: Bateu suas mãos sobre eles e eles pereceram. Outros ainda são de opinião, que lhes abriu bem os ouvidos para que escutassem o canto dos animais celestiais, e disso eles morreram.

Quem sobrou do exército dos assírios? Cinco homens apenas: Senaquerib e seus dois filhos, e ainda Nabucodonosor e Nebusaradan.

Se não estivesse escrito, não seria possível acreditar, mas consta claramente: "Nessa mesma época, o Senhor raspará a cabeça, os cabelos dos pés e a barba toda por meio duma navalha alugada".

O SANTO, louvado seja, apareceu ao vencido Senaquerib sob forma de um velho homem, e disse-lhe: O que responderás aos reis do Oriente e Ocidente, quando perguntarem por seus filhos, que levaste contigo para a luta e não podes trazer de volta? Senaquerib respondeu: Daí o temor que sinto. Dize-me: Que devo fazer? Deus falou: Tens de mudar tua aparência. Traze-me uma navalha que eu te cortarei os cabelos. E o Senhor raspou a cabeça e a barba do rei dos assírios.

Senaquerib achou uma tábua da Arca de Noé e, então, pensou: Este é o Deus que salvou Noé; se ele me der sorte, agora, eu lhe sacrificarei meus dois filhos. Mas os filhos de Senaquerib souberam do fato e mataram-no.

O SENHOR pretendia tornar Ezequias, o Messias, e Senaquerib seria Gog e Magog. Então a medida do rigor falou diante do Senhor: Senhor do Mundo! David, que cantou todos os hinos e salmos diante de ti, não o fizeste Messias; Ezequias, porém, para quem realizaste tantos milagres e que nunca te cantou um hino de louvor, a este queres elevar a Messias?

A terra, então, interpôs-se: Senhor do Mundo! Eu farei ecoar um hino de louvor por este justo, mas transforma-o no Messias. E a terra abriu sua boca e cantou: Do extremo da terra ouvimos cantares de louvor em homenagem ao justo. Uma voz ecoou então, dizendo: O segredo é meu, o segredo é meu; eu sei por que não deixo ainda irromper o tempo do Messias.

17. O Reinado de Ezequias

O REI Ezequias realizou seis feitos; por três, o povo agradeceu-lhe, mas pelos outros três ninguém quis lhe agradecer. Escondeu o Livro da Ciência de Curar, de maneira que não chegou mais até nós, e por isso lhe foram gratos; destroçou a serpente de bronze, e por isso lhe agradeceram; arrastou o cadáver de seu pai, o ímpio Ahas, pela terra, depois de colocá-lo numa rede de cordas, e também por este ato mereceu gratidão.

Os outros três feitos são: Destroçou as portas do Templo, obstruiu a fonte do Gichon superior e tornou o mês de Nissan, um mês bissexto — por tudo isso não merece gratidão.

"O JUSTO COME para saciar sua fome, mas o ventre dos ímpios nunca têm o suficiente." O justo, nesse caso, é Ezequias, o rei de Judá, que comia diariamente dois maços de verdura e um prato de carne; o ímpio, porém, é Pecá, o filho de Romelia, rei de Israel, que numa refeição comia trezentos pombos.

Mas os israelitas zombavam de Ezequias, porque ele comia tão pouco, e diziam: Este é rei, e Pecá é rei; seu reino também convinha a Pecá.

O REI EZEQUIAS e o profeta Isaías não queriam procurar um ao outro. Ezequias disse: Que Isaías venha até aqui, pois assim também aconteceu com Elias e Ahab. Elias procurou Ahab. Isaías, por sua vez, pensava: Ezequias tem que vir até aqui, como fez o rei Joram, filho de Ahab, que foi ao profeta Eliseu. O que fez o Senhor? Fez o rei Ezequias ficar doente e depois disse a Isaías: Vai ter com o soberano e cumpre com isso o dever de visitar os doentes.

NESSA ÉPOCA, Ezequias estava mortalmente enfermo. Veio ter com ele o profeta Isaías, o filho de Amós, e disse: Assim diz o Senhor: Põe em ordem tua casa, porque vais morrer, e não mais viverás. Como devem ser entendidas estas palavras? Somente assim: Sofrerás a morte neste mundo, mas também não viverás mais no Além. Então Ezequias disse: Por que me atinge tudo isso? O profeta respondeu: Porque não cumpriste o mandamento da fertilidade. Ao que Ezequias retrucou: Com o auxílio do espírito santo, vi que os filhos que deveria gerar, não seriam bons. Isaías, no entanto, disse: Não te atrevas a inquirir o que só Deus sabe; deves fazer o que te foi imposto. Então Ezequias falou: Então dá-me tua filha por esposa; talvez me sejam destinados bons filhos por amor dos teus e dos meus méritos. Isaías disse: A sentença sobre ti foi proferida. Mas Ezequias falou: Tu, filho de Amós, termina teu vaticínio e vai embora; isto já me foi transmitido da casa de meu pai: mesmo que a espada esteja na nuca do homem, ele não deve se sentir indigno de clemência!

ACONTECEU um grande milagre. Desde o dia em que foram criados o céu e a terra, não se dera que um homem acometido de doença mortal, voltasse a viver. Ezequias estava enfermo e próximo da morte. Orou, então, ao Senhor e disse: Senhor do Mundo! Recorda-te de que andei fielmente diante de ti e que sempre fiz o que te é agradável. E Ezequias rompeu em pranto.

Sua súplica foi, então, atendida e o Senhor deu-lhe mais quinze anos de vida. Mas Ezequias disse: Senhor do Mundo! Dá-me um sinal, quando estiver a três dias de subir à casa do Senhor.

Responderam-lhe: Teu pai Ahas serviu aos astros; cultuava o sol, a lua, as estrelas e os planetas. Fugiu do sol e este desceu dez graus para o Ocidente; se for teu desejo, ele cairá mais dez graus. Então Ezequias falou: Senhor do Mundo! Que ele avance novamente os dez graus e pare lá, a fim de que a sombra recue dez graus.

Os reis da terra viram isso e surpreenderam-se, pois coisa semelhante jamais acontecera; por isso, consta na Escritura que os embaixadores dos príncipes da Babilônia foram enviados a Ezequias, a fim de perguntar pelo milagre que acontecera no país. Ao ver os príncipes, Ezequias ficou muito orgulhoso e arrogante e mostrou-lhes todos os tesouros dos reis de Judá e também as maravilhas do Santuário. Abriu diante deles a Arca e deixou que vissem as Tábuas da Lei; disse: Com isto vencemos os nossos inimigos.

Então o Senhor zangou-se com Ezequias e disse: Não bastou que mostrasse todas as maravilhas do Templo e que revelassem todos os tesouros dos reis de Judá, diante de olhos estranhos, tinhas ainda de lhes mostrar as Tábuas, a obra de minhas mãos? Por tua vida! Eles subirão e levarão tudo o que existe no palácio e no meu Santuário. Mas, em vez das Tábuas, tomarão alguns dos teus filhos para transformá-los em eunucos do palácio do rei da Babilônia! — Com isso, referia-se a Daniel, Ananias, Misael e Azarias, os quais foram castrados e não geraram filhos.

BERODAC-BALADAN, o rei da Babilônia, estava acostumado a fazer sua refeição na terceira hora do dia e ir dormir na nona. Quando, na época de Ezequias, a esfera solar retornou ao seu lugar, Berodac acordou do seu sono, e eis que era manhã. Ficou cheio de irritação contra seus servos e quis matá-los. Ele disse: Deixastes que eu dormisse o dia inteiro e a noite inteira. Eles responderam: O dia anterior não acabou e ainda continua. Então o rei perguntou: Qual o Deus que fez um dia continuar o outro? Os servos responderam: Foi o Deus de Ezequias. Berodac falou: Acaso existe um Deus mais poderoso do que o meu? Responderam-lhe: O Deus de Ezequias é o mais poderoso de todos.

Então Berodac-Baladan, filho de Baladan, o rei da Babilônia, enviou livros e presentes a Ezequias e escreveu-lhe uma carta que se iniciava nos seguintes termos: Paz a Ezequias, rei da cidade de Jerusalém e ao grande Deus! Mas mal os mensageiros partiram com os presentes, ele refletiu e disse em seu coração: Agi com injustiça, colocando no tratamento Ezequias e sua cidade, antes do grande Deus. Levantou-se de seu trono e deu três passos para trazer os mensageiros de volta. Depois escreveu uma segunda carta, cujo cabeçalho era: Paz ao grande Deus, ao rei Ezequias, e à cidade de Jerusalém.

Então, o Senhor falou-lhe: Levantaste do trono e deste três passos em minha homenagem; em compensação, elevarei três príncipes entre teus descendentes, que reinarão sobre todo o mundo, de um extremo ao outro! São eles: Nabucodonosor, Evil Merodac e Belsazer. Mas quando estes insultaram o Senhor, Ele exterminou sua descendência e colocou outros em seu lugar.

O REI EZEQUIAS recebeu homenagem após sua morte. Trinta e seis mil guerreiros acompanharam seu enterro.

Mas Ahab não foi homenageado da mesma forma? A Ezequias colocaram, ainda, o Livro do Ensinamento sobre o esquife e disseram: O homem que aqui jaz, cumpriu tudo o que está escrito neste livro.

18. Manassés

EZEQUIAS tinha dois filhos, Manassés e Rabsake. Um dia, pôs os dois no ombro e levou-os à casa de estudos. Então um dos meninos disse ao outro: Sobre a cabeça do pai, a careca, seria bom abrir nozes! O outro respondeu: A cabeça ainda seria melhor para fritar peixes! Ao ouvir isso, Ezequias atirou os meninos ao chão e deu-lhes uma surra. Rabsake morreu e Manassés permaneceu vivo.

O SENHOR DISSE: "Mesmo os chacais oferecem a teta a suas crias e amamentam-nas". Os meus filhos, não. Viram eu mudar para minha casa, e então Manassés levantou-se e instalou um ídolo lá dentro, a fim de me afugentar. Inicialmente fez só o semblante do ídolo e colocou-o no canto, a leste da entrada. Então, a majestade de Deus retirou-se para um canto, do qual não se podia ver a imagem. Então Manassés moldou quatro semblantes para seu ídolo, a fim de que a divindade os visse e desaparecesse. Daí o dito: "Será pequeno o leito para se deitar, a coberta, estreita, para se cobrir".

ALÉM DISSO, Manassés derramou muito sangue inocente, de modo a deixar Jerusalém inundada de ponta a ponta.

No país de Israel costumava-se contar o seguinte: Manassés fez um ídolo, que precisava ser carregado por mil homens, e diariamente ele exterminava esses mil homens.

QUANDO O rei Manassés introduziu o ídolo no Templo, Isaías começou a castigar o povo e disse: Por que vos vangloriais com a casa que construístes? Nabucodonosor subirá, destruirá o Templo e dispersar-vos-á pelo estrangeiro.

Isto excitou a ira do rei e ele ordenou que prendessem o profeta. Mas este fugiu. Uma alfarrobeira se tornou oca e o abrigou. Vieram, então, carpinteiros, serraram a árvore e dela correu sangue.

Este é o sangue inocente que Manassés derramou e que inundou Jerusalém de uma ponta a outra.

MANASSÉS discutiu com Isaías, para depois matá-lo. Disse ao profeta: Teu mestre Moisés falou acerca de Deus, que ninguém podia olhá-lo e continuar vivo; tu, porém, disseste: "Vi o Senhor sentado sobre um elevado e eminente trono".

Isaías, então, pensou em seu íntimo: Conheço Manassés; o que quer que eu lhe diga, ele não aceitará minhas palavras, e se eu lhe retrucar, ele me matará. Assim sendo, proferiu o verdadeiro nome de Deus e foi imediatamente engolido por um tronco de cedro. A árvore engoliu-o e só os fios sagrados de sua veste ficaram penduradas por fora.

Aproximaram-se do cedro e quiseram abatê-lo. Mas enquanto ajustavam a serra, Isaías exalou sua alma pela boca. Por que a vida o deixou pela boca? Era o castigo, por ter dito anteriormente: "Habito entre um povo de lábios imundos".

POR CAUSA do único delito que Manassés cometeu, ele trouxe pecado para todo Israel. Por essa razão, o Senhor o entregou a seus inimigos; estes colocaram-no numa caldeira de cobre e atearam fogo embaixo dela. Ele, então, rezou para todos os deuses, aos quais anteriormente oferecera sacrifícios; mas nenhum deles lhe mandou auxílio. Vendo sua aflição aumentar e não recebendo resposta a suas súplicas, clamou ao Senhor, o verdadeiro Deus, e disse: Senhor do Mundo! Invoquei todos os deuses que existem no mundo e vejo que não há nada de autêntico neles. Senhor, tu és o Deus de todos os deuses! Auxilia-me então!

RECONHECE O poder da penitência, olha-o através do exemplo de Manassés, o filho de Ezequias. Pois este praticou todas as abominações que existem no mundo; sacrificou a deuses estranhos e fez seu filho passar pelo fogo. Chegou a Jerusalém e separou algumas pombas consagradas a Deus e ofertou-os à hoste do céu. Então, os soldados de Assur caíram sobre ele, agarraram-no pelo pulso e levaram-no à Babilônia. Ali puseram-no sobre uma grelha em brasa e ele gritou por auxílio a todos os deuses que conhecia, mas nenhum quis salvá-lo. Então falou consigo mesmo: Invocarei o Deus de meus antepassados e pedir-lhe-ei clemência de todo o coração; talvez ele faça com que me aconteça um milagre, como fez que acontecessem tantos a meu pai. E clamou ao Senhor e sua prece foi atendida. Nessa hora, ele exclamou: Existe um tribunal e existe um juiz!

OS ANJOS em serviço mantinham fechadas as janelas do céu, para que a prece de Manassés não subisse às alturas. Mas o Senhor perfurou o céu, logo abaixo do seu trono, e recebeu a súplica de Manassés. Depois o colocou novamente como rei sobre Jerusalém.

19. *A Convocação de Jeremias*

AO VIR AO mundo, Jeremias levantou um enorme grito como se fosse um adulto, e bradou: Ó, entranhas, que palpitação! Como temo pelas paredes de meu coração! Meus membros estremecem! Fratura sobre fratura! Fui eu quem destruiu o mundo inteiro. E abriu sua boca e proferiu uma descompostura contra sua mãe. Disse-lhe: Mãe, mãe, não me concebeste à maneira das mulheres, não me pariste à maneira de todas as mães. Talvez teu caminho tenha sido aquele das que são adúlteras; talvez levantaste teus olhos para um outro! Por que não bebes da água amarga, que prova a fidelidade das mulheres? Ouvindo essas palavras, sua mãe disse: O que será que ele viu, para falar assim comigo, que sou imaculada? Então, o menino novamente abriu a boca e disse: Não me refiro a ti com essas palavras, mãe, nada profetizo a teu respeito; falo de Sião e de Jerusalém, que enfeitam suas filhas, as envolvem em tecidos brilhantes e as coroam com ouro — os salteadores virão e devastarão tudo.

O Senhor falou a Jeremias: Antes ainda de eu te formar no ventre materno, já te havia eleito profeta entre meu povo. Jeremias, então, respondeu: Senhor do Mundo! Não quero ser anunciador de tuas palavras entre eles. Onde existiu um profeta, saído de seu meio, contra o qual não tivessem se levantado, para matá-lo? Tiveram Moisés e Aarão — não quiseram apedrejá-los? Fizeste surgir Elias entre eles, o homem com os compridos cachos de cabelo, zombaram e escarneceram dele e chamaram-no de homem que encrespa os cabelos. Enviaste-lhes Eliseu, e bradaram: Sobe, careca! Não quero servir de guia a este povo.

Então, o Senhor disse-lhe: Toma este cálice e leva alento aos povos. Jeremias recebeu a taça e disse: A quem devo dar primeiro de beber? Que país queres reanimar primeiro? O Senhor respondeu: Primeiro deverás dar refrigério a Jerusalém e às cidades de Judá, pois são a cabeça de todos os reinos. Ao ouvir essas palavras, Jeremias abriu a boca e amaldiçoou o dia de seu nascimento.

Dois homens amaldiçoaram o dia em que vieram ao mundo: Jó e Jeremias. Jó falou: Eliminado seja o dia em que nasci! Jeremias, por sua vez, disse: Maldito o dia em que nasci!

Jeremias falou: Deixai-me dizer-vos com que me assemelha. Certa vez aconteceu a um sumo-sacerdote ter de oferecer a bebida amarga a uma adúltera; descobriu-lhe a cabeça, desmanchou-lhe os cabelos e depois ofereceu-lhe o cálice com a água de cinzas. Mas ao olhar seu rosto, viu que a pecadora era sua própria mãe. Então chorou e bradou: Ai de mim, mãe; aquele que te devia honrar, tem de te injuriar! Jeremias exclamou assim também: Ai de ti, mãe Sião! Pretendia anunciar-te o bem e oferecer-te consolo; eis que devo te vaticinar o mal e profetizar a desgraça.

OS SÁBIOS CONTAM:

Jeremias nasceu no nono dia de Av, dia em que o Templo devia ser incendiado.

JEREMIAS FOI um dos três profetas que agiram nessa geração; Jeremias vaticinava nos mercados; Sofonias trabalhava nas casas de estudo, e a profetiza Hulda ensinava às mulheres.

20. Josias

TREZENTOS ANOS antes do nascimento de Josias, ele já tinha nome. O homem de Deus falou a Jeroboão, em Bet-El: "Nascerá um filho à casa de David; seu nome será Josias".

JOSIAS RECEBEU o seu nome ainda antes de nascer. E por que foi chamado de Josias? Porque era uma oferenda de sacrifício do agrado do Senhor. *

JÁ AOS OITO anos tornou-se rei de Judá. Mas pode um menino de oito anos ter conhecimento e inteligência? Mas eis que destituiu os ídolos, demoliu os monumentos, raspou as imagens de Ahera, despedaçou os ídolos esculpidos, e seu mérito despontou diante do Senhor e diante do trono de sua glória.

JOSIAS PROFANOU o local pagão de sacrifícios, no vale dos filhos de Hinon, e daí em diante ninguém mais pôde queimar seu filho ou filha em honra de Moloch.

Nossos mestres contam: Embora todos as casas de ídolos se encontrassem em Jerusalém, o Templo de Moloch situava-se fora da cidade, num lugar especial.

Havia sete barreiras de ferro, e atrás da última encontrava-se a imagem do ídolo. Seu rosto era como o de um bezerro e suas mãos estavam espalmadas e abertas, como se quisesse receber dádivas. O fogo era aceso por dentro, pois era oco.

Os homens eram admitidos até o ídolo, sempre de acordo com o tamanho e o valor do sacrifício que ofertavam. A quem oferecia um pássaro, só era aberta a primeira barreira e ali tinha de depositar sua oferenda. Quem desejava ofertar uma ovelha, podia atravessar a segunda barreira. Quem trazia uma cabra, passava também pela terceira. Quem oferecesse um bezerro passava pela quarta barreira. A quem presenteava o ídolo com um novilho, também se abria a quinta barreira. Um touro fazia abrir a sexta barreira. Mas a quem sacrificava o filho a Moloch, abriam-se todas as sete barreiras de ferro e ele podia beijar o ídolo.

O ídolo, então, era aquecido por dentro e os sacerdotes esperavam até que as mãos do ídolo cintilassem em brasa. Depois a criança era colocada nas mãos de Moloch e os tambores eram tocados

---

* Joshüa, de Jo = Deus, e Schai = oferenda.

com força, a fim de encobrir os gritos da vítima e mitigar o sofrimento do pai. A assistência, porém, bradava ao ídolo: Aqui a tens! Recebe-a! Que te seja doce! Que seja para a tua prosperidade!

JOSIAS, O JUSTO, revogou todas as sentenças que havia promulgado desde seu oitavo ano de vida até seu décimo oitavo, pois então foi encontrado o Livro do Ensinamento, com todas as leis do direito. Restituiu a cada um os bens que lhe haviam confiscado injustamente. Dirás talvez que ele tirou de um e deu a outro? Não, restituiu tudo de suas próprias posses.

QUANDO, ao tempo de Josias, o Livro da Lei foi encontrado no Templo, o rei enviou seus sacerdotes e escribas, para que consultassem Deus a respeito do livro. E os enviados foram ter com a profetiza Hulda.

Mas havendo um Jeremias, por que foram consultar Hulda? Hulda era uma parenta de Jeremias e ele não alimentava nenhum rancor contra ela.

Mas o próprio Josias, por que deixou Jeremias de lado e foi consultar uma mulher? Porque as mulheres são criaturas piedosas. Além do mais, conta um mestre, Jeremias não se encontrava lá nessa época, pois fora trazer de volta as dez tribos.

JEREMIAS TROUXE de volta as dez tribos; Israel e Judá uniram-se novamente e Josias foi rei de ambos os reinos.

QUANDO JOSIAS estava para morrer, Jeremias viu que seus lábios se moviam, e o profeta pensou consigo: Ai, talvez em sua dor escape de seus lábios uma palavra inconveniente. E debruçou-se sobre o moribundo para escutar o que ele sussurrava. Ouviu, então, que Josias aceitava a morte e dava razão ao eterno juiz com as palavras: Justo é o Senhor, pois atentei contra sua boca.

21. Joiaquim e Joiachin

DURANTE dezoito anos ecoou uma voz celestial na casa de Nabucodonosor, que clamava: Servo infiel, sobe e devasta a casa do teu Senhor, pois os filhos do teu Senhor não o acatam. Ele, porém, temia obedecer à voz, pois sabia o que acontecera a Senaquerib nos tempos de Ezequias, e não acreditava que o Deus de Israel deixaria Jerusalém cair.

Assim, quis verificar por meio de magia se devia ou não empreender a marcha. Escreveu o nome de muitas cidades e apontou-lhes uma flecha. Atirou uma flecha contra o nome de Antióquia e ela quebrou-se. O mesmo aconteceu com as cidades de Tiro e Laodicéia. Mas quando visou a flecha contra Jerusalém, ela ficou inteira e não se partiu. Então ficou sabendo que a cidade devia ser destruída por ele.

OUTROS CONTAM:
Nabucodonosor fez a prova das flechas com três cidades, Roma, Alexandria e Jerusalém. Depois disseminou sementes em nome das três cidades; a sementeira destinada a Roma e a Alexandria não pegou, mas a de Jerusalém cresceu. Por fim, tentou acender velas em nome das três cidades; ao mencionar o nome de Jerusalém, a chama brilhou claramente.

QUANDO Nabucodonosor subiu, para destruir Jerusalém, parou inicialmente em Dafne, na Antióquia. O Supremo Conselho de Jerusalém, então, foi ao seu encontro e perguntou: É chegada a hora do Templo ser destruído? Nabucodonosor respondeu: Não, não venho por causa disso; venho porque Joiaquim rebelou-se contra mim. Entregai-mo e eu partirei.

Os homens, então, foram à presença de Joiaquim e disseram: Nabucodonosor te quer. O rei, então, disse: Quereis ser tão desprezíveis e entregar a minha alma? Quereis sacrificar-me e preservar as vossas próprias vidas, quando está escrito: "Não entregarás o servo ao seu patrão". Os enviados responderam-lhe: Não fez o teu antepassado o mesmo com Seba, o filho de Bicri? E o agarraram-no, prenderam-no em correntes e argolas.

Nabucodonosor arrastou Joiaquim por todas as cidades de Judá; julgou-o no hipódromo e matou-o. Depois dilacerou um asno e colocou o cadáver de Joiaquim no interior do animal. Por essa razão, acerca de Joiaquim, está escrito: "E ele teria a sepultura de um asno".

Depois Nabucodonosor ter eliminado Joiaquim, colocou seu filho Joiachin como rei, em seu lugar, e desceu para a Babilônia. O povo jubiloso foi ao seu encontro. Perguntaram-lhe: O que realizaste de grandioso? Ele respondeu: Joiaquim rebelou-se contra mim e por isso eu o matei e coloquei seu filho no trono. Os homens disseram: O provérbio reza: Nem mesmo o bom filhote do mau cão deves criar. Quanto menos deve ficar vivo o mau filhote do mau cão!

Isso agradou a Nabucodonosor; marchou de novo estrada acima, e parou novamente em Dafne, na Antióquia. O Supremo Conselho de Jerusalém saiu ao seu encontro e perguntou: É chegada a hora do Templo ser destruído. Ele respondeu: Isso não, mas entregai-me aquele que coloquei como vosso rei; depois partirei.

OS PECADOS que Joiaquim cometeu: usava uma veste de tecido mesclado; procurava ocultar que era circunciso; mandara tatuar um sinal de adoração aos astros em seu corpo. Dormiu com sua nora, sua madrasta e sua mãe — não temeu penetrar no corpo do qual nascera; — tornou viúvas as mulheres de Jerusalém, pois matou seus maridos, violentou-as e juntou seus bens ao tesouro real.

SOBRE A cabeça de Joiaquim havia uma estranha inscrição: Isso e mais outro. O antepassado de Rabi Pereda encontrou um crânio, atirado às portas de Jerusalém, com a seguinte inscrição: Isso e mais outro; sepultado sem funeral. Então o homem imaginou: Este deve ser o crânio do rei Joiaquim, pois sobre ele foi profetizado: "Será sepultado como um asno, arrastado e atirado fora". Todavia, continuou: É a cabeça de um rei e não fica bem escarnecê-la. E embrulhou a cabeça em seda e colocou-a numa caixa.

Mas a mulher do devoto achou a cabeça, e imaginou que pertencia à falecida primeira esposa de seu marido. Acendeu o forno e entregou a cabeça às chamas. Quando o Rabi o soube, falou: Agora compreendo a inscrição: Isso e mais outro...

ENCONTRAMOS a opinião de que o cadáver de Joiaquim, antepenúltimo rei de Judá, o qual esteve exposto ao calor do dia e ao frio da noite, era mais valioso do que o Joiaquim vivo, cujo trono foi colocado pelo rei da Babilônia, que o havia indultado, num lugar mais alto do que os tronos dos reis e que devia comer diariamente no palácio do soberano.

22. Zedequias

O SENHOR queria tornar a terra novamente deserta e vazia em virtude dos pecados de Joiaquim; olhou, porém, para os justos da época e seu espírito se acalmou.

De vez em quando, a geração de Zedequias encolerizava o Senhor, de modo a trazer de volta seu desejo de transformar o mundo em caos. Mas atentou, então, para a miséria de Zedequias, e seu rancor transformou-se em indulgência.

QUANDO Nabucodonosor levou o rei Joiachin prisioneiro, foi tomado de pena dos filhos de Israel e disse: Existe, ainda, entre vós, alguém da descendência de Josias? Ali ainda vivia Matania, o filho de Josias, da descendência de Josias, o rei. Nabucodonosor falou-lhe: Qual é o teu nome? Matania refletiu e pensou: Chamar-me-ei de Zedequias, para que de mim nasçam justos. *

Contudo, não sabia que a decisão de Deus já havia sido tomada e que o Templo seria incendiado.

E Nabucodonosor tornou Zedequias rei de Jerusalém. Falou-lhe: Jura-me que não te rebelarás contra mim. Zedequias retrucou: Juro por minha alma. Nabucodonosor, contudo, disse: Quero que me jures fidelidade pelo Ensinamento que foi dado no Sinai. E apanhando o livro da Lei, colocou-o no colo de Zedequias e fê-lo jurar obediência. Todavia, mal Nabucodonosor havia retornado ao seu país, Zedequias rebelou-se contra ele. Ai de Zedequias, que não mostrou arrependimento e também foi infiel para com o Senhor! Ele, seus príncipes e servos...

---

* Zadik, o justo.

QUANDO Joiachin foi exilado, Nabucodonosor colocou Zedequias como chefe sobre cinco reis. E Zedequias entrava e saía no palácio de Nabucodonosor sem precisar pedir permissão. Um dia, foi ter com o rei da Babilônia e encontrou-o despedaçando e comendo uma lebre viva. Nabucodonosor disse a Zedequias: Não vais me trair? Zedequias respondeu: Não o farei. Nabucodonosor disse: Então, jura. E Zedequias fez um juramento e teve que prometer a Nabucodonosor junto ao altar que não revelaria nada do que vira.

Os cinco reis, por sua vez, procuravam a casa de Zedequias para informar-se sobre seu bem-estar. Certo dia, enquanto estavam conversando sobre Nabucodonosor, disseram: Não é a ele que cabe a soberania, mas sim a ti. Zedequias, então, descuidou-se e disse: Uma vez vi-o despedaçar viva uma lebre e comê-la.

Os cinco soberanos imediatamente foram à presença de Nabucodonosor e disseram-lhe: Esse judeu, que entra e sai para te ver, sem fazer-se anunciar, contou-nos que comeste uma lebre viva. Nabucodonosor levantou-se sem perda de tempo e marchou contra Judá, parando em Dafne, na Antióquia. O Supremo Conselho saiu e foi apresentar-se a ele. Nabucodonosor, vendo que eram todos homens conceituados, mandou trazer cadeiras para que se sentassem. Depois fez com que trouxessem o livro da Lei e lessem. E os anciãos leram a Escritura, capítulo por capítulo e traduziram-na para o rei, até que chegaram ao trecho do quarto livro de Moisés, que trata dos votos e pronunciaram o versículo: "Quem fizer uma promessa, não violará sua palavra". Ao que Nabucodonosor perguntou: Mas, quando alguém quiser retirar sua palavra, poderá fazê-lo? Os homens responderam: Terá então de procurar um sábio, para que este o dispense da promessa. Então Nabucodonosor falou: Agora estou certo de que dispensaste Zedequias do juramento que ele me fez. E ordenou-lhes que se sentassem no chão. É por isso que Jeremias lamenta: "Sentados no chão, taciturnos, estão os anciãos da filha de Sião".

NO PRIMEIRO ano do reinado de Zedequias, um profeta de nome Ananias, filho de Azur, disse: Assim fala o Senhor Zebaot, o Deus de Israel: Romperei o jugo do rei da Babilônia; dentro de dois anos, reconduzirei para cá todas as alfaias da casa de Deus, que Nabucodonosor roubou. A isso, Jeremias disse: Afirmas que dentro de dois anos tudo será trazido de volta, eu, no entanto, digo que Nabucodonosor virá e ainda levará o que restou aqui; tudo irá para a Babilônia e lá ficará.

A isso Ananias disse a Jeremias: Dá-nos um sinal de que tuas palavras são verdadeiras. Jeremias respondeu: Eu vaticino o mal, portanto, não posso apresentar provas disso, pois muitas vezes já o Senhor pretendeu inflingir o mal e depois arrependeu-se; tu, porém, anuncias o bem, portanto, cabe a ti dar um sinal. Ananias, entretanto, insistiu em que Jeremias confirmasse sua profecia por meio de um sinal. Então Jeremias disse: Pois bem, meu sinal está no seguinte pronunciamento: Morrerás este ano, pois proferiste palavras que afastam de Deus.

E assim aconteceu, Ananias morreu no mesmo ano, um dia antes do Ano Novo. Ananias, contudo, havia ordenado a seus familiares que só anunciassem sua morte no Ano Novo, para que a profecia de Jeremias parecesse mentirosa.

QUANDO Ananias estava para morrer, chamou seu filho Selemias e disse-lhe: Saiba que foi Jeremias quem me amaldiçoou; procura criar um caso contra ele, para que possa ser castigado. E Selemias procurou atribuir algo a Jeremias, todavia, não o conseguiu. Quando viu sua própria morte se aproximar, chamou seu filho Jerias e disse-lhe: Vê se encontras uma acusação contra Jeremias e assim desforres pelo que fez a meu pai.

Aconteceu então, que Jerias viu Jeremias sair pelo portão. Agarrou-o e disse-lhe: Queres passar para o lado dos caldeus e firmar a paz com eles. Jeremias retrucou: Mentes! Vou buscar a minha parte com os outros sacerdotes. Mas Jerias não o largou e conduziu-o aos principais.

Disse: Este homem causou-nos muito mal; encontraram-no prestes a passar para o lado dos caldeus. Isto encolerizou os principais; maltrataram Jeremias e atiraram-no ao cárcere junto com o escriba Jonatan, que era parente do mentiroso Ananias.

Nessa hora o rei Zedequias mandou que Jeremias viesse à sua presença e disse-lhe: Ainda há uma palavra do Senhor? Jeremias respondeu: Há, sim. Ele disse que o rei da Babilônia te levará. Então, o semblante de Zedequias obscureceu-se e Jeremias temeu que ele o mataria. Falou ao rei: Mesmo um malfeitor não é sentenciado antes que se lhe encontre culpa; quanto mais um justo! Eis que és chamado de Zedequias, portanto, fazes com que te chamem de justo. Mas que falta cometi para ser metido no cárcere? Onde estão os que profetizaram que o rei da Babilônia não subiria até Jerusalém? Dirijo minha prece a ti, não me deixes retornar à casa de Jonatan! — Zedequias ordenou então que Jeremias fosse mantido no pátio do cárcere e mandou que lhe dessem pão todos os dias, até não haver mais pão em Jerusalém.

Mas alguns homens da corte ouviram as palavras de Jeremias, que falara: Aquele que permanecer nesta cidade, cairá pela espada, pela fome e pela peste. Correram ao rei e disseram: Esse homem profetiza apenas o mal; ele não tem boas intenções para com o nosso país. Zedequias respondeu: Não está ele em vossas mãos?

Fazei com ele o que vos aprouver. Então, os homens pegaram em Jeremias e atiraram-no na cova de Melquias, o filho do rei, que estava cheia de água. Mas o Senhor fez acontecer um milagre e a água do buraco sumiu. O lodo subiu à superfície e Jeremias nele afundou. O escriba Jonatan injuriou-o e zombou dele, dizendo: Inclina tua cabeça e apóia-a no lodo, talvez o sono venha sobre tuas pálpebras.

Mas Abdemelec, o etíope, camareiro do rei, ao saber do castigo de Jeremias, foi ter com Zedequias, e disse: Sabias que, se Jeremias morrer na cova, a cidade cairá nas mãos dos inimigos. Por que era chamado de etíope? Em virtude de suas boas ações, que chamavam tanto a atenção no palácio de Zedequias, quanto chama a pele do etíope. Este Abdemelec recebeu a seguinte resposta do rei: Leva três homens contigo e tira Jeremias da cova.

Abdemelec foi, então, à rouparia do almoxarifado do réu e de lá retirou alguns trapos imprestáveis e com eles foi à cova de Jeremias e gritou. Meu senhor Jeremias, meu senhor Jeremias! Mas não se ouviu nenhum som e nenhuma resposta. Jeremias bem que ouvira o chamado, mas pensou que era o escriba Jonatan quem o chamava. Quando, porém, ouviu um homem chorar, disse: Quem será que me chama e chora? O etíope respondeu: Sou eu, Abdemelec, o etíope. Então ainda vives? Já imaginava que estivesses morto. Aqui está a corda, enrola-a com os trapos e coloca-a sob tuas axilas. E com esforço conseguiu puxá-lo para cima.

AO TEMPO em que Jeremias se encontrava no pátio do cárcere, Nabucodonosor reuniu seus exércitos e eles marcharam contra Jerusalém. Ao chegarem perto de Ribla, ali ficaram, pois Nabucodonosor temia que lhes acontecesse o mesmo que acontecera, outrora, com Senaquerib. Chamou Nebusaradan e fê-lo comandante de seu exército; depois, disse-lhe: parte e toma Jerusalém. Nebusaradan preparou-se, então, para sitiar Jerusalém; era o nono ano do reinado de Zedequias, e o cerco durou até o undécimo ano. Não puderam, todavia, tomar a cidade, pois a sentença ainda não estava selada. Quando, porém, o fim de Sião e de Jerusalém chegasse, deveria chegar também para todos os seres humanos, para todas as criaturas.

Quando Zedequias percebeu que a destruição estava próxima, tentou escapar pela caverna que levava a Jericó, mas Nebusaradan avistou-o, aprisionou-o e conduziu-o a Nabucodonosor. Nabucodonosor disse a Zedequias: O que foi que viste para que te rebelasses contra mim? Por qual lei devo te julgar? Pela lei do teu Deus, és culpado de morte, pois juraste falso em seu Nome; pela lei do país, também és culpado de morte, pois quebraste a fidelidade a teu rei.

ZEDEQUIAS DISSE: Mata-me primeiro, para que eu não veja como o sangue de meus filhos é derramado. Os filhos de Zedequias, por seu lado, clamaram e pediram: Mata primeiro a nós, para que não vejamos o sangue de nosso pai correr sobre terra. Nabucodonosor atendeu aos últimos degolou os filhos sob o olhos do pai: depois vazou os olhos de Zedequias e atirou-os ao forno, e ao próprio Zedequias mandou levar para a Babilônia. E Zedequias gritou e bradou. Vinde, homens, vós todos, e olhai para mim! Como estava certa a profecia de Jeremias! Ele dissera: Irás para a Babilônia e lá morrerás, mas teus olhos não verão a Babilônia. Não acreditei em sua profecia e agora estou na Babilônia e meu olhos não a vêem.

23. Sítio e Queda de Jerusalém

ENQUANTO Nabucodonosor viveu, não pairava sorriso nos lábios dos homens.

QUANDO os filhos de Israel entraram no Templo pela primeira vez, levados pela excessiva alegria, falaram: Nenhum inimigo, nenhum adversário pode fazer algo contra nós!

Que fez o Senhor? Enviou Nabucodonosor, o ímpio, que era inimigo e adversário de Israel e igualava-se com eles na agudeza de espírito, a fim de que fosse anunciado que a força física apenas não conduz à vitória.

"POR CAUSA da soberba das filhas de Sião, que andam de cabeça erguida." — assim censurou Isaías, o profeta. Andavam de cabeça erguida, a fim de ostentarem suas jóias; além disso, pintavam os olhos com cosméticos. Se era alta, fazia-se acompanhar por duas criadas de menor estatura do que ela, para que sua figura se evidenciasse mais ainda. Se era baixa, usava sapatos de solas grossas para parecer alta.

As filhas de Jerusalém costumavam, também, usar nos sapatos um ovo oco, cheio de bálsamo. Quando se aproximavam rapazes, a moça batia o pé, a casca quebrava-se e o aroma do bálsamo tinha o efeito de veneno de serpente sobre os rapazes.

Isaías pregou-lhes a penitência, para que os inimigos não marchassem contra o país. Mas as frívolas donzelas retrucavam: Se os inimigos penetrarem até nós, o que nos poderão fazer de mal? Um príncipe estrangeiro, logo que avistar uma de nós, levá-la-á embora para torná-la sua esposa. Um general que veja a nossa beleza, passará a gostar de nós. Um alto conselheiro ficará cativo do nosso encanto e instalará a jovem em seu carro.

Quando, por causa dos pecados das mulheres de Jerusalém o inimigo realmente veio, elas enfeitaram-se como prostitutas e da cidade foram ao acampamento; e os mercenários estrangeiros, os comandantes e príncipes forneceram com elas e deixaram-nas andar em seus carros.

O Senhor logo fez com que as riscas nos cabelos das filhas de Sião ficassem calvas. Fez com que suas peles fossem atacadas de sarna e seus cabelos cobertos de piolhos.

ASSIM FALA o Senhor, Deus de Israel: "Vêde, voltarei as armas que tendes em vossas mãos".

Que armas eram essas que os filhos de Israel tinham nas mãos? Era o verdadeiro nome de Deus que os protegia; seguiram para a luta, mas não tiveram de combater, pois o inimigo tombava por si. Mas, quando seus pecados tornaram-se numerosos, a morada sagrada foi destruída e os judeus sucumbiram sob os inimigos. Acorreram anjos e desprenderam dos israelitas o Nome santo que os protegia; outros dizem que o Nome caiu por si, deixando os filhos de Israel desprotegidos à mercê da espada dos adversários.

QUANDO O malvado Nabucodonosor com seus príncipes lançaram-se sobre Jerusalém, esperava tomá-la em pouco tempo. Mas o Senhor animou durante três anos a força dos habitantes de Jerusalém, pois pensou que fariam penitência. Havia um sem-número de heróis na Cidade Santa, e esses lutaram com os caldeus, exterminando muitos deles.

Um herói, de nome Abuka, sobressaiu-se particularmente.

Quando os inimigos vieram para sitiar Jerusalém, Abuka subiu à parte mais alta da muralha da cidade. Quando os inimigos lançavam pedras com as armas de arremesso, ele repelia-as com o pé, e os projéteis caíam sobre aqueles que os tinham atirado. Depois disso, apontaram acima da muralha e quando Abuka quis arremessar a pedra de volta, foi parar entre as duas muralhas de Jerusalém, a externa e a interna, e caiu ao chão. Os habitantes de Jerusalém assustaram-se ao ver seu herói cair, mas este disse: Não temam, não me feri. Então abateram um boi, o assaram e deram-no de comer a Abuka. Ele alimentou-se, fortaleceu-se e subiu novamente à muralha para continuar a combater.

Mas a medida dos pecados ficou repleta. Sobreveio uma tempestade que varreu Abuka da muralha, de modo que ele se esfacelou e morreu. Logo depois a muralha foi rompida e os caldeus penetraram na cidade.

QUANDO Nabucodonosor sitiou Jerusalém, apareceu o malvado Esaú e postou-se atrás dos caldeus. Quem imaginava ter escapado dos caldeus, era morto por ele.

OITENTA MIL jovens sacerdotes, dos quais cada um tinha um escudo de ouro nas mãos, foram desbaratados pelos soldados de Nabucodonosor e entregues aos ismaelitas. Os jovens pediram água, pois estavam sedentos. Os ismaelitas, porém, disseram: Primeiro comei algo, depois vos daremos de beber. E ofereceram-lhes alimento salgado. Depois trouxeram odres cheios de ar, e os prisioneiros os levaram à boca, pensando que dentro houvesse água. Mas o vento penetrou em suas entranhas, e eles rebentaram e morreram.

ESGOTOU-SE O PÃO da cidade de Jerusalém. No início, recebia-se uma vasilha de trigo em troca de uma vasilha de ouro. Depois por uma vasilha de ouro somente uma vasilha de centeio, depois só uma vasilha de cevada e, por fim, só uma vasilha de palha. Cozinhavam a palha e bebiam o caldo.

E A FOME tomou conta da cidade. As filhas de Sião apareciam nos mercados, e uma dizia à outra: O que fazes aqui no mercado? Jamais eras aqui encontrada. A interpelada respondia: Devo ocultar? Horrível é o flagelo da fome; não o agüento mais. E as mulheres apoiavam-se umas nas outras e queriam voltar para o interior da cidade, mas não conseguiam encontrar o caminho. Agarravam-se às colunas e caíam mortas nas esquinas da cidade. Seus filhos penduravam-se nas mãos e nos pés das mães. A mãe erguia o filho, e este agarrava o seio pensando poder sugar algum leite dele. Mas não saía uma gota de alimento; as crianças eram acometidas de convulsões e morriam no colo das mães.

"ESTENDI a minha mão, e não houve quem desse atenção." Isto refere-se ao arcanjo Gabriel, o qual manteve a mão estendida sobre Jerusalém durante seis anos e meio; na mão, porém, segurava uma brasa ardente, que devia lançar na cidade. Esperava sempre que se penitenciassem, mas eles não melhoravam suas condutas.

NA HORA em que Nabucodonosor vislumbrou o anjo Gabriel, todos os seus membros estremeceram e ele pensou: Ai, este é o anjo que vi na guerra de Senaquerib! Então, apareceu sob a forma de mosca, feita de fogo, e como tal queimou todo o exército de Senaquerib.

NESSA HORA, Hanamel, o tio de Jeremias, invocou os anjos em serviço pelo sagrado Nome, e eles desceram armados sobre os inimigos. Ao perceberem isso, os caldeus dispersaram-se atemorizados, mas o Senhor alterou o nome dos anjos e fê-los subir de novo ao céu. Hanamel tentou trazê-los mais uma vez para baixo, mas foi em vão, pois seus nomes agora eram outros. Então, Hanamel invocou o príncipe do mundo, pelo Nome sagrado e este ergueu Jerusalém, fazendo-a pairar no ar. Mas o Senhor, em sua ira, a empurrou do céu e ela caiu na terra.

NABUCODONOSOR enviou a Nebusaradan trezentas mulas carregadas de machados que podiam destroçar ferro; mas todos arrebentaram-se numa folha de porta da Cidade Santa. O caldeu já estava querendo voltar, pois temia ser atingido pelo mesmo destino de Senaquerib, mas, então, uma voz falou-lhe: Saltador, filho do saltador, salta; lança-te para o alto, Nebusaradan, é chegada a hora em que o Santuário deve ser destruído, em que o Templo há de desmoronar!

Nebusaradan, então, agarrou o último machado que lhe restara, levantou-o contra a porta e destroçou-a.

NUM VALE, fora de Jerusalém, Nebusaradan, o capitão do exército de Nabucodonosor, degolou dezenas de milhares de israelitas e, na própria Jerusalém, matou miríades de pessoas sobre uma pedra. A torrente de sangue jorrou de lá e correu até o lugar onde outrora o profeta Zacarias fora assassinado. Nebusaradan, então, dirigiu-se para lá e viu o sangue de uma vítima ferver e ondear. Perguntou aos judeus que lá se encontravam: O que significa isso? Responderam-lhe: É o sangue vertido de holocaustos. Então, Nebusaradan mandou abater um animal no mesmo instante, e eis que o sangue era diferente daquele. Então, o babilônio falou aos homens: Se agora me disserdes a verdade, tudo estará bem; caso contrário, pentearei com pentes de ferro a vossa carne. Eles disseram: O que podemos te responder? Entre nós havia um profeta, que nos flagelava com prédicas sobre nossos pecados; mas nós nos levantamos contra ele e o matamos. E agora, mesmo passados muitos anos, o seu sangue não dá sossego.

Nebusaradan exclamou: Vou obter sua penitência. Mandou chamar o grande Sinédrio e o pequeno Sinédrio, e matou os juízes sobre o sangue de Zacarias. O sangue, no entanto, não parou de ferver; mandou trazer e abateu mancebos e donzelas, mas o sangue não se acalmou; mandou buscar as crianças pequenas, que freqüentavam a casa de estudos, e estrangulou-as, e o sangue espumante ainda assim não se aplacou. Então o caldeu falou: Ó Zacarias, Zacarias! Matei os melhores deles, só estarás penitenciado quando todos estiverem mortos? Após estas palavras, o sangue do profeta cessou de ferver.

Outros pensamentos começaram, então, a mover-se no coração de Nebusaradan. Falou consigo mesmo: Por causa de um inocente aconteceu tudo isso; o que acontecerá, então, por causa dos muitos que abati? E ele deixou o seu cargo, escreveu o seu testamento e tornou-se judeu.

OS CALDEUS penetraram no Templo e, com eles, entraram também os amonitas e moabitas. Os da Babilônia atiraram-se sobre o ouro e a prata; enquanto isso, os filhos de Amon e Moab procuraram apoderar-se do rolo da Torá, a fim de nela suprimir a maldosa frase, que reza: "Nenhum amonita ou moabita entrará na congregação de Deus!"

Certa vez, um incêndio irrompeu no palácio de um rei. Todo o povo precipitou-se para dentro, a fim de salvar as preciosidades das chamas, e saqueá-las. Enquanto isso, o servo do rei só tinha uma coisa em mente, encontrar e destruir seu título de escravo.

O TEMPLO foi destruído no fim do Sábado, no término do ano sabático; era a vigília do Jehojarib; foi no nono dia do mês de Av.

E assim aconteceu também na destruição do Segundo Templo. E, em ambas as vezes, os levitas procediam a seu serviço e cantavam o Salmo: "E o Senhor lhes retribuiu o agravo e os aniquilou por sua iniqüidade, Ele os aniquilou, o Senhor, nosso Deus!"
QUANDO O Templo foi incendiado pela primeira vez, reuniram-se bandos da juventude sacerdotal, que tinham as chaves na mão; subiram ao telhado da casa e bradaram: Senhor do Mundo! Não éramos dignos de administrar o cargo; que as chaves voltem, portanto, à tua mão! E atiraram-nas em direção ao céu. Então, apareceu do céu como uma mão vazia que agarrou as chaves. Os sacerdotes, porém, saltaram para dentro das chamas. Isaías chora-os e diz: "Esta é a carga que pesa sobre o Vale do Olhar: O que tendes para assim correrdes por sobre os telhados?"

24. Lamento, Sofrimento e Dor

NA HORA em que Israel foi expulso, o Templo devastado e o Supremo Conselho destruído, também o Senhor estava chorando aflito; entoou um cântico de lamentação e pranteou-os. Disse: Minha tenda está destruída e os inimigos encontram-se dentro dela. Meu Santuário foi profanado, e eu estou aqui e me calo! Mas que posso fazer? A medida do rigor é mais poderosa do que eu.
NO QUINTO mês do décimo nono ano do domínio de Nabucodonosor, Nebusaradan entrou em Jerusalém. Por que o Templo não devia ser destruído no primeiro mês do ano? Por que não no segundo, terceiro ou quarto? Devia ter sido destroçado já no primeiro mês, mas eis que a lembrança de Isaac reviveu e ele falou diante do Senhor: Recorda-te do meu sacrifício e como eu estava preparado para me deixar imolar como cordeiro.
Quando a casa de Deus ia ser destruída no segundo mês, levantou-se a memória de Abraão. No terceiro mês, apresentou-se Jacó e no quarto, Moisés. Então veio o quinto mês, e não havia mais quem interviesse.
As hostes celestiais falaram diante do Senhor: Senhor: Senhor do Mundo! Não é esta a cidade da qual disseste: "Esta é Jerusalém, que estabeleci no centro dos povos". O Senhor retrucou: Mas ela dirigiu minha lei para o mal, mais do que os outros. Então os anjos falaram: Então sê clemente por amor dos pais. Deus respondeu: "Os pais atiçam o fogo, para holocaustos a deuses estranhos". Os anjos disseram: Então faze-o por causa dos filhos. O Senhor respondeu: "Também os filhos não quiseram me ouvir". Os anjos clamaram: Então faze-o por causa de seus nobres. O Senhor volveu: "Os seus chefes julgam por gratificação". Os anjos pediram: Então faze-o por causa dos discípulos. Deus respondeu:

"Os que tratam da lei não me conhecem". A isso, os anjos disseram: Então faze-o por causa dos profetas, mas Deus realizou-se: "Os pecados de seus profetas, os delitos de seus sacerdotes são culpados". Quando os anjos depois ainda pediram clemência por causa dos reis, o Senhor respondeu: "E os altares no telhado que os reis de Judá fizeram?" Então os anjos pediram clemência por causa deles mesmos, mas Deus falou: "Mas também eles zombaram das palavras do Senhor". E por fim os anjos suplicaram perdão a Deus por causa do seu próprio Nome. Então, Ele falou: "Eles profanaram meu santo Nome".

Os anjos, então, disseram: Não queres condescender? Mas o que faz então no teu trono a imagem do patriarca Jacó? Então, Deus atirou a glória de Israel do céu para a terra. E Sião lamentou-se e exclamou: O Senhor abandonou-me, o Senhor esqueceu-me.

OS SÚDITOS de um reino fizeram uma coroa e ofertaram-na a seu rei. Depois ofenderam-no várias vezes e ele não revidou. Mas por fim disse: Só são atrevidos assim porque a coroa de minha cabeça veio deles; vou atirá-la a seus pés.

O mesmo falou o Senhor: Israel atreve-se sempre a me encolerizar, só porque a imagem de Jacó está no meu trono; jogá-la-ei para a terra.

O SANTO, louvado seja, falou a todos os profetas: Parti e consolai Jerusalém!

Oséias foi o primeiro a seguir. Diante da cidade destruída falou: O Senhor enviou-me como consolador. Jerusalém falou: Que palavra trazes contigo? Oséias disse a sentença: "Serei como um orvalho para Israel".

A infeliz cidade, então, respondeu: Ainda ontem ameaçaste: "Secou sua raiz para que não mais desse fruto. E se o gerarem, prefiro matar o amado fruto de suas entranhas". A qual das duas sentenças devo dar créditos?

Em segundo lugar veio o profeta *Joel*. Pronunciou a palavra consoladora: "Tuas montanhas gotejarão vinho doce, tuas colinas transbordarão de leite!" Jerusalém, contudo, respondeu: Como posso confiar em ti? Não me disseste há pouco: "Chorai, bebedores de vinho, lamentai o morto, porque ele vos é tirado da boca!"

Amós foi o terceiro que tentou oferecer consolo a Jerusalém. Falou: "Naquele dia erguerei de novo a decadente tenda de David". Mas Jerusalém fê-lo recordar de sua antiga profecia, que soara assim: "A virgem de Israel caiu e não mais se levantará".

Então *Miquéias* dirigiu-se à cidade curvada. Anunciou: "Deus isenta seus herdeiros da iniqüidade do remanescente". Jerusalém volveu: Antes de outro modo; disseste: "Todo o mal virá por causa do pecado de Jacó e das iniqüidades da casa de Israel".

Naum disse estas palavras: "O mal não mais virá sobre ti". Jerusalém falou: Tua sentença anterior rezava: "De ti saiu o velhaco que tramava o mal contra Deus".

Habacuc tentou alentar e disse: "Senhor, saíste para salvar teu povo". A infeliz cidade respondeu: Tua palavra anterior não era consoladora, dizia: "Grito e não ouves; brado socorro e não socorres".

Então veio *Sofonias* e exclamou alegremente: "Rejubila-te, filha de Sião, alegra-te, ó filha de Jerusalém: pois o Senhor retirou a tua condenação!" Mas Jerusalém lembrou-lhe sua antiga palavra de ameaça: "Retirarei tudo do país, diz o Senhor".

Quando depois *Ageu* disse: "A partir de hoje, eu abençoarei" — a inconsolável cidade respondeu: Ontem disseste o seguinte: "Semeais muito e pouco colheis".

Zacarias disse: "Estou muito irritado contra os orgulhosos pagãos". Jerusalém falou: Ainda há pouco dizia: "O Senhor está muito irritado contra os vossos pais".

O último a ir a Jerusalém foi *Malaquias*, que disse: Deus enviou-me para ser teu consolador. Deixa que te anuncie: "Sereis um país desejado". Mas, a muito torturada cidade real recusou-se a aceitar consolo e disse: Ontem tive de ouvir uma outra palavra de ti, que dizia: "Eu não vos desejo, diz o Senhor". Em qual das duas palavras devo confiar?

Então todos os profetas foram diante do Senhor e disseram: Jerusalém não quer ouvir nenhuma palavra de consolo. Deus falou-lhes: Irei junto convosco, a fim de consolar meu povo. Que lhe dêem consolo os celestiais; que lhe dêem consolo os terráqueos; que lhe dêem consolo os vivos e os mortos; que seja consolada neste mundo; que seja consolada no Além; que receba consolo pelo destino das dez tribos, que receba consolo pelo destino das duas tribos, Judá e Benjamim. Vosso Deus diz: "Consolai, sim, consolai meu povo".

MOISÉS começou a falar: Maldito sejas ó sol, porque não escureceste na hora em que o inimigo penetrou nesta casa? Então o sol disse: Moisés, ó fiel pastor! Como posso escurecer, quando meus guardiães não me dão sossego; não me largam e me açoitam com látegas de fogo e ordenam: Ergue-te e ilumina!

De novo Moisés começou a bradar: Ai do teu brilho, Templo, que ficou embaçado! Ai de ti, que chegou um dia em que foste destruído! O dia em que o Santuário caiu, e as crianças pequenas foram assassinadas e seus pais tiveram que partir para o exílio e a miséria!

JEREMIAS CONTOU:

Quando subi a Jerusalém, ergui meus olhos e vi uma mulher sentada sobre o cume de uma montanha, envolta em trajes negros e com os cabelos desgrenhados, que chorava e clamava: Quem quer me consolar? Mas eu também exclamei: Quem me consola na minha dor? Aproximei-me, falei com ela e disse: Se és uma mulher, fala comigo, se és um espírito, desaparece. Ela, porém, retrucou, dizendo: Não me conheces talvez? Sou a mulher que teve sete filhos. Seu pai partira para longe; enquanto eu assim vagueava e pranteava-o, recebi a seguinte notícia: a casa desmoronou sobre teus sete filhos e os matou. Agora não sei por quem devo chorar e por quem devo arrancar meus cabelos.

A isso eu, Jeremias, falei-lhe: Em que és melhor do que a mãe Sião, que se tornou um pasto para os animais do campo? A mulher, então, respondeu-me: Eu sou tua mãe Sião; eu sou a mãe dos sete, da qual está escrito: "Desgraçada daquela que deu à luz a sete".

E A MAJESTADE de Deus deixou o Santuário.

Certa vez, um rei teve que sair de seu palácio; então, beijou as paredes e abraçou as colunas. Falou: Adeus, minha casa! Adeus, meu palácio! — Assim também a divindade beijou os muros do Templo que ruíam e as colunas que caíam. Também Deus exclamou: Paz contigo, minha casa!

O SENHOR perguntou aos anjos em serviço: O que faz um rei da terra quando está enlutado? Eles responderam: Envolve-se em saco. O Senhor disse: Então, também farei o mesmo; "envolvo os céus em trevas e faço de um saco, sua coberta".

E o Senhor tornou a perguntar: O que mais faz um rei quando está enlutado? Os anjos retrucaram: Ele apaga as lanternas. Então Deus falou: Farei o mesmo. Por isso consta: "O sol e a lua escurecerão, e as estrelas reterão seu brilho".

O Senhor continuou a perguntar sobre ações do rei e os anjos disseram que no luto ele virava o seu leito e andava descalço. Deus disse que também faria ambas as coisas. Por fim os anjos disseram que um enlutado permanecia sentado em silêncio. Então Deus também quis seguir o conselho, de acordo com o que também está escrito: "Fica sentado solitário e mudo".

SE INIMIGOS penetram num castelo e incendeiam-no — quem deve ser mais lamentado: o castelo ou o senhor do castelo? O mesmo aconteceu com o Santo, louvado seja. Ele disse: O Templo era minha casa; agora que se foi, não sou eu o que necessita de consolo?

Se um vinhateiro possui uma vinha e inimigos pisam e devastam a plantação — de quem sentimos mais pena: do vinhateiro ou da propriedade?

Assim também o Senhor. Ele disse: Israel é minha vinha, e tudo está acabado com Israel. Não sou eu que tem de ser consolado?

Se os lobos se atiram sobre uma cerca, derrubam-na e dispersam as ovelhas — de quem sentimos mais pena? Do pastor ou do rebanho? Assim também falou o Senhor: Israel é meu rebanho, e o rebanho foi disperso — não sou eu quem sofro a maior dor? Consola-me, meu povo!

25. O Luto de Deus por seu Povo

QUANDO DEUS estava em vias de deixar destruir o Templo, falou para si mesmo: Enquanto eu ficar no local, os povos não têm poder sobre eles. Portanto, desviarei meus olhos, jurarei que não mais os tocarei, e os inimigos virão e realizarão sua obra destruidora. E o Senhor retirou sua destra, e os inimigos vieram e incendiaram o Templo.

Mas quando o Tempo jazia em cinzas, o Senhor falou: Agora não possuo lugar na terra em que possa ficar; a terra não é minha, tirarei minha majestade daqui. E Deus, o Senhor de todas as coisas, chorou e disse: O que fiz eu para que deixasse minha glória lá embaixo por causa de Israel? Agora que eles pecaram, retornarei à minha morada anterior; longe de mim tornar-me motivo de zombaria dos povos e entregar-me ao seu escárnio. Nessa hora Metatron apareceu diante do Senhor e disse: Chorarei eu porque a ti não cabe chorar. Mas o Senhor retrucou: Procurarei um reino aonde não podes chegar e lá chorarei.

E o Senhor falou aos anjos em serviço: Vamos ao lugar em que se encontrava a minha casa e vejamos o que os inimigos fizeram. E foi com os anjos ao lugar, e Jeremias caminhava à frente deles. Quando o Senhor viu seu Santuário destruído e devastado, exclamou: Esta era minha casa e meu retiro; eis que vieram estranhos, aqui morar e praticar sua maldade. E lamentou e gritou: Onde estais vós, ó meus filhos? Meus sacerdotes e levitas, onde estais vós? Não vos adverti e pedi que fizésseis penitência — mas não quisestes me obedecer. Depois o Senhor falou a Jeremias: Sou comparável a um pai, cujo único filho morreu durante a cerimônia do casamento. Chama-me Abraão, Isaac, Jacó e Moisés, os quatro que sabem prantear. Jeremias respondeu: Senhor do Mundo! Onde posso encontrá-los? Como posso saber onde Moisés foi sepultado? O Senhor falou: Vai à caverna dupla e invoca os patriarcas; depois vai às margens do Jordão e brada em alta voz: Tu, filho de Amram, tu, filho de Amram! Olha para o teu rebanho, que o inimigo tragou.

Jeremias foi logo à caverna dupla onde repousam os patriarcas e falou-lhes: Despertai, devotos, é chegado o dia em que sois chamados perante o Senhor. Os patriarcas responderam: Em que este dia é diverso dos anteriores? Jeremias balbuciou a resposta: Não sei. Temia dizer, que o Templo havia sido destruído, ao que eles teriam respondido: Aconteceu em tua época e não na nossa.

Jeremias deixou os patriarcas e dirigiu-se às margens do Jordão. Ali clamou: Tu, filho de Amram, tu, filho de Amram! É chegado o dia em que te é destinado comparecer diante do Senhor. Também Moisés perguntou: Em que este dia é diferente dos anteriores? E também a ele, Jeremias não se atreveu a confessar a verdade.

Moisés, todavia, não se deu por satisfeito e foi aos anjos em serviço, que conhecia da época de sua estada no Sinai. Falou-lhes: Servos do Altíssimo, dizei: por que sou chamado à presença do Senhor? Os anjos retrucaram: Filho de Amram, não sabes que havia um Templo? Agora foi queimado e tu deves chorar e lamentar por ele. Moisés imediatamente rasgou as vestes, nas quais o Senhor o envolvera, segurou a cabeça, chorou, gritou e foi até os patriarcas. Eles disseram-lhe: Moisés, ó pastor de Israel, fiel e humilde, em que este dia é diverso dos anteriores? Ele respondeu: Ó Patriarcas, não sabeis, então, que o Templo foi destroçado e Israel foi desterrado entre os povos? Então, também eles rasgaram as vestes, desgrenharam os cabelos, choraram, gritaram e voltaram-se para ir até as portas do Templo.

Chegando lá, e vendo o próprio Senhor enlutado, lamentaram o que viram e correram de porta em porta, como quem tem o que mais ama, morto à sua frente. É o Senhor lamentou-se e bradou: Ai do rei ao qual a sorte sorri no início, e depois o abandona! Ai do ancião que nos seus últimos dias perde o teto sobre sua cabeça! Mas Abraão disse: Senhor do Mundo! Para onde foram os meus filhos? E continuou: Quando eu tinha cem anos, tu me deste um filho e como me regozijei com ele! Quando me disseste que eu devia oferecê-lo em holocausto, também me enchi de alegria e não to recusei. Agora não queres recordar-te disso e proteger teus filhos? Então o Senhor respondeu: "Ai, se eu tivesse a cabeça repleta de água e pudesse chorar sem parar!"

Depois Isaac falou ao Senhor: Senhor do Mundo! Onde foram parar os meus filhos? Deus respondeu-lhe: Foram entregues aos inimigos como ovelhas ao magarefe. Isaac disse: Senhor do Mundo! Quando meu pai me disse para que eu me deitasse sobre o altar, fi-lo de boa vontade. E não queres levar isso em conta e ter pena de meus filhos? O Senhor respondeu: "Ouço e meu corpo estremece; tremem meus lábios a essa voz".

Então Jacó disse: Senhor do Mundo! Onde foram parar os meus filhos? O Senhor respondeu: "Nossos inimigos eram mais velozes que as águias do céu". Então Moisés falou: Senhor do mundo! Terei corrido em vão diante deles? Terei dado, em vão, a minha vida por eles? E exclamou: "Oh! Tivesse eu asas como uma pomba para voar e permanecer em algum lugar!" E todos os pastores de Israel, juntamente com o Senhor, ali ficaram em fileira e prantearam.

Depois o Senhor falou: Vós que sois do Mundo! Tereis uma resposta para o seguinte: Ai do ancião que teve sorte na mocidade e não mais a teve depois! Ai do rei cujo povo foi desterrado durante sua vida e ele não pôde salvá-lo! Ai do soberano que se tornou motivo de zombaria para todos os povos! Eles falaram: Não haveria possibilidade de retorno para os filhos? Deus respondeu: Não falai assim! Se vier uma geração que espera a soberania de Deus, logo será resgatada, pois está escrito: "Floresce a esperança para a tua descendência, e eles voltarão a seus limites".

Livro Décimo Segundo:
Exílio e Retorno

1. Os Últimos Dias de Jeremias

O SENHOR falou a Jeremias: Vai a Anatote. Pois, enquanto Jeremias permaneceu em Jerusalém, os inimigos não ousaram penetrar na cidade; por isso o Senhor mandou-o embora. E assim que ele deixou a cidade, os inimigos entraram, e incendiaram-na e reduziram o Templo a cinzas.

Quando Jeremias retornou a Jerusalém e ainda se encontrava a uma distância de três milhas da cidade, subiu a um monte e viu a fumaça do incêndio elevar-se ao céu. Então, rasgou as vestes, espalhou cinza sobre a cabeça e correu ao lugar, chorando alto e gritando. Apressou-se a fim de voltar ainda antes da noite, pois entre ele e Nabucodonosor, havia anos, acontecera o seguinte:

Quando Jeremias era jovem e Nabucodonosor ainda não era rei, mas um pobre e desconsiderado homem, ambos estavam uma vez passeando e Nabucodonosor disse a Jeremias: Ah, se eu me tornasse soberano do mundo inteiro! Eu marcharia contra Jerusalém, incendiaria o Templo e a cidade, mataria os homens e arrastaria embora o resto dos habitantes! Mas Jeremias viu, por força o espírito santo, que morava em seu íntimo, que aquela hora era propícia a Nabucodonosor e que tudo quanto saía de sua boca se cumpriria, e por isso, falou: Peço-te que me dês Jerusalém. Nabucodonosor, porém, respondeu: Não te darei. Aí Jeremias pediu o Templo, mas Nabucodonosor negou. Jeremias pediu a Sinédrio, mas Nabucodonosor tampouco quis lhe deixar o Supremo Conselho. Então Jeremias pediu as crianças, que freqüentavam a casa de estudos, mas Nabucodonosor também lhe negou esse desejo. Por fim, Jeremias disse: O que queres então me deixar? Nabucodonosor respondeu: Aquilo que puderes salvar no espaço de tempo entre o meio-dia e a noite.

Por essa razão, Jeremias voltou correndo, pois ainda desejava chegar à cidade antes da noite. Contudo, não chegou a tempo e nada pôde salvar. Por esse motivo, também, o profeta fala: "Ai de nós, o dia passa, e as sombras da noite se prolongaram!"

JEREMIAS CORREU de Anatote de volta a Jerusalém; então, viu uma fumaça subindo do Templo. Pensou: Israel provavelmente penitenciou-se e os sacrifícios estão sendo novamente ofertados. Mas, ao aproximar-se e subir à muralha, viu fileiras de pedras do Templo, e as portas de Jerusalém estavam trancadas. Então começou a berrar e bradou: Senhor, tu me persuadiste e eu me deixei persuadir; tu me mostraste tua força e me dominaste! E continuou: Que caminho tomaram os pecadores? Que rumo tomaram os desterrados? Andarei pelo mesmo caminho e quero perecer com eles. E viu o caminho salpicado de sangue e a terra embebida com o sangue dos chacinados. Com os olhos ainda fixos no chão, viu sinais de pés de criança — ai! Também recém-nascidos e tenras crianças tiveram que ir para o cativeiro. Jeremias lançou-se por terra e beijou as pegadas dos pequenos.

Quando alcançou a fila dos cativos, abraçou-os e beijou-os; chorou diante deles e eles diante dele. Falou: Ó meus irmãos, ó meu povo! Tudo isso vos aconteceu por não terdes escutado as palavras do meu vaticínio.

Quando Jeremias chegou ao rio Eufrates, Nebusaradan disse-lhe: Se concordas em vir comigo para a Babilônia, então vem e eu guardar-te-ei sob meus olhos. Jeremias refletiu e falou consigo: Se eu for com eles para a Babilônia, os remanescentes no país vão ficar sem consolo. E ele deixou a procissão. Os cativos, porém, romperam em pranto. Bradaram: Jeremias, pai nosso, por que nos deixas? Jeremias respondeu: Tomo o céu e a terra como testemunhas! Se tivésseis chorado uma única vez, enquanto ainda em Sião, não seríeis desterrados. E o próprio Jeremias chorava ao dizer: Ai de ti, o mais belo entre os reinos!

AO PROFETA Jeremias doía o sofrimento de Israel e logo dirigiu sua súplica ao Senhor. Disse: Por que, Senhor, arruinaste teu rebanho? Quão amargo é suportar o mal! Sinto minha alma desfalecer no meu peito, meu olho mareja e não pára de verter lágrimas pela calamidade que se abateu sobre meu povo. Suplico-te, Senhor, leva minha alma, pois prefiro a morte à vida.

Em seguida, uma voz ecoou do céu, bradando: Tu presenciarás ainda a queda da Babilônia. Depois, ainda te deixarei viver até eu ter construído a Casa Eterna.

E o Senhor ocultou-o na obscuridade.

2. *Junto às Águas da Babilônia*

"O PÓ TEM de retornar à terra onde esteve", diz o Pregador. Israel saíra certa vez da Babilônia e para a Babilônia retornava.

UMA VEZ que os deportadores de Samaria não eram versados na Escritura, bastava que um cantinho do mundo fosse habitado por eles: Halá e Habor, à margem do rio Gozan e as cidades dos medas. Mas, os deportados de Jerusalém deviam ser dispersos por todas as quatro direções da rosa-dos-ventos, para que divulgassem a salvação por todo o mundo.

AS DEZ TRIBOS foram exiladas e, com elas, Jerusalém. A tribo de Judá e a tribo de Benjamim foram destronadas e com elas Jerusalém. Também o Senhor queria segui-los no exílio.

Quando Nabucodonosor se lançou sobre Jerusalém e irrompeu pela Porta Norte, e já levava embora os serralheiros e ferreiros, o povo desesperou-se da clemência de Deus, e os filhos de Israel falaram, com as almas desfalecidas: Para onde se elevará a nossa prece?

O Senhor, então, abriu as portas do céu, e disse: Sabei que assim como estive anteriormente convosco no país, agora estou convosco fora dele e que vossas preces, vossas boas ações e vossas almas sobem a mim, pois fui convosco para o exílio. O céu que agora tendes sobre vós é como o céu que tivestes sobre vós na terra de Israel.

Então, os filhos de Israel passaram a confiar novamente em seu Deus, e foram consolados em sua dor.

QUANDO Nabucodonosor enxotou os judeus de Israel, para a Babilônia, não lhes concedeu descanso enquanto ainda estavam no solo de Canaã.

Pois os caldeus pensaram em seu íntimo: O Deus deste povo espera que eles se penitenciem; se se converterem a Ele, enquanto ainda estão em solo próprio, Ele apiedar-se-á deles e reservar-nos-á o destino de Senaquerib.

Mas, quando chegaram aos rios da Babilônia, e os judeus estavam inteiramente nas mãos dos babilônios, em solo caldeu, os desterrados puderam descansar e retomar fôlego. Alguns se precipitaram sobre a comida e a bebida, outros deram vazão às águas lágrimas e à sua dor. Então, o Nabucodonosor repreendeu-os: Por que estais aí a chorar? Aqueles dentre vós que são da tribo de Levi, devem preparar-se e tocar harpa diante de nós, como estavam acostumados a fazê-lo no Templo; nós, enquanto isso, tomaremos nossa refeição.

Então, os levitas se entreolharam e exclamaram: Já não basta que nosso Santuário se foi em virtude dos nossos pecados, e ainda devemos tocar harpa para este miserável! E unânimes, penduraram as harpas nos salgueiros que cresciam às margens do rio; depois se encorajaram e juntos colocaram os polegares na boca e arrancaram-nos com os dentes. Por isso, consta no Salmo: "Como poderemos tocar harpa?" Apresentaram suas mãos mutiladas aos caldeus e com isso mostraram que não mais podiam dedilhar a harpa.

ENTRE AQUELES que Nabucodonosor levou para a Babilônia, havia rapazes cuja beleza obscurecia o brilho do sol. Quando as mulheres dos caldeus os viram, os humores de seus ventres transbordaram de desejo. Disseram-no a seus maridos e estes informaram o rei. Então o rei deu ordem e os rapazes foram mortos. Mas mesmo na morte, os jovens eram tão formosos, que o desejo das mulheres ardia como antes. Nabucodonosor, então, mandou esmagar os cadáveres dos hebreus.

CONTA-SE QUE as águas do Eufrates mataram mais gente em Israel do que até mesmo Nabucodonosor, o ímpio. Pois, quando os filhos de Israel ainda estavam no seu país, bebiam apenas água que pingava de cima ou jorrava da terra. Na Babilônia, porém, beberam da água do Eufrates e muitos morreram disso. E assim choraram pelos mortos que haviam caído pelas mãos do inimigo, pelos que pereceram durante a caminhada e não puderam ser sepultados e, por fim, por aqueles que as águas do Eufrates acabaram por matar.

Nabucodonosor estava sentado com seus nobres em um navio, e os reis de Judá estavam acorrentados e andavam nus pelas margens do rio. E Nabucodonosor olhou-os e disse a seus servos: Por que eles caminham eretos e sem fardos? Não tendes carga para seus ombros? Logo foram trazidos escritos, enrolados como odres e cheios de areia que foram colocados nos ombros dos príncipes, de tal modo que suas costas ficaram curvadas. Nessa hora, todo Israel gritou e seu lamento penetrou até o céu.

Por essa razão, diz o Senhor: "Afastai-vos de mim, deixai que chore amargamente; não procureis consolar-me". E Deus falou aos anjos em serviço: Desprezo as palavras de consolo que me dizeis. Descei e levantai o fardo dos ombros dos príncipes. Os anjos imediatamente desceram e tiraram o fardo dos torturados. O próprio Senhor ajudou a carregar.

Quando os filhos de Israel chegaram à Babilônia, os filhos de Beri e os cidadãos de outros reinos foram ao seu encontro. Ao verem que os exilados estavam nus, tiraram as vestes de seus servos e criadas e ofereceram seus escravos despidos a Nabucodonosor como presente. Disseram-lhe: Certamente és um rei que ama os nus! — Ouvindo isso, Nabucodonosor ordenou que fossem vestidos os israelitas.

DURANTE cinqüenta e dois anos não se viu pássaro nenhum voar no país de Israel. Qual era a causa disso? Jeremias disse: "Desde os pássaros do céu até os animais domésticos, tudo se foi e terminou".

SETECENTAS espécies de peixes puros, oitocentas espécies de insetos puros e um sem-número de espécies de pássaros, acompanharam Israel no exílio para a Babilônia. Quando voltaram, os animais também retornaram com eles, com exceção de um peixe que é chamado Schibuta.

Mas como foi que os peixes da terra de Canaã chegaram à Babilônia? Fizeram seu caminho de ida e volta através das profundezas.

SAIBA QUE na Babilônia não havia cedros. Quando Nabucodonosor subiu à região montanhosa de Judá, também arrancou cedros do Líbano e levou-os à Babilônia. Ali os plantou. Quando depois o malfeitor morreu, as árvores regozijaram-se, como também está escrito: "Os pinheiros alegram-se, os cedros do Líbano rejubilam-se, porque estás por terra".

3. Hiram

CONTAM OS sábios que o orgulho de Hiram superou a dos quatro grandes príncipes do mundo. Quem são os quatro príncipes? Nimrod, Sisera, Senaquerib e Nabucodonosor. Hiram mandou fincar na terra, em um quadrado, quatro pilares de ferro de comprimento infinito. Sobre eles ergueu sete vastas abóbadas, uma acima da outra, erigiu um trono de imponente tamanho e procurou fazer sua sede em tudo igual a que o Senhor tem no céu. Assim possuía animais próprios, que apoiavam seu trono, e trovões, raios e centelhas de fogo próprios.

A primeira abóbada era de vidro e media quinhentos côvados por quinhentos; continha um sol e uma lua, estrelas e planetas. A segunda abóbada era de ferro e tinha uma extensão de mil côvados por mil. A terceira abóbada era de zinco, suas medidas eram de mil e quinhentos côvados por mil e quinhentos e no zinco possuía pedras preciosas maravilhosamente lapidadas; quando suas superfícies se juntavam, produziam um som semelhante ao trovão. A quarta abóbada era de chumbo, seu tamanho era de dois mil côvados por dois mil. A quinta abóbada era de cobre e media dois mil e quinhentos côvados por dois mil e quinhentos. A sexta era de prata e media três mil côvados por três mil. A sétima abóbada era de ouro e ainda maior do que a anterior; nela Hiram tinha colocado seu trono e fizera com que o caminho até lá fosse vigiado por animais, como vira no trono de Salomão. Lá também fez um leito de ouro, com quatro cantos cravejados de pérolas, tão grandes que não existem outras iguais no mundo, e que cintilavam em todas as cores. Quando Hiram passava através das abóbadas e chegava à mais alta, seu corpo balançava e com isso o fogo faiscava e os relâmpagos estalavam. As pedras friccionavam-se uma nas outras e produziam trovões, e o mundo todo vinha para diante de Hiram.

Nessa hora o Senhor falou a Ezequiel: Vai lá e pergunta a Hiram por que ele se enfatua tanto. O profeta retrucou: Senhor do Mundo! Como posso chegar a ele, se paira no ar? Mas eis que o vento suspendeu o homem de Deus, agarrou-o com uma mão pelos cabelos * e levou-o até Hiram.

Quando apareceu diante de Hiram, este ficou cheio de temor. Ezequiel falou: Por que és orgulhoso? Não nasceste acaso de mulher? Hiram respondeu: É certo que nasci de mulher, mas vivo e existo sempre e eternamente. Se Deus habita em sete abóbadas, eu também possuo sete abóbadas. Se Deus envia suas chamas, relâmpagos e trovões, eu também os tenho em minha mão e posso produzi-los. Se Deus determinou o lugar aos astros e planetas em seu céu, também eu tenho estrelas e planetas em meu firmamento. Quantos reis já morreram, eu porém, vivo e aqui estou; vinte e um reis de Judá e o mesmo número em Israel, dez profetas e dez sumo-sacerdotes pereceram, mas a mim nenhum golpe atinge. Ao que Ezequiel disse: Que grande rei se conduziu como tu? Sabes a quem te igualas em tua tolice? Certa vez um servo confeccionou uma veste para seu rei e enchia-se de orgulho quando o via com ela. Sempre falava: Eu fiz esta roupa. Então, o rei disse: Rasgo esta roupa para que o servo não imagine ser mais do que seu senhor.

O orgulho de Hiram só provinha do fato de que pôde enviar cedros a Salomão para a construção do Templo.

O SENHOR DISSE: Destruirei minha casa para que Hiram não se vanglorie, conforme também está escrito: "Abre tuas portas, Líbano, para que um fogo devore teus cedros".

E como foi o fim de Hiram? O Senhor fez vir Nabucodonosor; este coabitou com a mãe de Hiram diante dos olhos do filho, e o atirou trono abaixo. Cortava cada dia um pedaço de sua carne, do tamanho de dois dedos, mergulhava-o em vinagre e lho dava de comer, até ele morrer de morte horrível. E o que aconteceu com o maravilhoso edifício que Hiram havia erguido? O Senhor rompeu a terra e guardou-o para os justos, para o dia da Ressurreição.

O SENHOR permitiu a Hiram, rei de Zur, ir ao Jardim do Éden, pois havia participado da construção do Templo e no início havia sido um homem temente a Deus. Lá ficou durante mil anos. Depois se tornou petulante e intitulava-se deus; então, foi expulso do paraíso e foi para o inferno.

OS MESTRES dizem que, Hira de Adulam, amigo de Judá, através do qual enviava presentes à sua nora Tamar, seria o mesmo Hiram, rei de Tiro, que viveu na época do rei David. Levando em conta a opinião dos mestres, ele deve então ter chegado a quase mil e duzentos anos.

---

* Conforme Ezequiel 8,3.

4. Nabucodonosor e o Filho de Sirach

O FILHO DE Sirach — conta-se que sua mãe era a filha de Jeremias e que ela o concebera sem ter conhecido homem. Jeremias havia se lavado na casa de banhos e uma gota de sua semente permanecera na água; quando, depois, sua filha mergulhou na mesma água, a semente nela penetrou e ela concebeu. Após sete meses deu à luz à criança, que já tinha dentes e sabia falar. Ela, porém, envergonhava-se, e temia o falatório das vizinhas. Então, o menino abriu sua boca e falou: Eu sou o filho de Sirach, isto é, de Jeremias, que é o príncipe dos príncipes; adiciona o valor numérico das letras e verás: Jeremias e Sirach são um só.

No primeiro ano de sua vida, o filho de Sirach aprendeu a ler os livros de Moisés; no segundo, aprendeu toda a Escritura Sagrada e o Ensinamento Oral; dedicou o terceiro ano à interpretação e às bases da Lei, o quarto às conclusões do próximo ao remoto e ao cálculo dos anos e meses bissextos; no quinto, aprendeu a entender o que sussurram as palmeiras, os anjos murmuravam, os espíritos cochicham e as raposas falam; no sexto, penetrou nos ensinamentos do profeta Elias. Com sete anos sabia tudo; não havia coisa, grande ou pequena, que não tivesse pesquisado e dominado.

ADMIRAI-VOS da sabedoria do filho de Sirach! Precisava apenas olhar para uma medida de trigo e já sabia dizer o número de grãos. Sua fama tornou-se conhecida no mundo inteiro. Quando Nabucodonosor, rei da Babilônia, soube da perspicácia do menino, mandou que viesse à sua presença. E o filho de Sirach deu ao rei muitas provas de sua sabedoria. Cortou o pelo da cabeça de uma lebre sem navalha ou tesoura, untando-a com uma pomada, que fazia a pele ficar tão lisa que se podia escrever sobre ela. Enumerou ao rei as trinta árvores e arbustos frutíferos de seu jardim: dez, cujas cascas, frutos e caroços podiam ser comidos juntos, tais como a maçã, o figo, a uva; dez, cuja parte interna é comida e a externa não, tais como o romã, a noz e a amêndoa; e dez, cuja parte externa é comida e o interior não, tais como a tâmara, a azeitona e a alfarroba. Faz com que lhe vendassem os olhos e depois fez os exércitos de Nabucodonosor desfilar à sua frente e imediatamente soube dizer em que fileira se encontrava o próprio rei. E Nabucodonosor perguntou ao menino todos os enigmas da Criação e ele soube resolvê-los. *

5. Na Fornalha

QUANDO Nabucodonosor, o ímpio, atirou os três homens, Ananias, Misael e Azarias no forno de cal, Jorkami, o príncipe do granizo,

---

* Vide págs. 54 e ss., 91 e s., 338.

levantou-se e disse ao Senhor: Senhor do Mundo! Vou descer e esfriar o forno, a fim de salvar os justos da morte pelo fogo. Ao que Gabriel retrucou: O Senhor não te pode encarregar de tal coisa, pois tu comandas o granizo, e todo o mundo sabe que só a água apaga o fogo. Eu, porém, que sou príncipe do fogo, vou descer e, aquecendo ainda mais o forno por fora, vou esfriar a sua brasa no interior e assim realizar um milagre por meio de um outro milagre. E o Senhor disse a Gabriel: Faze-o. Nessa hora, Gabriel exclamou: A verdade do Senhor é eterna.

QUANDO Nabucodonosor atirou os três homens na fornalha, o Senhor falou a Ezequiel: Vai e ressuscita os mortos na planície de Dura. Ezequiel assim procedeu e os ossos reanimados foram à presença de Nabucodonosor e golpearam-no no rosto. Ele perguntou: O que fazem aqui estes esqueletos? Disseram-lhe: O companheiro daqueles que lançaste na fornalha foi quem ressuscitou estes ossos. Ao ouvir isso, Nabucodonosor exclamou: Quão poderosos são os seus sinais, quão imensos os seus prodígios; o seu reino dura eternamente, seu poder dura por todo o tempo.

Mas eis que foi derramado ouro incandescente na boca de Nabucodonosor; veio um anjo e bateu em sua boca. Não tivesse acontecido isso, e Nabucodonosor teria composto Salmos, que teriam colocado os Salmos de David à sombra.

NESSE ÚNICO dia aconteceram seis milagres: O forno de cal subiu da profundeza da terra à superfície; as paredes do forno de cal trincaram e podia ver-se o que havia dentro; o fundo do forno balançou; o ídolo de ouro caiu; os quatro reinos consumiram-se no fogo; e o profeta Ezequiel ressuscitou os ossos na planície de Dura.

QUANDO OS três homens saíram ilesos do forno de cal, todos os pagãos reuniram-se em volta deles e de Israel, clamando: Tendes um Deus tão poderoso e ainda adorais ídolos? Cuspiram-lhes nas faces até que seus corpos ficaram cobertos de escarro. Mas Ananias, Misael e Azarias ergueram seus olhos para o céu, aceitaram submissos a difamação e disseram: "Tua, ó Senhor, é a justiça; para nós, fica a vergonha".

Qual foi o fim dos três que escaparam da fornalha? Um sábio falou: Eles afogaram-se na saliva.

VINTE ANOS depois que os deportados para a Babilônia foram mortos, o espírito santo pairou sobre Ezequiel e conduziu-o à planície de Dura, onde estavam os ossos ressequidos de muitos mortos. O Senhor falou-lhes: O que vês aqui? O profeta respondeu: Não vejo nada além de esqueletos e ossos humanos. Deus perguntou: Será que tenho ou não a força de ressuscitá-los? Ezequiel respondeu: Senhor, meu Deus, só tu é que sabes.

E Deus falou: Deves pronunciar teu vaticínio. O profeta retrucou: Senhor do Mundo! Acaso o meu vaticínio deverá juntar ossos e tendões, dos quais animais e pássaros comeram e que ficaram em terra estranha?
 O Senhor fez, em seguida, ouvir sua voz do espaço entre os querubins e a terra retumbou; com o estrondo os ossos juntaram-se todo. Um mestre disse que o orvalho, que ressuscitou os mortos, pingara do céu; jorrara como uma torrente sobre os ossos e revestira-o de carne. O profeta invocou os quatro ventos e estes abriram os tesouros para as almas, as quais depois penetraram nos corpos.
 Foram muitos milhares de mortos que Ezequiel ressuscitou. Todos levantaram-se e ficaram em pé, somente um ficou deitado e não se ergueu. Então, o profeta clamou: Senhor do Mundo! Quem é este? O Senhor respondeu: Ele, que praticou usura, deve ressuscitar? Não jamais deverá viver!
 OS MORTOS que Ezequiel reanimou ficaram eretos, entoaram um hino e depois morreram novamente. Que hino era esse que cantavam? O verso: "O Senhor mata e ressuscita; leva ao inferno e para fora dele".
 Um sábio disse: Os mortos, que foram ressuscitados por intermédio de Ezequiel, foram para a terra de Israel; tomaram esposas e geraram filhos e filhas. O mestre talmúdico, Juda ben Betera, ouvindo essas palavras, levantou-se e disse: Eu sou um de seus descendentes, e os filactérios, que meu pai me deixou, também provêm deles.
 ESTA É A HISTÓRIA de Ahab, filho de Colias e de Sequias, o filho de Maasias. Eles fizeram oráculos falsos em nome de Deus, e então o Senhor falou: Vou entregá-los nas mãos de Nabucodonosor, para que seu nome se torne maldição entre os prisioneiros de Israel e de Judá que estão na Babilônia, dizendo: "Que o Senhor te trate como a Zedequias e Ahab, que foram assados vivos no fogo pelo rei da Babilônia". Aqui não está escrito, queimados no fogo, porém assados no fogo.
 AHAB E ZEDEQUIAS tinham sido grandes pecadores já em Jerusalém. Deportados para a Babilônia, ainda fizeram pior. Já em Jerusalém, praticavam a falsa profecia e também na Babilônia não abandonaram o infame ofício; sim, um apoiava o outro na injustiça e iniquidade.
 Ahab costumava procurar os nobres da Babilônia e falar com eles da seguinte maneira: Sou um profeta de Deus; o Senhor envia-me com umam ensagem para tua esposa. Ficando, depois, sozinho com a nobre mulher, dizia: O Senhor escolheu-te, para que de ti nasçam profetas. Concede, pois, tuas boas graças a Zedequias, o filho de Maasias, e dele te nascerão filhos profetas. Se a mulher acreditava nessas palavras, Zedequias aproximava-se e copulava com

ela. E Zedequias também procurava dar oportunidade a Ahab para cultivar a prostituição e a luxúria.

Quão perversos deviam ter sido para, na Babilônia, alcançarem a fama de grandes profetas. Se um deles era visto por uma mulher grávida, ela perguntava-lhe: Homem vaticinador, o que carrego em meu ventre? Ele respondia: Estás abençoada com um filho. Mas, depois, dizia às vizinhas: A mulher dará à luz uma filha. Se a mulher dava à luz um menino, ela dizia: O profeta disse a verdade! Se, porém, trazia ao mundo uma menina, as mulheres da vizinhança diziam: Isso ele já nos dissera de antemão; apenas não queria magoar-te.

E os ímpios continuaram com seus atos vergonhosos até chegarem a Semíramis, mulher de Nabucodonosor. Zedequias entrou em seu aposento e quis convencê-la a namorar seu amigo Ahab. A rainha, porém, disse que iria consultar o marido a respeito. E assim o fez. Nabucodonosor mandou os dois pecadores virem à sua presença e disse-lhes: É verdade que falastes dessa maneira com minha esposa? Eles responderam: Sim, nosso rei e senhor; pois Deus quer fazer nascer profetas de nós. O rei, porém, falou: Desde sempre soube que vosso Deus abomina a impudicícia; por causa de Simri, que fornicou com a moabita Cosbi, vinte e quatro mil homens de Israel pereceram pela peste. Será que vosso Deus mudou? Não posso saber se sois profetas verdadeiros ou mentirosos. Experimentei Ananias, Misael e Azarias com o fogo; mandei aquecer o forno para eles durante sete dias, depois atirei-os nas chamas e eles saíram ilesos e intactos. Para vós, vou deixar o forno de cal arder apenas um dia; se nada vos acontecer, considerar-vos-ei verdadeiros profetas e acreditarei em tudo que vossa boca proferir.

Os dois malfeitores, então, pediram que o sumo-sacerdote Josué fosse atirado com eles ao fogo, pois esperavam que seu mérito os salvaria também. Mas nada adiantou: foram devorados pelas chamas, e Josué escapou, e dele está escrito: "Vêde o graveto que foi salvo do fogo".

6. Aviltação e Fim de Nabucodonosor

O REI NABUCODONOSOR mandou fazer uma estátua de ouro de sessenta côvados de altura e seis de largura, colocando-a na planície de Dura, na província de Babel.

E o rei falou a Daniel: Por que não cultuas este meu deus, que é um poderoso soberano; mostrar-te-ei sua força, de forma que não poderás fazer outra coisa senão prostrar-te diante dele. Antes, porém, Nabucodonosor mandou tirar o frontal do sumo-sacerdote e colocá-lo na boca do ídolo; depois mandou tocar e cantar diante do ídolo, e este começou a falar: Eu sou o senhor, teu Deus.

Nessa hora Daniel disse a Nabucodonosor: Deixa que mostre veneração ao teu Deus, beijando-o na boca. O rei aquiesceu e Daniel, ao se aproximar dos lábios do ídolo, conjurou o frontal oculto e disse: Sou um ser humano e um enviado de Deus; guarda-te para que por tua causa o nome do Senhor não seja profanado! Eu disponho sobre ti: tens que me obedecer. Depois Daniel beijou a estátua de ouro e com o beijo retirou o frontal. Em seguida, quando desceu do lugar elevado, os tocadores reuniram-se novamente e fizeram soar melodias; mas o ídolo ficou mudo e não deu resposta. Além disso, ainda ergueu uma ventania e derrubou a estátua, que se quebrou.

Quando, então, os pagãos viram o milagre do verdadeiro Deus, pegaram todos os seus ídolos, destroçaram-nos e fundiram-nos fazendo com eles coleiras e sinos que amarraram nos seus cães e jumentos.

NABUCODONOSOR andava arrogante porque o Senhor o fizera sabe-rano sobre o mundo inteiro e também sobre os animais do campo. Construiu um grande palácio que devia igualar-se ao destruído Templo de Jerusalém e passeava no telhado do edifício, vangloriando-se em sua arrogância: Esta é a grande Babilônia que construí.

Nesse momento a coroa caiu de sua cabeça, o tempo passou sobre ele, e ele se transformou em animal. Quarenta e nove anos, isto é, sete tempos decorreram dessa maneira; depois retornou ao seu reino, montado num leão e carregando um dragão sobre a cabeça. Mas encontrou seu filho sentado no trono; então, mandou lançá-lo na prisão, subiu novamente ao trono e reinou ainda por três anos na Babilônia.

OUTROS CONTAM:

Quando a maldição de Deus atingiu Nabucodonosor, sua aparência, razão e linguagem transformaram-se. Apareceu aos homens como touro até o umbigo, e dali para baixo, como leão. Comia grama como um boi, e também devorava criaturas humanas como uma fera. Muitos saíram para olhá-lo, só Daniel não quis vê-lo e rezou por ele; assim, os sete anos tornaram-se sete meses. No decorrer desse tempo, Nabucodonosor passou quarenta dias com os animais; durante quarenta dias seu coração ficou como o de um homem e ele chorou por seus pecados; durante quarenta dias foi atormentado por dores e enfermidades.

Depois que o Senhor lhe restituiu a sua natureza anterior, Nabucodonosor não retomou o reinado, mas fez com que sete juízes governassem em seu lugar e ele próprio fez penitência até se completarem os sete anos; não comeu pão nem carne, não bebeu vinho e somente se alimentava de talos e ervas, conforme o conselho de Daniel. Passados os sete anos, retornou ao poder. Quis legar

seu reino a Daniel, mas este disse: Deus me livre, eu deixar cair a herança de meus antepassados.
QUANDO Nabucodonosor expirou, deram a notícia ao filho e disseram-lhe: Vem e reina. Mas o filho de Nabucodonosor falou: Quando meu pai retornou pela primeira vez, mandou-me prender; se voltar agora, e encontrar-me no trono, matar-me-á. Então, seus amigos falaram: Vê, teu pai está morto. O príncipe herdeiro do trono respondeu: Se é assim, tirai o cadáver da cova e mostrai-mo. Assim, desenterraram Nabucodonosor e arrastaram seu corpo até as portas da prisão. Mas seu filho ainda não quis acreditar que não havia mais vida em Nabucodonosor, enquanto não perfuraram o morto com várias lanças.

7. Dario e Daniel

BALTASAR, filho de Evil-Merodac, filho de Nabucodonosor, era tão insolente que usou impropriamente as vasilhas do Templo para um banquete. De repente, porém, apareceu a mão de um invisível, que escreveu na parede: "Mene, Tequel, Ufarsin". E Daniel interpretou ao rei o sentido da escrita: "Contados estão os dias do teu reinado; foste 'pesado' e achou-se falta no peso; teu reino será 'dividido' pelos medos e persas".

Ciro e Dario eram os porteiros do rei Baltasar da Babilônia. Quando o rei ouviu a sentença de Daniel falou aos dois guardas: Decepai a cabeça de todo aquele que quiser penetrar aqui nesta noite, mesmo que se apresente como sendo o rei.

Naquele tempo, os soberanos tinham suas retretes fora do dormitório.

Baltasar, porém, sentiu dor de barriga à noite inteira; estava ansioso por sair. Saiu silenciosamente e os guardas não perceberam. Mas quando quis voltar ao dormitório, Ciro e Dario apanharam-no e seguraram-no. Ele disse: Deixai-me passar, eu sou o rei. Eles responderam: Recebemos ordem, do rei, de não permitir a entrada de ninguém, mesmo que diga que é o rei.

Pegaram no suporte o candelabro que lá estava, e com ele amassaram-lhe o crânio.

UM DIA, aconteceu que Dario comemorava a festa do deus Bel na Babilônia e o rei preparava a oferenda. Esta consistia de um boi, dez carneiros, cem pombos, setenta bolos e dez cântaros de vinho, de acordo com os costumes do país. E Dario disse a Daniel: Quisera que também tu acreditasse em nosso grande Bel, o qual é capaz de devorar tanto. Mas Daniel retrucou: Não estranhes minha atitude; o Bel é fraude e mentira, não há vida nele, foi feito por uma criatura humana. Como poderia comer e beber? Provavelmente os sacerdotes comem as dádivas e os sacrifícios ofertados. Deixa-me agir e eu revelarei a sua astúcia. O rei disse: Faze o que achas certo.

Então Daniel ordenou que todas as portas do templo fossem fechadas, com exceção de uma, pela qual o rei costumava entrar. Depois, Daniel mandou trazer cinza e espalhou-a no chão do templo. Os sacerdotes, porém, não sabiam o que Daniel fizera. Feito o trabalho, o rei, Daniel e todos os criados retiraram-se e ainda fecharam a última porta, selando-a com a sinete do rei.

Na manhã seguinte, o rei mandou chamar Daniel e perguntou-lhe: Os selos estão intactos ou lesados? Daniel disse: Estão intactos. Então, Dario soltou os selos da porta e entrou com Daniel para o interior do templo; todo o alimento da mesa tinha sido comido e não havia mais nem pão, nem carne e nem vinho. Ao ver isso, o rei prostrou-se por terra diante do ídolo e disse: Grande Bel, quem entre os deuses se iguala a ti em poder? Daniel, porém, falou: Não fales assim, mas repara no chão e verifica a cinza que espalhamos em volta da mesa; não vês pegadas? De quem serão essas pegadas? Creio que sejam daqueles que comem a refeição por Bel. O rei olhou e viu estampadas as marcas de homens, mulheres e crianças. Então mandou prender os sete sacerdotes de Bel e ameaçou-os de morte, se não confessassem a verdade. Os infiéis confessaram e mostraram ao rei os corredores secretos, por onde costumavam chegar à mesa de Bel.

O rei, ao qual agora tudo havia sido esclarecido, mandou demolir o templo, para que não restasse nenhum vestígio de Bel.

NAQUELE TEMPO, os caldeus possuíam ainda um segundo deus; este era um grande dragão, que habitava numa caverna; diariamente lhe era preparado um monte de alimento, o qual era levado de noite à entrada da caverna; o monstro abria sua fauce e engolia tudo o que lhe era apresentado. Os grandes do país foram, então, à presença do rei Dario e disseram-lhe: Será que Daniel poderá fazer com este deus, que é um verdadeiro deus vivo, o mesmo que fez com Bel? Ele que tente fazê-lo, para que sejamos vingados por Bel e seu templo que foi destruído!

E Dario chamou Daniel e disse: Vais tão longe ao ponto de também negares a divindade deste deus? É certo que em Bel não havia vida, mas este vive, e é poderoso e forte. Daniel respondeu: Que o rei não se deixe iludir. Este vosso deus nada mais é do que um animal e Deus deu aos homens o domínio sobre os animais. Se me permitires, tirarei a vida ao dragão, sem servir-me de espada, lança ou qualquer outro tipo de arma.

O rei falou: Faze isso, se podes. Os sátrapas, então, regozijaram-se e disseram: Agora Daniel encontrará a morte, pois não poderá resistir ao nosso dragão. Mas o que fez Daniel? Amarrou um par de varas de ferro, cujas pontas afiadas ficaram para fora, pôs enxofre em cima e colou-as com pez; depois, para que o conteúdo não pudesse ser visto, cobriu tudo com nata, camadas de sebo e apetitosa gordura. Por fora, parecia a oferenda costumeira. Daniel atirou a mistura na goela do monstro, e os componentes mortais penetraram nas câmaras do corpo; a gordura derreteu, o ferro apareceu e as pontas rasgaram suas entranhas. Assim, o dragão pereceu no dia seguinte.

Passados três dias, os caldeus e babilônios foram à caverna, a fim de ofertar a dádiva que cabia ao dragão, mas ele não mais apareceu e um terrível mau cheiro saía da caverna. Eles aproximaram-se e viram seu deus morto, um cadáver em decomposição.

OS CORTESÃOS de Dario uniram-se e falaram ao rei: Até agora todos acreditavam que só tua vontade dominava na Babilônia; portanto, os que lá vivem também precisam tomar conhecimento da tua rigorosa lei: aquele que durante trinta dias pedir alguma coisa a um deus qualquer ou a um homem, com exceção de ti, ó rei, deverá ser lançado na cova dos leões. Daniel, todavia, não teve medo.

Ele tinha três janelas diante das quais costumava proferir suas orações; diante da mais elevada orava a Deus, diante da do meio dialogava com Ele, diante da mais baixa, punha-se de joelhos com fervor.

Os sátrapas de Dario encontraram-no orando e caluniaram-no diante do rei. Um outro é de opinião que lá mantinham um menino escondido, o qual devia observar se Daniel orava ou não. E Dario falou aos cortesãos: Trazei-me testemunhas para que afirmem se ele orou.

Quando os adversários de Daniel estavam diante da colina e acusavam-no, Daniel viu o sol se pôr; deixou o aposento e foi a um lugar oculto, para lá fazer a prece vespertina. Vendo isso, os inimigos falaram a Dario: Queres testemunhas? Vê, ele está diante de ti e não te considera. Então Dario não soube o que responder. Contudo, não quis acatar o conselho deles e disse: Eu o perdôo. Mas os sátrapas exaltaram-se e disseram: Ou julgas Daniel ou renuncias ao governo, pois não admitimos que alguém transgrida a ordem do rei e continue a viver.

Ao ouvir isso, Dario ficou indeciso e mandou atirar Daniel na cova dos leões. Foi trazida uma grande pedra, rolada por um anjo e o rei selou a pedra com seu anel, a fim de que Daniel não fosse morto por uma seta ou pedrada; selou-a também com o selo de seus potentados, para que estes não dissessem: O rei alimentou antes os leões com carne e encheu suas barrigas, para que não devorassem Daniel.

Consta que eram cento e vinte selos. Quando lançaram Daniel aos leões, o anjo falou aos animais: Recebei-o, é um dos nossos, Judá, o jovem leão. Então os leões subiram um nas costas do outro, até alcançarem a entrada da caverna.

NA MESMA época, o profeta Habacuc saiu da Judéia; preparou uma refeição para seus ceifeiros e levou-a ao campo. Então, ouviu a palavra do Senhor, dizendo-lhe: Leva essa refeição a meu servo Daniel, que está na cova dos leões na terra dos caldeus. Habacuc respondeu: O caminho é tão longo; como chegarei lá? Então veio um anjo que o tomou pelo alto da cabeça, sendo que Habacuc segurava ainda a tijela de comida na mão, e levou-o à cova de Daniel, onde comeram e beberam juntos. Depois, o anjo reconduziu Habacuc à sua terra e ele chegou lá ainda antes que os ceifeiros houvessem terminado sua refeição, pois também eles tinham sido alimentados.

OS SÁTRAPAS partiram alegres e contentes; o rei Dario, porém, estava em seu palácio e andava triste. Ao romper da manhã, quando o galo cantou, foi até a cova e escutou; mas não ouviu nenhum som. Então começou a chamar em voz baixa: Ananias, Misael e Azarias escaparam da morte, porque eram três; ai, se teu Deus pudesse te socorrer com um mérito, que fosse igual ao daqueles três! Logo depois, ouviu a resposta de Daniel, que disse: Meu Deus enviou-me seu anjo e este manteve fechada a goela dos leões.

Ao ouvir essas palavras, o rei encheu-se de alegria; retornou a seu palácio e foi dormir. Quando seus criados foram ter com ele na manhã seguinte, o rei falou: Vamos ver que fim levou Daniel? Eles concordaram e juntos foram à cova. O rei chamou e Daniel respondeu. Em seguida, Dario ordenou que fosse tirado do covil.

E novamente um leão subiu nas costas do outro e levaram Daniel para cima. Não estava ferido e não apresentava um arranhão na pele. Portanto, os leões não o tinham tocado, nem com os dentes e nem com as patas. Os sátrapas, porém, falaram a Dario: Não foi o Deus de Daniel que o salvou dos leões, mas Daniel alimentara-os antes e, uma vez que já o conheciam, nada lhe fizeram. Então, Dario disse: Então alimentai também vós os leões. E depois que os sátrapas o fizeram, ele os atirou na cova.

Um sábio conta: Nenhum leão comeu a parte do outro. Havia trezentos e sessenta feras, ou seja, três para cada cortesão. Os homens não haviam ainda chegado ao fundo da cova, e já tinham sido devorados.

8. Assuero e Vasti

ACONTECEU que, por inspiração do espírito santo, Salomão mandou colocar seis degraus em seu trono, pois seis reis do reino de Judá deveriam sentar-se nele, ou seja: Salomão, Roboão, Ezequias,

Manassés, Amon e Josias. Na época de Josias, o faraó, rei do Egito marchou contra Jerusalém e levou o trono para o Egito. Tentou sentar-se nele, mas não conhecia a construção interna do trono; assim, o leão feriu-o no quadril e ele ficou manco. Por esse motivo, era chamado de Necho, isto é: o faraó manco.

Quando Nabucodonosor foi depois ao Egito, encontrou o trono; tirou-o de lá e levou-o à Babilônia. Pretendia fazer o julgamento de Zedequias sentado no trono. Os filhos de Israel, então, falaram diante de Deus: Cumpriu-se em nós o que está escrito: "Nossos inimigos são nossos juízes!" Mas, também Nabucodonosor desconhecia a construção do trono e assim foi empurrado pelo leão que estava à esquerda, de maneira que caiu por terra e sentiu dores até o fim de seus dias.

Em seguida, o trono passou a ser propriedade de Dario, quando destruiu a Babilônia. Pegou o trono e levou-o a Elam, na Média, a fim de que se realizasse o que consta a Escritura: "Erguerei meu trono em Elam". Naturalmente, ninguém se sentou no trono naquela época.

Também Assuero viu o trono e desejou ardentemente subir nele; seu anseio era ainda maior do que o de Nabucodonosor, o de Dario e o do faraó, mas também ele não o conseguiu. Mandou vir artistas de Tiro e Alexandria, para que lhe fizessem um trono semelhante, mas eles não foram capazes de executá-lo. Só puderam confeccionar um outro trono, que também era belo e sobre o qual podia sentar.

NO BANQUETE que Assuero mandou preparar, havia vinho à vontade, contudo, os convidados não eram obrigados a beber. Pois, na Pérsia, normalmente, reinava o seguinte costume: Havia na corte uma grande urna, com capacidade de cinco oitavos e que cada um tinha de esvaziar, mesmo que morresse ou ficasse louco. O copeiro, porém, ficava rico com os presentes recebidos dos convivas, que procuravam se livrar dessa obrigação.

Dessa vez, Assuero não mandou oferecer essa taça. Disse: Cada um beba quanto quiser.

NO SÉTIMO dia de seu banquete, o rei Assuero estava embriagado de vinho.

Quando os judeus dão festas, conversam à mesa sobre coisas do Ensinamento. O costume dos pagãos é, quando estão alegres, dirigir seus pensamentos à libertinagem.

Assim, irrompeu uma discussão entre os convivas, sobre quais mulheres eram as mais belas; as persas ou as medas. Assuero, que era um tolo, disse: Nenhuma mulher é tão bela quanto a rainha Vasti, e não só porque usa roupas magníficas e jóias preciosas. Os cortesãos falaram: Então que apareça nua diante de nós. E o rei imediatamente deu essa ordem. Mas Vasti recusou-se a vir e mandou dizer ao rei: Tolo e ingênuo que és, perdeste a razão por causa do vinho? Saiba que sou a rainha Vasti, filha de Baltasar e neta de Nabucodonosor. E tu? Não foste outrora um dos servos do carrasco, que corriam diante do carro de combate de meu pai? Se ele ainda estivesse vivo, jamais me terias conseguido por esposa. E agora queres mostrar-me despida a todo povo? Saiba, todavia, que, se não quero vir, faço-o por tua causa. Pois, se eu aparecesse agora e não agradasse a teus cortesãos, eles diriam: Este rei é um fanfarrão. Mas, se reconhecerem a minha formosura, dirão: Deve este tolo possuir uma mulher tão bela? E eles matar-te-ão para me possuir.

QUATRO mulheres alcançaram a soberania do mundo: Foram elas: Jezebel e Atalia de Israel; Semíramis e Vasti dos outros povos da terra.

9. Mordecai e Ester

SÃO QUATRO os homens cujas moedas tiveram ingresso no mundo. O primeiro é Abraão, cuja moeda mostrava de um lado a efígie de um ancião e uma anciã e, no verso, a efígie de um jovem casal. O segundo foi Josué, sobre cuja moeda está representado o touro e o búfalo. David é o terceiro e, em sua moeda estava cunhado, de um lado, o cajado e o surrão, e uma torre, do outro, pois o pescoço de David era como uma torre de marfim. E o quarto é Mordecai; a cunhagem em sua moeda representava saco e cinza, de um lado e uma coroa de ouro no outro.

MORDECAI caminhava junto com os deportados, e na mesma coluna estava também Haman, o perverso. Este ficou com fome e pediu a Mordecai que lhe desse pão. Falou-lhe: Em nome do grande Deus, deixa-me comer do teu pão. E Mordecai matou-lhe a fome.

No segundo dia, Haman procurou pão por todo o acampamento, mas só o achou com Mordecai. Então, disse-lhe: Dá-me pão, a fim de que eu permaneça vivo. Mordecai respondeu: Não me foi ordenado te manter vivo às custas da minha própria vida. Haman disse: Em troca, eu vendo-te o meu corpo. Mordecai falou: Quero apenas tuas mãos por um pão. Mas Haman disse: Podes ter a metade do corpo por dois pães. Mordecai concordou e disse: Riscarei o documento de compra no teu pé. E escreveu no pé de Haman, que este era seu servo e sua propriedade.

Este era o motivo do ódio de Haman contra Mordecai.

BAGATÃ E TERES, os dois camareiros do rei, ficaram furiosos com o fato de Assuero ter feito Mordecai guarda do palácio, em seu lugar. Um disse ao outro: Vamos pôr veneno numa taça e oferecê-la ao rei, para que morra. Todos, então, dirão: Enquanto Bagatã e Teres eram guardas, junto ao portão, o rei estava bem protegido; mas quando o judeu assumiu o posto, o rei foi assassinado. Ambos eram da província de Tarsos e conversavam em sua língua; no entanto, não sabiam que Mordecai era um dos homens que estiveram sentados no átrio de pedra com o Sinédrio, e que dominava todas as setenta línguas da terra.

NOS DIAS DE Assuero, a recordação do povo dos judeus estava como que extinta no reino dos medas, e isso acontecera devido à inimizade do amalecita Haman, filho de Amadatis, o qual recebera do rei destaque maior do que todos os outros príncipes. Mordecai, porém, era um dos nobres da tribo de Benjamim, que pelejara contra os Amalek sob as ordens do rei Saul e os aniquilara. Destas guerras originou-se a inimizade de Haman, o agagita, contra o povo dos judeus; ela voltava-se de modo particular contra a tribo de Benjamim.

ESTE É O TEOR da carta, que Haman enviou ao supremo tribunal da casa de Jacó:

Eu, Haman, cuja letra é grandemente considerada pelo rei, eu que sou o primeiro depois dele, que sou o chefe dos cortesãos, o sétimo entre seus príncipes e que sou chamado de eleito entre os grandes de seu reino, em conjunto com os administradores de terras, governadores, potentados, bem como com todos os reis do Oriente, tomamos a seguinte resolução-decreto, à qual chegamos unânimes e de comum acordo, que escrevemos em nome do rei Assuero e selamos com o seu anel e que deverá ser pronunciado contra a grande águia, cujas asas estavam estendidas sobre o mundo inteiro, de modo que nenhuma ave, nenhum animal e nenhum bicho podia existir diante dela, até que finalmente veio o grande meda que a fez cair, de modo que suas asas se partiram, seus flancos foram depenados e seus pés cortados, fazendo com que o mundo novamente tivesse paz. Agora vemo-lo novamente estirar-se, e alçar-se e mexer seus membros; vemos que ela de novo quer cobrir e engolir a terra. Por esse motivo combinamos, nós, os grandes da Média e da Pérsia, em nome do rei Assuero, e escrevemos a vós e vos pedimos concordar conosco e aprontar armadilhas, onde a grande águia caia e pereça, para que sua carne seja devorada pelos pássaros sob o céu e, a fim de que sua ninhada, tanto os pintainhos quanto os os ovos, seja aniquilada e dizimada. Mas, não queremos fazê-lo do modo como outrora procedeu o faraó, o qual, embora tenha morto os meninos, deixou vivas as meninas; e também não como Esaú, o qual disse: Deixa passar os dias de luto pela morte de meu pai, que depois matarei Jacó e tomarei seus filhos para escravos. Também não como Amalek, o qual na perseguição aos filhos de Israel, estrangulou os fracos dentre eles, poupou os heróis. E também não como

Nabucodonosor, o qual primeiro os expulsou, mas depois novamente os recebeu.

Quando os povos da terra receberam esta carta de Haman e tomaram conhecimento de seu conteúdo enviaram a seguinte resposta a Haman: Nada do que nos disseste é novidade para nós; no entanto, temos medo e receamos que nos aconteça o mesmo que ocorreu a nossos pais e antepassados. Por isso, desiste deles, pois aquele que os tocar, é como se quisesse agarrar o globo ocular de Deus. O Deus deles chamou-os de pedra de toque de todos os povos; quem os tocar, nela se cortará.

O REI FALOU a Haman: Quanto ao dinheiro, ele é teu, assim como esse povo; faze com ele o que te agradar.

Um sábio disse: A transação que Assuero fez com Haman, compara-se à seguinte parábola: Houve outrora, dois homens. Um tinha em seu campo um monte de terra e não sabia o que fazer com ele. O outro, por seu lado, tinha uma fossa em seu jardim, que precisava ser tapada. O dono do monte pensou: Ah, se eu soubesse duma fossa, eu a compraria de seu proprietário. O outro homem disse para si mesmo: Ah, se eu tivesse areia para tapar o buraco! Aconteceu depois que os dois homens se encontraram. Um deles pediu ao outro: Vende-me teu monte de areia! O outro respondeu: Como estou contente por o desejares! Toma-o de graça, sem pagamento.

MORDECAI, porém, sabia de tudo o que acontecia. Já sabia de antemão que grande sofrimento iria cair sobre Israel.

Pois uma noite, quando estava na casa de estudos, chorando e cheio de dor por causa do exílio de Israel, orou a Deus e suplicou-lhe que resgatasse seu povo dentro em breve e reconduzisse-o à casa eleita. Assim, compenetrado na oração, adormeceu e viu-se em sonho num deserto, que lhe pareceu esquisito e desconhecido. Muitos povos cruzavam esse lugar e guerreavam-se e, bem de lado e sozinho, achava-se um povo pequeno e insignificante. E eis que uma grande serpente ergueu-se do meio da multidão de povos, elevou-se em direção ao seu, ficando cada vez maior e mais grossa e estava a ponto de lançar-se sobre o pequeno povo. Mas, nesse momento a tribo foi envolta pela neblina, nuvens e trevas e uma tempestade irrompeu dos quatro cantos do mundo, que partiu a serpente em vários pedaços, os quais foram levados como debulho pelo vento. Em seguida, a escuridão afastou-se do pequeno povo, o sol tornou a brilhar como antes, tornando-o visível como sempre.

MORDECAI era tio de Ester e havia-lhe contado seu sonho. Ester por sua vez tornara-se rainha e esposa de Assuero, no lugar de Vasti, pois alcançara mais agrado aos olhos do rei do que todas as outras donzelas.

Quando, então, Mordecai viu inflamar-se a inimizade de Haman, disse à rainha Ester: O sonho que te relatei em tua mocidade, realizar-se-á agora. Portanto, suplica clemência ao Senhor do Mundo e intercede ao rei Assuero em favor de teu povo e de tua amizade. Ester tentou despertar a compaixão do Senhor. Despiu suas vestes reais e tirou as maravilhosas jóias; envolveu-se num saco, grenhou os cabelos e espalhou cinza sobre eles. Mortificou seu corpo por meio de jejum, prostrou em terra, orou e clamou: Senhor, Deus de Israel, que governaste desde o princípio e criaste o mundo inteiro! Faze-o por amor de tua criada, que não possui outro amparo e que vive solitária no palácio do rei, sem pai e mãe, como uma órfã e que corre de porta em porta pedindo para entrar. Senhor, meu Deus, coloco minha alma em tuas mãos; leva-a se te aprouver. Mas se não quiseres aceitá-la, salva o rebanho que apascentas, dos leões que querem se lançar sobre ele. Faze, também com que consiga obter clemência aos olhos desse homem, o rei Assuero, ao qual temo, como um cabritinho teme o leão. Pois o coração dos reis está em tua mão, tu podes incliná-lo para o lado que desejares. Grande, poderoso e excelso Deus, salva-nos em nossa miséria!

Depois de três dias Ester cobriu-se com as vestes reais e adornou-se com suas preciosas jóias; fez-se acompanhar de suas duas donzelas, com a destra apoiava-se numa delas, à maneira das rainhas, e a outra seguia levando a cauda de seu vestido, para que o ouro e as pedras preciosas incrustadas nele não tocassem o chão. E a rainha tornou a sua face radiosa e dominou a aflição que carregava no coração. Penetrou no aposento interior, onde estava Assuero e parou diante dele.

O rei estava sentado em seu trono, e sua veste cintilava de ouro, ouro fino e pedras preciosas. Ergueu seus olhos, e eis que Ester estava diante dele. Sua cólera inflamou-se pelo fato da rainha ter transgredido sua ordem e ter vindo sem ser chamada. Ester assustou-se e sua coragem sumiu ao ver a raiva do rei; em seu temor recostou a cabeça no ombro da moça que estava à sua direita. Então, Deus olhou para o sofrimento de seu povo e apiedou-se da órfã que nele depositara sua confiança. Fez brotar clemência no coração do rei e a beleza e a graça de Ester parecerem ainda maiores. Assuero saltou repentinamente do trono, correu até Ester, tomou-a nos braços e beijou-a. Ela apoiou-se no seu braço e ele disse: Que tens? Não temas, ó rainha, pois a lei que nos obriga, não te prende em nada: és princesa e minha esposa. E tomando seu cetro de ouro, tocou sua mão e disse: Por que não falas comigo? Ester retrucou: Vi teu semblante, meu senhor e rei, e minha alma estremeceu diante da tua glória e majestade. E, enquanto ainda assim falava, sentou-se esgotada, apoiando-se na aia, pois estava sem forças devido ao demorado jejum e sofrimento. O rei, então, ficou consternado e chorou no pescoço de Ester, e os criados suplicaram à rainha, que acalmasse o rei por meio de palavras.

NA NOITE, da qual consta que o rei não conseguiu conciliar o sono, aconteceu, primeiro, que apenas ele dormia. Ninguém mais repousava no palácio, pois Ester estava ocupada com os preparativos da festa para Haman, Mordecai mortificava o corpo e Haman estava à procura de uma forca. Naquela hora, o Senhor disse ao anjo do sono: Meus filhos estão em apuros e esse malvado goza de repouso em seu leito? Desce e expulsa o sono de suas pálpebras.

Então, o anjo desceu, sacudiu o rei e disse-lhe: Sujeito ingrato! Levanta-te e retribui o bem àqueles que te fizeram bem. Assuero perguntou: Quem me fez o bem, que eu não tinha detribuído? E ordenou que lhe trouxessem as crônicas do reino.

Um filho de Haman era o escrivão e ledor do rei. Abriu o livro e encontrou a narrativa de como Mordecai descobria a traição de Bagatã e Teres. Mas não quis lê-la e ficou a folhear o livro. Então, o rei perguntou: Por quanto tempo ainda vais ficar revolvendo o livro de um lado para outro? Lê o que tens à tua frente. O filho de Haman respondeu: Não consigo entender a escrita. Mas a frase saiu por si do livro: Mordecai descobriu que os dois camareiros quiseram pôr as mãos sobre o rei.

Quando o nome de Mordecai foi mencionado diante de Assuero, o sono apoderou-se dele e ele dormitou.

ENTRETANTO, Haman, o malvado, passeava contente e de bom humor. Reuniu seus amigos e disse-lhes: Vêde tudo o que a rainha fez por mim; isso tudo, porém, não poderá satisfazer-me, enquanto estiver o judeu Mordecai vivo. Sua esposa Serea, então, aconselhou-o a preparar uma forca de cinqüenta côvados de altura e nela pendurar Mordecai. Isso agradou bastante a Haman, e ele mandou abater um cedro em seu jardim, que media cinqüenta côvados de altura e quinze côvados de circunsferência de largura. Mandou fincar essa árvore no solo diante da porta e pensava com que prazer conduziria Mordecai à forca, na hora da prece vespertina.

Mas apareceu o anjo Gabriel, e este disse a Haman: Esta árvore está preparada para ti desde os seis dias da Criação!

QUANDO Haman a uma pergunta de Assuero enumerou-lhe as honrarias que se deviam proporcionar a um homem merecedor, e o rei deu ordem que assim se fizesse com Mordecai, Haman ficou louco de cólera e indignação, e disse: Meu senhor e rei! Existem muitos Mordecais no mundo. O rei, então, disse: Refiro-me a Mordecai, o judeu. Haman falou: Há muitos Mordecais entre os judeus. O rei berrou: Refiro-me àquele que está sentado à porta. Haman disse: Se é este, basta que lhe dês uma cidade ou um riacho. Assuero, então, urrou como um leão e falou: Que nenhuma palavra do que eu disse caia por terra.

HAMAN, obediente à ordem do rei, foi buscar o mais belo corcel das cavalariças reais, a fim de honrar Mordecai. Mas quando Mordecai viu Haman aproximar-se com o cavalo, pensou: O malvado quer me fazer pisotear pelos cascos do cavalo. E gritou aos seus discípulos: Fugi para que não vos aconteça algum mal. Eles, porém, disseram: Não te abandonamos, nem na vida, nem na morte. Então, Mordecai vestiu o xale de orações e começou a rezar. Entretanto, Haman aproximara-se e sentara-se entre os discípulos. Falou: O que fazeis aí? Eles responderam: Estudamos a questão do gomor, * que se costumava ofertar quando ainda existia o Templo. Haman perguntou: Que gomor é esse? Um gomor de prata ou um gomor de ouro? Eles responderam: Trata-se de um gomor de cevada. Haman perguntou: Quanto valia tal gomor?

Os discípulos retrucaram: O valor era muito grande; valia dez zuz. Haman disse: Os vossos dez zuz prevaleceram sobre os meus dez mil talentos de prata.

Quando Mordecai terminou a oração, Haman falou-lhe: Levanta-te, Mordecai, ó justo, filho de Abraão, de Isaac e de Jacó! Despe tua roupa de saco e retira a cinza de tua cabeça; veste os trajes reais e monta no cavalo. Mordecai respondeu: Ó malvado da descendência de Amalek! Dá-me mais uma hora de tempo para que eu coma meu pão das lágrimas e beba meu amargo cálice de água. Depois podes me levar e pendurar na forca.

Haman, porém, falou: Detém-te, justo, desde sempre aconteceram milagres a teu povo: a forca que eu preparei será minha ruína. Mas agora recebe as honrarias que te são atribuídas, pois o rei quer enaltecer-te. Mordecai, logo, percebeu que Deus intercedera, milagrosamente, por ele, e disse a Haman: Homem tolo, achas que depois de estar sentado na cinza e meu corpo estar cheio de imundície, vou envolver-me em magníficas vestes? Deixa primeiro lavar o meu corpo e fazer a barba. Procurou por um banhista e um barbeiro, mas não se encontrou nenhum. Então Haman teve que se encarregar desse serviço e lavar Mordecai, untá-lo e aspergi-lo com essências aromáticas. Depois trouxe de sua casa uma tesoura, com a qual cortou os cabelos e a barba de Mordecai.

Suspirava ao fazer isso e dizia: Ai de mim! Aquele que sobrepujou todos os sátrapas em dignidade, cujo trono era mais elevado do que o dos demais, tornou-se lavador e barbeiro. Mas Mordecai retrucou: Acaso não conheci teu pai, que foi barbeiro durante vinte e dois anos? Eram dele os utensílios que tens nas mãos!

---

* Oferta de espigas e também uma certa medida.

O SENHOR chamou todas as árvores que criara nos seis dias da Criação e perguntou-lhes: Qual de vós quer se oferecer para nela ser enforcado o ímpio Haman? A figueira, então, disse: Eu desejo ser a forca, pois Israel leva ao Templo as primícias dos meus frutos, e meu fruto também serve de comparação, conforme está escrito: "Examinei vossos ancestrais como se examina os primeiros figos na figueira". A vinha falou: Quero que o ímpio seja pendurado em mim, pois de mim é extraído o vinho para a libação da oferenda, e eu sou uma alegoria para Israel, como também está escrito: "Israel é uma vinha florescente". A romãzeira falou: Deixai que eu seja a forca, pois sirvo de comparação para a beleza, conforme está escrito: "Tuas faces são como a fenda na romã". A nogueira falou: Tomai a mim como forca, pois o cantor do Cântico dos Cânticos exalta-me, dizendo: "Descera eu ao jardim das nogueiras". O salgueiro falou: Eu mereço servir de cadafalso para o malvado, pois Israel é abençoado com uma referência a mim, conforme também está escrito: "Que cresçam como os salgueiros perto d'água". A oliveira exclamou: Cabe a mim ser tomada para forca. Alimento as lâmpadas do Templo com luz, os meus frutos produzem o mais fino e puro óleo, e Israel é chamado de "Uma bela e fértil oliveira". A macieira disse: Eu, eu quero ser a madeira na qual o ímpio deverá pender; pois a meu respeito está escrito: "O odor do teu sopro seja como o das maçãs". O cedro falou: Tomai a mim, de mim foi construído o Templo, e eu sou a mais bela de todas as comparações: Está escrito: "O justo crescerá como o cedro do Líbano". Então o espinheiro também falou: Eu sou a árvore apropriada, pois os malvados são comparados a mim, conforme está escrito: "Os indignos são como os espinhos atirados fora". Quando o Senhor viu que o espinheiro estava pronto, fez com que as outras árvores se calassem e disse-lhe: Uma vez que te ofereces, o criminoso, que quis exterminar meus filhos, será pendurado em ti.

O MALVADO Haman teve cem filhos. Desses, dez foram mortos, dez foram enforcados, dez foram despedaçados, e sete andaram como mendigos de porta em porta durante doze meses, até que também eles caíram em desgraça.

ESTER TAMBÉM é chamada de Hadassa. Como era chamada de Hadassa, se o seu nome era Ester? É que os justos devem ser comparados às murtas.* Pois diz o profeta Zacarias: "Um homem parou entre as murtas na planície".

Mas então, se seu nome era Hadassa, por que era chamada de Ester? Porque se mantinha em segredo,** conforme também se relata acerca dela: "E Ester não dera a conhecer nada sobre seu

---

* Hadassa, a murta.
** Seter, segredo, mistério.

povo e sua família". Outros são de opinião que os adoradores de estrelas chamavam-na assim, por causa de sua deusa Astarté.

Mais uma opinião: Era chamada de Hadassa, porque sua estatura não era muito alta e também não muito baixa, exatamente como é a murta. Um mestre, por sua vez, disse: A cor de sua pele era esverdeada e sobre ela pairava um halo de graça; por essa razão era comparada à murta verde.

10. Jó

JÓ É O HOMEM do qual o próprio Senhor afirmou ser inocente e íntegro, temente a Deus, afastado do mal. Erigira uma casa num lugar onde muitos caminhos se cruzavam, e fizera quatro portas para que todos nela entrassem. Quem entrava, comia, bebia e louvava o céu.

O Satã viu isso e ficou cheio de inveja: Foi à presença do Senhor e disse: Vagueei pelo mundo e não vi nenhum homem mais cheio de amor que Jó na terra de Us, de quem tu próprio disseste por três vezes que era piedoso e íntegro, temente a Deus e sem defeitos. Agora, porém, deixa que eu desvie seu coração de ti. Então, o Senhor falou: Satã, Satã, para que te serve esse homem? Não há igual em toda a terra. Mas o Satã repetiu seu pedido. Então, o Senhor disse: Está bem, tudo o que lhe pertence, seja posto em tua mão.

Assim, o Satã foi disfarçado de Jó para o lugar em que pastava o rebanho do homem piedoso, abateu os pastores e bois e levou embora as ovelhas e camelos. Um mensageiro foi a Jó e trouxe-lhe a má notícia: Então, Jó disse: "Deus deu, Deus levou, louvado seja o nome de Deus!"

O Satã foi mais uma vez e encontrou os filhos e as filhas de Jó na casa de seu irmão mais velho divertindo-se e tomando vinho. Sugeriu ao primogênito que subisse ao telhado, de modo que este ruiu sobre os convivas e ele e seus irmãos pereceram. E de novo um mensageiro veio a Jó e contou que uma poderosa tempestade vinda do deserto, derrubara a casa e soterrara os que estavam lá dentro. Mas Jó disse também desta vez: "Deus deu, Deus levou, louvado seja o nome de Deus!"

Então, o Satã foi à presença do Senhor e falou: Senhor do Mundo! Vagueei pelo mundo e não encontrei nenhum homem a quem amasses mais do que a Jó. Deus falou: Observaste bem meu servo Jó? O Satã respondeu: Pele por pele! Mas basta tocá-lo e ele desviar-se-á de ti. Deixa que experimente o meu poder nele. O Senhor falou: Que esteja em tuas mãos, porém, poupa a sua vida. Então, o Satã disse: Como posso poupar sua vida? Senhor, neste caso assemelhas-te a um rei da terra que deu ordem a seu servo para quebrar o tonel de vinho, mas que não deixasse o vinho jorrar fora. Deus disse de novo: Toma cuidado! Tens que poupar a sua vida.

Imediatamente, o Satã desceu com grande alegria à terra e atingiu Jó com terrível sarna. E Jó pegou um caco e com ele esfregava sua pele. Sua mulher disse-lhe: Ainda persistes no teu temor a Deus? Jó, porém, repreendeu-a e disse: Falas da maneira que falam as mulheres indignas.

A casa começou a cheirar mal por causa da doença de Jó; deixou a casa e ficou sentado fora, sobre o estrume. Vermes roíam sua carne; faziam furos em seu corpo e brigavam pelas fibras de carne. E Jó colocava cada verme em seu trilho, dizendo: A carne é minha e vós a disputais. Nesse momento seu coração doeu e ele exclamou diante do Senhor: Não há juiz entre nós, que coloque sua mão sobre nós; que retire de mim sua vara e tire de mim sua ameaça.

Mas, logo começou a dar louvores e graças ao Senhor, e disse: Agradeço-te, Senhor, por te zangares comigo; agora, tua ira voltar-se-á e me consolarás! Nessa hora ficou claro a todos no mundo que não existe Deus igual ao Senhor.

Ele falou ao Satã: Não pediste que eu te desse Jó e tu farias seu coração desviar-se de mim? E o Senhor censurou o mau espírito e derrubou-o do céu, para que se cumprisse o que está escrito: "Contudo, como homem morrereis e como qualquer tirano tombareis".

OS TRÊS AMIGOS de Jó souberam de suas tribulações e unânimes resolveram ir consolá-lo. Unânimes, significa que vieram ao mesmo tempo e pela mesma porta à casa de Jó. Suas casas distavam uma da outra muitas milhas como é que souberam todos ao mesmo tempo do sofrimento de Jó? Uns dizem que os três amigos possuíam cada um uma grinalda, e quando estas de repente murcharam, pressentiram algum mal. Outros dizem que cada um possuía uma árvore cujas folhas de repente emurcheceram.

JÓ INSULTOU a tempestade, e da tempestade lhe foi respondido. Falou diante do Senhor: Talvez uma tormenta tenha se colocado entre nós, e essa transformou o amigo Jó em inimigo Jó.* Deus respondeu-lhe de dentro da tempestade de "Cinge teus flancos como um homem; eu te perguntarei, ensina-me!" Dei milhões de cabelos ao homem e para cada fio preparei um buraquinho, do qual ele retira seu sumo; jamais dois fios se alimentaram de um só buraquinho, pois então o homem ficaria cego. Já que posso distinguir entre cabelo e cabelo, poderia então confundir o amigo Jó com Jó, o inimigo?

---

* Trocadilho entre o nome Iow e a palavra Oiew, inimigo.

Quantas gotas coloquei na nuvem, para que caiam como chuva repentina sobre a terra; mas para cada gota preparei um envoltório e jamais duas gotas podem estar em um só envoltório, pois então a chuva não fertilizaria a terra. Uma vez que conheço a diferença entre gota e gota, não reconheceria a diferença entre amigo e inimigo? Quantos relâmpagos estão abrigados nas nuvens, mas indiquei a cada relâmpago seu caminho e jamais dois relâmpagos correm juntos pelo mesmo caminho, pois então o mundo seria destruído. Se não confundo dois relâmpagos, confundiria amigo com inimigo?

O SENHOR reuniu todos os anjos de serviço à sua volta e disse-lhes: Vistes quantos golpes e feridas causei a Jó e como ele não pecou contra mim nem mesmo pela boca. Portanto, agora colocai-vos em fila e pedi clemência por ele, para que se restabeleça de sua enfermidade. Os anjos assim o fizeram e o Senhor curou Jó de sua enfermidade, que durara doze meses, semelhante às pragas do Egito e como os suplícios dos ímpios no inferno.

Mas, depois, o Senhor concedeu-lhe bênção em abundância, e seu fim foi ainda mais magnífico do que fora seu princípio. Ganhou quatorze mil ovelhas, seis mil camelos, mil bois de jugo e mil jumentas. E novamente teve sete filhos e três filhas; destas uma se chamava Jemina, a segunda, Kezia, e a terceira, Keren-Hapuch.

QUANDO terá vivido Jó? As opiniões divergem a respeito e cada mestre indica uma outra época. Assim, um afirma que viveu na época de Abraão, pois era um homem da terra de Us, e também o filho primogênito de Nacor, irmão de Abraão, chamava-se Us. Um outro diz que viveu no tempo de patriarca Jacó, e que Dina foi sua mulher. Por outro lado, afirma-se que ele viveu na época dos doze filhos de Jacó. Alguns dizem que ele viveu na época em que Israel desceu ao Egito; mas que, quando Israel saiu do Egito, ele já estava morto, e para isso indicam uma parábola. Um lobo atacou um rebanho; então o pastor, preocupado com o rebanho, abandonou um bode à fera. Assim também Deus entregou o justo Jó a Satã, a fim de que este, durante o longo período em que torturava Jó, poupasse os filhos de Israel cuja fuga do Egito assim teria êxito. Conta-se também que Jó teria sido um dos conselheiros do faraó e um dos nobres de sua corte. *

Alguns afirmam que sua vida decorreu na época dos Juízes, pois proferiu a sentença: "Se sois todos videntes, por que fazeis coisas tolas?" Há uma opinião de que viveu na época da rainha de Sabá, pois no Livro de Jó está escrito: "E caíram sobre eles, os sabeus". Todavia, também pode ter sido na época dos caldeus, pois no mesmo livro consta: "Os caldeus dividiram-se em três bandos".

---

* Vide supra págs. 254 e ss.

Um sábio coloca a vida de Jó na época do rei persa Assuero, pois, após a expulsão de Vasti, foram-lhe indicadas mulheres formosas e porque outra vez está escrito: "Não havia mulheres mais belas do que as filhas de Jó".

Um mestre do Talmud acha que Jó foi um dos deportados que retornou à Terra de Israel. O outro mestre afirmou, igualmente, que ele era exilado, mas também israelita, e que nos ensinou como se deve prantear, pois está escrito: "Levantou-se Jó e rasgou o seu manto". Pode-se concluir daí que um enlutado rasga seu manto em pé.

Mas é considerado pagão por muitos e Deus teria dito dele: Tive um devoto pagão em meu mundo, que recebeu sua recompensa e foi-se.

Outros, por sua vez, afirmam que Jó nunca existiu.

11. Esdras

TRÊS PROFETAS vieram do exílio com Israel para a pátria: Ageu, Zacarias e Malaquias. O primeiro disse-lhes como construir o altar, o segundo disse-lhes onde deviam construir o altar e o terceiro instruiu-os que deveriam ofertar sacrifícios mesmo antes que um novo Templo fosse edificado.

UM SÁBIO DIZ: Malaquias e Mordecai são uma única pessoa, Mas isso não está certo. Por outro lado, está certo aquele que disse: Malaquias e Esdras são uma única pessoa.

DE ONDE PROVÉM o nome de Zerubabel? Ele foi semeado, por assim dizer, em Babel. * E como se chamava na realidade? Neemias.

ESDRAS SERIA digno de receber o Ensinamento, mas Moisés o precedeu.

MOISÉS RECEBEU o Ensinamento e transmitiu-o a seu discípulo Josué: Josué deu-o a Pinehas, neto de Aarão, e o sumo-sacerdote Eli recebeu-o de Pinehas. Eli transmitiu o Ensinamento a Samuel, Samuel ensinou-o a David e de David ele chegou ao profeta Ahia, de Silo.

A tradição foi dada de Ahia de Silo ao profeta Elias; este deixou-o como legado ao discípulo Eliseu, e de Eliseu foi parar nas mãos de Joiada, o qual na época do rei Joas era sumo sacerdote. O sucessor de Joiada foi seu filho Zacarias, o qual foi apedrejado no Templo de Joas; mas, antes disso, já entregara o bem transmitido ao profeta Oséias.

De Oséias a dádiva foi para Amos, de Amos a Isaías, de Isaías a Miquéias; Miquéias deu a Joel, Joel deu a Naum; de Naum foi parar com Habacuc.

---

* Zara, semear.

Foi na época do rei Josias que atuou o profeta Sofonias; este recebeu a tradição de Habacuc e foi o décimo nono portador da mesma, desde Moisés. O vigésimo da série foi Jeremias, o qual recebeu o bem dos ancestrais por intermédio de Sofonias; na Babilônia, entregou o que lhe fora confiado a Baruch, filho de Neria, e deste o Ensinamento foi ter com o escriba Esdras.

Epílogo

As Lendas do Povo Judeu ("Die Sagen der Juden"), compiladas e redigidas por Mica Iossef bin Gorion, contêm os mitos esquecidos e as quase desconhecidas tradições populares dos judeus, que se relacionam com a Bíblia e que, a partir da Antiguidade, eram apresentadas na forma de uma literatura praticamente inesgotável de interpretações e homilias. Das fontes hebraicas (e aramaicas), que se distribuem por vários séculos, o compilador desenterrou estes tesouros e, notadamente, através da separação e composição do homogêneo, quase reconstruiu uma obra, que antes dele existia apenas de forma latente, mas não palpável e evidente, e que, a partir de agora, juntamente com o Der Born Judas ("A Fonte de Judá"), do mesmo autor, será incluído na contribuição pós-bíblica do espírito judaico à literatura universal.

A denominação de "lenda" para um gênero, nesse caso especialíssimo de literatura sagrada, provém da conhecida palavra hebraica "Agada" ou "Hagada", a qual poderia literalmente ser traduzida como "narrativa", e que quer sobretudo expressar que se trata da tradição oral em sua essência. Estas lendas ou narrativas acompanham as histórias bíblicas desde a Criação do mundo até o retorno do cativeiro babilônio, e sua seqüência não pode deixar de seguir a seqüência bíblica.

Originalmente, a obra teria o título completo "As Lendas dos Judeus a respeito da Bíblia", ao passo que o subtítulo dos diversos volumes seria "Lendas e Mitos Judaicos", devendo caracterizar como tal o material apresentado.

A primeira edição de As Lendas do Povo Judeu foi publicada em cinco volumes, dos quais os três primeiros foram publicados ainda em vida do autor e em duas edições. Esses três volumes, que contêm mais da metade do total da matéria, acompanham, dos vinte e quatro livros da Bíblia, apenas um único, ou seja, o Gênesis, o primeiro Livro de Moisés, e juntos formam, também quanto ao tema, uma unidade mais perfeita; os dois volumes finais, que foram publicados uma década após a morte do compilador, apresentam temas e motivos dos livros restantes da Bíblia, o que os transforma por sua vez em uma unidade, diferente da primeira no conteúdo naturalmente, mas não no sentido. Este caráter duplo da obra foi também ressaltado externamente na presente nova edição, referindo-se as duas partes principais em que é dividida, de certa maneira, a duas obras. A primeira parte corresponde aos volumes "Dos Tempos Primordiais", "Os Patriarcas" e "As Doze Tribos" da edição original, e, mantém-se, como foi dito, nos quadros daquilo que foi sugerido e narrado no primeiro Livro de Moisés. Trata-se de tradições, que por muito tempo devem ter sido transmitidas oralmente, até que, a partir do início do Medievo, foram fixadas por escrito e sobre cuja idade a cronologia de seu eventual registro por escrito pouco nos informa. Muita coisa, poder-se-ia dizer, pode remontar até mesmo aos tempos em que a própria Bíblia ainda não possuía sua forma definitiva. E um significado especial e decisivo deve ser dado aí aos fragmentos do antigo mito judaico, os quais se referiam à cosmogonia bíblica e história humana antiga, semelhantes em sua idéia a qualquer outro mito antigo, antes de se desfazerem no monoteísmo aperfeiçoado e na crença espiritualizada do judaísmo posterior. Portanto, esta parte da coletânea forma um contraste com as lendas divinas e heróicas dos povos clássicos, e sobretudo orientais antigos, e somos informados de que a Bíblia, livro básico e fonte da fé judaica, pode muito bem ter sido também lida e entendida sob forma de mito. A crença popular, indestrutível como o próprio folclore, apenas estava engastada e oculta como esta; na realidade, porém, ao lado da Bíblia e independente dela, (mas logicamente se referindo a ela) existiam forças poéticas atuantes, as quais, não houvesse a Bíblia, como criação única do espírito humano e decisiva do judaísmo, dominado tudo, talvez pudessem ter levado à criação de um *epos* popular independente.

Retornando, portanto, à Bíblia, a primeira parte de *As Lendas do Povo Judeu* oferece uma cosmogonia, que partindo da história primeva da humanidade, vai-se restringindo a uma história da tribo judaica. A segunda parte, que trata do êxodo do Egito até o retorno do cativeiro babilônico, é mais acompanhamento da Bíblia, interpretação e amplificação. O texto também pouco informa sobre aquela época posterior em que foram levados à forma escrita, uma vez que, após a queda do Segundo Templo, a independência nacional estava perdida e o povo vivia apenas da recordação e da esperança. A Terra Santa é transfigurada. Os patriarcas de Israel, Moisés, o homem de Deus e seu discípulo Josué, bem como todos os heróis da época dos Juízes e dos Reis, tornam-se figuras agigantadas. Ao mesmo tempo, a Lei, o Ensinamento Divino, no qual e por força do qual se vive, tornaram-se também um primitivo poder mágico, do qual o próprio Criador não pôde se subtrair, já que criou o seu mundo, e os heróis bíblicos apresentam-se também como grandes eruditos, nos quais a imagem ideal da Idade Média Judaica, de cujo espírito realmente se originam, foi praticamente vivida com antecipação. *As Lendas do Povo Judeu* são, em suma, um múltiplo testemunho próprio da comunidade que as transmitiu e guardou: primeiro, quanto ao semblante de um Israel pré-histórico, que já no decurso das épocas bíblicas desaparecera da consciência; ao mesmo tempo, como interpretação fantástica da própria Bíblia, universal e nacional; e finalmente, como uma emanação legítima do espírito judaico pós-bíblico, o qual, com rigorosa disciplina, suportou, uniu e manteve vivos os dispersos.

As Lendas do Povo Judeu e *A Fonte de Judá*, as duas grandes coletâneas de tradições populares e relatos judaicos, foram quase que criadas por Mica Iossef bin Gorion; pois foi ele que, quase sem antecessor, descobriu os inúmeros textos dispersos e muitas vezes ocultos, tirou-os de seus envoltórios e juntou-os em livros populares. Nas lendas e contos do *Der Born Judas*, há o relato de acontecimentos e ações, os quais, embora sem época determinada, conquanto muitas vezes emoldurados em certo espaço de tempo, quase sempre conduzem a uma lição moral ou a um capítulo de filosofia; este é seu encanto, sua influência e significado. *As Lendas* são mais uma obra para provocar pergunta do que dar respostas, e a pergunta não é proposta tanto segundo o sentido do mundo quanto por seu fundamento. Numa comparação das duas obras, poder-se-ia, em *As Lendas do Povo Judeu*, dizer que se trata de lendas divinas e em *A Fonte de Judá* de histórias humanas, e assim os dois livros-fontes completam-se e, uma vez que são compilados da literatura de vários séculos, foi vantajoso para ambos, terem sido juntados por *uma* só mão, a qual, por meio da tradução, recuperou a sua unidade de estilo.

Com referência às fontes às quais o autor recorreu e sobre o seu caráter, bem como o rumo que tomou ao ordenar a matéria, ele próprio relatou em seu prefácio, que precede também esta nova edição. Esta, a terceira (pelo número de edições, a quarta) desde a publicação do primeiro volume no ano de 1913, segue, em sua ordenação, essencialmente a edição em um volume do ano de 1935 (que em face da edição original não é a de uma obra resumida, mas sim concentrada). Prescindiu-se da obtenção de uma prova específica das fontes, a qual, no atual estado da pesquisa, exigiria um livro próprio. Sempre que um texto inicia uma nova fonte, o fato foi assinalado (caracteres maiúsculos); as citações bíblicas aparecem entre aspas, quando não se acham entretecidas na exposição. As notas explicativas resumem-se ao mínimo necessário.

Tel-Aviv, no quadragésimo ano
após a morte do compilador.

Emanuel bin Gorion

Sumário

Prefácio à Primeira Edição 5

Primeira Parte: OS PRIMÓRDIOS, OS PATRIARCAS, AS DOZE TRIBOS

Livro Primeiro: A Criação 10
1. O Céu e a Terra 10
2. Os Primórdios 10
3. Das Primeiras Coisas 12
4. Os Primeiros Dias 13
5. Sol e Lua 15
6. Do Reino dos Animais 17
7. Os Quatro Guardiães da Terra 20
8. No Crepúsculo do Sexto Dia 21
9. O Sábado 22
10. A Obra Terminada 23
11. Alef e Bet 24
12. Os Sete Mundos Anteriores 25
13. A Respeito dos Sete Céus 26
14. Das Luzes do Céu 28
15. Os Quatro Ventos 30
16. A Terra Santa 31
17. O Jardim do Éden 31
18. A Duplicidade e a Unidade 33

Livro Segundo: Adão 35
1. Antes da Criação de Adão 35
2. A Criação de Adão 36
3. À Imagem de Deus 37
4. O Homem Era um e Muitos Dele Nasceram 39
5. O Mestre 39
6. O Sono 41
7. Adão e Eva 42
8. O Pecado de Adão 44
9. De Eva e da Serpente 47
10. A Primeira Noite 49
11. Os Querubins 51
12. Lilit 52
13. O Pássaro Milcham 54
14. A Raposa e a Doninha 55
15. Cão e Gato 57
16. O Fratricídio 59
17. Errante e Fugitivo 62
18. Os Corvos 64

19.	De Caim, de Abel e de Moisés	65
20.	Set, Enos, Cainan	66
21.	Lamec	67
22.	O Livro de Adão	70
23.	Adão e as Gerações Vindouras	73
24.	A Morte de Adão	74

Livro Terceiro: O Dilúvio 77

1.	Henoc	77
2.	De Henoc — Metatron	79
3.	Dos Anjos Caídos	82
4.	A Geração Ímpia	84
5.	Noé	86
6.	A Arca	88
7.	O Gato e o Rato	91
8.	O Julgamento	92
9.	Uma Parábola e Três Alegorias	94
10.	O Corvo, a Pomba e a Águia	96
11.	O Fim do Dilúvio	98
12.	O Vinho e o Satã	100
13.	O Castigo de Noé e o Pecado de Ham	100
14.	O Sábio Noé	102

Livro Quarto: De Babel a Canaã 105

1.	Sem, Ham e Jafet	105
2.	Os Dez Reis	107
3.	Nimrod	108
4.	A Geração do Dilúvio e a da Construção da Torre	109
5.	A Torre	112
6.	A Estrela de Abraão	114
7.	Quem é o Dono da Casa	119
8.	O Assaltador de Imagens	120
9.	A Fogueira	124
10.	A Convocação de Abrão	129
11.	A Mudança para Canaã	130
12.	Rakion o Mágico	131
13.	No Egito	133
14.	A Guerra com os Reis	135
15.	Melquisedec	139
16.	A Promissão	139
17.	Agar	142
18.	A Aliança	144
19.	Na Floresta	146
20.	Os Pecados de Sodoma	147
21.	Um Elamita em Sodoma	150
22.	Pelotit	152
23.	O Julgamento de Sodoma	153
24.	As Filhas de Lot	156

Livro Quinto: O Patriarca Abraão 158

1.	No Meio das Épocas	158
2.	No País dos Filisteus	160
3.	O Nascimento de Isaac	161
4.	A Expulsão de Ismael	162
5.	Abraão Visita Ismael no Deserto	164
6.	A Bem-aventurança de Abraão	165

AS LENDAS DO POVO JUDEU 485

7. O Velho do Deserto 168
8. Do Sacrifício de Isaac 169
9. Ainda Sobre o Sacrifício de Isaac 173
10. Da Morte de Sara 176
11. Do Envelhecer 178
12. O Casamento de Rebeca 178
13. Dos outros Descendentes de Abraão 180
14. A Morte de Abraão 181

Livro Sexto: Esaú e Jacó 183
1. Os Gêmeos Desiguais 183
2. O Prato de Lentilhas 185
3. As Primeiras Ações de Esaú 187
4. A Cegueira de Isaac 188
5. Pela Bênção Paterna 188
6. As Intrigas de Esaú 191
7. A Escada para o Céu 193
8. A Pedra Fundamental 196
9. Lusa 197
10. Lea e Raquel 197
11. Jacó e Labão 202
12. A Luta de Jacó com o Anjo 205
13. O Encontro dos Irmãos 208

Livro Sétimo: Os Filhos de Jacó 210
1. Dina 210
2. A Morte de Raquel, Débora e Rebeca 213
3. A Morte de Isaac 214
4. A Guerra 216
5. A Venda de José 220
6. Na Casa de Putifar 223
7. A Elevação de José 225
8. Asnat 228
9. Jacó no Egito 229
10. Ruben, Simeão, Levi, Judá 230
11. Sobre os Demais Filhos de Jacó 233
12. A Morte de Jacó 235
13. A Morte de Esaú 240
14. Edom 242
15. O Porquê do "Doze" das Tribos 243
16. Jacó-Israel 244
17. Os Pais e a Carruagem Divina 245

Segunda Parte: MOISÉS, JUDÁ, ISRAEL

Livro Oitavo: O Êxodo 249
1. A Morte de José 249
2. A Escravidão 250
3. As Parteiras 253
4. O Sonho do Faraó 254
5. Amram e Jochebed 256
6. O Nascimento de Moisés 257
7. O Carvão 259
8. O Jovem Moisés 260
9. No País dos Etíopes 263

10.	Na Casa de Jetro	266
11.	No Monte Horeb	269
12.	A Missão	270
13.	O Primeiro Êxodo	272
14.	Os Sinais Milagrosos	274
15.	As Pragas	277
16.	Os Primogênitos	278
17.	Três Parábolas	280
18.	O Caixão de José	281
19.	O Mar de Juncos	282
20.	O Hino da Vitória	286

Livro Nono: A Peregrinação pelo Deserto 288

1.	Os Primeiros Milagres no Deserto	288
2.	Amalek	290
3.	O Monte de Deus	292
4.	A Revelação	293
5.	No Monte Sinai	296
6.	O Bezerro de Ouro	298
7.	As Segundas Tábuas	301
8.	O Tabernáculo	303
9.	Nadab e Abihu	305
10.	O Acampamento	306
11.	O Poço de Míriam	308
12.	Os Setenta Anciãos	310
13.	Os Emissários	310
14.	A Revolta de Coré	312
15.	O Povo Resmungador	315
16.	Sobre a Morte de Aarão	316
17.	Seon e Og	318
18.	Balak e Bileam	320
19.	Peor	323
20.	Nebo	325
21.	A Morte de Moisés	327
22.	O Escriba da Escritura	332
23.	A Sepultura Desconhecida	333
24.	A Glória de Moisés	334

Livro Décimo: De Josué a David 336

1.	Nomeação de Josué	336
2.	Do Jordão a Garizim	338
3.	Raab	339
4.	Achan	340
5.	Gibeon	342
6.	As Guerras	343
7.	A Divisão do País	346
8.	A Morte de Josué	348
9.	Débora e Jael	349
10.	Gedeão, Abimelec e Jair	351
11.	Jefté	353
12.	Ruth	355
13.	Sansão	357
14.	O Ídolo de Micha	359
15.	Elkana e Hana	361
16.	Eli e Samuel	363
17.	A Unção de Saul	365

18. O Pecado e a Morte de Saul 366
19. O Pastor David 370
20. David e Saul 372
21. Abigail, Michal, Betsabá 373
22. Joab 376
23. A Aventura de David 379
24. Os Traidores 382
25. O Devoto David 383
26. Penitência e Morte de David 384

Livro Décimo Primeiro: Os Dois Reinos 388
1. O Sábio Rei Salomão 388
2. O Trono e a Pista de Corridas de Salomão 390
3. O Templo 393
4. Asmodeu 395
5. O Fim de Salomão 399
6. Jeroboão 400
7. Dos Maus Reis de Israel e de Judá 403
8. Ahab 404
9. Elias 406
10. Eliseu 410
11. Jonas 414
12. A Queda do Reino das Dez Tribos 418
13. De Joas e Ahas 420
14. Os Primeiros Mártires e Profetas 422
15. A Convocação de Isaías 424
16. Ezequias e Senaquerib 425
17. O Reinado de Ezequias 427
18. Manassés 430
19. A Convocação de Jeremias 431
20. Josias 433
21. Joiaquim e Joiachin 434
22. Zedequias 436
23. Sítio e Queda de Jerusalém 440
24. Lamento, Sofrimento e Dor 444
25. O Luto de Deus por seu Povo 448

Livro Décimo Segundo: Exílio e Retorno 451
1. Os Últimos Dias de Jeremias 451
2. Junto às Águas da Babilônia 452
3. Hiram 455
4. Nabucodonosor e o Filho de Sirach 457
5. Na Fornalha 457
6. Aviltação e Fim de Nabucodonosor 460
7. Dario e Daniel 462
8. Assuero e Vasti 465
9. Mordecai e Ester 467
10. Jó 474
11. Esdras 477

Epílogo 479

COLEÇÃO PARALELOS

1. *Rei de Carne e Osso*
   Mosché Schamir
2. *A Baleia Mareada*
   Ephraim Kishon
3. *Salvação*
   Scholem Asch
4. *Adaptação do Funcionário Ruam*
   Mauro Chaves
5. *Golias Injustiçado*
   Ephraim Kishon
6. *Equus*
   Peter Shaffer
7. *As Lendas do Povo Judeu*
   Bin Gorion
8. *A Fonte de Judá*
   Bin Gorion
9. *Deformação*
   Vera Albers
10. *Os Dias do Herói de Seu Rei*
    Mosché Schamir
11. *A Última Rebelião*
    I. Opatoschu
12. *Os Irmãos Aschkenazi*
    Israel Joseph Singer
13. *Almas em Fogo*
    Elie Wiesel
14. *Morangos com Chantilly*
    Amália Zeitel
15. *Satã em Gorai*
    Isaac Bashevis Singer
16. *O Golem*
    Isaac Bashevis Singer
17. *Contos de Amor*
    Sch. I. Agnon
18. *As Histórias do Rabi Nakhma*
    Martin Buber
19. *Trilogia das Buscas*
    Carlos Frydman
20. *Uma História Simples*
    Sch. I. Agnon
21. *A Lenda do Baal Schem*
    Martin Buber
22. *Anatol "On the Road"*
    Nanci Fernandes e J. Guinsburg (org.)
23. *O Legado de Renata*
    Gabriel Bolaffi
24. *Odete Inventa o Mar*
    Sônia Machado de Azevedo
25. *O Nono Mês*
    Giselda Leirner
26. *Tehiru*
    Ili Gorlizki
27. *Alteridade, Memória e Narrativa*
    Antonia Pereira Bezerra
28. *Expedição ao Inverno*
    Aharon Appelfeld
29. *Caderno Italiano*
    Boris Schnaiderman
30. *Lugares da Memória – Memoir*
    Joseph Rykwert
31. *Céu Subterrâneo*
    Paulo Rosenbaum
32. *Com Tinta Vermelha*
    Mireille Abramovici

Este livro foi impresso na cidade de Cotia,
nas oficinas da Meta Brasil,
para a Editora Perspectiva.